La Ricerca della Tomba di Alessandro il Grande

Terza Edizione Estesa

Andrew Michael Chugg

Prima edizione dicembre 2007
Seconda edizione riveduta maggio 2012
Terza edizione estesa gennaio 2020

© 2020 by Andrew Michael Chugg. All rights reserved.

ISBN 978-1-9163997-2-3

Dedicato all'Agathos Daimon

Custode dei Sepolcri

La Ricerca della Tomba di Alessandro il Grande

Indice dei Contenuti

Prefazione alla Terza Edizione Estesa (2020)	1
Dramatis Personae e Prologo	4
1. Introduzione: Sepoltura e Apoteosi	13
2. Morte a Babilonia	17
3. Giochi Funebri	49
4. La Capitale della Memoria	82
5. Il Santuario dei Cesari	105
6. Scomparso dalla Storia	126
7. I Misteri delle Moschee	147
8. La Mappa dell'Astronomo	171
9. La Città di Alessandro	190
10. Famose Mummie Alessandrine	212
11. La Spada nella Roccia	231
12. Esequie	249
13. Poscritto (2020): La Pietra con lo Scudo e la Stella racchiudeva il Sarcofago di Nectanebo	256
Appendice A: Il Giornale Reale di Alessandro il Grande	291
Appendice B: Il Sarcofago di Alessandro il Grande?	312
Appendice C: Un Candidato per la Prima Tomba di Alessandro	324
Appendice D: La Tomba di Alessandro ad Alessandria	338
Bibliografia	356
Ringraziamenti	371
Indice dei nomi e dei luoghi	372

La Ricerca della Tomba di Alessandro il Grande

Prefazione alla Terza Edizione Estesa (2020)

Col puntuale senno di poi, ho compreso che la soluzione di questo mistero è sempre rimasta sullo sfondo, inosservata, un po' troppo indefinita per poterla discernere. Traggo un po' di conforto dalla mia miopia dal fatto evidente che né i miei sostenitori né i miei critici e nemmeno i miei numerosi lettori affascinati si sono mai resi conto che la prova era letteralmente già innata nelle mie teorie pubblicate.

Una visita a Venezia agli inizi di agosto 2019 ha avuto l'effetto di disperdere la nebbia. In retrospettiva, avendo proposto già nel 2004 che la pietra recante il rilievo dello scudo con il motivo astrale a La Serenissima e il sarcofago di Nectanebo al British Museum fossero parti della tomba di Alessandro ad Alessandria, forse avrei dovuto approfondire con più attenzione la questione se essi potessero effettivamente combaciare in qualche modo. Per scusarmi di questa svista, posso dire che i due oggetti sembrano essere di dimensioni completamente diverse. Ciò è in parte dovuto al fatto che più della metà della lastra con lo scudo e la stella è mancante, in parte perché, all'insaputa quasi di tutti, una notevole quantità di pietra è stata tagliata alla base del sarcofago di Nectanebo e inoltre perché il sarcofago poggia quasi sul pavimento, mentre la pietra con lo scudo e la stella è esposta ad altezza d'uomo, il che produce l'illusione ottica che quest'ultima sia relativamente più alta.

Un'altra distrazione è nata dalla mia osservazione che la pietra con lo scudo e la stella è alta circa quattro piedi. Lunghezze standard del piede leggermente diverse furono applicate in tempi e luoghi differenti nel mondo antico. I Romani e anche i Greci ionici usavano un piede leggermente più piccolo, circa 29,6cm, rispetto al moderno standard imperiale di 30,5cm. Ma i Greci dorici e le società ellenistiche utilizzavano prevalentemente uno standard più grande, di circa 32cm. Di conseguenza, mi sembrava che le misure esatte del blocco di pietra recante lo scudo con la stella potessero di per sé fare un po' di luce sulle sue origini. A tale proposito, in occasione della mia visita del 2 agosto 2019, ho misurato sia l'altezza che lo spessore della reliquia.

Con mia sorpresa, il risultato è stato una altezza di 117cm, il che significa che la lunghezza effettiva del "piede" nel caso della pietra con lo scudo e la stella era persino più piccola dello standard romano, circa 29,25cm. Ciò mi ha portato a riflettere se il monumento da cui ha avuto origine fosse stato costruito in unità di misura di piedi. Poi, finalmente, mi è venuta in mente la domanda chiave: esiste una relazione tra le dimensioni del blocco di pietra e il sarcofago di Nectanebo? Sapevo che c'era un diagramma accurato del sarcofago nella dissertazione di Edward Daniel Clarke, The Tomb of Alexander the Great, una copia della quale si trova nella mia biblioteca personale. Con crescente stupore, ho letto l'altezza di Clarke di 3 piedi e 10 pollici, che a 2,54cm per pollice, secondo lo standard imperiale, ammonta a 116,84cm. *La pietra recante lo scudo con la stella e il sarcofago di Nectanebo avevano la stessa altezza con un margine di 2mm!*

Prefazione alla Terza Edizione Estesa (2020)

Successivamente, ho controllato i miei appunti con i disegni e i diagrammi del sarcofago della *Description de L'Egypte* di Napoleone ed è stata una doccia fredda quando ho letto che essi riportano un'altezza di 115cm. Tuttavia, l'idea che si potesse dimostrare dalle loro dimensioni che i due oggetti combaciassero aveva preso piede, così ho programmato un viaggio al British Museum durante una visita a Londra, il 14 agosto, per verificare le relazioni effettive.

Il tempo era piuttosto umido, ma nulla ha potuto smorzare il mio entusiasmo nell'ottenere dati di conferma fino al momento in cui ho applicato un metro a nastro sul lato del sarcofago e ho ottenuto un risultato di circa 108cm. *Cosa stava succedendo?* I dotti *savants* che avevano compilato la *Description de L'Egypte* e lo studioso di Cambridge, Edward Daniel Clarke, erano tutti dei perfetti incompetenti che non sapevano riconoscere un'estremità di un metro dall'altra? Oppure era accaduto qualcosa di nefasto durante le lunghe e oscure notti del sarcofago nel British Museum? L'enigma mi ha ispirato ad avviare una frenetica ricerca nelle biblioteche, in Internet e nei database accademici per trovare le prime immagini fotografiche e ulteriori dati di misurazioni.

È emerso che diverse altezze erano disponibili nei libri pubblicati nel XIX e all'inizio del XX secolo, tutte in qualche modo concordanti con Clarke e la Description de L'Egypte. Inoltre, in modo abbastanza sorprendente, lo stesso British Museum pubblicizza un valore palesemente anacronistico di 118cm nelle proprie pagine web.[1] Ad ogni modo, il risultato più piacevole e decisivo della mia caccia febbrile è stato l'aver acquisito due immagini fotografiche di diapositive di lanterna della Egyptian Sculptural Gallery intorno al 1880 con il sarcofago in bella mostra.

Una serie di fori di drenaggio è stata praticata ai lati del sarcofago al livello della base del suo interno per facilitarne l'uso come vasca per le abluzioni rituali, quando si trovava nel cortile della moschea medievale Attarine ad Alessandria. Appare subito evidente dalle foto degli anni intorno al 1880 che all'epoca ci fosse una maggiore profondità di pietra al di sotto dei fori di drenaggio rispetto ad oggi e la discrepanza è in linea con la discordanza tra le misurazioni antiche e moderne. Pertanto, è dimostrato che il British Museum ha effettivamente tagliato via uno spessore di circa 9cm di pietra originale dalla base della tomba faraonica in una data sconosciuta, probabilmente durante la prima metà del ventesimo secolo. Anche questo fatto conferma il risultato che il blocco di pietra e il sarcofago fossero originariamente della stessa altezza.

Poiché il sarcofago è della metà del IV secolo a.C. e il blocco di pietra risale al III secolo a.C., una inferenza immediata e ovvia è che il blocco potrebbe essere parte di un involucro costruito per ospitare il sarcofago nel III secolo a.C. Ciò solleva

---

[1] Inutile dire che ho inviato una e-mail al British Museum (egyptian@britishmuseum.org) il 15 agosto 2019 alle 20:51 e di nuovo alle 13:35 del giorno successivo sulla questione del taglio del sarcofago di Nectanebo, ma al momento della stesura, quasi tre mesi dopo, non ho ancora ricevuto risposta.

la questione, ovvero, se si possa dimostrare che anche le altre dimensioni del blocco coincidano con le dimensioni di una cassa costruita attorno al sarcofago. Fortunatamente, c'è un modo per calcolare la lunghezza originale del blocco di pietra prima che la sua sezione di destra, mancante, andasse perduta. Questo perché la lancia, o sarissa, scolpita diagonalmente sulla faccia principale, a partire dall'angolo in alto a sinistra, si può considerare che terminasse simmetricamente nell'angolo in basso a destra, prima che la pietra fosse frantumata. Tali simmetrie e soprattutto l'usanza di far terminare i tratti ai margini delle scene sono una caratteristica rilevante dell'arte macedone. Un buon esempio è il modo in cui lo scudo sul blocco di pietra è in contatto tangenziale con il suo bordo sinistro. Ciò produce una lunghezza originale di circa 295cm, che è praticamente uguale alla somma della lunghezza di un lato lungo del sarcofago più la larghezza di un altro pezzo dell'involucro montato all'estremità del sarcofago. In altre parole, il blocco di pietra recante lo scudo con la stella in origine era della giusta altezza e lunghezza per essere parte di un involucro del sarcofago. Esso era aderente e incastrato con precisione a un lato lungo del sarcofago. Possiamo anche dire quale lato del sarcofago racchiudesse: il lato sinistro della mummia all'estremità dei piedi del sarcofago.

Questa intima corrispondenza tra due oggetti, finora collegati solo dalle mie teorie relative alla natura e al destino della tomba di Alessandro, ha l'effetto di rendere seriamente giustizia a molte di quelle teorie. In particolare, aumenta significativamente le possibilità che i resti umani che attualmente si trovano all'interno dell'altare della Basilica di San Marco a Venezia costituiscano lo scheletro quasi completo di Alessandro il Grande.

Andrew Chugg. 29 ottobre 2019

EPILOGO, 1° febbraio 2020

Il 28 gennaio 2020, ho ricevuto una risposta via e-mail dal British Museum sulla questione dell'apparente riduzione dell'altezza del sarcofago di Nectanebo II. Il testo spiegava che il sarcofago conserva ancora la sua altezza originale sul lato in cui il blocco di pietra con lo scudo e la stella si sarebbe trovato. La sua base è nascosta su quel lato perché il pavimento della galleria sale su tre lati intorno alla nicchia in cui è esposto. Il lato opposto è ora effettivamente alto solo 108cm, ma nel XIX secolo il British Museum ha restaurato i danni alla base di quel lato con calcestruzzo o un simile impasto di pietre. Di fatto, quindi, il museo ha rimosso circa 10cm di pietra dalla base nel XX secolo, ma si trattava (almeno per la maggior parte) della pietra che il museo stesso aveva aggiunto come riparazione nel XIX secolo. Il risultato è che l'incastro con la pietra recante lo scudo e la stella è confermato con una precisione migliore. (Ulteriori dettagli sono forniti alla fine del capitolo 13.)

Dramatis Personae e Prologo

Parte del fascino speciale di questa storia è che si estende attraverso venticinque secoli e si intreccia con le antiche culture egiziane, greche, romane, arabe e moderne europee. Una conseguenza di tale diversità e longevità è che il lettore incontrerà un cast caleidoscopico di personaggi nel loro viaggio attraverso queste pagine. Mi è sembrato quindi opportuno dedicare il presente Prologo a un'introduzione concisa ma istruttiva degli autori principali sulla cui testimonianza si basa questo nuovo racconto. Essi sono stati suddivisi approssimativamente in fonti antiche e moderne e sono elencati in ordine alfabetico, in modo che tali pagine servano anche come una sorta di glossario, per riferimenti occasionali.

Il presente libro si occupa principalmente della morte di Alessandro e della sua vita dopo la morte, concentrandosi sulla sua famosa tomba. Poiché Alessandro stesso è senza dubbio la figura più importante di tutte, questa sezione si concluderà con un breve riassunto della sua sorprendente e scintillante carriera.

FONTI ANTICHE

Achille Tazio: Romanziere erotico greco alessandrino, molto probabilmente del II - III secolo d.C., anche se la datazione è ancora controversa. La sua opera sopravvissuta, *Le avventure di Leucippe e Clitofonte*, include una breve ma rilevante descrizione dell'antica Alessandria. Un manoscritto parziale su papiro è stato trovato in Egitto.

Eliano (Claudius Aelianus): Scrittore greco che insegnò retorica a Roma, 220 d.C. circa.

Il Romanzo di Alessandro: Un racconto semi-leggendario delle gesta di Alessandro, basato su storie e favole più antiche, è stato compilato da un redattore nativo egiziano all'inizio del III secolo d.C. Anche se decisamente sconnesso e impreciso come lavoro storico, è tuttavia prezioso in quanto conserva alcune tradizioni perdute dei più autorevoli resoconti antichi. È utile anche per quanto riguarda Alessandria, poiché il suo compositore era probabilmente un residente dell'antica città. È conosciuto anche come Pseudo Callistene, poiché alcuni dei suoi manoscritti lo attribuivano falsamente a Callistene, lo storico di corte di Alessandro. Oggi sopravvive in un ampio numero di versioni diverse, delle quali le più antiche e fedeli all'originale sono un manoscritto greco del III secolo d.C., la traduzione armena e l'edizione latina di Giulio Valerio.

Ammiano Marcellino: Nato ad Antiochia e attivo nella seconda metà del IV secolo d.C., fu praticamente l'ultimo degli storici latini secolari di Roma. I suoi

La Ricerca della Tomba di Alessandro il Grande

resoconti di Alessandria sono particolarmente preziosi, poiché sembra che abbia visitato la città all'indomani del grande terremoto del 365 d.C.

Aristobulo: Accompagnò Alessandro nelle sue campagne, forse in qualità di ingegnere o architetto. Successivamente scrisse una storia influente, ma andata perduta, del regno di Alessandro, che fu una delle principali fonti di Arriano, Plutarco e Strabone.

Ario Didimo: Prolifico e rispettato studioso alessandrino del I secolo a.c. Era un amico intimo di Ottaviano/Augusto e verosimilmente lo accompagnò durante la sua visita alla tomba di Alessandro nel 30 a.c. È la probabile fonte riguardante la costruzione del nuovo mausoleo di Alessandro da parte di Filopatore.

Arriano (Flavio Arriano Senofonte): Divenne governatore della Cappadocia sotto l'imperatore Adriano, all'inizio del II secolo d.C. Esperto comandante militare, scrisse la *Anabasi di Alessandro* per difendere la reputazione del Re, come generale e conquistatore, da una marea di concezioni sbagliate e inesattezze allora presenti nella letteratura romana. Nel fare ciò, tendeva a sopprimere dettagli biografici e aneddoti a favore delle disposizioni delle truppe, della logistica militare e dell'intento strategico. La sua storia perduta *Gli eventi dopo Alessandro*, che sopravvive solo in frammenti e in un'epitome parziale, conteneva probabilmente il resoconto più autorevole degli spostamenti delle spoglie di Alessandro dopo la sua morte.

Cesare (Gaio Giulio Cesare): Autore di due libri - La Guerra Civile e La Guerra Alessandrina - che descrivono una campagna militare ad Alessandria nel 48 a.C., anche se il secondo di questi è stato scritto in realtà da Irzio. Nello stesso anno, è stata registrata la sua visita alla tomba di Alessandro. Inoltre, dittatore di Roma.

Curzio Rufo (Quinto Curtius Rufus): Il più importante storico latino sul regno di Alessandro. La sua data è incerta ma sembra probabile l'epoca dell'imperatore Claudio, nel I secolo d.C., quando un uomo con lo stesso nome era Proconsole d'Africa. L'opera è altamente retorica e riflette l'agenda dei Cinici che lottano per evidenziare un progressivo deterioramento della personalità di Alessandro. Ci sono buone ragioni per credere che si tratti essenzialmente di una traduzione latina e di un compendio dell'opera perduta *Storie di Alessandro* di Clitarco, un greco alessandrino del III secolo a.C.

Dione Cassio (Cassius Dio Cocceianus): Nato a Nicea nel 155 d.C. ca., era un eminente politico e governatore greco sotto gli imperatori della dinastia dei Severi. Fu elevato due volte al consolato e morì nel 235 d.C. ca. Autore di un'importante *Storia romana*, della quale alcune parti sopravvivono solo in un'epitome.

Dramatis Personae e Prologo

Diodoro Siculo: Greco siciliano del I secolo a.C., scrisse una storia universale incorporando un diciassettesimo volume dedicato ad Alessandro, che è fondamentalmente un'epitome dell'opera perduta *Storie di Alessandro* di Clitarco, un greco alessandrino del III secolo a.C. Visitò Alessandria e il recinto murario della tomba di Alessandro, probabilmente durante il regno di Cleopatra VII.

Effemeridi (Il Giornale Reale di Alessandro): la nostra fonte principale relativa al decorso della malattia fatale di Alessandro. Alcuni hanno cercato di dimostrare che si tratta di un falso, ma sembra che Efippo di Olinto abbia scritto un commento in cinque libri alle *Effemeridi* entro pochi decenni dalla morte di Alessandro. Simili diari ufficiali sembrano essere stati tenuti anche dai precedenti sovrani macedoni e dai Tolomei. Eliano attribuisce le *Effemeridi* a Eumene di Cardia, capo della cancelleria di Alessandro (e scritte insieme a un certo Diodoto di Eritre, forse un errore per Diogneto di Eritre).

Ibn Abdel Hakim: Scrittore arabo della metà del IX secolo d.C. Ebbe modo di visitare Alessandria poco prima che le cosiddette mura medievali fossero ultimate dal sultano Ahmed Ibn Tulun e fornisce allettanti accenni relativi alla sua topografia e a una moschea medievale di Alessandro.

Erodiano: Storico greco del III secolo d.C., scrisse intorno all'anno 240 d.C.

Giovanni Crisostomo: Allievo di Libanio e successivamente arcivescovo di Costantinopoli, intorno al 398-404 d.C. (morto nel 407). Tra i suoi sermoni c'è un passaggio che si ritiene sia la prima attestazione della scomparsa della tomba di Alessandro.

Giuseppe (Flavio Giuseppe): Storico ebreo del I secolo d.C. Fa spesso menzione di Alessandria per via della numerosa comunità ebraica della città ai suoi tempi.

Giustino: Epitomatore del IV secolo d.C. di una storia del mondo di uno scrittore latino del I secolo a.C. di nome Pompeo Trogo. Trogo era un dedito repubblicano e quindi fortemente ostile alla monarchia assoluta, un pregiudizio che non cerca di nascondere nel suo racconto della carriera di Alessandro.

Libanio: Sofista e retore greco di Antiochia (nato nel 314 d.C. – morto nel 394 ca.). Sebbene di simpatie pagane e amico di Giuliano l'Apostata, insegnò anche a San Giovanni Crisostomo q.v. e ricevette una prefettura del pretorio onoraria dall'imperatore cristiano Teodosio.

Lucano (Marcus Annaeus Lucanus): Nipote di Seneca (che era il tutore di Nerone e l'autore di un libro sull'Egitto). Richiamato da Atene per unirsi alla corte dell'imperatore, i sentimenti istintivamente repubblicani di Lucano furono alimentati dallo spettacolo della discesa di Nerone nella crudeltà e nella

La Ricerca della Tomba di Alessandro il Grande

dissolutezza. Nel 65 d.C., all'età di 25 anni, fu implicato nel complotto di Calpurnio Pisone per assassinare l'imperatore. Quando la cospirazione fallì, Nerone gli intimò di suicidarsi. La sua eredità fu la *Pharsalia*, un poema incompiuto che racconta la guerra civile tra Cesare e Pompeo e riconosciuto come un gioiello della letteratura latina. Contiene due passaggi che forniscono la descrizione più dettagliata della tomba di Alessandro.

Luciano: Scrittore e autore satirico greco siriano della seconda metà del II secolo d.C.

Nearco di Creta: Ammiraglio della flotta di Alessandro durante il viaggio attraverso l'Oceano Indiano e il Golfo Persico. Autore di una storia perduta incentrata sull'India e sul suo famoso viaggio, che fu la fonte principale dell'*Indikà* di Arriano.

Onesicrito (di Astipalea): Allievo di Diogene il Cinico, fu il timoniere di Alessandro durante il viaggio lungo l'Indo. Scrisse una biografia perduta di Alessandro che pullulava di aneddoti e dettagli locali. La sua opera fu una fonte influente per Plutarco, Strabone e, forse, parti del Romanzo di Alessandro.

Marmor Parium: Iscrizione greca trovata sull'isola egea di Paro, scolpita nel 263/2 a.C. circa, che fornisce una cronologia degli eventi. L'ultima voce sopravvissuta è relativa al 299/8 a.C., ma ci sono grandi lacune. Tuttavia, l'ultimo frammento è completo fino al 309 a.C. Fu rinvenuta nel 1897 e attualmente si trova nel museo di Paro. L'isola faceva parte dell'impero tolemaico, governato da Filadelfo, quando fu istituito il *Marmor*.

Pausania: Scrittore e geografo greco della metà del II secolo d.C., originario forse della Lidia. La sua opera principale è la *Descrizione della Grecia*.

Plutarco: Saggista e studioso greco tra il I secolo e l'inizio del II secolo d.C. La sua Vita di Alessandro è la più biografica delle fonti antiche sopravvissute e ha attinto a una gamma più ampia di fonti primarie rispetto a qualsiasi altra opera. Anche i suoi saggi precedenti sulla Fortuna o la Virtù di Alessandro sono importanti fonti biografiche sul Re.

Pseudo Callistene: vedi il Romanzo di Alessandro.

Tolomeo (Ptolemaios I Soter): Autore della storia contemporanea più dettagliata e accurata delle campagne di Alessandro. Sebbene ora perduta, l'opera fu la fonte più importante della *Anabasi di Alessandro* di Arriano. Alcuni credono che la sua accuratezza e i suoi dettagli si basino sulla sua acquisizione delle *Effemeridi* di Alessandro (Giornale Reale), quando entrò in possesso del corpo del Re, ma, allo stesso modo, c'è motivo di credere che l'opera sia stata pubblicata solo postuma

Dramatis Personae e Prologo

in una forma ampiamente modificata dai suoi successori. Almeno tre fonti antiche affermano, in modo indipendente, che egli fosse il fratellastro illegittimo di Alessandro. Era inoltre uno degli ufficiali più anziani del Re (*somatophylax*). In seguito, fu faraone d'Egitto e istituì un sacerdozio di Alessandro.

Strabone: Geografo greco della fine del I secolo a.C. e dell'inizio del I secolo d.C. Visse ad Alessandria per circa cinque anni e fornì la descrizione più importante della città com'era quando la vide nel 20 a.C. circa, nel suo diciassettesimo libro.

Svetonio (Gaius Suetonius Tranquillus): Autore della *Vita dei Cesari*, un'opera scandalosa, ma accurata, che comprende le biografie dei primi dodici principi romani da Giulio Cesare a Domiziano. Scrisse quando erano già morti, all'inizio del II secolo d.C.

Teofilo: Patriarca cristiano di Alessandria negli anni 384-412 d.C. e il principale sospettato nella questione della errata identificazione della tomba e del cadavere di Alessandro il Grande come appartenenti a San Marco Evangelista.

Zenobio: Sofista greco che insegnò retorica a Roma al tempo di Adriano e compilò un libro di 'proverbi' di Lucillo di Tarra in Creta e Ario Didimo di Alessandria (secondo il lessico Suda).

FONTI MODERNE

Achille Adriani: Direttore del Museo Greco-Romano di Alessandria dal 1932 al 1940 e poi dal 1948 al 1952. Autore della teoria secondo cui la Tomba di Alabastro sia l'anticamera di una tomba di Alessandro Magno.

Giuseppe Botti: Fondatore del Museo Greco-Romano di Alessandria e suo Direttore dal 1892 al 1904. Autore di numerose opere archeologiche su Alessandria tra cui una mappa ricostruttiva della città antica.

Georg Braun e Frans Hogenberg: Cartografi di Colonia che hanno cercato di emulare il successo del *Theatrum Orbis Terrarum* di Ortelio pubblicando un atlante delle mappe delle *Civitates Orbis Terrarum*. Inclusero una bella pianta di Alessandria che, nonostante alcune distorsioni, contiene molte informazioni valide sulla città all'inizio del XVI secolo.

Evaristo Breccia: Direttore del Museo Greco-Romano di Alessandria dal 1904 al 1932. Autore di *Alexandrea ad Aegyptum*, una importante guida alla città antica e ai reperti del Museo e un articolo sulla tomba (1930).

La Ricerca della Tomba di Alessandro il Grande

Louis-François Cassas: Artista e viaggiatore francese. Visitò Alessandria e disegnò molte vedute paesaggistiche importanti e una mappa, nel 1785.

Edward Daniel Clarke: Studioso e viaggiatore inglese dell'Università di Cambridge. Incaricato da Lord Hutchinson di recuperare le antichità raccolte dai francesi nel 1801, scoprì un antico sarcofago nella stiva della nave ospedale francese, *La Cause*, e stabilì che esisteva una tradizione locale secondo cui esso un tempo conteneva il corpo di Alessandro. Autore di *The Tomb of Alexander*, pubblicato nel 1805.

Vivant Denon: Collaboratore di Napoleone e personaggio di spicco tra gli studiosi che accompagnarono la spedizione francese in Egitto nel 1798. Autore di *Voyage dans la Basse et la Haute Egypte*. Fu in seguito direttore del Louvre.

Jean-Yves Empereur: Fondatore, nel 1990, e Direttore del Centre d'Etudes Alexandrines (CEA). Autore di numerosi libri e articoli accademici su Alessandria, tra cui *Alexandria Rediscovered* e *Hoi Taphoi Tou Megalou Alexandrou*.

P.M. Fraser: Autore di *Ptolemaic Alexandria*, una miniera di informazioni sull'antica città.

David George Hogarth: Archeologo inglese della fine del XIX e dell'inizio del XX secolo. Autore di un rapporto influente nel 1895, in cui concludeva che le risorse archeologiche erano meglio indirizzate altrove che ad Alessandria.

Jean-Philippe Lauer: Egittologo francese di spicco del XX secolo ed esperto della necropoli menfita di Saqqara.

Leone Africano: Viaggiatore moresco in Africa, catturato dai pirati nel 1520 e finito al servizio di papa Leone X che lo convertì al cristianesimo. La sua *Descrizione dell'Africa* rimase per secoli il miglior resoconto generale del continente e includeva una descrizione di Alessandria, che probabilmente visitò più volte tra il 1515 e il 1520 circa.

Mahmoud Bey El Falaki: Inviato in Francia da Mohammed Ali per formarsi come ingegnere, trascorse sette anni a studiare all'Ecole des Arts et Métiers. Nel 1865 fu incaricato dal Khedive Ismaïl, come favore a Napoleone III di Francia, di effettuare degli scavi per determinare la pianta dell'antica Alessandria. Riuscì brillantemente a definire la griglia stradale di base e i confini della metropoli romana, ma sostenne inutilmente la moschea di Nabi Daniel come sito della tomba di Alessandro. Pubblicò il suo libro *L'Antique Alexandrie*, che descrive le sue indagini, mentre risiedeva a Copenaghen nel 1872.

Dramatis Personae e Prologo

Auguste Mariette: Scoprì e scavò il Serapeo di Saqqara. Fu il primo ad essere a capo della Egyptian Antiquities Commission e il più grande egittologo del XIX secolo.

Luigi Mayer: Artista ingaggiato nel 1792 da Sir Robert Ainslie, ambasciatore britannico a Costantinopoli, con il compito di disegnare una vasta collezione di paesaggi da tutto l'impero Ottomano. I frutti della spedizione furono pubblicati tra il 1801 e il 1804 circa in una magnifica serie di incisioni all'acquatinta, tra cui molte vedute di Alessandria.

Napoleone Bonaparte: Promotore della *Description de l'Egypte*, semplicemente la più grande opera sull'Egitto antico e medievale mai pubblicata. Inoltre, Imperatore di Francia.

Richard Pococke: Antiquario e viaggiatore inglese dell'inizio del XVIII secolo. Autore della *Description of the East*, pubblicata nel 1743, aveva camminato intorno alle mura di Alessandria nel 1737.

Eugenio Polito: Professore italiano, attualmente all'Università di Cassino, il quale riconobbe che la pietra recante lo scudo con la stella era macedone ed era stata scolpita nel III secolo a.C. da qualche parte del Mediterraneo orientale e pubblicò il dato nel suo libro del 1998, *Fulgentibus Armis*.

Dorothy J. Thompson: Autrice di *Memphis Under the Ptolemies*, pubblicato a Princeton nel 1988, notevole soprattutto per il commento spontaneo a pagina 212, in cui afferma che le statue di poeti e filosofi del Serapeo di Menfi avessero *forse* contrassegnato il sito della tomba di Alessandro.

Alan John Bayard Wace: Professore inglese di archeologia che pubblicò un articolo poco chiaro, *The Sarcophagus of Alexander the Great*, in Bulletin of the Faculty of Arts of Farouk I University di Alessandria, nel 1948.

Alexandre-Max de Zogheb: Membro di un'importante famiglia alessandrina che pubblicò, nel 1909, i suoi *Etudes sur l'Ancienne Alexandrie* contenenti un capitolo sulla tomba di Alessandro. È la fonte principale del racconto poco credibile di Ambrose Schilizzi sulla scoperta della tomba di Alessandro sotto la moderna moschea di Nabi Daniel.

LE GESTA DI ALESSANDRO IN VITA

Alessandro era figlio del re Filippo II di Macedonia e della regina Olimpiade dei Molossi e nacque nel luglio del 356 a.C. Durante l'infanzia e la giovinezza di Alessandro, Filippo impose gradualmente la Macedonia come potenza dominante in Grecia. Nel 338 a.C., Filippo distrusse l'opposizione alla sua autorità da parte di Atene e di Tebe nella battaglia di Cheronea, dove il principe Alessandro guidò

La Ricerca della Tomba di Alessandro il Grande

una carica impetuosa e annientò il Battaglione Sacro tebano, che era ritenuto essere formato dai migliori soldati della Grecia. Quando suo padre venne assassinato da Pausania, nel 336 a.C., Alessandro salì al trono. Schiacciò le insurrezioni delle tribù del nord, marciando fino al Danubio. Tebe e Atene approfittarono della sua assenza per fomentare la ribellione tra le città-stato, ma egli si vendicò alla velocità della luce, portando il suo esercito a sud con marce forzate attraverso le montagne. Tebe fu assediata, catturata e rasa al suolo, come stabilito dal voto degli alleati di Alessandro.

Nel 334 a.C. Alessandro guidò una coalizione greca contro l'impero persiano, con l'obiettivo iniziale di liberare le città greche della costa ionica. Nel mese di maggio, sconfisse in modo decisivo gli eserciti persiani della regione dell'odierna Turchia presso il fiume Granico. Entro l'estate dell'anno successivo, tutte le città greche furono debitamente liberate, ma Alessandro proseguì la guerra marciando verso il cuore dell'impero persiano. Dario, il Gran Re, aveva radunato un enorme esercito persiano e gli schieramenti si scontrarono sulle rive del Golfo di Isso, la via principale per la Siria. Alessandro sbaragliò le forze del suo avversario con un assalto congiunto della sua cavalleria e della feroce falange macedone. Dario fuggì in Persia per raccogliere un ulteriore esercito. Alessandro marciò lungo la costa levantina assediando e catturando Tiro e Gaza e chiudendo tutti i porti del Mediterraneo alla flotta persiana, che alla fine fu costretta ad arrendersi. In Egitto, dove il dominio persiano era stato particolarmente oppressivo sin dalla sua conquista avvenuta dieci anni prima, Alessandro fu accolto come un liberatore. Dopo aver fondato Alessandria vicino al ramo più occidentale del Nilo, il Macedone condusse di nuovo il suo esercito a nord per la resa dei conti finale con Dario. La battaglia culminante della guerra fu combattuta nell'ampia pianura distesa di Gaugamela, nell'ottobre del 331 a.C. Per la terza volta, Alessandro trionfò grazie a una mossa strategica, perfettamente eseguita, volta a indebolire il centro persiano. Ancora una volta Dario fuggì dal campo di battaglia, mentre Alessandro procedeva alla presa di Babilonia e dei palazzi di Susa e Persepoli, dichiarandosi "Re dell'Asia".

Nell'estate del 330 a.C. egli riprese l'inseguimento di Dario, dirigendosi a nord verso il Mar Caspio. La cerchia di Dario fu presa dal panico e giustiziò l'ormai deposto Grande Re. Alessandro pressò l'inseguimento delle sacche di resistenza persiana nella regione del moderno Afghanistan, sconfiggendo successivamente Besso e Spitamene. Dopo una serie di dure campagne combattute per oltre due anni, le antiche nazioni della Battriana e della Sogdiana furono infine pacificate. Nell'estate del 327 a.C., Alessandro attraversò l'Hindu Kush e iniziò l'invasione dell'India. Nella battaglia dell'Idaspe, sconfisse l'esercito del Rajah Poro, nonostante questi avesse schierato un gran numero di elefanti da guerra contro i Macedoni. Alessandro continuò a marciare verso est, dirigendosi ora verso il Gange, ma le continue piogge battenti causate dal monsone indiano e le dicerie di vasti eserciti con migliaia di elefanti ad attenderli sul loro cammino contribuirono a indebolire il morale delle sue truppe. Sulle rive del fiume Beas, l'esercito si rifiutò di avanzare ulteriormente, costringendo Alessandro ad

Dramatis Personae e Prologo

accettare di tornare indietro. Tuttavia, egli rifiutò di ritornare per la stessa via, ma guidò invece le sue forze lungo l'Indo fino all'Oceano Indiano, attaccando e conquistando alcuni grandi regni locali lungo la strada. Nearco fu nominato al comando di una flotta che doveva tornare nel cuore dell'Impero navigando attraverso lo Stretto di Hormuz e il Golfo Persico, mentre Cratero fu incaricato di guidare una grande parte dell'esercito e del convoglio dei bagagli attraverso una rotta settentrionale, tortuosa ma sicura. Alessandro stesso si accinse a ricondurre direttamente in Persia un terzo contingente, attraversando il deserto di Gedrosia, quasi senz'acqua. In parte a causa di uno sforzo nobile ma fuorviante di rimanere in contatto con la sua flotta, le forze di Alessandro subirono gravi perdite dovute all'asprezza del terreno. Malgrado ciò, la disciplina non vacillò mai e il Re fu in grado di guidare i sopravvissuti in una trionfante processione dionisiaca attraverso la Carmania, nell'autunno del 325 a.C., e gli spiriti furono ulteriormente sollevati quando fu finalmente ristabilito il contatto con la flotta di Nearco.

Nel 324 a.C. Alessandro stabilì la corte a Susa, dove fu celebrato il suo matrimonio con una figlia di Dario. Durante la stessa cerimonia anche un centinaio dei più alti dignitari Macedoni e Greci ricevettero nobildonne persiane come spose. Ma le nuvole si stavano addensando. In autunno, a Ecbatana, l'amico e vice di Alessandro, Efestione, morì improvvisamente di una malattia febbrile. Alessandro fu devastato, ma trovò conforto in una campagna contro le tribù di banditi sulle montagne. Nella primavera del 323 a.C., tornò a Babilonia al fine di organizzare una spedizione per circumnavigare e conquistare la Penisola Arabica. Ma si ammalò di una febbre letale alla fine di maggio e spirò in meno di due settimane.

Abbracciando l'intera gamma delle fonti antiche, Alessandro emerge come una figura quasi Amletica, più vittima che colpevole. In un certo senso, anche Alessandro era perseguitato e motivato dal fantasma di suo padre. Arriano, in particolare, commenta che il suo attributo più distintivo fu l'espressione di genuina coscienza e rimorso per i misfatti, che appaiono piuttosto lievi rispetto a quelli di altri re greco-romani. Potrebbe aver salvato più vite di quante ne abbia distrutte e raramente è ricorso all'uso gratuito della violenza. Morendo giovane, lasciò la sua famiglia terribilmente esposta alle macchinazioni dei suoi nemici, tanto che praticamente tutti i suoi parenti, inclusi entrambi i figli, furono assassinati entro quindici anni dalla sua morte. Tuttavia, la sua eredità è enorme. Fu il fondatore dell'Età Ellenistica, che a sua volta ci ha lasciato in eredità le fondamenta della nostra arte, scienza e cultura moderna.

La seconda edizione è stata pubblicata nel maggio del 2012, con l'aggiunta di diverse nuove figure insieme ad aggiornamenti ed estensioni dei resoconti di vari filoni della storia, in particolare gli sviluppi delle indagini sulla natura e le origini della pietra recante lo scudo con la stella a Venezia.

Questa terza edizione estesa fornisce inoltre una prova decisiva che il suddetto blocco di pietra sia parte di un involucro del sarcofago di Nectanebo del III secolo a.C., dimostrando così le teorie chiave portate avanti nel presente libro.

1. Introduzione: Sepoltura e Apoteosi

Le conquiste di Alessandro Magno sono annoverate tra i grandi eventi dell'antichità. La sua storia è narrata in un migliaio di libri scritti in centinaia di lingue. Il presente racconto, invece, si concentra sulla non meno movimentata vita di Alessandro dopo la morte e sui misteri duraturi del suo corpo perduto e del mausoleo scomparso. Lo scopo è quello di elaborare e ampliare in modo significativo il mio precedente libro, *The Lost Tomb of Alexander the Great*, pubblicato nel 2004, che è stato il primo trattato esteso sull'argomento, in inglese, dalla pubblicazione della tesi *The Tomb of Alexander* di Edward Daniel Clarke nel 1805. Non solo il tomo di Clarke è diventato una rarità costosa, ma è anche oramai inevitabilmente superato, e persino *The Lost Tomb* si è avvicinato all'obsolescenza in seguito al ritmo degli sviluppi. Pertanto, lo scopo di questa nuova versione è quello di aggiornare la ricerca e affascinare i lettori con recenti rivelazioni e nuove proposte. Sarà dimostrato con assoluta chiarezza che una conoscenza dettagliata della vita di Alessandro dopo la morte è parte integrante per un corretto apprezzamento del suo impatto sulla storia.

Il presente libro inizia il racconto dove le storie tradizionali su Alessandro si concludono, dagli eventi che circondano la sua morte a Babilonia nella tarda serata del 9 giugno 323 a.C. Descrive la preparazione del carro funebre destinato a restituire il suo corpo alla terra natale di Macedonia, ma dirottato in Egitto da Tolomeo, che stava agendo, si sostiene, per adempiere ai desideri di Alessandro. Si dimostra che il dirottamento del cadavere da parte di Tolomeo fu probabilmente la ragione decisiva del successivo attacco all'Egitto di Perdicca, il reggente, che venne lì assassinato dai suoi stessi uomini, non essendo riuscito per due volte a forzare l'attraversamento del Nilo.

La prima tumulazione di Alessandro nell'antica capitale egiziana di Menfi, da parte di Tolomeo, viene esaminata con particolare riguardo all'iconografia e alla possibile ubicazione del sepolcro e si può affermare che, contrariamente alla precedente opinione degli studiosi, la tomba menfita, con molta probabilità, è esistita per tre o quattro decenni. Il figlio di Tolomeo, Filadelfo, trasferì infine la tomba ad Alessandria. Lì, Alessandro raggiunse l'apoteosi che aveva intenzionalmente ricercato in vita. Nel cuore della città fu istituito un enorme recinto templare e ogni anno veniva nominato un sommo sacerdote per celebrare il suo culto.

La tomba tornò al centro della scena della storia mondiale al tempo di Cleopatra, quando i Romani arricchirono il loro nascente impero mediante l'acquisizione dell'Egitto. Per la fazione di Cesare, Alessandro era un'icona della regalità di successo e la sua tomba una meta di pellegrinaggio. Venne, di conseguenza, vituperato dall'opposizione repubblicana, che ricorse all'assassinio del populista Cesare in un ultimo vano tentativo di garantire che il governo della classe senatoria, dalla classe senatoria, per la classe senatoria non perisse dalla terra.

Sepoltura e Apoteosi

Cleopatra sognava ancora di ristabilire l'impero di Alessandro, per mezzo del malleabile Marco Antonio e la sua abilità militare, ma Roma non avrebbe tollerato un rivale accanto al suo trono, quindi gli amanti perirono suicidandosi nell'ignominia della loro sconfitta.

Gli imperatori romani videro in Alessandro un esempio per il loro governo autocratico, la tomba, pertanto, si crogiolò del loro patrocinio per diversi secoli ancora. Ma verso la fine del III secolo e nel IV secolo d.C., Alessandria subì una serie di violenti cataclismi, durante uno dei quali il mausoleo sovrastante la tomba venne distrutto. Si ritiene che l'ultimo circa di quegli eventi catastrofici, un devastante terremoto seguito a breve da un violento maremoto nel 365 d.C., sia l'indiziato più probabile. Qualsiasi restauro della tomba era precluso dal crescente potere politico della Chiesa cristiana, che vedeva in Alessandro divinizzato solo un potente rivale pagano. La tomba un tempo famosa e il corpo sacro scomparvero misteriosamente dalla storia; apparentemente allo stesso tempo in cui il cristianesimo alla fine bandì il paganesimo.

Le forze dell'Islam si assicurarono Alessandria nel 642 d.C., inaugurando un costante declino della più grande delle città greche. Per circa un millennio, quasi nulla è stato detto della tomba nelle fonti scritte. Nel tardo medioevo, l'area urbana della città si era ridotta a meno di un terzo della sua estensione al tempo di Cleopatra e quasi tutto ciò che rimaneva era in rovina. All'inizio del XVI secolo, tuttavia, i visitatori cominciarono di nuovo a segnalare regolarmente l'esistenza di una tomba di Alessandro in mezzo alle vestigia trascurate dell'antichità (Figure 1.1 e 1.2). Qui vengono presentate le prove che collegano saldamente tale sepoltura medievale con un sarcofago attualmente esposto al British Museum. Inoltre, ci sono affascinanti connessioni tra questa reliquia e la tomba menfita e anche con il periodo tardo romano, quando la tomba alessandrina venne distrutta.

In epoca moderna, la ricerca della tomba è indissolubilmente legata allo sforzo degli archeologi di ricostruire l'antica Alessandria dai frammenti nella polvere. Il lavoro è seriamente ostacolato dal fatto che la città moderna si è estesa fino a comprendere l'intero campo delle rovine antiche. Alcune delle migliori evidenze furono raccolte a metà del diciannovesimo secolo, appena prima che i costruttori sigillassero le fondamenta sepolte in profondità della città di epoca romana e tolemaica. Integrando il materiale archeologico con le informazioni provenienti da fonti scritte e cartografiche è stata formulata una nuova ipotesi circa la natura e l'ubicazione della tomba alessandrina. Se questa nuova teoria è corretta, non solo può fornire la chiave per comprendere la disposizione dettagliata dell'antica città, ma implica anche che un frammento consistente del muro che circondava l'area della tomba di Alessandro sia sopravvissuto, non identificato, fino ai giorni nostri.

La Ricerca della Tomba di Alessandro il Grande

Figura 1.1. Veduta panoramica del porto grande di Alessandria nel 1681: incisione da un disegno di Cornelius de Bruyn (collezione dell'autore)

Figura 1.2. Veduta di Alessandria (1681), verso ovest, oltre l'Ago di Cleopatra, dalla Torre dei Romani: incisione da un disegno di Cornelius de Bruyn (collezione dell'autore)

La storia delle tombe di Alessandro è un arazzo complesso e intricato, poiché i fili delle evidenze sono frammentari, diversi e intrecciati attraverso ventiquattro secoli. Ma svelare il mistero è un'esperienza emozionante che offre scorci delle glorie scomparse del mondo antico e insieme ci racconta le intuizioni della mente di Alessandro, delle persone che lo seguirono e di coloro che succedettero ai regni del suo impero. Alcuni lo ammiravano e lo adoravano, mentre altri detestavano e denunciavano tutto ciò che rappresentava. La polarità e la forza delle opinioni, molti secoli dopo la sua morte, sono la testimonianza più impressionante della potenza imperitura della sua influenza. Ma cosa avrebbe pensato, potremmo chiederci, Alessandro stesso delle reazioni che ha suscitato?

Mi piacerebbe, Onesicrito, tornare in vita per un po' dopo la mia morte per vedere come gli uomini leggeranno poi questi eventi presenti. Se ora li lodano e li accolgono, non stupirti, perché pensano, ciascuno di loro, che questa sia una buona esca per catturare la mia benevolenza.

Alessandro citato da Luciano, Come si deve scrivere la storia, 40

2. Morte a Babilonia

Poi il cielo fu oscurato dalla nebbia; e un fulmine cadde dal cielo nel mare e con esso una grande aquila. L'effigie di bronzo di Ahura-Mazda a Babilonia tremò e risuonò; e il fulmine risalì nei cieli e anche l'aquila, portando una stella radiosa; e come la stella svanì nel cielo, così Alessandro chiuse gli occhi per sempre.

La morte di Alessandro nel *Romanzo di Alessandro*

Nella primavera dell'anno 323 a.C., Alessandro il Grande, in compagnia di Tolomeo e di una task force di diverse truppe d'assalto, discese dal fresco dei monti Zagros della Persia occidentale nelle già afose pianure mesopotamiche (vedi la mappa in Figura 2.1). Aveva recentemente combattuto con successo una campagna invernale contro i Cossei, una tribù di banditi montanari che aveva l'abitudine di depredare i viaggiatori, quando non era tenuta a freno dalle tangenti reali.[1] Il suo percorso probabilmente passava per Susa, dove aveva stabilito nel palazzo la sua regina persiana, Statira, e il resto della famiglia di Dario, il Gran Re precedente. Si diresse quindi verso la capitale, la metropoli di Babilonia, a cavallo del fiume Eufrate, dove l'originaria Torre di Babele, la ziggurat di sette piani, dominava l'orizzonte (Figura 2.2) e i Giardini Pensili ancora fiorivano sulle terrazze sopra un lago artificiale alimentato dal fiume (Figura 2.3).

Prima di raggiungere il fiume Tigri, fu accolto da ambascerie di città e nazioni a ovest del suo impero, tra cui Etiopia, Nord Africa, Spagna, Italia, forse anche i Romani,[2] e territori a nord del Danubio. Si congratularono con lui per le sue vittorie, gli regalarono corone d'oro e richiesero il suo arbitrato su varie controversie.[3] Dopo lo spettacolare e trionfale ritorno dall'India, poco più di un anno prima, c'era una crescente aspettativa che Alessandro si sarebbe presto diretto a ovest, quindi raccogliere informazioni sulle sue precise intenzioni sarebbe stata la missione segreta di tali inviati.

Dopo aver attraversato il fiume Tigri, ma ancora a quaranta miglia da Babilonia, Alessandro fu accolto da una delegazione di astrologi caldei del tempio del dio Marduk in città. Il loro capo, Belefante, riferì un oracolo sfavorevole della divinità a Nearco, l'ammiraglio di Alessandro, che riportò l'avvertimento al Re.[4] I Caldei avevano previsto dall'infausta configurazione dei cieli che l'ingresso di Alessandro a Babilonia gli sarebbe stato certamente fatale, in particolare se fosse entrato nella

---

[1] Arriano, *Anabasi*, VII, 15; Plutarco, *Alessandro*, 72; Diodoro Siculo, XVII, 111, 4; Polieno, 4, 3, 31; Alessandro condusse attivamente questa campagna sulle montagne durante i mesi invernali, dedicando i Cossei che uccise come offerte allo spirito di Efestione, il che è difficile da conciliare con qualsiasi debilitazione personale significativa.
[2] Arriano, *Anabasi*, VII, 15, 5, è corroborato da un frammento di Clitarco conservato da Plinio, *Storia Naturale*, III, 57.
[3] Per questo episodio e per il resto del racconto fino alla morte di Alessandro si segue principalmente Arriano da *Anabasi*, VII, 15 in poi, salvo dove diversamente indicato.
[4] Diodoro Siculo, XVII, 112, 3; "Belefante" sembra significare "Portavoce di Baal".

Morte a Babilonia

città da ovest. Tuttavia, Alessandro era sospettoso delle intenzioni dei sacerdoti: citò loro un versetto cinico da un'opera perduta di Euripide, "I profeti sono i migliori, che fanno l'ipotesi più vera".

Lo scetticismo di Alessandro era dovuto all'incapacità dei Caldei di compiere progressi significativi nel restauro del santuario di Marduk, l'Esagila, che Alessandro aveva ordinato durante la sua prima visita a Babilonia, più di sette anni prima. Fonti greche sostenevano che il tempio fosse stato raso al suolo dal re persiano Serse, all'inizio del V secolo a.C., ma forse stava solo soffrendo le ingiurie del tempo.[5] Il piano rivisto di Alessandro era di impiegare il suo esercito al fine di sgombrare rapidamente le fondamenta in preparazione della ricostruzione. Sospettava che i Caldei stessero tentando di ritardare ulteriormente il progetto, tenendolo lontano dalla città, perché beneficiavano delle rendite delle proprietà templari, finché tali somme non fossero state necessarie per la manutenzione del santuario. Ciononostante, il Re inizialmente era disposto a rispettare la seconda parte del consiglio dei sacerdoti: ovvero, entrare in città da est. Scoprì presto, però, che il suo tragitto era reso impraticabile dalle paludi, pertanto non riuscì a placare il dio neanche sotto questo aspetto.

C'era un senso infatti nell'evitare la metropoli, dal momento che Babilonia era sull'orlo della soffocante estate, quando la combinazione di caldo umido e malattie di una popolazione affollata rappresentava un notevole pericolo soprattutto per i visitatori, a causa della loro minore immunità naturale. Alessandro, tuttavia, era particolarmente ansioso di entrare in città in quel tempo; in parte, perché voleva predisporre gli ultimi preparativi della sua campagna arabica. Aveva in programma di navigare intorno alla Penisola Arabica con la sua flotta, accompagnato da un esercito che marciava lungo la costa. Un porto per attraccare un migliaio di navi era in fase di costruzione, mentre una flotta di triremi veniva fabbricata con i cipressi di Babilonia. Era ormai metà aprile e la partenza era prevista per i primi di giugno.[6] Di importanza anche maggiore era il fatto che l'enorme pira funeraria di Efestione, un tempo il vice di Alessandro, l'amico più intimo e probabile amante, stava per essere completata attraverso una sezione livellata delle mura della città. Perdicca, il luogotenente di Alessandro, aveva portato il cadavere conservato e l'esercito principale giù da Ecbatana, sulle montagne, dove Efestione era morto di febbre nel novembre dell'anno precedente.

---

[5] Strabone, *Geografia*, XVI, 1, 5; cfr. Michael Wood, *In the Footsteps of Alexander the Great*, p. 95.
[6] Strabone, XVI, 1, 5, implica che il compito di ripulire il sito del tempio avrebbe richiesto due mesi, ma afferma che il progetto era incompiuto alla morte di Alessandro. Ciò suggerisce che Alessandro sia arrivato a Babilonia meno di due mesi prima della sua morte. Diodoro (XVII, 112) afferma che i combattimenti con i Cossei non durarono più di quaranta giorni, quindi, si conclusero probabilmente verso la fine di febbraio. Dice poi che Alessandro marciò a tappe regolari verso Babilonia. Tenendo conto di una sosta a Susa, ciò avrebbe potuto tranquillamente richiedere sei o sette settimane.

La Ricerca della Tomba di Alessandro il Grande

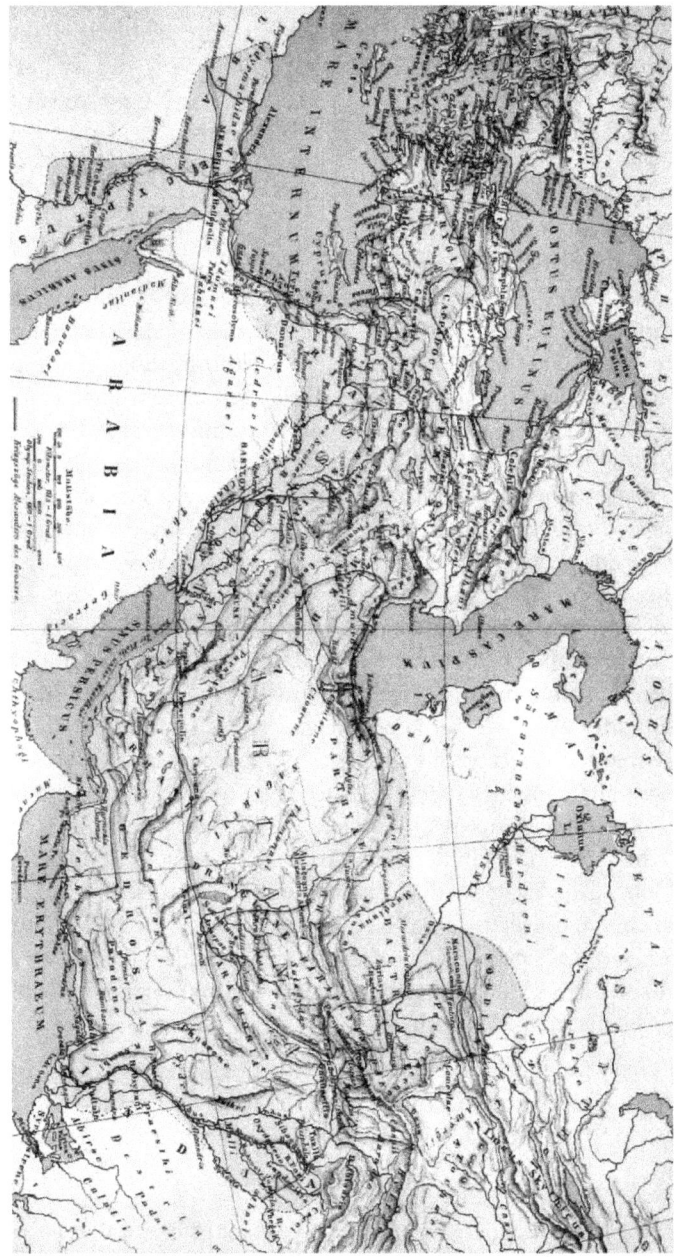

Figura 2.1. Le conquiste di Alessandro (collezione dell'autore)

Morte a Babilonia

A Babilonia, Alessandro aveva stabilito la corte nel Palazzo di Nabucodonosor (Figura 2.4) nel settore settentrionale della città, non lontano dalla Porta di Ishtar sulla sponda orientale dell'Eufrate (vedi la mappa in Figura 2.5). Nella seconda metà di aprile, il suo tempo era diviso tra la pianificazione della spedizione in Arabia, le udienze con le ambascerie della Grecia e i preparativi per il funerale (una cronologia schematica della prima metà del 323 a.C. è riportata nella Tabella 2.1). In quelli che sarebbero stati i suoi ultimi mesi, Alessandro sembra aver pianificato tutto su vasta scala e le esequie di Efestione furono la manifestazione più straordinaria della sua stravaganza. La pira è stata progettata da Dinocrate, architetto alla corte di Alessandro, che sembra essere stato ispirato dalla forma di piramide a gradoni della vicina Torre di Babele. Sebbene costruita in legno anziché in mattoni, era di dimensioni paragonabili (circa 70 metri di altezza e 180 metri di larghezza) alla ziggurat e comprendeva similmente sette piani, ciascuno decorato con meravigliose sculture dorate. Il primo livello aveva le prue di 240 galee, ognuna con cinque banchi di remi, due arcieri inginocchiati e una coppia di opliti.[7] Stendardi di feltro rosso fluttuavano tra ogni vascello. Il secondo livello era decorato con torce fiammeggianti sormontate da aquile svettanti che scrutavano dei serpenti avvolti intorno alle aste. L'altezza successiva consisteva in scene di caccia reali con raffigurazioni di bestie feroci e uomini, e la quarta rappresentava una guerra dei centauri. Leoni e tori si alternavano intorno al quinto livello, e al sesto erano disposte panoplie di armi greche e persiane. La cosa più splendida di tutte si trovava all'apice, le mitiche sirene dell'Odissea di Omero, ognuna scavata per alloggiare un cantante dal vivo che emetteva lamenti rapsodici. Una sezione delle mura della città lunga un miglio era stata abbattuta per formare una base di mattonelle cotte per tale edificio scintillante, il fulcro del funerale più spettacolare mai registrato (vedi Figura 2.6). Il tutto è costato un totale stimato in 12.000 talenti, che equivaleva a circa 25 tonnellate d'oro. Rimane il funerale più sontuoso della storia e una testimonianza fisica della profondità del dolore e dell'affetto di Alessandro. Un dettaglio toccante è riferito da Diodoro: durante il periodo di lutto, Alessandro ordinò che nei templi venissero spenti i fuochi sacri. Questo rito veniva normalmente eseguito solo alla morte del re, quindi i Persiani lo considerarono un cupo presagio. Ricorda comunque la definizione greca di un amico come un altro se stesso e anche la citazione più famosa del Re riguardo a Efestione, "Anche lui è Alessandro".[8]

Sulla scia del funerale, intorno agli inizi di maggio, Alessandro stava probabilmente percependo l'atmosfera a Babilonia piuttosto opprimente, sia fisicamente che mentalmente. Era venuto a conoscenza di un problema con il

---

[7] Diodoro Siculo, XVII, 115; l'archeologo Robert Koldewey ha individuato un possibile sito della pira presso una piattaforma bruciata e arrossata sotto un cumulo di macerie di mattoni vicino al muro interno di Babilonia a est del "Palazzo meridionale" di Nabucodonosor; Robert Koldewey, *Das Wieder Erstehende Babylon*, Leipzig 1913, pp. 301-302; Joan Oates, *Babylon*, London 1979, p.159.
[8] Per esempio, Diogene Laerzio, *Zenone*, 124; Plutarco, *Moralia*, 93E; cfr. Achille che dice di Patroclo, "Io lo pregiava sovra tutti i compagni; io di me stesso al par l'amava." Omero, *Iliade*, 18.81: Alessandro lo parafrasa in Arriano, *Anabasi*, VII, 14, 6.

La Ricerca della Tomba di Alessandro il Grande

sistema di canali costruito dai re assiri per deviare la piena annuale dell'Eufrate lontano dalla metropoli.[9] Ciò avveniva con il passaggio dalla primavera all'estate, quando sulle montagne armene si scioglievano le nevi, minacciando così di far saltare gli argini del fiume. Poco a monte di Babilonia era stato scavato un canale chiamato Pallacopa (o Pallacotta) per convogliare l'inondazione a sud del fiume verso una zona di laghi e paludi che confinava con il deserto arabico, a un centinaio di miglia dalla città (vedi Figura 2.1). La falla nel sistema risiedeva nella cedevolezza del terreno dove il canale si congiungeva con il fiume. Ciò aveva reso facile l'apertura del canale in primavera, ma erano stati necessari due mesi di notevoli sforzi da parte di diecimila operai per richiuderlo in autunno. Alessandro si imbarcò quindi in una spedizione ingegneristica con una piccola parte della flotta per cercare una soluzione al problema. Risalì l'Eufrate, poi discese il Pallacopa fino alla regione dei laghi. Lungo il percorso, a 5 km dalla bocca melmosa, individuò una zona di terreno più roccioso, dove poteva essere scavato un nuovo canale attraverso il quale il flusso poteva essere controllato più facilmente. Tra i laghi, il Re localizzò un sito ben attrezzato, dove stabilì la fondazione di una nuova città, l'ultima di una ventina di tali fondazioni intraprese da Alessandro. Tuttavia, di ritorno a Babilonia attraverso le paludi, diversi membri della sua flottiglia si smarrirono nel labirinto di canali, finché un pilota inviato a salvarli alla fine li rintracciò. Il suo stesso vascello deve aver indugiato tra le canne mentre minacciose nuvole di zanzare si lamentavano nell'aria afosa.

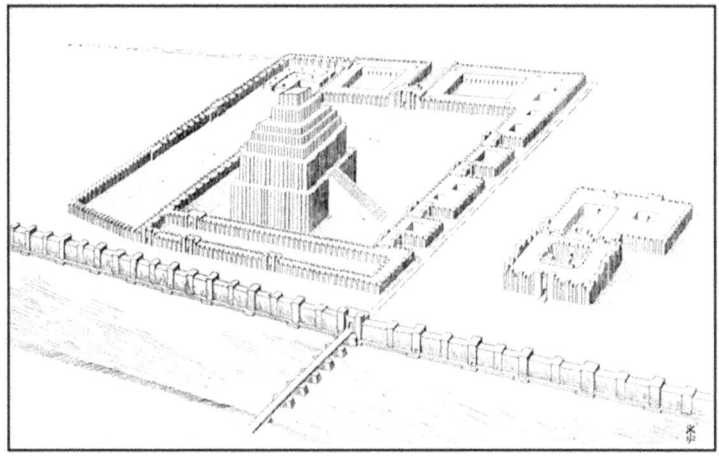

Figura 2.2. La Ziggurat babilonese e il tempio di Marduk (da Koldewey)

In un'altra parte delle zone umide, la flottiglia si imbatté in alcune tombe dei re assiri. Alessandro aveva preso il timone della sua nave, quando una insolita folata di vento gli fece volare il berretto dalla testa, che cadde su un canneto che cresceva

---

[9] cfr. Strabone, XVI, 1, 9-11, il quale aggiunge che Alessandro voleva semplificare l'avvicinamento delle sue navi da guerra all'Arabia attraverso i laghi e le paludi.

accanto a uno di quei silenziosi sepolcri. Il diadema reale era legato intorno al berretto, pertanto il suo impigliarsi a una tomba reale fu considerato un terribile presagio. Tuttavia, un rematore fenicio si tuffò in acqua e nuotò per recuperare il copricapo errante. Pensando di tenerlo asciutto per il Re, si mise il berretto in testa prima di ritornare. Sfortunatamente, la legge imponeva la morte ai sudditi che indossavano le insegne regali, qualunque fosse la ragione. Ma secondo Aristobulo,[10] che era probabilmente presente in qualità di ingegnere di Alessandro, nonché la principale fonte delle nostre informazioni, il marinaio fu semplicemente frustato per scongiurare il presagio, poi ricompensato con il dono di un Talento, pari a 26 chilogrammi abbondanti di argento.

Al momento del ritorno a Babilonia di Alessandro, nella seconda metà di maggio, erano arrivati diversi gruppi di armate per potenziare la spedizione arabica, inclusi 20.000 Persiani sotto Peucesta. A palazzo, gli inviati sacri dei Greci erano in attesa di offrire ad Alessandro corone d'oro. Atene e Sparta avevano votato per tributare "onori divini" al Re, l'anno precedente, probabilmente come gesto di pace, dal momento che questi stati erano considerati i più antagonisti tra i Greci al dominio di Alessandro. I precedenti di tale forma eccelsa di riconoscimento avevano incluso il culto di Lisandro come dio in molte città greche dopo la sua vittoria sugli Ateniesi ad Egospotami, nel 404 a.C., e gli onori eroici per Dione, il protetto di Platone, al suo trionfale ritorno a Siracusa nel 357 a.C.[11] Nel far sapere alle città-stato greche che sarebbe stato disposto ad accettare tali onori, Alessandro aveva probabilmente cercato di emulare il suo presunto antenato materno, Achille, che aveva ricevuto onori divini dagli Epiroti.[12] Paradossalmente, i suoi stessi Macedoni sembrano avergli rifiutato tali onori, sebbene fossero stati concessi a suo padre Filippo, mentre era ancora in vita.[13] La missione degli inviati a Babilonia potrebbe essere stata quella di conferire formalmente gli onori ad Alessandro.

Erano arrivati anche emissari del dio Amon in Egitto per riferire un responso oracolare alla richiesta del Re su come onorare lo spirito del defunto Efestione. Il dio aveva stabilito che si potevano offrire sacrifici a Efestione come a un eroe, così Alessandro iniziò a pianificare l'istituzione del suo culto in tutto l'impero.

---

[10] Altri storici sembrano aver accentuato la drammatica ironia della vicenda sostenendo che il marinaio fu premiato con un talento e poi giustiziato.
[11] Vedi la discussione in A.B. Bosworth, *Conquest and Empire: The Reign of Alexander The Great*, p. 280; A.B. Bosworth, "Heroic Honors in Syracuse" in *Crossroads of History: The Age of Alexander*, California 2004, pp. 11-28.
[12] Plutarco, *Pirro*, 1.
[13] Curzio Rufo, X, 5, 11; Diodoro, XVI, 92, 5, osserva che Filippo incluse una statua di se stesso tra quelle dei dodici dèi dell'Olimpo nella processione in occasione della celebrazione del matrimonio di sua figlia, poco prima del suo assassinio.

La Ricerca della Tomba di Alessandro il Grande

Figura 2.3. Ricostruzione dei Giardini Pensili di Babilonia (collezione dell'autore)

A un certo punto della settimana successiva, o giù di lì, accadde un altro sinistro incidente. Alessandro e i suoi compagni erano usciti dalla sala del trono per giocare a palla, secondo Plutarco, per essere unti con olio, nel racconto di Diodoro, o semplicemente perché avevano sete, nella versione di Arriano.

Morte a Babilonia

Durante la sua assenza, un prigioniero squilibrato di Messenia, chiamato Dionisio, si avvicinò al trono, si sistemò su di esso e indossò il diadema reale e le vesti che erano stati lasciati a portata di mano.[14] Interrogato, l'uomo non fu in grado di offrire alcuna giustificazione per il suo comportamento, il che rese ancora più oscuro il presagio. Secondo la legge, Alessandro lo fece giustiziare. Tutto ciò fu registrato dagli scrittori greci. È comunque interessante notare che questo scenario ha una sorprendente somiglianza con l'antico rituale di far recitare a un criminale il ruolo del re in tempi di sventura. L'usanza culminava tradizionalmente con l'esecuzione del sostituto, deviando così, apparentemente, la sfortuna.[15]

Figura 2.4. Ricostruzione del palazzo di Babilonia (R. Koldewey)

La maggior parte dei dettagli noti della malattia fatale di Alessandro è riassunta nella Tabella 2.2. In particolare, dal 29 maggio in poi abbiamo riportato gli estratti delle *Effemeridi*, il Giornale Reale di Alessandro che Eliano[16] attribuisce a Eumene di Cardia, primo segretario del Re, ma che è stato scritto insieme a un certo Diodoto di Eritre, altrimenti sconosciuto. Ho dimostrato in un articolo pubblicato per la prima volta in "Ancient History Bulletin", qui riprodotto come Appendice A, che "Diodoto" è probabilmente un errore di scrittura per Diogneto di Eritre, il quale, essendo uno dei topografi di Alessandro, è probabile che abbia contribuito alla registrazione delle marce quotidiane nel Giornale Reale mentre l'esercito era in movimento. Sia Arriano che Plutarco citano le *Effemeridi* nelle loro versioni degli ultimi giorni del Re. Ciononostante, alcuni studiosi hanno contestato l'autenticità del documento.[17] Esso, ad esempio, fa riferimento al dio toro egiziano Serapide, che si suppone sia stato inventato da Tolomeo dopo la morte di Alessandro.[18] Eppure, i Greci erano un popolo ecumenico, in quanto

---

[14] Plutarco, *Alessandro*, 73.
[15] Michael Wood, *In the Footsteps of Alexander the Great*, p. 225.
[16] Eliano, *Varia Historia*, III, 23; Ateneo, *Deipnosofisti*, 434B.
[17] N.G.L. Hammond e C.A. Robinson hanno difeso l'autenticità del Giornale negli studi accademici moderni, mentre A.B. Bosworth ha ammesso che potrebbe essere stato scritto e pubblicato da Eumene, ma continua a sostenere la possibilità che sia stato modificato fino a essere distorto. L. Pearson, A.E. Samuel ed E. Badian hanno affermato che il Giornale è un vero e proprio falso, anche se le loro teorie sulle sue origini variano notevolmente.
[18] Vedi Tacito, *Storie*, IV, 83-4; è molto probabile che Serapide sia stato derivato da Tolomeo dalle tradizioni egizie: i tori sacri Api a Menfi furono identificati con Osiride dopo la loro morte e adorati

La Ricerca della Tomba di Alessandro il Grande

solitamente ribattezzarono divinità straniere con l'equivalente familiare più vicino. È del tutto probabile che uno studioso di Alessandria, nel contesto di una delle inevitabili trascrizioni dei rotoli, abbia cambiato il nome di qualche divinità babilonese, forse il dio toro Marduk, per renderla più riconoscibile ai suoi lettori. C'è un secondo esempio di tale apparente anacronismo nel racconto di Plutarco, quando Serapide appare al prigioniero che sedeva sul trono. È anche noto che i successori di Alessandro in Egitto, così come altri re di Macedonia, tennero diari simili dei loro affari. In generale, la banalità stessa di molti dei dettagli del Giornale Reale, l'autoconsistenza della storia medica che fornisce e il fatto che i suoi riferimenti alla topografia babilonese sembrano essere coerenti con gli scavi moderni della città gli conferiscono una notevole credibilità.[19]

In particolare, il lessico Suda nomina Strattis di Olinto come autore di un commento in cinque libri alle *Effemeridi* e afferma che fu anche responsabile di un resoconto della morte di Alessandro. Ho dimostrato che questo è quasi sicuramente un errore per Efippo di Olinto, la cui opera perduta sulla morte del Re è ampiamente citata negli scritti sopravvissuti di Ateneo. Efippo compilò il suo commento entro una generazione dalla morte di Alessandro, il che rivendica fortemente l'autenticità delle *Effemeridi* stesse (vedi Appendice A).

Il 29 maggio fu un giorno di festa culminante in un banchetto formale in onore di Nearco. Dopo il pasto, il Re fece un bagno e partecipò a un festino alcolico privato organizzato dal suo amico Medio di Larissa. Dopo aver lasciato il simposio, si fece di nuovo il bagno, poi sembra che abbia dormito fino alla sera seguente, quando cenò con Medio, il quale ospitò poi una seconda festa per bere fino a notte fonda in compagnia di una ventina di importanti macedoni.[20] Più probabilmente in questa occasione, rispetto alla sera precedente, Alessandro bevve vino non diluito da una grande coppa in commemorazione della morte di Eracle, al che Arriano, Diodoro, Giustino e Plutarco menzionano tutti che il Re provò un dolore acuto come se fosse stato trafitto da un pugnale o da una lancia.

---

come "Osor-Hapi", da qui forse "Serapis" in greco; è stata ipotizzata l'esistenza di un santuario egizio di tale natura a Babilonia, ma si tratta di un'ipotesi piuttosto intricata; R. Koldewey suggerì che i Greci in seguito associarono Ea, il padre di Marduk, a Serapide e identificò il suo santuario sul lato settentrionale del tempio di Marduk.

[19] N.G.L. Hammond, *Alexander the Great*, 1981, Introduction for the Macedonian practice: P. A. Brunt in Section 14 of his Introduction to the Loeb edition of Arrian's *Anabasis* for the Ptolemies, riferendosi all'articolo seminale di Ulrich Wilcken su questo tema: "Hypomnematismoi", *Philologus* 53, 1894, pp. 84-126 e soprattutto p. 117.

[20] Una cifra di venti è stata fornita dalla misteriosa Nicobule, citata da Ateneo (vedi Lionel Pearson, *The Lost Histories of Alexander the Great*, p. 67). Nicobule dice anche che Alessandro recitò una scena dell'*Andromeda* di Euripide al banchetto finale ed è noto da Plutarco, Arriano e altri che il Re amava davvero citare questo drammaturgo. La versione armena del Romanzo di Alessandro fornisce l'elenco più ampio dei nomi degli ospiti: Perdikkas, Pithon, Leonatos, Pokestes [Peucesta], Ptlomeos [Tolomeo], Lysimachos, Ariston[oo?], Eumenes, Nearchos, Kassandros [Cassandro], Olkias, Meleandros, Filippo, Filippo il dottore, Filippo l'ingegnere, Eraclide, Europpeos, Pharsalios, Philotas, Dardana. Aggiunge Asandro a un elenco di coloro che non erano coinvolti nel complotto di avvelenamento (così come Perdikkas, Ptlomeos, Lysimachos, Olkias ed Eumenes). Altre versioni del Romanzo danno elenchi più confusi e meno completi.

Morte a Babilonia

Plutarco cita un racconto che indicava il dolore nella schiena di Alessandro,[21] anche se ha liquidato la storia come una finzione. Giustino scrive in modo piuttosto melodrammatico che il Re "fu portato via mezzo morto dalla tavola; era devastato da una tale agonia che chiese una spada per porvi fine e sentiva dolore al tocco dei suoi assistenti come se fosse ferito dappertutto".[22] Il Giornale Reale si limita a registrare che Alessandro fece il bagno e mangiò qualcosa (o poco) in seguito alla festa, dormendo poi nella stanza da bagno poiché stava iniziando a essere febbricitante.

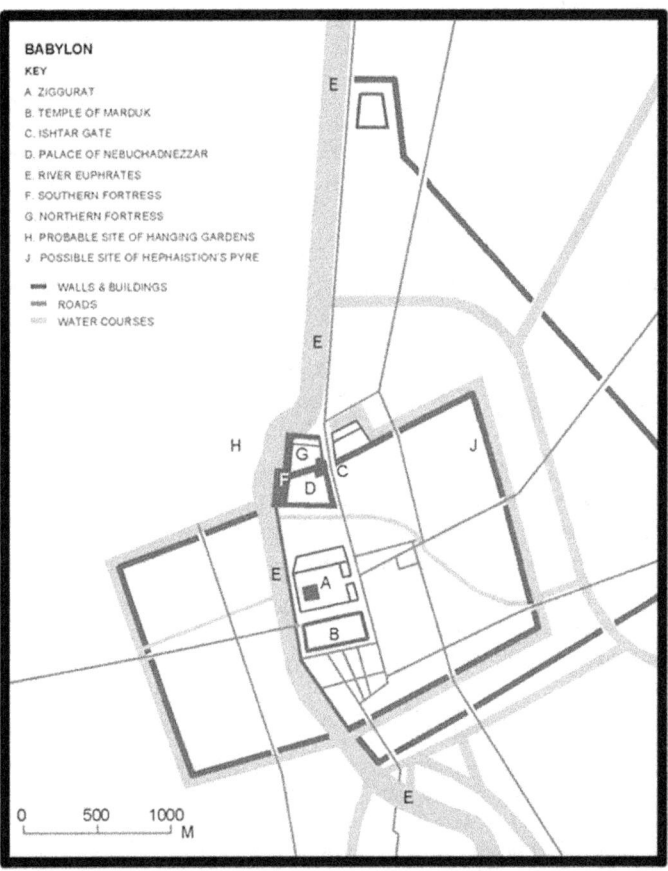

Figura 2.5. Pianta di Babilonia (da Koldewey)

Il 31 maggio, il Re fu portato su una lettiga per compiere i sacrifici quotidiani. Poi, si riposò negli appartamenti maschili del palazzo di Nabucodonosor fino al tramonto, mentre giocava a dadi con Medio e impartiva istruzioni ai suoi ufficiali: l'esercito di terra doveva partire per l'Arabia tre giorni dopo e la flotta avrebbe salpato dopo quattro. La sera si fece traghettare attraverso il fiume fino ai giardini,

---

[21] Plutarco, *Alessandro*, 75.
[22] Giustino, *Storie Filippiche. Epitome da Pompeo Trogo*, XII, 13, 9.

La Ricerca della Tomba di Alessandro il Grande

dove fece un bagno e si riposò. I giardini molto probabilmente si trovavano appena a nord delle mura interne, sulla sponda occidentale dell'Eufrate, di fronte al palazzo e potrebbero benissimo essere stati i famosi Giardini Pensili a terrazze che Strabone collocò sulle banchine dell'Eufrate e che si ritiene siano stati costruiti da Nabucodonosor II per la sua regina – Figure 2.3 e 2.5.[23] Plutarco e Arriano affermano entrambi che Alessandro, mentre si trovava nei giardini, aveva un letto accanto a una "grande piscina", il che potrebbe riferirsi al bacino idrico alla base delle terrazze da cui veniva attinta l'acqua per irrigare il fogliame. Il giorno successivo (1° giugno), il Re fece il bagno e sacrificò come al solito, poi si distese nella sua camera da letto, conversò con Medio e si intrattenne ad ascoltare Nearco che raccontava storie del suo viaggio nell'Oceano Indiano. Dopo aver incaricato i suoi ufficiali di incontrarlo all'alba, cenò, ancora una volta mangiando "qualcosa", e fu riportato in camera da letto. Ebbe la febbre alta per tutta la notte.

Figura 2.6. Ricostruzione della pira funeraria di Efestione, di F. Jaffé (collezione dell'autore)

Il 2 giugno, dopo il bagno e il sacrificio, spiegò a Nearco e agli altri alti ufficiali i suoi piani per la spedizione in Arabia, prevista ancora per il 4, ma la febbre si fece più intensa verso sera e trascorse una brutta nottata. Il giorno seguente (3 giugno), dopo aver fatto il bagno e aver compiuto i sacrifici, fu dichiarato dalle *Effemeridi* che non fu più abbandonato dalla febbre (οὐκέτι ἐλινύειν πυρέσσοντα). Malgrado ciò, convocò i suoi ufficiali per discutere le nomine ai comandi vacanti

---

[23] Strabone, XVI, 1, 5; Diodoro Siculo, II, 7, 3 e II, 10, 1; Flavio Giuseppe, *Contro Apione*, I, 141-142; Filone di Bisanzio, *Le Sette Meraviglie*, 1.

Morte a Babilonia

dell'esercito e ordinò loro di ultimare i preparativi per il viaggio. Dopo il bagno, la sera stette molto male. Tuttavia, la mattina successiva (4 giugno) fu nuovamente portato nella casa vicino alla piscina, dove diligentemente offrì i sacrifici stabiliti e impartì ulteriori istruzioni riguardanti il viaggio ai suoi ufficiali più anziani. Il 5 giugno riuscì appena a compiere i sacrifici, eppure continuò a dare ulteriori disposizioni agli ufficiali sul viaggio in Arabia, ma la febbre peggiorò. Quella sera, o forse la mattina presto del giorno successivo, ordinò ai suoi generali di attendere nella corte del palazzo e ai comandanti dei battaglioni e delle compagnie di radunarsi davanti alle porte. Il 6 giugno fu riportato dai giardini al palazzo. Essendo gravemente malato, sebbene riconoscesse ancora i suoi ufficiali, non disse nulla: era senza voce (ἄναυδον). Quella notte e per tutto il giorno dopo (7 giugno) la febbre continuò a salire e si fece ancora più intensa durante la notte seguente e per l'intera giornata dell'8 giugno.

A quel punto, si era diffusa la voce tra le sue truppe che il Re potesse essere già morto. Per placare la loro paura e il loro sospetto, desideravano ardentemente vederlo un'ultima volta e si accalcarono intorno alle porte del palazzo gridando minacce ai Compagni del Re, che alla fine cedettero e le ammisero a sfilare davanti al suo capezzale (Figura 2.7). La sua voce era debole, ma li riconobbe alzando la testa o facendo segni con gli occhi. Forse era ancora capace di un sussurro rauco, poiché Curzio Rufo cita la domanda del Re: "Troverete voi, quando sarò morto, un re degno di tali uomini?" e dice che Alessandro crollò sfinito dopo che tutti furono passati. Poco dopo, si sfilò l'anello dal dito e lo porse a Perdicca. Curzio Rufo e Giustino affermano che Alessandro ordinò che il suo corpo fosse portato ad Amon, il dio egizio.[24] Quando i Compagni gli chiesero a chi avrebbe lasciato il suo regno, rispose: "Al più forte" (ὅτι τῷ κρατίστῳ), e alcune fonti aggiungono che egli avesse previsto grandi giochi funebri (vedi Tabella 2.2). Quando, infine, Perdicca gli chiese quando desiderasse che gli fossero tributati gli onori divini, rispose: "Quando sarete felici".

Cinque Compagni del Re: Pitone, Seleuco, Attalo, Peucesta e Menida, insieme ai veggenti Demofonte e Cleomene, fecero una veglia notturna nel tempio di Serapide (Marduk?), chiedendo se fosse auspicabile che Alessandro fosse condotto lì per essere curato dal dio, ma l'oracolo del santuario indicò che doveva rimanere dov'era. Aristobulo[25] ha scritto che Alessandro, reso assetato dalla febbre, iniziò a delirare dopo aver bevuto del vino e questo particolare potrebbe collocarsi intorno all'8 giugno. Il giorno dopo, il 9 giugno,[26] verso sera, Alessandro fu dichiarato morto. Non aveva ancora 33 anni.

---

[24] Curzio Rufo, X, 4, 4; Giustino, XII, 15, 7 e XIII, 4, 6; Diodoro, XVIII, 3, 5; *Liber de Morte*, 119; Luciano, *Dialoghi dei Morti*, 13.
[25] Citato da Plutarco, *Alessandro*, 75.4.
[26] Plutarco cita il 28 di Daisio, che corrisponde al 9 giugno del calendario giuliano (vedi nota alla fine di questo capitolo) e la versione di Arriano è coerente con questa data. Una tavoletta babilonese conferma il 10 giugno al di là di ogni ragionevole dubbio (29° giorno del 2° mese dell'anno babilonese – vedi A.E. Samuel, *Ptolemaic Chronology*, Munich 1962). Tuttavia, Plutarco menziona

La Ricerca della Tomba di Alessandro il Grande

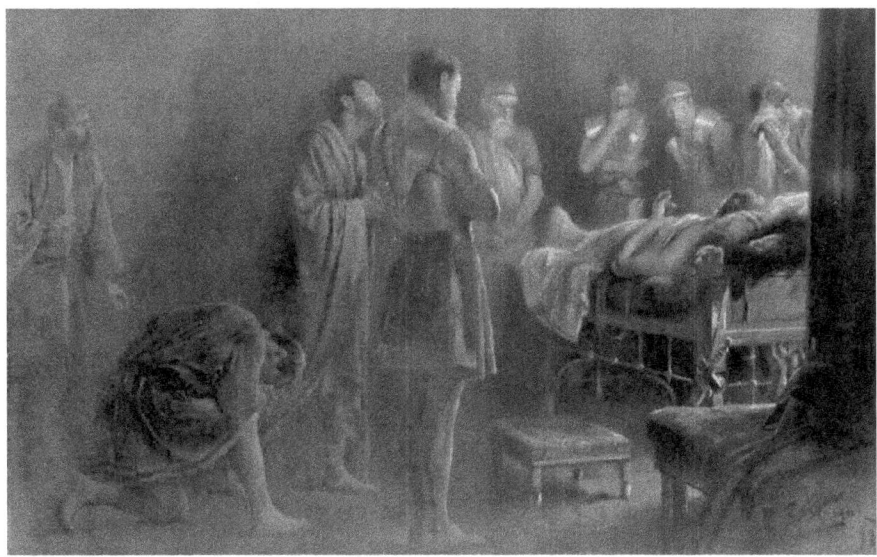

Figura 2.7. La morte di Alessandro, di A. Castaigne (collezione dell'autore)

Dapprima in tutta la reggia ci fu un'esplosione di pianti, di grida e di lamenti; ma ben presto, come in una vasta solitudine, tutti si irrigidirono in un triste silenzio: al dolore era subentrato il pensiero di ciò che sarebbe accaduto in seguito. I nobili paggi, addetti alla guardia del re, non potevano sopportare l'immensità del loro dolore né trattenersi all'interno del vestibolo: vagavano come forsennati e riempivano la grande città di tristezza e di lutto, facendo echeggiare tutti i lamenti che il dolore suggerisce in tali disgrazie. Tutti coloro che si erano fermati fuori della reggia, Macedoni e barbari, accorrevano insieme, senza che si potessero distinguere, nel comune dolore, i vincitori dai vinti. I Persiani chiamavano Alessandro il più giusto e il più clemente dei sovrani, i Macedoni il più buono e il più forte dei re: andavano, si potrebbe dire, a gara nel mostrare ciascuno il proprio dolore.

Quinto Curzio Rufo[27]

La sincerità di gran parte del dolore scioccato in reazione alla morte di Alessandro è dimostrata dal comportamento di Sisigambi, la madre di Dario, e ultimamente la nonna di Alessandro, la quale, dopo aver appreso la notizia, si voltò verso il muro e rifiutò il sostentamento fino a quando morì, cinque giorni dopo.[28]

---

anche che Aristobulo registrò la data come 30 Daisio, che corrisponde al 10 giugno, perché Daisio era un mese intercalare del calendario macedone e non aveva il 29 (vedi *Ptolemaic Chronology*, p. 46). Le disparità si spiegano meglio assumendo che Plutarco stesse citando le *Effemeridi* per la data e l'ora esatte, mentre Aristobulo e i sacerdoti babilonesi udirono la notizia annunciata solo la mattina seguente. Lo Pseudo Callistene (Il Romanzo di Alessandro) cita il 4 Pharmouthi, che corrisponde al 13 giugno del calendario egiziano: questo non può essere il giorno in cui Alessandro è stato dichiarato morto, ma potrebbe essere più vicino alla data effettiva, se fosse entrato in un coma profondo.

[27] Curzio Rufo, X, 5, 7.
[28] Curzio Rufo, X, 5, 19-25; Diodoro, XVII, 118, 3.

Morte a Babilonia

Il 15 giugno, quando gli imbalsamatori egiziani e caldei arrivarono per trattare e preservare il cadavere di Alessandro, nonostante il caldo estivo lo trovarono incorrotto e dall'aspetto vivido. All'inizio non osarono toccarlo, ma dopo aver pregato per ottenere il consenso degli dèi pulirono il corpo e lo deposero in un sarcofago d'oro pieno di spezie e di profumi esotici.[29] La versione armena 283 del Romanzo di Alessandro menziona che il corpo di Alessandro fu conservato in "island-honey and *hipatic aloe*" e "una miscela di miele e spezie fu aggiunta alla bara" secondo il *Liber de Morte*, nella sezione 113 dell'*Epitome di Metz*. Ciò potrebbe essere stato un conservante efficace. Plutarco scrive nella sua *Vita di Agesilao* 40 che il re spartano morì sulla costa della Libia[30] nel 360 a.C., ma i suoi compagni, secondo l'usanza di restituire i corpi dei loro re al suolo spartano per la sepoltura, vollero conservare il suo cadavere nel miele. Dovettero però accontentarsi della cera fusa, poiché non c'era abbastanza miele a portata di mano.

* * * * * * * *

Quale fu allora la causa della morte di Alessandro? Rimane uno dei misteri più allettanti del mondo antico, poiché mancano dettagli sufficienti per fare una diagnosi certa. Tuttavia, partendo dal presupposto che il racconto del Giornale Reale sia autentico, è possibile affermare che uno scenario si adatti alla storia clinica decisamente meglio di qualunque altro.

Al momento della morte del Re non c'era alcun sospetto di avvelenamento.[31] Del resto, il resoconto fornito dal Giornale Reale è un classico caso di morte per malattia. Ciononostante, nel giro di un anno al massimo, e probabilmente prima, emerse la storia che Alessandro era stato avvelenato a tradimento per ordine di Antipatro, il suo reggente in Macedonia. Pare che un certo Agnotemi, altrimenti sconosciuto, abbia affermato di aver sentito il racconto da Antigono, governatore della Frigia di Alessandro. Nel 324 a.C., Alessandro aveva ordinato che Cratero assumesse la reggenza della Macedonia, fornendo così ad Antipatro un valido movente. Il veleno è variamente descritto come fornito da Aristotele, il primo tutore di Alessandro, o come semplice acqua raccolta dal fiume Stige. Questa era considerata mortale a causa della sua freddezza estrema e si diceva che fosse stata trasportata a Babilonia nello zoccolo di un mulo, l'unico recipiente in grado di resistere alle sue leggendarie proprietà caustiche. Cassandro, figlio di Antipatro, era il presunto emissario e si era effettivamente unito ad Alessandro alla fine del 324 a.C. o all'inizio del 323 a.C. Si narra che, essendo nuovo alla corte, egli fu così sciocco da ridere di un Persiano che eseguiva la proskynesis (una forma di inchino) davanti al Re. Alessandro divenne furioso e gli sbatté la testa contro il

---

[29] Curzio Rufo, X, 10, 9 e Plutarco, *Alessandro*, 77; cfr. Diodoro, XVIII, 26, 3.
[30] La Libia anticamente designava l'Africa a ovest del Nilo.
[31] Questa versione della storia dell'avvelenamento deriva principalmente da Plutarco, *Alessandro* 77, che era scettico: così anche Arriano, *Anabasi* VII, 27, mentre Curzio Rufo, X, X, 14, e Diodoro, XVII, 118, erano più neutrali; Giustino, XII, 14, accettò la storia come un fatto reale e il *Liber de Morte* riportò l'avvelenamento come storia vera.

La Ricerca della Tomba di Alessandro il Grande

muro. Plutarco racconta che quando Cassandro, molti anni dopo, vide una statua di Alessandro a Delfi iniziò a tremare in modo incontrollabile.

Nella versione classica, come riportato dal *Liber de Morte*, il veleno veniva somministrato al festino di Medio da Iolla, il coppiere di Alessandro, fratello minore di Cassandro e presunto amante di Medio. Sulla base di questa stessa diceria, Iperide, un oratore ateniese e acerrimo nemico della Macedonia, propose un voto di ringraziamento a Iolla non molto tempo dopo la morte del Re[32] e Olimpiade, la vendicativa madre di Alessandro, distrusse la tomba del coppiere nel 317 a.C.[33]

Un primo problema riguardante la narrazione è che contiene alcuni elementi ovviamente fittizi, come l'acqua del fiume e lo zoccolo di mulo. Se alcune parti sono delle invenzioni, anche il resto deve essere sospetto. Arriano era a conoscenza di diverse versioni fantastiche del racconto, e una storia con una stretta somiglianza con il *Liber de Morte* è giunta fino a noi tra le favole del Romanzo di Alessandro.[34] Sia Arriano che Plutarco erano profondamente scettici al riguardo, e perfino Curzio Rufo e Diodoro non ci facevano molto affidamento, anche se Giustino accettò la storia e ampliò la portata del complotto coinvolgendo gli ufficiali di Alessandro. Un secondo motivo per essere dubbiosi è che tale racconto emerse in un momento di continue guerre tra i Diadochi, i successori di Alessandro, tra i quali Antipatro e in seguito Cassandro erano leader di spicco. Tutto ciò che avrebbe potuto aiutare ad estraniare le truppe macedoni da quei comandanti sarebbe stata una potente propaganda per i loro avversari. In altre parole, anche se Alessandro non fosse stato realmente avvelenato, le circostanze avrebbero imposto che una tale storia venisse inventata. In terzo luogo, è molto difficile adattare qualsiasi ragionevole scenario di avvelenamento alla storia clinica che si evince dal resoconto del Giornale Reale. Per questo motivo, coloro che favoriscono la teoria dell'avvelenamento sono stati tradizionalmente i principali critici dell'autenticità del Giornale. Anche Giustino, comunque, nel trattare la storia dell'avvelenamento come un dato di fatto fornisce una durata di oltre una settimana per la malattia di Alessandro,[35] mentre qualsiasi veleno abbastanza potente da produrre i dolori acuti e invalidanti, secondo quanto riferito, avrebbe dovuto essere immediatamente fatale. Malgrado ciò, è stato proposto un lento avvelenamento da stricnina,[36] ma i rischi associati a un piano così complesso e prolungato che richiedeva dosaggi multipli sembrerebbero

---

[32] Plutarco, *Moralia*, 848.
[33] Diodoro, XIX, 11, 8 e XIX, 35, 1.
[34] Ad esempio, R. Stoneman (trad.), *The Greek Alexander Romance*, III, 31; A.M. Wolohojian (trad.), *The Romance of Alexander the Great by Pseudo-Callisthenes*, 264-268.
[35] Giustino, XII, 15, 12: "Il sesto giorno la voce di Alessandro è venuta meno". Giustino cita un altro periodo di tre giorni in XII, 15, 1: "Dopo tre giorni Alessandro sentì che la sua morte era certa..." Sembra dubbio che questi periodi siano da intendersi consecutivi, ma ammettendo che Alessandro sia sopravvissuto forse diversi giorni dopo che la sua voce era venuta meno, allora Giustino è più o meno d'accordo con il resoconto del Giornale riguardo alla durata della malattia.
[36] R.D. Milns, *Alexander the Great*, London 1968, p. 257.

proibitivi, dato che lo stesso Alessandro aveva una certa conoscenza della medicina erboristica.[37] Engels ha anche sottolineato che la varietà letale di stricnina ha un sapore estremamente amaro e che i sintomi riportati da Alessandro non si adattano agli effetti fisiologici della somministrazione lenta o veloce di stricnina.[38] Infine, Antipatro, sul letto di morte, mostrò una notevole lealtà alla moglie e al figlio di Alessandro affidandoli alle cure di Poliperconte, piuttosto che lasciare il proprio figlio Cassandro al potere.[39] In sintesi, anche se l'avvelenamento non può essere escluso come possibilità, può essere ragionevolmente considerato uno scenario improbabile.

Per completezza, va fatta menzione di un paio di libri recenti che hanno abbracciato la teoria secondo cui Alessandro fu assassinato, scartando tutte le antiche evidenze sui probabili responsabili.[40] Ogni autore sembra essere stato motivato dal principio del giallo, ovvero di attribuire il crimine all'indiziato meno probabile. In un caso, viene indicata la regina Rossane, nonostante il fatto che ella facesse affidamento su Alessandro come garante del suo status, della sua sicurezza e di quella del suo bambino non ancora nato. Nell'altro, invece, viene accusato Tolomeo, anche se diverse fonti antiche suggeriscono che fosse il fratellastro illegittimo di Alessandro (e nessuno lo nega). Inoltre, Alessandro gli aveva personalmente salvato la vita in India e lo aveva elevato a un rango tale da essere secondo soltanto a Perdicca, quando il Re morì a Babilonia. Tale era la lealtà di Tolomeo che in seguito scrisse una importante storia di Alessandro, nella quale cercò di difendere la reputazione del Re dai pettegolezzi dei suoi detrattori. In nessuno di questi libri moderni c'è alcuna prova tangibile a sostegno delle loro ipotesi contorte. Sebbene le opere possano avere un certo valore di intrattenimento come finzioni divertenti, e in effetti un autore è anche un romanziere, mancano di qualsiasi rigore storico.

Alessandro ha forse bevuto fino a morire prematuramente? Non c'è dubbio che il Re a volte bevesse pesantemente, ma questo non era affatto insolito tra i Greci di alto rango a quei tempi (né, si potrebbe aggiungere, tra la maggior parte dei gruppi sociali in quasi tutte le epoche). Efippo, cronista ostile e sensazionalista, attribuì la morte di Alessandro all'ira di Dioniso, il dio del vino associato in modo particolare alla città di Tebe, distrutta dagli alleati di Alessandro.[41] Potrebbe quindi trattarsi di un desiderio di giustizia poetica. Eliano fornisce un altro estratto modificato del Giornale Reale che descrive in dettaglio le varie feste a base di alcol a cui partecipò Alessandro in un periodo di tre settimane, intorno all'ottobre del 324 a.C.[42] Il brano sembra essere stato selezionato con lo scopo di dimostrare che Alessandro bevesse in modo eccessivo, eppure riporta sbornie limitate a sole

---

[37] Plutarco, *Alessandro*, 8.
[38] D.W. Engels, "A note on Alexander's death," *Classical Philology* 73, pp. 224-8.
[39] Diodoro, XVIII, 48, 4.
[40] Graham Phillips, *Alexander the Great: Murder in Babylon*, Virgin Books, 2005; Paul C. Doherty, *Alexander the Great: Death of a God*, 2004.
[41] Ateneo, 434A-B; vedi Lionel Pearson, *The Lost Histories of Alexander the Great*, p. 62.
[42] Eliano, *Varia Historia*, III, 23.

La Ricerca della Tomba di Alessandro il Grande

quattro serate nel lasso di tempo. Ciò non suona come particolarmente sregolato in un periodo di relativo rilassamento. Aristobulo, che sarà stato un testimone oculare, scrisse che Alessandro sedeva a lungo davanti al suo vino solo per il gusto di conversare con i suoi Compagni.[43] L'epatite alcolica potrebbe talvolta essere associata a febbre e potrebbe portare al coma. Tuttavia, sarebbe quasi invariabilmente accompagnata da itterizia e prove di profonda malnutrizione, nessuna delle quali è stata osservata. È stata anche sollevata la possibilità di contaminazione accidentale del vino di Alessandro con piombo o metanolo, ma non ci si aspetterebbe comunque una febbre crescente e perniciosa.[44] È quindi piuttosto improbabile che l'alcol sia stato la causa diretta della sua morte, anche se potrebbe aver esacerbato un'altra patologia.

Un'altra diagnosi popolare è stata suggerita da Schachermeyr, il quale ipotizza che potrebbe essersi trattato di leucemia,[45] anche se la malattia del Re sembra essere stata troppo breve e improvvisa affinché ciò sia del tutto plausibile. Con ogni probabilità, la morte di Alessandro fu davvero la conseguenza di un'infezione da parte di qualche organismo biologico. Il tifo è un vecchio favorito. Viene trasmesso da pulci, pidocchi, acari e zecche e può diventare epidemico in condizioni di vita affollate e insalubri. Si presenta con febbre, dolore alla schiena e ai muscoli, forte mal di testa, tosse e un'eruzione cutanea prominente. Alcuni distretti di Babilonia erano probabilmente densamente popolati, ma le condizioni di vita personali di Alessandro erano ovviamente spaziose e aveva l'abitudine di fare il bagno almeno una volta al giorno. Inoltre, non ci sono testimonianze di alcuna eruzione cutanea. Al contrario, il suo cadavere viene descritto come incorrotto e fresco da Plutarco.

Oldach e Richards hanno recentemente proposto una diagnosi di febbre tifoide con la rara complicanza di paralisi ascendente e coma.[46] Sfortunatamente, però, la loro ipotesi si basa fortemente sulla supposizione che il dolore addominale "in the right upper quadrant" (nel quadrante superiore destro) fosse un sintomo chiave. L'unica evidenza di ciò viene dall'inaffidabile, e spesso addirittura fittizio, Romanzo di Alessandro dello Pseudo Callistene,[47] che afferma che Alessandro "subito lanciò un grido di dolore, come se fosse stato trafitto al fegato da una freccia" al festino di Medio. A parte il fatto che il dolore al fegato è espresso come una semplice similitudine, i Greci consideravano il fegato la sede delle passioni, quindi essere trafitti al fegato, nell'originale greco del Romanzo, ha la stessa

---

[43] Arriano, *Anabasi*, VII, 29, 4.
[44] David W. Oldach, MD and Robert E. Richard, MD, PhD, "A Mysterious Death", *The New England Journal of Medicine*, Vol. 338, No. 24, June 11, 1998; John Maxwell O'Brien, *Alexander the Great: the Invisible Enemy*, sostiene il ruolo del bere nella caduta di Alessandro, ma anche lui non vede l'alcol molto più di un fattore esacerbante nella morte del Re.
[45] Fritz Schachermeyr, *Alexander der Grosse*, p. 563: suggerisce anche la malaria falciparum.
[46] David W. Oldach, MD and Robert E. Richard, MD, PhD, "A Mysterious Death", *The New England Journal of Medicine*, Vol. 338, No. 24, June 11, 1998.
[47] Stoneman, *The Greek Alexander Romance*, III, 31; cfr. Robin Lane Fox, *Alexander the Great*, Cap. 32.

sfumatura poetica dell'essere trafitto al cuore in inglese, pertanto non dovrebbe essere preso alla lettera. In generale, la credibilità del Romanzo è fatalmente minata da episodi come le conversazioni di Alessandro con alberi profetici, che preannunciano la sua morte a Babilonia e il successivo omicidio di sua madre e di sua moglie. Un altro problema relativo alla teoria del tifo è che i re persiani facevano bollire la loro acqua potabile e non c'è motivo di supporre che tale pratica sia stata interrotta nei palazzi reali dopo l'accesso al trono di Alessandro.[48] Inoltre, le paludi dove navigò a maggio sembrano essere state alimentate dal canale Pollacopa, che si ritiene si sia diramato dall'Eufrate a monte di Babilonia, quindi non c'è alcun motivo *prima facie* di supporre che il Re sia stato esposto agli indicibili orrori degli scarichi fognari babilonesi. Anche se l'ipotesi del tifo non può essere esclusa, una malattia trasmessa dall'acqua non sembra adattarsi perfettamente alle testimonianze.

In seguito a un'epidemia di West Nile Virus esplosa nel 2002 negli Stati Uniti, John Marr e Charles Calisher proposero, nel 2003, che la causa della morte di Alessandro fosse l'encefalite derivante da tale infezione.[49] Durante l'epidemia, negli Stati Uniti furono scoperti uccelli morti che giacevano sotto gli alberi, quindi l'articolo di Marr e Calisher in *Emerging Infectious Diseases* attirò particolare attenzione su un incidente riportato da Plutarco, quando uccelli morti caddero ai piedi di Alessandro mentre entrava a Babilonia nel 323 a.C.[50] Tuttavia, Plutarco fu esplicito nel dire che i corvi avevano lottato tra loro, è quindi superfluo dedurre l'insorgere di qualsiasi malattia. Inoltre, nelle epidemie moderne la malattia ha un tasso di mortalità solo di pochi punti percentuali tra i casi segnalati e molti altri casi lievi non vengono riportati. Le vittime sono normalmente persone anziane o già debilitate da qualche altra malattia. Infine, in una lettera di risposta all'articolo di Marr e Calisher, Massimo Galli, Flavia Bernini e Gianguglielmo Zehender, dell'Università degli Studi di Milano, presentarono le analisi genetiche del virus che mostrano che non avrebbe potuto infettare l'uomo prima dell'VIII secolo d.C. e forse non prima del 1000 d.C. ca. Conclusero che la datazione molecolare dell'origine del West Nile Virus lo assolve da ogni responsabilità nella morte di Alessandro.[51]

All'inizio del 325 a.C., Alessandro era stato gravemente ferito al petto da una freccia mentre guidava personalmente l'assalto a una città di Malli, forse Multan, in India. Tolomeo affermò che quando la freccia venne estratta l'aria fu vista fuoriuscire dalla ferita insieme al sangue, implicando la perforazione del polmone.[52] Sulla base di ciò e della afonia di Alessandro nelle ultime fasi della malattia terminale, la pleurite è stata considerata una probabile complicazione. Ad

---

[48] Mary Renault, *The Nature of Alexander*, p. 228.
[49] John S. Marr & Charles H. Calisher, "Alexander the Great and West Nile Virus Encephalitis", *Emerging Infectious Diseases*, Vol. 9, No. 12, December 2003, pp. 1599-1603.
[50] Plutarco, *Alessandro*, 73, 1.
[51] Massimo Galli, Flavia Bernini, Gianguglielmo Zehender, "Alexander the Great and West Nile Virus Encephalitis [letter]", *Emerging Infectious Diseases*, Vol. 10, No. 7, July 2004.
[52] Arriano, *Anabasi*, VI, 10, 1.

ogni modo, Tolomeo stesso raccontò che non era presente durante l'assedio, essendo stato impegnato in una missione altrove.[53] Il resto degli antichi racconti suggerisce che la freccia si sia effettivamente conficcata nello sterno di Alessandro, il che sarebbe anche più coerente, dal punto di vista medico, con la rapidità descritta della completa guarigione del Re dalla ferita.[54] L'intervallo di due anni tra la ferita della freccia e la morte di Alessandro rende anche la pleurite meno probabile di quanto a volte si tenda a rappresentare.

Un documentario televisivo intitolato "Alexander the Great's Mysterious Death" (la misteriosa morte di Alessandro Magno), andato in onda per la prima volta nel 2004, ha proposto che il Re potrebbe aver avuto un'overdose di erbe medicinali, in particolare di elleboro. Ho trovato difficile rintracciare dei casi autentici di individui che si siano fatalmente avvelenati usando questa pianta. È particolarmente assurdo suggerire che lo abbia fatto Alessandro, dal momento che gli insegnamenti di Aristotele sulla medicina erboristica si sarebbero senza dubbio estesi anche ai potenziali pericoli dell'elleboro in grandi dosi.

Un recente articolo di Hutan Ashrafian in "Journal of the History of the Neurosciences" ha discusso la possibilità che Alessandro sia morto a causa dell'aggravarsi di una deformità cervicale del collo.[55] Esso cita i rapporti secondo cui egli inclinava abitualmente la testa a sinistra e talvolta dirigeva lo sguardo leggermente verso l'alto, anche se le fonti antiche sostengono che si trattasse di semplici manierismi. Ashrafian afferma che i racconti che descrivevano un Alessandro epilettico, con una pupilla quasi nera e l'altra grigio-azzurra, dotato di corna, potrebbero essere tutti spiegati dalla sua ipotesi attraverso alcune condizioni mediche rare. Tuttavia, la testimonianza delle fonti su tutti e tre i punti in questione è difettosa. L'epilessia non è mai specificamente attestata per Alessandro dagli scrittori antichi. La sua associazione con il Re sembra essere stata ispirata da un passo della *Physiognomonika* di Adamanzio: "Occhi piccoli e tremolanti... mostrano l'apice dell'audacia e dell'elevazione, ma anche la suscettibilità all'ira e al bere, il vanto, l'instabilità mentale e la quasi epilessia, e anelano alla gloria sovrumana, come nel caso di Alessandro il Macedone".[56] Poiché questo autore menziona solo la "quasi epilessia", implicitamente esclude che Alessandro abbia sofferto di epilessia effettiva. L'asimmetria del colore degli occhi deriva dal semi-leggendario Romanzo di Alessandro, dove lo stesso passaggio confida che Alessandro aveva denti appuntiti "come un serpente". Sebbene monete e statue raffigurino Alessandro con le corna, queste non erano reali, ma simboleggiavano la deificazione come Amon. Efippo scrisse che Alessandro le indossò come costume a una festa, cosa che difficilmente sarebbe

---

[53] Arriano, *Anabasi*, VI, 11, 8; Curzio Rufo, IX, 5, 21.
[54] Plutarco, *Moralia*, 327B, 341C, 344C-D, 345A; Plutarco, *Alessandro*, 63, 6; Arriano, *Anabasi*, VI, 9, 10; Diodoro, XVII, 99, 3; Curzio Rufo, IX, 5, 9-32; Strabone, XV, 1, 33; A.B. Bosworth, *Alexander and the East*, p. 62.
[55] Hutan Ashrafian, "The Death of Alexander the Great – A Spinal Twist of Fate," *Journal of the History of the Neurosciences*, Vol. 13, N. 2, June 2004, pp. 138-142.
[56] Adamanzio, *Physiognomonika*, 1, 14 (IV sec. d.C.).

stata necessaria se gliene fosse spuntato un paio![57] La morte per deformità del collo è improbabile, specialmente in un individuo fisicamente attivo che era sopravvissuto fino ai trent'anni senza effetti negativi.

Quasi tutti i decessi reali possono essere attribuiti a una piccola gamma di cause comuni. Poche persone muoiono per delle cause rare e praticamente nessuno muore mai per una causa singolare. Unicamente per fini statistici, non vale la pena considerare i casi rari o unici per la morte di Alessandro, a meno che tutte le spiegazioni comuni non siano state escluse in modo sicuro.

Tra tutte le diagnosi disparate ci rimane solo una causa comune di morte che praticamente si adatta alla perfezione a ogni caratteristica nota della malattia finale di Alessandro. È stata suggerita per la prima volta nel XIX secolo[58] ed è approvata da molti autori moderni (in particolare Engels[59]), ma non sembra essere mai stata portata avanti con tutta la forza e l'attenzione che merita. Possiamo essere abbastanza sicuri che Alessandro sia stato esposto a zanzare infette dalla malaria nelle paludi a sud di Babilonia, all'incirca intorno alla metà di maggio, dal momento che la malaria è stata endemica in Mesopotamia da tempi molto antichi. Esistono quattro specie di parassiti della malaria, ma solo una di esse, il plasmodium falciparum, è spesso immediatamente fatale. La natura della malattia prodotta dalla malaria falciparum è sinteticamente descritta nei seguenti estratti di un articolo e di un libro che trattano questo argomento: -

La malaria è una malattia parassitaria endemica in molte parti tropicali e subtropicali del mondo. Di solito viene trasmessa dalle punture di zanzare anofele infette. La malaria Falciparum... è associata ai più alti livelli di parassiti nel sangue ed è la forma più grave di malaria, a volte fatale. Il periodo di incubazione della malaria Falciparum è di solito da nove a quattordici giorni durante i quali i parassiti si sviluppano silenziosamente nel fegato prima di maturare, moltiplicarsi e invadere i globuli rossi... Secondo un esperto consultato dalla Medical Protection Society in un recente caso, una delle principali caratteristiche dell'infezione è l'estrema variabilità dei segni e dei sintomi dell'attacco. I sintomi classici della malaria come freddo e brividi seguiti da febbre alta e sudorazione ripetuti a intervalli regolari sono rari. I primi sintomi della malaria includono stanchezza, depressione, mal di testa, dolori alla schiena e agli arti, perdita di appetito e nausea. In circa il trenta per cento dei pazienti la malattia inizia con un brivido, lieve diarrea, forse accompagnata da lieve itterizia o tosse. Sebbene la milza sia spesso ingrossata, non è sempre palpabile. Lo sviluppo della malaria grave è variabile. Molto spesso il paziente non presenta sintomi gravi durante i primi tre o quattro giorni della malattia ma peggiora rapidamente verso la fine della prima settimana e questo peggioramento può verificarsi nel corso di poche ore.... I sintomi della malaria grave variano a seconda di quale degli organi del paziente è danneggiato dalla forma di divisione del parassita, che si situa in piccoli vasi sanguigni all'interno degli organi. Spesso sono coinvolti cervello, reni e polmoni. La malaria

---

[57] Ateneo, *Deipnosofisti*, 537E.
[58] Il medico francese, Emile Littré, diagnosticò la malattia mortale di Alessandro come malaria falciparum in *Médecine et Médecins*, Paris 1872, pp. 406-415.
[59] D.W. Engels, "A note on Alexander's death," *Classical Philology* 73, pp. 224-8.

La Ricerca della Tomba di Alessandro il Grande

cerebrale può svilupparsi lentamente o rapidamente. Possono derivarne mal di testa, agitazione o sonnolenza, comportamento anomalo o coma. La temperatura è solitamente alta ma può essere subnormale. In tali casi è probabile che l'esito sia la morte, a meno che non vi sia un intervento qualificato in ospedale nella fase iniziale.[60]

...in pratica la periodicità caratteristica non viene infatti osservata in molti casi, a causa di infezioni con generazioni multiple di parassiti i cui cicli di sviluppo non sono sincronizzati. Gli esperimenti... sono stati condotti per molti anni all'Horton Hospital di Epsom in Inghilterra. Questi esperimenti hanno dimostrato che nella malaria causata da P. falciparum, la specie più pericolosa di malaria, la maggior parte degli attacchi assume la forma di febbri subcontinue o quotidiane (con un picco ogni ventiquattr'ore).[61]

Vale la pena elencare i parallelismi tra le circostanze e i sintomi della malattia di Alessandro e un tipico caso clinico di malaria falciparum, poiché ce ne sono molti:

i) Alessandro, molto probabilmente, stava navigando e dormendo nelle paludi infestate dalla malaria a sud di Babilonia, circa una o due settimane prima di ammalarsi, il che coincide precisamente con il periodo di incubazione della malaria falciparum.

ii) Il resoconto del Giornale Reale implica che Alessandro abbia dormito tutto il giorno successivo al primo festino di Medio. L'affaticamento e la letargia sono tipici dell'insorgenza di molte infezioni gravi e in modo particolare della malaria falciparum.

iii) Plutarco descrive Alessandro che prova un dolore alla schiena simile a una pugnalata mentre tracanna vino dalla Coppa di Eracle alla festa di Medio, e Giustino lo fa portare via dalla festa che era dolorante dappertutto. È ironico che entrambi gli scrittori credessero di citare prove a favore dell'avvelenamento, mentre i loro resoconti sono in realtà più coerenti con i dolori alla schiena e alle articolazioni tipici di un comune sintomo precursore della malaria falciparum.

iv) Negli scritti antichi ci sono due riferimenti al mangiare poco di Alessandro nei primi giorni della sua malattia, che possono suggerire una mancanza di appetito caratteristica delle prime fasi della malaria falciparum.

v) La versione di Arriano del Giornale Reale afferma che Alessandro "non fu più abbandonato dalla febbre" dopo il 3 giugno. Ciò implica che la febbre sia stata

---

[60] Dr. P.D. Clarke (Direttore Medico del UK Medical Advisory Service for Travellers Abroad), Dr. A. Bryceson (Hospital for Tropical Diseases, London), *The Medical Protection Society, Casebook (GP) No. 4*, London 1994, pp. 4-5.
[61] Robert Sallares, *Malaria and Rome*, 2002, p. 11.

intermittente per la maggior parte della prima settimana di malattia. Una tale febbre intermittente si adatta bene ai dettagli del Re che istruisce i suoi ufficiali, gioca a dadi e discute le nomine dei posti vacanti dell'esercito, che sono intervallati da riferimenti a gravi attacchi di febbre che si verificano la sera e continuano durante la notte. Un modello di picchi di febbre e remissioni in un ciclo giornaliero (la cosiddetta febbre quotidiana) è altamente caratteristico della malaria falciparum. Ciò aiuta anche a spiegare perché Alessandro non posticipò l'imminente spedizione in Arabia durante la prima settimana della sua malattia. Se avesse avuto la febbre malarica, probabilmente avrebbe sentito che stava iniziando a riprendersi ogni mattina nelle fasi iniziali e il suo ottimismo potrebbe essere durato fino al calare della notte. Inoltre, c'è da aspettarsi che la febbre alla fine diventi pseudo-continua, poiché diverse covate del parassita iniziano a sovrapporsi come corridoi su una pista per molti giri.

vi) Alessandro non era molto malato durante i primi tre o quattro giorni della malattia, ma le sue condizioni peggiorarono rapidamente verso la fine della prima settimana, che è il modello classico di malaria falciparum.

vii) La malaria falciparum fornisce due possibili cause per la citata mancanza di voce. Potrebbe essere una conseguenza di una complicazione polmonare o l'inizio di effetti neurologici. Nei casi gravi di malaria falciparum il cervello e i polmoni sono gli organi più comunemente colpiti.

viii) Aristobulo dice che il Re iniziò a delirare, probabilmente verso la fine. Ciò sarebbe conforme all'agitazione, alla confusione e all'adattamento che caratterizzano l'insorgenza della malaria cerebrale.

ix) I racconti secondo i quali il corpo di Alessandro rimase puro e incorrotto per giorni dopo la sua presunta morte, nonostante il caldo dell'estate babilonese, hanno portato molti a dedurre che il Re potesse effettivamente essere in uno stato di coma profondo. È potenzialmente difficile distinguere il coma dalla morte senza sofisticati test medici, perché la respirazione può diventare talmente superficiale da essere quasi impercettibile. Malattie come il tifo potrebbero portare al coma, ma si tratta di una complicanza rara. Al contrario, la malaria cerebrale è un aggravamento comune della malaria falciparum nel caso di pazienti con bassa immunità innata, gruppo che includerebbe in particolare la maggior parte dei visitatori di una regione infestata dalla malaria. La malaria cerebrale termina quasi costantemente in coma ed è rapidamente fatale, a meno che non vi sia un intervento medico qualificato.

x) Una diagnosi di malaria falciparum ha l'ulteriore vantaggio di non richiedere alcuna circostanza aggravante per rivelarsi fatale. Bere pesantemente e una ferita al petto debilitante non avrebbero certamente aiutato, ma la malaria falciparum avrebbe potuto facilmente uccidere Alessandro anche se era in forma e in salute come suggeriscono le sue imprese durante la precedente campagna contro i Cossei.

Si potrebbe aggiungere che la spiegazione malarica ha il fascino speciale di conciliare i dettagli delle cosiddette fonti della vulgata con le informazioni delle *Effemeridi* di Arriano e Plutarco. Tuttavia, esperti di medicina sono stati spesso curiosamente sprezzanti nei confronti della teoria della malaria. Ad esempio, Marr e Calisher hanno scritto: "Some of Alexander's symptoms are comparable with malaria... however... intermittent fevers were not reported... absence of P. falciparum's dramatic signature fever curve diminishes the possibility of malaria as a probable cause"[62] (Alcuni dei sintomi di Alessandro sono paragonabili alla malaria... tuttavia... non sono state riportate febbri intermittenti... l'assenza della drammatica curva della febbre caratteristica di P. falciparum diminuisce la possibilità che la malaria sia una probabile causa). Abbiamo visto che in effetti c'è una chiara evidenza di una febbre intermittente nella fonte migliore: le citazioni di Arriano delle *Effemeridi*. Perché allora Marr e Calisher dovrebbero pensarla diversamente? Sfortunatamente, la frase pertinente in Arriano è piuttosto mal tradotta in alcune delle edizioni moderne più vendute della sua *Anabasi*. Invece della traduzione letterale che Alessandro "no longer had any rest from the fever" (non fu più abbandonato dalla febbre), la versione della Penguin afferma che egli "was afterwards in constant fever" (ebbe in seguito una febbre costante), che camuffa abilmente l'informazione nell'originale greco che la febbre era stata in precedenza intermittente. Gran parte della controversia sulla morte di Alessandro si basa su tali malintesi.

Non sarebbe sorprendente se una spiegazione così banale come la malaria dovesse rivelarsi impopolare tra quei sensazionalisti che preferiscono dipingere la carriera di Alessandro come una sorta di tragedia teatrale, e tra quei moralisti che amano vedere i grandi annullati dalle loro debolezze personali, ma qui abbiamo a che fare con la vita reale piuttosto che con la finzione romantica.

* * * * * * * *

Durante il suo regno, Alessandro commise degli errori. A conti fatti, sarebbe dovuto intervenire per salvare Tebe dalla punizione dei suoi alleati,[63] anche se la città per ben due volte aveva rotto i trattati di pace con lui e aveva assassinato membri del partito macedone all'inizio della rivolta. In retrospettiva, fu una reazione eccessiva attaccare il campo dei mercenari indiani a Massaga,[64] anche se potrebbero aver tentato di disertare e avrebbero potuto costituire una minaccia per lui in futuro. Alessandro avrebbe forse anche dovuto modificare le sue politiche di fronte al fanatismo dei Bramini sull'Indo, per evitare un assai inutile spargimento di sangue. Inoltre, attraversare il deserto di Gedrosia con una forza

---

[62] John S. Marr, Charles H. Calisher, "Alexander the Great and West Nile Virus Encephalitis", *Emerging Infectious Diseases*, Vol. 9, No. 12, December 2003, pp. 1599-1600.
[63] Arriano, *Anabasi*, I, 9, 9.
[64] Arriano, *Anabasi*, IV, 27.

così grande era un rischio eccessivo che portò alla morte inutile di molti che erano al suo seguito, anche se probabilmente meno di quanto si credesse di solito. Soprattutto, l'uccisione di Clito il Nero in seguito a una discussione tra ubriachi a un festino a Samarcanda era riprovevole, nonostante il fatto che Clito lo avesse insultato.[65] Non solo perché questi era un alto ufficiale e amico del Re, ma anche perché era il fratello della nutrice di Alessandro e aveva salvato la vita del Re durante la battaglia del Granico.

Tali mancanze, tuttavia, dovrebbero essere valutate rispetto agli immensi risultati di Alessandro e alla sua eredità duratura.

In netto contrasto con il pregiudizio insulare della maggior parte dei Greci dell'epoca, che etichettava tutti gli stranieri e le loro culture come barbari, Alessandro attuò una politica multirazziale abbastanza illuminata. Ciò includeva il regolare ripristino dei governanti locali, l'adozione di alcune usanze persiane, egiziane e indiane, il matrimonio con principesse battriane e persiane, il patrocinio di filosofi indiani e il reclutamento di decine di migliaia di giovani persiani e di razza mista, i cosiddetti *epigoni* (nati dopo), nel suo esercito. Alessandro fu in gran parte responsabile della diffusione della cultura greca in tutto il Medio Oriente fino all'India, dove la sua influenza è ancora oggi riconoscibile. Vedeva il denaro e i tesori come beni da utilizzare piuttosto che da accumulare e cercò di aprire rotte commerciali tra il Mediterraneo e l'Estremo Oriente, soprattutto attraverso la fondazione di una serie di nuove città e l'esplorazione delle rotte marittime del Golfo Persico e del Golfo di Oman. Queste politiche generarono collettivamente un enorme boom economico nel Mediterraneo orientale nei decenni successivi alla sua morte. Portarono a un significativo aumento del tenore di vita di milioni di persone e finanziarono la costruzione di estese e scintillanti città ellenistiche in tutta la costa mediterranea. Durante i secoli successivi, tali città favorirono una grande fioritura di arte, letteratura e scienza, molte delle quali sopravvissero fino a stimolare il Rinascimento nell'Europa medievale. La più grande di queste città era Alessandria, fondata da Alessandro all'estremità occidentale del Delta del Nilo, nel 331 a.C. Il suo Faro era riconosciuto come una delle sette meraviglie del mondo, mentre la sua Grande Biblioteca aveva ospitato la conoscenza dell'umanità. Ma c'era un terzo edificio di pari fama che aveva dominato il cuore della città per almeno cinque secoli. Era conosciuto come il Soma, che è la parola greca per un corpo, poiché ospitava la salma imbalsamata di Alessandro.

In definitiva, Alessandro merita di essere giudicato in base agli ideali della propria cultura e dei suoi tempi. È per definizione anacronistico analizzare la sua carriera in termini di codici morali ed etici moderni che sarebbero stati ridicoli nella sua stessa società. I suoi ideali personali sono sintetizzati dalla *Ciropedia* di Senofonte e dall'*Iliade* di Omero, di cui conservava una copia sotto il cuscino.[66] Queste opere presentano parabole che lodano l'eroismo nel combattimento, l'immortalità della fama e il gesto cavalleresco di stringere amicizia con degni avversari dopo la loro

---

[65] Plutarco, *Alessandro*, 50-52; Curzio Rufo, VIII, 1, 22.
[66] Plutarco, *Alessandro*, 8.

La Ricerca della Tomba di Alessandro il Grande

sconfitta. Alessandro non fu sempre un esempio perfetto di tali virtù, ma nel complesso vi si avvicinò abbastanza da meritare il suo epiteto di grandezza.

Poscritto (2020): La Malattia e la Morte di Alessandro il Grande

Sabato 23 settembre 2017, ho presentato una relazione dal titolo "Disease and the Death of Alexander the Great" all'International Symposium on Disease and the Ancient World ospitato dal Green Templeton College dell'Università di Oxford. In tale articolo ho ampliato notevolmente l'evidenza della morte di Alessandro per malaria falciparum.

In primo luogo, ho definito l'esatto itinerario seguito da Alessandro durante il suo fatidico viaggio in barca intorno al sistema fluviale babilonese, nel maggio del 323 a.C. (vedi Figura 2.8). Ciò mostrava che Alessandro si fosse perso per alcuni giorni in un'area paludosa, a cinquanta miglia a sud di Babilonia, rimasta palustre quasi a memoria d'uomo. Ho dimostrato che fino alla Seconda Guerra Mondiale quell'area era infestata da Anopheles Stephensi, la stessa specie di zanzara in cui i parassiti della malaria falciparum furono scoperti da Ross nel 1897.[67] C'erano tutte le possibilità che Alessandro avesse contratto tale malattia.

La prospettiva particolare che ho sollecitato era che ci sono centinaia di cause mediche che possono essere adattate alla storia clinica della morte di Alessandro e che in effetti molte decine di malattie diverse sono state proposte in una pletora di articoli accademici. Quasi tutte queste malattie, comunque, sono estremamente rare e quindi statisticamente altamente improbabili. Le cause rare di morte possono essere tranquillamente scartate, se esiste anche una sola causa di decesso relativamente comune che si adatti alla storia medica.

Tuttavia, non è difficile attribuire probabilità quantitative alla questione, in particolare per il fatto che l'esercito britannico (sebbene non intenzionalmente) condusse un esperimento su larga scala nella trasmissione di malattie alle truppe in Babilonia nel contesto della Prima Guerra Mondiale. Un gruppo di medici accompagnò i 100.000 soldati britannici e i 300.000 indiani nelle loro campagne contro i turchi in Mesopotamia tra il 1916 e il 1918. Questi uomini guardarono con inorridito sgomento i loro pazienti cadere come mosche a causa di una varietà di malattie tropicali esotiche. Compilarono scrupolosamente statistiche sulle vittime di un assalto alle loro forze che rese in confronto insignificanti gli attacchi dei nemici turchi. Per fortuna, alcuni di loro pubblicarono le loro cifre su riviste poco note subito dopo il conflitto.

In particolare, ho rintracciato le statistiche sulle infezioni malariche con casi di malaria falciparum (allora chiamata malaria terzana maligna) suddivise in modo

---

[67] Macan, Major T.T. (1950) The Anopheline Mosquitoes of Iraq and North Persia. Anopheles and Malaria in the Near East, London School of Hygiene and Tropical Medicine - Memoir 7, London, H.K. Lewis & Co. Ltd; Collingridge, D., 2008, Truth & Science, Springville, Cedar Fort, p. 77.

utile in un volume del 1921 dell'Indian Journal of Medicine.[68] Inoltre, i dati sull'infezione enterica, compreso il tifo e i decessi associati, sono elencati in un volume del 1920 del Journal of the Royal Army Medical Corps.[69] Le cifre chiariscono che tra le malattie potenzialmente fatali che si adattano alla storia medica di Alessandro, la malaria falciparum e il tifo predominavano in modo schiacciante. È ragionevole supporre che sostanzialmente le stesse condizioni si applicassero ai tempi di Alessandro. Nel qual caso, la probabilità di ciascuna di queste cause per la morte di Alessandro può essere stimata come proporzionale ai potenziali tassi di morte conseguenti ai tassi di infezione osservati tra le truppe britanniche nel 1916-1918. (Si noti che il chinino era allora disponibile per curare la maggior parte delle truppe infettate dalla malaria falciparum, di cui la metà sarebbe altrimenti morta.)

I risultati complessivi della mia analisi furono che Alessandro aveva trenta volte più probabilità di morire di malaria falciparum che di tifo, la seconda causa più probabile, e che l'avvelenamento era un po' meno probabile del tifo. Ho quindi concluso che le probabilità complessive della causa della mortalità del Re erano approssimativamente:

Causa della morte	Probabilità
Malaria Falciparum	90%
Tifo	3%
Avvelenamento intenzionale	2%
Altre malattie	5%

---

[68] Christophers, S.R., Shortt, H.E. (1921a) Malaria in Mesopotamia. Indian Journal of Medical Research, 8(3), 508-552; Christophers, S.R., Shortt, H.E. (1921b) Incidence of Malaria among troops in Mesopotamia, 1916-1919. Indian Journal of Medical Research, 8(3), 553-570.
[69] Ledingham, Lieutenant-Colonel J.C.G. (1920) Dysentery and Enteric Disease in Mesopotamia from the Laboratory Standpoint. Journal of the Royal Army Medical Corps, 34(3), 306-320.

La Ricerca della Tomba di Alessandro il Grande

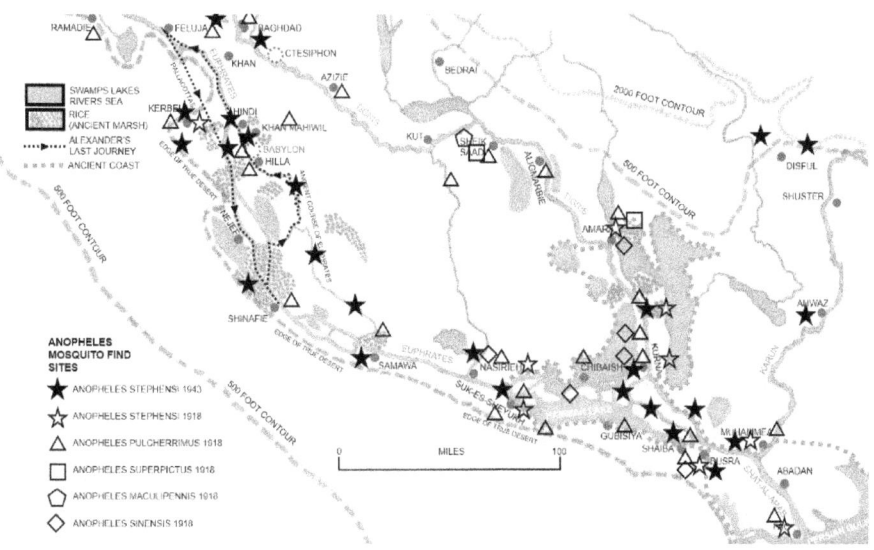

Figura 2.8. Ultima spedizione di Alessandro in Babilonia attraverso zone infestate dalle zanzare

Poscritto (2020): La Data della Morte di Alessandro e Altri Eventi Chiave

La nostra datazione degli eventi riguardanti Alessandro si basa sulla conversione delle date dell'antica Grecia nel nostro calendario. Il raggiungimento di tale risultato comporta il calcolo retroattivo della traiettoria della Luna. Questo perché i calendari greci facevano iniziare i mesi nel giorno della Luna nuova, di conseguenza le date greche sono indicate dai giorni successivi al novilunio. Si dice che Alessandro sia morto il 28° giorno dopo la Luna nuova, nel mese macedone di Daisio, che gli astronomi dell'inizio del XX secolo convertirono al 10 giugno del 323 a.C. del calendario giuliano (o circa il 5 giugno del calendario gregoriano). Ciononostante, i calcoli più recenti della NASA[70] sulla traiettoria lunare suggeriscono ora che la precedente Luna nuova si sia verificata il 12 maggio 323 a.C., verso mezzogiorno, ora locale di Babilonia. Ammesso che il 12 maggio fosse il primo di Daisio, allora il 28 Daisio sarebbe stato l'8 giugno 323 a.C. Alcuni potrebbero obiettare che i Greci attesero fino a quando non osservarono effettivamente la Luna nuova, che potrebbe essere stato un giorno o due dopo. Tuttavia, grazie agli astronomi dell'inizio del IV secolo a.C., come Eudosso di Cnido, i Greci disponevano di modelli del moto lunare all'epoca di Alessandro che consentivano loro di calcolare i tempi della Luna nuova in modo abbastanza esatto.[71] Quindi, effettivamente, non era più necessario osservare il novilunio per

---

[70] http://www.astropixels.com/ephemeris/phasescat/phases-0399.html
[71] A.E. Samuel, Greek & Roman Chronology, C.H. Beck, Munich 1972, pp. 29-33.

Morte a Babilonia

iniziare il mese. È tuttavia possibile che abbiano mantenuto una nozione di prima visibilità nei loro calcoli, in modo che se la Luna nuova si fosse verificata durante le ore diurne, avrebbero assegnato alla sera seguente l'inizio del mese. Siccome quella sera era tradizionalmente accorpata al giorno successivo,[72] ne consegue che il 13 maggio 323 a.C. corrispondesse al primo Daisio e Alessandro fu dichiarato morto il 9 giugno 323 a.C. Questa mi sembra la data più probabile alla luce delle ultime revisioni del percorso lunare attraverso i cieli di Babilonia. Sappiamo inoltre che Daisio nel 323 a.C. sembra essere stato un mese di 29 giorni[73] e possiamo essere abbastanza sicuri che l'11 giugno 323 a.C. fosse il primo giorno del mese successivo, perché la Luna nuova si è verificata verso l'1:00 ora locale del mattino dell'11 giugno a Babilonia.

Tali considerazioni potrebbero richiedere la revisione di alcune date di Alessandro. Ho fornito un riassunto delle mie migliori stime per la maggior parte delle date fisse notorie della vita di Alessandro nella Tabella 2.3, alla luce del più recente elenco di antichi noviluni. Ad esempio, la nascita di Alessandro il 6° giorno dopo la Luna nuova[74] sembra tuttora essere avvenuta il 20 luglio 356 a.C. La Luna nuova si era verificata il 14 luglio intorno alle 19:00 ora locale in Grecia, ma poiché i Macedoni conteggiavano la sera precedente come parte del giorno successivo, sembra che il 15 luglio fosse il primo giorno del mese.

---

[72] A.E. Samuel, Ptolemaic Chronology, Munich 1962, p. 50.
[73] Per rendere la data della morte di Alessandro del 30 Daisio, indicata da Aristobulo e dai Diari Astronomici Babilonesi, in qualche modo coerente con la data del 28 Daisio nelle *Effemeridi*: con i mesi di 29 giorni i Greci facevano sì che il giorno 30 succedesse immediatamente al 28, quindi possiamo considerare che Alessandro morì il 28 sul tardi e Aristobulo e i Babilonesi del posto udirono l'annuncio solo il 30 del mattino successivo.
[74] Plutarco, *Alessandro*, 3.3, sostenuto da Eliano, *Varia Historia*, II, 25, e verificato dal racconto che Filippo seppe della nascita di Alessandro contestualmente alla sua vittoria nella corsa dei carri olimpici; i Giochi Olimpici raggiunsero il culmine alla seconda Luna piena dopo il solstizio d'estate, che era il 30 luglio del 356 a.C.

La Ricerca della Tomba di Alessandro il Grande

Tabella 2.1. Schema degli ultimi mesi di Alessandro

323 a.C. DATA	EVENTI	FONTI PRINCIPALI
Febbraio-marzo	Conclusione della campagna contro i Cossei sui monti Zagros	Arriano, Plutarco, Diodoro, Polieno – campagna di 40 giorni
Metà aprile	Arrivo a Babilonia – ordina lo sgombero del sito del tempio in due mesi; lavoro incompiuto alla morte di Alessandro	Strabone, XVI, 1, 5
Seconda metà di aprile	Riceve ambascerie dai Greci	Arriano
Fine aprile – Inizio maggio	Funerale di Efestione	Diodoro, Eliano
Alcune settimane di maggio	Spedizione alle paludi del Pollacopa, fondazione di una nuova città	Arriano, Strabone, Diodoro
Terza o quarta settimana di maggio	Ritorno a Babilonia passando davanti alle tombe dei sovrani assiri	Arriano, Diodoro
Fine maggio	Riceve la notizia che Efestione può essere venerato come un eroe - un prigioniero squilibrato siede sul trono di Alessandro	Arriano, Plutarco, Diodoro
29 maggio	Festeggiamenti in onore di Nearco	Plutarco
Sera del 30 maggio	Alessandro comincia ad essere febbricitante dopo il secondo banchetto di Medio	Arriano e Plutarco, i quali citano le Effemeridi di Eumene
Sera del 9 giugno	Morte di Alessandro	Aristobulo, Effemeridi, Tavoletta babilonese
15 giugno	Inizia l'imbalsamazione del cadavere	Curzio Rufo, Plutarco

Morte a Babilonia

Tabella 2.2. La malattia di Alessandro (A=Arriano, P=Plutarco, D=Diodoro, C=Curzio Rufo, G=Giustino)

323 a.C. DATA	EVENTI	SINTOMI
29 maggio (giuliano)	Banchetto in onore di Nearco seguito da un bagno (G, P)	
Notte	Festino di Medio (*comus*) (A, D, P). Si alza, fa un bagno e dorme (A)	
30 maggio, 18 Daisio	Cena con Medio dopo essersi alzato (A)	Ciò implica che abbia dormito fino a sera (A)
Notte	Beve fino a tardi (A, G, P), fa il bagno, mangia qualcosa (A), dorme nel bagno (A, P)	Dolore acuto alla schiena bevendo dalla coppa di Eracle (Ateneo, A, D, G, ma messo in dubbio da P). Comincia a essere febbricitante (A, P)
31 maggio, 19 Daisio	Portato in lettiga a compiere i sacrifici, rimane disteso nell'appartamento maschile, istruisce gli ufficiali sulla spedizione arabica (A). Bagno; viene spostato in camera da letto, gioca a dadi con Medio (P)	
Notte	Portato in lettiga lungo il fiume fino al giardino, fa il bagno e riposa (A). Fa un bagno. Offre sacrifici e cena (P)	Febbre per tutta la notte (P)
1 giugno, 20 Daisio	Fa un bagno, offre sacrifici (A, P), va nella sua camera da letto, conversa con Medio (A), si intrattiene con Nearco ascoltando il racconto del suo viaggio sdraiato in bagno (P)	
Notte	Dà istruzioni agli ufficiali di incontrarlo all'alba, mangia qualcosa, viene portato nella sua camera da letto (A)	Febbre alta (A)
2 giugno, 21 Daisio	Fa il bagno, offre sacrifici, spiega i piani per la spedizione in Arabia a Nearco e agli altri ufficiali (A): si intrattiene con Nearco ascoltando il racconto del suo viaggio sdraiato in bagno (P)	La febbre diventa più intensa (P)
Notte		Brutta nottata (P)
3 giugno, 22 Daisio	Spedizione arabica: prevista partenza delle truppe a piedi (A). Fa il bagno, svolge i sacrifici, convoca gli ufficiali e ordina loro di verificare che tutto sia pronto per il viaggio (A). Letto spostato vicino alla grande piscina, discute con i suoi ufficiali dei posti vacanti nell'esercito (P)	La febbre non lo abbandona più (A)

Febbre alta per tutto il giorno (P) |
Notte	Fa un bagno	Molto malato dopo il bagno (A)
4 giugno, 23 Daisio	Spedizione arabica: prevista partenza della flotta (A). Portato nella casa vicino alla grande piscina, svolge i sacrifici, convoca la maggior parte degli ufficiali più anziani e dà istruzioni per il viaggio (A)	
5 giugno, 24 Daisio	Portato a offrire sacrifici (A, P), continua a istruire gli ufficiali (A)	La febbre peggiora ancora (P)
Notte	Ordina ai generali di aspettare nel cortile e agli ufficiali di attendere fuori (P)	

La Ricerca della Tomba di Alessandro il Grande

Tabella 2.2 (continua). La malattia di Alessandro

6 giugno, 25 Daisio	Offre ancora sacrifici, ordina ai generali di attendere nel cortile e ai comandanti di brigate e battaglioni di aspettare davanti alle porte, viene trasportato (attraverso di esse) dal giardino al palazzo (A); viene portato di nuovo al palazzo dall'altra parte del fiume, dorme un po' (P)	Molto malato, poi gravemente malato(A). Riconosce gli ufficiali ma non dice altro, ora è senza voce (A, P). Febbre inarrestabile (P)
Notte		Febbre alta (A)
7 giugno, 26 Daisio		Febbre alta (A), afonia (P)
8 giugno, 27 Daisio	Le truppe sfilano (A, C, D, G, P, *Liber de Morte*) sospettando che la notizia della morte di Alessandro sia stata nascosta (A). "Troverete voi, quando sarò morto, un re degno di tali uomini?" (C, G) Consegna dell'anello a Perdicca (C, D, G, Nepote, Luciano, *Liber de Morte*) Dispone che il proprio corpo venga trasportato al dio Amon (C, G, Luciano, *Liber de Morte*). "A chi lasci il regno?" - "Al più degno" (A, C, D, G). Prevede grandi giochi funebri (A, C, D, G, P[Moralia]). Perdicca gli chiede quando tributargli gli onori divini– "Quando sarete felici" (C)	Senza parole (A) Mancanza di voce (C,G). Crolla sfinito quando le truppe se ne vanno (C). Delirante dopo aver bevuto vino per placare la sete (P da Aristobulo, giorno incerto)
Notte	Pitone, Attalo, Demofonte, Peucesta, Cleomene, Menida e Seleuco trascorrono la notte nel tempio di Serapide per chiedere al dio se spostare Alessandro; risposta negativa della divinità (A, P)	
9 giugno, 28 Daisio	Morte di Alessandro (A); decesso avvenuto verso sera (P); morte avvenuta il 10 giugno secondo una tavoletta babilonese	Annuncio della morte agli amici e alle guardie del corpo (incluso il segretario Eumene)
10 giugno, 30 Daisio	Morte di Alessandro secondo Aristobulo (P) - si noti che Daisio non aveva il giorno 29, perciò in questo caso c'è poco disaccordo: il 9 giugno sul tardi potrebbe indicare il 10 giugno oppure che l'annuncio sia stato fatto la mattina successiva (i Greci usavano i mesi lunari che intercorrevano tra lune nuove successive - poiché il mese lunare è lungo 29,53 giorni, quasi la metà dei mesi ha solo ventinove giorni, pertanto la pratica greca era solitamente quella di dare al 29° giorno il nome del 30° in tali mesi "intercalari" e l'11 giugno era il primo giorno del mese successivo, quindi Daisio 323 a.C. era intercalare)	Annuncio della morte di Alessandro alle truppe (?)
15 giugno	Arrivo degli imbalsamatori, nessun decadimento del cadavere nonostante il caldo, essi non osano toccarlo in un primo momento a causa dell'aspetto vivido (C). Corpo incorrotto per giorni (P)	Coma (?)

Morte a Babilonia

Tabella 2.3. Date conosciute della vita di Alessandro

Evento	Data Attica	Data Macedone	Data Giuliana	Fonte	Luna nuova precedente (Julian-UT)
Nascita di Alessandro	6 Ecatombeone	6 Loios	20 Luglio 356 a.C.	Plutarco, Alex, 3,3; Eliano, Varia Hist. II,25	17:18, 14 Luglio 356 a.C.
Ascesa al trono di Alessandro	27 Boedromione	-	27 Settembre 336 a.C.	Dedotto da Giustino, XI,14,6 e data di Gaugamela	01:23, 1 Settembre 336 a.C.
Granico	6 Targelione	6 Daisio	20 Maggio 334 a.C.	Eliano, Varia Hist.,II,25; Plutarco, Alex, 16,2 e Camillo,19,4	17:07, 14 Maggio 334 a.C.
Caduta di Tiro	29 Ecatombeone	-	18 Agosto 332 a.C.	Plutarco, Alex, 25,2; Arriano, Anabasi, II,24,6	16:07, 19 Luglio 332 a.C. (e 08:11, 18 Agosto 332 a.C.)
Fondazione di Alessandria	-	25 Tybi Egiziano 25 Dystros	6 Aprile 331 a.C.	Pseudo Callistene (Kroll), 1,32,13	01:18, 13 Marzo 331 a.C.
Arbela/ Gaugamela	26 Boedromione	-	1 Ottobre 331 a.C.	Plutarco, Alex, 31,4 e Camillo 19,3	01:22, 6 Settembre 331 a.C.
Nearco salpa dall'India	20 Boedromione	20 Hyperbere-taios (restaurato)	19 Settembre 325 a.C.	Arriano, Indikà, 21,1	16:50, 30 Agosto 325 a.C.
Cena con Bagoa a Ecbatana (e altre cene)	-	27 Dios	13 Novembre 324 a.C.	Eliano, Varia Hist., III,23	04:14, 18 Ottobre 324 a.C.
Morte di Alessandro	-	28 Daisio [30 Daisio Aristobulo e 4 Parmouti (Egiziano) nello Pseudo Callistene]	9 Giugno 323 a.C.	Plutarco, Alex, 76,4 (Effemeridi e Aristobulo); [Pseudo Callistene (Kroll), 3,35]	07:53, 12 Maggio 323 a.C. (e 21:04, 10 Giugno 323 a.C.)

3. Giochi funebri

Bedford: *Hung be the heavens with black, yield day to night!*
Comets, importing change of times and states,
Brandish your crystal tresses in the sky,
And with them scourge the bad revolting stars
That have consented unto Henry's death!
King Henry the Fifth, too famous to live long!
England ne'er lost a king of so much worth.

Gloucester: *England ne'er had a king until his time.*
Virtue he had, deserving to command:
His brandish'd sword did blind men with his beams;
His arms spread wider than a dragon's wings;
His sparkling eyes, replete with wrathful fire,
More dazzled and drove back his enemies
Than mid-day sun fierce bent against their faces.
What should I say? his deeds exceed all speech:
He ne'er lift up his hand but conquered.

Exeter: *We mourn in black: why mourn we not in blood?*

Enrico VI, parte I, atto I, scena I

Bedford: Un drappo nero copra il nostro cielo, giorno cedi all'arrivo della notte!
Comete, che annunciate il mutamento dei tempi e degli stati,
nel firmamento agitate le vostre trecce di cristallo,
flagellate con esse le inique stelle
che, ribelli, hanno favorito la morte di Enrico!
Re Enrico Quinto, troppo famoso per vivere a lungo!
Mai l'Inghilterra perse un re di tanto pregio.

Gloucester: Prima di lui mai l'Inghilterra ebbe vero re.
Il suo valore meritava il comando:
La sua spada sguainata accecava radiosa;
Le sue braccia si stendevano più vaste delle ali del drago;
I suoi occhi fulgidi, gonfi d'ira fiammante,
abbagliavano i suoi nemici in rotta
più del sole a mezzogiorno a picco sul loro viso.
Cos'altro dire? le sue imprese sono superiori a ogni discorso:
Quando alzava la mano, era sempre vincitore.

Exeter: Lo piangiamo vestiti di nero: perché non si tinge di sangue il nostro lutto?

Giochi funebri

Così Shakespeare prefigurava la Guerra delle Due Rose, con tre duchi reali che lamentavano la scomparsa di Enrico V. Così, anche le guerre dei successori scoppiarono a Babilonia con la morte di Alessandro. I suoi marescialli macedoni piansero il loro Re in torrenti di sangue.

Il 10 giugno 323 a.C., Perdicca convocò un consiglio d'emergenza degli alti ufficiali per affrontare la questione della successione. Tuttavia, la voce era trapelata e molti membri dei ranghi e delle file si affollarono nella sala, cosicché l'evento culminò in una sessione *ad hoc* dell'Assemblea dei Macedoni. L'atmosfera era tesa e irritabile. Curzio Rufo fornisce un resoconto quasi letterale di discussioni sempre più irascibili che portarono a una rottura tra la fanteria, guidata da un ufficiale chiamato Meleagro, e la cavalleria, comandata da Perdicca e fedele alle guardie del corpo di Alessandro.[1]

Le suppliche di Perdicca e delle guardie del corpo affinché i Macedoni aspettassero la nascita del figlio di Alessandro dalla sua regina Rossane, che era incinta di sei mesi, furono accolte con antagonismo e ostilità. Le truppe ordinarie erano riluttanti a rischiare di acclamare un monarca neonato di sangue mezzo barbaro. La fanteria preferì proclamare Arrideo, il fratellastro di Alessandro con problemi mentali, come nuovo re con il nome dinastico di Filippo III. Ma accantonare il diritto dell'erede non ancora nato di Alessandro offendeva l'istintiva fedeltà al defunto ancora sentita dalle sue guardie del corpo e dagli Amici tra la cavalleria.

L'impasse scatenò aspri combattimenti nel palazzo e persino intorno al letto di morte di Alessandro.[2] In inferiorità numerica, la cavalleria si ritirò da Babilonia per accamparsi nelle pianure circostanti, dove pose un assedio tagliando tutti i rifornimenti alla città. Meleagro fu costretto in pochi giorni a negoziare e accettò rapidamente l'offerta della posizione di vice di Perdicca. Ma quest'ultimo lo ingannò convincendo l'imbecille Filippo Arrideo a denunciare i sostenitori di Meleagro, che furono sommariamente messi a morte davanti a una parata dell'esercito, finendo calpestati dagli elefanti. Meleagro stesso fu eliminato poco dopo mentre cercava rifugio in un recinto di un tempio.

Il corpo di Alessandro sembra essere stato lasciato praticamente incustodito negli appartamenti reali fino a quando Perdicca non riaffermò la sua autorità. Eliano dice,[3] "Mentre i suoi seguaci discutevano sulla successione… fu lasciato insepolto per trenta giorni", ma il resoconto più dettagliato di Curzio Rufo,[4] secondo il quale gli imbalsamatori trattarono il cadavere circa una settimana dopo la dichiarazione di morte, è probabilmente più accurato. A quel punto, il corpo avrebbe dovuto essere putrido e fetido nella calura estiva di Babilonia, ma gli imbalsamatori lo trovarono straordinariamente puro, fresco e dall'aspetto vivido.

---

[1] Erano gli otto ufficiali più anziani dell'esercito di Alessandro a Babilonia: lo stesso Perdicca, Tolomeo, Leonnato, Pitone, Aristonoo, Peucesta, Lisimaco e (probabilmente) Seleuco.
[2] Curzio Rufo, X, 7, 16-19.
[3] Eliano, *Varia Historia*, XII, 64.
[4] Curzio Rufo, X, 10, 9.

La Ricerca della Tomba di Alessandro il Grande

Le antiche storie ricordavano ciò come un segno della divinità di Alessandro, ma dal punto di vista medico è una forte indicazione che la morte sopraggiunse molto più tardi di quanto si credesse all'epoca. Come già discusso, Alessandro era probabilmente entrato in un coma profondo e terminale a causa dell'insorgenza della malaria cerebrale. Potrebbe non essere effettivamente spirato fino a poco prima che gli imbalsamatori iniziassero i loro trattamenti.

Perdicca convocò allora un'Assemblea dei Macedoni ufficiale per approvare una serie di importanti decisioni. Giustino scrive che il corpo di Alessandro fu posto in mezzo a loro mentre deliberavano.[5] L'Assemblea votò per l'abbandono degli ambiziosi Ultimi Piani di Alessandro e approvò la divisione dei regni dell'impero tra le sue guardie del corpo e i suoi Compagni. In particolare, a Tolomeo fu assegnato il governatorato dell'Egitto, probabilmente su sua stessa istigazione. Sia Diodoro che Giustino affermano, in questo frangente, che il corpo di Alessandro doveva essere trasportato in un tempio del dio egizio Amon, il che rifletteva i desideri espressi da Alessandro. Questi scrittori, e anche Arriano[6], nominano l'ufficiale incaricato dei preparativi e della scorta del carro funebre come Arrideo, anche se Giustino lo confonde erroneamente con Filippo Arrideo, il nuovo re.

La principale fonte primaria degli eventi successivi alla morte di Alessandro era la storia di Ieronimo di Cardia,[7] che era un amico, un compatriota e forse il nipote di Eumene, il segretario di Alessandro.[8] La sua opera è sopravvissuta solo in frammenti, ma sembra essere stata abbastanza affidabile e autorevole. È probabile che Diodoro e forse anche Trogo (la fonte di Giustino) abbiano tratto da Ieronimo i loro commenti sulla decisione di portare il corpo di Alessandro ad Amon. Ciò è particolarmente interessante perché Curzio Rufo e Giustino, nel riferire l'ultima richiesta di Alessandro, ovvero che il suo corpo fosse portato ad Amon, stavano probabilmente utilizzando una fonte primaria diversa: vale a dire, la Storia di Alessandro di Clitarco.[9] Luciano e il *Liber de Morte* parlano di un piano per inviare la salma in Egitto, ma senza menzionare Amon. Se i riferimenti a una prevista sepoltura in un tempio di Amon possono essere ricondotti a più fonti primarie diverse, e in gran parte indipendenti, allora acquistano notevole credibilità.

Inoltre, la richiesta di Alessandro è del tutto coerente con la nostra conoscenza della sua personalità e delle sue convinzioni. Demandò all'autorità di Amon questioni come la venerazione del defunto Efestione come eroe e sembra che si considerasse sinceramente il "figlio di Amon" in senso religioso (ma

---

[5] Gustino, XIII, 4.
[6] Diodoro Siculo, XVIII, 3, 3; Giustino, XIII, 4; Arriano, *Gli eventi dopo Alessandro*, riassunti da Fozio, 92.
[7] Vedi, ad esempio, M.M. Austin, *The Hellenistic World from Alexander to the Roman Conquest*, CUP, 1981, nota 3 al brano 22; Ieronimo è citato da Diodoro quale fonte dei suoi libri XVIII-XX.
[8] Diodoro, XVIII, 50, 4; Il padre di Eumene era un altro Ieronimo, secondo Arriano, *Indikà*, 18,7.
[9] Vedi in generale N.G.L. Hammond, *Three Historians of Alexander the Great*, CUP, 1983; Introduction to Loeb edition of Diodorus Siculus, vol. IX, trad. Russel M. Geer; L. Pearson, *The Lost Histories of Alexander the Great*, American Philological Association, 1960.

Giochi funebri

probabilmente non letterale).[10] Plutarco scrive quanto segue riguardo alla visita di Alessandro all'Oracolo di Amon a Siwa:

Nel santuario di Amon fu salutato dal profeta come figlio di Zeus. "Non c'è niente di sorprendente", disse; "poiché Zeus è per natura il padre di tutti, ma adotta come suo il più nobile".[11]

Soprattutto, Alessandro sapeva che in Egitto avrebbe raggiunto l'apoteosi, che forse era sempre stato il fine ultimo della sua ricerca di conquiste sovrumane. Sarà stato ben consapevole che il suo modello, Achille, era stato insignito con onori divini nella terra di sua madre, l'Epiro.[12] In modo analogo, Luciano, in uno dei suoi Dialoghi dei Morti, mette le seguenti parole in bocca ad Alessandro: -

Il mio corpo è ancora a Babilonia, da tre[13] *giorni, ma Tolomeo, il mio scudiero, se le beghe che si trova tra i piedi gli daranno un po' di tregua, promette di riportarmi in Egitto dove mi seppellirà perché diventi un dio egiziano.*[14]

È quindi altamente credibile che Alessandro abbia davvero chiesto di essere sepolto sotto gli auspici di Amon in Egitto e che l'Assemblea dei Macedoni inizialmente abbia acconsentito alla richiesta, nell'atmosfera emotiva che prevalse poco dopo la sua morte.

* * * * * * * *

Alla fine dell'estate del 323 a.C., Rossane diede alla luce un figlio che fu chiamato Alessandro come suo padre. Lo conosciamo come Alessandro IV, poiché la Macedonia ebbe tre sovrani precedenti con lo stesso nome. A volte viene chiamato Alessandro Aegus, ma ciò deriva dalla lettura errata di un antico manoscritto da parte di un editore moderno.[15] Condivise una regalità congiunta con Filippo Arrideo, mentre Perdicca amministrava l'impero come loro reggente. Atene fomentò una seria ribellione contro l'egemonia macedone in Grecia e contemporaneamente i Greci che Alessandro aveva stabilito nelle satrapie orientali insorsero in rivolta. Varie guardie del corpo di Alessandro decisero di contrastare tali minacce. Tolomeo partì per assumere il suo governatorato dell'Egitto, mentre Perdicca stesso, accompagnato dai re, marciava con il grande esercito contro il sovrano di Cappadocia che si era rifiutato di riconoscere la supremazia macedone.

---

[10] Vedi, per esempio, Plutarco, *Alessandro*, 27; A.B. Bosworth, "Alexander and Ammon", *Greece and the Eastern Mediterranean in Ancient History and Prehistory*, ed. K.H. Kinzl, Berlin 1977.
[11] Plutarco, Moralia, 180D; ciò richiama l'inizio della preghiera del Signore, "Padre nostro che sei nei cieli...".
[12] Plutarco, *Pirro*, 1.
[13] Il manoscritto diceva "tre", ma Du Soul lo ha corretto in "trenta" sulla base (molto debole) della storia di Eliano.
[14] Luciano, *Dialogo dei Morti*, 13 (circa 165 d.C.).
[15] Una lettura errata di *aigou* per *allou* nel manoscritto del Canone Astronomico di Claudio Tolomeo; quindi "un altro Alessandro" divenne "Alessandro Aegus".

La Ricerca della Tomba di Alessandro il Grande

Arrideo, rimasto a Babilonia, impiegò più di un anno a preparare uno splendido carro funebre per Alessandro. Diodoro, infatti, scrive che Arrideo "aveva impiegato quasi due anni per la costruzione di quest'opera",[16] ma ciò sembra un po' eccessivo.[17] Probabilmente, raggiunse la Siria nell'inverno del 322-321 a.C. e comunque non può aver percorso molto più di poche miglia al giorno, nonostante fosse "accompagnato da uno stuolo di meccanici e di costruttori di strade". Potrebbe quindi aver lasciato Babilonia già nell'estate del 322 a.C. Diodoro fornisce una descrizione eccezionalmente dettagliata del carro e del suo contenuto,[18] che deriva chiaramente da un resoconto di un testimone oculare, e in effetti un frammento superstite di Ieronimo implica che egli sia la fonte di Diodoro di questi passaggi.[19]

Diodoro inizia descrivendo la bara che era di "oro martellato" e "a misura del corpo", il che suggerisce una forma simile a quella di un sarcofago di una mummia egizia. Lo spazio intorno al corpo era pieno di spezie conservanti per mantenerlo profumato e incorrotto. La bara era destinata a sopravvivere per oltre 240 anni dopo la morte di Alessandro ed è menzionata da molti altri autori antichi, tra cui Strabone[20] e Curzio Rufo.[21] Quest'ultimo conferma che era piena zeppa di profumi e annota che il corpo di Alessandro era incoronato con il diadema reale, dettagli che appaiono anche nell'*Epitome di Metz* 113. Abbiamo già visto che la versione armena del Romanzo di Alessandro specifica che il corpo fu conservato nel miele e nell'aloe. Inoltre, la maggior parte delle prime versioni del Romanzo di Alessandro fa riferimento al feretro nella sezione che presumibilmente cita il "Testamento di Alessandro": -

Ordino agli amministratori del regno di costruire un sarcofago d'oro, del peso di 200 talenti, per contenere il corpo di Alessandro, il Re di Macedonia.[22]

---

[16] Diodoro Siculo, XVIII, 28, 2.
[17] Io seguo la "cronologia alta", ma ci sono serie difficoltà con la cronologia degli anni 321-319 a.C. Alcuni storici si sono persino spinti a rimandare l'attacco di Perdicca all'Egitto fino al 320 a.C. (la cosiddetta "cronologia bassa"). Gli argomenti sono complessi. Tuttavia, la datazione successiva sembra lasciare Perdicca e la grande armata a segnare il passo per un anno e indica che Cratero e Antipatro non riuscirono a sfidare la supremazia di Perdicca per tre anni dopo la morte di Alessandro. Suggerirebbe anche che la durata di "quasi due anni" per la preparazione del catafalco di Alessandro, così come riportato da Diodoro, sia in realtà una sottostima: fatto insolito per un autore con la tendenza a esagerare. Vedi Hans Hauben, "The First War of the Successors - Chronological and Historical Problems", *Ancient Society*, 8, 1977, pp. 85-120; Edward Anson, *Classical Journal*, 80, 1985, pp. 303-316; vedi anche i quattro recenti articoli di Pat Wheatley, Edward Anson, Tom Boiy e Boris Dreyer in W. Heckel, L. Trittle & P. Wheatley (a cura di), *Alexander's Empire: Formulation to Decay*, Regina Books, California 2007.
[18] Diodoro Siculo, XVIII, 26-27.
[19] Jacoby, *FGrH*, No. 154, frammento 2 = Ateneo 206E.
[20] Strabone, XVII, 1, 8.
[21] Curzio Rufo, X, 10, 13.
[22] Wolohojian (trad.), *The Romance of Alexander the Great by Pseudo-Callisthenes (Armenian manuscripts)*, Sezione 274; Stoneman (trad.), *The Greek Alexander Romance*, Sezione III, 32 (MSS A).

Giochi funebri

Gran parte del testamento è un palese falso, probabilmente di una penna di Rodi, ed è gravemente corrotto nelle versioni sopravvissute. Tuttavia, contiene alcuni riferimenti sorprendenti che suggeriscono che sia stato originariamente composto entro una o due generazioni dalla morte di Alessandro.

Diodoro continua descrivendo la bara coperta con un drappo di porpora ricamato d'oro (anche l'*Epitome di Metz* 113 menziona un drappo di porpora sopra la bara) sul quale posero le panoplie e le armi del defunto in modo tradizionale. Il carro funebre stesso aveva la forma di un tempio ionico lungo circa venti piedi e largo quattordici, con un colonnato con capitelli a volute che sostenevano un frontone e una volta formata da piastrelle a scaglie d'oro tempestate di gemme. Piante d'acanto dorate si protendevano a spirale lungo ogni colonna e beccucci d'acqua per drenare la pioggia dal tetto erano distanziati attorno al frontone, sotto forma di maschere di ircocervi che mordevano anelli, ai quali erano appesi i festoni di una ghirlanda dai colori vivaci. Ad ogni angolo della volta c'era una statua della dea alata della vittoria, Nike, che reggeva un trofeo. Appese alle nappe sotto i loro piedi, sonanti campane d'oro rintoccavano mestamente per annunciare da lontano l'avvicinarsi del corteo. All'interno del peristilio, spesse corde d'oro erano state tessute in reti per fare da tenda e isolare il basamento su cui giaceva la bara. Sospesa a queste maglie, c'era una sequenza di quadri scolpiti e dipinti che correva lungo ciascun lato. Nei pannelli frontali, il Re veniva mostrato mentre sfilava su un carro e agitava lo scettro, circondato da guardie del corpo macedoni e persiane e preceduto da un'avanguardia delle sue truppe. Dietro l'angolo, formazioni della cavalleria di Alessandro galoppavano lungo i pannelli laterali, mentre un branco di elefanti bardati da guerra caricava sul lato opposto del veicolo e una flottiglia di navi da guerra pattugliava le rotte marittime alle sue spalle. A guardia dell'ingresso, una coppia di leoni dorati scrutava imperiosamente il dorso di sessantaquattro muli attaccati a quattro stanghe alla maniera persiana. Anche queste bestie erano riccamente adornate con corone dorate, collari ingioiellati e un paio di campanelli d'oro. Il tempio rombava su quattro ruote dorate supportate da un paio di assi, dai cui centri un ingegnoso sistema di sospensione sorreggeva la carrozza e proteggeva il suo prezioso carico dai sobbalzi della strada irregolare. Come tocco finale, un'asta si protendeva verso il cielo dalla sommità del tetto, recante uno stendardo di porpora reale con una enorme corona di olivo in foglia d'oro che luccicava vibrante alla luce del sole, e in lontananza ogni bagliore sembrava quasi un fulmine lanciato da Zeus.

...[Il carro] alla vista appariva magnifico più di quanto non sembrasse a sentirne parlare, e, per la fama, che si era diffusa, attirava molti spettatori: gli abitanti delle città presso le quali via via giungeva gli andavano incontro in massa, e di nuovo lo accompagnavano, non saziandosi del godimento che si provava a vederlo.

Diodoro Siculo, Libro XVIII, Paragrafo 28

Alcune ricostruzioni moderne del carro lo raffigurano con il tetto a botte (Figura 3.1). Ciò, in primo luogo, perché Diodoro usa la parola καμάρα, che di solito si

La Ricerca della Tomba di Alessandro il Grande

riferisce a qualcosa con un tetto a volta o ad arco, ma può anche significare semplicemente un carro coperto. In secondo luogo, è stato proposto che i suoi architetti imitassero la volta a botte utilizzata nelle camere funerarie delle tombe a tumulo macedoni,[23] anche se qualsiasi ingegnere strutturista spiegherà facilmente che il motivo per l'adozione di tale forma è principalmente quello di fornire la forza necessaria per sostenere il peso della terra sovrastante. Il resto della descrizione di Diodoro ricorda un tempio greco classico di ordine Ionico, quindi un tetto con una sezione Λ tozza forse sarebbe stato più appropriato. Il cosiddetto Sarcofago di Alessandro, trovato nella necropoli reale di Sidone nel 1887 e molto probabilmente creato per Abdalonimo, che Alessandro nominò governatore di Sidone nel 333 a.C., ha un coperchio che imita il tetto di un tempio classico (vedi Figura 3.2). Si è ipotizzato che la sua forma sia stata in parte ispirata dal catafalco di Alessandro, che era passato vicino a Sidone circa un decennio prima che fosse scolpito.[24]

Figura 3.1. Ricostruzione del catafalco di Alessandro con volta a botte (collezione dell'autore)

---

[23] Katerina Rhomiopoulou, "An Outline of Macedonian History and Art," *The Search for Alexander: an Exhibition*, New York Graphic Society, 1980.
[24] Ad esempio, Andrew Stewart, *Faces of Power: Alexander's Image & Hellenistic Politics*, California 1993, p. 296.

Giochi funebri

Figura 3.2. Veduta dell'estremità del Sarcofago di Sidone, detto "di Alessandro" (stampa all'albume del 1890 ca., dalla collezione dell'autore)

La sequenza degli eventi secondo cui il corpo di Alessandro fu trasportato sul suo spettacolare carro da Babilonia per arrivare infine in Egitto è avvolta in una nebbia di apparenti discrepanze e contraddizioni tra i racconti sopravvissuti degli antichi scrittori. La storia di tali eventi è come un vaso rotto con alcuni frammenti del tutto perduti. Se avessimo solo pochi frammenti, sarebbe inverosimile che essi condividano bordi comuni, quindi potrebbero essere disposti in modo da adattarsi a molte ricostruzioni diverse. Ma in realtà abbiamo molti pezzi, pertanto è possibile rimetterli *tutti* insieme armoniosamente in un unico modo.

Un primo punto di apparente disaccordo tra le fonti è se Perdicca intendesse seppellire Alessandro in Egitto o in Macedonia. Come abbiamo visto, ci sono prove convincenti che il piano fosse quello di portare il corpo da Amon in Egitto, al momento della nomina di Arrideo. Tuttavia, Pausania scrive di Tolomeo: -

La Ricerca della Tomba di Alessandro il Grande

Convinse poi i Macedoni incaricati di portare a Ege il corpo di Alessandro a consegnarlo a lui.[25]

Ege era il sito del cimitero reale in Macedonia, dove nel 1977 il Professor Andronikos scoprì la tomba intatta di un importante sovrano sotto il Grande Tumulo. È ampiamente riconosciuto che questa fosse la tomba di Filippo II, il padre di Alessandro, quindi Ege era davvero l'ovvia alternativa all'Egitto.[26] Inoltre, un compendio di una storia perduta di Arriano rafforza l'idea che Perdicca avesse in mente qualche altra destinazione oltre all'Egitto: -

E Arrideo, che custodiva il corpo di Alessandro, lo condusse, contro gli ordini di Perdicca, da Babilonia via Damasco per portarlo davanti a Tolomeo, figlio di Lago, in Egitto. Nonostante l'opposizione di Polemone, seguace di Perdicca, Arrideo riuscì a realizzare il suo progetto.[27]

Infine, anche il Romanzo di Alessandro[28] afferma che i Macedoni volevano portare il corpo di Alessandro in Macedonia.

Chiaramente, per conciliare le due tradizioni sembra necessario dedurre che Perdicca, ad un certo punto, abbia cambiato idea. È infatti facile comprendere come Perdicca e l'Assemblea possano essere stati inizialmente influenzati dal dolore, dalla compassione e dal rispetto per i desideri di Alessandro e confermare di conseguenza i suoi ordini di essere sepolto in Egitto. Ma è altrettanto evidente che una combinazione di considerazioni pratiche e superstiziose possa aver in seguito fatto pentire il reggente di tale decisione. Ad esempio, secondo la costituzione macedone, sembra essere stata prerogativa del nuovo monarca seppellire il suo predecessore.[29] Di conseguenza, Perdicca sarebbe stato in effetti molto riluttante a cedere tale onore a Tolomeo. Ironia della sorte, secondo una profezia attribuita a un antico re macedone, chiamato anche lui Perdicca, la linea reale si sarebbe estinta quando i re avessero cessato di essere sepolti ad Ege.[30] Forse, la preoccupazione maggiore di Perdicca era quella di attirare su di sé tutta l'ira funesta di Olimpiade se non fosse riuscito a riportare in Grecia le spoglie di suo figlio. Ma come si sarebbe potuto presentare il voltafaccia all'esercito senza perdere la faccia?

Probabilmente, il racconto più pittoresco del viaggio del corpo di Alessandro che sopravvive dall'antichità è la storia fornita da Eliano nella sua *Varia Historia*. È un passaggio molto pertinente che vale la pena di citare per intero: -

---

[25] Pausania, I, 6, 3.
[26] Si ritiene anche che la Tomba II a Ege sia quella di Filippo III (Arrideo), ma trovo impossibile dubitare che il giovane principe al centro dell'affresco sulla sua facciata sia Alessandro Magno al momento della sua ascesa, nel qual caso il cacciatore di leoni barbuto a destra è Filippo II, che deve essere l'occupante.
[27] Arriano, *Gli eventi dopo Alessandro*, riassunti in Fozio 92.
[28] Wolohojian (trad.), *The Romance of Alexander the Great by Pseudo-Callisthenes (Armenian manuscripts)*, Sezione 282; Stoneman (trad.), *The Greek Alexander Romance*, Sezione III, 34.
[29] W.W. Tarn, *Cambridge Ancient History*, Vol. 6, p. 482.
[30] Giustino, VII, 2.

Giochi funebri

Alessandro, figlio di Filippo e Olimpiade, giaceva morto a Babilonia, l'uomo che diceva di essere il figlio di Zeus. Mentre i suoi seguaci discutevano sulla successione, giaceva in attesa di sepoltura, cosa che anche i più poveri ottengono, poiché la natura comune a tutta l'umanità richiede un funerale per coloro che non vivono più. Ma rimase insepolto per trenta giorni, finché Aristandro di Telmisso, per ispirazione divina o per qualche altra ragione, entrò nell'Assemblea dei Macedoni e disse che fra tutti i re della storia Alessandro fu il più fortunato, sia nella sua vita che nella sua morte. Gli dèi gli rivelarono che la terra che avesse ricevuto il suo corpo, l'antica sede della sua anima, avrebbe goduto della più grande fortuna e sarebbe stata invincibile attraverso i secoli.

Sentendo ciò, cominciarono a litigare seriamente, ciascuno volendo portare il premio nel proprio regno, in modo da avere una reliquia che garantisse sicurezza e permanenza al proprio regno. Ma Tolomeo, se dobbiamo credere alla storia, rubò il corpo e se ne andò in fretta con esso in Egitto, nella città di Alessandro. Gli altri Macedoni non fecero nulla, mentre Perdicca cercò di inseguirlo. Non era tanto interessato alla considerazione per Alessandro e al dovuto rispetto per il suo corpo quanto infiammato e incitato dalla predizione di Aristandro. Quando raggiunse Tolomeo, ci fu una lotta piuttosto violenta per il cadavere, in qualche modo simile a quella per il fantasma di Troia che Omero [Iliade 5.449] celebra nel suo racconto, dove Apollo lo colloca tra gli eroi per proteggere Enea. Tolomeo arrestò l'attacco di Perdicca. Fece un'immagine di Alessandro, vestito con abiti reali e un sudario di qualità invidiabile. Quindi la pose su uno dei carri persiani e sistemò sontuosamente il feretro con argento, oro e avorio. Il vero corpo di Alessandro fu mandato avanti senza clamore e formalità per un percorso segreto e poco utilizzato. Perdicca trovò l'imitazione del corpo con il carro elaborato e fermò la sua avanzata pensando di aver messo le mani sul premio. Troppo tardi si rese conto di essere stato ingannato; non era possibile andare all'inseguimento.[31]

Aristandro era il principale indovino di Alessandro. Ha un posto di rilievo nelle storie esistenti, dove le sue previsioni si trovano solitamente a sostegno degli obiettivi del Re. Nel contesto di Babilonia, un mese dopo la morte di Alessandro, la profezia descritta da Eliano fornisce una spiegazione perfetta di come l'esercito possa essere stato indotto a chiedere che il corpo fosse restituito alla Macedonia per la sepoltura. Se ciò è vero, allora il periodo di trenta giorni potrebbe indicare il tempo del ripensamento di Perdicca, piuttosto che il ritardo prima dell'inizio del processo di mummificazione.

Per quanto riguarda il resto del racconto di Eliano, molti dei fatti essenziali sono corroborati altrove, ma alcune delle interpretazioni che egli fornisce a tali fatti sono più dubbie. La storia probabilmente riflette una verità di fondo che è stata confusa attraverso l'abbreviazione e gli errori commessi nella divulgazione.

È praticamente certo che tra Perdicca e Tolomeo sorse una divergenza di opinioni riguardo alla meta e al destino ultimo della salma. Tolomeo, di conseguenza, fece accordi segreti per fare deviare il carro funebre in Egitto non appena avesse

---

[31] Eliano, *Varia Historia*, XII, 64.

La Ricerca della Tomba di Alessandro il Grande

raggiunto la Siria, in barba agli ordini di Perdicca. Strabone concorda con Eliano, Pausania e Arriano nell'affermare che: -

Poiché Tolomeo, figlio di Lago, prevenne Perdicca sottraendogli il corpo mentre lo portava da Babilonia e deviava verso l'Egitto mosso dall'avidità e dal desiderio di conquistare per sé quel paese.[32]

Tuttavia, egli confonde erroneamente il dirottamento del cadavere con il conseguente attacco di Perdicca all'Egitto e quindi implica in modo sbagliato che Perdicca abbia scortato personalmente il catafalco.

Diodoro, sebbene silente riguardo alla controversia, accenna comunque al potenziale conflitto nel menzionare l'esercito di Tolomeo: -

…Arrideo… trasportò il corpo del re da Babilonia in Egitto. Tolomeo, per onorare Alessandro, gli andò incontro con il suo esercito fino alla Siria, e, preso in consegna il corpo, lo ritenne degno della massima cura.[33]

Il mezzo con cui Tolomeo organizzò il dirottamento del corteo fu evidentemente la collaborazione del suo comandante, Arrideo: Arriano lo afferma esplicitamente, mentre Pausania concorda sul fatto che Tolomeo subornò la scorta. Diodoro e Arriano forniscono un'ulteriore indicazione che Tolomeo e Arrideo fossero in combutta attraverso i loro rapporti, poiché il primo, poco dopo, nominò il secondo come uno dei due guardiani dei re congiunti.[34] Ciò sembra essere stata la ricompensa per il servizio reso.

Ma nello specifico come reagì Perdicca alla provocazione? Fortunatamente, un secondo riassunto, meno noto ma più dettagliato, del racconto perduto di Arriano sul dirottamento è sopravvissuto in un palinsesto; esso descrive la reazione furiosa del reggente: -

I partigiani di Perdicca, Attalo e Polemone, inviati da lui per impedire la partenza, tornarono senza successo e gli dissero che Arrideo aveva deliberatamente dato il corpo di Alessandro a Tolomeo e lo stava portando in Egitto. Allora, ancora di più, voleva marciare in Egitto per togliere il governo a Tolomeo e mettere al suo posto un uomo nuovo (uno dei suoi amici) e recuperare il corpo di Alessandro. Con questo intento arrivò in Cilicia con l'esercito.[35]

Da ciò sembrerebbe chiaro che Polemone e Attalo furono entrambi mandati da Perdicca all'inseguimento del carro funebre, non appena ricevette la notizia dell'infida diversione di Arrideo verso sud. Fallirono nel loro tentativo di contrastare il furto forse perché l'esercito di Tolomeo arrivò sulla scena, ma potrebbero esserci state delle vere e proprie schermaglie come suggerito da Eliano.

---

[32] Strabone, XVII, 1, 8.
[33] Diodoro, XVIII, 28, 2-3.
[34] Diodoro, XVIII, 36, 6-7; Arriano nel compendio di Fozio, Sezione 92.
[35] Vedi Walter J. Goralski, "Arrian's Events After Alexander," *Ancient World*, 19, (1989); questo frammento del manoscritto di Arriano (*Gli Eventi dopo Alessandro*) è denominato 10A da F. Jacoby.

Giochi funebri

Era l'inverno del 322-321 a.C., Perdicca e la grande armata erano in Pisidia (Turchia sud-occidentale).[36] Il corteo doveva trovarsi nel nord della Siria, poiché era lì che le rotte da Babilonia alla Macedonia e all'Egitto divergevano, e Arriano menziona che era stato guidato verso sud oltre Damasco. Una notizia così importante probabilmente raggiunse Perdicca al galoppo, nel qual caso ne venne a conoscenza entro una settimana o due. Arrideo e Tolomeo, al contrario, saranno stati fortemente ostacolati dal carro poco maneggevole e dalla sua carovana di muli. Perdicca potrebbe aver calcolato che una forza di cavalleria avrebbe potuto raggiungerli prima che arrivassero in Egitto. In tale contesto, la storia dell'inseguimento di Eliano può essere considerata ragionevole. Incalzato dall'inseguimento, Tolomeo potrebbe aver deciso di creare un diversivo o di sacrificare il carro autentico pur di mantenere il suo prezioso carico. La descrizione di Eliano del carro esca e del suo contenuto ricorda da vicino il racconto più elaborato di Diodoro del vero catafalco: ad esempio, un carro "persiano" significava un carro con un tetto o una copertura, e il "sudario di qualità invidiabile" è coerente con il "drappo di porpora ricamato d'oro" che Diodoro descrive sulla base dei dettagli del testimone oculare Ieronimo. Sono accenni come questi che suggeriscono che, nonostante il suo sapore leggendario, la storia di Eliano possa contenere la verità essenziale.

* * * * * * * *

È certo che Perdicca attaccò l'Egitto con il grande esercito subito dopo il dirottamento del corpo di Alessandro. La sua invasione è uno degli eventi chiave della storia classica. Diodoro fornisce il racconto sopravvissuto più dettagliato, ma ci sono anche lineamenti di Arriano, Giustino, Nepote, Pausania, Plutarco e Strabone.[37] Un'iscrizione quasi contemporanea,[38] dall'isola di Paro, data l'offensiva all'anno che iniziava nel luglio 321 a.C., ma molto probabilmente iniziò con l'apertura della stagione della campagna in primavera. In che misura questo assalto epocale fu scatenato dal furto del corpo di Alessandro?

Il motivo di una qualche ambiguità su questo punto è che Diodoro, il cui racconto del periodo è il più dettagliato e il più letto, sembra aver usato una fonte che elogiava Tolomeo per gran parte del paragrafo della sua storia.[39] Di conseguenza, egli ignora l'illegalità e il dramma del dirottamento e tratta invece l'evento come una processione maestosa. Ciò, a sua volta, lo priva della possibilità di utilizzare la provocazione di Tolomeo come motivo dell'aggressione di Perdicca, per quanto circostanzialmente probabile possa apparire. Diodoro ricorre invece alla spiegazione poco convincente che i sostenitori di Perdicca gli consigliarono di "sconfiggere prima Tolomeo, in modo che non ci fossero ostacoli alla loro campagna macedone".[40] La stessa scusa strategicamente dubbia è citata da

---

[36] Diodoro, XVIII, 25, 6.
[37] Diodoro, XVIII, 33-37; Arriano nel compendio di Fozio, Sezione 92; Giustino, XIII, 8; Cornelio Nepote, *Eumene*, 3 e 5; Pausania, I, 6, 3; Plutarco, *Vita di Eumene*, 5 e 8; Strabone, XVII, 1, 8.
[38] *Marmor Parium*, FGrH 239, risalente al 263-262 BC.
[39] Vedi Introduction to Loeb edition of Diodorus Siculus, Vol. IX, trad. Russel M. Geer.
[40] Diodoro, XVIII, 25, 6.

La Ricerca della Tomba di Alessandro il Grande

Giustino: "... sembrava più opportuno cominciare con l'Egitto per evitare che, mentre erano andati in Macedonia, l'Asia fosse presa da Tolomeo".[41] Ma il ragionamento al contrario avrebbe lo stesso senso. Al tempo in cui Perdicca marciò in Egitto, Antipatro, reggente di Macedonia, era sul punto di invadere l'Asia attraverso l'Ellesponto, abilmente sostenuto da Cratero.

C'è, ovviamente, una forte implicazione nel racconto dell'inseguimento di Eliano che l'attacco all'Egitto fu la conseguenza del furto del corpo di Alessandro. Più in particolare, il riassunto del palinsesto della versione di Arriano rende del tutto esplicita questa motivazione, mentre accenna al fatto che i rapporti tra Perdicca e Tolomeo avevano già preso una brutta piega. Si noti, soprattutto, che Perdicca e il grande esercito pare che si siano spostati in Cilicia subito dopo aver saputo che Tolomeo era riuscito a dirottare il cadavere. Ciò costituì una marcia decisiva verso est dalla Pisidia, chiaramente diretta contro l'Egitto. La minaccia rappresentata da Antipatro e Cratero si concentrava sull'Ellesponto, nella direzione opposta. Inoltre, anche il racconto di Pausania supporta implicitamente tale versione dei fatti. Egli scrive che dopo aver persuaso la scorta del catafalco a consegnargli il corpo, Tolomeo "lo seppellì a Menfi alla maniera macedone, ma sapendo che Perdicca avrebbe mosso guerra tenne presidiato l'Egitto; e Perdicca prese Arrideo, figlio di Filippo, e il ragazzo Alessandro, che Rossane figlia di Ossiarte aveva generato da Alessandro, per dare colore alla campagna, ma in realtà stava tramando di privare Tolomeo del suo regno in Egitto."[42]

Se Perdicca fosse stato indifferente al destino del cadavere, la sua migliore strategia sarebbe stata quella di cercare di riappacificarsi con Tolomeo per concentrarsi su come affrontare l'imminente minaccia dall'Europa. Il fatto che abbia invece scelto di assalire l'Egitto suggerisce che il dirottamento deve aver avuto una influenza decisiva sui suoi piani, anche se non era l'unica fonte di antagonismo tra lui e Tolomeo.

L'invasione dell'Egitto fu un misero fallimento. Perdicca non riuscì per due volte a forzare l'attraversamento del Nilo, con disastrose perdite di vite umane tra le sue truppe. In particolare, la sua incompetenza nel tentativo di guadare il fiume portò molti dei suoi uomini a essere travolti dalla corrente e a diventare cibo per i coccodrilli. Alla fine, i suoi ufficiali guidati da Seleuco e Antigene si ammutinarono e Perdicca fu pugnalato a morte con le sarisse, le lunghissime picche macedoni.[43] Il trionfante Tolomeo declinò gentilmente l'offerta della reggenza da parte dell'esercito. Nominò invece Pitone e Arrideo come co-reggenti dei re congiunti. I comandanti ricondussero la grande armata a nord, mentre Tolomeo rivolse la sua attenzione al completamento del memoriale di Alessandro.

*　　*　　*　　*　　*　　*　　*　　*

---

[41] Giustino, XIII, 6.
[42] Pausania, I, 6, 3.
[43] Strabone, XVII, 1, 8; Diodoro, XVIII, 35, 6-36, 5; Arriano, *Gli Eventi dopo Alessandro* (Fozio, 92); Cornelio Nepote, *Eumene*, 5.

Giochi funebri

Nel descrivere la sepoltura di Alessandro in Egitto, Diodoro interviene attribuendo a Tolomeo un improvviso cambio di politica: -

Decise per il momento di non mandarlo [il corpo] ad Amon, ma di seppellirlo nella città che era stata fondata da Alessandro stesso e che mancava poco non fosse la più rinomata del mondo abitato. Là, preparò un recinto sacro degno della gloria di Alessandro in dimensioni e architettura.[44]

Il riferimento ad Alessandria come la più grande città della terra è un lampante anacronismo. Nel 321 a.C., aveva solo dieci anni ed era ancora in larga parte un cantiere.[45] Menfi rimase la capitale[46] egiziana e i giorni di gloria di Alessandria erano ancora lontani decenni. Tuttavia, Alessandro era senza dubbio sepolto ad Alessandria, all'interno di un grande recinto sacro, al tempo della famosa Cleopatra, quando Diodoro stesso visitò la città.[47] Sembra quasi che Diodoro stia qui facendo un tentativo, piuttosto maldestro, di conciliare le affermazioni che ha trovato nelle sue fonti (Clitarco e Ieronimo?) riguardanti l'intenzione di consegnare Alessandro ad Amon con l'evidenza dei suoi stessi occhi.

Anche Eliano afferma che Tolomeo portò la salma ad Alessandria, e Strabone scrive che "il corpo di Alessandro fu portato via da Tolomeo e sepolto ad Alessandria, dove ancora oggi giace."[48] Ma anche lui probabilmente attinge alla sua esperienza di testimone oculare, acquisita durante la sua residenza in città per diversi anni al tempo di Augusto.

Esistono infatti prove schiaccianti, provenienti da altre fonti, che i tre scrittori citati stiano aggirando la complessità degli eventi reali, poiché è praticamente certo che Menfi fu il luogo iniziale di riposo di Alessandro e che il corpo venne trasferito ad Alessandria solo alcuni anni dopo. In primo luogo, Pausania afferma che Tolomeo seppellì Alessandro "alla maniera macedone a Menfi" e Curzio Rufo rafforza questa versione nella frase conclusiva della sua storia: -

Il corpo di Alessandro, Tolomeo, che aveva ricevuto l'Egitto, lo fece trasportare a Menfi e di là, pochi anni dopo (paucis post annis), ad Alessandria, dove furono resi tutti gli onori alla sua memoria e al suo nome.[49]

Anche il Romanzo di Alessandro riporta chiaramente il ruolo di Menfi, mescolando come al solito una stuzzicante salsa storica in una densa zuppa fiabesca: -

… Allora Tolomeo si rivolse loro: 'C'è in Babilonia un oracolo dello Zeus babilonese. Consultiamo l'oracolo per il corpo di Alessandro; il dio ci dirà dove farlo riposare.' L'oracolo

---

[44] Diodoro, XVIII, 28, 3.
[45] Ad esempio, la costruzione delle mura di Alessandria è attribuita a Tolomeo, da Tacito, *Storie*, IV, 83.
[46] Vedi P.M. Fraser, *Ptolemaic Alexandria*, nota 28 al Capitolo 1.
[47] Diodoro menziona la propria visita in XVII, 52, 6.
[48] Strabone, XVII, 1, 8.
[49] Curzio Rufo, X, 10, 20.

La Ricerca della Tomba di Alessandro il Grande

del dio era il seguente: 'Vi dico cosa sarà di beneficio per tutti noi. C'è una città in Egitto chiamata Menfi; che sia intronizzato lì'. Nessuno parlò contro la sentenza dell'oracolo. Diedero a Tolomeo il compito di trasportare il corpo imbalsamato a Menfi in una bara di piombo. Così Tolomeo depose il corpo su un carro e iniziò il viaggio da Babilonia all'Egitto. Quando gli abitanti di Menfi sentirono che stava arrivando, uscirono per incontrare il corpo di Alessandro e lo scortarono a Menfi. Ma il sommo sacerdote del tempio di Menfi disse: 'Non seppellitelo qui, ma nella città che ha fondato a Rhakotis [cioè Alessandria]. Ovunque riposi il suo corpo, quella città sarà costantemente turbata e scossa da guerre e battaglie. [50]

Ma nessuna di queste evidenze, né tutte insieme, può essere considerata decisiva. La prova indiscutibile proviene dalla cronologia inscritta in greco su una lastra di marmo nell'isola egea di Paro, nell'anno 263-262 a.C., quando faceva parte dell'impero dei Tolomei. Il *Marmor Parium* afferma inequivocabilmente che "Alessandro fu collocato a Menfi",[51] nella voce corrispondente all'anno 321-320 a.C. È praticamente inconcepibile che un simile documento pubblico, realizzato a memoria d'uomo degli eventi, possa essere errato, tanto più che la maggior parte del resto delle informazioni in esso contenute è verosimilmente accurata e corroborata dai resoconti di Pausania, Curzio Rufo e dello Pseudo Callistene.

* * * * * * * *

Alla luce delle prove convincenti che Tolomeo rubò il corpo di Alessandro a dispetto di Perdicca, lo seppellì a Menfi e appronto le difese contro un attacco anticipato, è interessante chiedersi perché avrebbe dovuto consapevolmente correre un rischio così enorme in questa faccenda? Che si trattasse di un azzardo davvero pericoloso è sottolineato dal fatto che Perdicca arrivò a un soffio dal forzare l'attraversamento del Nilo. Se ci fosse riuscito, Tolomeo avrebbe certamente perso il regno e molto probabilmente anche la vita.

C'è un suggerimento in Diodoro secondo cui Tolomeo era già stato contattato da Antipatro al fine di stringere un'alleanza contro Perdicca. Il *casus belli* era che Antigono, il governatore della Frigia, era fuggito in Macedonia e aveva rivelato una trama di Perdicca per sposare la sorella di Alessandro e impadronirsi del trono.[52]

Ciononostante, se Tolomeo si fosse comportato in modo meno provocatorio, è probabile che Perdicca avrebbe preferito marciare contro Antipatro, soprattutto perché questa era stata una caratteristica del suo piano originale, come asserito da Antigono. Tolomeo avrebbe potuto facilmente risparmiarsi l'ira di Perdicca in un momento in cui il reggente aveva appena vinto una guerra minore in Cappadocia ed era estremamente potente nell'impero. In modo piuttosto significativo, l'avventatezza del dirottamento contrasta nettamente con le strategie e le alleanze attentamente concepite che caratterizzarono il resto della carriera di Tolomeo. Come hanno dunque cercato di spiegare questa curiosa aberrazione gli storici?

---

[50] Richard Stoneman (trad.), *The Greek Alexander Romance*, III, 34.
[51] F. Jacoby, FGrH 239.
[52] Diodoro, XVIII, 25, 3-4.

Giochi funebri

Una visione ingenua è che Tolomeo fosse motivato dal valore monetario dell'elaborato carro funebre: che avesse quindi bisogno di monetizzare il suo valore in contanti per assumere truppe e assicurare la sua posizione in Egitto. Eppure, Diodoro registra che Tolomeo aveva trovato 8.000 talenti nel tesoro quando arrivò per prendere il controllo del paese,[53] e San Girolamo attribuì un reddito annuo di oltre 14.800 talenti al figlio di Tolomeo, Filadelfo.[54] Inoltre, l'oggetto più prezioso del corteo funebre era il sarcofago d'oro, e Strabone annota che esso sopravvisse intatto per altri 240 anni.[55] In breve, la rappresentazione di Tolomeo come un bandito glorificato è del tutto incongrua.

Un'opinione più ragionevole, comunemente espressa dagli studiosi, è che Tolomeo stesse cercando di rafforzare la sua posizione attraverso il prestigio che poteva sperare di trarre dalla custodia del cadavere. Robin Lane Fox, ad esempio, si riferisce al catafalco come "the spoils that would justify Ptolemy's independence (il bottino che giustificherebbe l'indipendenza di Tolomeo)"[56] e Richard Stoneman chiama il corpo un "symbol of power (simbolo di potere)".[57] Ma il tipo di prestigio che normalmente deriverebbe dal seppellire il precedente monarca agli occhi sia degli Egiziani che dei Macedoni sarebbe unicamente adatto a sostenere una pretesa al trono.[58] Tuttavia, nel 321 a.C. Tolomeo non nutriva tali ambizioni, poiché rifiutò anche il ruolo di reggente quando gli fu offerto dopo l'omicidio di Perdicca e mantenne scrupolosamente la finzione di aver governato l'Egitto per conto di Filippo Arrideo e Alessandro IV per ulteriori sedici anni. Filippo Arrideo fu assassinato da Olimpiade nel 317 a.C. e Cassandro avvelenò segretamente Alessandro IV e sua madre Rossane nel 310 a.C. circa. Anche l'altro figlio illegittimo di Alessandro, Eracle, fu assassinato da Poliperconte per volere di Cassandro mentre tentava di acquisire il trono vacante nel 309 a.C. Malgrado ciò, fu soltanto nel 305 a.C. che Tolomeo si fece proclamare faraone e furono emesse le prime monete recanti il suo caratteristico ritratto. E anche allora, fu fatto solo in risposta all'assunzione di titoli reali da parte degli acerrimi nemici di Tolomeo, Antigono e Demetrio. Evidentemente, le aspirazioni politiche che avrebbero potuto dare un senso al dirottamento erano palesemente assenti dai progetti di Tolomeo nel 321 a.C.

In ogni caso, per trovare un movente interessante e convincente delle azioni di Tolomeo è sufficiente prestare attenzione alle dichiarazioni degli storici antichi sulla questione. Curzio Rufo e Giustino affermano che Alessandro ordinò poco prima di spirare che il suo corpo fosse portato ad Amon, mentre Luciano, nel suo tredicesimo Dialogo dei Morti, fa affermare al fantasma di Alessandro che Tolomeo aveva giurato di soddisfare tale desiderio espresso in punto di morte. Nella versione armena del Romanzo di Alessandro, il Re, in modo sereno,

---

[53] Diodoro, XVIII, 25, 3-4.
[54] Alan K. Bowman, *Egypt after the Pharaohs*, British Museum Press, 1986, Capitolo 2.
[55] Strabone, XVII, 1, 8.
[56] Robin Lane Fox, *Alexander the Great*, 1973, Capitolo 33.
[57] Richard Stoneman, *Alexander the Great*, 1997, p. 91.
[58] *Cambridge Ancient History*, Vol. 6, p. 467.

La Ricerca della Tomba di Alessandro il Grande

pronuncia le seguenti parole all'indirizzo di Tolomeo che era seduto accanto a lui mentre stava morendo: "E tu, vai in Egitto e ti prenderai cura del nostro corpo."[59] Molto semplicemente, ci viene detto che Tolomeo dirottò il catafalco in Egitto per mantenere fede alla promessa fatta al suo defunto Re. E nessuna fonte antica contesta tale motivo.

Gli storici, che hanno familiarità con il comportamento infido e cinico della maggior parte dei comandanti di Alessandro dopo la sua scomparsa, sono portati a essere scettici nei confronti di questa toccante storia di lealtà che va oltre la morte. Tuttavia, ci sono alcuni fattori specifici nel caso di Tolomeo che danno credito a tale versione dei fatti. Alcuni, ad esempio, ritengono che Tolomeo abbia composto la sua storia delle campagne di Alessandro in tarda età per difendere la reputazione del Re dalle esagerazioni maliziose e dalle fantasiose invenzioni di racconti precedenti.[60] In questo comportamento iniziamo a discernere un modello di fedeltà agli interessi di Alessandro che richiede ulteriori spiegazioni.

In un assalto a una città dell'India meridionale, Tolomeo ricevette una leggera ferita alla spalla, ma le spade degli indigeni erano state imbevute di veleno e presto si ammalò gravemente. Curzio Rufo, Diodoro e Strabone hanno riportato l'intervento personale di Alessandro per salvare il suo compagno: -

Infatti, essi [i Macedoni] mostrarono verso di lui un interesse non minore di quello di Alessandro. Questi vegliò presso Tolomeo ma, stanco per la fatica militare e per la preoccupazione, si fece portare un letto su cui riposare. Appena vi si fu sdraiato fu preso da un sonno profondo. Quando si svegliò disse di aver visto in sogno un serpente che teneva in bocca un'erba e che gliel'aveva mostrata come rimedio contro il veleno. Il re descriveva anche il colore di quest'erba, dichiarando che l'avrebbe riconosciuta se qualcuno l'avesse trovata. Allora molti si misero a cercarla ed infine la trovarono. Alessandro l'applicò alla ferita di Tolomeo; subito il dolore cessò e, in breve tempo, anche la piaga si cicatrizzò.[61]

Per quanto curioso possa sembrare vedere Alessandro che agisce come medico del suo amico, questa è in realtà una storia perfettamente sensata, perché sappiamo da altre fonti che il Re aveva studiato la medicina erboristica con Aristotele e prescriveva regolarmente cure ai membri malati del suo entourage.[62] Anche la tecnica di ricerca delle cure attraverso i sogni è una pratica medica greca familiare.

Da ciò si potrebbe ragionevolmente dedurre che Tolomeo sentiva di dovere la vita ad Alessandro, che è di per sé una ragione sufficiente per una speciale lealtà. C'era tuttavia ancora un altro legame singolare tra loro di cui sopravvivono diversi

---

[59] Wolohojian (trad.), *The Romance of Alexander the Great by Pseudo-Callisthenes (Armenian manuscripts)*, Sezione 277.
[60] Vedi Hammond, *Three Historians of Alexander the Great*, pp. 83-5, con il quale sono incline a concordare. Tuttavia, la questione è stata fortemente contestata, ad esempio da parte di Badian.
[61] Curzio Rufo, IX, 8, 25-27 (da cui la citazione); cfr. Diodoro, XVII, 103; cfr. Strabone, XV, 2, 7.
[62] Plutarco, *Alessandro*, 8.

Giochi funebri

rapporti antichi: Tolomeo potrebbe essere stato un figlio illegittimo di Filippo II e quindi fratellastro di Alessandro: -

I Macedoni considerano Tolomeo figlio di Filippo, figlio di Aminta, anche se putativamente figlio di Lago, affermando che sua madre era incinta quando fu sposata con Lago da Filippo.

Pausania, I, 6, 2

Egli [Tolomeo] era un consanguineo di Alessandro e taluni anzi lo credevano figlio di Filippo (si sapeva per certo che era nato da una sua concubina).

Curzio Rufo, IX, 8, 22

E Perdikkas pensava che Alessandro avrebbe lasciato tutti i suoi beni a Ptlomeos perché gli aveva parlato spesso della nascita fortunata di Ptlomeos. E anche Olimpiade aveva chiarito che Ptlomeos era stato generato da Filippo.

Il Romanzo di Alessandro, versione armena, sezione 269[63]

Gli storici moderni hanno espresso dei dubbi. Fraser, ad esempio, parla della relazione fittizia di Tolomeo con Alessandro, "fictitious relationship with Alexander"[64], ma Pausania e Curzio Rufo sono scrittori ben informati. Non dovrebbero essere liquidati alla leggera e non sembra esserci alcuna prova tangibile che li contraddica. Diverse altre fonti antiche, infatti, confermano che Tolomeo fosse di nascita illegittima e solo per adozione figlio di Lago.[65] Malgrado ciò, l'argomento degli scettici è che Tolomeo incoraggiò una falsa voce sulla sua paternità da parte di Filippo per migliorare la propria posizione tra i suoi seguaci, ma poiché tale diceria metteva in dubbio anche l'onore della sua amata madre, Arsinoe, ciò è innatamente dubbio. La maggior parte dei sostenitori di Tolomeo sarebbe stata abbastanza vicina alla corte macedone da sapere comunque la verità. La posizione pubblica di Tolomeo sembra essere stata semplicemente quella di rivendicare una comune discendenza da Eracle con la famiglia reale macedone. Teocrito, ad esempio, descrive Tolomeo come figlio di Lago, ma dice anche che Alessandro e Tolomeo entrambi "facevano risalire la loro discendenza a Eracle".

---

[63] La versione siriaca del Romanzo di Alessandro, III, 20, presenta una versione corrotta della stessa storia, il che dimostra che era presente nella recensione archetipica "alfa" del Romanzo, poiché esso è l'unico antenato comune delle versioni armena e siriaca.

[64] P.M. Fraser, *Ptolemaic Alexandria*, p. 215.

[65] Plutarco, *Moralia*, 458A-B; *Suidae Lexicon* s.v. Lagos (citando Eliano); Plutarco, *Demetrio*, 2, fa notare che Demetrio era solo figlio adottivo di Antigono, sebbene sia comunemente indicato come figlio di Antigono senza ulteriori spiegazioni dalle fonti più antiche - per questo motivo i riferimenti a Πτολεμαῖος ὁ Λάγου in Arriano e altrove non costituiscono prove della legittimità di Tolomeo; vedi anche N.L. Collins, "The Various Fathers of Ptolemy I", *Mnemosyne* 50.4, 1997, pp. 436-476, il quale pensa che la connessione sia stata inventata da Tolomeo Cerauno quando pretese di essere l'erede al trono di Macedonia nel 281 a.C. – tuttavia il riferimento alla diceria nella sezione *Liber de Morte* del Romanzo di Alessandro ridimensiona Collins, poiché è generalmente accettato che il *Liber de Morte* fu composto nel IV secolo a.C.; Collins sbaglia anche nel ritenere che l'acclamazione di Arrideo dopo la morte di Alessandro renda impossibile che Tolomeo sia stato il figlio illegittimo di Filippo, perché Arrideo deve essere stato riconosciuto, e quindi legittimato, da Filippo II per renderlo una possibile pedina matrimoniale nell'affare Pissodaro.

La Ricerca della Tomba di Alessandro il Grande

Che questa fosse la versione ufficiale non deve essere messa in dubbio, poiché faceva parte di un Encomio a Tolomeo eseguito alla corte di suo figlio Filadelfo.[66]

Il messaggio chiaro degli autori antichi è dunque che Tolomeo si trovò obbligato verso il suo defunto Re da un molteplice debito d'onore di una potenza tale da costringerlo a mettere in pericolo il suo regno e la sua vita per l'adempimento del desiderio di Alessandro morente. Una prova immediata della loro veridicità sarà quella di esplorare se questa motivazione può aiutarci a capire cosa accadde al corpo di Alessandro dopo che raggiunse l'Egitto.

* * * * * * * *

Molti autori[67] moderni fanno notare che gli antichi scrittori hanno affermato che c'era l'intenzione di seppellire Alessandro nell'oasi di Siwa, nel deserto lontano a ovest del Nilo, ma così facendo stanno, consapevolmente o meno, sorvolando su una grande ambiguità che potrebbe anche aver avuto origine da Alessandro stesso. Ciò che le fonti antiche[68] effettivamente scrissero fu che il corpo doveva essere portato ad Amon o al tempio di Amon. Si presume spesso che ciò significhi Siwa, perché gli antichi geografi chiamavano l'oasi *Ammonium* dal nome del dio il cui oracolo era situato lì. È anche una supposizione naturale per via della famosa visita di Alessandro all'oracolo nel 331 a.C. e perché egli era in comunicazione con l'oasi per ottenere l'approvazione dello status di eroe di Efestione, nei mesi precedenti la sua morte.

C'è un ampio consenso sul fatto che la "voce di Alessandro avesse cominciato a mancare" o che fosse "senza voce" alla fine dei giorni. Se alcune delle sue ultime parole sono autentiche, non possono essere state pronunciate in qualcosa di più di un rauco sussurro. La brevità delle frasi riportate ("al più forte"; "quando sarete felici") potrebbe essere sintomatica della difficoltà di esprimere anche poche sillabe.[69] Forse, in un raro intervallo di lucidità, disse qualcosa del tipo: "Portatemi da Amon". Le interpretazioni che si sarebbero potute dare a un tale desiderio in quel contesto sono varie. Una possibilità sarebbe stata l'immediato trasferimento in un tempio di Babilonia di un dio considerato l'equivalente locale di Zeus Amon, poiché i Greci associavano abitualmente divinità straniere alle loro controparti olimpiche più vicine.[70] Questo potrebbe spiegare, ad esempio, cosa spinse la delegazione dei Compagni del Re, che si dice abbia trascorso la notte dell'8 giugno nel tempio di "Serapide", a chiedere al dio se Alessandro dovesse essere trasferito lì. In alternativa, Alessandro potrebbe aver voluto che il suo

---

[66] Teocrito, *Idilli*, 17; vedi anche Satiro, FGrH 631, F1, che fornisce una sospetta spiegazione poco chiara dell'ascendenza dei Tolomei; vedi anche OGIS 54, ll. 1-5.
[67] Per esempio, Richard Stoneman, Michael Wood, Robin Lane Fox…
[68] Diodoro, XVIII, 3, 5, XVIII, 28, 3; Curzio Rufo, X, 5, 4; Giustino, XII, 15, XIII, 4 – sembra che Giustino abbia pensato che si trattasse di Siwa, ma Giustino era facilmente confuso su tali questioni.
[69] Mary Renault, *The Nature of Alexander* p. 231 ha plausibilmente suggerito che *kratisto* (il più forte) potrebbe effettivamente essere stato Kratero (il principale generale di Alessandro, Cratero) a causa della voce debole di Alessandro.
[70] Questo fenomeno è noto come sincretismo e "Zeus Amon" è ovviamente un esempio calzante.

Giochi funebri

corpo fosse portato a Siwa o in un altro tempio espressamente dedicato ad Amon in Egitto. Il nome potrebbe riferirsi all'oasi o, più vagamente, al dio in uno qualsiasi dei suoi templi. C'era infatti un tempio di Amon nella maggior parte delle città egiziane e il centro del culto era a Tebe. Era la sua abilità oracolare che rendeva Siwa speciale, ma gli oracoli sono in ritardo ai funerali.

Tolomeo potrebbe aver considerato che un tempio egizio sul Nilo incontrasse lo spirito del desiderio di Alessandro morente, ma anche se avesse voluto trasportare il corpo del Re in un luogo così remoto come Siwa sarebbe stato probabilmente ostacolato dalle circostanze. L'oasi era strategicamente isolata e sarebbe stata esposta a un tentativo dei nemici di Tolomeo di inviare una spedizione via mare per riprendere il cadavere. Siwa non aveva le risorse per sostenere l'esercito che sarebbe stato necessario per difenderla per un certo periodo di tempo.

* * * * * * * *

Ci sono solo pochi indizi sulla forma e l'ubicazione precisa della tomba a Menfi. A parte la menzione di Pausania della sepoltura "alla maniera macedone" e il presunto coinvolgimento del sommo sacerdote di un tempio menfita secondo il Romanzo di Alessandro, un'altra traccia è la possibilità di un legame con il culto di Amon, dato l'ultimo desiderio di Alessandro e la determinazione di Tolomeo a realizzarlo.

Vi è comunque un'altra conferma indipendente di un collegamento tra la tomba menfita e il dio Amon. Intorno al 319 a.C., Tolomeo divenne il primo dei successori a deviare dalla monetazione standard di Alessandro coniando una serie di tetradrammi d'argento con una raffigurazione sul dritto completamente nuova.[71] Al posto della famosa testa di Eracle che indossa un copricapo leonino, Tolomeo sostituì un ritratto esplicito di Alessandro con uno scalpo di elefante e le corna di ariete di Amon (Figura 3.3 - il corno di ariete è il profilo a forma di mezzaluna che sale dall'estremità del sopracciglio e continua sotto la pelle di elefante).[72]

Ciò è particolarmente significativo perché è la prima raffigurazione conosciuta di Alessandro che indossa le corna di ariete, anche se Efippo, che potrebbe aver servito Alessandro come sorvegliante dei mercenari,[73] ha descritto come il Re era solito vestirsi in tal guisa durante i banchetti: -

---

[71] Recentemente è venuto alla luce un "medaglione di Poro in oro" con lo stesso disegno sul dritto. È stato affermato che fu coniato dallo stesso Alessandro – vedi Osmund Bopearachchi & Philippe Flandrin, *Le Portrait d'Alexander le Grand*, 2005; tuttavia, in "Is the Gold Porus Medallion a Lifetime Portrait of Alexander the Great?" *The Celator*, Vol. 21, n. 9, September 2007, ho mostrato che risulta essere un falso di età moderna; cfr. Silvia Hurter, "Review of Le Portrait d'Alexandre le Grand", *Swiss Numismatic Review*, Vol. 85, 2006, pp. 185-195.

[72] Per i dettagli della transizione vedere Orestes H. Zervos, "Early Tetradrachms of Ptolemy I", *ANS Museum Notes* 13, 1967, pp. 1-16.

[73] Arriano, *Anabasi*, III, 5, 3.

La Ricerca della Tomba di Alessandro il Grande

...Alessandro indossava anche abiti sacri durante le sue cene, a volte la veste viola di Amon e le calzature e le corna come il dio ... la maggior parte infatti indossava sempre, la clamide viola e il chitone con una striscia bianca ...[74]

Figura 3.3. Alessandro con lo scalpo di elefante e le corna di ariete (mezzaluna che sale dall'estremità sinistra del sopracciglio), tetradramma di Tolomeo I (collezione dell'autore)

Il motivo a corna di ariete raggiunse la sua espressione più memorabile nella straordinaria serie di tetradrammi emessa da Lisimaco tra il 298-281 a.C. circa, nelle città della Ionia (vedi foto di copertina). Il tema dello scalpo di elefante godette di una popolarità duratura, come dimostrano i frammenti sopravvissuti di varie statuette egiziane e una testa di Alessandro realizzata in Nord Africa nel II secolo d.C., attualmente al Copenhagen National Museum. La statuetta più completa è stata trovata nel Delta del Nilo, ad Atribi, circa 40 miglia a valle di Menfi (vedi Figura 3.4). Rappresenta Alessandro a cavallo, anche se il suo destriero è mancante, e per motivi stilistici si ritiene che risalga all'inizio dell'Età Tolemaica.[75]

La comparsa dei nuovi tetradrammi subito dopo la sepoltura di Alessandro a Menfi e l'evidenza delle sculture hanno portato Otto Mørkholm a dedurre la creazione di una statua funeraria archetipica di Alessandro per adornare la tomba

---

[74] Efippo di Olinto, citato da Ateneo, 537E-538B; cfr. Curzio Rufo, III, 3, 17, "la tunica [di Dario] era di porpora intessuta di bianco nel mezzo"; *Epitome di Metz* 2 (IV secolo d.C.) trad. di Stewart in *Faces of Power: Alexander's Image & Hellenistic Politics*, "Alexander... adopted the diadem, the tunic with the central white stripe, the sceptre, the Persian girdle, and all the royal regalia that Darius had used" (Alessandro... adottò il diadema, la tunica con la striscia bianca centrale, lo scettro, la cintura persiana e tutte le insegne reali che Dario aveva usato); cfr. Diodoro, XVII, 77, 5, che usa ζώνη per la cintura, che è prettamente una parola per una cintura di sostegno femminile, ma proprio una simile fascia appare in alcune monete alessandrine di Adriano; un abbigliamento identico, compresa la cintura a fascia, è indossato dalla statuetta di Alessandro "Demetrio" dall'Egitto, I secolo a.C., Fig. 144 in Stewart; vedi anche il Sarcofago di Alessandro di Sidone; Dario indossa la striscia bianca reale nel Mosaico di Alessandro di Pompei.
[75] Vedi *The Search for Alexander: an Exhibition*, New York Graphic Society, 1980, mostra 46.

menfita in quel periodo.⁷⁶ Questa teoria affascinante rafforza e al tempo stesso viene rafforzata dalle indicazioni delle testimonianze letterarie, secondo le quali dovremmo aspettarci una relazione tra Alessandro e Amon nel contesto della prima sepoltura. Ciò, a sua volta, fa sorgere la domanda: potrebbe essere esistito un tempio dedicato ad Amon, a Menfi, nel 321 a.C.?

Figura 3.4. Alessandro che indossa una pelle di elefante, statuetta del primo periodo tolemaico rinvenuta nel Delta del Nilo (disegno dell'autore)

La risposta è affermativa, poiché c'è un antico papiro tolemaico, No. 50 nel primo volume del catalogo del British Museum, che menziona la presenza di un "Imensthotieion" (vale a dire un tempio di Amon e Thoth) nel quartiere Ellenion di Menfi. Questo era il distretto greco della città che si ritiene sia stato fondato da truppe mercenarie al servizio di un faraone dell'Età Tarda, prima della conquista di Alessandro. Claire Préaux sostiene che il papiro non può essere posteriore al

---

⁷⁶ Otto Mørkholm, *Early Hellenistic Coinage*, CUP, 1991, Capitolo 6.

La Ricerca della Tomba di Alessandro il Grande

III secolo a.C. sulla base delle evidenze interne concernenti le valutazioni di due proprietà.[77] Di conseguenza, è probabile che tale tempio fosse a disposizione di Tolomeo quando stava cercando un luogo a Menfi dove far riposare Alessandro.

Dov'erano l'Imensthotieion e l'Ellenion? Le prove sono scarse. Menfi è stata abbandonata ben più di mille anni fa e il furto di pietre ha lasciato pochi resti visibili. I principali siti di culto del Nuovo Regno di Amon-Ra a Menfi sono collegati con Perunefer, il porto della città, che potrebbe essere stato vicino o sul lato orientale della collinetta nel cuore del campo delle rovine (vedi la mappa archeologica in Figura 3.5). Iscrizioni dedicatorie greche e fenicie furono qui rinvenute negli anni tra la fine del 1890 e l'inizio del 1900. Dorothy Thompson, sulla base del "Memphis dyke repair papyrus"[78], suggerisce che l'Ellenion si trovasse nel quadrante nord-occidentale del sito.[79] Ciò potrebbe anche essere coerente con la posizione del "campo" di Petrie (una possibile caserma) intorno alle fondamenta del palazzo di Aprie. Petrie riteneva che fosse stato costruito per ospitare la guardia del corpo straniera (greca?) del re.[80] La vicinanza più plausibile all'Imensthotieion è quindi l'area entro poche centinaia di metri a nord e a ovest del Palazzo di Aprie.

Ad ogni modo, una sepoltura nel cuore della città, a prescindere dal periodo di permanenza, sarebbe entrata in conflitto con la demarcazione egiziana tra la terra dei vivi, la fertile pianura irrigata dal fiume, e la terra dei morti, le parti più vicine al deserto sopra la scarpata occidentale della Valle del Nilo. In particolare, l'antica città di Menfi aveva progressivamente sviluppato una necropoli gigantesca appena oltre il limite della vegetazione. Conosciamo questo paradiso archeologico come Saqqara Nord.

* * * * * * * *

Quale forma potrebbe aver assunto la sepoltura menfita? È possibile che Tolomeo abbia letteralmente creato una tomba reale macedone a grandezza naturale a Menfi, nel qual caso le sepolture reali di Ege possono fornire i migliori prototipi. La tomba del padre di Alessandro, Filippo II, comprendeva camere di pietra con una facciata del tempio dipinta e un tetto con volta a botte per sostenere il grande peso della terra che era ammassata sopra, formando un enorme tumulo. Questo sarebbe il modello migliore se la citazione di Pausania della sepoltura "alla maniera macedone" fosse presa come riferimento al tipo di tomba. Tuttavia, una sepoltura macedone avrebbe normalmente comportato il precedente incenerimento del cadavere su una pira, cosa che certamente non avvenne.

---

[77] Claire Préaux, *L'Économie Royale des Lagides*, 1939, pp. 298-9.
[78] PSI 488.
[79] Dorothy Thompson (ex Crawford), *Memphis under the Ptolemies*, Princeton 1988, pp. 13-16.
[80] David Jeffreys, *The Survey of Memphis*, Egypt Exploration Society, London 1985.

Giochi funebri

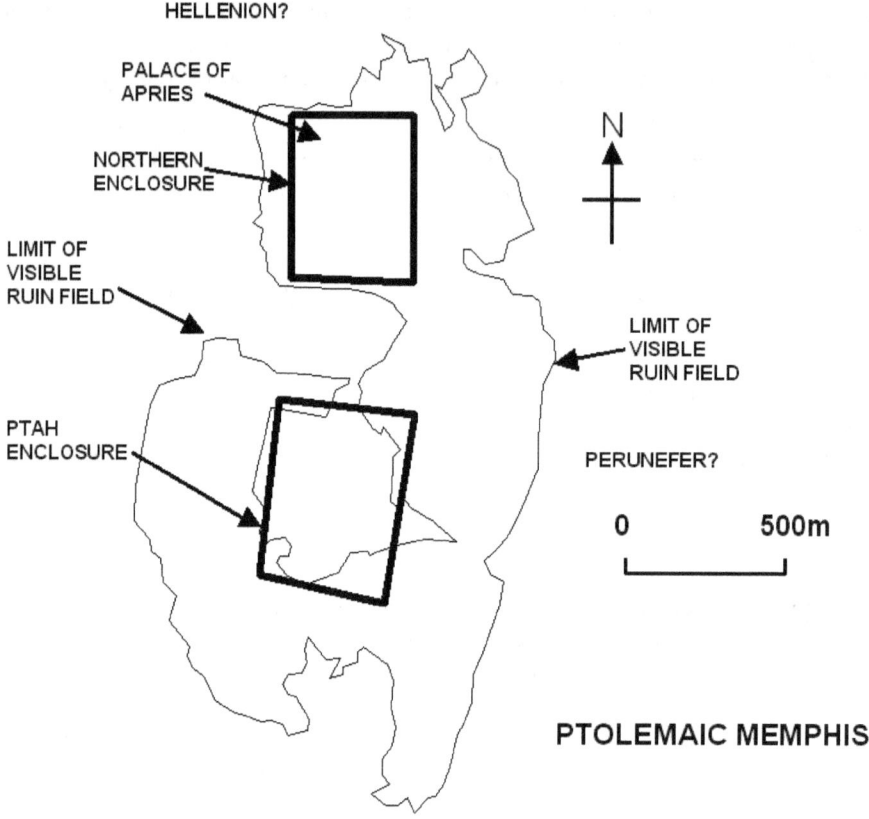

Figura 3.5. Pianta archeologica di Menfi tolemaica

In Egitto era un principio di fede che i morti avrebbero avuto di nuovo bisogno dei loro corpi quando sarebbero rinati nell'aldilà. Tale era la logica che giustificava la complessità e il costo del processo di mummificazione. Di conseguenza, la cremazione del cadavere del precedente faraone sarebbe stato un terribile atto di sacrilegio agli occhi degli Egiziani. Se avesse voluto preservare qualsiasi possibilità di ottenere dalla popolazione egizia il sostegno tanto necessario al suo governo, Tolomeo non poteva permettere che Alessandro fosse cremato. Tale decisione avrà però suscitato un certo grado di antipatia nei confronti del satrapo da parte di alcuni dei suoi compagni macedoni, i quali avranno concordato con Omero quando scrive "bring wood and make ready all that is right for a dead man to have when he goes beneath the murky darkness, so that unwearied fire may burn him quickly from our eyes" (portate legna e preparate tutto ciò che è giusto che un uomo morto abbia quando se ne va sotto la torbida oscurità, affinché il fuoco instancabile lo bruci presto dai nostri occhi).[81] L'Iliade prosegue spiegando il

---

[81] Omero, *Iliade*, 23, 50-53.

La Ricerca della Tomba di Alessandro il Grande

procedimento: "Many noble sheep and many sleek cattle of shambling gait they flayed and dressed before the pyre; and from them all great-hearted Achilles gathered the fat, and enfolded the dead in it from head to foot" (Molte nobili pecore e molti bovini eleganti dall'andatura malferma furono scuoiati e vestiti davanti alla pira; e da essi tutti il grande cuore di Achille raccolse il grasso, e vi avvolse il defunto dalla testa ai piedi), assicurando così una fiamma calda e uniforme.[82] Quando l'incendio si attenuò "they quenched the pyre with ruddy wine, so far as the flame had spread" (spensero la pira con vino rubicondo, per quanto la fiamma si fosse diffusa),[83] producendo così, attraverso lo shock termico degli schizzi di liquido freddo, le insolite fratture trasversali osservate tra le ossa cremate di Filippo II nella Tomba II a Ege.

Molto probabilmente, è la mancata cremazione di Alessandro in Egitto di cui Olimpiade si lamentava nell'aneddoto di Eliano:

Quando la madre di Alessandro, Olimpiade, seppe che suo figlio giaceva insepolto da molto tempo, si lamentò profondamente e pianse con voce acuta: "Figlio mio", disse, "volevi raggiungere il cielo e ne hai fatto il tuo scopo, ma ora non godi nemmeno di quelli che sono sicuramente diritti comuni condivisi da tutti gli uomini, il diritto alla terra e alla sepoltura". Così si lamentava del proprio destino e criticava l'arroganza di suo figlio.[84]

Sappiamo infatti da resoconti successivi che il corpo di Alessandro rimase intatto per secoli all'interno della stessa bara d'oro che fu modellata per lui a Babilonia. Inoltre, ci sono molti indizi che le spoglie di Alessandro divennero quasi immediatamente oggetto di venerazione religiosa in un contesto templare. Pertanto, Pausania deve essersi riferito solo a generiche cerimonie religiose, come i sacrifici e i giochi funebri che furono organizzati da Tolomeo secondo Diodoro.[85] Subito dopo la sua morte, il corpo di Alessandro fu probabilmente trattato più come una sacra reliquia che come un normale cadavere umano. La divinizzazione, dopo tutto, era iniziata durante la sua vita ed era perfettamente coerente con il precedente faraonico e la tradizione in Egitto.

* * * * * * * * *

La possibilità più affascinante, per quanto concerne la tipologia della tomba menfita, riguarda un'antichità sopravvissuta trovata ad Alessandria e attualmente esposta al British Museum. Nel 341 a.C. circa, l'ultimo faraone nativo d'Egitto, Nectanebo II, scappò in Etiopia per sfuggire a un'invasione persiana. Fu così costretto ad abbandonare il suo magnifico sarcofago di pietra che era stato preparato, secondo l'usanza tradizionale, in previsione della sua eventuale sepoltura. Dieci anni dopo, Alessandro cacciò i Persiani dall'Egitto e un decennio dopo ancora, Tolomeo riportò il suo corpo a Menfi. Con ogni probabilità il sarcofago all'epoca era ancora vuoto e abbandonato. Ci sono forti motivi

---

[82] Omero, *Iliade*, 23, 166-169.
[83] Omero, *Iliade*, 23, 250-251.
[84] Eliano, *Varia Historia*, XIII, 30.
[85] Diodoro Siculo, XVIII, 28, 4.

circostanziali per ritenere che Tolomeo abbia deciso di utilizzarlo per la sepoltura di Alessandro.

In primo luogo, è molto verosimile che il sarcofago si trovasse a Menfi nel 321 a.C. poiché la città era stata la capitale di Nectanebo II e dei precedenti faraoni della XXX dinastia.[86] Egli aveva intrapreso un vasto programma di costruzioni nella necropoli menfita a Saqqara Nord che potrebbe essere stato motivato dall'intenzione di farne il sito della propria tomba. I faraoni dell'Età Tarda venivano generalmente sepolti nei recinti dei principali complessi templari, di solito in una profonda volta sotto una cappella di culto.[87] Nectanebo aveva aggiunto dei templi al Serapeo (scavato da Auguste Mariette nel 1850-1) e alla necropoli degli animali sacri adiacente al santuario delle vacche madri dei tori Api a Saqqara (Figura 3.6). Si ritiene che il suo predecessore, Nectanebo I, abbia arricchito il percorso processionale che conduceva al Serapeo con un viale di Sfingi e nelle sue vicinanze si trova un importante cimitero della XXX dinastia. È chiaro che i faraoni appartenenti a questa dinastia si identificavano intimamente con il culto del toro Api, che veniva mummificato e conservato in un gigantesco sarcofago nelle gallerie sotterranee del Serapeo. Ciò evidenzia l'importanza per gli Egiziani dell'atto di Alessandro di sacrificare al toro Api quando raggiunse Menfi nel 332 a.C.[88]

---

[86] L'ubicazione delle tombe della XXX dinastia non è nota – vedi Aidan Dodson, *After the Pyramids*, London 2000, pp. 162-3; la speculazione si è incentrata su Sebennito per il semplice fatto che il capostipite della dinastia, Nectanebo I, era originario di quella città; frammenti del sarcofago di Nectanebo I sono stati trovati incastonati nelle mura medievali del Cairo; a Torino sono conservati un ushabti completo di Nectanebo II e anche una decina di frammenti, ma tutti di incerta provenienza.

[87] Esempi sono le tombe della XXVI dinastia a Sais e quelle della XXIX dinastia a Mendes. Questo tipo di sepoltura era un elemento di un revival in Età Tarda di stili e tradizioni dell'Antico Regno; vedi B.G. Trigger, B.J. Kemp, D. O'Connor e A.B. Lloyd, *Ancient Egypt: A Social History*, Cambridge 1983, p. 321.

[88] Arriano, *Anabasi*, III, 1, 4; Nectanebo II iniziò il suo regno officiando al funerale del toro Api al Serapeo, vedi Nicolas Grimal, *A History of Ancient Egypt*, Blackwell, 1994, p. 379.

La Ricerca della Tomba di Alessandro il Grande

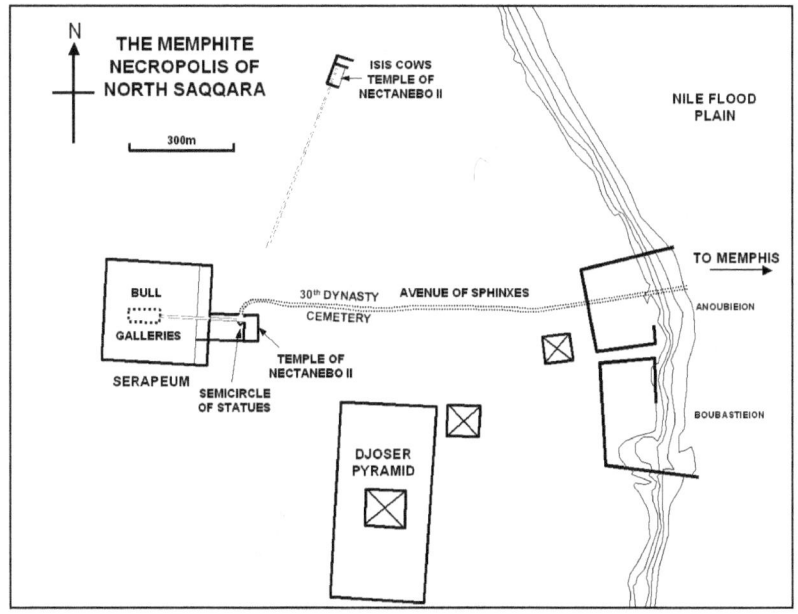

Figura 3.6. Il Serapeo e i templi di Nectanebo II a Saqqara Nord

La cosa più sorprendente è un semicerchio di undici statue in pietra calcarea di saggi e poeti greci che custodisce l'ingresso del tempio di Nectanebo II nel Serapeo (Figure 3.7 e 3.8). La figura centrale sembra essere Omero, per il quale Alessandro espresse un appassionato apprezzamento.[89] Un'altra è Pindaro, la cui casa e i discendenti furono preservati dalla distruzione di Tebe grazie all'intervento del Macedone. Un'altra ancora è Platone, il precettore del tutore di Alessandro, Aristotele. Lauer e Picard hanno persino ipotizzato che manchi una dodicesima statua raffigurante lo stesso Aristotele all'estremità del semicerchio più vicina al tempio.[90] Le opinioni divergono sulla datazione delle sculture: vari studiosi hanno privilegiato alcune date a partire dalla fine del III secolo al II secolo a.C. principalmente per motivi stilistici,[91] ma Lauer e Picard hanno proposto una data all'inizio del III secolo, sotto Tolomeo I.[92] Essi sostengono che la statua all'estremità occidentale del semicerchio rappresenti Demetrio di Falero, il principale filosofo alla corte di Tolomeo. Sotto Filadelfo, Demetrio fu esiliato in

---

[89] Ad esempio, Plutarco, *Alessandro*, 8, 2 e 26, 1.
[90] J-P. Lauer, C. Picard, *Les statues Ptolémaiques du Sarapieion de Memphis*, Paris 1955, p. 153.
[91] Vedi per esempio F. Matz, "Review of Lauer & Picard; Les statues Ptolémaiques du Sarapieion de Memphis," *Gnomon* 29, pp. 84-93; Fraser, *Ptolemaic Alexandria*, nota 512 al Capitolo 5, afferma che una datazione anteriore non sia impossibile, ma ne preferisce una posteriore, così come Dorothy Thompson, *Memphis after the Ptolemies*, p. 212.
[92] J-P. Lauer, C. Picard, *Les statues Ptolémaiques du Sarapieion de Memphis*, Paris 1955, p. 149.

Giochi funebri

campagna e alla fine morì per il morso di un aspide poiché aveva sostenuto una fazione rivale nella lotta per la successione.[93]

Figura 3.7. Foto del semicerchio di statue del Serapeo (ca. 1850)

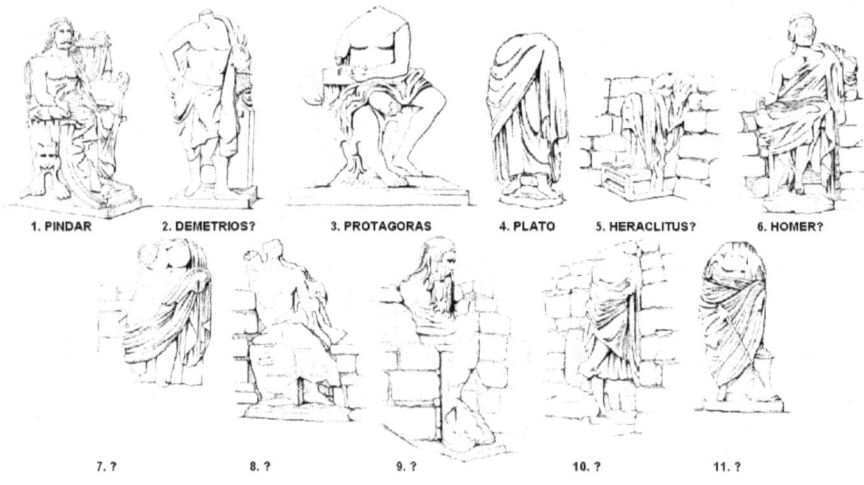

Figura 3.8. Le statue del semicerchio del Serapeo, disegni di Auguste Mariette

---

[93] Diogene Laerzio, *Demetrio*, 5, 76; Cicerone, *Pro Rabirio Postumo*, 23.

La Ricerca della Tomba di Alessandro il Grande

Nel 1951, Lauer scoprì un frammento di un'iscrizione nelle vicinanze di alcune altre statue greche che si trovavano più in basso nel *dromos* del Serapeo. Sembra essere la firma di un artista in caratteri greci di forma risalente all'inizio del III secolo a.C.[94] Appare quindi probabile che tutta la statuaria greca presso il Serapeo sia stata scolpita sotto Tolomeo I; le statue erano dunque contemporanee alla tomba menfita di Alessandro. Dorothy Thompson ha ipotizzato che esse "guarded a shrine of some importance – the site once perhaps of Alexander's tomb"[95] (custodissero un santuario di una certa importanza - il sito, un tempo forse, della tomba di Alessandro). In tal caso, il santuario in questione si trovava quasi sicuramente all'interno del tempio di Nectanebo II, come si può desumere dalla pianta dettagliata di Auguste Mariette (Figura 3.9).[96] L'associazione della tomba di Alessandro a Menfi con il tempio di Nectanebo II nel Serapeo deriva da evidenze che sono del tutto indipendenti dall'associazione del sarcofago di Nectanebo II con la tomba di Alessandro ad Alessandria (Capitolo 7). La presenza di un duplice collegamento con Nectanebo II potrebbe quindi rivelarsi significativa.

Anche un oracolo criptico emesso dal dio Serapide nei confronti di Alessandro, nel Romanzo di Alessandro, potrebbe essere rilevante: -

Tu, giovane imberbe, sottometterai tutte le razze delle nazioni barbare; e poi, morendo e non morendo, verrai da me. Allora la città di Alessandria... sarà la tua tomba.[97]

Venire da Serapide si legge come un eufemismo per morire e in effetti si ritiene che Serapide sia derivato da Osiride-Api, una manifestazione di Osiride, il signore dell'aldilà. Tuttavia, tali profezie avevano tipicamente un doppio significato, perciò in questo caso potremmo discernere un ulteriore indizio che la prima tomba di Alessandro si trovasse nel tempio menfita di Serapide.

La maggior parte delle versioni del Romanzo di Alessandro menziona che un sacerdote egiziano, a Menfi, consigliò che il corpo di Alessandro dovesse essere trasferito ad Alessandria. Purtroppo, l'appartenenza del sacerdote è andata perduta nei manoscritti più noti, ma la versione siriaca del Romanzo di Alessandro sembra conservare l'informazione che tale suggerimento fu dato dai "sacerdoti di Serapide".[98] Ciò costituisce una antica testimonianza diretta che la prima tomba di Alessandro si trovava al Serapeo di Menfi.

---

[94] J-P. Lauer. C. Picard, *Les statues Ptolémaiques du Sarapieion de Memphis*, Paris 1955, p. 182.
[95] Dorothy Thompson, *Memphis after the Ptolemies*, 1988, p. 212, anche se riteneva che le statue fossero troppo tarde per essere state create per la tomba di Alessandro.
[96] J-P. Lauer, Ch. Picard, *Les Statues Ptolémaiques du Sarapieion de Memphis*, Paris 1955, Pl. 26; vedi anche Ulrich Wilcken, "Die griechischen Denkmäler vom Dromos des Serapeums von Memphis," *JDAI* 32, pp. 149-203.
[97] *Armenian Romance* 93; Sesonchousis ripete parte dello stesso oracolo in *Armenian Romance* 249.
[98] E.A.W. Budge, *The History of Alexander the Great: Being the Syriac Version of the Pseudo Callisthenes*, Cambridge 1889, 3, 23, p. 142.

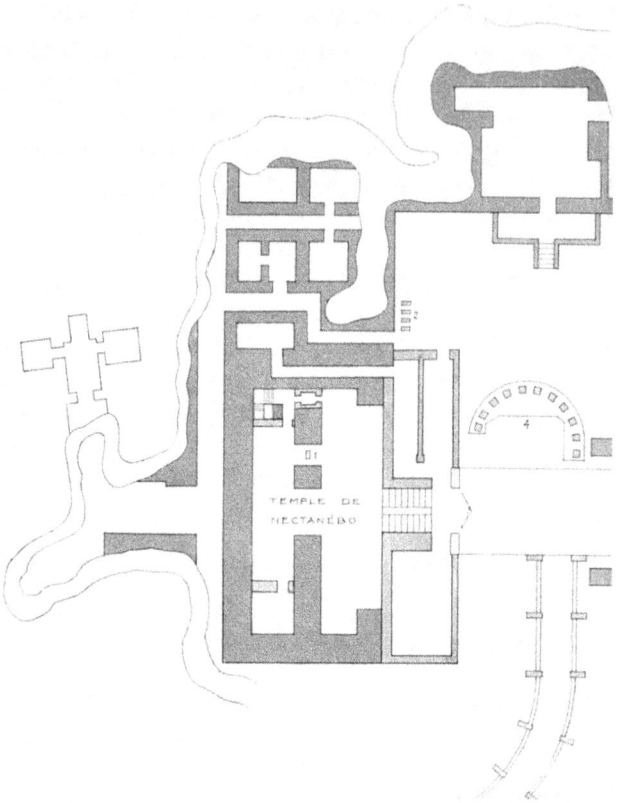

Figura 3.9. Edifici all'estremità orientale del Serapeo con il semicerchio a guardia dell'ingresso del tempio di Nectanebo II, da una pianta di Auguste Mariette

Ad ogni modo, il sarcofago di Nectanebo rientra nella storia in una data molto più tarda, a quel punto sarà possibile fornire una valutazione più completa della sua attestazione e delle implicazioni circa l'ubicazione e la tipologia della sepoltura menfita di Alessandro.

* * * * * * * *

Nel 1996, Andreas Schmidt-Colinet pubblicò un laconico articolo in tedesco intitolato "The Tomb of Alexander the Great in Memphis?" con l'obiettivo di sviluppare le idee della Thompson riguardanti una tomba di Alessandro nel Serapeo menfita.[99] Cita le possibili associazioni tra la sepoltura di Alessandro e il semicerchio ("exedra") di statue e anche (più timidamente) la statuaria dionisiaca

---

[99] Andreas Schmidt-Colinet, "Das Grab Alexanders d. Gr. In Memphis?", *The Problematics of Power: Eastern & Western Representation of Alexander the Great*, M. Bridges & J. Ch. Bürgel (eds.), Peter Lang, 1996, pp. 87-90; Non ero a conoscenza di questo articolo fino al 2008 e ne ottenni una copia solo a marzo 2009 - quindi non è stato menzionato nella prima edizione del presente libro pubblicata nel 2007.

La Ricerca della Tomba di Alessandro il Grande

situata più a ovest sul *dromos* del Serapeo. Collega inoltre il tempio di Nectanebo II con la storia del Romanzo di Alessandro, secondo cui Nectanebo avrebbe generato il Macedone. Egli, però, non sembra notare il fatto che il predisposto sarcofago di Nectanebo II fu trovato ad Alessandria dove venne tradizionalmente riconosciuto come la tomba di Alessandro. L'articolo di Schmidt-Colinet, tuttavia, serve a indicare perfettamente che le associazioni tra la tomba di Alessandro e il Serapeo sono state considerate abbastanza forti da suscitare l'interesse degli studiosi e dei loro editori, anche senza la pistola fumante del sarcofago attualmente al British Museum.

* * * * * * * *

La durata della sepoltura menfita è ancora dibattuta dagli studiosi. È abbastanza certo che il corpo fu trasferito ad Alessandria entro mezzo secolo dal suo arrivo, ma Fraser ha sostenuto che Tolomeo fece il trasferimento già due o tre anni dopo la sconfitta di Perdicca, per sostenere la propria tesi che Tolomeo spostò la capitale ad Alessandria in una data anteriore durante il suo dominio dell'Egitto. Tuttavia, scopriremo presto, dopo un'attenta analisi delle prove, che tale visione è praticamente insostenibile. Piuttosto, si dovrebbe credere all'affermazione di Pausania, ovvero che il trasferimento venne effettuato dal figlio di Tolomeo, Filadelfo. Abbiamo già riscontrato che Pausania è preciso in tutto ciò che scrive in merito alla storia, quindi sarebbe sorprendente se si sbagliasse su questo singolo punto, e non c'è nulla che lo contraddica nelle testimonianze antiche. Se egli ha ragione, allora il trasferimento difficilmente può essere avvenuto molto prima del secondo decennio del III secolo a.C., dal momento che Filadelfo non nacque prima del 309-308 a.C.

* * * * * * * *

Sulla base del precedente esame dei frammenti sopravvissuti delle testimonianze riguardanti il corpo di Alessandro, i brani della storia del suo viaggio da Babilonia e la natura e le origini della sua prima sepoltura a Menfi possono ora essere ricostruiti come un vaso che conterrà l'acqua.

Alessandro venne dichiarato morto la sera del 9 giugno 323 a.C. Il giorno successivo Perdicca convocò una riunione degli ufficiali dell'esercito che si trasformò in una seduta ad hoc dell'Assemblea dei Macedoni. Quest'ultima, carica di tensione emotiva e piuttosto irritabile, diede origine a uno scisma tra la cavalleria, guidata da Perdicca e dal resto delle guardie del corpo, e la fanteria guidata da Meleagro. La disputa culminò in un combattimento nel palazzo e nello spargimento di sangue accanto al letto di morte di Alessandro.

Dopo quasi una settimana, Perdicca riprese il controllo e fece giustiziare Meleagro e i suoi principali sostenitori. Nel frattempo, il cadavere di Alessandro era rimasto praticamente incustodito. A quel punto, il corpo sarebbe dovuto diventare putrido nella calura estiva di Babilonia, ma gli imbalsamatori lo trovarono puro, fresco e dall'aspetto vivido. Nelle fonti antiche ciò veniva ricordato come un segno della divinità di Alessandro, ma dal punto di vista medico è una forte

Giochi funebri

indicazione che la morte sopraggiunse molto più tardi di quanto si pensasse all'epoca. Alessandro era probabilmente entrato in un coma profondo e terminale a causa dell'insorgenza della malaria cerebrale.

L'ultimo desiderio di Alessandro era che il suo corpo fosse portato al dio Amon, in Egitto. Inizialmente l'Assemblea dei Macedoni acconsentì probabilmente alla richiesta, ma Perdicca, successivamente, revocò tale decisione in favore di un funerale tradizionale e una sepoltura ad Ege in Macedonia, con l'aiuto forse di un'opportuna profezia del veggente reale. Perdicca nominò un ufficiale chiamato Arrideo come responsabile della preparazione di un catafalco e del trasporto del corpo a Ege.

Il carro funebre era un capolavoro riccamente decorato di uno splendore sbalorditivo, avente la forma di un elegante tempio ionico. La salma fu posta all'interno di una bara modellata con 200 talenti d'oro, adattata al corpo come una custodia di una mummia egizia e piena di miele conservante mescolato con ricchi incensi e profumi. Ci volle più di un anno per progettare e costruire il catafalco e i suoi accessori. Alla fine, partì per il suo lungo viaggio sul finire dell'estate o nell'autunno del 322 a.C.

Nella gestione iniziale dell'amministrazione dell'impero, all'indomani della morte del Re, Tolomeo aveva ricevuto il governatorato dell'Egitto. Probabilmente egli era un fratellastro illegittimo di Alessandro. Il Re gli aveva personalmente salvato la vita in India e si dice che avesse giurato al morente Alessandro di esaudire il suo desiderio che il suo corpo fosse portato ad Amon. Con un atto di ribellione insolitamente temerario, ispirato dalla indomita lealtà al suo monarca morto, Tolomeo subornò Arrideo, intercettò in Siria e dirottò il corteo funebre nell'inverno del 322-321 a.C. mentre Perdicca si trovava in Pisidia, a 700 miglia di distanza. Quest'ultimo mandò i suoi scagnozzi Polemone e Attalo all'inseguimento, ma Tolomeo li respinse o li eluse, forse sfruttando il carro come esca. Portò il corpo a Menfi, sulla riva occidentale del Nilo, e organizzò le sue difese. Nella primavera del 321 a.C., un vendicativo Perdicca marciò contro di lui alla testa del grande esercito. Tuttavia, non essendo riuscito per due volte a forzare l'attraversamento del Nilo, con disastrose perdite tra le sue truppe, Perdicca fu assassinato dai suoi stessi ufficiali. Tolomeo si riappacificò con la grande armata e la rimandò a nord per incontrare Antipatro che assunse la reggenza dell'impero per conto dei re congiunti: l'infante Alessandro IV e l'imbecille Filippo Arrideo.

Tolomeo completò allora la sepoltura di Alessandro a Menfi, nel tempio di Nectanebo II del complesso del Serapeo nella necropoli di Saqqara Nord. Potrebbe aver commissionato una grande statua di Alessandro in sella a un destriero, nudo come gli eroi, ad eccezione di un'egida di pelle di elefante, e divinizzato con le corna di ariete di Amon. Poco dopo, la testa della statua venne adottata come ritratto sul dritto di una nuova serie monetaria di tetradrammi. Oltre due decenni dopo, all'inizio del III secolo a.C., Tolomeo commissionò il semicerchio di statue dei poeti e dei saggi preferiti di Alessandro, sopravvissuto fino ai giorni nostri, per decorare l'ingresso della tomba.

La Ricerca della Tomba di Alessandro il Grande

Nel prossimo capitolo si sosterrà che la tomba menfita è esistita per tre o quattro decenni, quando il figlio di Tolomeo, Filadelfo, infine trasferì il corpo ad Alessandria probabilmente intorno al 280 a.C. Nella sua eponima città, Alessandro era venerato come un dio e il suo sommo sacerdote era il principale funzionario della metropoli. In Egitto, sotto i Tolomei, gli anni presero il nome dal sacerdote di Alessandro, così come ad Atene prendevano il nome dall'arconte.

4. La Capitale della Memoria

> *Your name from hence immortal life shall have,*
> *Though I, once gone, to all the world must die.*
> *The earth can yield me but a common grave,*
> *When you entombed in men's eyes shall lie.*
>
> William Shakespeare, Sonetto LXXXI

(Di qui il tuo nome avrà vita immortale,
anche s'io vado e sarò morto al mondo.
Una tomba qualunque mi daranno,
tu in occhi d'uomo giacerai sepolto.)

Nei tre secoli prima di Cristo, Alessandria era la città più grande, più bella, più colta e lussuosa del mondo. Lo scrittore Lawrence Durrell ha alluso con nostalgia a quell'Alessandria come "la capitale della memoria".[1] Alessandro desiderava fondare un porto che fornisse un'interfaccia tra l'antica civiltà della Valle del Nilo e il mondo mediterraneo dei Greci. Un sito nel Delta era impraticabile a causa della natura paludosa del terreno e dell'annuale inondazione del Nilo. Scelse quindi una posizione appena a ovest su una striscia di terreno roccioso larga circa un miglio e mezzo, stretta tra il Mediterraneo e il lago Mareotis, una laguna d'acqua dolce collegata da canali con il ramo canopico del Nilo.

Le emissioni di monete commemorative coniate ad Alessandria in età romana sembrano celebrare la fondazione della città da parte di Alessandro. Sul verso di varie dracme in bronzo coniate sotto Traiano, Adriano e alcuni dei loro successori, un copricapo di elefante è indossato da una figura maschile, nuda, che guida un carro trainato da due serpenti alati (Figura 4.1). L'auriga getta semi intorno a sé da una borsa avvolta al suo braccio sinistro. Probabilmente si tratta di un faraone, poiché i serpenti indossano la corona pschent dell'Alto e del Basso Egitto in alcuni esemplari. Arriano, in merito alla spedizione di Alessandro all'oasi di Siwa, scrive:

Tolomeo, figlio di Lago, dice che allora due serpenti si misero a precedere la colonna in marcia emettendo dei suoni, che Alessandro ordinò alle guide di andare loro dietro fiduciose nel dio e che quelli li guidarono sulla via fino al tempio e poi nel ritorno.[2]

Molto probabilmente sulla via del ritorno da Siwa, Alessandro fondò Alessandria, segnando notoriamente il perimetro delle sue mura con semi d'orzo. L'iconografia delle monete ricorda anche le rappresentazioni di Trittolemo, il dio greco dell'agricoltura. È comunque noto che il tipo fu espressamente ripreso

---

[1] Primo paragrafo di *Clea*.
[2] Arriano, *Anabasi*, III, 3, 5.

La Ricerca della Tomba di Alessandro il Grande

nell'anno del 500° anniversario di Alessandria. Ciò tende a confermare che sono una celebrazione allegorica della fondazione della città da parte del Macedone e che l'auriga è sia Alessandro come Trittolemo che Alessandro come faraone e fondatore.[3]

Figura 4.1. Alessandro con il copricapo a scalpo di elefante dispensa semi da una biga di serpenti, dracma alessandrina di bronzo coniata sotto Adriano (collezione dell'autore)

Strabone ha fornito una descrizione dettagliata della configurazione di Alessandria tolemaica basata sulle sue osservazioni personali durante un lungo soggiorno in Egitto a partire dal 25 a.C.[4] La mappa stradale era una griglia rettangolare orientata in modo che i rinfrescanti venti[5] Etesi, che soffiano sulla costa da nord-ovest, in estate spirassero lungo le strade che correvano tra il mare e il lago (vedi la mappa stradale ricostruttiva, Figura 4.2). Due strade principali larghe il doppio delle altre e fiancheggiate da colonnati di marmo e granito levigato si intersecavano al centro della città. La più lunga di queste, spesso chiamata Via Canopica, correva per circa tre miglia tra la Porta del Sole, nelle mura nord-orientali, rivolta verso Canopo, alla più vicina foce del Nilo, e la Porta della Luna, che si affacciava sulla necropoli della città a sud-ovest. La principale strada che si intersecava andava dalla penisola di Lochias, sulla costa mediterranea, al porto sul lago,[6] sebbene la sua identificazione sia ancora controversa. Una strada rialzata chiamata Eptastadion, perché era lunga sette stadi

---

[3] Per maggiori dettagli vedi A.M. Chugg, "A Double Entendre in the Alexandrian Bigas of Triptolemos," *The Celator Journal*, Vol. 17, No. 8, August 2003, pp. 6-16.
[4] Strabone, XVII, 1, 6-10, fornisce la descrizione contemporanea di gran lunga più dettagliata della città antica, che è alla base del resoconto qui riportato, salvo dove diversamente indicato.
[5] Diodoro Siculo, XVII, 52.
[6] Mahmoud Bey El-Falaki, *L'Antique Alexandrie...*, Copenhagen 1872; questa identificazione è stata contestata, ad esempio da F. Noack, "Neue Untersuchungen in Alex.," *Athen-Mitteil.*, 1900, da p. 215.

La Capitale della Memoria

(quasi un miglio), collegava la città con l'isola di Faro. Divideva anche il grande porto orientale dall'Eunostos, il porto del buon ritorno. Il famoso Faro, la settima meraviglia del mondo antico, svettava a circa quattrocento piedi sopra l'ingresso del porto grande, sulla punta orientale dell'isola (Figure 4.3 e 4.10).

Figura 4.2. Mappa ricostruttiva dell'antica Alessandria basata sugli scavi di Mahmoud Bey nel 1865

Diodoro cita un censimento che registra il numero dei cittadini liberi come superiore a 300.000 alla fine del periodo tolemaico.[7] Ciò suggerisce una

---

[7] Diodoro, XVII, 52.

La Ricerca della Tomba di Alessandro il Grande

popolazione totale di circa mezzo milione se si considerano anche gli schiavi. Filone ha scritto che la città comprendeva cinque quartieri.[8] Furono designati Alfa (per Ἀλεξάνδρος = "Alessandro"), Beta (per βασιλεύς = "re"), Gamma (per γένος = "discendente"), Delta (per Δίος = "Zeus") ed Epsilon (per ἔκτισε πόλιν ἀείμνηστον = "fondò una città sempre memorabile") secondo lo Pseudo Callistene,[9] il quale afferma anche che i nomi furono forniti dal Fondatore stesso. Alfa, il quartiere che prende il nome da Alessandro, probabilmente sorgeva nei pressi dell'incrocio centrale.[10] Beta era il quartiere reale che comprendeva i palazzi dei sovrani e corrispondeva approssimativamente al distretto che i Romani in seguito chiamarono Bruchion. Si estendeva dalla penisola di Lochias lungo la costa fino al centro del porto grande e verso sud fino al confine di Alfa. Strabone fa riferimento a un quartiere reale che comprendeva circa un quarto o un terzo dell'intera città, anche se probabilmente incluse alcune aree che non rientravano propriamente nei confini tradizionali di Beta. Il distretto reale conteneva un teatro costruito sopra un porto reale privato a ridosso del promontorio di Lochias. Un altro palazzo era stato incastonato su Antirodi, un isolotto nel porto grande appena oltre l'ingresso del porto privato. Il Museo e la sua Biblioteca, famoso centro di studi per tutto il mondo greco, si trovavano anch'essi da qualche parte all'interno o nelle vicinanze del quartiere reale, presumibilmente vicino alla costa, poiché quando Giulio Cesare diede fuoco a una flotta di navi nel porto la Biblioteca si incendiò accidentalmente. Il quartiere egiziano si trovava a Gamma o Epsilon, ma è stato anche chiamato Rhakotis, che alcuni ritengono essere stato il nome del preesistente porto egiziano nel sito. In alternativa, potrebbe comunque derivare dalle parole per "cantiere" in egiziano (demotico), quindi potrebbe essere proprio il nome dato alla nuova città dagli abitanti nativi dei villaggi di pescatori sulla costa.[11] Apparentemente, rimase un nome utilizzato dal popolo egiziano durante i periodi tolemaico e romano.[12] Il quartiere egiziano si trovava dietro i cantieri navali all'estremità occidentale del porto grande, forse si estendeva dall'angolo sud-ovest al porto di Eunostos. C'era anche un quartiere ebraico, posizionato quasi certamente dietro il lungomare a est di Lochias, che potrebbe essere stato Delta.[13] L'ultimo distretto, di natura sconosciuta e per esclusione confinante con le sponde del lago a sud della Via

---

[8] Filone di Alessandria, *In Flaccum*, 55; vedi anche P.M. Fraser, "A Syriac Notitia Urbis Alexandrinae," *JEA* 37.
[9] Pseudo Callistene, *Il Romanzo di Alessandro*, ad esempio Stoneman (trad.), *The Greek Alexander Romance* 1,32.
[10] Achille Tazio, *Le avventure di Leucippe e Clitofonte*, V, 1.
[11] M. Chauveau, *L'Egypte au temps de Cléopâtre*, Daily Life Series, Hachette, 1997, p. 77.
[12] Stoneman (trad.), *The Greek Alexander Romance*, 1, 31 e 3, 34.
[13] Flavio Giuseppe, *Contro Apione*, II, 33, colloca il quartiere ebraico vicino ai palazzi reali su un tratto di costa senza porto; parla anche degli Ebrei concentrati in Delta nella *Guerra Giudaica*, II, 495; tuttavia, Filone, *In Flaccum*, 55, sostiene che due dei cinque quartieri erano prevalentemente ebraici; c'è anche un papiro (BGU 1151, ll. 40-41) che sembra affermare che Delta fosse vicino al porto di Kibotos (ἐν τῶι Δ... πρὸς τῆι Κειβωτῶι), che Strabone colloca saldamente ad ovest di Alessandria.

La Capitale della Memoria

Canopica, era forse popolato da cittadini di estrazione prevalentemente greca, vista la demarcazione etnica associata agli altri distretti.

Figura 4.3. La dea Iside Pharia tiene una vela fluttuante, il Faro raffigurato a destra, dracma di bronzo coniata ad Alessandria sotto Adriano (collezione dell'autore)

Tra i grandi edifici della città tolemaica, Strabone registra un tempio di Poseidone al centro del porto grande, mentre l'Emporio, dove si riscuotevano i dazi sulle merci, era situato un po' più a ovest. Il tempio principale, il Serapeo, era posizionato su un'altura nell'angolo sud-occidentale della città. Da qualche parte vicino al centro della metropoli c'era un colle artificiale conosciuto come il Paneum, a forma di cono di abete, con un percorso a spirale che saliva fino a un punto panoramico sulla sua sommità. Questo veniva identificato con la collinetta di Kom el-Dikka appena a sud della Via Canopica, a circa metà strada tra le porte, ma il tumulo è stato sostanzialmente spianato e ha dimostrato di essere costituito da scarti dell'industria ceramica medievale con alla base dei resti romani. Portici di duecento metri affacciati sulla Via Canopica, probabilmente verso il centro della città, fronteggiavano uno splendido ginnasio. Nelle vicinanze si trovavano anche il tribunale (*dicasterion*) e i boschetti. Sempre qui, all'interno delle mura di un enorme recinto sacro e adiacente al complesso del palazzo si trovava la tomba di Alessandro.

*   *   *   *   *   *   *   *

La data del trasferimento del corpo mummificato di Alessandro da Menfi ad Alessandria rimane incerta, ma varie linee di pensiero tendono a convergere su un intervallo compreso tra il 290 e il 280 a.C. circa. Pausania attribuisce tale atto a Tolomeo Filadelfo, figlio ed erede del primo Tolomeo il cui epiteto è Soter, il Salvatore.[14] Lo colloca all'inizio del suo breve riassunto del regno di Filadelfo: "... e fu lui [Filadelfo] a riportare da Menfi i resti di Alessandro".[15] Il *Marmor Parium* menziona la nascita di Filadelfo nell'anno 309-8 a.C. Regnò insieme al padre dal

---

[14] Tolomeo I è stato raramente chiamato figlio di Lago dalle fonti alessandrine e di solito era distinto dai suoi discendenti unicamente dal suo epiteto.
[15] Pausania, I, 7, 1.

La Ricerca della Tomba di Alessandro il Grande

28 dicembre 285 a.C. fino alla morte di Soter, nella prima metà del 282 a.C.,[16] e successivamente con sua sorella Arsinoë, che sposò secondo la tradizione incestuosa dei faraoni anche se l'unione si rivelò sterile. Il suo epiteto significa "amante del fratello/sorella" e doveva riferirsi al suo matrimonio, ma è anche tristemente ironico dato che uccise almeno due dei suoi fratelli e fece guerra a un terzo pur di assicurarsi il trono. Il suo regno fu comunque lungo e magnifico, durò fino al 246 a.C. e raggiunse l'apice del potere tolemaico nel Mediterraneo orientale.

Nel capitolo precedente, Pausania è emerso come un'autorità affidabile su questioni riguardanti il corpo di Alessandro. Sebbene citi anche la storia spuria secondo cui Tolomeo aveva contribuito a salvare la vita di Alessandro nella terra degli Oxidraci, ciò dimostra comunque che fosse ben informato perché essa deriva dall'opera perduta di Clitarco, uno dei primi e più influenti storici di Alessandro. Se Pausania ha ragione nel rendere Filadelfo responsabile del trasferimento ad Alessandria, sarebbe allora difficile datarlo molto prima del 290 a.C. circa, quando Filadelfo aveva diciotto anni. Eppure, l'autorevolezza di una singola testimonianza è sempre aperta al dubbio in assenza di conferme. Delle altre fonti che menzionano il trasferimento da Menfi ad Alessandria, Curzio Rufo è troppo vago e il Romanzo di Alessandro troppo fantasioso per essere d'aiuto. Nel *Marmor Parium* non si fa menzione di alcun trasferimento del corpo di Alessandro fino alle ultime voci sopravvissute, intorno al 300 a.C. Ci sono alcune lacune nelle date corrispondenti agli ultimi anni del IV secolo a.C., ma la registrazione è completa fino al 309 a.C. Ciò induce a chiedersi se sia del tutto probabile che l'autore del *Marmor Parium*, essendosi preso la briga di annotare l'iniziale tumulazione a Menfi, e scrivendo nel 263-262 a.C. quando il corpo giaceva quasi certamente ad Alessandria, non abbia successivamente annotato il trasferimento ad Alessandria. È chiaro, infatti, che avrebbe come minimo sconcertato i suoi contemporanei con una simile omissione, quindi è da considerarsi altamente improbabile. Al contrario, se la salma fu spostata da Filadelfo all'inizio del III secolo, allora è evidente che il Marmo stia citando la sepoltura iniziale come mezzo per impostare la scena di una successiva voce relativa al trasferimento ad Alessandria, al fine di lusingare il monarca che regnava ancora su Paro quando l'iscrizione fu scolpita. Questo è un argomento del silenzio, ma il silenzio è significativo perché la menzione della sepoltura menfita alla voce corrispondente al 321/320 a.C. deve essere stata seguita da una nota del trasferimento ad Alessandria in qualche passo successivo. Non essendoci traccia di tale annotazione fino alle ultime voci sopravvissute, lo spostamento deve aver avuto luogo nel III secolo a.C. Il *Marmor Parium* fornisce quindi la necessaria conferma indipendente e quasi contemporanea della versione di Pausania. La tesi di un trasferimento anticipato ad Alessandria (cioè entro un decennio dalla morte di Alessandro) è pertanto, alla luce delle evidenze, praticamente insostenibile.

---

[16] Alan K. Bowman, *Egypt After The Pharaohs*, Appendice I.

La Capitale della Memoria

Ciò merita di essere sottolineato perché il mainstream degli studiosi moderni ha spesso espresso l'opinione opposta su questo punto, anche se più per caso che attraverso un'attenta analisi. In particolare, Fraser fu coinvolto in una discussione con Welles in cui cercò di dimostrare che Tolomeo trasferì la capitale egiziana da Menfi ad Alessandria già intorno al 320 a.C.[17] A supporto dell'ipotesi trovò conveniente sostenere anche una data anteriore per il trasferimento del corpo di Alessandro. In seguito ammise che la questione di un trasferimento anticipato della capitale non può essere dimostrata, ma la sua opinione incidentale sulla durata della sepoltura menfita è stata comunque influente. La sua idea era che Tolomeo avrebbe dovuto logicamente essere ansioso di impreziosire la sua nuova capitale con la tomba del fondatore.[18] Ad ogni modo, se di fatto la principale motivazione di Tolomeo nella faccenda fu quella di adempiere a una promessa personale fatta ad Alessandro, ovvero di consegnare il suo corpo ad Amon, è facile capire perché il nuovo faraone possa effettivamente essere stato riluttante a disturbare una sepoltura nel recinto più sacro della necropoli menfita.

È comunque possibile che Filadelfo abbia agito mentre Tolomeo era ancora in vita, dal momento che sembra aver progressivamente assunto il governo del paese mentre suo padre si avvicinava all'estrema vecchiaia. Ci sono anche evidenze papiracee che suggeriscono che Menelao, fratello di Tolomeo, divenne il primo sommo sacerdote di Alessandro ad Alessandria probabilmente tra il 290 e il 285 a.C.[19] Sarebbe appropriato se questo sacerdozio fosse stato istituito in concomitanza con le origini del progetto di spostare il corpo di Alessandro. Tuttavia, le parole di Pausania sono letteralmente più in linea con il trasferimento avvenuto poco dopo la morte di Tolomeo. Sollevato dalle inibizioni del padre, Filadelfo sarà stato ansioso di adornare la nuova capitale con il potente simbolismo della tomba del suo fondatore, pertanto è da preferirsi una data del trasferimento all'inizio del suo regno.

L'anticamera di una sepoltura dell'inizio del periodo tolemaico costruita con blocchi monumentali di alabastro fu rinvenuta ad Alessandria all'inizio del XX secolo da Breccia, nel cimitero cattolico di Terra Santa. Fu scavata più ampiamente da Adriani, suo successore come direttore del Museo Greco-Romano, il quale confermò la scomparsa della camera sepolcrale principale e di tutti gli altri resti. La tomba è stata costruita in uno stile che ricorda vagamente una tomba a tumulo macedone della fine del IV secolo a.C. Sulla base della qualità regale della tomba e del suo stile, della sua ubicazione e della datazione antica, Adriani propose che potesse essere parte di una tomba di Alessandro in città.[20] Tuttavia, un certo numero di Tolomei stessi morirono o furono uccisi nel periodo

---

[17] P.M. Fraser, *Ptolemaic Alexandria*, Cap. I, nota 28.
[18] P.M. Fraser, *Ptolemaic Alexandria*, Cap. I, nota 79.
[19] P.M. Fraser, *Ptolemaic Alexandria*, Cap. 5 e nota 215 al Cap. 5.
[20] Nicola Bonacasa, "Un Inedito di Achille Adriani Sulla Tomba di Alessandro," *Studi Miscellanei – Seminario di Archaeologia e Storia dell'Arte… dell'Università di Roma*, Vol. 28, 1991; Achille Adriani (pubblicato postumo a cura di N. Bonacasa e P. Minà), *La Tomba di Alessandro*, L'Erma di Bretschneider, Roma 2000.

La Ricerca della Tomba di Alessandro il Grande

di tempo in questione, quindi potrebbe anche essere appartenuta a uno di loro o a qualche altro individuo di prestigio. Non c'è ancora nulla che la colleghi in modo specifico ad Alessandro.

È noto con certezza che i Tolomei istituirono un culto presso le tombe reali di Alessandria per la venerazione di Alessandro e dei propri antenati. Ateneo, ad esempio, ha conservato un racconto di Callisseno di Rodi di una processione attraverso la città nel 271-0 a.C., al tempo di Filadelfo, in occasione della quale le statue di Alessandro e Tolomeo Soter furono fatte sfilare per le strade insieme alle immagini degli dèi Dioniso e Priapo e della dea della Virtù.[21] Ci sono pervenuti anche i nomi della maggior parte dei sommi sacerdoti di Alessandro, grazie alla consuetudine di invocarli nei preamboli delle iscrizioni e dei papiri recanti decreti e contratti tolemaici, oltre che come mezzo per registrarne la data.[22] Nell'agosto 256 a.C. viene fornito il nome del sacerdote Alessandro figlio di Leonida.[23] Per il 251 a.C. era stato nominato Neottolemo figlio di Frissio, secondo uno dei papiri di el-Hibeh,[24] mentre un'iscrizione di Tolomeo III Evergete, datata 4 marzo 238 a.C., nomina come sacerdote di Alessandro e dei suoi antenati tale Apollonide figlio di Moschione.[25] È istruttivo che tali documenti invochino costantemente l'attributo *theos*, che significa "divino", per santificare i defunti Tolomei, mentre Alessandro sembra essere stato considerato una divinità a tutti gli effetti che non aveva bisogno di un'introduzione così attenta.

Il Romanzo di Alessandro menziona un "Grande Altare di Alessandro" costruito dal Re "di fronte" al santuario e alla tomba di Proteo sull'isola di Faro.[26] Ciò potrebbe indicare una vasta gamma di località sulla terraferma ad Alessandria stessa. Il Romanzo è generalmente considerato abbastanza affidabile per quanto concerne la topografia alessandrina (ad esempio, da P.M. Fraser, *Ptolemaic Alexandria*, p. 4) poiché lo Pseudo Callistene (qualunque fosse la sua vera identità) era probabilmente un residente. Un tale altare, che ricorda il contemporaneo Grande Altare di Pergamo, potrebbe essere stato intimamente associato alla tomba di Alessandro. Il Romanzo offre anche una descrizione del lavoro del sacerdozio di Alessandro: -

Ci sarà un amministratore della città [Alessandria], che sarà conosciuto come il Sacerdote di Alessandro e parteciperà a tutte le grandi feste della città, adornato con una corona d'oro e un mantello di porpora; deve essere pagato un talento all'anno. La sua persona deve essere inviolata ed essere libera da ogni obbligo civico; la carica sarà appannaggio dell'uomo che eccelle in nobiltà di famiglia, e l'onore in seguito rimarrà nella sua famiglia.[27]

---

[21] Ateneo, *Deipnosofisti*, 5, 201B-F, 202F-203.
[22] La maggior parte è nota dal 272-1 a.C. in poi; vedi W. Clarysse, G. van der Veken, *The Eponymous Priests of Ptolemaic Egypt*, E.J. Brill, Leiden 1983.
[23] P. Col. 54.
[24] P. Hib. 98. (altrove "figlio di Craiside")
[25] OGIS 56.
[26] Stoneman (trad.), *The Greek Alexander Romance*, I, 33.
[27] Stoneman (trad.), *The Greek Alexander Romance*, III, 32.

La Capitale della Memoria

* * * * * * * *

Il quarto Tolomeo, noto come Filopatore (Amante del Padre), salì al trono all'età di 23 anni circa alla fine del 222 a.C., alla morte di suo padre Tolomeo Evergete (Tolomeo il Benefattore). Era però un edonista abituale con scarso interesse per gli affari quotidiani del governo. Di conseguenza, molto potere ricadde sul suo principale ministro, Sosibio. La regina madre Berenice II cercò di sabotare quest'uomo, ma fu lei stessa avvelenata per ordine del ministro agli inizi del regno. Uno dei più importanti riferimenti antichi alla tomba di Alessandro è datato al periodo successivo all'assassinio di Berenice. Proviene dal terzo libro dei *Proverbi*,[28] un'epitome dei proverbi di Didimo e Tarreo composta da Zenobio il sofista, il quale insegnò a Roma al tempo dell'imperatore Adriano. Ario Didimo era un famoso studioso alessandrino e amico dell'imperatore Augusto, pertanto il riferimento ha una provenienza autorevole. Zenobio scrive:

Tolomeo Filopatore... costruì in mezzo alla città [di Alessandria] l'edificio commemorativo (μνῆμα οἰκοδομήσας), *che oggi è chiamato il Sema* (Σῆμα) *e vi depose, assieme a sua madre, tutti gli antenati e anche Alessandro il Macedone.*

Bevan nella sua History of the Ptolemaic Dynasty menziona anche che il clero degli dèi salvatori, Tolomeo Soter e sua moglie Berenice I, venne incorporato nel sacerdozio di Alessandro nell'anno 215-214 a.C., in base a un cambiamento della formula di datazione dei documenti su papiro.[29] Bevan, però, sembra non essere stato a conoscenza del riferimento di Zenobio, quindi non ha colto il significato di tale osservazione. Ciò, tuttavia, non solo fornisce un'eccellente conferma delle informazioni di Zenobio ma data anche l'inizio o il completamento della costruzione del nuovo Mausoleo del Soma a quell'anno. La sepoltura originaria alessandrina fu quindi sgomberata in quel momento e il nuovo edificio di Filopatore divenne la famosa tomba menzionata dai numerosi scrittori antichi successivi. Strabone afferma che tale struttura faceva parte del quartiere reale (letteralmente βασιλείων = "città del re") della città e la descrive come un recinto murario (περίβολος) che conteneva le tombe (ταφαί) di Alessandro e dei re (cioè i Tolomei): -

μέρος δὲ τῶν βασιλείων ἐστὶ καὶ τὸ καλούμενον Σῶμα, ὃ περίβολος ἦν ἐν ᾧ αἱ τῶν βασιλέων ταφαὶ καὶ ἡ Ἀλεξάνδρου

Una traduzione standard (leggermente adattata dalla Loeb, ma con la lettura del testo in cui *Soma* sostituisce la correzione moderna *Sema*) sarebbe:

---

[28] Zenobio, *Proverbi*, III, 94; secondo il lessico Suda, s.v. *Zenobios*, questi erano i proverbi di Ario Didimo (vedi Plutarco, *Antonio*, 80) e Tarreo (Lucillo di Tarra in Creta).
[29] Edwyn Bevan, *A History of Egypt under the Ptolemaic Dynasty*, Methuen & Co, 1927, p. 231.

La Ricerca della Tomba di Alessandro il Grande

Anche il Soma, come viene chiamato, fa parte del distretto reale. Questo era il recinto murario che conteneva i luoghi di sepoltura dei re e quello di Alessandro.[30]

Tuttavia, una traduzione alternativa e forse più corretta letteralmente potrebbe essere:

Anche una parte del quartiere reale è il cosiddetto Soma, che era il muro di cinta [della città], che contiene le tombe reali e quella di Alessandro.

Ciò deduce una costruzione grammaticale greca standard chiamata zeugma (un verbo con doppia reggenza) che ci salva dal problema che Strabone stia altrimenti usando il passato per riferirsi a strutture che quasi certamente esistevano ancora nella sua epoca (ca. 25 a.C.). Come vedremo nel capitolo seguente, *La Città di Alessandro*, c'è una forte possibilità che il Soma fosse davvero semplicemente la parte di Alessandria racchiusa dalle mura originarie di Alessandro, che era diventata un quartiere di templi e tombe mentre la città cresceva enormemente oltre i suoi limiti originali nel III secolo a.c.

Anche Diodoro cita tale recinto definendolo un recinto sacro (τέμενος) che era "degno della gloria di Alessandro in dimensioni e architettura",[31] mentre Erodiano[32] (Ἀλεξάνδρου μνῆμα) e Dione Cassio[33] (μνημεῖον) si riferiscono semplicemente al "memoriale" di Alessandro. La posizione del recinto murario al centro della città è ulteriormente sostenuta da Achille Tazio, un alessandrino che scrive prima del 300 d.C., il quale descrive un luogo o un quartiere che prende il nome da Alessandro (ἐπώνυμον Ἀλεξάνδρου τόπον) all'incrocio principale:

Dopo un viaggio di tre giorni arrivammo ad Alessandria. Entrai dalla Porta del Sole, come viene chiamata, e fui subito colpito dalla splendida bellezza della città, che mi riempì gli occhi di gioia. Dalla Porta del Sole alla Porta della Luna – queste sono le divinità protettrici degli ingressi – conduceva una doppia fila diritta di colonne, al centro circa della quale si trova la parte aperta della città, e in essa così tante strade che camminando in esse ti immagineresti all'estero mentre sei ancora a casa. Andando qualche stadio più avanti [stadio = 165m], arrivai al luogo che prende il nome da Alessandro, dove vidi una seconda città; lo splendore di questa era diviso in quadrati, perché c'era una fila di colonne intersecata da un'altra altrettanto lunga ad angolo retto.[34]

La Porta del Sole e la Porta della Luna sono menzionate anche da Giovanni Vescovo di Nikiu, nel Delta del Nilo, nella sua Cronaca del 690 d.C. ca.

---

[30] Strabone, XVII, 1, 8.
[31] Diodoro, XVIII, 28.
[32] Erodiano, IV, 8, 9.
[33] Dione Cassio, *Storia Romana*, Epitome del Libro LXXVI, 13, 2.
[34] Achille Tazio, *Le avventure di Leucippe e Clitofonte*, V, 1; i manoscritti di Achille Tazio affermano che l'autore era un alessandrino, così come la voce relativa ad Achille Tazio nel lessico Suda.

La Capitale della Memoria

Elio Antonino Pio... costruì ad Alessandria due porte a ovest e a est (della città), e chiamò la porta orientale Ἡλιακή [*Sole*] *e la porta occidentale* Σεληνιακή [*Luna*].[35]

Achille Tazio sembra quindi descrivere i suoi personaggi che entrano ad Alessandria dalla porta orientale e camminano verso ovest lungo la Via Canopica fino al suo centro, dove videro il luogo di Alessandro, che probabilmente significa il recinto sacro del Soma.

L'insieme di queste testimonianze chiarisce che la tomba di Alessandro e quelle dei Tolomei erano probabilmente contenute all'interno di uno o più mausolei, a loro volta collocati all'interno di un recinto murario sacro di notevoli dimensioni e imponenza. Quest'ultimo potrebbe aver contenuto anche uno o più templi dedicati al loro culto, insieme al Grande Altare di Alessandro. Inoltre, se conciliamo i racconti di Strabone, Zenobio e Achille Tazio, allora il recinto era probabilmente situato all'incrocio centrale o nelle immediate vicinanze, accanto alla Via Canopica.

Un'altra questione interessante sollevata dalle fonti antiche è quella del nome della tomba di Alessandro. Zenobio dice che era chiamata Sema (Σῆμα), che è semplicemente una parola greca che in questo contesto significa "Tomba".[36] Tutti i manoscritti della Geografia di Strabone, invece, la chiamavano Soma (Σῶμα), che significa "Corpo" o "Cadavere", ma il termine è stato "corretto" in Sema dai curatori di molte edizioni moderne. Inoltre, il testo armeno dello Pseudo Callistene dichiara: "E Tolomeo fece una tomba nel luogo santo chiamato 'Corpo di Alessandro', e lì depose il corpo, o i resti, di Alessandro" e ciò è corroborato dalla recensione β del Romanzo di Alessandro.[37] Solo la versione siriaca più tarda (e di solito meno accurata) recita: "e chiamano quel luogo 'La tomba di Alessandro' fino ad oggi".[38] Va anche detto che Giovanni Crisostomo, vescovo di Costantinopoli dal 398 d.C. fino al suo esilio nel giugno 404 d.C., fece riferimento al sema di Alessandro, ma sembra aver usato la parola come nome comune piuttosto che come nome proprio.[39] Allo stesso modo, Dione Cassio si riferisce al soma di Alessandro ma sembra intendere letteralmente il suo cadavere.[40] Con Strabone, Zenobio e lo Pseudo Callistene, che affermano che

---

[35] Giovanni di Nikiu, *Cronaca*, Robert Henry Charles (trad.), Text and Translation Society 3, Amsterdam, reprint of London edition of 1916, Capitolo LXXIV, p. 56.
[36] Più in generale significa un segno, il suo uso per "tomba" sembra derivare dall'antica pratica greca di utilizzare dei tumuli per contrassegnare tombe significative; per es. vedi Omero, *Iliade*, 2, 814 "but the immortals call it the grave-mound (sema) of Myrine, light of step (È detto dagl'immortali Tomba (sema) dell'agilissima Mirinna)", e 6,419 "heaped over him a mound (sema) (e un tumulo (sema) gli alzò)" - traduzioni Loeb.
[37] Wolohojian (trad.), *The Romance of Alexander the Great by Pseudo-Callisthenes (Armenian manuscripts)*, Sezione 284; Leif Bergson, *Der Griechische Alexanderroman Rezension β*, 3.34, p. 190; questo passaggio è assente nel manoscritto A.
[38] E.A.W. Budge, *The History of Alexander the Great: Being the Syriac Version of the Pseudo Callisthenes*, Cambridge 1889, 3, 23, p. 142.
[39] Omelia XXVI di San Giovanni Crisostomo sulla seconda lettera di San Paolo Apostolo ai Corinzi.
[40] Dione Cassio, *Storia romana*, LI, 16, 5.

La Ricerca della Tomba di Alessandro il Grande

Soma/Sema sia il nome proprio, possiamo concludere che Soma sia stato corretto in Sema, o viceversa, dagli antichi scribi e copisti che tramandarono questi racconti nel corso dei secoli. Abbiamo infatti il comportamento dei moderni editori di Strabone e di Kroll, che allo stesso modo emendò lo Pseudo Callistene, per dimostrare ciò che è comunque abbastanza ovvio: che una correzione da Soma a Sema è intrinsecamente più probabile del contrario. Viceversa, sarebbe illogico se diversi autori antichi si prendessero davvero la briga di affermare esplicitamente che una tomba era chiamata *La Tomba*. Il fatto che si preoccupino di fornire il nome suggerisce che fosse alquanto distintivo, tutt'altro che banale. È perciò probabile che il nome del recinto sacro fosse proprio Soma e che coloro che hanno corretto i manoscritti abbiano sbagliato.

Nonostante il recinto fosse chiamato Soma, è tuttavia possibile che il mausoleo che si trovava al suo interno fosse noto separatamente come Sema.

Due autori latini hanno fornito alcuni dettagli riguardanti l'architettura del Soma. Svetonio, nel descrivere una visita di Augusto alla tomba nel 30 a.C., fa riferimento al sarcofago e al corpo di Alessandro che vengono portati fuori da un *penetrali*, che si traduce come qualcosa di simile a un sacrario interno, ma che potrebbe anche suggerire una camera alla quale si accede tramite un passaggio o un pozzo.[41] Molto più importanti, tuttavia, sono alcuni versi di Marco Anneo Lucano, solitamente abbreviato in Lucano.

Nacque da una importante famiglia romana nel 39 d.C. Seneca il Vecchio era suo nonno e Seneca il Giovane, mentore e consigliere di Nerone, era suo zio. Sembra che egli stesso sia stato un amico d'infanzia dell'imperatore, raggiungendo quindi la fama come poeta alla corte di Nerone. Ciononostante, egli nutriva delle chiare e nostalgiche simpatie repubblicane che furono ampiamente alimentate dallo spettacolo della caduta dell'imperatore nel dispotismo e nella dissolutezza. Nel 65 d.C. si unì al complotto di Calpurnio Pisone ordito contro Nerone, la cui trama venne successivamente scoperta. Di conseguenza, Nerone gli intimò di suicidarsi e la sua *magnum opus*, la Pharsalia, rimase incompiuta. Dieci libri di questa epopea della guerra civile romana tra Cesare e Pompeo sono comunque giunti fino a noi. Essendo stata composta negli ultimi quattro anni circa della sua vita è intrisa di un vivo disprezzo per re e imperatori, senza dubbio ispirato dalla sua esperienza personale del potere assoluto che evolve inesorabilmente in assoluta corruzione.

Non è chiaro se Lucano abbia visitato personalmente Alessandria, ma la città ha un posto di rilievo nella sua poesia e Svetonio ha menzionato che egli fu richiamato da Atene a Roma da Nerone.[42] Alessandria era solo a una settimana di viaggio da Atene[43] e deve aver esercitato un fascino quasi irresistibile su un giovane studioso romano. Anche se Lucano non visitò mai di persona la città, suo zio Seneca c'era stato sicuramente e avrebbe potuto fornire informazioni

---

[41] Svetonio, *Vita dei Cesari*, 2, 18.
[42] Svetonio, *Vita degli uomini illustri*, *I poeti*, *Vita di Lucano*.
[43] L. Casson, "Speed under Sail of Ancient Ships," *TAPhA* 82, 1951, pp. 136-148.

La Capitale della Memoria

dettagliate.[44] Due passaggi della Pharsalia[45] di Lucano costituiscono l'unica descrizione dettagliata del Soma che sopravvive dal mondo antico: -

Cum tibi sacrato Macedonia servitur in antro
Et regem cineres extructo monte quiescant,
Cum Ptolemaeorum manes seriemque pudendam
Pyramides claudant indignaque mausolea,...

Though you preserve the Macedonian in consecrated grotto
and the ashes of the Pharaohs rest beneath a loftily constructed edifice,
though the dead Ptolemies and their shameful dynasty
are covered by unseemly pyramids and Mausoleums,...

Lucano, *Pharsalia*, VIII, 694-697

(Anche se custodisci in una grotta consacrata il Macedone
e le ceneri dei faraoni riposano sotto un edificio costruito verso l'alto,
anche se i morti Tolomei e la loro vergognosa dinastia
sono coperti indegnamente da piramidi e mausolei,...)

...Tum voltu semper celante pavorem
Intrepidus superum sedes et templa vetusti
Numinis antiquas Macetum testantia vires
Circumit, et nulla captus dulcedine rerum,
Non auro cultuque deum, non moenibus urbis,
Effossum tumulis cupide descendit in antrum.
Illic Pellaei proles vaesana Filippi,...

Then, with looks that ever masked his fears,
Undaunted, he [Caesar] visited the temples of the gods and the ancient shrines
of divinity, which attest the former might of Macedon.
No thing of beauty attracted him,

---

[44] H. Thiersch, "Die alexandrinische Königsnekropole," *Jahrbuch d.K.D. Archaeol. Instituts* 25, 1910, pp. 68-69.
[45] Lucano, *Pharsalia*, adattato per la letteralità dalla traduzione Loeb di J.D. Duff.

La Ricerca della Tomba di Alessandro il Grande

neither the gold and ornaments of the gods, nor the city walls;

but in eager haste he went down into the grotto hewn out for a tomb.

There lies the mad son of Philip of Pella [i.e. Alexander]...

Libro X, 14-20

(Poi, con sguardi che mascheravano sempre le sue paure,

Imperterrito, [Cesare] visitò i templi degli dèi e gli antichi santuari

della divinità, che attestano l'antica potenza della Macedonia.

Nessuna cosa bella lo attraeva,

né l'oro e gli ornamenti degli dèi, né le mura della città;

ma impaziente, in fretta discese nella grotta scavata per la tomba.

Lì giace il figlio pazzo di Filippo di Pella [cioè Alessandro]...)

Il primo passaggio esercita una seducente tentazione di formulare l'equazione: piramidi più tombe più Egitto uguale Giza. A prima vista sembra che i Tolomei si fossero abbandonati a una sorta di emulazione dei faraoni dell'Antico Regno e l'uso della parola latina per una montagna nel descrivere gli edifici tende a rafforzare tale pregiudizio nei lettori moderni. Inoltre, secondo i suoi Ultimi Piani,[46] Alessandro stesso intendeva seppellire Filippo, suo padre, in "una tomba paragonabile a una piramide" e il mausoleo di Cestio costruito a Roma sotto Augusto, dove si avvertiva l'influenza egiziana, ha la forma di una modesta piramide. Le prime impressioni, tuttavia, sono spesso ingannevoli, ed esiste un modello alternativo di architettura del Soma che si adatta con maggiore precisione alle parole di Lucano, ma è del tutto estraneo ai monumenti dei precedenti faraoni. La Grande Piramide di Giza fu annoverata tra le Sette Meraviglie del Mondo da Filone di Bisanzio, ma nella sua lista incluse anche un monumento funerario greco. Si trattava della tomba del re Mausolo di Caria, ad Alicarnasso, sulla costa ionica dell'Egeo.

Il sepolcro di Mausolo era un tour de force architettonico e scultoreo in gran parte costruito dopo la sua morte da Artemisia, la sua sconsolata regina, tra il 352 e il 350 a.C. circa. Divenne noto come il Mausoleo ed è ovviamente l'antenato, almeno nel nome, di tutti i successivi mausolei. Destino volle che Alessandro assediasse e conquistasse Alicarnasso nel 334 a.C., e curiosamente la città stessa era tra i possedimenti egei dei Tolomei al momento della costruzione del Mausoleo del Soma. Il Mausoleo era sopravvissuto in gran parte intatto fino a quando un terremoto danneggiò il tetto e parte del colonnato tra il XII e il XV secolo. Sfortunatamente, le rovine dell'edificio furono in gran parte rimosse nel

---

[46] Diodoro, XVIII, 4, 5.

La Capitale della Memoria

1522 dai Cavalieri Ospitalieri di San Giovanni che ne derubarono la muratura per fortificare il loro vicino castello. Esistono[47] tuttavia antiche descrizioni dettagliate della sua architettura e Sir Charles Newton individuò le fondamenta nel 1857 durante il recupero di alcune delle sue sculture per conto del British Museum, dove sono visibili ancora oggi. Pertanto, l'aspetto generale del Mausoleo può essere ricostruito in modo ragionevolmente accurato (vedi Figura 4.4).

Il podio rettangolare misurava circa 100 per 120 piedi ed era decorato con bande scolpite dai principali artisti dell'epoca. Era sormontato da un colonnato di 36 colonne ioniche che sostenevano un tetto piramidale a gradoni. Al suo apice, a 140 piedi dal suolo, c'era un gruppo di statue di Mausolo e Artemisia su un carro trainato da quattro cavalli. Al di sotto della struttura giaceva l'unica traccia del Mausoleo rimasta oggi in loco, una volta o cripta sotterranea di circa 7 metri quadrati che costituiva la camera sepolcrale effettiva. L'edificio sorgeva vicino all'angolo nord-est di un recinto murario o *temenos* che misurava circa 240 x 100 metri.[48]

Il Mausoleo è un candidato intrinsecamente valido che potrebbe aver ispirato la progettazione dei monumenti funerari dei Tolomei nel III secolo a.C., in virtù delle sue dimensioni, bellezza e fama e anche perché si trovava al centro di un'altra città portuale all'interno del loro impero.[49] A parte tali generalità, ci sono comunque alcuni sorprendenti parallelismi tra il Mausoleo e i versi di Lucano sul Soma: -

i) Sia il Soma che il Mausoleo avevano una sovrastruttura piramidale.

ii) Lucano dice testualmente che Cesare "impaziente, discese nella grotta di una tomba scavata". Ciò indica chiaramente una volta sotterranea come quella trovata nel sito del Mausoleo. L'uso di Svetonio della parola *penetrali* è anche coerente con una camera sepolcrale sotterranea. Si potrebbe anche aggiungere che una stanza sotterranea manterrebbe una temperatura fresca e costante tutto l'anno, mentre l'umidità del caldo estivo di Alessandria potrebbe altrimenti minacciare la conservazione anche del cadavere più abilmente imbalsamato.

iii) Il latino *extructo monte* si traduce letteralmente come "montagna costruita verso l'alto". Questa è la linea seguita da alcuni traduttori e sembrerebbe porre un problema al prototipo del Mausoleo. Tuttavia, Cicerone (con le cui opere Lucano aveva probabilmente familiarità) nella sezione XXI del suo discorso *In Pisonem* usa *montem* per indicare una villa alta e splendida: *...ad hunc Tusculani montem exstruendum*, che si traduce "per innalzare quell'edificio a Tuscolo". È quindi più

---

[47] Ad esempio, Plinio, *Storia Naturale*, XXXVI, 30-31; Vitruvio, *De Architectura*, Praef. 12-13.
[48] Kristian Jeppesen, "Tot Operum Opus, Ergebnisse der Dänischen Forschungen zum Maussolleion von Halikarnass seit 1966," *Jahrbuch des Deutschen Archäologischen Instituts*, Bd. 107, 1992, pp. 59-102.
[49] Alan K. Bowman, *Egypt After The Pharaohs*, pp. 28-9.

appropriato tradurre il significato di Lucano come un "edificio alto", che ben si adatta al modello del Mausoleo.

iv) Lucano per descrivere gli edifici usa espressamente la parola *Mausolea*, che fornisce un'allusione diretta alla tomba di Mausolo.[50]

v) Nel verso "sono coperti indegnamente da piramidi e mausolei", il latino non sembra favorire l'interpretazione che le piramidi siano i mausolei. Forse alcuni re erano sepolti nelle piramidi e altri nei mausolei, ma quello che Lucano sembra dire davvero è che le tombe hanno sia una sovrastruttura piramidale che un mausoleo di supporto. Ciò ha perfettamente senso se il Mausoleo di Alicarnasso fosse il loro modello, mentre è un modo alquanto strano di descrivere delle tombe che erano delle evidenti piramidi in stile egizio.

I riferimenti della Pharsalia, quindi, sembrano concordare in cinque modi distinti con un prototipo di Mausoleo e accordarsi meno esplicitamente o addirittura contraddire un modello di piramide egizia. Si potrebbe anche aggiungere che sia il Mausoleo che il Soma si trovavano all'interno di un vasto recinto murario nel cuore di una città portuale dell'impero tolemaico. Inoltre, una solida piramide in stile egiziano, sufficientemente alta da impressionare Lucano, sarebbe stata estremamente robusta e quindi la sua rapida e completa scomparsa sarebbe relativamente più difficile da spiegare. Al contrario, se fosse stata cava, il supporto delle sue facce avrebbe posto notevoli problemi di ingegneria strutturale. Pertanto, nella migliore interpretazione delle scarse evidenze disponibili, si dovrebbe concludere che il Soma era molto probabilmente un parente architettonico stretto del Mausoleo di Alicarnasso.

---

[50] Svetonio, *Vita dei Cesari*, 2, 100-101, allo stesso modo si riferisce al "Mausoleum" di Augusto.

La Capitale della Memoria

Figura 4.4. Ricostruzione del Mausoleo di Alicarnasso (1872 - collezione dell'autore)

Esiste un'altra allettante serie di evidenze sotto forma di numerosi monumenti funerari, alti due e tre metri, provenienti dalla necropoli di Shatby in un distretto orientale dell'antica Alessandria (Figura 4.5). Simili monumenti funerari ellenistici e dell'inizio del periodo romano, su scala maggiore, si trovano in tutto il Mediterraneo orientale: esempi da Cirene e Kalat Fakra in Libano sono accennati nella Figura 4.6.[51] Il progetto di tali monumenti commemorativi sembrerebbe certamente essere stato influenzato dal Mausoleo di Alicarnasso. Si potrebbe affermare che tale influenza sia più facilmente spiegabile se riecheggiasse le tombe reali perdute di Alessandria. Ad ogni modo, i monumenti di Shatby forniscono un precedente per l'introduzione della forma del Mausoleo nell'architettura dei monumenti funerari alessandrini di epoca tolemaica.

---

[51] Per i monumenti di Shatby vedi Achille Adriani, *Repertorio d'Arte dell'Egitto Greco-Romano*, Serie C, Vol. I-II, pp.117-118, Tav. 39; Anna Maria Bisi Ingrassia, "Influenze Alessandrine Sull'Arte Punica: Una Messa A Punto," *Alessandria e il mondo ellenistico-romano - Studi in onore di Achille Adriani*, III, Roma 1984, p. 837; per la tomba di Cirene (N_{180}) e Kalat Fakra vedi Janos Fedak, *Monumental Tombs of the Hellenistic Age*, Toronto 1990, figg. 168 e 223.

La Ricerca della Tomba di Alessandro il Grande

Figura 4.5. Monumento funerario di Alessandria tolemaica dalla necropoli di Shatby - disegno che mostra le condizioni al momento dello scavo e una foto scattata dall'autore nel 2001

Figura 4.6. Mausolei greci di Cirene (a sinistra) e Kalat Fakra in Libano (a destra); disegni dell'autore con figure umane rappresentate in scala

* * * * * * * *

Una singola immagine autentica e di qualità dell'antica Alessandria potrebbe rivelarsi un prezioso aiuto per interpretare le poche migliaia di parole di evidenze descrittive del paesaggio urbano che sono sopravvissute nelle fonti antiche. Tuttavia, le scarse rappresentazioni altamente stilizzate che sono state identificate come possibili raffigurazioni della città hanno tutte una dubbia origine.

La Capitale della Memoria

In primo luogo, ci sono diverse dozzine di lampade romane del I secolo d.C. rappresentanti scene portuali apparentemente correlate. Un esemplare custodito all'Ermitage si è ritenuto che raffigurasse Alessandria: tra una folla di edifici alti che si stagliano sullo sfondo dietro la facciata del porto, quello più a sinistra ha un tetto piramidale ed è stato proposto come possibile rappresentazione del Soma.[52] Sia la data che il luogo della scena sono però stati messi in dubbio da Bailey, il quale sostiene con sicurezza che le lampade mostrano vedute dell'inizio del III secolo d.C. di altri porti nordafricani (ad es. Cartagine) o italiani (ad es. Ostia), oppure sono dei veri e propri falsi di una bottega di Napoli del XX secolo (per es. la lampada all'Ermitage).[53]

Il coperchio scolpito del sarcofago di Giulio Filosirio di Ostia, l'antico porto di Roma, sembra raffigurare una torre di segnalazione nello stile del Faro di Alessandria e un pilastro molto simile alla "Colonna di Pompeo", un monumento eretto ad Alessandria dall'imperatore Diocleziano nel 298 d.C. e ancora oggi in piedi. C'è anche un torrione con un tetto a punta che potrebbe rappresentare proprio il Soma (Figura 4.7). Il dubbio nasce dal fatto che c'era una torre di segnalazione marittima progettata per assomigliare al Faro nella stessa Ostia, il che sembrerebbe suggerire che la scena raffiguri effettivamente Ostia, data la sua provenienza. Ci sono tuttavia alcuni indizi che lo scultore, che potrebbe non aver mai visto Alessandria, intendesse evocare il porto egiziano.[54] In primo luogo, la palma da datteri all'estrema sinistra è usata come parte del simbolismo di Alessandria in un antico mosaico a Jerash (vedi Figura 4.8). Una foresta di palme, esterna alla porta orientale, è rimasta una caratteristica delle mappe di Alessandria del XVI secolo di Belon e Braun e Hogenberg (Figura 7.2). In secondo luogo, due Tritoni dalla coda di pesce, figli di Poseidone il dio del mare, sono raffigurati mentre soffiano nelle conchiglie in cima al monumento a tre archi. Il più famoso riferimento antico a tali divinità mitiche, mostrate nell'atto di suonare le conchiglie, si trova negli ornamenti scultorei agli angoli del parapetto del primo livello del faro sull'isola di Faro (distinguibile nella Figura 4.3 di fronte alla parte superiore della vela). In aggiunta, Strabone registra anche un tempio di Poseidone al centro del fronte del porto alessandrino. In terzo luogo, il nome del defunto potrebbe alludere a un legame con il Mediterraneo orientale. Infine, i monumenti appaiono approssimativamente nell'ordine corretto come ad Alessandria, se da sinistra a destra corrisponde alla direzione est-ovest. Se si suppone che la torre con il tetto a punta sia una rappresentazione altamente schematica del Soma, il sarcofago fornisce allora la prova della sopravvivenza del mausoleo all'inizio del IV secolo d.C. Si tratta comunque di una supposizione debole. È infatti evidente che lo scultore ha impregnato la sua opera di un forte sapore di Ostia, forse perché

---

[52] Ad esempio, Michael Grant, *Cleopatra*, London 1972, Figura 8.
[53] D.M. Bailey, "Alexandria, Carthage and Ostia," *Alessandria e il mondo ellenistico-romano - Studi in onore di Achille Adriani*, 2, Roma 1984, pp. 265-272.
[54] Ch. Picard, "Quelques représentations nouvelles du Phare d'Alexandrie," *BCH* 76, 1952.

La Ricerca della Tomba di Alessandro il Grande

la sua conoscenza di Alessandria è stata acquisita verbalmente piuttosto che mediante immagini.

Figura 4.7. Scena portuale raffigurata sul coperchio del sarcofago di Giulio Filosirio (disegno dell'autore)

Figura 4.8. Rappresentazione stilizzata di Alessandria in un mosaico del VI secolo d.C. a Jerash

Ci sono diversi mosaici di età Bizantina che mostrano raffigurazioni di città con il nome di Alessandria. In particolare, il già citato pavimento del VI secolo d.C. proveniente dalla chiesa di San Giovanni a Jerash ("pavimentato e coperto" nel dicembre del 531 d.C.) raffigura una città murata con la scritta "ΑΛΕΞΑΝΔΡΙΑ" (ALESSANDRIA) accompagnata da una torre separata che deve essere il Faro. Un edificio a cupola potrebbe essere la vecchia chiesa di San Marco, mentre un altro con un tetto a tholos (circolare) rappresenta presumibilmente il Soma. Ma

La Capitale della Memoria

ciò è in contrasto con la descrizione di Lucano. Ci sono inoltre altre testimonianze, che verranno discusse in un capitolo successivo, che suggeriscono che le parti in superficie del Soma siano state distrutte circa due secoli prima che il mosaico fosse posato.

Infine, e forse in modo più enigmatico, due immagini del Soma sono state proposte dallo studioso spagnolo Alberto Balil. Un frammento di una coppa di vetro del III o IV secolo d.C. (Figura 4.9), rinvenuto nel XIX secolo a Cartagine, reca l'immagine di un prominente monumento a peristilio sullo sfondo di una scena portuale con un pescatore con la canna e il suo cesto di pesce.[55] Il termine peristilio si riferisce alla fila di colonne attorno a un tempio, una corte o un chiostro, e può anche descrivere il colonnato del Mausoleo di Alicarnasso. Nel 1962, Balil propose che l'immagine potesse essere una rappresentazione del Soma, ma le sue argomentazioni erano principalmente stilistiche.[56]

Successivamente, nel 1984, Balil presentò un'analisi di un mosaico romano di Toledo, in Spagna, che risale probabilmente al III secolo d.C.[57] Affermò che molti dei suoi elementi, come i pescatori con la canna e i vari approdi, ricordano altre possibili raffigurazioni del porto di Alessandria. In particolare, contiene un faro a più livelli collegato alla terraferma da una strada rialzata ad arco che ricorda il Faro a cui si accedeva attraverso l'Eptastadion. Ci sono anche diversi edifici alti simili a templi, con tetti a cupola o a punta, uno dei quali, suggerì Balil, potrebbe essere una rappresentazione della tomba di Alessandro.

Figura 4.9. Frammento di coppa romana in vetro del III-IV secolo d.C. raffigurante una scena portuale con il monumento a peristilio che Balil individuò come il Soma (disegno dell'autore)

*   *   *   *   *   *   *   *

Nella storia millenaria dell'antica Alessandria quasi tutto ciò che riguarda la città è cambiato, eppure un tema è stato ricorrente per l'intero periodo: il furore della

---

[55] J. Ferron, M. Pinard, *Cahiers de Byrsa* 8, 1958-9, pp. 103-9.
[56] A Balil, "Una nueva representación de la tumba de Alejandro," *Archivo. Españ. Arqueol.* 35, 1962, pp. 102-3.
[57] Alberto Balil, "Monumentos Alejandrinos y Paisajes Egipcios en un Mosaico Romano de Toledo (España)," *Alessandria e il Mondo Ellenistico-Romano - Studi in Onore di Achille Adriani*, Vol. III, Roma 1984.

La Ricerca della Tomba di Alessandro il Grande

folla alessandrina che esercitava regolarmente un'influenza decisiva nelle dispute religiose e politiche. Essa era tipicamente indiscriminata nella scelta delle vittime, a volte rovesciando un monarca sanguinario o un cattivo ministro, in altre occasioni smembrando crudelmente un venerabile studioso o un capolavoro architettonico per qualche selvaggio capriccio religioso. Questa minacciosa plebaglia incrociò per la prima volta la storia del Soma nell'89 a.C., quando la popolazione perse infine la pazienza nei confronti di Tolomeo X Alessandro I, l'odioso e gonfio ubriacone che aveva governato a intermittenza per oltre vent'anni. I rivoltosi conquistarono l'esercito alla loro causa e Tolomeo X fu espulso con la forza. Fuggì in Siria, dove reclutò una milizia di mercenari con promesse di saccheggio e ricchezze e li guidò direttamente in Egitto.

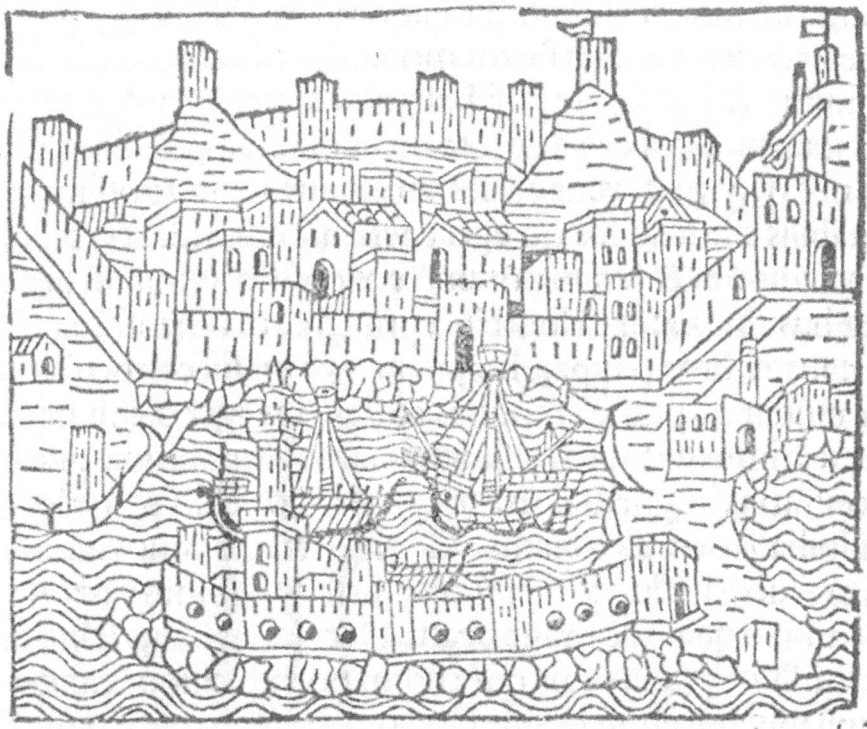

Figura 4.10. Autentica mappa xilografica di Alessandria pubblicata in Italia nel 1513 da Foresti di Bergamo: a seconda della datazione delle informazioni utilizzate per produrre l'illustrazione, la torre sulla penisola potrebbe essere il Faro o semplicemente una versione esagerata del minareto del successivo forte di Qait Bay (collezione dell'autore)

Dopo aver riconquistato Alessandria con poca fatica, Tolomeo X dovette affrontare il problema più spinoso di mantenere il patto con le sue truppe. La sua soluzione, come riportato da Strabone in XVII, 1, 8, fu di saccheggiare il Soma e rubare il sarcofago d'oro di Alessandro, probabilmente lo stesso che venne martellato a misura del corpo ventitré decenni prima a Babilonia. La salma fu poi alloggiata in un sostituto di vetro o di qualche sostanza cristallina traslucida simile, forse alabastro, poiché la parola greca ὑαλίνη è potenzialmente ambigua in questo contesto. Ma agli occhi degli Alessandrini la dissacrazione della tomba del Fondatore fu un atto sacrilego estremo e nessuno si sorprese quando, entro l'anno, la folla si sollevò di nuovo per espellere il profanatore della tomba di Alessandro. Tolomeo X fuggì ancora una volta, dirigendosi verso Mira, in Licia, ma gli squadroni navali alessandrini lo inseguirono ed egli morì annegato in una battaglia navale mentre tentava di sbarcare a Cipro.

Scrivendo ottant'anni dopo gli eventi, Strabone continuò a riflettere l'incessante disprezzo degli Alessandrini per il ladro del Soma, omettendo dalla sua genealogia della dinastia sia Tolomeo X Alessandro I che suo figlio Tolomeo XI Alessandro II.

5. Il Santuario dei Cesari

Like Alexander I will reign,
And I will reign alone;
My thoughts did evermore disdain
A rival on my throne.
He either fears his fate too much,
Or his deserts are small,
That dares not put it to the touch
To gain or lose it all.

James Graham, Marchese di Montrose

(Come Alessandro regnerò,
E regnerò da solo;
I miei pensieri sdegnavano sempre più
Un rivale sul mio trono.
O teme troppo il suo destino,
O i suoi meriti sono piccoli,
Che non osa metterlo in gioco
Per guadagnare o perdere tutto)

A metà del primo secolo avanti Cristo, la marea della storia mondiale cominciò a salire drammaticamente. Nel Mediterraneo orientale i regni ellenistici dei successori di Alessandro avevano dominato la regione quasi incontrastati per circa tre secoli. Cresciuti indolenti e rammolliti nella prosperità della pace, divennero una preda allettante per i falchi della Repubblica romana da poco usciti trionfanti e agguerriti dalle feroci lotte delle guerre puniche. Nel 50 a.C., Roma era alle soglie dell'impero e solo l'Egitto tolemaico manteneva un'indipendenza nominale sotto il giovane faraone Tolomeo XIII e la sua carismatica sorella maggiore Cleopatra VII.

Fu in questo frangente che Giulio Cesare scelse di attraversare il Rubicone, scatenando una guerra civile con il suo rivale Pompeo. Nel 48 a.C., nella battaglia di Farsalo, in Tessaglia, Pompeo fu sconfitto e fuggì in Egitto dai suoi amici di un tempo, con Cesare alle calcagna. Ma i ministri di Tolomeo, disdegnando di sposare una causa persa, assassinarono a tradimento il supplice generale. Pochi giorni dopo, quando il dittatore romano arrivò ad Alessandria, fu accolto nel porto grande dal tutore di Tolomeo, Teodoto, che graziosamente gli presentò l'anello con sigillo e la testa mozzata di Pompeo. Più disgustato che gratificato da questo intenzionale atto di amicizia, Cesare decise di esercitare il ruolo di tutela sui giovani monarchi egiziani nominati a Roma per volontà del loro padre, il defunto faraone Tolomeo XII Aulete. Questa fu l'occasione della visita di Cesare

Il Santuario dei Cesari

al Soma che venne poi celebrata nel poema epico di Lucano.[1] Ancora una volta, la tomba di Alessandro si trovò al centro degli eventi e non solo geograficamente, ma anche a livello simbolico e politico, poiché la scena era ormai pronta per due epici conflitti ideologici destinati a decretare il controllo del mondo mediterraneo per il successivo mezzo millennio: repubblicanesimo contro dittatura, e prepotente nazionalismo romano contro collaborazione e confederazione greco-romana.

A Roma si stava generando un grande scisma tra i sostenitori della tradizionale costituzione repubblicana e coloro che invocavano la normalizzazione dei poteri della dittatura. La maggior parte dei Romani era consapevole che il loro sistema politico stava mostrando chiari segni di tensione sotto le pressioni di governare quasi l'intero mondo mediterraneo, ma era divisa sulla cura migliore. Una fazione populista, di cui Cesare era il campione, credeva che le nuove circostanze richiedessero un'autorità centrale decisiva che poteva essere raggiunta solo affidando gran parte del potere dello stato a una sola persona. Tuttavia, un significativo elettorato senatoriale riteneva che i problemi fossero riconducibili ai compromessi costituzionali che erano già stati consentiti e cercava quindi un ritorno a una forma più pura di repubblicanesimo. In questa lotta, la carriera di Alessandro divenne altamente simbolica. Come esempio di governo assolutista di successo egli era il sogno propagandistico della fazione di Cesare. Al contrario, i repubblicani trovarono altrettanto opportuno insultare la sua memoria enfatizzando i suoi eccessi e la sua presunta megalomania. Una delle prime storie sopravvissute su Alessandro fu originariamente scritta alla fine di quel periodo da un romano chiamato Pompeo Trogo. Il suo stesso nome allude al fatto che la sua famiglia fosse originariamente alleata con Pompeo e la fazione senatoriale, anche se alla fine sembra aver cambiato schieramento. Trogo, la cui storia sopravvive solo in un'epitome di Giustino del IV secolo, adottò una posizione piuttosto ostile nei confronti di Alessandro, probabilmente influenzata dalle simpatie repubblicane dell'autore.

L'opposto atteggiamento di Cesare fu ampiamente dimostrato dalla sua impazienza di cogliere l'opportunità di un pellegrinaggio alla tomba del suo eroe, offerta dal suo arrivo ad Alessandria. Nel suo resoconto egli descrive come sbarcò e attraversò la città con tutta la pompa e le insegne di un console romano.[2] In parte, la sua intenzione era quella di intimidire la popolazione, ferocemente antiromana, ma tale elaborato grado di cerimonia potrebbe anche essere stato ispirato dal suo desiderio di onorare e celebrare Alessandro mediante la propria visita al Soma.

*   *   *   *   *   *   *   *

---

[1] Lucano, *Pharsalia*, X, 14-20.
[2] Giulio Cesare, *La Guerra Civile*, 3, 106.

La Ricerca della Tomba di Alessandro il Grande

Al momento dell'arrivo di Cesare in Egitto, Cleopatra era stata cacciata da Alessandria durante una lotta di potere con suo fratello. Venuta a conoscenza della dichiarata intenzione del dittatore romano di mediare nella disputa, tornò di nascosto ai palazzi reali per sollecitare un giudizio favorevole. Sembra che Cesare sia stato rapito dalla giovane regina e presto divennero amanti. La fazione di Tolomeo reagì assediando i Romani nel quartiere del palazzo, ma pochi mesi dopo l'esercito principale di Cesare arrivò attraverso la lunga via di terra. Le forze di Tolomeo furono sconfitte in una battaglia campale ed egli annegò nel Nilo mentre tentava di fuggire. Quando Cesare partì infine dall'Egitto, nell'estate del 47 a.C., lasciò la regina quale sovrana indiscussa. Poco dopo, ella diede alla luce suo figlio, che gli arguti Alessandrini soprannominarono *Cesarione* o "Piccolo Cesare". Il suo piano principale per salvare la propria dinastia e resuscitare le fortune politiche del mondo greco si basava sul persuadere Cesare a dichiarare Cesarione suo erede, cementando così una grande alleanza tra Greci e Romani. La posta in gioco era enorme. Il successo avrebbe significato una possibilità concreta di realizzare il sogno sfuggente di ricreare l'impero da tempo scomparso di Alessandro. Il fallimento avrebbe potuto portare all'estinzione della sua dinastia.

L'apparizione cinematografica più famosa del Soma è stata ambientata durante il soggiorno di Cesare ad Alessandria da Joseph Mankiewicz, nella sua epica versione di "Cleopatra" del 1963. Nella scena, Cesare, interpretato da Rex Harrison, viene schernito da Elizabeth Taylor, nei panni della regina, entrambi in piedi davanti a un enorme sarcofago di vetro. Il corpo imbalsamato di Alessandro viene vagamente intravisto attraverso il cristallo opaco mentre Cleopatra esorta il dittatore romano a impugnare la spada e riconquistare i domini perduti di Alessandro. Ma non fu mai così. Pochi anni dopo, Cesare venne assassinato a Roma, vittima di una congiura repubblicana tra i senatori (Figura 5.1). Si scoprì che suo pronipote Ottaviano era il principale beneficiario del suo testamento. Per il momento, le ambizioni di Cleopatra furono vanificate.

* * * * * * * * *

Ottaviano si alleò con il luogotenente di Cesare di un tempo, Marco Antonio, per opporsi e affrontare gli assassini di suo zio. Nel 42 a.C., grazie in gran parte all'abilità militare di Antonio, i capi della cospirazione, Cassio e Bruto, furono infine sconfitti e uccisi a Filippi, nel nord della Grecia. In retrospettiva, la causa repubblicana morì con loro. I vincitori si divisero tra loro il mondo romano, Ottaviano prese Roma e l'Occidente, Antonio scelse il seducente Oriente che ebbe l'effetto di portare l'Egitto nella sua immediata sfera di influenza. Cercò naturalmente un incontro con Cleopatra, che salpò per fargli visita in una galea di famoso splendore. Antonio fu presto infatuato, mentre Cleopatra intravide una nuova opportunità di forgiare un'alleanza duratura con il principale generale romano sopravvissuto. Per un anno furono inseparabili, fino a quando Antonio venne strappato a malincuore dall'abbraccio della regina dalla pressione degli eventi altrove. Nell'autunno del 40 a.C., Cleopatra diede alla luce due gemelli da

Il Santuario dei Cesari

Antonio. Furono chiamati Alessandro Helios per il Sole e Cleopatra Selene per la Luna, in previsione di una gloriosa rinascita dell'impero greco in oriente. Ci vollero comunque altri tre anni prima che il padre li vedesse per la prima volta, a causa dell'impotenza politica di Antonio di fronte alla proposta di matrimonio con la sorella di Ottaviano. Fu obbligato ad accettare per timore che il suo patriottismo fosse ritenuto sospetto dal popolo romano.

Figura 5.1. Assassinio di Giulio Cesare, 15 marzo 44 a.C. (1872 – collezione dell'autore)

La fiamma della sua storia d'amore con l'incarnazione della dea egizia si spense, ma non poté essere estinta. Alla fine, fu richiamato dal suo magnetismo divino e questa volta si impegnò a perseguire le sue ambizioni politiche. Combatterono una serie di guerre in Persia e in Armenia, con alterne fortune, e le nazioni di lingua greca si unirono con entusiasmo alla loro causa ed essi diventarono immensamente potenti. Roma fu seriamente contrariata quando Antonio permise a Cleopatra di dividere le province orientali tra i loro discendenti, nel 34 a.C., dichiarando: "Si sappia che la grandezza di Roma non risiede in ciò che prende, ma in ciò che dà". Tuttavia, una rottura definitiva con Ottaviano fu ritardata fino al 32 a.C., quando Antonio divorziò formalmente dalla sorella. A quel punto, Antonio comandava un esercito esperto di 30 legioni e una flotta di 500 navi da guerra. Tutta Roma credeva che fosse pronto a invadere l'Italia, e i più ritenevano che una simile impresa avrebbe facilmente avuto successo. Fatalmente, egli esitò e si tirò indietro. L'anno successivo, l'ammiraglio di Ottaviano, Marco Agrippa, fu in grado di usare le sue superiori abilità navali per capovolgere la situazione in Oriente. Per gli effetti cumulativi di una serie di piccole sconfitte, Antonio e la

La Ricerca della Tomba di Alessandro il Grande

sua regina egiziana si trovarono praticamente assediati nel Golfo di Ambracia ad Azio. Essi ebbero successo nel tentativo di fuggire, ma i tre quarti della loro flotta vennero annientati sulla loro scia. Le legioni abbandonate da Antonio trovarono conveniente accettare una generosa offerta di condizioni da parte di Ottaviano, in virtù della quale la visione romantica di Cleopatra della collaborazione greco-romana divenne una causa tragicamente persa.

* * * * * * * *

Antonio e Cleopatra fuggirono direttamente in Egitto mentre l'entità della sconfitta ad Azio si dispiegava dietro di loro. In un cupo stato d'animo di sconforto, Antonio si rinchiuse in una torre all'estremità di un molo nel porto grande di Alessandria. La chiamò Timonium, paragonandosi al famoso misantropo Timone di Atene. Cleopatra, tuttavia, continuò febbrilmente a perseguire piani disperati per la salvaguardia del suo regno e della propria dinastia. In particolare, secondo Dione Cassio, la regina "procedette a raccogliere vaste ricchezze dai suoi possedimenti e da varie altre fonti, sia profane che sacre, non risparmiando nemmeno i santuari più sacri…".[3] I particolari santuari in questione sono identificati da Flavio Giuseppe, uno scrittore ebreo ostile alla regina. Egli accusa Cleopatra di aver "depredato gli dèi del suo paese e i sepolcri dei suoi antenati", senza offrire alcuna spiegazione in merito alle circostanze.[4] Presumibilmente, ella si impadronì di parte dell'oro e degli oggetti di valore immagazzinati nei templi e nelle tombe dell'area del Soma nel disperato tentativo di finanziare l'assunzione di un nuovo esercito o la costruzione di una nuova flotta.

Nel frattempo, Ottaviano si stava avvicinando meticolosamente con eserciti divenuti irresistibilmente vasti. Temeva ancora Antonio, abbastanza da negargli l'opportunità di contrattaccare fino a quando non fosse stata messa in campo una forza schiacciante. Quando Ottaviano arrivò ad Alessandria, Antonio si disperò e cadde infine sulla propria spada. Morì tra le braccia di Cleopatra, la quale si era rinchiusa nel suo mausoleo ad Alessandria. Plutarco fa riferimento al programma di costruzione che includeva tale edificio:

Ella aveva fatto costruire, unendo al tempio di Iside, diverse tombe e monumenti di mirabile altezza e di notevole fattura.[5]

Questo passaggio fornisce ulteriori prove a sostegno dell'ipotesi che l'altezza fosse una caratteristica rilevante dei mausolei e dei templi alessandrini. Plutarco aggiunge che le strutture erano vicine al mare, ma purtroppo il sito del particolare tempio di Iside è sconosciuto. Sembra molto probabile che tale complesso fosse separato dal recinto del Soma e c'è una buona spiegazione al riguardo.[6]

---

[3] Dione Cassio, *Storia romana*, LI, 5, 3.
[4] Flavio Giuseppe, *Contro Apione*, II, 58.
[5] Plutarco, *Vita di Antonio*, 74.
[6] Dione Cassio, LI, 8, 6, dice che Cleopatra stava costruendo la sua tomba nel terreno reale; cfr. Zenobio, *Proverbi*, V, 24.

Il Santuario dei Cesari

Quando Cesare fu assediato nei palazzi di Alessandria, i suoi uomini diedero fuoco a molte navi nemiche nel porto grande. È facile immaginare nuvole di cenere trasportate a terra dai famosi venti Etesi della città. Una parte dei magazzini portuali prese fuoco, secondo quanto riferito, e l'incendio inghiottì gli scaffali della Grande Biblioteca.[7] Livio menziona la distruzione di 400.000 libri o pergamene, anche se ciò potrebbe essere un'esagerazione.[8] L'ubicazione più probabile era il tratto centrale del porto grande, poiché le navi dovevano essere attraccate oltre la linea costiera occupata dai palazzi, ma non così lontano dalle posizioni di Cesare da trovarsi fuori portata di una sortita. Questa vicinanza generale è anche coerente con l'osservazione di Strabone, secondo cui la Biblioteca e il Museo erano adiacenti ai palazzi. Inoltre, è noto che Cleopatra iniziò successivamente la costruzione di uno dei templi più opulenti della città, noto come Caesareum o Sebasteum, proprio in quel luogo. È ragionevole dedurre che un'area rasa al suolo dal fuoco, vicino al tratto centrale del porto, sia stata il fulcro delle successive ristrutturazioni architettoniche di Cleopatra.

*   *   *   *   *   *   *   *   *

Gli inviati di Ottaviano indussero la regina ad arrendersi con vaghe promesse che ella avrebbe potuto negoziare il passaggio del trono ai suoi figli, e in tal modo fu fatta prigioniera.

Ottaviano stesso entrò in città in compagnia di Ario Didimo, uno studioso alessandrino. Nel ginnasio annunciò ai cittadini che si proponeva di risparmiarli tutti, in primo luogo per amore di Alessandro, loro fondatore, in secondo luogo per la bellezza della loro città, e infine in risposta alle suppliche di clemenza fatte a loro favore dal suo amico Ario.[9] Quest'ultimo era il probabile autore dell'affermazione, nei *Proverbi* di Zenobio, secondo cui Tolomeo Filopatore aveva costruito il Soma. È molto plausibile che abbia anche accompagnato Ottaviano nella sua visita al Soma (Figure 5.2 e 5.3) che è stata registrata da Svetonio: -

Per idem tempus conditorium et corpus Magni Alexandri, cum prolatum e penetrali subiecisset oculis, corona aurea imposita ac floribus aspersis veneratus est consultusque, num et Ptolemaeum inspicere vellet, regem se voluisse ait videre, non mortuos.[10]

Nello stesso periodo [Ottaviano], contemplato con i suoi occhi il sarcofago e il corpo di Alessandro Magno, tratto fuori dal santuario interno, lo venerò ponendogli una corona d'oro e cospargendolo di fiori; e quando gli fu chiesto se desiderasse visitare anche il sepolcro dei Tolomei, rispose "Volevo vedere un re, non dei cadaveri".

Lo stesso evento è descritto anche da Dione Cassio: -

---

[7] Plutarco, *Vita di Cesare*, 49.
[8] P.M. Fraser, *Ptolemaic Alexandria*, Capitolo 6 e note.
[9] Questa è la versione di Plutarco: Dione Cassio menziona il dio Serapide al posto della bellezza della città.
[10] Svetonio, *Vita dei Cesari, Augusto*, 2, 18.

La Ricerca della Tomba di Alessandro il Grande

Successivamente vide il corpo di Alessandro e lo toccò persino, in modo tale che, così si dice, un pezzo del naso si staccò. Tuttavia, non andò a vedere i cadaveri dei Tolomei, nonostante il vivo desiderio degli Alessandrini di mostrarglieli, ribattendo: "Volevo vedere un re non gente morta".[11]

Cleopatra era ora in grado di comprendere che Ottaviano intendeva farla sfilare come l'evento culminante del suo trionfo a Roma. Ciò era un oltraggio intollerabile ed è possibile che Ottaviano lo sapesse e fosse quindi complice del suo suicidio. La storia che si tolse la vita per mezzo di un aspide è probabilmente vera. Prima di morire, inviò un messaggio a Ottaviano chiedendo di essere sepolta accanto ad Antonio. Temendo forse di essere irretito dal suo ultimo desiderio, il futuro imperatore mandò i suoi uomini a trovarla. Uno di loro, vedendo la regina già morta, si rivolse con rabbia alla sua ancella morente: "Carmione, ti sembra una degna fine?" e lei rispose: "Più che degna! E come si addice alla discendente di tanti re". Le sue parole sono diventate l'epitaffio dei Tolomei.

Figura 5.2. Ottaviano osserva il corpo di Alessandro nel 30 a.C. (disegnato da Fragonard e inciso da Masquelier nel 1803, dal dipinto di Bourdon del 1643 circa - collezione dell'autore)

---

[11] Dione Cassio, *Storia romana*, LI, 16, 5.

Il Santuario dei Cesari

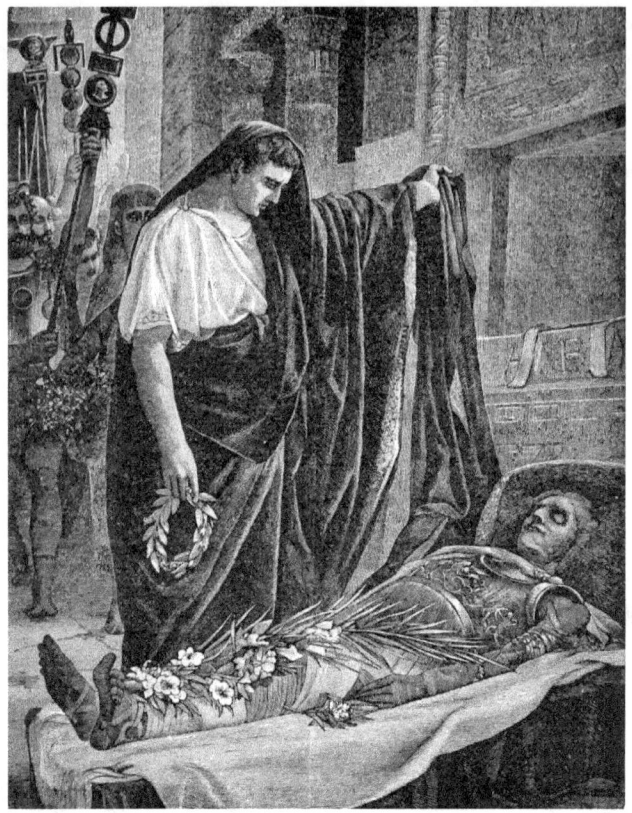

Figura 5.3. Ottaviano incorona la mummia di Alessandro (di Showmer/Schommer - collezione dell'autore)

Ottaviano rimase il padrone indiscusso del mondo mediterraneo. Completò il mausoleo di Cleopatra, ove la seppellì accanto ad Antonio come da lei desiderato. Nel 27 a.C., il senato lo dichiarò suo capo o principe (*Princeps Senatus*) e gli fu conferito il titolo onorifico di *Augustus*.[12] Lentamente ma inesorabilmente, la Repubblica romana divenne l'Impero romano. Ancora prima, nel 28 a.C., egli aveva iniziato la costruzione di un monumentale mausoleo per la sua famiglia nel *Campus Martius* a Roma. La tempistica suggerisce fortemente che le tombe alessandrine furono una grande fonte di ispirazione, anche se di solito si suppone che la forma essenziale del mausoleo fosse derivata dalle tombe a tumulo etrusche.[13] Una parte significativa della struttura portante sopravvive ancora oggi ed esistono anche descrizioni del suo periodo di massimo splendore. Di conseguenza, la sua forma ricostruita (Figura 5.4) può essere confrontata con quella del Mausoleo di Alicarnasso e si possono tracciare tra loro diversi paralleli

---

[12] David Shotter, *Augustus Caesar*, 1991, Capitolo 4.
[13] Amanda Claridge, *Oxford Archaeological Sites: Rome*, 1998.

La Ricerca della Tomba di Alessandro il Grande

plausibili. In particolare, ricostruzioni credibili suggeriscono una rotonda con peristilio rialzata, sormontata da una grande statua bronzea dell'imperatore all'apice del tetto.[14] Tuttavia, il riempimento di terra tra le pareti cilindriche e concentriche della struttura e la coltivazione di cipressi sulla sommità riflettono probabilmente l'influenza etrusca. È chiaro anche che il mausoleo di Augusto avesse un profilo molto più imponente rispetto ai suoi antecedenti greci alti e rettangolari. La camera funeraria effettiva era una sala cilindrica con delle nicchie nelle pareti e formava l'anello più interno della muratura. Si trovava sopra il livello del terreno, ma isolata termicamente dalla massa di terra circostante con lo stesso effetto delle volte funerarie sotterranee dei Greci.

* * * * * * * *

La guerra civile tra Antonio e Ottaviano generò la nascita del sistema di governo imperiale e la completa sottomissione dei regni greci alla volontà di Roma. Tali esiti, fortunatamente, portarono alla crescita della fama e del significato del Soma nei secoli successivi. In Alessandro, gli imperatori romani riconobbero un esempio di governo assolutista in cui il loro potere schiacciante e la loro stravagante opulenza erano ampiamente giustificati. La sua tomba divenne un frequente luogo di pellegrinaggio e venerazione da parte dei nuovi padroni d'Oriente. Prima della presa del potere da parte dei cristiani nel IV secolo, il suo corpo era probabilmente la reliquia religiosa più importante dell'impero.

Figura 5.4. Ricostruzione del mausoleo di Augusto (disegno dell'autore)

---

[14] La rotonda colonnata è stata dedotta sulla base dello straordinario spessore (5,7m) del muro concentrico, che mantiene questo raggio: strutturalmente, sembra che sostenesse qualcosa di pesante. Tuttavia, nessuna sovrastruttura è menzionata da Strabone, il quale fornisce la migliore descrizione iniziale; vedi L. Richardson, *A New Topographical Dictionary of Ancient Rome*, John Hopkins University Press, 1992.

Il Santuario dei Cesari

* * * * * * * *

Nel 19 d.C., il principe romano Germanico, nipote di Antonio, aveva da poco sconfitto il re d'Armenia e ridotto la Cappadocia a una provincia romana. Decise ora di intraprendere una crociera di piacere sul Nilo per rilassarsi, ammirando le attrazioni di Alessandria lungo la strada.[15] È probabile che sua moglie Agrippina, figlia di Agrippa, e anche il loro figlio di sette anni, Gaio, lo abbiano accompagnato nella spedizione, poiché sappiamo che sono stati con lui in Oriente.[16] I genitori amavano vestire il bambino con una uniforme militare in miniatura, il che aveva ispirato le truppe di suo padre a soprannominare il ragazzino "scarpetta" o, in latino, "caligula", dalle sue calzature in stile militare.[17] È un'origine abbastanza innocente per un nome che in seguito visse nell'infamia.

Germanico fu accolto con entusiasmo dagli Alessandrini che conservavano ancora bei ricordi di suo nonno. Si rivolse loro nell'ippodromo: la folla gridò "Bravo! Possa tu vivere a lungo." Il principe rispose: "Sono consapevole di ciò che è risaputo e anche del modo in cui ho trovato moltiplicati i vostri saluti, custoditi nelle vostre preghiere".[18] Si riferisce (probabilmente con un pizzico di sarcasmo) al fatto che gli Alessandrini lo avevano esposto all'ira dello zio geloso, l'imperatore Tiberio, offrendogli il culto come un dio. Svetonio dice di Germanico che "dovunque si imbattesse nei sepolcri di uomini illustri, sempre tributava onori funebri ai loro Mani".[19] È quindi quasi certo che visitò il Soma nel corso del suo soggiorno e Caligola potrebbe averlo accompagnato, poiché sarebbe stata considerata un'esperienza edificante per qualsiasi principino romano.

Germanico morì misteriosamente più tardi nello stesso anno, probabilmente per avvelenamento e forse con la complicità dell'imperatore.[20] Anche se in seguito Tiberio uccise altri due dei suoi figli, Caligola divenne uno dei favoriti dell'imperatore. Questo vecchio vizioso amava dire che stava allevando una vipera nel suo petto che alla fine avrebbe colpito i Romani dopo la sua morte.[21]

Quando Tiberio divenne così decrepito tanto che l'atto sembrò meno rischioso rispetto a un'ulteriore pazienza, Caligola, con un piccolo aiuto del suo alleato Macrone, il comandante della guardia pretoriana, accelerò il cammino di Tiberio verso l'Ade mediante soffocamento.[22] In questo modo infausto, Caligola prese la porpora nel 37 a.C. All'inizio i Romani erano ottimisti riguardo al cambio di sovrano, poiché Tiberio era stato odiato tanto quanto il padre di Caligola era stato

---

[15] Tacito, *Annali*, II, 59-61; Arthur Ferrill, *Caligula, Emperor of Rome*, 1991, p. 51.
[16] Svetonio, *Vita dei Cesari, Gaio Caligola*, 4, 10.
[17] Svetonio, *Caligola*, 4, 9.
[18] Papiro di Ossirinco, P.Oxy. 25.2435 recto.
[19] Svetonio, *Caligola*, 4, 3.
[20] Svetonio, *Caligola*, 4, 2.
[21] Svetonio, *Caligola*, 4, 11.
[22] Svetonio, *Caligola*, 4, 12.

La Ricerca della Tomba di Alessandro il Grande

amato. Tuttavia, i sintomi di un ceppo di follia omicida non tardarono a manifestarsi.

Molte delle sue vanità erano relativamente innocue. La sua abitudine infantile di travestirsi e recitare rimase un elemento fondamentale del suo personaggio, ma ora occupava una posizione così esaltante che i confini tra realtà e finzione potevano facilmente confondersi. Di particolare rilevanza è la dichiarazione di Svetonio: -

Portava sempre le insegne del trionfo, anche prima di compiere la spedizione e a volte indossò anche la corazza di Alessandro Magno che aveva sottratto al sepolcro.[23]

Questo pettorale, o corazza, potrebbe essere stato lo stesso indossato da Alessandro nel Mosaico della battaglia di Isso di Pompei, oppure uno molto simile.[24] Una corazza analoga è stata trovata nella tomba del padre di Alessandro, Filippo.[25] Caligola la indossò nell'occasione in cui fece costruire un ponte di barche di tre miglia e mezzo sulla baia di Napoli, che poi attraversò a cavallo, in abiti militari, imitando un trionfo romano come descritto da Dione Cassio: -

Gaio [Caligola]... era ansioso di guidare il suo carro attraverso il mare, per così dire, gettando un ponte sulle acque tra Puteoli e Bauli... Quando tutto fu pronto, indossò la corazza di Alessandro (o almeno così diceva), e una clamide di seta di porpora, adorna di molto oro e molte pietre preziose provenienti dall'India; inoltre cinse una spada, prese uno scudo e indossò una ghirlanda di foglie di quercia. Poi offrì un sacrificio a Nettuno... ed entrò nel ponte dall'estremità di Bauli... e si lanciò ferocemente a Puteoli come se stesse inseguendo un nemico.[26]

La clamide di porpora riecheggia la descrizione di Efippo dell'abbigliamento di Alessandro, che probabilmente non è casuale in questo contesto. Anche la corona di foglie di quercia ha un'associazione indiretta con Alessandro, poiché una squisita corona di quercia d'oro era tra i manufatti più spettacolari della tomba di Filippo II ad Ege.

Il lato più oscuro del carattere di Caligola si manifestò nella sua apertura di un bordello nel palazzo, dove matrone romane e giovani nati liberi si prostituivano per risollevare le casse dell'erario in bancarotta a causa delle sue stravaganze. Perpetrò inoltre una vasta gamma di omicidi casuali, tra cui la decapitazione del figlio adottivo, Gemello, che lo aveva infastidito prendendo un medicinale per curare una tosse persistente. Annusando l'odore della sostanza nel suo alito, Caligola lo accusò di assumere un antidoto al veleno. Il giovane ribatté notoriamente: "Come può esserci un antidoto a Cesare?", ma il suo destino era

---

[23] Svetonio, *Caligola*, 4, 52.
[24] Il dipinto originale da cui deriva il "Mosaico di Alessandro" è stato realizzato poco tempo dopo la battaglia di Isso, che probabilmente raffigura, quindi la corazza di Alessandro è autentica.
[25] Per esempio *Greece: Temples, Tombs & Treasures*, Time Life Books, Lost Civilizations Series, 1994, p. 155.
[26] Dione Cassio, *Storia romana*, LIX, 17; Svetonio, *Caligola*, 4, 19; Arthur Ferrill, *Caligula, Emperor of Rome*, 1991, p. 115.

Il Santuario dei Cesari

già segnato. Tolomeo di Mauretania, l'ultimo discendente noto di Cleopatra VII, essendo suo nipote da parte di Cleopatra Selene, fu un'altra delle vittime dell'imperatore. Nessuno rimase sorpreso quando Gaio Caligola venne assassinato, nel quarto anno di regno, da due tribuni della guardia pretoriana che egli aveva continuamente esasperato impostando parole d'ordine oscene che furono costretti a ripetere l'un l'altro per tutta la notte.

* * * * * * * *

Due decenni dopo, l'imperatore Nerone progettò di visitare Alessandria nel 64 d.C. e di nuovo nel 66 d.C., anche se in realtà sembra che non si sia spinto oltre la Grecia.[27] Ciononostante, perpetrò un imbroglio reale ai danni della popolazione egiziana ritirando tutte le monete tolemaiche - i tetradrammi ancora in circolazione - e riemettendole in nuovi esemplari dello stesso taglio ma contenenti un peso inferiore di argento.[28] Una delle nuove emissioni della zecca alessandrina recava una personificazione della città con il copricapo a scalpo di elefante (Figura 5.5). Potrebbe essere una grossolana imitazione dei tetradrammi di Tolomeo Soter. È certamente probabile che si intendesse un riferimento diretto ad Alessandro.

Dopo la deposizione e il suicidio di Nerone nel 68 d.C., diversi generalissimi si impadronirono della porpora in rapida successione. Il 69 d.C. divenne l'Anno dei Quattro Imperatori che si contesero il trono. Nelle province orientali, la gerarchia favoriva Vespasiano, il governatore della Siria. Nel mese di luglio, le legioni egiziane furono le prime ad acclamarlo su sollecitazione del loro prefetto Tiberio Alessandro. Vespasiano trasferì il suo quartier generale ad Alessandria,[29] poiché l'Egitto era strategicamente vitale per le sue forniture di mais che sostanzialmente alimentavano Roma. Sappiamo che il nuovo imperatore visitò il Serapeo ed è molto probabile anche una visita al Soma, dato che risiedette in città per alcuni mesi. I suoi eserciti trionfarono sul rivale Vitellio nella battaglia di Cremona, e regnò sicuro per un decennio. Suo figlio Tito, che aveva accompagnato il padre nel 69 d.C., visitò nuovamente Alessandria nel 71 d.C. ed ereditò l'impero alla morte del padre nel 79 d.C.[30]

* * * * * * * *

Nel 115 d.C., sotto il regno di Traiano, gli Ebrei alessandrini organizzarono una grande rivolta sia contro i Romani che contro i Greci alessandrini, ma furono brutalmente sottomessi e la maggior parte di loro fu massacrata.[31] Da quel momento in poi, la comunità ebraica della città non fu mai più che l'ombra di se stessa. Si ritiene che il centro di gravità di Alessandria abbia cominciato a spostarsi verso ovest in quel periodo, il che può essere un fattore cruciale per la

---

[27] Svetonio, *Nerone*, 6, 35; Dione Cassio, LVIII, 18, 1.
[28] Erik Christiansen, *The Roman Coins of Alexandria*, 1988, Aarhus University Press, Capitolo 1.
[29] Svetonio, *Vespasiano*, 8, 6-7.
[30] Dione Cassio, *Storia romana*, LXV, 8; il papiro di Ossirinco, P.Oxy. 34.2725.
[31] Ad esempio, Eusebio, *Storia Ecclesiastica*, 4, 2, 1-5; Dione Cassio, LXVIII, 32, 1-3.

La Ricerca della Tomba di Alessandro il Grande

comprensione della topografia dell'antica metropoli. La città stava comunque subendo un lungo e persistente declino della sua preminenza come capitale dei Tolomei e la devastazione dei sobborghi ebraici nei distretti orientali, durante la repressione della ribellione, potrebbe aver esacerbato tale processo.

Figura 5.5. Tetradramma coniato ad Alessandria nel 12° anno di Nerone

Appena due anni dopo, Adriano, l'imperatore filelleno, succedette a Traiano. Nel 122 d.C. ci furono ulteriori disordini ad Alessandria, ma il nuovo monarca riuscì a sedarli da lontano attraverso la diplomazia e l'esortazione mentre si trovava nella provincia Narbonense, nel sud della Gallia. Fu solo all'inizio di agosto del 130 d.C., scortato dalla sua imperatrice Sabina e dal suo bel giovane favorito, Antinoo, che egli intraprese forse la più famosa e drammatica di tutte le visite imperiali romane in Egitto.[32]

Dopo l'ingresso formale ad Alessandria su un carro tirato da quattro cavalli (noto come quadriga), l'imperatore effettuò un giro turistico che senza dubbio comprendeva il Soma, probabilmente in compagnia di Antinoo. Il partito imperiale era festeggiato con entusiasmo dalla popolazione greca, che vedeva in tale imperatore "Filelleno" un potenziale benefattore e un alleato contro gli antagonisti Ebrei. L'imperatore, a sua volta, prodigava il suo patrocinio alla città e ai suoi monumenti. Una statua a grandezza naturale di un toro in basalto nero, dedicata da Adriano, è stata rinvenuta tra le rovine del Serapeo.[33] Tuttavia, l'imperatore riuscì prontamente ad alienare gran parte della benevolenza iniziale, nominando degli estranei di sua conoscenza a redditizie sinecure al Museo e rifiutando di concedere alla città di ricostituire il suo antico consiglio che era stato sciolto da Augusto. L'atmosfera si inasprì a tal punto che Adriano, in quel frangente, scrisse a un amico descrivendo gli Alessandrini come "sediziosi, vanitosi e dispettosi".

---

[32] Per i dettagli della storia di Adriano e Antinoo in Egitto vedi Royston Lambert, *Beloved and God*, 1984.
[33] Jean-Yves Empereur, *Alexandria Rediscovered*, p. 88.

Il Santuario dei Cesari

Un legame tangibile tra la visita di Adriano e la storia del Soma sopravvive sotto forma di diversi tipi di monete che l'imperatore coniò ad Alessandria per commemorare l'evento. Una descrizione di uno di essi è fornita dal Dictionary of Roman Coins: -

Il genio di Alessandria, o dell'Egitto in generale, è raffigurato su una medaglia in ottone di Adriano (emessa in Egitto) come un uomo che indossa sul proprio capo lo scalpo di elefante, e tiene nella mano destra un fascio di spighe di grano. Prende con la mano sinistra quella dell'imperatore e se la porta alle labbra, come per baciarla, in riconoscimento dei benefici di Adriano per la città e il paese. Intorno alla moneta è inciso ALEXANDREA e nel campo LIE (Anno XV [dell'imperatore]).[34]

I tre tipi di monete della serie sono illustrati nella Figura 5.6: in alto, l'esemplare di dracma in bronzo descritto dal Dictionary; al centro, l'imperatore viene salutato dalla stessa figura su un tetradramma di billone; in basso, l'imperatore su una quadriga, salutato ancora dal "genio di Alessandria". Il personaggio con il copricapo di elefante è stato talvolta identificato come una giovane donna.[35] Ciò presenta delle analogie con un gruppo separato di monete del regno di Adriano che raffigura una personificazione dell'Africa come una donna sdraiata o inginocchiata che indossa uno scalpo di elefante. Le monete dell'Africa furono comunque coniate a Roma ed erano conformi ai tipi generici usati per commemorare le visite a una serie di province, mentre le monete alessandrine erano un'emissione locale speciale. Anche la figura nelle monete alessandrine indossa un chitone (tunica) e talvolta una clamide (mantello). Questo è precisamente l'abbigliamento che Efippo descrive come indumenti abituali di Alessandro. Inoltre, come abbiamo visto, esisteva un legame duraturo tra il motivo a scalpo di elefante e Alessandro, risalente al primo periodo del regno tolemaico. Il dettaglio decisivo è forse l'inclusione, in alcuni esemplari, di una cintura appena sotto il petto di Alessandro. Si tratta chiaramente della "Cintura Persiana" (Περσικὴν ζώνην[36] o *zonam Persicam*[37]) che il Macedone indossa anche nei rilievi del "Sarcofago di Alessandro" di Sidone e nella statuetta di "Demetrio Alessandro" dell'Egitto del I secolo a.C. (attualmente ad Atene). Cosa potrebbe esserci di più naturale di Adriano che ritrae se stesso, accolto come un pari dalla personificazione di Alessandria nelle vesti del fondatore divinizzato della città?[38]

---

[34] S.W. Stevenson, C. Roach Smith & FW Madden, Dictionary of Roman Coins, George Bell & Sons, 1889, p. 35: la mano sinistra e la mano destra sono scambiate negli esemplari di cui io sono a conoscenza e l'iscrizione *ALEXANDREA* esiste solo su altri tipi con lo scalpo di elefante (ad es. Galba).
[35] Ad esempio Alan K. Bowman, *Egypt after the Pharaohs*, Capitolo 7.
[36] Diodoro, XVII, 77, 5.
[37] *Epitome di Metz*, 2, un testo anonimo del IV secolo d.C., citato da Andrew Stewart, *Faces of Power: Alexander's Image & Hellenistic Politics* (1993, University of California Press) p. 356, voce T46.
[38] Per ulteriori dettagli vedi A.M. Chugg, "An Unrecognised Representation of Alexander the Great on Hadrian's Egyptian Coinage," *The Celator Journal*, Vol. 15, No. 2, February 2001, pp. 6-16.

La Ricerca della Tomba di Alessandro il Grande

Figura 5.6. La serie di monete coniata per celebrare la visita di Adriano ad Alessandria nel 130 d.C.: Alessandro/Alessandria saluta l'imperatore (collezione dell'autore)

Se Otto Mørkholm ha ragione nella sua ipotesi che la rappresentazione di Alessandro con il copricapo di elefante derivi da una statua funeraria presso la tomba menfita, allora in questa suggestiva serie di monete possiamo intravedere il trasferimento dell'iconografia della tomba menfita ad Alessandria e la persistenza di tale simbolismo fin nel profondo del periodo romano.[39] Molto probabilmente, la statua funeraria del Macedone con lo scalpo di elefante aveva accompagnato il suo corpo nel trasferimento presso la nuova capitale e si trovava ancora nel Mausoleo del Soma ai tempi di Adriano.

All'inizio di ottobre, il gruppo imperiale si imbarcò su una flottiglia di barconi per una crociera di piacere sul Nilo. Ancora oggi, con la maggior parte dei monumenti in rovina e scorci di modernità dietro ogni curva, questo rimane un viaggio suggestivo. Ma nel II secolo d.C. la maggior parte dell'architettura antica era

---

[39] O. Mørkholm, *Early Hellenistic Coinage*, Cambridge 1991, pp. 63-4.

Il Santuario dei Cesari

rimasta essenzialmente intatta e i sacerdoti degli antichi dèi praticavano ancora i loro rituali mistici, come avevano fatto fin dagli albori della civiltà. Per i Romani, l'Egitto era una terra intrisa di potente magia e l'imperatore e il suo seguito saranno stati inghiottiti da un senso quasi tangibile di sortilegio e occulto. Adriano aveva sofferto a intermittenza di una grave malattia emorragica, aveva quindi programmato il viaggio come una sorta di pellegrinaggio per trovare una cura presso i maghi e gli indovini nel più soprannaturale dei suoi regni.

Gli stregoni e i veggenti assicurarono all'imperatore che tutti i mali che lo assalivano potevano essere stornati se una vittima umana volontaria fosse stata persuasa a sacrificarsi al posto di Adriano, deviando così la sfortuna. Ma nel seguito dell'imperatore non si trovò nessun volontario adatto.

Un'altra ombra che opprimeva il viaggio era lo spettro della carestia che incombeva sul paese, in seguito a due fallimenti successivi della piena del Nilo: una terza siccità avrebbe portato la catastrofe. Secondo la tradizione immemorabile, il sacrificio di un giovane o di una vergine agli dèi del fiume era l'unico mezzo sicuro per placare la loro ira, e l'occasione giusta sarebbe stata la festa per celebrare la piena del Nilo, il 22 ottobre.

Antinoo potrebbe anche essere stato depresso dai segnali di un raffreddamento della sua relazione con l'imperatore. Sembra probabile, anche se le circostanze esatte sono avvolte dal mistero, che la combinazione di tali pressioni abbia portato questo giovane impressionabile a suicidarsi, annegandosi nel fiume durante la settimana successiva alla festività del Nilo. Adriano riconobbe in quell'atto un gesto di supremo sacrificio e ne fu profondamente scosso. Si immerse in un'orgia di lutto, fondando la città di Antinopoli nel punto in cui il corpo fu riportato a riva (Figura 5.7) e stabilendo un culto per venerare Antinoo divinizzato in tutto l'impero. L'imperatore sembra aver modellato la sua nuova città a imitazione consapevole della fondazione di Alessandria da parte di Alessandro.[40] Il culto di Antinoo venne ad affiancare quello di Alessandro stesso nei secoli successivi: intorno al 400 d.C., San Giovanni Crisostomo denunciò il senato romano per aver riconosciuto Alessandro e "il favorito di Adriano" come dèi.[41]

Adriano stesso morì sette anni dopo e fu sepolto a Roma in un mausoleo simile a quello del suo predecessore Augusto. Il monumento sovrasta ancora il fiume Tevere, essendo stato trasformato in epoca medievale nella fortezza papale di Castel Sant'Angelo. Il luogo della tomba di Antinoo, tuttavia, è un altro degli affascinanti misteri sepolcrali dell'antichità. Alcuni la collocherebbero nella città eponima accanto al Nilo, ma l'obelisco che ora si trova al Pincio, a Roma, porta l'epitaffio di Adriano stesso per il suo favorito e dichiara di segnare la sua

---

[40] Orsolina Montevecchi, "Adriano e la fondazione di Antinoopolis, Neronia IV, Alejandro Magno, modelo de los emperadores romanos," *Collection Latomus*, Vol. 209, 1990.
[41] San Giovanni Crisostomo, Vescovo di Constantinopoli, *Omelia 26 sulla seconda lettera di San Paolo Apostolo ai Corinzi*.

La Ricerca della Tomba di Alessandro il Grande

sepoltura. Sfortunatamente, la sua posizione originale è sconosciuta, ma in una frase cruciale i suoi geroglifici recitano: -

Oh, Antinoo! Questo defunto che riposa in questa tomba nella tenuta di campagna dell'Imperatore di Roma.

Ciò sembra essere un riferimento alla villa di Adriano a Tivoli, appena fuori Roma. Se Antinoo fu sepolto lì, allora l'area del Canopo che l'imperatore modellò sulla città di Canopo, alla foce occidentale del Nilo, è un sito probabile.

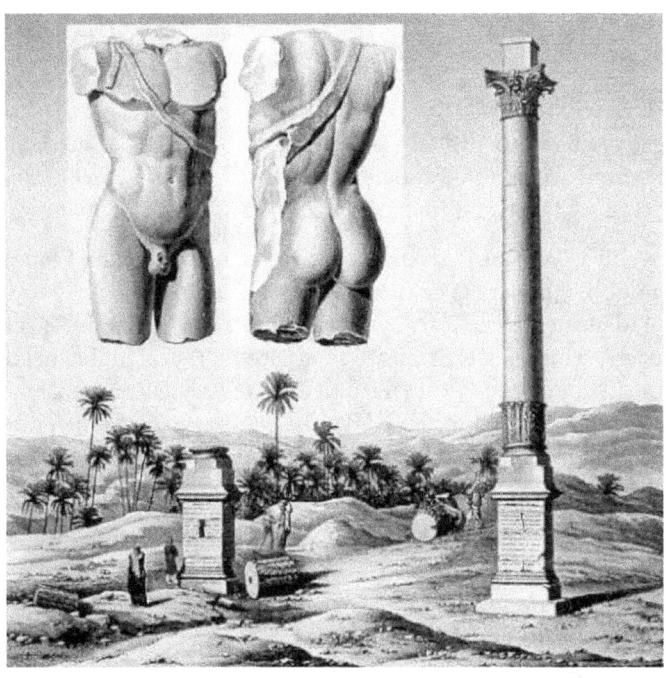

Figura 5.7. Campo di rovine di Antinopoli osservato dalla spedizione di Napoleone nel 1799, nel riquadro busto di una statua di Antinoo (collezione dell'autore)

* * * * * * * *

Il successivo imperatore noto per aver visitato il Soma fu Settimio Severo, durante la sua visita in Egitto nel 199-200 d.C.[42] Corteggiò la popolarità ad Alessandria concedendo finalmente alla città il permesso di ricostituire il proprio consiglio cittadino e quindi di amministrarsi. Secondo Dione Cassio, Augusto aveva sciolto l'assemblea 230 anni prima come mezzo per punire i cittadini. Severo potrebbe anche aver rimosso un divieto per gli Alessandrini di servire nel senato romano,

---

[42] La visita è raccontata da Dione Cassio, *Storia romana (Epitome)*, LXXVI, 13.

poiché gli Egiziani compaiono negli elenchi dei suoi membri a partire dall'inizio del III secolo d.C.[43]

L'imperatore era un disciplinatore per stile e temperamento, desideroso di sradicare influenze potenzialmente sovversive. Sembra che fosse particolarmente intollerante alla predilezione egiziana per la stregoneria e l'occulto. Abbiamo un papiro del suo editto contro la divinazione magica di eventi futuri: -

Quindi nessun uomo attraverso oracoli, cioè per mezzo di documenti scritti presumibilmente concessi sotto l'influenza divina, né per mezzo della sfilata di immagini o di simili ciarlatanerie, pretenda di conoscere cose al di là della comprensione umana e professi (di conoscere) l'oscurità delle cose a venire, né alcuno si metta a disposizione di coloro che interroghino su questo o rispondano in qualsiasi modo.[44]

Parte del provvedimento adottato dall'imperatore sembra essere stato quello di ordinare il sequestro di tutti i "documenti scritti", i libri segreti della tradizione magica, su cui i suoi soldati e funzionari potevano mettere le mani.

Severo proveniva dal Nord Africa e la sua imperatrice Giulia Domna era della Siria. Senza dubbio, in parte a causa di queste radici nell'Oriente greco, la famiglia dei Severi si identificò particolarmente da vicino con Alessandro e la sua eredità. Settimio Severo sembra essere rimasto scioccato dall'accessibilità dei resti mortali del suo eroe e ordinò che la camera funeraria fosse sigillata per inibire ulteriori visite turistiche. Dione Cassio, LXXVI, 13, 2, implica che l'imperatore decise di cogliere tale opportunità anche per sigillare nella tomba di Alessandro i libri segreti confiscati: -

[Settimio Severo] indagò su tutto, incluso tutto ciò che era accuratamente nascosto. Era infatti il tipo di persona che non trascurava di investigare su qualunque cosa sia umana che divina. Di conseguenza, fece rimuovere da quasi tutti i santuari tutti i libri che poté trovare che contenessero qualunque storia segreta e sigillò la tomba di Alessandro (Ἀλεξάνδρου μνημεῖον συνέκλεισεν). *Questo perché nessuno in futuro potesse né vedere il corpo di Alessandro o leggere ciò che c'era scritto nei libri di cui si è detto.*

Tali fatti sono importanti a causa delle loro implicazioni circa la conservazione della camera funeraria sotterranea e del suo contenuto. Sigillare, in questo contesto, difficilmente può aver significato una semplice serratura alla porta. Piuttosto, dovremmo guardare all'esempio della sigillatura della camera funeraria del Mausoleo di Alicarnasso, che fu realizzata inserendo un enorme blocco di muratura nel passaggio d'ingresso. In tal caso, ci sarebbe una maggiore speranza che la camera funeraria e il sarcofago possano essere sopravvissuti alla distruzione dell'edificio sovrastante.

* * * * * * * *

---

[43] Dione Cassio, LI, 17, 1-4.
[44] J.R. Rea, "A New Version of P. Yale inv. 299," ZPE 27, pp. 151-6.

La Ricerca della Tomba di Alessandro il Grande

Settimio Severo ebbe due figli da Giulia Domna. Il maggiore, di nome Antonino, aveva un anno in più di suo fratello Geta. È probabile che abbiano accompagnato il padre in visita ad Alessandria, quando Antonino avrebbe avuto circa 12 anni. È facile immaginare quanto sarebbe stato sbalorditivo il Soma per un ragazzo di un'età così impressionabile. Crescendo, Antonino si identificò intimamente con Alessandro, ma in modi che furono visti come ulteriori sintomi di una terrificante megalomania.[45] Acquisì anche un soprannome vagamente dispregiativo: Caracalla, a causa della sua abitudine di indossare un corto mantello militare. Sebbene non sia mai stato usato ufficialmente durante la sua vita, è con questo agnomen che è passato alla storia.

Nel 211 d.C., Severo morì a York lasciando l'impero sotto il governo congiunto dei suoi figli. Ma i giovani si erano ormai irrimediabilmente alienati. Dopo un periodo di crescente tensione, nel 212 d.C. Caracalla organizzò l'assassinio di Geta. Suo fratello morì tra le braccia della loro madre, ferito a morte dagli scagnozzi di Caracalla.[46] Ma questo fu solo il più importante di una lunga litania di omicidi ed esecuzioni. Era motivo di orgoglio per Caracalla che un oracolo, una volta, si fosse riferito a lui come "La bestia dell'Ausonia".[47]

L'emulazione di Alessandro da parte di Caracalla toccò il fondo dopo che divenne imperatore. Scrisse al senato, informandolo della propria convinzione che il suo eroe si fosse reincarnato nella sua stessa persona, e sollevò una falange di sedicimila Macedoni equipaggiandola il più autenticamente possibile con armature antiche e con lunghe picche, come un insieme di soldatini a grandezza naturale. Si dice anche che abbia acquisito alcune coppe e armi che credeva fossero appartenute ad Alessandro.[48] Il Mausoleo del Soma era una possibile fonte di tali manufatti, così come fu per la corazza sfoggiata da Caligola.

Nel 215 d.C., Caracalla annunciò la sua intenzione di benedire Alessandria con la sua presenza, poiché desiderava vedere la città fondata dal suo idolo.[49] Arrivò in estate tra nuvole di profumo, musica dolce e fiori lanciati dalla folla entusiasta che si aspettava generosi benefici da un imperatore così ossessionato da tutto ciò che riguardava Alessandro. Un resoconto della sua visita al Soma fu scritto da Erodiano entro pochi decenni dall'evento: -

Appena Antonino entrò in città con tutto il suo esercito, salì al tempio, dove fece molti sacrifici e depose quantità di incenso sugli altari. Quindi andò alla tomba ($\mu\nu\tilde{\eta}\mu\alpha$) *di Alessandro*

---

[45] Dione Cassio, LXXVIII, 7-8 7.
[46] Erodiano, *Storia dell'Impero*, IV, 4; Dione Cassio, LXXVIII.
[47] Dione Cassio, LXXVIII, 23, 4.
[48] Dione Cassio, LXXVIII, 17, 1-2.
[49] La visita è raccontata da Erodiano, IV, 8, 6-9, 8, e da Dione Cassio, LXXVIII, 22-23, anche se solo il primo menziona la visita al Soma. La visita è citata anche da Giovanni di Antiochia (VII secolo) in C. Müller, *Fragmenta Historicorum Graecorum*, Paris 1868, Vol. 4, pag. 590, ma sembra essere derivata da Erodiano.

Il Santuario dei Cesari

dove tolse e depose sulla tomba il mantello di porpora che indossava, gli anelli con pietre preziose e le sue cinture e qualsiasi altra cosa di valore che portava.

Un altro antico riferimento alla stessa visita è sopravvissuto in un manoscritto anonimo del IV secolo, attribuito a Sesto Aurelio Vittore: -

Dopo aver ispezionato il corpo di Alessandro il Macedone, [Caracalla] ordinò che fosse chiamato lui stesso "Grande" e "Alessandro", poiché fu condotto dalle menzogne dei suoi adulatori al punto che, adottando la fronte feroce e il collo inclinato verso la spalla sinistra che aveva notato nel volto di Alessandro, si persuase che i suoi lineamenti erano davvero molto simili.[50]

Questi racconti hanno il significato particolare di essere le ultime menzioni certe dell'esistenza della tomba e del corpo nella storia documentata. Caracalla deve aver ordinato di aprire la camera funeraria per la sua visita, ma è probabile che l'abbia fatta nuovamente sigillare in seguito, poiché sarà stato ancora più gelosamente protettivo del contenuto rispetto a suo padre.

L'imperatore stabilì il suo quartier generale nel tempio di Serapide, che dominava la città, dove ordinò il più spregevole dei suoi crimini contro gli ignari cittadini di Alessandria. Da diversi anni, infatti, riceveva notizie dalle sue spie riguardo al comportamento degli Alessandrini, i quali si erano abbandonati alla consueta derisione del monarca regnante. Quest'ultimo rappresentava un enorme bersaglio a causa del suo fratricidio, delle voci di incesto con sua madre e della sua emulazione di Alessandro, ma Caracalla aveva perso l'umorismo e nutriva una rabbia fetida verso gli autori di quelle battute casuali.

Di conseguenza, riunì tutti i giovani della città in uno spazio aperto con il pretesto di reclutare un reggimento per il suo esercito. Mentre passeggiava in mezzo a loro sorridendo e chiacchierando in modo banale, i suoi soldati completavano l'accerchiamento della piazza d'armi. Quando l'imperatore si ritirò con le sue guardie, diede un segnale prestabilito e la trappola scattò. Un anello di acciaio stridente si chiuse intorno ai giovani in preda al panico e li fece a pezzi metodicamente. Ciò, tuttavia, non fu che il preludio di un massacro più generalizzato, poiché le truppe si scatenarono lungo le strade per violentare, saccheggiare e massacrare senza ritegno gli sfortunati abitanti.

L'imperatore rimase diversi mesi in città, probabilmente fino all'inizio del 216 d.C. (secondo due papiri: P. Flor. 382 e BGU 1.266). Stava supervisionando un progetto per concentrare le principali guarnigioni d'Egitto in una fortezza nel vecchio quartiere del palazzo della città, noto come il Bruchion.[51] Una grande muraglia fu costruita attraverso il cuore della città per delimitare il distretto (Dione Cassio, LXXVIII, 23, 3). Le sue imponenti torri completarono l'intimidazione della popolazione già terrorizzata.

---

[50] Epitome de Caesaribus Sexti Aureli Victoris 21,4.
[51] John Marlowe, *The Golden Age of Alexandria*, Gollancz, 1971, p. 219, menziona che la guarnigione romana fu spostata da Nicopoli al Bruchion in quel periodo.

La Ricerca della Tomba di Alessandro il Grande

Caracalla era ora così intriso del sangue di amici e nemici, allo stesso modo, che divenne sempre più timoroso dell'assassinio. Scrisse a un amico di Roma chiedendogli di consultare i veggenti per scoprire eventuali complotti contro di lui. L'uomo rispose che doveva guardarsi da Macrino, uno dei suoi prefetti militari. Malgrado ciò, Caracalla chiese a Macrino di occuparsi dello stesso lotto di dispacci che includeva quella risposta. Abbastanza naturalmente, la trama immaginaria divenne di conseguenza una realtà urgente. Macrino reclutò alla sua causa un centurione il cui fratello era stato recentemente messo a morte dall'imperatore. Durante un viaggio nel deserto, Caracalla ebbe un attacco di dissenteria, si fermò per avere un po' di sollievo e le sue guardie si fecero da parte per concedergli un po' di privacy. Il centurione vendicativo vide allora la sua occasione. Quando i calzoni dell'imperatore furono intorno alle caviglie, l'assassino gli corse incontro come se rispondesse a una chiamata e gli sferrò una pugnalata mortale con precisione militare.[52] Fu una fine giustamente ironica per un imperatore che godeva delle opportunità di cogliere di sorpresa le sue vittime.

* * * * * * * *

L'ultimo della dinastia dei Severi fu chiamato Alessandro, in linea con la tradizionale affiliazione della sua famiglia alla memoria del Conquistatore. Dopo il suo assassinio, nel 235 d.C., l'impero romano entrò in un'epoca di profonda instabilità politica che fu aggravata dalle incursioni opportunistiche di varie nazioni vicine. L'impero fu salvato dalla completa disintegrazione solo da una successione di imperatori potenti e autoritari, i quali imposero cambiamenti radicali nel modo in cui esso era governato e difeso. All'inizio, Alessandria fu relativamente indenne da questi disordini, ma nella seconda metà del secolo fu coinvolta in una grave serie di guerre e ribellioni da cui emerse terribilmente sfregiata e demoralizzata.

---

[52] Erodiano, IV, 12-13.

6. Scomparso dalla Storia

> *"Yet you will know my lover, though you live far away:*
> *And you will whisper where he's gone, that lily boy to look upon,*
> *And whiter than the spray."*
> *"How should I know your lover, Lady of the Sea?"*
> *"Alexander, Alexander, King of the World was he!"*
> *"Weep not for him, dear lady, but come aboard my ship.*
> *So many years ago he died, he's dead as dead can be."*
> *"O base and brutal sailor to lie this lie to me.*
> *His mother was the foam-foot star-sparkling Aphrodite;*
> *His father was Adonis, who lives away in Lebanon,*
> *In stony Lebanon, where blooms his red anemone.*
> *But where is Alexander, the soldier Alexander,*
> *My golden love of olden days, the King of the World and me?"*
> *She sank into the moonlight and the sea was only sea.*
>
> Santorin (A Legend of the Aegean), James Elroy Flecker

"Eppure conoscerai il mio amante, anche se vivi lontano:
E sussurrerai dov'è andato, quel ragazzo, giglio da guardare,
E più bianco della schiuma."
"Come potrei conoscere il tuo amante, Signora del Mare?"
"Alessandro, Alessandro, il re del mondo era lui!"
"Non piangere per lui, cara signora, ma vieni a bordo della mia nave.
È morto così tanti anni fa, è morto come può esserlo un morto".
"O marinaio vile e brutale che mi racconti questa bugia.
Sua madre era la stella scintillante Afrodite dai piedi di schiuma;
Suo padre era Adone, che vive lontano in Libano,
Nel pietroso Libano, dove fiorisce il suo anemone rosso.
Ma dov'è Alessandro, il soldato Alessandro,
Il mio amore dorato di un tempo, il re del mondo e me?"
Affondò al chiaro di luna e il mare era solo mare.

La leggenda di Alessandro e la sirena racconta di una bella ma pericolosa incantatrice marina che insidia le navi per chiedere ai loro equipaggi notizie del Conquistatore. Finché essi rispondono: "Egli vive e regna", lei si allontana soddisfatta. Se, tuttavia, dovessero azzardarsi a menzionare la sua morte, ella scatena una rabbia terribile e invoca una tempesta per annegarli.

Questa favola deve apparentemente la sua genesi alla versione fantastica delle gesta di Alessandro, conosciuta come il Romanzo di Alessandro, che il suo compilatore attribuì in modo del tutto inverosimile a Callistene, un pronipote di Aristotele che viaggiò al seguito di Alessandro come storico di corte. In particolare, il Romanzo narra una storia secondo cui il Macedone si immerse in

La Ricerca della Tomba di Alessandro il Grande

fondo al mare in un vaso di vetro all'interno di una gabbia, dove vide tutti i tipi di pesci e un esemplare particolarmente grande prese la gabbia in bocca e traghettò il re a riva.[1] Nelle versioni successive, un angelo fungeva da guida di Alessandro nella sua avventura sottomarina e il grande pesce divenne un gigantesco mostro marino.[2] Il Romanzo sembra essere stato compilato in greco nel III secolo d.C., attraverso una fusione acritica di documenti e leggende precedenti, da un nativo dell'Egitto, molto probabilmente un cittadino di Alessandria.[3] Diventò un best seller internazionale, proliferando rapidamente in Europa e nel Medio Oriente. Nel periodo medievale comparve in numerose versioni: latina, armena, siriaca, copta, ebraica, persiana, turca, araba ed etiope.[4]

Erodiano probabilmente scrisse il suo resoconto della visita di Caracalla ad Alessandria alla fine del 240 d.C. Egli stesso potrebbe essere stato un nativo di Alessandria poiché Elio Erodiano, un grammatico alessandrino amico dell'imperatore romano Marco Aurelio, fu probabilmente suo padre.[5] La sua *Storia* si è conclusa nel 238 d.C. senza alcun accenno alla distruzione del Soma. Ci aspetteremmo che avesse menzionato un evento così drammatico, considerando il suo vivace racconto della visita di Caracalla all'edificio appena pochi decenni prima che scrivesse, quindi, il suo silenzio indica che il Soma era ancora in piedi almeno fino alla metà del III secolo d.C. circa. Comunque, la versione siriaca del Romanzo menziona esplicitamente l'esistenza contemporanea della tomba di Alessandro: "e chiamano quel luogo la 'Tomba di Alessandro' fino ad oggi".[6] Questa versione dello Pseudo Callistene è probabilmente successiva alla storia di Erodiano, nelle sue origini, nel qual caso si tratta dell'ultima prova documentale che attesta la continua esistenza del Mausoleo del Soma.

*   *   *   *   *   *   *   *

Sebbene il Mausoleo del Soma sia sopravvissuto probabilmente almeno fino alla seconda metà del III secolo d.C., è altrettanto verosimile che sia stato distrutto

---

[1] Stoneman (trad.), *The Greek Alexander Romance*, II, 38.
[2] Gwen Benwell, Arthur Waugh, *Sea Enchantress: The Tale of The Mermaid and Her Kin*, Hutchison 1961, Capitolo 4.
[3] È difficile, in virtù di alcune aggiunte relativamente tarde, datare il redattore (cioè lo "Pseudo Callistene") della recensione archetipica α del Romanzo prima del III secolo d.C., ma è abbastanza certo che esistesse dal 300 d.C., perché il manoscritto A risale quasi sicuramente al III secolo d.C. Tuttavia, diverse parti del racconto sono chiaramente molto più antiche e la sezione sulla morte di Alessandro probabilmente ha avuto origine alla fine del IV secolo a.C.
[4] Di maggior significato storico è il singolo manoscritto A, che è una copia abbastanza fedele della recensione α, l'antenato comune di tutte le versioni successive. Vi sono tuttavia significative lacune in A, che devono essere colmate dai manoscritti armeni, dalla versione latina del IV secolo di Giulio Valerio e da vari manoscritti della recensione β. Le versioni siriaca e medievale dell'Europa occidentale derivano dalla recensione δ*, ma sono più tarde, più favolose e di minor interesse storico.
[5] C.R. Whittaker, *Introduction to Loeb edition of Herodian, History of The Empire*.
[6] E.A.W. Budge (trad.), *Syriac Alexander Romance*, III, 23; Budge pensava che la versione siriaca fosse relativamente tarda (VII-IX secolo), ma nota che Zacher la datò al V secolo – il suo prototipo δ* (di cui non sopravvive alcun manoscritto greco) potrebbe essere in origine del IV secolo.

Scomparso dalla Storia

entro la fine del IV secolo dell'era cristiana. La prova più esplicita di ciò proviene da un passo di un sermone di Giovanni Crisostomo, un chierico di Antiochia che divenne vescovo di Costantinopoli tra il 398 e il 404 d.C. Quest'uomo visse dal 340 al 407 d.C., pertanto la sua omelia può essere datata all'ultimo quarto del secolo IV o all'inizio del V. Le sue parole affascinano per la luce che gettano sulla battaglia dei cuori e delle menti che infuriava in quel tempo tra la Chiesa e le disparate forze pagane, guidata dal senato di Roma:-

Perché fu così che le idolatrie guadagnarono terreno dapprima; uomini ammirati al di là del loro deserto. Così il senato romano decretò che Alessandro fosse il tredicesimo Dio,[7] poiché possedeva il privilegio di eleggere e arruolare degli dèi. Per esempio, quando tutto su Cristo era stato riferito, il capo della nazione mandò a chiedere se si fossero compiaciuti di eleggere anche lui un Dio. Essi, tuttavia, rifiutarono il loro consenso, arrabbiati e indignati che prima del loro voto e del loro decreto, il potere del Crocifisso sfolgorante all'estero avesse conquistato il mondo intero al proprio culto. Ma così fu ordinato, anche contro la loro volontà, che la divinità di Cristo non fosse proclamata per decreto dell'uomo, né che fosse considerato uno dei tanti che erano stati eletti da loro. Perché consideravano dèi anche i pugili, e il favorito di Adriano; da cui prende il nome la città Antinoo. Poiché la morte testimonia contro la loro natura immortale, il diavolo ha inventato un'altra via, quella dell'immortalità dell'anima; e mescolando ad essa l'eccessiva lusinga, sedusse molti all'empietà. E osservate quale malvagio artificio. Quando avanziamo quella dottrina per un buon fine, rovescia le nostre parole; ma quando egli stesso è desideroso di formulare un argomento per il male, è molto zelante nel crearlo. E se qualcuno chiede: 'In che modo Alessandro è un Dio? Non è forse morto, e anche miseramente?', 'Sì, ma l'anima è immortale', risponde. Ora tu discuti e filosofeggi di immortalità, per staccare gli uomini dal Dio che è al di sopra di tutto: ma quando dichiariamo che questo è il più grande dono di Dio, persuadi i tuoi sprovveduti che gli uomini sono bassi e umili, e in nessun caso migliori dei bruti. E se diciamo: 'il Crocifisso vive', subito segue la risata: anche se tutto il mondo lo proclama, sia nel passato che nel presente; anticamente con i miracoli, ora con i convertiti; poiché in verità questi successi non sono quelli di un uomo morto: ma se uno dice: 'Alessandro vive', Voi credete, sebbene non abbiate alcun miracolo da addurre. 'Sì', risponde uno; 'Io ce l'ho; perché quando visse fece molte e grandi opere; poiché soggiogò nazioni e città, e in molte guerre e battaglie vinse ed eresse trofei.' Se poi mostrerò (in qualche modo) ciò che in vita non ha mai sognato, né lui né nessun altro che sia mai vissuto, quale altra prova della risurrezione vorreste? Perché che da vivo uno vinca battaglie e vittorie, essendo un re e avendo eserciti a disposizione, non è niente di meraviglioso, no, né di sorprendente o di nuovo; ma che dopo una croce e un sepolcro si facciano cose così grandi per ogni terra e mare, questo è ciò che è particolarmente pieno di tale stupore e proclama la sua divina e inesprimibile potenza. E infatti Alessandro dopo la sua morte non ristabilì mai più il suo regno, che era stato lacerato e del tutto abolito: anzi come fu possibile che egli, morto, potesse farlo? ma Cristo poi, soprattutto, ha stabilito il Suo dopo che era morto. E perché parlo di Cristo? visto che ha concesso anche ai suoi discepoli, dopo la loro morte, di risplendere? Perché, ditemi, dov'è la tomba di Alessandro? mostratemela e ditemi il giorno in

---

[7] Così anche Clemente di Alessandria, *Esortazione ai Greci*, 10: "Questi sono coloro che hanno osato divinizzare gli uomini, descrivendo Alessandro il Macedone come il tredicesimo dio, anche se 'Babilonia lo ha dimostrato mortale.'" La citazione di Babilonia potrebbe provenire da *Oracoli Sibillini*, 5, 5-9; cfr. Luciano, *Dialoghi dei morti*, 13.

La Ricerca della Tomba di Alessandro il Grande

cui è morto. Ma dei servi di Cristo sono gloriosi gli stessi sepolcri, perché hanno preso possesso della città più fedele; e i loro giorni sono ben noti, facendo feste per il mondo. E la sua tomba nemmeno la sua stessa gente la conosce, ma quella di quest'uomo la conoscono i barbari stessi. E le tombe dei servi del Crocifisso sono più splendide dei palazzi dei re; non per la grandezza e la bellezza degli edifici, (eppure anche in questo li superano), ma, per di più, per lo zelo di chi li frequenta. Perché colui che porta lui stesso la porpora va ad abbracciare quelle tombe e, deposto il suo orgoglio, sta in piedi supplicando i santi di essere suoi avvocati presso Dio, e colui che ha il diadema implora il fabbricante di tende e il pescatore, benché morti, di essere i suoi patroni.[8]

Sembra che il vescovo stesse suggerendo che la tomba di Alessandro non esisteva ai suoi tempi, in particolare quando affermò che "la sua tomba non la conosce nemmeno la sua stessa gente". Al contrario, egli notò l'adorazione dei fedeli per le sepolture delle maggiori figure cristiane: quella di San Paolo, oggetto della sua predica, era stata da poco stabilita a Roma; inoltre, Sant'Elena, la madre di Costantino il Grande, aveva intrapreso un pellegrinaggio a Gerusalemme intorno al 326 d.C. dove aveva "riscoperto" vari siti biblici, tra cui la tomba (vuota) di Gesù.[9]

La menzione dell'imperatore che adora le reliquie di eminenti cristiani, nel sermone di Crisostomo, ricorda il comportamento di Teodosio nella sua fase ultrareligiosa, il periodo tra il 390 d.C. ca. e la sua morte nel 395 d.C. In seguito, si rivelerà interessante ai fini della nostra storia che tale imperatore avesse costruito una grandiosa Basilica di San Paolo Apostolo, verso il 390 d.C., vicino alla via Appia, appena fuori le mura di Roma, dove si credeva che il santo fosse stato sepolto.[10] Sembra che Teodosio abbia anche identificato un insieme specifico di resti. Gli archeologi del Vaticano hanno recentemente (2002-2006) scavato la tomba, anche se il sarcofago non è stato ancora aperto.

È possibile interpretare le parole di Crisostomo come un'espressione di completa ignoranza riguardo al Soma, il che propenderebbe a favore della distruzione dell'edificio molto prima che egli parlasse. Tuttavia, è anche possibile ritenere che questo uomo colto e cosmopolita abbia scelto l'esempio del Soma proprio perché aveva una qualche conoscenza della sua distruzione, e dunque sapeva che sarebbe stato impossibile per il suo pubblico rispondere alla sua richiesta retorica di mostrarglielo. In tal caso, sarebbe stato più probabile che fosse consapevole dell'evento se la distruzione fosse stata abbastanza recente. In definitiva, le sue

---

[8] San Giovanni Crisostomo, Vescovo di Costantinopoli, "Omelia 26 sulla seconda lettera di San Paolo Apostolo ai Corinzi", in *Patrologia Graeca*, vol. 61. pag. 581 (traduzione inglese di J.H. Parker, 1848); San Giovanni Crisostomo, altrove, *Istruzioni ai catecumeni (Ad Illum. Catech.)*, 2, 5, si scaglia contro l'abitudine pagana, allora diffusa tra la gente di Antiochia, di fabbricare talismani da appendere al collo e alle caviglie con monete recanti il ritratto di Alessandro: "E che dire di coloro che usano incantesimi e amuleti, e circondano la testa e i piedi con monete d'oro di Alessandro di Macedonia. Sono queste le nostre speranze, ditemi, che dopo la croce e la morte del nostro Maestro, dovremmo riporre le nostre speranze di salvezza nell'immagine di un re greco?"
[9] Socrate Scolastico, *Storia Ecclesiastica*, 1, 17.
[10] Prudenzio, *Peristephanon*, 12.

Scomparso dalla Storia

parole sono ambigue in merito a quanto recentemente il Soma avesse cessato di esistere.

Teodoreto, scrivendo intorno alla metà del V secolo, elencò anche Alessandro tra gli uomini famosi i cui ultimi luoghi di riposo erano allora sconosciuti.[11]

Si può pertanto dedurre che la distruzione del monumento sia avvenuta plausibilmente in un periodo compreso tra la metà del III secolo e la fine del IV. È quindi opportuno passare al setaccio la storia di Alessandria in quel periodo per identificare i potenziali responsabili della sua distruzione. Non mancano certo eventi del genere, poiché a quel tempo la città subì alcuni dei più turbolenti sconvolgimenti della sua lunga e continua storia.

* * * * * * * *

Si dice che i problemi di Alessandria nella seconda metà del III secolo siano stati innescati, nel 260 d.C., da un acceso diverbio tra un servo e un legionario per un paio di scarpe. La banale disputa si trasformò in una classica rivolta della folla alessandrina. Marco Giulio Emiliano, il prefetto romano d'Egitto, ricorse allo schieramento delle sue truppe di guarnigione per sedare i disordini. L'impero, peraltro, aveva appena subito l'ignominiosa sconfitta e cattura di Valeriano, l'Augusto (imperatore senior), da parte dei Persiani in Siria. Suo figlio Gallieno, che era stato lasciato a governare in Occidente come Cesare (imperatore junior), aveva quindi recentemente assunto il potere supremo. Sembra che questi fosse particolarmente impopolare tra i contingenti dell'esercito in Egitto, che colsero perciò l'opportunità offerta dalla fiducia di Emiliano nei loro servizi per persuaderlo a diventare il loro candidato rivale per la porpora.[12] La ribellione di Emiliano durò due anni, finché Gallieno inviò in Egitto il suo generale in capo, Teodoto, al fine di annientare l'usurpatore. Pare che Emiliano sia stato assediato per un altro paio d'anni nella fortezza di Bruchion, dietro le alte mura di Caracalla, ma alla fine fu sconfitto, catturato e strangolato. Di conseguenza, gran parte di Alessandria era un vero e proprio campo di battaglia negli anni 262-4 d.C. Eusebio ha conservato una descrizione (piuttosto iperbolica) delle conseguenze della sedizione di Emiliano per la città di Alessandria: -

Sarebbe più facile per uno andare, non solo oltre i limiti della provincia, ma anche da Oriente a Occidente, che da Alessandria ad Alessandria stessa. Poiché il cuore stesso della città è più intricato e invalicabile di quel grande deserto senza tracce che Israele ha attraversato per due generazioni. E i nostri porti lisci e senza onde sono diventati come il mare, diviso e murato, attraverso il quale Israele ha guidato e nella cui strada sono stati travolti gli Egiziani. Poiché spesso dalle stragi che vi si commettono essi appaiono come il Mar Rosso.[13]

---

[11] Teodoreto, *Graecarum Affectionum Curatio*, 8, 61, in *Patrologia Graeca*, vol. 83, J-P. Migne (trad.), Paris 1864, coll. 1029-1030.
[12] John Marlowe, *The Golden Age of Alexandria*, 1971, Capitolo 10, p. 220.
[13] Eusebio, *Storia Ecclesiastica*, 7, 21.

La Ricerca della Tomba di Alessandro il Grande

Continua descrivendo la diffusione di un'epidemia, forse la peste, che uccise un terzo della popolazione di Alessandria all'indomani dell'insurrezione.

Nel frattempo, in Siria la frontiera romana veniva preservata dalla disintegrazione grazie alla ricca città mercantile di Palmira. Il suo re, Odenato, era un alleato virtuale dell'impero e condivideva l'inimicizia dei Romani per gli espansionisti Persiani: non facevano certamente bene agli affari. Organizzò e condusse una controffensiva di grande successo contro Shapur, il monarca persiano, che riuscì a respingere attraverso l'Eufrate. Impressionato dal risultato, Gallieno si mosse diplomaticamente per accogliere Odenato all'interno dell'ovile di Roma, nominandolo comandante "romano" in Oriente.[14] Tale stratagemma sembra aver avuto successo mentre Odenato era in vita, ma intorno alla fine degli anni 60 del 200 d.C. morì e gli succedette Zenobia, la sua ambiziosa e formidabile regina. Si dice che abbia rivendicato la discendenza da Cleopatra, il che può aiutare a spiegare le sue azioni. Ella ruppe bruscamente l'alleanza con Roma invadendo e conquistando l'Egitto nel 269-270 d.C. La guarnigione romana riuscì a malapena a resistere nella fortezza di Bruchion, dietro i robusti bastioni di Caracalla.[15]

Roma, però, aveva appena acquisito il suo imperatore più eroico del secolo. Il suo nome era Aureliano e fu grazie alla sua intrepida campagna che l'impero, allora assalito su tutti i fronti, fu recuperato dall'orlo del collasso. Era stato membro di un corpo d'élite di alti ufficiali, i *Protectores*, i quali avevano iniziato a sviluppare una nuova strategia militare basata sulla mobilità e sulla capacità di colpire velocemente e con forza su grandi distanze. Erano in effetti specialisti di una sorta di archetipo della guerra lampo. Nel 272 d.C., Aureliano dispiegò tali tattiche in una guerra contro i fastidiosi Palmireni. Condusse gli eserciti a marce forzate attraverso vasti tratti di deserto e sconfisse le forze di Zenobia in due battaglie decisive. La stessa Palmira fu assediata, ma capitolò a condizioni eque offerte dall'imperatore. Come parte dell'accordo, Zenobia fu costretta a sfilare per le strade di Roma come fulcro del trionfo di Aureliano.[16]

Si dice che uno dei sostenitori di Zenobia ad Alessandria, un mercante immensamente ricco di nome Firmo, abbia istigato una nuova ribellione dopo la sconfitta della regina facendosi dichiarare imperatore.[17] Non sorprende che sia stato rapidamente messo in fuga, fatto prigioniero, torturato e messo a morte.[18] Aureliano in persona potrebbe aver guidato l'attacco a questo parvenu, poiché un papiro della città di Ossirinco, nell'Alto Egitto, registra la decisione del suo consiglio di presentare all'imperatore una statua d'oro della dea Vittoria per commemorare i suoi successi.[19] Scrivendo oltre un secolo dopo, probabilmente verso la fine del 380 d.C., lo storico Ammiano Marcellino deplorava la

---

[14] Stephen Williams, *Diocletian and The Roman Recovery*, Routledge, 1985, Capitolo 2: *Virtus Illyrici*.
[15] John Marlowe, *The Golden Age of Alexandria*, 1971, Capitolo 10, pp. 220-1.
[16] Stephen Williams, *Diocletian and The Roman Recovery*, Capitolo 2.
[17] Alan K. Bowman, *Egypt After The Pharaohs*, Capitolo 2.
[18] Gibbon, *The Decline and Fall of the Roman Empire*, Capitolo 11.
[19] Papiro di Ossirinco, P.Oxy. 1413 (271/2? d.C.).

devastazione di Alessandria e in particolare del distretto del Bruchion in occasione delle guerre orientali di Aureliano: -

Ma Alessandria stessa, non gradualmente (come altre città), ma alla sua stessa origine, raggiunse la sua vasta estensione; e per lungo tempo fu gravemente turbata da dissensi interni, finché alla fine, dopo molti anni sotto il governo di Aureliano, allorché degenerarono le lotte civili in conflitti mortali e vennero distrutte le mura, perdette la maggior parte del distretto chiamato Bruchion, che per lungo tempo fu residenza di personaggi illustri.[20]

Per un quarto di secolo, dopo le guerre di Aureliano, Alessandria sembra essersi crogiolata in una relativa tranquillità, ma nel 297 d.C. durante il regno del grande imperatore riformatore, Diocleziano, l'impero subì una rinnovata minaccia dall'Oriente impersonata da Narsete, allora re di Persia. L'Egitto era stato provocato da una impopolare riforma fiscale e un ribollente sentimento di nazionalismo vide improvvisamente l'opportunità di esprimersi, mentre gli eserciti imperiali erano preoccupati dall'emergenza persiana.[21] L'intera nazione insorse in nome di un nuovo imperatore egiziano, Lucio Domizio Domiziano. Rimase, però, poco più che un fantoccio, poiché il vero potere era esercitato da un certo Achilleo, il sedicente "Corrector dell'Egitto".

In Siria, nonostante una vittoria iniziale sui Romani, i Persiani avevano combattuto fino a un punto morto in cui prevalse una preoccupante situazione di stallo. Mentre le ostilità furono interrotte dal caldo estivo, Diocleziano guidò un grande distaccamento a marce forzate per contrastare la ribellione in Egitto. Si unirono a quel che restava delle precedenti guarnigioni romane e iniziarono una campagna sistematica per riprendere le città controllate dai ribelli. All'inizio dell'inverno, l'esercito di Diocleziano fu schierato davanti alle mura della stessa Alessandria. Tuttavia, Achilleo oppose una strenua e disperata resistenza, forse nella vana speranza che l'assedio potesse essere sollevato dai Persiani, anche se in realtà Galerio, il vice di Diocleziano, stava mantenendo con successo la posizione romana in Siria. Diocleziano si limitò semplicemente a tagliare gli acquedotti sotterranei che fornivano acqua dolce ad Alessandria e attese il suo momento. Dopo otto mesi di terribili difficoltà, la città capitolò nella primavera del 298 d.C. Il vendicativo imperatore ordinò che si facesse un terribile esempio della città e che tutti coloro che avevano sostenuto la sedizione fossero passati a fil di spada. Solo quando il sangue fosse giunto sopra le ginocchia del suo cavallo, giurò, l'uccisione sarebbe cessata. Ma quando la sua cavalcatura inciampò improvvisamente, in modo che le sue ginocchia toccassero effettivamente terra, il superstizioso Diocleziano lo vide come un presagio e cedette prematuramente. Con il loro caratteristico umorismo nero, gli Alessandrini eressero successivamente una statua di bronzo del destriero dell'imperatore per commemorare la loro liberazione.

---

[20] Ammiano Marcellino, *Storie*, XXII, 16, 15.
[21] Stephen Williams, *Diocletian and The Roman Recovery*, Capitolo 6, Victory and Consolidation II.

La Ricerca della Tomba di Alessandro il Grande

All'interno del recinto del Serapeo, Diocleziano eresse una grande colonna di granito sormontata da una statua in porfido a grandezza doppia dell'imperatore vittorioso (Figura 6.1). Questo è praticamente l'unico monumento principale dell'antica Alessandria sopravvissuto fino ai giorni nostri, anche se la statua è scomparsa da tempo e il pilastro ha erroneamente preso il nome dal rivale di Giulio Cesare, Pompeo.[22]

* * * * * * * *

L'opinione degli studiosi è incline a sostenere l'ipotesi che il Soma sia stato demolito o raso al suolo nel corso di uno dei tre disastrosi periodi di guerra durante la seconda metà del III secolo. L'indiziato principale è Aureliano, nel contesto delle sue offensive contro Zenobia e Firmo. Il ragionamento alla base di ciò è che Strabone collocò il Soma in quello che definì il "Quartiere Reale",[23] noto per essere stato in qualche modo corrispondente al distretto conosciuto dai Romani come il Bruchion, anche se quest'ultimo era probabilmente alquanto più piccolo del primo. Ammiano osservò che "sotto il governo di Aureliano, allorché degenerarono le lotte civili in conflitti mortali e vennero distrutte le mura, Alessandria perdette la maggior parte del distretto chiamato Bruchion".[24] Epifanio confermò che il Bruchion era un deserto all'incirca alla stessa data.[25] Ci sono tuttavia dei problemi relativi a tale teoria apparentemente semplice.

Il confine del distretto del Bruchion in epoca tardo romana era probabilmente definito dalla muraglia realizzata da Caracalla. Anche se la posizione esatta di tale muro è sconosciuta, la linea delle mura tulunidi, costruite dal sultano Ahmed Ibn Tulun nel IX secolo (ca. 868-84 d.C.), è contrassegnata come "Murs d'enceinte de la ville des Arabes" sulla mappa di Alessandria disegnata nel 1866 da Mahmoud Bey (Figura 4.2).[26] Una sezione nord-orientale di queste mura correva dalla Torre dei Romani, vicino alla costa, verso la porta orientale della città. Un lungo tratto si estendeva più o meno lungo il corso di una delle principali strade est-ovest dell'antica Alessandria che Mahmoud denominò L2.[27] La Torre dei Romani, che rimase in piedi fino all'inizio del XX secolo (Figure 6.2 e 6.3), sembra essere stata costruita in stile ellenistico, il che significa che probabilmente risale a non oltre l'inizio del periodo romano (età Augustea). Pertanto, potrebbe benissimo essere sopravvissuta a causa della successiva incorporazione nel muro di Caracalla e nelle mura tulunidi. Inoltre, tale tratto delle mura tulunidi è frastagliato rispetto alla linea costiera in modo da escludere una sezione del distretto del Bruchion dai confini bizantini e medievali di Alessandria. Sulla base di tali indizi, sembrerebbe

---

[22] Jean-Yves Empereur, *Alexandria Rediscovered*, nel capitolo 5 fornisce un resoconto dettagliato della Colonna di Pompeo; un mosaico di Zippori, in Israele, mostra il pilastro con la statua ancora al suo posto.
[23] Strabone, *Geografia*, XVII, 1, 8.
[24] Ammiano Marcellino, XXII, 16, 15.
[25] Epifanio, *Su Pesi e le misure*, col. 250C.
[26] Mahmoud mostra la linea delle mura ricostruite da Galice Bey nel 1820, che differisce in alcuni dettagli dal vero corso del circuito medievale.
[27] Secondo la convenzione di nomenclatura di Mahmoud Bey delle strade longitudinali.

Scomparso dalla Storia

un'ipotesi ragionevole che le mura tulunidi, nel loro settore nord-orientale, seguissero la linea del muro di Caracalla. In tal caso, l'incrocio centrale di Alessandria tolemaica si trovava almeno diverse centinaia di metri più a sud del Bruchion.[28] Poiché le testimonianze di Achille Tazio e Zenobio suggeriscono che l'incrocio sia l'ubicazione più probabile del Soma, il racconto di Ammiano della distruzione del Bruchion non è quindi necessariamente rilevante in maniera diretta per il destino della tomba di Alessandro. Ci sono infatti forti ragioni per ritenere che il "Distretto Reale" di Strabone *si estendesse* verso sud oltre l'incrocio centrale, ma torneremo su questo complesso argomento in un capitolo successivo.

Figura 6.1. Colonna di Pompeo nel sito del Serapeo, acquatinta eseguita da Luigi Mayer, 1792 ca. (collezione dell'autore)

Il sarcofago di Giulio Filosirio (Figura 4.7) fornisce un indizio ulteriore che il Soma potrebbe essere ancora esistito dopo che Diocleziano eresse la Colonna di Pompeo e perciò sopravvisse a tutti e tre gli episodi di guerra. In aggiunta, il frammento della coppa di vetro proveniente da Cartagine (Figura 4.9) risale al IV secolo d.C. (sebbene l'affermazione che raffiguri il Mausoleo del Soma sia debole). Ammiano, inoltre, racconta altre due storie affascinanti su Alessandria che possono essere interpretate come suggerimenti che il Soma fosse vittima di un disastro completamente naturale all'incirca nel sessantacinquesimo anno del

---

[28] Probabilmente all'intersezione di L1 con R1, ma comunque da qualche parte su L1.

La Ricerca della Tomba di Alessandro il Grande

Figura 6.2. Gli obelischi noti come Aghi di Cleopatra (uno caduto in primo piano) e la Torre dei Romani in piedi sulla riva dietro di loro, incisione da un disegno del 1785 di L-F. Cassas (collezione dell'autore)

Figura 6.3. In alto, l'obelisco in piedi degli Aghi di Cleopatra con i resti della Torre dei Romani sulla riva, foto all'albume del 1870 ca. In basso, la Torre in una cartolina del 1900 ca. dopo che l'Ago e gli edifici del XIX secolo sono stati rimossi (collezione dell'autore)

IV secolo d.C. Il primo di questi racconti riguarda la caduta di un certo vescovo Giorgio, il quale fu nominato patriarca di Alessandria alla fine del regno di Costanzo, uno dei figli di Costantino il Grande. Ammiano descrive il modo in cui

La Ricerca della Tomba di Alessandro il Grande

Giorgio si rese tremendamente impopolare agli occhi degli Alessandrini, agendo come informatore dell'imperatore contro di loro: -

E, tra l'altro, si diceva che avesse maliziosamente informato Costanzo anche di questo, cioè che tutti gli edifici che stavano sul suolo di detta città [Alessandria] erano stati costruiti dal suo fondatore, Alessandro, con grande spesa pubblica, e dovevano giustamente essere una fonte di profitto per l'erario. A queste cattive azioni ne aggiunse ancora un'altra, che poco dopo lo spinse a capofitto alla distruzione. Mentre tornava dalla corte dell'imperatore e passava davanti allo splendido tempio del Genio [speciosum Genii templum], frequentato come al solito da una grande folla, volse gli occhi dritti al tempio e disse: 'Per quanto tempo resterà in piedi questa tomba [sepulcrum]?' Udendo ciò, molti furono colpiti come da un fulmine, e temendo che potesse tentare di abbattere anche quell'edificio, escogitarono trame segrete per distruggerlo in qualunque modo possibile.[29]

Poco dopo, in seguito alla morte di Costanzo e all'ascesa al trono dell'imperatore pagano Giuliano, probabilmente nel dicembre del 361 d.C., la folla alessandrina catturò Giorgio e lo fece allegramente a pezzi.[30]

La descrizione di Ammiano di uno "splendido tempio del Genio", che Giorgio chiama tomba, è ovviamente molto allettante, in quanto suona esattamente come una descrizione del Mausoleo del Soma in base al prototipo di Alicarnasso. In latino, la parola Genius si riferisce normalmente a un nume tutelare o all'essenza sacra e spirituale di un luogo, persona o cosa. È molto raro che gli autori latini la usino per riferirsi al genio *intellettuale*, la sua forma più comune in inglese. Sembrerebbe ragionevole che Ammiano si riferisse ad Alessandro divinizzato come al Genio o spirito custode della città da lui fondata, tanto più che aveva menzionato il Conquistatore per nome un paio di frasi prima. Del resto, Alessandro compare apparentemente proprio in questa veste in alcune delle monete alessandrine emesse da Adriano (Figura 5.6). Malgrado ciò, tale suggerimento espresso per la prima volta da Hogarth nel 1895[31] ha incontrato dei dubbi in alcuni ambienti, poiché vi era uno spirito-serpente, chiamato Agathos Daimon, che ricopriva anche quel ruolo in alcuni contesti.[32] Non vi è comunque certezza che Ammiano avesse sufficiente familiarità con le sottigliezze culturali della tradizione alessandrina da essere consapevole dell'ambiguità. Proveniva da Antiochia, e anche se probabilmente visitò Alessandria alla fine del 360 d.C.[33] commette vari errori riguardanti la storia della città: afferma ad esempio che Cleopatra costruì il Faro, mentre sappiamo che esso venne edificato più di due secoli prima. Ammiano, inoltre, scrisse probabilmente la sua storia a Roma, dove

---

[29] Ammiano Marcellino, *Storie*, XXII, 11, 7.
[30] Socrate Scolastico, *Storia Ecclesiastica*, 3, 2.
[31] D.G. Hogarth, "Report on Prospects for Research in Alexandria," *Egypt Exploration Fund* 1894-5, nota 3 a p. 23; Lily Ross Taylor, "The Cult of Alexander at Alexandria," *Classical Philology*, 22, 1927, p. 168.
[32] P.M. Fraser, *Ptolemaic Alexandria*, Capitolo 5.
[33] Vedi Introduction to Loeb edition of Ammianus Marcellinus by John C. Rolfe

è noto che veniva adorato il Genio dell'imperatore Augusto.[34] L'ipotesi che il nume tutelare di Alessandria sia sempre l'Agathos Daimon è comunque stata smontata dal fatto che lo scrittore cristiano Sozomeno, scrivendo anche lui nel periodo tardo romano, attribuisce questo particolare status a Serapide.[35] In aggiunta, Christopher Haas identifica il Genio di Ammiano come la Tyche di Alessandria, una personificazione femminile della Fortuna della città derivata da Iside.[36] Sembrerebbe quindi che ci siano almeno quattro divinità che sono state in vario modo riconosciute come il Genio di Alessandria, eppure solo una di esse soddisfa l'ulteriore criterio di essere stata sepolta in uno splendido tempio della città. In conclusione, l'interpretazione più credibile delle osservazioni di Giorgio è che si riferisse al Mausoleo del Soma. In tal caso, l'edificio è sopravvissuto almeno fino al 361 d.C.

L'altra storia significativa raccontata da Ammiano è un avvincente resoconto di un gigantesco terremoto, seguito da un devastante maremoto (cioè uno tsunami), che colpì il Mediterraneo orientale nel 365 d.C. Il terremoto si verificò probabilmente su una delle principali faglie geologiche che si trovano sotto il mare a sud di Creta, e Alessandria sembra essere stata particolarmente colpita: -

Il 21 luglio, durante il primo consolato di Valentiniano con suo fratello, si diffusero improvvisamente per l'intera estensione del mondo fenomeni orribili, come non ci vengono narrati né nella favola né nella storia veritiera. Poiché poco dopo l'alba, preceduta da tuoni e fulmini gravi e ripetuti, tutta la terra ferma e solida fu scossa e tremò, il mare con le sue onde ondeggianti fu respinto e si ritirò dalla terra, sì che nell'abisso del profondo così rivelato gli uomini videro molti tipi di creature marine bloccate nella melma; e vaste montagne e profonde valli, che la Natura, la creatrice, aveva nascosto negli abissi inesplorati, allora, come si può ben credere, videro per la prima volta i raggi del sole. Onde molte navi rimasero arenate come sull'asciutto, e siccome molti uomini si aggiravano senza timore nel poco che restava delle acque, per raccogliere con le mani pesci e cose simili, il mare ruggente, risentito, per così dire, di questa ritirata forzata, si alzò a sua volta; e sopra le secche ribollenti si scagliò potentemente su isole e vaste distese della terraferma, e rase al suolo innumerevoli edifici [aedificia] nelle città e dovunque si trovassero; sì che in mezzo alla folle discordia degli elementi la faccia alterata della terra rivelava mirabili visioni. Poiché la grande massa d'acqua, tornando quando meno ci si aspettava, uccise molte migliaia di uomini per annegamento; e per il rapido ripiego delle vorticose maree si trovò che un certo numero di navi, dopo che il rigonfiamento dell'elemento umido si placò, erano state distrutte, ed i corpi senza vita dei naufraghi giacevano galleggianti sul dorso o sulla faccia. Altre grandi navi, spinte dalle folli raffiche, atterrarono sulla sommità degli edifici – come accadde ad Alessandria – e alcune furono spinte quasi due miglia nell'entroterra, come una nave laconiana

---

[34] W.W. Tarn, "The Hellenistic Ruler Cult and the Daemon," *Journal of Hellenic Studies* 48, 1928, p. 216.
[35] Sozomeno, *Storia Ecclesiastica*, 5, 7.
[36] Christopher Haas, *Alexandria in Late Antiquity*, p. 287.

La Ricerca della Tomba di Alessandro il Grande

che io stesso passando di lì vidi vicino alla città di Motho, ampiamente in pezzi per il lungo decadimento.[37]

Una descrizione parallela di tale disastro, che sottolinea anche le sue terribili conseguenze ad Alessandria, è stata fornita da Sozomeno, anche se egli lo attribuisce erroneamente, essendo uno scrittore cristiano, all'ira di Dio durante il regno di Giuliano l'Apostata, che in realtà era stato assassinato due anni prima, nel 363 d.C.: -

È, tuttavia, molto ovvio che, durante il regno di questo imperatore [Giuliano], Dio ha dato manifesti segni del suo dispiacere e ha permesso che molte calamità si abbattessero su diverse province dell'Impero romano. Visitò la terra con terremoti così spaventosi, che gli edifici furono scossi, e non si trovò più sicurezza nelle case che all'aria aperta. Da quello che ho sentito, suppongo che fu durante il regno di questo imperatore, o, almeno, quando occupò il secondo posto nel governo, che una grande calamità avvenne vicino ad Alessandria d'Egitto, quando il mare si ritirò e passò di nuovo oltre i suoi confini dalle onde di riflusso, e inondò gran parte della terra, tanto che al ritirarsi delle acque, si trovarono le barche alloggiate sui tetti delle case. L'anniversario di questa inondazione, che chiamano il compleanno di un terremoto, è ancora commemorato ad Alessandria da una festa annuale; una illuminazione generale è fatta in tutta la città; offrono preghiere di gratitudine a Dio e celebrano la giornata in modo molto brillante e devoto.[38]

A questi avvincenti racconti contemporanei, e quasi contemporanei, si può aggiungere una certa conoscenza della geografia dell'antica Alessandria ricavata dalla mappa di Mahmoud Bey. L'incrocio centrale sembra essere stato in un declivio poco profondo del paesaggio che si estendeva dalla costa mediterranea, vicino alla penisola di Lochias, fino al lago Mareotide sul versante meridionale. Gli edifici situati in questo lieve avvallamento sarebbero stati particolarmente esposti agli effetti distruttivi di un grande tsunami in arrivo da nord. Se, come suggerisce Ammiano, innumerevoli edifici furono abbattuti dalle acque impetuose, la devastazione in quella zona della città potrebbe essere stata così estesa che in seguito fu difficile riconoscere l'ubicazione esatta della tomba di Alessandro. Anche il racconto di Ammiano che cita la domanda retorica di Giorgio, "Per quanto tempo resterà in piedi questa tomba?", acquista ulteriore risonanza se davvero l'edificio fosse destinato ad essere distrutto dalla collera divina, come si credeva, solo pochi anni dopo. Nella devastazione provocata da tale calamità possiamo forse riconoscere la spiegazione più convincente del perché il Mausoleo del Soma sia in seguito scomparso definitivamente dalla documentazione storica.

* * * * * * * *

Fino a poco tempo fa si riteneva che il riferimento di Ammiano fosse l'ultimo testo ad alludere alla continua esistenza delle spoglie di Alessandro nell'antica

---

[37] Ammiano Marcellino, *Storie*, XXVI, 10, 15-19.
[38] Sozomeno, *Storia Ecclesiastica*, 6, 2.

Scomparso dalla Storia

Alessandria. Ma ora, grazie alla meticolosa ricerca di Judith McKenzie, è venuto alla luce un commento precedentemente non individuato di uno scrittore della fine del IV secolo relativo al destino del corpo di Alessandro. Si tratta di un'orazione indirizzata all'imperatore Teodosio I (378-95 d.C.) dallo studioso pagano Libanio, un residente di spicco della grande metropoli di Antiochia in Siria. Curiosamente, egli era stato sia amico di Giuliano l'Apostata che tutore di Giovanni Crisostomo. La sua Orazione XLIX, intitolata *Discorso all'Imperatore a favore dei consigli cittadini*, sembra essere stata composta mentre Taziano era prefetto del pretorio d'Oriente, il che la fa datare tra il 388 e il 392 d.C. La datazione è assicurata da una condanna delle attività di Cinegio come prefetto del pretorio, all'interno della stessa orazione in XLIX, 3. Libanio prosegue poi citando "il nostro attuale Prefetto", del quale approva ampiamente il comportamento. Ciò deve significare il successore immediato di Cinegio, ovvero Taziano, che fu prefetto del pretorio d'Oriente tra il 388 e il 392 d.C. Poiché quest'ultimo era stato evidentemente in carica abbastanza a lungo da spostare i magistrati nel consiglio e da permettere a Libanio di valutare i risultati, l'Orazione XLIX fu probabilmente scritta almeno un anno o due dopo l'inizio del mandato di Taziano. D'altra parte, fu verosimilmente composta prima che le complete ramificazioni degli editti di Teodosio contro i pagani fossero diventate chiare, nell'ultima parte del 391 d.C.[39] Libanio morì intorno al 394 d.C.

Il discorso di Libanio costituisce un feroce attacco al comportamento e all'operato dei funzionari pubblici in Siria e altrove. Nel paragrafo pertinente, Libanio ipotizza se persino le tombe siano al sicuro dalle loro depredazioni:

Chi potrebbe essere amico di costoro? Quando si comportano così per amore del denaro, terrebbero le mani lontane dalle offerte del tempio o dalle tombe? Se viaggiassero con qualche compagno che ha un pezzo d'oro, non lo ucciderebbero e non lo deruberebbero, se ne avessero la possibilità? E questo male, re, è universale, sia che si parli di Palto o di Alessandria dove è esposto il corpo di Alessandro, sia che si tratti di Balanae che della nostra città [Antiochia]. Possono differire per dimensioni, ma lo stesso male le affligge tutte.

Libanio, *Orazioni*, XLIX, 11-12

In questo contesto, la menzione del corpo di Alessandro esposto ad Alessandria sembra essere un'illustrazione deliberata della minaccia posta dai consiglieri cittadini alla santità e all'integrità delle tombe. Implica che il corpo fosse stato rimosso dalla sua tomba per essere esibito pubblicamente per ordine di tali funzionari.

È necessario esprimere una certa cautela sull'identità di tale "corpo di Alessandro", poiché Libanio stava discutendo principalmente della situazione nelle sue province d'origine della Siria. Le altre tre città che elenca sono tutte in Siria, dove sorgeva anche una Alessandria situata vicino al luogo della battaglia di

---

[39] S. Williams, G. Friell, *Theodosius: The Empire at Bay,* London 1994, Cap. 9: "Contra Paganos", pp. 119-133.

La Ricerca della Tomba di Alessandro il Grande

Alessandro a Isso. C'erano inoltre diversi personaggi importanti di nome Alessandro che vivevano in Oriente a quell'epoca. In particolare, vi era un Alessandro che era stato governatore della Siria nei primi anni del 360, sotto Giuliano l'Apostata. Sopravvivono lettere di Libanio che erano indirizzate a quell'Alessandro. Tuttavia, Libanio in questo passaggio sta cercando di dimostrare l'universalità del problema e sembra riferirsi ad Alessandria d'Egitto come un caso parallelo alla sua città di Antiochia. L'imperatore Teodosio, che era il destinatario designato del discorso, non avrebbe potuto comprendere facilmente che Libanio, con tale commento, intendesse altro rispetto al più famoso corpo di un Alessandro nella principale Alessandria. Si può pertanto concludere, in base alle probabilità, che questo sia effettivamente un riferimento al cadavere del Macedone che era stato esposto al pubblico nella città egiziana di Alessandria intorno al 390-391 d.C.

Possiamo aggiungere che l'ipotesi che il Mausoleo del Soma sia stato distrutto dalla catastrofe del 365 d.C. è perfettamente coerente con la suddetta nuova testimonianza. Una tale calamità avrebbe fornito un motivo, un'opportunità e una scusa per scavare la camera sepolcrale sotterranea e salvare i famosi resti mortali. La tempistica dell'orazione di Libanio fornisce anche una pronta spiegazione per la successiva scomparsa del corpo. Poco dopo che egli compose il suo discorso, nel 391 d.C. il tetto cadde sui pagani e, letteralmente, su molti dei loro templi e santuari, poiché quell'anno segnò la fine della tolleranza ufficiale del paganesimo nell'impero romano. Sarebbero state necessarie misure drastiche per salvare una reliquia pagana così sacra come il corpo di Alessandro dall'oblio per mano dei fanatici cristiani.

Alcuni ritengono che lo stesso Mausoleo del Soma possa essere sopravvissuto anche al disastro del 365 d.C. Essi indicano i disordini e la violenza religiosa della fine del IV secolo per spiegare la sua scomparsa. A quel tempo, le rimanenti vestigia del passato pagano furono sistematicamente soppresse e distrutte, mentre la nuova ortodossia cristiana diventava sempre più intollerante nei confronti delle religioni rivali. Nel 384 d.C., Teofilo divenne patriarca di Alessandria e iniziò a perseguire una rabbiosa politica antipagana, sostenuta da una milizia di esaltati noti come i *parabolani*.[40] All'inizio del 391 d.C., l'imperatore abbandonò la sua precedente politica di tolleranza religiosa e di rispetto per il paganesimo, emanando una serie di leggi sempre più radicali che vietavano i sacrifici, chiudevano i santuari e i templi pagani e mettevano al bando praticamente ogni modalità di espressione delle credenze pagane.[41] Ad Alessandria, Teodosio sostenne Teofilo contro il prefetto imperiale, il quale aveva cercato di mantenere la pace tra la fazione cristiana e quella pagana della città. Teodosio ordinò che il Serapeo, divenuto l'ultimo rifugio dei pagani, fosse attaccato e poi demolito insieme a tutti gli altri santuari pagani rimasti. Teofilo e i suoi scagnozzi puntualmente fecero a pezzi il magnifico tempio, esponendo i meccanismi delle

---

[40] John Marlowe, *The Golden Age of Alexandria*, 1971, Capitolo 14, pp. 280-1.
[41] Williams e Friell, *Theodosius: The Empire At Bay*, 1994, Capitolo 9, Contra Paganos.

Scomparso dalla Storia

sue meraviglie, come una statua a grandezza naturale fatta fluttuare nell'aria per mezzo di magneti, e riducendolo a un semplice cumulo di macerie.[42] Non c'è dubbio che altri santuari pagani sopravvissuti abbiano condiviso la stessa sorte in quel momento o siano stati convertiti in chiese, come era già successo al Caesareum. Ma il fatto che non si faccia alcuna menzione specifica riguardo al destino del Mausoleo del Soma tende a sostenere la percezione di Giovanni Crisostomo che esso avesse già cessato di esistere in quella data.

Rufino, in modo affascinante, iniziò il suo famoso racconto della distruzione del Serapeo da parte dell'ascendente fazione cristiana raccontando dell'esposizione di reliquie pagane nelle grotte trovate sotto una basilica in rovina da fanatici cristiani.[43] Costanzo II aveva ceduto il sito alla Chiesa decenni prima, ma nel frattempo era stato evidentemente lasciato indisturbato. Nel 390 d.C., però, la congregazione cristiana si era espansa al punto che furono necessari più luoghi sacri per il culto, pertanto gli antichi santuari sotto la basilica vennero saccheggiati come preludio alla riconversione del sito. Rufino chiarisce che il trattamento sacrilego delle loro reliquie incitò i pagani a istigare una sommossa. Socrate Scolastico suggerisce che la basilica in questione fosse un Mitreo e che le reliquie che i cristiani fecero sfilare attraverso l'agorà fossero i falli di Priapo.[44] Ciò è comunque indicativo del tipo di scenario che potrebbe essersi svolto nel caso della mummia di Alessandro. I cristiani, allo stesso modo, potrebbero aver scavato i resti della camera funeraria del Mausoleo del Soma e mostrato le loro scoperte davanti alla popolazione. Questa spiegazione si adatta bene ad altre linee di evidenza, poiché indica come il corpo potrebbe essersi separato dal sarcofago di Nectanebo II in quel frangente.

Dopo aver vagliato le testimonianze sulla scomparsa della tomba di Alessandro, è possibile trarre alcune conclusioni provvisorie relative al suo destino. Nonostante la mancanza di qualsiasi prova diretta dell'evento, è possibile essere sicuri al 95% che il Mausoleo del Soma, vale a dire l'edificio sovrastante la camera sepolcrale sotterranea, sia stato distrutto nel corso del secolo compreso tra il 262 e il 365 d.C. Mentre i vari episodi di guerra alla fine del III secolo rappresentano delle forti possibilità, il terremoto e il maremoto alla fine di quel periodo sono di gran lunga i maggiori indiziati della sua demolizione. Tuttavia, ciò non significa necessariamente che la camera funeraria sia stata distrutta nello stesso tempo. Infatti, se il Soma fosse stato un edificio così grande, come suggeriscono le fonti, e se fosse crollato a causa di un incendio o di un terremoto sopra una camera funeraria che era già sigillata, allora avrà reso lo scavo del sarcofago di Alessandro un grande sforzo. La popolazione traumatizzata potrebbe essere stata poco incentivata e dunque poco incline a tentare di scavare, quindi la distruzione

---

[42] Socrate Scolastico, *Storia Ecclesiastica*, 5, 16.
[43] Rufino, *Storia Ecclesiastica*, 2, 22-30.
[44] Socrate Scolastico, *Storia Ecclesiastica*, 5, 16-17.

La Ricerca della Tomba di Alessandro il Grande

dell'edificio sovrastante, paradossalmente, potrebbe aver contribuito a preservare la tomba per i posteri o almeno per una generazione.

* * * * * * * *

Nel V secolo d.C. l'impero romano, che per secoli fu una forza di coesione, continuità e un livello di pace e prosperità senza precedenti, iniziò a sgretolarsi. L'Occidente fu perso a causa delle invasioni di orde barbariche guidate dai Goti, la cui tragedia fu che afferrando troppo avidamente i frutti della pace romana inevitabilmente fecero a pezzi la pace stessa. In Oriente, i Greci agguantarono finalmente le redini del potere che erano sfuggite alla presa di Cleopatra mezzo millennio prima, ma si trattava ormai di una metamorfosi introspettiva, insulare, fedelmente cristiana della grecità, che sciupava le proprie energie in astruse e futili argomentazioni sulla dualità di Dio e di Cristo. Letteralmente, la gente comune nelle strade discuteva con entusiasmo i punti più sottili delle interrelazioni tra il Padre, il Figlio e lo Spirito Santo con i loro amici e vicini, più o meno allo stesso modo in cui le persone oggi discutono dei colpi di scena delle trame delle loro soap opera preferite. Anche se in luoghi come Alessandria la transizione avvenne più o meno senza soluzione di continuità, l'Oriente, privo di Roma e separato dall'Occidente, divenne noto come Impero Bizantino dal nome antico della sua capitale Costantinopoli. Non a caso il termine "bizantino" è diventato anche sinonimo di complessità.

Per due secoli e mezzo Alessandria, come le altre grandi città bizantine, fu un calderone religioso che regolarmente traboccava. In gran parte le dispute avvenivano tra le varie fazioni o sette dei cristiani, poiché il paganesimo era in agonia. Tuttavia, Procopio (ca. 562 d.C.), un ufficiale sotto Giustiniano, il più grande degli imperatori bizantini, ha scritto che fino a quel momento venivano ancora offerti sacrifici "ad Amon e ad Alessandro il Macedone" in due città, entrambe chiamate Augila, situate in Libia ad ovest di Alessandria.[45] Procopio è infatti piuttosto preciso nel collocarle a quattro giorni di viaggio a sud di Boreium, che deve essere "Boreo", come citato nella sezione africana dell'"Itinerario Antonino, dove è situato a 125 miglia romane da Bengasi lungo la strada per Cartagine.[46] Egli descrive questo luogo come la città più a ovest della Pentapoli, un gruppo di cinque città nelle vicinanze della moderna Bengasi. C'è una città moderna chiamata "El Agheila" sul Golfo di Sirte, vicino al sito di Boreium, e un'oasi a 100 miglia a SE di esso chiamata "Awjilah", approssimativamente nella posizione descritta dall'autore bizantino. Infatti, anche Erodoto menziona un'oasi di Augila a dieci giorni di cammino a ovest dell'oasi di Ammonium (cioè Siwa).[47] Ciononostante, alcuni hanno invece confuso queste città con la stessa oasi di Siwa, a causa della visita di Alessandro per consultare l'oracolo di Amon nel 331

---

[45] Procopio di Cesarea, *Gli Edifici*, 6, 2, 9-20.
[46] Vedi Otto Cuntz, *Itineraria Romana*, Teubner, 1929.
[47] Vedi Dr. John Ball, *Egypt in the Classical Geographers*, Government Press, Cairo 1942, p. 21.

a.C. e in virtù della sua richiesta sul letto di morte che il suo corpo fosse portato ad Amon.[48]

Sempre in quel periodo, sembra essere esistita ad Alessandria una chiesa dedicata a "Sant'Alessandro".[49] Ciò ha naturalmente suscitato l'interesse di alcuni cacciatori di tombe, i quali hanno dedotto che l'edificio potrebbe essere stato eretto sul sito del Mausoleo del Soma. È comunque chiaramente improbabile che l'Alessandro in questione fosse il fondatore della città, poiché l'atteggiamento di Giovanni Crisostomo nei confronti del Macedone è tipico delle opinioni ostili dei teologi cristiani contemporanei. Un candidato molto più verosimile sarebbe il patriarca Alessandro, nominato nel 312-313 d.C. sulla scia delle grandi persecuzioni dei cristiani da parte di Diocleziano e di Galerio. Era molto popolare tra gli Alessandrini che guidò nella feroce opposizione alla cosiddetta eresia ariana.[50]

All'inizio del VII secolo, il controllo bizantino di Alessandria si stava inesorabilmente allentando. Nel 618 d.C., un'altra invasione persiana riuscì a conquistare la città. Anche se questa rimase nelle loro mani per un decennio, l'imperatore Eraclio alla fine riuscì a cacciarli dall'Egitto e in compenso arrivò persino a conquistare la capitale persiana. Tuttavia, un altro amaro scisma sorse tra le fazioni cristiane ad Alessandria: i Melchiti filoimperiali si opposero implacabilmente ai Giacobiti, che erano gli antenati dei moderni Copti. I Persiani avevano incoraggiato questi ultimi durante la loro occupazione ed erano quindi in forte ascesa quando la città fu ripresa; un fattore che indebolì significativamente l'impegno di Costantinopoli nella sua provincia egiziana.[51]

Intorno al 630 d.C., con fervore irresistibile e acciaio levigato, le tribù dell'Arabia irruppero nell'impero bizantino in piena Jihad. Il profeta Maometto era morto a Medina nel 632 d.C., dopo aver predicato una guerra santa contro i Bizantini, e ora i seguaci della nuova religione islamica erano determinati a trasmettere le sue rivelazioni agli infedeli. In seguito alla precipitosa caduta della Siria e della Palestina, nel 639 d.C., il generale arabo 'Amr ibn al As partì con un piccolo contingente, forse di appena 4.000 uomini, per marciare attraverso il deserto del Sinai agli ordini del califfo Omar e invadere l'Egitto. Giunto nei pressi dell'imponente fortezza romana di Babilonia (Figura 6.4), vicino al moderno Cairo, all'apice del Delta del Nilo, fu spinto a chiedere rinforzi. Con un esercito ingrandito di circa 15.000 uomini ingaggiò e sconfisse le forze bizantine vicino a Eliopoli. Il resto dell'esercito imperiale si ritirò per ripararsi dietro le alte difese della Babilonia. Alla luce della difficile situazione militare, il patriarca Ciro

---

[48] Ad esempio, Liana Souvaltzis.
[49] John Marlowe, *The Golden Age of Alexandria*, 1971, Capitolo 11.
[50] John Marlowe, *The Golden Age of Alexandria*, Capitolo 13; c'era anche un cristiano di nome Alessandro, martirizzato ad Alessandria durante le epurazioni della metà del III secolo – vedi Eusebio, *Storia Ecclesiastica*, 6, 41.
[51] John Marlowe, *The Golden Age of Alexandria*, Capitolo 15.

La Ricerca della Tomba di Alessandro il Grande

propose a Eraclio di consegnare Alessandria agli arabi a condizione che permettessero l'evacuazione dei principali cittadini e della maggior parte dei tesori della città. L'imperatore rifiutò indignato e richiamò il patriarca a Costantinopoli. Ma non furono inviati rinforzi imperiali ed Eraclio morì poco dopo l'arrivo di Ciro. In seguito all'assalto della Babilonia, dopo un prolungato assedio, il Venerdì Santo del 641 d.C., con Costantinopoli coinvolta in dispute tra fazioni per la successione, Ciro fu autorizzato a negoziare come meglio potesse con gli arabi e così fece ritorno ad Alessandria all'inizio dell'autunno. Un trattato di pace con 'Amr fu concluso nel novembre del 641 d.C. Prevedeva un armistizio di undici mesi, durante il quale a quanti di loro lo desiderassero era permesso di lasciare la città insieme ai loro beni trasportabili. Garantiva inoltre lo status e la libertà religiosa di chiunque fosse rimasto. Il documento fu ratificato dal nuovo imperatore bambino, Eracleona, alla fine di novembre, poco prima della sua eliminazione da parte di Valentino, il comandante dell'esercito in Asia Minore.[52]

Quando 'Amr entrò infine ad Alessandria, nel settembre del 642 d.C., trovò una città che conservava gran parte della magnificenza del suo glorioso passato. Il suo rapporto al Califfo recitava così: "I have taken a city of which I can but say that it contains 4000 palaces, 4000 baths, 400 theatres, 1200 gardens and 40,000 tributary Jews (actually Christians?)"[53] (Ho preso una città di cui posso solo dire che contiene 4.000 palazzi, 4.000 bagni, 400 teatri, 1.200 giardini e 40.000 Ebrei tributari (in realtà cristiani?)). Uno dei suoi soldati rimase letteralmente abbagliato: "The moonlight reflected from the white marble made the city so bright that a tailor could see to thread his needle without a lamp. No one entered the city without covering over his eyes to veil him from the glare of the plaster and marble"[54] (La luce della luna riflessa dal marmo bianco rendeva la città così luminosa che un sarto poteva infilare l'ago senza una lampada. Nessuno entrava in città senza coprirsi gli occhi per ripararsi dal bagliore dell'intonaco e del marmo). E fu così che Alessandria, dopo quasi un millennio come la più grande delle città greche, con la complicità impotente del trono bizantino, non fu più greca.

Come ha scritto Eliot, è così che il mondo finisce: non con uno schianto ma con un lamento.

---

[52] Alan K. Bowman, *Egypt After the Pharaohs*, Capitolo 2; Butler, *The Arab Conquest of Egypt and the Last Thirty Years of the Roman Dominion*, Oxford 1902, p. 304 *et seq.*
[53] Haas, *Alexandria in Late Antiquity*, p. 113; J. Marlowe, *The Golden Age of Alexandria*, p. 13; Butler, *The Arab Invasion of Egypt...*, menziona "12000 sellers of green vegetables (venditori di verdure a foglia verde)" invece di "1200 gardens (giardini)".
[54] Butler, *The Arab Invasion of Egypt and the Last 30 Years of the Roman Dominion*, Cap. 24, citazione dello scrittore arabo Sujuti.

Scomparso dalla Storia

Figura 6.4. Rovine della fortezza romana di Babilonia vicino al Cairo, ca. 1799, come raffigurato nella *Description de l'Egypte* (collezione dell'autore)

La Ricerca della Tomba di Alessandro il Grande

7. I Misteri delle Moschee

When suddenly there is heard at midnight
A company passing invisible
With wondrous music, with voices,
Your fortune giving way now, your works
All turned to illusions, do not mourn vainly.
As one long since prepared, courageously,
Say farewell to her, to Alexandria who is leaving.
Above all do not be fooled, never say it was
All a dream, and that your hearing was deceived;
Do not stoop to such vain hopes as these.
As one long since prepared, courageously,
As becomes one worthy as you were of such a city,
Firmly draw near the window,
And listen with feeling, but not
With the complaints and entreaties of cowards,
Listen, your last enjoyment, to the sounds,
The exquisite instruments of the mystic troupe,
And say farewell, farewell to Alexandria you are losing.

Constantine Cavafy, 1911

Quando all'improvviso si sente a mezzanotte
Una compagnia che passa invisibile
Con musica meravigliosa, con voci,
La tua fortuna sta cedendo ora, le tue opere
Tutte trasformate in illusioni, non piangere invano.
Come uno da tempo preparato, coraggiosamente,
Di' addio a lei, ad Alessandria che se ne va.
Soprattutto non farti ingannare, non dire mai che è stato
Tutto un sogno, e che il tuo udito è stato ingannato;
Non abbassarti a speranze vane come queste.
Come uno da tempo preparato, coraggiosamente,
Come si addice a uno degno, com'eri tu di una tale città,
Avvicinati con fermezza alla finestra,
E ascolta con sentimento, ma non
Con le lamentele e le suppliche dei codardi,
Ascolta, il tuo ultimo godimento, i suoni,
Gli strumenti squisiti della compagnia mistica,
E di' addio, addio ad Alessandria che stai perdendo.

I Misteri delle Moschee

Il carattere di Alessandria fu notevolmente alterato sotto gli auspici del califfato islamico. La città greco-romana degli ampi colonnati di marmo e della monumentale architettura classica a pianta ortogonale era già molto decaduta nel periodo bizantino. Ma i cristiani dell'impero erano stati energici costruttori di chiese illustri con ampi ed echeggianti spazi interni ricoperti da tetti arcuati e soffitti a volta e impreziositi da cupole scintillanti. Con l'arrivo degli arabi, tuttavia, anche questa architettura si è progressivamente ridotta in macerie per essere sostituita dalle moltitudini di moschee e bazar di una tipica città commerciale mediorientale, il tutto presieduto dal canto continuo dei muezzin appollaiati sui pinnacoli di un centinaio di minareti.

Si ritiene che l'architettura dei minareti – una base quadrata che sostiene una sezione centrale ottagonale sormontata da una torretta cilindrica (vedi Figura 7.1) – sia stata ispirata dalla struttura del Faro, che ha continuato a dominare l'orizzonte del porto. Infatti, il termine arabo *manarah* per indicare il Faro pare essere stato l'origine della parola minareto.[1]

In modo apparentemente sorprendente, i sovrani arabi sembrano essere stati più tolleranti nei confronti della memoria del Macedone rispetto ai loro predecessori cristiani. Ciò può essere dovuto al fatto che Alessandro compare come una specie di profeta nel libro sacro islamico, il Corano, nelle vesti di Dulkarnein[2] (o Dhulkarnein o Dzoul Karnein o Dhul-Qarnain... la traslitterazione dei nomi arabi in inglese è notoriamente irregolare). Il titolo si traduce in qualcosa come "Signore dalle due corna" e deriva chiaramente dalle acconciature di Alessandro sulle monete ampiamente diffuse dei suoi generali, Tolomeo, Seleuco e Lisimaco, nelle quali egli indossa indifferentemente le corna di ariete di Amon, un elmo con corna di toro e un copricapo a scalpo di elefante completo di zanne.[3]

Durante il IX secolo, ma prima della sua morte avvenuta nell'871 d.C., lo storico arabo Ibn Abdel Hakim compilò un resoconto delle moschee allora esistenti ad Alessandria. Tra queste registrò "The Mosque of Dulkarnein, situated near the Gate of the City and its exit (La Moschea di Dulkarnein, situata vicino alla Porta della Città e alla sua uscita)."[4] Inoltre, nel secolo successivo, per l'esattezza nel 954 d.C., lo scrittore Al-Massoudi annotò: "And his [burial] place made of marble, known as the tomb of Alexander, remains *in situ* in the city of Alexandria in the

---

[1] Alfred Butler, *The Arab Conquest of Egypt and the Last Thirty Years of the Roman Dominion*, p. 398.
[2] Sura 18 del *Corano*, "La Grotta"; va notato che Al-Maqrizi nel suo *Khilat* nega categoricamente l'identificazione di Alessandro con Dulkarnein, ma Leone Africano credeva che Alessandro fosse apparso nel *Corano*; vedi in generale Vassilios Christides, "The Tomb of Alexander the Great in Arabic Sources" in *Studies in Honor of Clifford Edmund Bosworth, Part I, Hunter of the East*, edited by Ian Richard Netton, 2000, pp. 165-173.
[3] Otto Mørkholm, *Early Hellenistic Coinage from the Accession of Alexander the Great to the Peace of Apamea*, 1991.
[4] P.M. Fraser, *Ptolemaic Alexandria*, Vol. II, nota 86 al Cap. 1, par. 1; James Holmes, comunicazione privata, novembre 2005, suggerisce che Ibn Ayash al-Qitbani abbia notato due moschee di Dulkarnein o "Al-Khadr", una presso la porta della città e l'altra presso il "Soma" nel vecchio Souq.

La Ricerca della Tomba di Alessandro il Grande

country of Egypt to this day (E il suo luogo [di sepoltura] fatto di marmo, noto come la tomba di Alessandro, rimane *in situ* nella città di Alessandria nel paese d'Egitto fino ad oggi)."[5] Dato che hanno scritto a distanza di un secolo l'uno dall'altro, potrebbero descrivere lo stesso santuario. Il racconto di Hakim è particolarmente interessante perché probabilmente scrisse poco prima del rifacimento delle mura di Alessandria da parte del sultano Ibn Tulun.[6] Secondo la mappa di Mahmoud Bey, il maggiore incrocio greco-romano di Alessandria, che è la vicinanza più probabile al Soma, si trovava proprio all'interno della principale porta orientale di queste fortificazioni. Il santuario sembra troppo piccolo per essere il Mausoleo del Soma stesso, che probabilmente non esisteva più, ma la data relativamente antica e l'associazione approssimativa con il luogo suggerito dai racconti greci rendono possibile che sia stato effettivamente costruito nel luogo ricordato come la tomba di Alessandro. Dal punto di vista opposto, tende anche a rafforzare la tesi che il Mausoleo del Soma fosse situato vicino all'incrocio principale.

Il racconto di Al-Massoudi è anche più allettante. Si riferiva forse al sarcofago di Nectanebo II nel menzionare una tomba di marmo?

Dopo le osservazioni di Hakim e Al-Massoudi c'è un vuoto di ben cinque secoli prima che si sappia qualcosa di più sulla tomba di Alessandro. Questo fu un periodo di leggero declino per Alessandria, dovuto all'istituzione della nuova capitale araba d'Egitto al Cairo e alla diminuzione del commercio mediterraneo in conseguenza della divisione politica e religiosa tra le sue sponde settentrionali e meridionali. Il clima commerciale iniziò infine a migliorare sulla scia del trattato veneto-ottomano del 1517, anche quando il sultano ottomano subentrò ai Mamelucchi al governo dell'Egitto.

All'inizio del XVI secolo un altro scrittore arabo, Leone Africano (1494/5-1552), menzionò l'esistenza della tomba di Alessandro ad Alessandria.[7] Il seguente passaggio proviene da una traduzione italiana, realizzata nel 1550, del suo perduto manoscritto arabo del 1526, la *Descrizione dell'Africa*:

Non si ometta che in mezzo alla città, fra le rovine, si vede una piccola casa a forma di cappella, nella quale vi è una tomba molto onorata dai Maomettani; poiché si afferma che al suo interno è custodito il corpo di Alessandro Magno, grande profeta e re, come si legge nel Corano. E molti

---

[5] Al-Massoudi, *Muruj* I, 253; vedi Vassilios Christides, "The Tomb of Alexander the Great in Arabic Sources" in *Studies in Honour of Clifford Edmund Bosworth, Part I, Hunter of the East*, edited by Ian Richard Netton, 2000, p. 170.
[6] Il Sultano Ibn Tulun regnò tra l'868 e l'884 d.C. (vedi, ad esempio, Jean-Yves Empereur, *Alexandria Rediscovered*, p. 86), quindi le mura tulunidi molto probabilmente sono successive alla data di Hakim. Tuttavia, c'è motivo di supporre che la porta orientale della città si trovasse nello stesso luogo anche prima della costruzione delle mura tulunidi: oggi rimane un frammento di un muro tolemaico/romano a ridosso delle fortificazioni arabe 200m a nord del sito di questa porta.
[7] Leone Africano visitò diverse volte l'Egitto intorno al 1515-20; il suo resoconto di Alessandria fu redatto nel 1526; una traduzione inglese di J. Pory fu ripubblicata a Londra nel 1896.

I Misteri delle Moschee

stranieri vengono da terre lontane per vedere e venerare questa tomba, lasciando in questo luogo grandi e frequenti elemosine.[8]

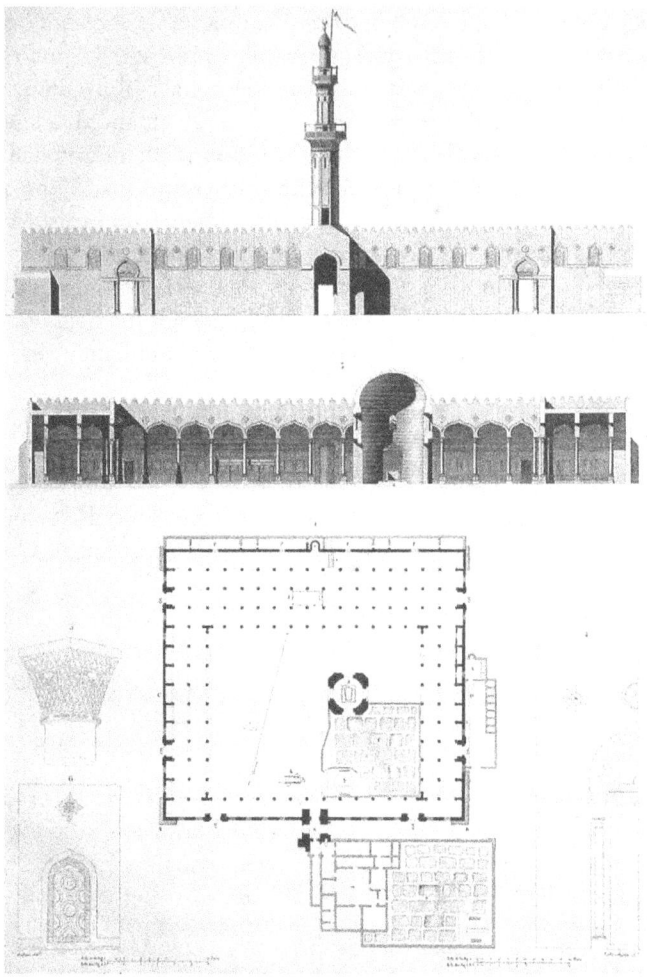

Figura 7.1. Pianta, sezione e prospetto laterale della moschea Attarine di Alessandria, realizzata nel 1798 dagli studiosi della spedizione napoleonica (dalla Description de L'Egypte, Planche 38, Antiquités V - collezione d'autore)

Il viaggiatore spagnolo Marmol visitò Alessandria nel 1546. La sua storia della tomba di Alessandro, che anche lui colloca in una casa a forma di tempio nel centro della città tra le rovine, sembra quasi parafrasare le parole di Leone

---

[8] Leone Africano, *Descrizione dell'Africa*, ed. Ramusio, 1550, f. 89r.

La Ricerca della Tomba di Alessandro il Grande

Africano, aggiungendo solo che Alessandro era chiamato "Escander".[9] Tuttavia, al contrario di diversi autori successivi, Marmol non scrisse che tale cappella si trovasse vicino alla chiesa di San Marco: si limitò a menzionarla subito dopo aver descritto la chiesa.[10] Inoltre, George Sandys, che visitò la città nel 1611 d.C.,[11] e Michael Radzivill Sierotka (1582-4)[12] hanno fornito più o meno lo stesso racconto con parole simili. I parallelismi sono così eclatanti, infatti, da suggerire una connessione tra le varie descrizioni: probabilmente i visitatori del Cinquecento e dell'inizio del Seicento utilizzarono come guida una versione di Leone Africano.

La caratteristica più significativa della descrizione di Leone rispetto a quella di Ibn Abdel Hakim è la sua collocazione della tomba nel centro di Alessandria. Ciò è difficile da conciliare con un sito vicino a un importante portale di uscita, quindi sembra improbabile che la tomba citata da Leone (e dai suoi plagiatori del XVI secolo) si trovi nello stesso luogo della moschea di Dulkarnein di Ibn Abdel Hakim. La menzione di Leone circa l'importanza del sepolcro come fonte di elemosine da parte dei turisti indica che gli Alessandrini avessero un forte interesse finanziario nel mantenere una tomba di Alessandro. Una visione cinica potrebbe essere che un santuario adatto allo scopo fosse stato istituito per il bene dell'industria del turismo locale, indipendentemente dal fatto che i nativi avessero o meno una conoscenza genuina del luogo della sepoltura. Al contrario, se un misterioso sarcofago antico fosse stato conservato secondo la tradizione associata al sepolcro del Macedone, allora sarebbe sicuramente rimasto al centro dello sfruttamento religioso e commerciale.

* * * * * * * *

Nel 1570 d.C. Ortelio pubblicò il suo *Theatrum Orbis Terrarum* (Teatro del Mondo), il primo atlante moderno. Due anni dopo, apparentemente come volume complementare alla *magnum opus* di Ortelio, Georg Braun e Frans Hogenberg di Colonia pubblicarono il loro *Civitates Orbis Terrarum* (Le città del mondo) che

---

[9] Perrot (ed. francese), *L'Afrique de Marmol*, Paris 1677, Tom. III, liv. xi, c. 14, pag. 276; nella traduzione araba, Alessandro è reso in vari modi: Escander, Iscander, Secander, Iskender, Scander, ecc. La ragione sembra essere che "Al" è l'articolo determinativo arabo "Il", quindi può sembrare logico eliminarlo per fornire una semplice versione araba del nome.
[10] P.M. Fraser, *Ptolemaic Alexandria*, nota 86 al cap. 1, par. 1.
[11] George Sandys, *Relation of a Journey begun in AD 1610*, London 1617, p. 112: "There is yet to be seene a little Chappell: within, a tombe, much honoured and visited by the Mahometans, where they bestow their alms; supposing his [Alexander's] body to lie in that place: Himselfe reputed a great Prophet, and informed thereof by their *Alcoran* (C'è ancora da vedere una piccola Cappella: all'interno, una tomba, molto onorata e visitata dai Maomettani, dove elargiscono le loro elemosine; supponendo che il suo corpo [di Alessandro] giaccia in quel luogo: Egli stesso è reputato un grande Profeta, informato di ciò dal loro *Alcoran*)."
[12] *Hierosolymitana peregrinatio illustrissimi domini Nicolai Christopheri Radzivilli,…Ex idiomate Polonica in latinum linguam translate… Thorma trelere interprete*, Brunsbergae, 1601 [and Polish, Krakow 1925].

I Misteri delle Moschee

comprendeva le cartine di gran parte delle principali città allora conosciute. Tra queste c'era una bella mappa di Alessandria (Figura 7.2).

La mappa di Braun e Hogenberg non è la prima conosciuta. È stata preceduta dal panorama di Ugo Comminelli nel Codice Urbinate del 1472 (Figura 10.2) e da alcune mappe dell'inizio del XVI secolo. Tuttavia, la loro è probabilmente la più affascinante delle antiche raffigurazioni della metropoli, poiché fornisce una visione vivida, anche se leggermente impressionista, della configurazione e dell'atmosfera della città tardo medievale. Sembra essere stata basata su informazioni di prima mano, ragionevolmente buone, fornite ai cartografi dal mercante di Colonia, Constantin van Lyskirchen.[13] La sua precisione è limitata da varie distorsioni di scala e di prospettiva, ma riproduce fedelmente certi zig-zag nelle mura tulunidi e numerosi altri dettagli autentici. La colonna di Pompeo è raffigurata in alto a sinistra oltre le mura e il forte di Qait Bey è mostrato sulla destra dei due promontori che racchiudono il porto grande. Il sultano mamelucco di cui porta il nome eresse questa fortezza nel 1477-80 d.C. sulle fondamenta del Faro in rovina. Il Faro stesso era stato progressivamente danneggiato e ridotto da una serie di terremoti a partire dal 796 d.C. Il più distruttivo sembra essere avvenuto l'8 agosto 1303, dopo il quale ben poco della torre di segnalazione è rimasto in piedi.[14]

Un attento esame del centro esatto del panorama di Braun e Hogenberg (Figura 7.3) rivela la leggenda arcana *Domus Alexandri Magni*, che in latino significa "Casa di Alessandro il Grande".[15] La formula ricorda in particolare i racconti di Marmol

---

[13] Un mercante della lega Hanse di nome Constantin van Lyskirchen, residente a Colonia come Braun e Hogenberg, fornì loro delle vedute di molte città dell'Asia e dell'Africa, inclusa Alessandria. Braun e Hogenberg potrebbero aver utilizzato anche altre fonti. Secondo Oscar Norwich in *Norwich's Maps of Africa, an illustrated and annotated carto-bibliography*, (edited by) Jeffery Stone, Norwich, Vermont, Terra Nova Press, 1997, p. 380: "in the Hanse merchant Constantin van Lyskirchen of Cologne the editors found a willing agent, who supplied views of the towns of India, Asia, Africa, and Persia never portrayed before (nel mercante della lega Hanse, Constantin van Lyskirchen di Colonia, gli autori trovarono un agente disponibile che fornì vedute delle città dell'India, dell'Asia, dell'Africa e della Persia mai ritratte prima)." Secondo Norwich, "Lyskirchen obtained these views from the manuscript produced by an unknown Portuguese illustrator (Lyskirchen ottenne queste vedute da un manoscritto realizzato da uno sconosciuto illustratore portoghese)." Continua dicendo: "apart from these Portuguese views, some of the African illustrations were taken from military plans concerned with the expeditions of the Emperor Charles V in 1535 and 1541 to Tunis and Algeria (a parte queste vedute portoghesi, alcune delle illustrazioni africane sono state prese da piante militari relative alle spedizioni dell'imperatore Carlo V nel 1535 e nel 1541 a Tunisi e in Algeria)." Le tavole di Braun e Hogenberg passarono successivamente a Jansson, quindi la mappa di Alessandria fu ripubblicata nel suo famoso Atlante del 1619.

[14] Jean-Yves Empereur, *Alexandria Rediscovered*, Capitolo 4, The Seventh Wonder of the World; Moustafa Anouar Taher, "Les séismes á Alexandrie et la destruction du Phare" in *Alexandrie Médiévale* 1, ed. Christian Décobert e Jean-Yves Empereur, Institut Français d'Archéologie Orientale, 1998.

[15] Alcuni successivi seguaci di Braun e Hogenberg sembrano aver interpretato erroneamente questa didascalia come "the big house of Alexandria" (la grande casa di Alessandria) e l'hanno tradotta come "maison de ville" (Municipio): ad esempio, Dapper 1670; Calmet 1730.

La Ricerca della Tomba di Alessandro il Grande

e Leone Africano, i quali descrivono entrambi la tomba di Alessandro situata all'interno di una *casa*. La didascalia sembra riferirsi a un modesto edificio ottagonale con un tetto a cupola che si trova accanto al minareto di una moschea all'angolo destro del gruppo centrale di edifici, poco a nord della linea della Via Canopica (il nord si trova verso il margine inferiore dell'immagine in questa pianta antica). Dato che la mappa è stata incisa appena pochi decenni dopo le visite di Leone e di Marmol, è piuttosto verosimile che tale edificio sia una rappresentazione della stessa tomba di Alessandro a cui quei viaggiatori avevano fatto riferimento.

Figura 7.2. Mappa di Alessandria incisa intorno al 1575 da Braun e Hogenberg (collezione dell'autore)

*   *   *   *   *   *   *   *

Nella seconda metà del XVIII secolo, diversi viaggiatori europei riferirono dell'esistenza di una tomba all'interno di un piccolo santuario nel cortile della moschea Attarine ad Alessandria (vedi Figura 7.9 per la sua posizione). Tuttavia, Richard Pococke, nel 1737, non poté ricavarne "nessun racconto", mentre Van Egmont e John Heyman non riuscirono neanche a ottenere l'accesso, poiché a quel tempo le autorità religiose vietavano l'ingresso agli infedeli. Nonostante ciò, l'intrepido Eyles Irwin riuscì ad entrare di nascosto nel 1777, e Sonnini visitò il santuario poco prima del 1780 facendo ricorso alla corruzione. Poco dopo, nel

I Misteri delle Moschee

1792, W.G. Browne lo ispezionò. Tutti hanno fornito dei resoconti nei rispettivi diari di viaggio, ma nessuno di loro sembra aver collegato esplicitamente il santuario ad Alessandro.[16]

Figura 7.3. Dettaglio del centro della pianta di Alessandria di Braun e Hogenberg, 1575 ca. (collezione dell'autore)

* * * * * * * *

Alessandria emerse dal torpore e dall'oscurità medievale diventando completamente accessibile allo sguardo curioso del mondo moderno nel 1798, con l'arrivo di Napoleone Bonaparte in Egitto. Fu scortato da un potente esercito e accompagnato da una squadra di studiosi e scienziati ai quali diede l'incarico di compilare una magnifica indagine del paese chiamata "Description de l'Egypte". Essa incorpora un migliaio delle più belle incisioni mai realizzate, tra cui ventinove tavole forniscono una testimonianza ineguagliabile di Alessandria alla fine del XVIII secolo.

La spedizione di Napoleone naufragò nella "Battaglia del Nilo", quando la flotta inglese, comandata da Nelson, annientò praticamente le sue navi da guerra mentre

---

[16] Richard Pococke, *Description of the East*, 1743, vol. i, p. 4; Van Egmont, Heyman, *Travels*, 1759, vol. ii, p. 133; Eyles Irwin, *A Series of Adventures...*, i, 1780, p. 367; Sonnini, *Travels in Upper and Lower Egypt*, vol. i, p. 67, ed. London 1800; W.G. Browne, *Travels in Africa, Egypt and Syria*, 1799, p. 6.

La Ricerca della Tomba di Alessandro il Grande

erano ancorate nella baia di Aboukir. Ciononostante, il corpo di spedizione francese rimase in Egitto per tre anni, fino a quando non fu infine sconfitto dagli inglesi, guidati dal generale Abercrombie, in una battaglia campale appena a est di Alessandria nel marzo 1801.[17] Nel 1799, i *savants* di Napoleone scoprirono la famosa Stele di Rosetta recante il testo scritto in tre diverse grafie - geroglifici, demotico e greco - di un proclama che segnava il primo anniversario dell'incoronazione di Tolomeo V. Fu ceduta agli inglesi alla resa finale di Alessandria, nel settembre 1801. Durante il loro soggiorno, anche gli studiosi francesi Vivant Denon e Dolomieux avevano scoperto il piccolo edificio ottagonale nel cortile della moschea Attarine ad Alessandria (Figura 7.4). Le circostanze suggeriscono che gli Egiziani confidarono che fosse venerato come la tomba di Alessandro.[18] Conteneva un sarcofago di breccia verde, consistente e magnifico ma sfortunatamente vuoto, del peso di sette tonnellate e inscritto su tutta la superficie esterna con un testo geroglifico (Figura 7.5). Circa una dozzina di fori erano stati rozzamente praticati attraverso i lati fino al bordo inferiore del suo interno, convertendolo così in una vasca al fine di fornire flussi d'acqua per le abluzioni rituali dei fedeli della moschea. Anche questa reliquia venne successivamente assicurata dagli inglesi e spedita al British Museum nel 1802, da Edward Daniel Clarke, il quale pubblicò la storia in un libro intitolato "The Tomb of Alexander", nel 1805.[19] Per quanto riguarda la scoperta del sarcofago nel 1801, egli spiegò come gli furono rese note sia la sua ubicazione che la sua identità: -

Avevamo appena raggiunto la casa in cui avremmo risieduto, quando un gruppo di mercanti del luogo, che aveva udito la natura della nostra commissione, venne a congratularsi con noi per la presa di Alessandria e ad esprimere la loro ansia di servire gli inglesi. Non appena la stanza fu libera da altri visitatori, parlando con grande circospezione e a bassa voce, chiesero se i nostri affari ad Alessandria riguardassero le antichità raccolte dai francesi. Dopo aver ricevuto risposta affermativa e, a prova di ciò, la copia della Stele di Rosetta venne prodotta, il principale di loro disse: 'Il tuo comandante in capo sa che hanno la tomba di Alessandro?' Desiderammo che la descrivessero; dissero che era una bella pietra verde, presa dalla moschea di Sant'Atanasio; che, tra gli abitanti, aveva sempre portato quell'appellativo. La nostra lettera e le istruzioni del Cairo si riferivano evidentemente allo stesso monumento. 'È l'oggetto', continuarono, 'della nostra attuale visita; e vi mostreremo dove l'hanno nascosto'. Poi riferirono le misure usate dai francesi; la straordinaria cura che avevano osservato per impedirne ogni notizia; l'indignazione manifestata dai maomettani per la sua rimozione; la venerazione in cui lo tenevano; e la

---

[17] Brian Lavery, *Nelson and The Nile*, Chatham Publishing, 1998, pp. 298-300.
[18] Vivant Denon, in compagnia di Dolomieux, arrivò con la spedizione di Napoleone il 4 luglio 1798: Vivant Denon, *Travels in Upper and Lower Egypt*, 1802; questo resoconto omette di menzionare il nome di Alessandro, ma risulta dagli eventi successivi, e dalla grande segretezza con cui procedettero, che i francesi furono a un certo punto informati della connessione tra il sarcofago e Alessandro.
[19] E.D. Clarke, *The Tomb of Alexander, a dissertation on the sarcophagus from Alexandria and now in the British Museum*, Cambridge 1805.

I Misteri delle Moschee

tradizione familiare a tutti loro riguardo alla sua origine. In seguito, conversai con parecchi maomettani, arabi e turchi, sullo stesso argomento; non solo quelli che erano nativi e abitanti della città, ma anche dervisci e pellegrini; persone di Costantinopoli, Smirne e Aleppo, che avevano visitato o risiedevano ad Alessandria; e tutti erano d'accordo su una tradizione uniforme, vale a dire, ESSERE LA TOMBA DI ISCANDER (Alessandro), IL FONDATORE DELLA CITTÀ DI ALESSANDRIA. Ci dissero poi che si trovava nella stiva di una nave ospedale, nel porto interno; ed essendo provvisti di una barca, lo trovammo là, pieno per metà di sudiciume, e coperto dagli stracci dei malati a bordo.

Nel suo diario di viaggio successivo, relativo alle proprie avventure nel Mediterraneo orientale, Clarke specificò che la nave ospedale era *La Cause*.[20]

Figura 7.4. Il cortile della moschea Attarine con la cappella contenente il sarcofago, incisione tratta dalla Description de L'Egypte, Antiquités V, Planche 39, 1798 (collezione dell'autore)

All'inizio del XIX secolo, molti furono convinti dalle argomentazioni di Clarke che il sarcofago nel British Museum fosse effettivamente quello di Alessandro il Grande, anche se il suo libro non fornisce alcuna prova concreta a sostegno di

---

[20] E.D. Clarke, *Travels in Various Countries of Europe, Asia and Africa, Part 2: Greece, Egypt and the Holy Land*, Section 2 (Vol. 5), 4th Edition, 1817 (prefazione originale del 24 maggio 1814), p. 337.

La Ricerca della Tomba di Alessandro il Grande

tale conclusione, al di là delle affermazioni dei mercanti locali.[21] L'edizione del *The British Critic* dell'ottobre 1805, nel recensire la dissertazione di Clarke, riassumeva: "Thus concludes the evidence adduced by Dr Clarke, which, after all possible deductions, must be allowed to amount to a considerable degree of probability" (Così si conclude l'evidenza addotta dal Dr. Clarke, che, dopo tutte le possibili deduzioni, deve essere ammessa a un considerevole grado di probabilità). Tuttavia, una nuova svolta nel racconto arrivò nel 1822, quando attraverso lo studio delle iscrizioni sulla Stele di Rosetta Champollion dedusse come decifrare i geroglifici egizi, che erano rimasti del tutto incomprensibili per una dozzina di secoli. Quando i geroglifici sul sarcofago furono tradotti fu rivelato il testo sacro egizio dell'*Amduat* – Il Libro di Ciò che è nell'aldilà – riccamente disseminato di cartigli di Nectanebo II, l'ultimo faraone nativo egiziano. Era stato rovesciato dai Persiani quando Alessandro era ancora un ragazzo, nel 343 a.C. Si è generalmente ritenuto, sin dalla decifrazione, che l'attribuzione del sarcofago rendesse improbabile il suo presunto utilizzo da parte di Tolomeo per Alessandro. Malgrado ciò, ora può essere dimostrato che ci sono alcune evidenze circostanziali sorprendenti che rafforzano la sua associazione con il Re, ma di cui Clarke non era a conoscenza.

Figura 7.5. Il sarcofago inscritto di Nectanebo II trovato nella cappella del cortile della moschea Attarine, incisione tratta da *The Tomb of Alexander* di E.D. Clarke (collezione dell'autore)

In primo luogo, il libro di Clarke contiene un'incisione (Figura 7.6), eseguita da un disegno dello studioso francese Vivant Denon del cortile della moschea Attarine, raffigurante il piccolo edificio ottagonale che ospitava il sarcofago

---

[21] Le critiche del "Conductors of the Edinburgh Review" spinsero Clarke a pubblicare una lettera aperta di 8 pagine, *Letter addressed to the Gentlemen of the British Museum by the Author of the Dissertation on the Alexandrian Sarcophagus*, Cambridge, 28 September 1807.

I Misteri delle Moschee

venerato da diversi fedeli islamici.[22] Ciò fornisce un confronto ravvicinato con la "Casa di Alessandro Magno", situata accanto a una moschea al centro esatto della mappa di Braun e Hogenberg. Inoltre, la posizione della moschea nella mappa corrisponde all'ubicazione effettiva della moschea Attarine all'interno della città araba. Sembrerebbe che il santuario nella moschea Attarine e la tomba di Alessandro nella "piccola casa a forma di cappella", descritta da Leone Africano, siano quasi certamente la stessa cosa. In precedenza, ciò è stato messo in dubbio principalmente perché il significato della legenda *Domus Alexandri Magni* non è stato adeguatamente riconosciuto a causa della sua errata traduzione come "Municipio". Ad ogni modo, ora dovrebbe essere chiaro che l'associazione del sarcofago con Alessandro risale almeno al periodo medievale.

Figura 7.6. La cappella ottagonale nel cortile della moschea Attarine, nel 1798, venerata dagli arabi, da *The Tomb of Alexander* di E.D. Clarke (collezione dell'autore)

In secondo luogo, in epoca bizantina si riteneva che la chiesa di Sant'Atanasio si trovasse sul sito della moschea Attarine, il cui nome deriva da Atanasio.[23]

---

[22] Ci sono anche una serie di vedute e piante della moschea Attarine e del sarcofago nella *Description de l'Egypte: Antiquités*, Vol. 5, plates 35, 38-41.
[23] P.M. Fraser, *Ptolemaic Alexandria*, par. 2 di nota 86 al Capitolo 1; l'edificio della moschea Attarine osservato dagli studiosi di Napoleone era probabilmente una costruzione dell'XI secolo, poiché le sue iscrizioni di fondazione forniscono la data del 1084 d.C.: *Corpus Inscript. Arabic.*, Egypte I, No. 518; *Bull. Inst. Egypt* XXIV, p. 147 et seq.; rimane possibile che la cappella del cortile fosse più antica; Sonnini, *Travels in Upper and Lower Egypt*, vol. i, p. 67, ed. Lond. 1800, vide un'iscrizione greca in

La Ricerca della Tomba di Alessandro il Grande

Curiosamente, Atanasio era il patriarca di Alessandria nel 365 d.C., quando si verificò lo tsunami. La chiesa tardo romana, che in origine sorgeva sul sito della moschea Attarine, fu probabilmente costruita pochi decenni dopo la data più probabile della distruzione del Mausoleo del Soma. Se Atanasio avesse organizzato il salvataggio delle spoglie di Alessandro da sotto le macerie del Soma, ciò potrebbe spiegare come il sarcofago sia finito in una chiesa a lui dedicata. Tuttavia, una matassa di dubbi nasce dal fatto che Atanasio era stato un protetto del precedente patriarca, che si chiamava Alessandro.[24] La tomba del patriarca Alessandro potrebbe essere stata confusa con quella del fondatore della città? Questo potrebbe essere seriamente preso in considerazione, se non fosse per il fatto che sarebbe stato un anatema per un patriarca cristiano essere sepolto nel sarcofago pagano di un faraone, mentre ci sono forti legami circostanziali tra il sarcofago di Nectanebo e Alessandro il Grande.

La tomba di Attarine languiva nell'oscurità della confutazione e la moschea stessa, compresa la "Casa di Alessandro Magno", fu distrutta nel 1830 per poi essere interamente ricostruita su un sito adiacente nella seconda metà del XIX secolo.[25] Nonostante ciò, un tentativo interessante di resuscitare la teoria della sepoltura di Attarine fu fatto nel 1948 da Wace.[26] Egli fece notare che il sarcofago era verosimilmente disponibile in una condizione inutilizzata al momento della morte di Alessandro, poiché Diodoro afferma che Nectanebo II scappò in Etiopia nel 341 a.C. circa, per sfuggire all'invasione persiana, e non ci sono prove che sia mai tornato dall'esilio.[27] Wace suggerì che l'uso del sarcofago per il corpo di Alessandro fosse stato invece l'ispirazione per una storia del Romanzo di Alessandro, secondo la quale Nectanebo era il padre di Alessandro.[28] Procedette inoltre a spiegare la presenza del sarcofago ad Alessandria postulando l'esistenza, altrove non documentata, di un cimitero reale egiziano sul sito prima della fondazione della città greca da parte del Macedone.

L'ipotesi del cimitero reale è piuttosto dubbia. Dall'autorevolezza di Strabone e dal Romanzo di Alessandro apprendiamo che la città di Rhakotis più alcuni altri villaggi di pescatori occuparono il sito della futura Alessandria nel tardo periodo

---

caratteri romani, di cui poté leggere soltanto la parola "CONSTANTINON" sul pavimento accanto alla tomba, che presumibilmente derivava dalla chiesa antecedente.

[24] John Marlowe, *The Golden Age of Alexandria*, 1971, Capitolo 13, "Vicisti Galileae", pp. 264-78. Atanasio tornò ad Alessandria dopo la morte di Giuliano l'Apostata nel 363 d.C. e vi rimase fino alla propria morte, nel 373 d.C.; vedi anche Haas, *Alexandria in Late Antiquity*, Appendice.

[25] Barbara Tkaczow, *Topography of Ancient Alexandria (An Archaeological Map)*, Warsaw 1993, voce 25 nel Catalogue of Sites.

[26] A.J.B. Wace, "The Sarcophagus of Alexander the Great," *Farouk I University, Bulletin of the Faculty of Arts* 4, 1948, pp. 1-11; Wace confutò anche un equivoco del XIX secolo secondo cui i cartigli sul sarcofago fossero quelli di Nectanebo I e affermò il fatto ormai indiscusso che si riferiscono a Nectanebo II.

[27] Diodoro Siculo, XVI, 51.

[28] Stoneman (trad.), *The Greek Alexander Romance*, I, 1-12.

I Misteri delle Moschee

faraonico.²⁹ Eppure, non vi è nessuna indicazione tangibile di alcunché di regale nelle vicinanze prima dell'Età Tolemaica. Le principali fonti sulla fondazione di Alessandria implicano fortemente che Alessandro scelse un sito in gran parte non sviluppato.

Ciò, tuttavia, non deve essere necessariamente un'obiezione agli altri aspetti della teoria, perché, come è stato discusso, è praticamente certo che la tumulazione originaria di Alessandro ebbe luogo a Menfi. Le prove circostanziali favoriscono l'idea che il sarcofago sia stato lasciato a Menfi, forse nel Serapeo, quando Nectanebo fuggì in esilio. Menfi era de facto la capitale dei faraoni della XXX dinastia, le cui tombe non sono state ancora scoperte; inoltre, il cimitero e i monumenti contemporanei del Serapeo ricordano in modo sospetto un complesso funerario reale dell'Età Tarda.

Fraser ha osservato che "The presence of this mighty sarcophagus in Alexandria is surprising"[30] (La presenza di questo possente sarcofago ad Alessandria è sorprendente). È notorio che i Tolomei trasportarono ad Alessandria un gran numero di sfingi, obelischi e simili ornamenti architettonici faraonici. La maggior parte, inclusi ad esempio gli Aghi di Cleopatra, venne rubata dalla città egiziana di Eliopoli che era caduta in rovina prima dell'Età Tolemaica.[31] Ad ogni modo, l'unico uso culturalmente possibile del sarcofago di un faraone nell'antico Egitto sarebbe stato per la sepoltura di un re. È plausibile infatti che il suo utilizzo per qualunque scopo minore sarebbe stato considerato sacrilego dai nativi Egiziani.[32] È perciò difficile immaginare che qualcuno anticamente si fosse preso la briga e la spesa considerevole di spostare il sarcofago da Menfi ad Alessandria, a meno che non avesse avuto l'intenzione di usarlo per un sepolcro faraonico. Ma i Tolomei ebbero tutti l'opportunità di farsi preparare dei sarcofagi accuratamente personalizzati. L'unico scenario che sembra quindi dare un senso all'enigma è supporre che la tradizione relativa alla reliquia sia essenzialmente vera. Solamente Tolomeo Soter scoprì di avere un'improvvisa necessità di un sarcofago regale nel 321 a.C. Se Soter avesse perciò utilizzato il sarcofago vuoto di Nectanebo per il corpo di Alessandro nella tomba menfita, sarebbe stato successivamente trasportato ad Alessandria con la salma del Conquistatore da Filadelfo, risolvendo così, nettamente, il mistero di come si fosse trovato per millenni in una città che non era stata ancora fondata, per almeno una dozzina di anni, quando fu scolpito.

---

[29] Strabone, XVII, 1, 6; Stoneman (trad.), *The Greek Alexander Romance*, I, 31.
[30] P.M. Fraser, *Ptolemaic Alexandria*, Vol. II, nota 86 al Cap. 1.
[31] Jean-Yves Empereur, *Alexandria Rediscovered*, Capitolo 6.
[32] Il recente suggerimento di Nicholas Saunders, *Alexander's Tomb*, pp. 196-198, che uno dei primi Tolomei avesse praticato i fori ai lati del sarcofago per trasformarlo in una fontana pubblica per abbellire le strade di Alessandria è assurdo, perché tali aperture sono perforate rozzamente e arbitrariamente attraverso il testo geroglifico dell'Amduat - che equivale a proporre che il Papa possa perforare il testo di un'antica Bibbia, quindi esporre la sua opera nei Musei Vaticani.

La Ricerca della Tomba di Alessandro il Grande

Riguardo al sarcofago, Fraser conclude "I do not think it can seriously be maintained that Soter or Philadelphus would have buried the Founder in this manner" (non credo che si possa seriamente sostenere che Soter o Filadelfo avrebbero seppellito il Fondatore in questo modo). Apparentemente ciò sembra ragionevole, dal momento che appare straordinario che Tolomeo abbia collocato i resti mortali di Alessandro all'interno di una cassa decorata con i cartigli di Nectanebo. Tuttavia, un'attenta analisi del contesto politico della sepoltura di Menfi rivela che tale opinione non sia sostenibile. A quel tempo, Tolomeo cercava avidamente di ingraziarsi i nativi egiziani al fine di cementare il suo potere. Nella "Stele del Satrapo" del 311 a.C., ad esempio, si lega saldamente a un capo egiziano chiamato Khabbash (o Khababash), che sembra aver guidato una insurrezione contro gli odiati Persiani nel 338-335 a.C. circa.[33] Inoltre, è effettivamente attestato che il figlio di Tolomeo, Filadelfo, utilizzò un obelisco estratto da Nectanebo per un santuario in onore di sua sorella-moglie, Arsinoë.[34] In tali circostanze, l'associazione della tomba di Alessandro con l'ultimo faraone indigeno può benissimo essere sembrata un astuto stratagemma politico, soprattutto perché eludeva contemporaneamente la necessità di un notevole esborso finanziario e un ritardo di diversi anni per la preparazione di un nuovo sarcofago.

Ricapitolando: l'attribuzione del sarcofago a Nectanebo II indica che esso sarebbe stato disponibile per Tolomeo, vuoto, quando seppellì Alessandro a Menfi. Spiega come il sarcofago sia arrivato ad Alessandria e perché un gruppo di statue greche sorvegliasse l'ingresso del tempio di Nectanebo II al Serapeo (Figure da 3.7 a 3.9). Se dovessimo supporre che la sua associazione con la tomba di Alessandro ad Alessandria fosse un falso, allora i perpetratori furono o incredibilmente fortunati o notevolmente sofisticati nella scelta di quel particolare sarcofago. In quest'ultimo caso, avrebbero dovuto essere in grado di leggere il nome del faraone all'interno dei cartigli, ma i geroglifici si estinsero alla fine del IV secolo d.C., poco dopo la distruzione della tomba alessandrina di Alessandro. Ciò tenderebbe a datare la contraffazione entro poche generazioni dall'esistenza dell'originale, ma a una data così antica i documenti e i ricordi alessandrini avrebbero dovuto essere ancora sufficientemente recenti da smascherare un simile inganno. Inoltre, gli ipotetici falsari avrebbero anche dovuto sistemare gli indizi presso il tempio di Nectanebo II a Saqqara, i quali portarono Dorothy Thompson, in modo indipendente, a localizzare la prima tomba di Alessandro vicino al semicerchio delle statue greche nel 1988.[35] Tutto ciò è praticamente inconcepibile.

È anche estremamente improbabile che i successivi falsari di tombe ad Alessandria abbiano utilizzato casualmente un sarcofago avente dei legami così

---

[33] Alan K. Bowman, *Egypt after the Pharaohs*, British Museum Press, 1986, Capitolo 2.
[34] Plino, *Storia Naturale*, XXXVI, 14, 67.
[35] Dorothy Thompson, *Memphis after the Ptolemies*, 1988, p. 212.

I Misteri delle Moschee

allettanti con l'originaria tomba menfita di Alessandro. Tali considerazioni ci inducono a ritenere che il sarcofago vuoto di Nectanebo fosse davvero adottato da Tolomeo per ospitare il corpo di Alessandro (vedi anche il mio articolo pubblicato in "Greece & Rome" nell'aprile 2002 e riprodotto nell'Appendice B). Un corollario immediato è che la camera funeraria sotto il distrutto Mausoleo del Soma venne saccheggiata nella tarda antichità, verosimilmente intorno alla fine del IV secolo d.C. Con molta probabilità, fu in quel momento che il sarcofago e il corpo si separarono.

Una ulteriore implicazione è che il semicerchio di statue del Serapeo custodisse l'ingresso della prima tomba di Alessandro, che si trovava quindi all'interno del tempio di Nectanebo II. Tornando alla dettagliata pianta di Mariette (Figura 7.7), è evidente che, oltre al tempio vero e proprio, l'ingresso custodito dalle statue conduce anche attraverso un passaggio a una piccola camera laterale (contrassegnata con la lettera A). È possibile collocare il sarcofago di Nectanebo all'interno della camera nella zona a est del suo ingresso (come indicato), lasciando spazio per una scultura votiva nella sua estremità occidentale. Inoltre, ci sono alcuni indizi nella pianta del tempio che la camera laterale potrebbe essere stata aggiunta successivamente alla costruzione originale. Per osservare ciò si consideri l'ipotetico profilo simmetrico della muratura in mattoni (grigio scuro) disegnato sulla pianta stessa nella parte destra della Figura 7.7. È stato posizionato in modo tale che la facciata esterna dell'originario muro meridionale del tempio sia collocata dove termina la muratura rifinita (grigio chiaro) della facciata. Fatto ciò, scopriamo varie interessanti coincidenze tra le pareti effettive e le ipotetiche pareti simmetriche. Ad esempio, un lato interno della camera aggiunta coincide con la facciata esterna della parete meridionale del tempio simmetrico e un lato del passaggio verso la camera coincide con la sua parete interna. È particolarmente sorprendente che questa ipotesi spieghi diverse curiosità della planimetria scavata da Mariette. Si noti, ad esempio, che la muratura in mattoni in grigio scuro si estende meno dietro la facciata in grigio chiaro sul lato sud rispetto al lato nord nella pianta di Mariette, ma che nell'ipotetico edificio non modificato tale discrepanza non esisteva.

È altresì pertinente che Mariette mostri un ingresso laterale del tempio all'angolo della parete meridionale (lettera B in Fig. 7.7). Anche questo era sorvegliato da sculture: precisamente da quattro leoni in stile greco (2 in Fig. 7.7). Simili leoni erano un simbolo della monarchia macedone e sono una caratteristica importante delle tombe dei magnati macedoni del mondo ellenistico: per esempio, le tombe dei leoni di Cnido, Anfipoli e Gerdek Kaya e il Leone di Hamadan.[36] In modo ancora più significativo, apprendiamo da Diodoro che due leoni simili furono posti a guardia dell'ingresso del catafalco di Alessandro (Figura 3.1).[37] La camera

---

[36] Janos Fedak, *Monumental Tombs of the Hellenistic Age*, Toronto 1990, pp. 76-78, 100.
[37] Diodoro, XVIII, 27, 1.

La Ricerca della Tomba di Alessandro il Grande

aggiunta al tempio di Nectanebo nel Serapeo è chiaramente un candidato eccellente per l'ubicazione specifica della prima tomba di Alessandro (vedi anche il mio articolo nell'Appendice C).

Un'altra caratteristica della pianta di Mariette merita di essere commentata. Una via processionale o *dromos* correva verso ovest dal tempio di Nectanebo fino all'ingresso delle gallerie sotterranee dei tori del Serapeo. Era l'asse portante dell'intero complesso del Serapeo. Si noti che Mariette scoprì un ingresso (lettera E in Figura 7.7) sul lato opposto del tempio di Nectanebo rispetto al *dromos*, ma esattamente allineato con esso e corrispondente alla larghezza dei gradini del tempio. Se un archeologo fosse alla ricerca di prove che confermino l'esistenza di tombe reali della XXX dinastia al Serapeo, l'area a est del punto E dovrebbe essere un obiettivo prioritario. Mariette fu distratto dalla sua scoperta delle gallerie dei tori e così non completò mai lo scavo delle fondamenta dietro la zona E.

L'uso del sarcofago di Nectanebo II per la tomba di Alessandro è anche coerente con il commento recentemente identificato di Libanio, che si riferisce al corpo di Alessandro esposto ad Alessandria intorno al 390 d.C. L'autenticità del sarcofago richiede che a un certo punto sia stato riesumato da sotto il Mausoleo del Soma, o dalle sue rovine, e che sia stato attribuito ad Alessandro. Questo passaggio è necessario affinché il sarcofago trovi la sua strada nel cortile della moschea Attarine, pur conservando la sua associazione con Alessandro. Il riferimento di Libanio suggerisce che il sarcofago sia stato recuperato prima della messa al bando finale del paganesimo nel 391 d.C. Identifica la rivolta e i tumulti scoppiati ad Alessandria in quell'anno come l'occasione più probabile della scomparsa definitiva del corpo di Alessandro, soprattutto perché Giovanni Crisostomo e Teodoreto affermarono entrambi che la tomba del Macedone era andata perduta agli inizi del V secolo.

Anche se oggi non è sempre riconosciuto, la gente del mondo antico credeva che Alessandro fosse un autentico dio. In Egitto il faraone fu sempre considerato una divinità, ma anche stati greci, come Atene e Sparta, conferirono ad Alessandro gli onori divini mentre era ancora in vita. I suoi successori ritrassero il Re con attributi divini sulle loro monete e ancora nel IV secolo d.C. la gente comune indossava tali medaglioni come ciondoli sacri. Ci sono anche rapporti secondo cui il senato romano elesse formalmente Alessandro come tredicesimo membro del pantheon degli dèi dell'Olimpo.

I Misteri delle Moschee

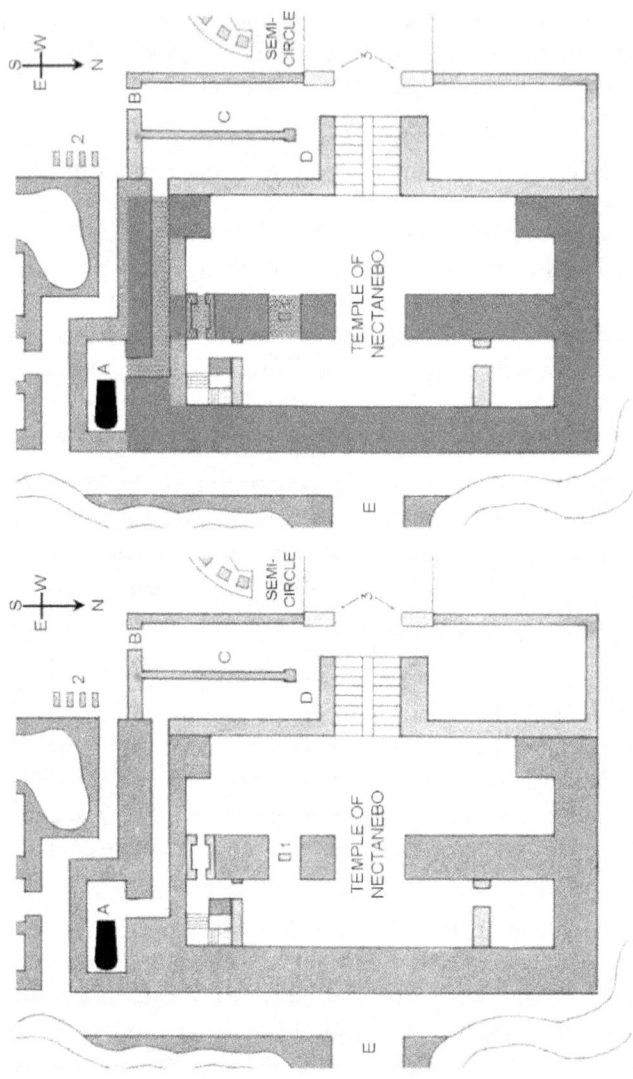

Figura 7.7. Pianta dettagliata del Serapeo di Auguste Mariette – particolare del tempio di Nectanebo e della sua ipotetica pianta originaria (cfr. Figura 3.9)

Di conseguenza, le sue spoglie erano sacre reliquie pagane. Butler fornisce un'affascinante illustrazione del tipo di destino che subirono particolarmente i manufatti religiosi pagani nell'Alessandria del IV secolo, quando i cristiani presero il potere. Egli cita il Sinassario Copto ed Eutichio per dimostrare che il patriarca cristiano di Alessandria sotto l'imperatore Costantino, - casualmente anche lui chiamato Alessandro - desiderava abolire una festa pagana e distruggere una

La Ricerca della Tomba di Alessandro il Grande

statua associata di Saturno alla quale gli Alessandrini offrivano tradizionalmente sacrifici. Tuttavia, la resistenza della popolazione lo persuase a scendere a compromessi, mantenendo la festa come una celebrazione cristiana e modellando una croce dal bronzo della statua. Sappiamo anche che il tempio del Caesareum divenne la cattedrale cristiana della città a metà del IV secolo.[38] Il sentimento popolare ha spesso favorito l'adattamento e l'assorbimento dell'eredità pagana al servizio del cristianesimo, rispetto alla distruzione sfrenata occasionalmente perpetrata dai fanatici. Tale prospettiva illustra che coloro che insistono sul fatto che le autorità cristiane debbano inevitabilmente aver distrutto o disperso i resti di Alessandro stanno esagerando la realtà dei fatti.

* * * * * * * *

Un altro sito tradizionale del Mausoleo del Soma ad Alessandria ha catturato l'immaginazione delle generazioni successive di cacciatori di tombe, ancora più tenacemente della storia del sarcofago nella moschea Attarine, ma forse con meno giustificazione. Si tratta della moschea di Nabi Daniel, nella moderna Nabi Daniel Street (Figura 7.8 e posizione sulla mappa in Figura 7.9), che è spesso segnata, in modo piuttosto speculativo, sulle cartine della città antica come la "Via del Soma". Nabi è la parola araba per un profeta, ma la leggenda araba del profeta Daniele, sebbene abbia probabilmente le sue origini nella storia dell'Antico Testamento, differisce notevolmente dal racconto cristiano. È stata fatta risalire almeno al IX secolo d.C. da due astronomi islamici: Mohammed Ibn Kathir el Farghani e Abou Ma'shar. La loro storia è poco rilevante, poiché contiene alcuni elementi che sembrano essere stati ispirati dalle gesta di Alessandro. In particolare, al loro Daniele fu promessa la vittoria su tutta l'Asia e ottenne l'appoggio degli Egiziani, fondò Alessandria e fu sepolto in un sarcofago d'oro nella città, che venne successivamente trafugato dagli Ebrei per coniare monete e sostituito con uno scrigno di pietra.

Nonostante tale base tradizionale per la dedicazione della moschea, alcuni studiosi islamici hanno suggerito che il suo nome derivi in realtà da un certo sceicco Mohammed Daniel di Mosul, vissuto ad Alessandria nel XV secolo.[39] Si dice che abbia trasformato la moschea, presumibilmente conosciuta in precedenza come la moschea di Alessandro, in un centro di insegnamento religioso e che lui stesso sia stato sepolto al suo interno. La tesi degli studiosi è che la confusione tra lo sceicco e l'omonimo profeta abbia portato alla denominazione moderna dell'edificio. Questo ha tutta la logica rassicurante e familiare delle *Storie proprio così* di Kipling.

---

[38] A. Butler, *The Arab Invasion of Egypt & the Last 30 Years of the Roman Dominion*, Oxford 1902, p. 374 (nota); *The Coptic Synaxary*, for 12 Ba'ûnah; Eutichio in J.-P. Migne, *Patrologia Graeca* 111, col. 1005.

[39] P.M. Fraser, *Ptolemaic Alexandria*, Vol. II, nota 86 al Cap. 1.

I Misteri delle Moschee

Figura 7.8. La moschea di Nabi Daniel, costruita nel 1823, incisione di Rouargue da un disegno di Bartlett del 1837 ca. (collezione dell'autore)

L'attuale moschea, in realtà, sembra essere stata costruita sotto gli auspici di Mohammed Ali nel 1823. In una volta sotterranea della moschea ci sono due tombe vuote che la tradizione locale attribuisce al profeta Daniele e a un leggendario narratore religioso chiamato Sidi Lokman. Il seminterrato sembra essere di una data anteriore rispetto all'edificio sovrastante. Inoltre, un monaco russo, Vassili Grigorovich Barskij, visitò Alessandria nel 1727 e nel 1730, e individuò un piccolo santuario nella sua mappa della città che è stato proposto come un precursore della moschea di Nabi Daniel, ma altre evidenze, da mappe più accurate, smentiscono l'esistenza di un consistente edificio sul luogo esatto nel XVIII secolo. Tuttavia, l'edificio in rovina con un piccolo minareto all'estrema sinistra della Figura 7.8 sembra essere un complesso religioso più antico, situato a circa 100 metri a ovest della moschea di Nabi Daniel. È probabilmente da identificare con il santuario nella mappa di Barskij.

Ambroise Schilizzi, un dragomanno presso il Consolato russo ad Alessandria a metà del XIX secolo, affermò di essere sceso nella cripta sotto la moschea, nel 1850, mentre scortava alcuni viaggiatori europei.[40] Discese in un passaggio sotterraneo stretto e buio e giunse a una porta di legno tarlata. Sbirciando attraverso le fessure delle assi, intravide un corpo seduto su un trono, o in qualche modo sollevato, in una teca di cristallo o di vetro. La sua testa era coronata da un

---

[40] Evaristo Breccia, *Alexandrea ad Aegyptum*, 1922, p. 99; A.M. de Zogheb, *Etudes sur l'ancienne Alexandrie*, Paris 1909, p. 170.

La Ricerca della Tomba di Alessandro il Grande

diadema d'oro. Tutto attorno giacevano rotoli di papiro e libri. Schilizzi cercò di indagare ulteriormente ma fu trascinato via da uno dei monaci della moschea.

Questo racconto esotico fonde dettagli di Strabone (il sarcofago di cristallo), Svetonio (il diadema lasciato da Augusto) e Dione Cassio (i libri segreti raccolti da Settimio Severo). È comunque pressoché certo che il papiro si sarebbe deteriorato in un periodo così lungo, dato il clima umido di Alessandria e il fatto che l'azione capillare tende a portare l'umidità verso l'alto attraverso il suolo dalla falda freatica. Ad Alessandria non sono mai stati trovati antichi papiri.[41] Sembrerebbe che Schilizzi fosse a conoscenza delle fonti antiche, ma il suo racconto è quasi certamente una fandonia spudorata.

La tradizione di Nabi Daniel sembra essere stata messa per iscritto, per la prima volta, da Mahmoud Bey. Nel suo libro pubblicato a Copenaghen nel 1872,[42] pur ammettendo che l'ubicazione della tomba di Alessandro derivasse da una tradizione puramente orale (cioè per sentito dire), egli cercò comunque di costruire la teoria con diverse ulteriori linee di argomentazione (i commenti sono riportati in *corsivo*):

a) Il sito concilia l'affermazione di Strabone, ossia che il Soma facesse parte del quartiere reale, con la descrizione di Achille Tazio, che il "luogo che prende il nome da Alessandro" si trovasse a un incrocio centrale sulla Via Canopica. *Tuttavia, secondo la mappa di Mahmoud Bey, la moschea di Nabi Daniel è distante dall'incrocio principale, è ben arretrata rispetto alla Via Canopica e sembra troppo distante dal principale quartiere del palazzo per essere prontamente assegnata al quartiere reale.*

b) La collina adiacente, Kom el-Dikka (da cui è stata disegnata la veduta della Figura 7.8), indica che la moschea si trova su un terreno in salita, il che può aiutare a preservare un cadavere dagli effetti delle fonti di umidità. *Ma ora sappiamo che tale collina era un tumulo artificiale di rifiuti dell'industria ceramica con alla base delle rovine romane.*

c) Ossa risalenti all'epoca pagana sono state rinvenute sepolte nei pressi della moschea e una piccola camera funeraria sotterranea con una statua di marmo danneggiata è stata scoperta ai piedi del tumulo su cui è costruita la moschea. *Tuttavia, indagini archeologiche più recenti hanno dimostrato che nessuna delle vicine inumazioni è più antica del periodo cristiano.*[43]

d) Il profeta Daniele morì molto prima della fondazione di Alessandria, quindi non sarebbe potuto essere sepolto nella città, e trascorse quasi tutta la sua vita in cattività a Babilonia. Forse, col tempo la gente ha confuso Alessandro con questo

---

[41] E.G. Turner, *Greek Papyri*, Oxford 1968, p. 43, afferma che 'The site of Alexandria has provided no papyri.' (Il sito di Alessandria non ha fornito papiri).

[42] Mahmoud Bey, *Mémoire sur l'antique Alexandrie, ses faubourgs et environs découverts…*, Copenhagen 1872, Capitolo 2, pp. 50-51.

[43] Jean-Yves Empereur, *Alexandria Rediscovered*, p. 149.

I Misteri delle Moschee

profeta meglio conosciuto. *Mahmoud in realtà non lo dice, ma sembra implicare che il fatto che anche Alessandro avesse un'associazione con Babilonia possa aver contribuito al presunto errore.*

e) La particolare collinetta di Kom el-Dikka su cui è costruita la moschea è conosciuta come Kom el-Demas, che in arabo significa "collina dei corpi", quindi c'è una continuità nel nome del luogo poiché era chiamato il Soma (cioè "corpo" in greco). *Ma, ovviamente, il nome potrebbe riferirsi anche alle due tombe nella cripta della moschea. Sebbene Mahmoud in realtà non ne faccia menzione, nel Sinassario alessandrino c'è anche una storia piuttosto fantastica della costruzione di una chiesa dedicata a Elia e Giovanni in un sito chiamato Dimas-Demas, che Breccia afferma essere identico a Kom el-Demas.*[44] *Durante lo sgombero del sito, venne scoperto un tesoro di ornamenti d'oro del tempo di Alessandro. Tuttavia, Vassilios Christides ha recentemente contestato che "demas" possa sostenere tale interpretazione in questo contesto e comunque non vi è alcun legame definito con il Soma in tutto ciò.*[45]

Inoltre, de Zogheb racconta di una visita di Mahmoud Bey ai sotterranei della moschea di Nabi Daniel.[46] Entrò in una grande stanza con un tetto arcuato al livello del terreno dell'antica città. Da questa cripta pavimentata, dei corridoi inclinati correvano in quattro direzioni. Erano tuttavia troppo lunghi e fatiscenti perché lui potesse esaminarli adeguatamente. In seguito, gli fu proibito di tornare e le entrate dei passaggi furono murate.

De Zogheb cita anche una lettera di Yacub Artin Pacha, scritta all'inizio del XX secolo, che attesta la tradizionale associazione della moschea con il sito della tomba di Alessandro: *Per quanto io possa rievocare, ricordo la moschea di Nabi Daniel e la sua memoria è indissolubilmente legata nella mia mente al nome di Alessandro il Grande; come mi è sempre stato detto che contenesse la tomba del Macedone e io credo anche che nel 1850 questa fosse la credenza generale ad Alessandria.*[47]

Nel 1879, un muratore che lavorava nel seminterrato della moschea di Nabi Daniel irruppe accidentalmente nella camera a volta. Il Cheih della moschea lo accompagnò in una breve esplorazione di un passaggio inclinato. Furono in grado di scorgere dei monumenti di granito con una sommità angolare, ma il Cheih insistette allora affinché tornassero. L'ingresso è stato successivamente murato e al muratore è stato chiesto di non rivelare l'accaduto.[48]

Ispirata dalla suggestiva leggenda incoraggiata da Mahmoud Bey e de Zogheb, una lunga serie di archeologi ha scavato nelle vicinanze della moschea di Nabi Daniel e attraverso la vicina collina di Kom el-Dikka, a partire da Hogarth, alla

---

[44] Evaristo Breccia, *Alexandrea ad Aegyptum*, 1922, p. 99.
[45] Vassilios Christides, "The Tomb of Alexander the Great in Arabic Sources" in *Studies in Honour of Clifford Edmund Bosworth, Part I, Hunter of the East*, edited by Ian Richard Netton, 2000, p. 168.
[46] A.M. de Zogheb, *Etudes sur l'ancienne Alexandrie*, Paris 1909, pp. 171-172.
[47] P.M. Fraser, *Ptolemaic Alexandria*, nota 86 al Cap. 1.
[48] Zogheb, *Etudes sur l'ancienne Alexandrie*, 1909, p. 173.

La Ricerca della Tomba di Alessandro il Grande

fine del XIX secolo.[49] Prima ancora di Hogarth, Schliemann, il famoso scopritore di Troia, non era riuscito nemmeno ad acquisire il permesso necessario per scavare nel sito, il che aveva alimentato la voce di una cospirazione per nascondere la tomba.[50] Breccia, che scavò effettivamente nella volta sotto la moschea, non trovò nulla che potesse essere considerato antico fino alle fondamenta dell'edificio.[51] Adriani trovò sezioni di una strada romana 30 piedi sotto Kom el-Dikka e ancora più in basso, al livello della falda freatica, scoprì alcune fondamenta di mura tolemaiche.[52] Più recentemente, negli anni '60, una squadra di scavatori polacchi ha chiarito la probabile natura dei "passaggi" scoperti sotto la moschea nel XIX secolo. Hanno confermato che l'edificio si trova sopra antiche cisterne su due livelli che erano alimentate da canali d'acqua artificiali.[53] Furono anche responsabili dello scavo dell'intera collina, scoprendo solo modeste strutture tardo romane sotto di essa.

Possiamo ragionevolmente concludere che gli scavi siano stati sufficientemente estesi da escludere praticamente la possibilità che il Soma si trovasse sotto la moschea di Nabi Daniel o la vicina collina. Sembrerebbe anche dubbio che la leggendaria associazione tra l'edificio e il Soma sia davvero più antica della metà del XIX secolo. Amaramente, il più romantico, forse, dei siti candidati per la tomba di Alessandro è ora tra quelle parti dell'antica Alessandria che possono essere tranquillamente escluse da ulteriori indagini.

Ciononostante, tale mitologia si autoalimenta in modo del tutto indipendente dai limiti imposti dalla verità e dall'evidenza. Molte guide popolari dell'Egitto e di Alessandria affermano ancora con sicurezza che la moschea di Nabi Daniel sorga sul sito del Soma. Anche gli archeologi accademici non sono immuni al suo fascino: le richieste di permessi per scavare la tomba di Alessandro intorno a questa moschea venivano ancora ricevute negli anni '90.[54]

---

[49] D.G. Hogarth, E.F. Benson, *Egypt Exploration Fund* 1895, pp. 1-33.
[50] Leo Deuel, *The Memoirs of Heinrich Schliemann*, Hutchinson 1978.
[51] P.M. Fraser, *Ptolemaic Alexandria*, nota 88 al Cap. 1.
[52] P.M. Fraser, *Ptolemaic Alexandria*, nota 90 al Cap. 1.
[53] P.M. Fraser, *Ptolemaic Alexandria*, nota 88 al Cap. 1; M. Rodziewicz, *Les habitations romaines tardives d'Alexandrie*, Centre d'archéologie méditerranéenne de l'Académie Polonaise des Sciences, Warsaw 1984.
[54] Jean-Yves Empereur, *Alexandria Rediscovered*, p. 149.

I Misteri delle Moschee

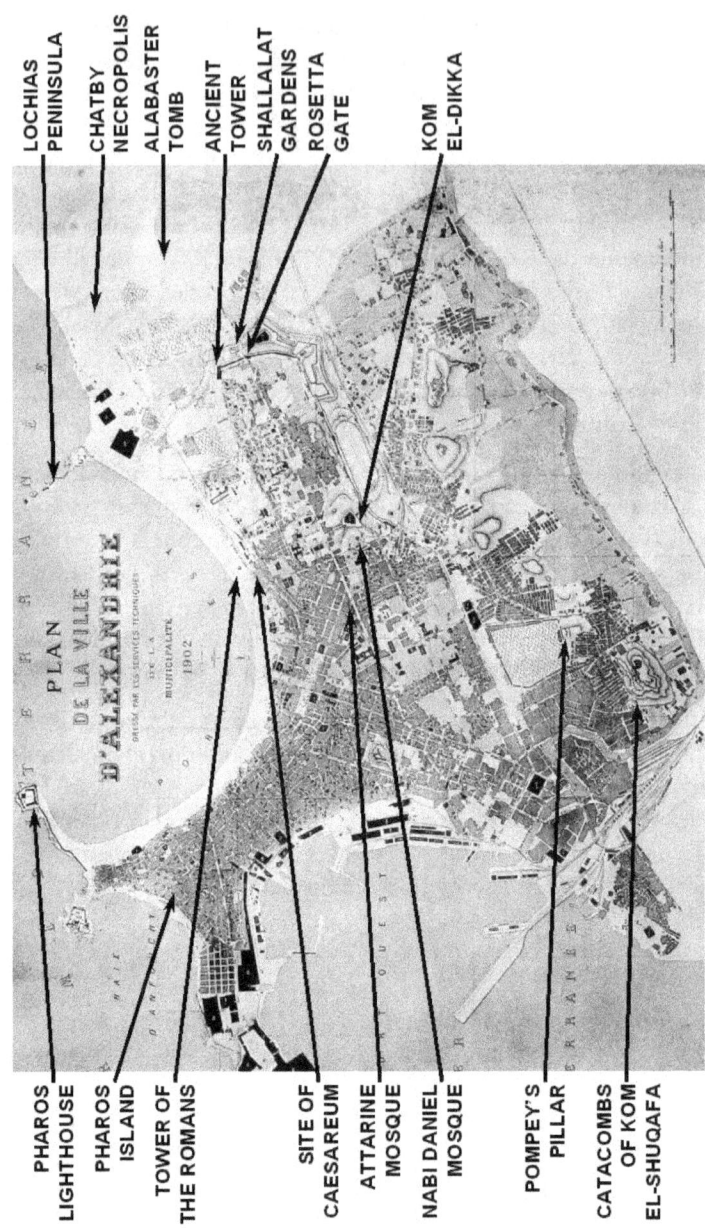

Figura 7.9. Pianta di Alessandria del 1902 con i siti antichi

8. La Mappa dell'Astronomo

As when it happeneth that some lovely town
Unto a barbarous besieger falls,
Who there by sword and flame himself instals,
And, cruel, it in tears and blood doth drown;
Her beauty spoiled, her citizens made thralls,
His spite yet so cannot her all throw down,
But that some statue, arch, fane of renown
Yet lurks unmaimed within her weeping walls:
So, after all the spoil, disgrace, and wrack,
That time, the world and death could bring combined,
Amidst that mass of ruins they did make,
Safe and all scarless yet remains my mind:
    From this so high transcending rapture springs,
    That I, all else defaced, not envy kings.

Sonetto XXIV, William Drummond di Hawthornden, 1623

(Come quando accade che qualche bella città
A un barbaro assediante cade,
che lì con spada e fiamma si installa,
E, crudele, la annega in lacrime e sangue;
La sua bellezza rovinata, i suoi cittadini diventati schiavi,
Il suo dispetto ancora così non può buttarla tutta giù,
Ma qualche statua, arco, santuario di fama
Eppure si nasconde intatto tra le sue mura piangenti:
Così, dopo tutto il bottino, la disgrazia e la rovina,
che il tempo, il mondo e la morte potrebbero portare insieme,
In mezzo a quella massa di rovine che hanno fatto,
Sicura e senza cicatrici rimane la mia mente:
Da questo così alto e trascendente rapimento scaturisce,
Che io, tutto il resto deturpato, non invidio i re.)

La popolazione dell'antica Alessandria raggiunse probabilmente un picco di circa mezzo milione nel I secolo a.C.[1] Un numero maggiore di questo sarebbe stato difficile da ospitare all'interno dell'estensione nota della città tolemaica, poiché l'evidenza mostra che Alessandria non aveva alloggi ad alta densità come i blocchi di case popolari a più piani della Roma imperiale, le cosiddette *insulae*. Testimonianze di antichi papiri suggeriscono un lento declino per tutto il periodo romano, anche se probabilmente caratterizzato da violente oscillazioni in conseguenza di varie guerre, pestilenze e disastri naturali.[2] Nel IV secolo d.C., la

---

[1] Diodoro, XVIII, 52, 6, menziona 300.000 cittadini liberi, il che porta a un totale di circa mezzo milione se vengono aggiunti gli schiavi.
[2] Christopher Haas, *Alexandria in Late Antiquity*, Capitolo 3.

La Mappa dell'Astronomo

cifra era probabilmente intorno a 180.000, mentre le vicissitudini dell'inizio del VII secolo rendono probabile che i "40.000 Ebrei tributari" menzionati dal generale arabo 'Amr siano in realtà un vago riferimento alla popolazione totale rimasta in città. Nel IX secolo, lo storico arabo Ibn Abdel Hakim fornì varie stime della popolazione al momento della conquista araba nell'ordine di centinaia di migliaia, ma 'Amr sarebbe stato in una posizione migliore per conoscere la verità. Le aree relative alla città tolemaica e araba, così come definite dai circuiti delle rispettive mura difensive, suggeriscono una popolazione nel IX secolo probabilmente inferiore a 200.000 abitanti.[3] Alessandria languiva sempre più profondamente all'ombra della nuova capitale al Cairo e fu intensamente scavata al fine di riciclare materiali architettonici lussuosi tanto che al tempo della mappa di Braun e Hogenberg (metà del XVI secolo) c'erano enormi aree vuote anche all'interno delle mura tulunidi. A quel tempo, inoltre, la strada rialzata dell'Eptastadion che collegava l'isola di Faro con la terraferma si era insabbiata, generando un ampio e piatto istmo tra i porti.

Poiché l'antica città araba aveva subito danni irreparabili dalle ingiurie del tempo e dai razziatori di pietre, gli Ottomani, che nel 1517 subentrarono al governo dei Mamelucchi in Egitto, trovarono opportuno fondare nuovamente la città sul suolo vergine dell'istmo.[4] Questo processo era già ben avviato all'epoca della mappa eccellente di Razaud, datata al 1687 (Figura 8.1).[5] Solo una minoranza della popolazione abitava ancora all'interno dell'antico perimetro delle mura, in villaggi concentrati in prossimità dei suoi ingressi principali. La nuova città sull'istmo ora dominava il porto.

Quando i francesi arrivarono con la spedizione di Napoleone, nel 1798, la transizione era in gran parte completata e Alessandria aveva raggiunto il nadir delle sue fortune. La mappa realizzata in quel periodo dagli ingegneri dell'Armata d'Oriente di Napoleone è mostrata nella Figura 8.2. La vecchia città araba fortificata era in gran parte deserta e anche la nuova città sull'istmo ospitava solo cinque o seimila abitanti circa.[6] Nel 1806 i residenti erano stimati in 6.000, ma nel 1820 Mohammed Ali iniziò a rivitalizzare il porto e la popolazione cominciò a crescere rapidamente: 12.000 nel 1821; 52.000 nel 1835; 200.000 nel 1868; e 317.000 nel censimento del 1897. Nel 1920 circa, la cifra superò il picco tolemaico di mezzo milione e nel 1960 raggiunse il triplo.[7] Parallelamente, l'area urbanizzata si espanse oltre i confini dell'istmo e si riversò inesorabilmente sui campi di

---

[3] Per un esame più dettagliato delle testimonianze spesso contraddittorie sulla popolazione dell'antica Alessandria si veda Diana Delia, "The Population of Roman Alexandria", *Transactions of the American Philological Association* 118, 1988, pp. 275-292.
[4] Jean-Yves Empereur, *Alexandria Rediscovered*, nota 2.
[5] Gaston Jondet, *Atlas Historique de la Villes et des Ports d'Alexandrie*, Cairo 1921, Pl. VIII; la mappa di Razaud sembra aver costituito la base di diverse importanti piante francesi di Alessandria del XVIII secolo, come quelle di d'Anville (1766), Savary (1785) e Cassas (1785).
[6] Evaristo Breccia, *Alexandrea ad Aegyptum*, 1922, p. 30.
[7] M.F. Awad, *La revue de l'Occident Musulman et de la Méditerranée* 46, 1987, p. 4.

La Ricerca della Tomba di Alessandro il Grande

rovine, cancellando o sigillando la grande massa dei resti archeologici man mano che si diffondeva.

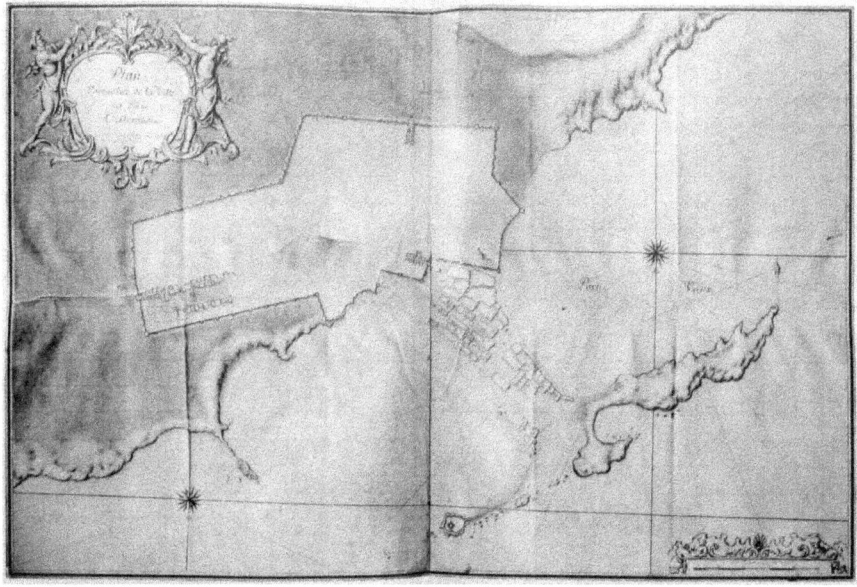

Figura 8.1. Mappa di Alessandria di Razaud del 1687

I nomi dei grandi edifici e monumenti dell'antica Alessandria erano ben noti in Europa, soprattutto all'indomani del Rinascimento, durante il quale gli antichi scrittori greci e latini erano tornati a essere ampiamente letti. Era una conseguenza naturale che i visitatori europei della città portuale cercassero di identificare i famosi siti tra le rovine sparse e anonime. Uno dei primi tentativi di tracciare la pianta dell'antica Alessandria fu fatto dal viaggiatore francese Bonamy, nel 1731.[8] La sua tecnica consisteva nel localizzare i punti di maggiore interesse tra le sabbie mobili e i pilastri caduti, ispirandosi principalmente alla descrizione dell'antica città fornita da Strabone. Sfortunatamente, la sua mappa (Figura 8.3) è di scarso valore pratico poiché incorpora molti errori dimostrabili: come posizionare la Colonna di Pompeo e il Serapeo dalla parte sbagliata della Via Canopica. Serve comunque a evidenziare il fatto che solo scavi accurati avessero una possibilità significativa di risolvere gli enigmi delle rovine.

---

[8] M. Bonamy, "Description de la Ville d'Alexandrie, telle qu'elle estoit du temps de Strabon," *Histoire de l'Académie des Inscriptions et Belles Lettres*, Tome 9, 1736, pp. 416-432; Il sito di Bonamy per il *Soma seu Sepultura Regum* appena a nord dell'incrocio era probabilmente la moschea Attarine.

La Mappa dell'Astronomo

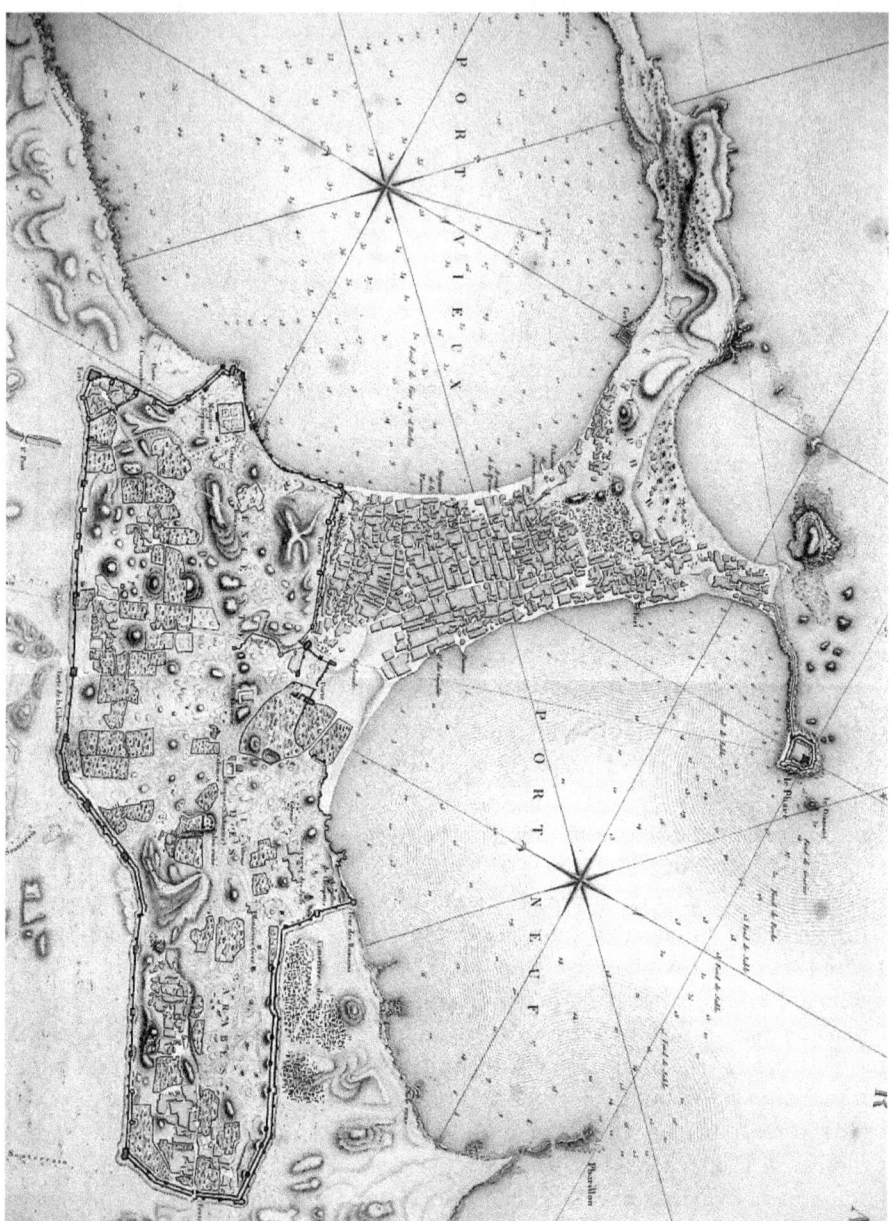

Figura 8.2. La magnifica pianta di Alessandria del 1798, dalla *Description de l'Egypte* di Napoleone, Planche 84, Vol. 2, *Etat Moderne* (collezione dell'autore)

L'archeologia scientifica arrivò nel Mediterraneo orientale con l'avvento della Scuola Francese ad Atene, nel 1846, seguita a breve dall'Istituto Archeologico Tedesco, dalla Scuola Britannica e da altri. Queste auguste fondazioni comunque

La Ricerca della Tomba di Alessandro il Grande

ignorarono in larga parte Alessandria durante la breve finestra temporale di pochi decenni intercorsa tra la loro istituzione e la scomparsa delle antiche rovine sotto la tentacolare città moderna. Nonostante ciò, accadde che la topografia dell'antica Alessandria venne salvata dall'oblio dell'urbanizzazione dall'improbabile figura di Mahmoud Bey, l'astronomo di corte del Khedive Ismaïl, allora sovrano dell'Egitto.[9] Altrettanto improbabile, le sue indagini furono sollecitate dalle ambizioni letterarie dell'imperatore di Francia.

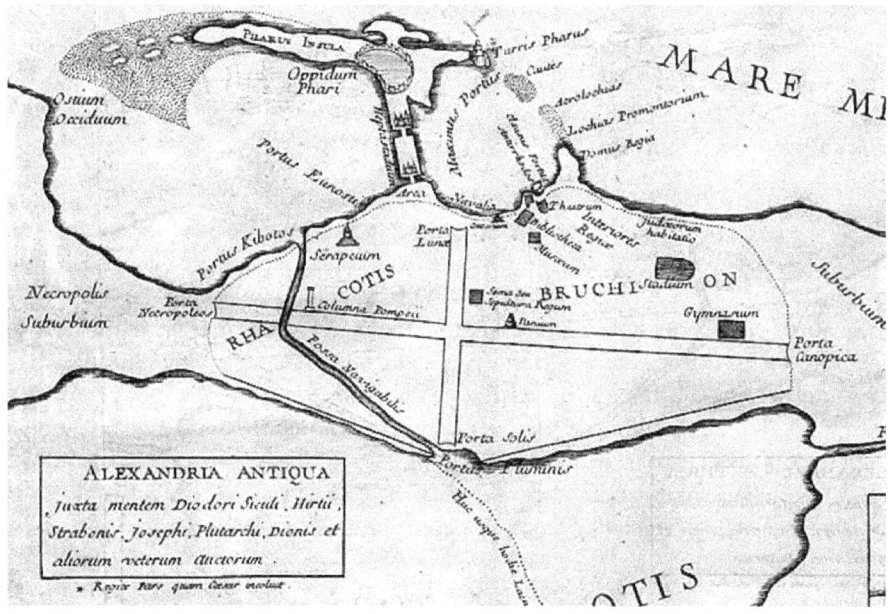

Figura 8.3. Ricostruzione dell'antica Alessandria, pubblicata da Bonamy nel 1731 (collezione dell'autore)

Intorno al 1860, Napoleone III concepì l'ambizione di comporre una storia sul suo eroe, Giulio Cesare. Era il nipote di Napoleone Bonaparte e dopo essere diventato presidente della Repubblica francese, nel 1848, seguì la tradizione di famiglia proclamandosi imperatore nel 1852. Tra i problemi chiave che Napoleone III sperava di affrontare nella biografia vi era la dettagliata spiegazione della guerra alessandrina di Cesare. A tal fine, chiese al suo amico, il Khedive, di fornirgli una planimetria dell'antica Alessandria come favore personale.[10] Ismaïl

---

[9] Salvo dove diversamente indicato, i dettagli riguardanti l'opera di Mahmoud Bey El-Falaki in questo capitolo provengono dal suo libro, *Memoire sur L'Antique Alexandrie...*, pubblicato a Copenaghen nel 1872 insieme (in alcune copie) a una importante mappa ricostruttiva dell'antica città. Di particolare interesse è il Capitolo 1, 'Murs d'enceinte et rues de l'antique ville d'Alexandrie'.
[10] Jean-Yves Empereur, *Alexandria Rediscovered*, Capitolo 1, p. 25.

La Mappa dell'Astronomo

Pacha era naturalmente felice di avere l'opportunità di essere al servizio di un alleato così potente e potenzialmente utile. Fortunatamente per noi, nel 1865 nominò un membro del suo staff estremamente competente e scrupoloso per intraprendere le ricerche necessarie.

Mahmoud Bey portava il titolo di *El-Falaki*, letteralmente "l'Astronomo", che era semplicemente l'epiteto tradizionale per un funzionario che operava in veste scientifica o tecnica presso una corte ottomana. In realtà, egli era un ingegnere e cartografo di formazione. In gioventù, come parte di un programma di modernizzazione, venne mandato a studiare per sette anni a Parigi, presso l'Ecole des Arts et Métiers, dal viceré Mohammed Ali. L'alta qualità di tale formazione è ampiamente attestata dal risultato principale delle sue indagini: un grafico superbamente dettagliato e accurato che mostra le mura e la pianta stradale dell'antica Alessandria.

La mappa di Mahmoud Bey (Figura 4.2) riflette anche il generoso stanziamento di risorse per il progetto da parte del Khedive. Centinaia di scavi furono intrapresi nelle aree non sviluppate del campo delle rovine da duecento operai, fornendo una grande ricchezza di informazioni riguardanti la linea delle mura difensive e la spaziatura e l'orientamento della griglia stradale. Nonostante la mancanza di qualsiasi formazione archeologica di El Falaki, e la sua conseguente incapacità di valutare in modo affidabile la datazione di molte delle sue scoperte, non c'è motivo di dubitare della sua versione della disposizione della città nella misura in cui è basata su scavi e misurazioni.[11] È solo laddove si è invece affidato alle voci e alle tradizioni locali, come nel caso della sua localizzazione del Soma sotto la moschea di Nabi Daniel, che le sue conclusioni diventano dubbie.

* * * * * * * *

L'esatto corso delle mura tolemaiche di Alessandria resta in una certa misura in discussione. Tuttavia, ci sono buone ragioni per ritenere che la versione di Mahmoud Bey non sia lontana dalla verità. L'Astronomo e la sua squadra trovarono fondamenta di pietra larghe cinque metri che correvano lungo la riva appena ad est della penisola di Lochias (punto A sulla sua mappa). Egli le descrive come composte da pietre di macerie fissate con una malta di calce e mattoni macinati. Dopo alcune centinaia di metri (nel punto B) tali fondazioni erano sepolte sotto le macerie sfuse, a una profondità di 3-4 metri. Mahmoud racconta di aver parlato con una persona che era stata coinvolta nella demolizione di questa sezione del muro allo scopo di fornire materiale da costruzione per la città moderna in espansione. Tracciò le fondamenta sotto le macerie per 2 chilometri (fino al punto C), dove scesero al di sotto della moderna falda acquifera. Ciò corrobora l'opinione che le fondamenta fossero antiche: gran parte dell'Alessandria tolemaica è nota per essersi abbassata di circa 4 metri rispetto al

---

[11] L'accuratezza generale del lavoro di Mahmoud è stata confermata dall'archeologia più recente ed è analizzata in dettaglio da Jean-Luc Arnaud, "Nouvelles Données sur la Topographie d'Alexandrie Antique", BCH 121, 1997, pp. 721-737.

La Ricerca della Tomba di Alessandro il Grande

livello del mare, sin dalla sua costruzione; pertanto, alcune delle antiche catacombe, così come le antiche fondamenta delle mura, sono state di conseguenza inondate nei corsi inferiori poiché sono sprofondate sotto il livello di infiltrazione di acqua dolce.[12]

I ladri di pietre fornirono un'ulteriore testimonianza dell'esistenza di fondazioni dello stesso tipo vicino a una piccola moschea alla fine di una lingua di macerie (punto D). Tuttavia, nei tratti meridionali del percorso del muro, la presenza di case moderne e dei loro giardini impediva scavi continui. Mahmoud ricorse alla ricerca delle fondamenta cercando le loro intersezioni con otto percorsi che correvano verso sud attraverso la loro linea generale est-ovest. In cinque casi, riuscì a localizzare ampi tratti di muratura larghi anche 5 metri (punti da E a I), ma con una malta di composizione leggermente diversa rispetto al settore nord-orientale. Notò anche che antiche fondazioni di edifici si trovavano ovunque guardasse sul lato nord di tali resti, a una profondità di 3 o 4 metri, ma erano del tutto assenti sul lato meridionale. Dal Serapeo al porto di Eunostos, lo scavo fu reso del tutto impraticabile dallo sviluppo moderno, ma l'Astronomo riuscì a dedurre la linea delle mura dalla condizione del suolo e dalla topografia generale. Sembra essere stato influenzato dalla descrizione di Strabone, che suggerisce che il perimetro occidentale si trovasse solo a breve distanza oltre il canale noto come *Kalish*, che scorre dal ramo canopico del Nilo.[13]

Mahmoud suppose che la sezione lungo il mare avesse la forma di una banchina. Sotto la guida dei pescatori locali, in una giornata di calma piatta, utilizzò una barca per esplorare i fondali marini dalla penisola di Lochias al Caesareum. Scoprì delle fondamenta a 2-3 metri sotto la superficie dell'acqua (punti A, b, c, d, e, f, g, h, i, k e l nella Figura 4.2 – inizia dalla A maiuscola e segui le lettere minuscole di fronte al porto). Nel restante tratto dell'istmo, basò la sua pianta sulla conoscenza dei ritrovamenti effettuati alcuni anni prima, durante la costruzione delle fondamenta delle case moderne (punti m e n) e su una ricognizione di superficie del suolo. Chiaramente, si è trattato di un'indagine meticolosa i cui risultati meritano credibilità.

Ma in che modo la posizione del muro perimetrale ci aiuta a localizzare il Mausoleo del Soma? La questione chiave è l'estensione dell'antica città a est della penisola di Lochias, per via delle implicazioni riguardo all'ubicazione del centro della capitale tolemaica dove si dice che si trovasse la tomba di Alessandro. È stato affermato che l'antica necropoli di Hadra e anche quella di Shatby potrebbero trovarsi appena fuori dalle mura tolemaiche. Questo principalmente perché la legge romana vietava le sepolture all'interno delle mura delle città, anche se proiettare l'usanza romana indietro nel tempo fino alla cultura ellenistica dei Tolomei non è valido: il Mausoleo di Alicarnasso, ad esempio, si trovava al centro della città. I cimiteri di Hadra e Shatby, infatti, si trovano proprio all'interno del

---

[12] P.M. Fraser, *Ptolemaic Alexandria*, Cap. 1 e nota 32.
[13] Strabone, *Geografia*, XVII, 1.

tratto orientale delle mura di Mahmoud Bey. Inoltre, c'è un frammento straordinariamente raffinato di un importante muro tolemaico che si trova a un paio di centinaia di metri a nord della Porta orientale di Rosetta, nelle mura tulunidi, e giace tuttora nella sezione settentrionale dei moderni Giardini Shallalat (cascata) (vedi Figura 8.4).

Nelle parti più antiche di tale frammento, i blocchi di calcare sono pieni zeppi di fossili di conchiglie e le pietre più grandi sono larghe oltre un metro, anche se variano per dimensioni e proporzioni. Hanno una banda di disegno distintiva intorno ai bordi, ma il resto della facciata di ciascuno è stato lasciato grezzo. La Torre dei Romani ad Alessandria era rivestita dal medesimo stile di blocchi, comprese le bande di disegno (vedi Figura 6.3). Simili blocchi di pietra si trovano in particolare nel contesto dell'architettura di alto rango del primo periodo ellenistico. Altrove, esempi pertinenti includono i massi che rivestono la Tomba del Leone a Cnido e i blocchi della base originale di un'altra tomba del leone ad Anfipoli, in Macedonia. Entrambe risalgono probabilmente alla fine del IV secolo a.C. e sono meglio associate agli immediati successori di Alessandro.[14]

Il frammento del muro di Shallalat ha portato alcuni a ipotizzare che l'antica città tolemaica potesse essere finita lì, oltre 1500 metri a ovest della linea delle mura orientali di Mahmoud. Contro tali considerazioni, tuttavia, vi è una forte implicazione nella testimonianza di Flavio Giuseppe, risalente al primo periodo romano, che il quartiere ebraico noto come Delta e comprendente fino a un quinto dell'intera città si trovasse completamente a est della penisola di Lochias.[15] Flavio Giuseppe scrive anche che agli Ebrei venne concesso un distretto all'interno di Alessandria dallo stesso Alessandro[16] e Tacito ci dice che le mura di Alessandria furono costruite da Tolomeo Soter,[17] mentre Ammiano afferma: "Alessandria stessa, non gradualmente come altre città, ma alla sua stessa origine, raggiunse la sua vasta estensione".[18] Inoltre, le mura di Mahmoud Bey concordano bene con i racconti dei nove scrittori antichi che forniscono le dimensioni della città antica (vedi Tabella 8.1). Fatta eccezione per il valore di Diodoro, che include probabilmente i sobborghi, esiste un buon livello di accordo per l'estensione est-ovest della città di circa 30 stadi alessandrini, con una ampiezza nord-sud di circa 10 stadi al centro e 8 alle estremità. Se la versione della città di Mahmoud è approssimativamente a forma di rettangolo, allora ha un perimetro di circa 80 stadi, ma se si seguono le sinuosità del muro, il circuito aumenta a circa 96 stadi. Tenendo conto del fatto che la lunghezza dello stadio

---

[14] Janos Fedak, *Monumental Tombs of the Hellenistic Age*, Toronto 1990, pp. 76-78 e Figs. 87 e 91 per la datazione della tomba del leone di Cnido e di Anfipoli e le illustrazioni delle bande di disegno.
[15] Flavio Giuseppe, *Contro Apione*, II, 33.
[16] Flavio Giuseppe, *Contro Apione*, II, 36, ma è dubbio che degli Ebrei siano arrivati così presto, anche se il quartiere Delta fu probabilmente istituito alla fine del regno di Soter; Flavio Giuseppe, La *Guerra Giudaica*, II, 487, attribuisce il dono ai Diadochi.
[17] Tacito, *Storie*, IV, 83.
[18] Ammiano Marcellino, *Storie*, XXII, 16, 15.

La Ricerca della Tomba di Alessandro il Grande

sembra essere variata tra circa 145m e 185m, in luoghi e tempi diversi, c'è un ragionevole grado di coerenza tra la pianta di Mahmoud e gli autori antichi.

Anche Pococke, che visitò Alessandria nel 1737-8, vide le fondamenta delle mura non lontano da quelle descritte da Mahmoud: -

Le vecchie mura della città sembrano essere state costruite sull'altura che si estende dal promontorio di Lochias verso est, i resti di una grande porta si vedono nella strada per Rosetto su questa altura; e le fondamenta delle mura possono di là essere ricondotte al canale.[19]

L'altura di Pococke sembra essere il basso crinale a poche centinaia di metri dal punto in cui Mahmoud colloca la Porta Canopica delle antiche mura. Le osservazioni di Pococke, dunque, suggeriscono una dimensione est-ovest della città antica leggermente più corta. Naturalmente, è del tutto possibile che le mura orientali siano state stabilite su linee diverse, in epoche diverse, durante i mille anni di storia di Alessandria greco-romana.

Figura 8.4. Torre nord-orientale sopravvissuta delle mura tulunidi, di probabile origine tolemaica o dell'inizio del periodo romano (foto dell'autore)

Judith McKenzie ha affermato che la griglia appena visibile segnata su una mappa di Alessandria eseguita nel 1806 da Henry Salt, console britannico e poi sponsor di Belzoni, (Figura 8.5) rappresentasse tracce esistenti della pianta stradale di Mahmoud.[20] La sua argomentazione è supportata da notevoli corrispondenze tra la griglia stradale di Mahmoud e i segni di Salt: in particolare, si può notare che circa ogni terzo delle tracce di Salt coincide con una delle strade principali di

---

[19] Pococke, *Description of the East*, Vol. 1, 1743, p. 3.
[20] Judith McKenzie, "Alexandria and the Origins of Baroque Architecture," *Alexandria and Alexandrianism*, Getty Museum, 1996, p. 111; la mappa di Salt apparve in G. Valentia, *Voyages and Travels to India, Ceylon, the Red Sea, Abyssinia and Egypt in the Years 1802 – 1806*, Vol. 4, London 1811.

La Mappa dell'Astronomo

Mahmoud. Presumibilmente, Salt osservò il campo delle rovine da un'altura all'alba o al tramonto, quando le ombre del Sole erano abbastanza lunghe da rendere manifesti i sottili allineamenti. La mappa di Salt tende a supportare la versione di Pococke in merito alla posizione della porta più orientale. Sembra anche che Salt abbia riconosciuto il significato speciale del viale nord-sud contrassegnato come R1 nella pianta di Mahmoud: mostra una sorta di vuoto nella sua griglia, alludendo forse alla linea di un antico canale nel percorso dell'antico acquedotto sotterraneo che corre accanto alla carreggiata di R1. In tal modo, Salt fornisce un supporto implicito a Mahmoud Bey nella sua designazione dell'intersezione di R1 con la Via Canopica (L1) come incrocio centrale dell'antica Alessandria. Una versione della mappa di Mahmoud pubblicata in una rivista tedesca nel 1872 (Figura 8.6) indicava che la squadra di Mahmoud avesse scoperto un numero particolarmente elevato di colonne cadute lungo le strade R1 e L1.[21]

Un'ulteriore evidenza della linea orientale delle antiche mura è rappresentata da una dettagliata veduta panoramica di Alessandria, da est, pubblicata nel 1803 insieme a un resoconto della campagna dell'esercito britannico contro il corpo di spedizione di Napoleone in Egitto.[22] L'incisione è riprodotta nella Figura 8.7. La veduta è tratta da un disegno che deve essere stato eseguito all'epoca della battaglia di Alessandria, nel 1801, da un artista in piedi nelle vicinanze della rosa dei venti, nella Figura 8.5, con lo sguardo rivolto a ovest, verso le linee francesi e la città dietro di esse. Le mura in rovina che si trovano a metà distanza, a sinistra e al centro della panoramica, sono situate all'incirca sulla linea del muro orientale di Mahmoud. Inoltre, le rovine incorporano un grande arco, lungo la linea approssimativa della strada da Alessandria a Rosetta, che sembra essere coerente con un antico ingresso. Forse, si tratta delle rovine menzionate anche da Pococke, il quale ha semplicemente descritto in modo un po' vago il loro rapporto con il terreno rialzato immediatamente dietro di esse.

Un'ultima linea di argomentazione a favore dell'Astronomo è la cifra della popolazione fornita da Diodoro di "300.000 cittadini liberi", che implica un totale che si avvicina al mezzo milione se includiamo gli schiavi. La densità della popolazione è molto incerta, ma le scarse prove archeologiche rivelano una densità abitativa relativamente bassa: forse circa 200 persone per ettaro.[23] Ciò suggerisce che la popolazione potrebbe a malapena essere ospitata dalla città di Mahmoud di circa 1000 ettari, per non parlare di un'area più piccola.

---

[21] H. Kiepert, "Zur Topographie der alten Alexandria: Nach Mahmud Begs Entdeckungen," *Zeitschrift der Gesellschaft für Erdkunde zu Berlin*, Vol. 7, 1872, pp. 337-349, pl. 5 (mappa di fronte a p. 384).
[22] Tavola 25 in *Journal of The Late Campaign in Egypt: Including Descriptions of that Country and of Gibraltar, Minorca, Malta, Marmorice and Macri*, di Thomas Walsh, pubblicato da T. Cadell and W. Davies, London 1803.
[23] Christopher Haas, *Alexandria in Late Antiquity*, Capitolo 3, p. 46; Jean-Yves Empereur, *Alexandria Rediscovered*, Capitolo 3, p. 61.

La Ricerca della Tomba di Alessandro il Grande

L'indagine dell'Astronomo dell'antico reticolo stradale fu ancora più ampia dell'esplorazione del circuito delle mura difensive. I luoghi specifici in cui la squadra di Mahmoud scavò le antiche pietre di pavimentazione delle superfici stradali sono segnati da doppie barre trasversali nella versione della pianta di Mahmoud mostrata in Figura 8.6. Egli identificò la strada sopravvissuta, che passava vicino alla moschea Attarine e correva dritta attraverso la Porta orientale di Rosetta della città araba, con la Via Canopica, il principale viale longitudinale dell'antica Alessandria. Sei scavi furono intrapresi per confermare tale ipotesi. Uno davanti alla moschea, un altro a 10 metri a ovest della porta e altri quattro su un tratto di mezzo chilometro a est della porta. Più a est, i resti erano stati distrutti, probabilmente quando Mohammed Ali aveva ristrutturato la strada all'inizio del XIX secolo. Mahmoud scoprì delle pietre di pavimentazione nere o grigiastre che erano spesse 20cm e avevano una lunghezza e una larghezza da 30cm a 50cm. La pavimentazione era ben conservata in corrispondenza del primo, terzo, quarto e quinto sito di scavo. Era larga 14 metri e giaceva a 2,5-3 metri sotto il suolo all'interno della città araba, ma a una profondità di soli 1,5 metri fuori dalle mura tulunidi. Mahmoud citò anche i resti di grandi pezzi di muratura e colonne spezzate rinvenuti durante la posa delle fondamenta delle case moderne lungo la strada. Illustrazioni precedenti, della fine del XVIII secolo, di Louis-François Cassas e Luigi Mayer mostrano sei colonne ancora in piedi (Figure 8.8 e 8.9).[24]

Sulla mappa della città, l'Astronomo indicò la Via Canopica come strada longitudinale L1. Fece scavi aggiuntivi lungo le linee di 3 ulteriori viali longitudinali a nord della Via Canopica (L2, L3, L4) e altri 3 a sud (L'2, L'3, L'4). Trovò anche tracce superficiali di altri due viali ai margini meridionali della città, ma li segnò con delle linee tratteggiate per evidenziare il fatto che non fece alcun tentativo di scavare fino ai loro lastricati. Le pietre di pavimentazione formavano una fascia larga 7 metri, laddove fossero sufficientemente ben conservate da consentire di misurare la larghezza della strada. Inoltre, Mahmoud notò che le strade ricorrevano a intervalli regolari di circa 278 metri in direzione nord-sud.

---

[24] Planche 35, nella sezione Antiquités V della *Description de l'Egypte*, Paris 1829, e le mappe di Alessandria, nella stessa opera, mostrano solo le tre colonne immediatamente di fronte alla moschea Attarine; allo stesso modo, la mappa di Henry Salt datata al 1806.

La Mappa dell'Astronomo

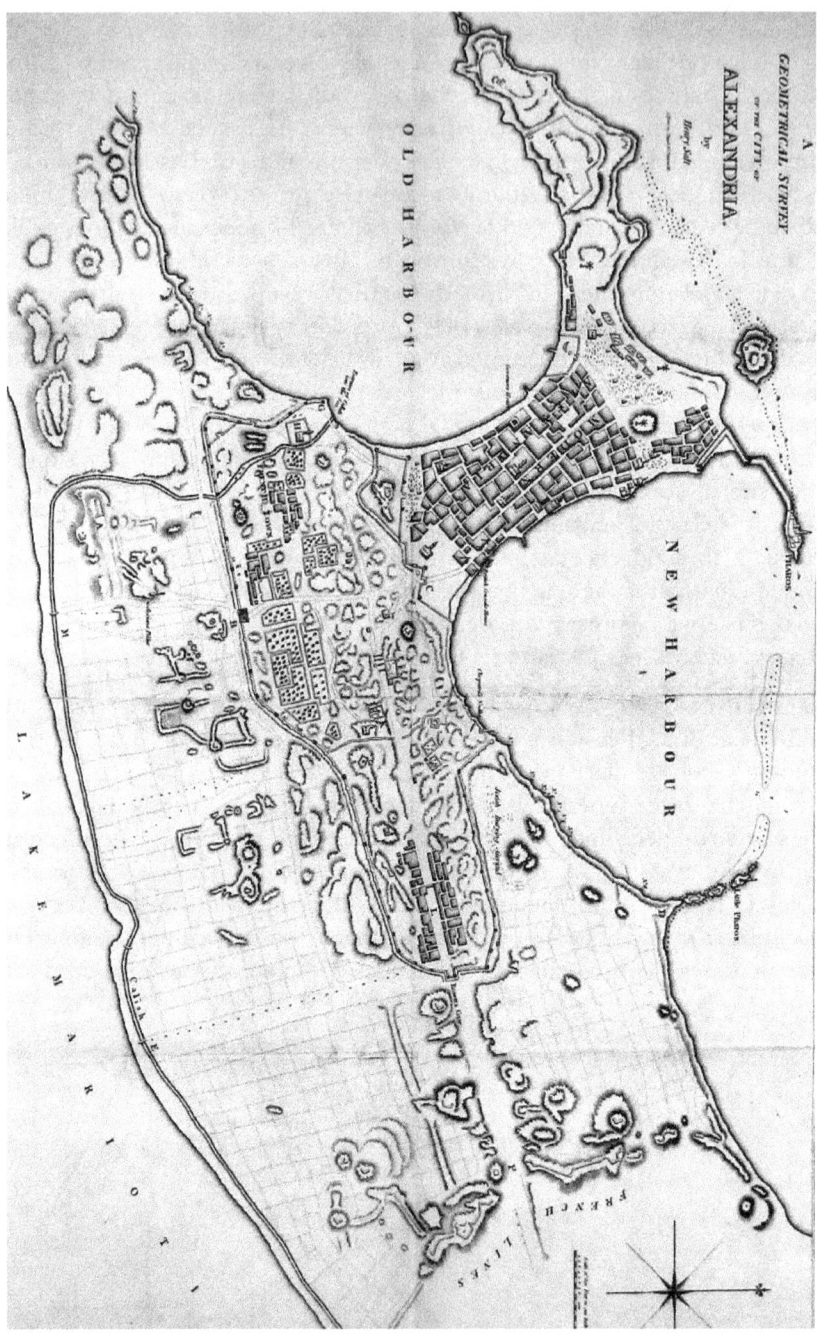

Figura 8.5. Mappa di Alessandria disegnata da Henry Salt nel 1806 (collezione dell'autore)

La Ricerca della Tomba di Alessandro il Grande

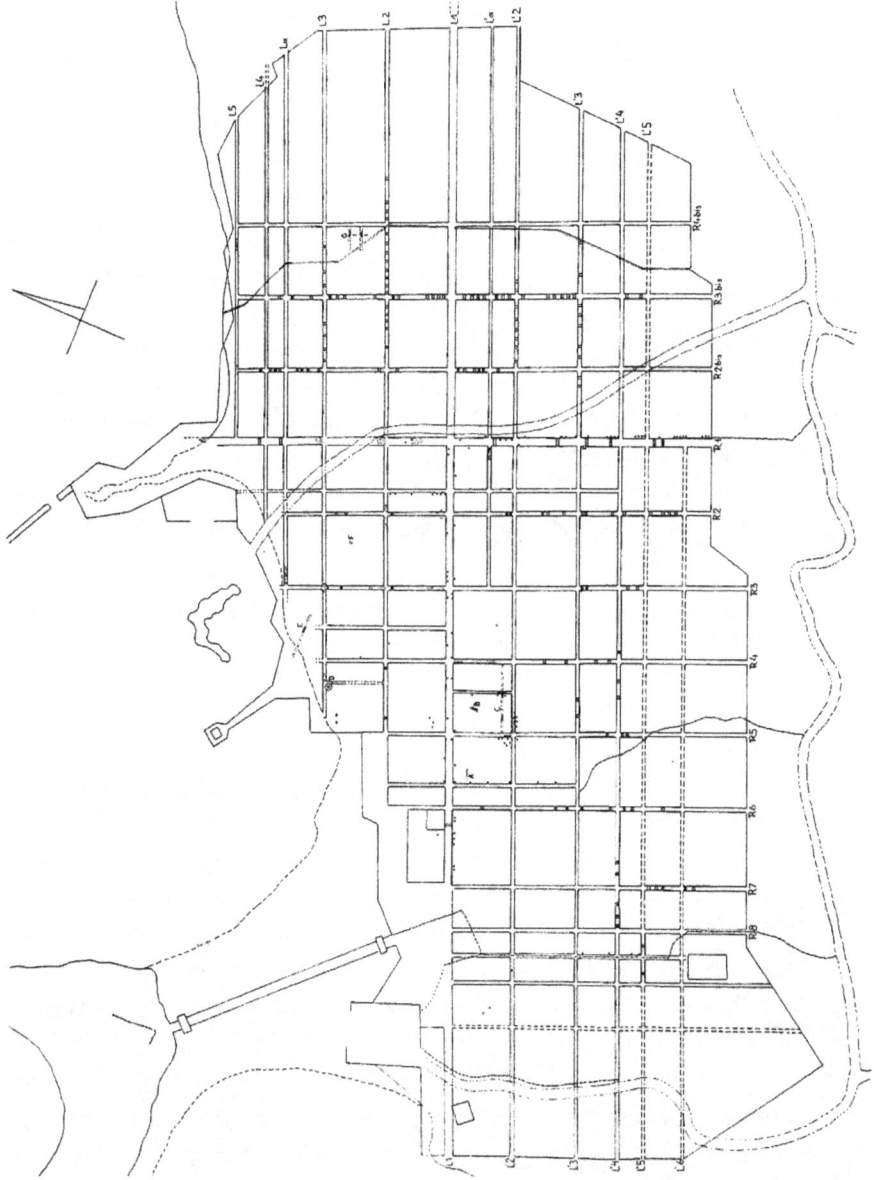

Figura 8.6. Versione di Kiepert della pianta di Alessandria di Mahmoud Bey con i ritrovamenti di colonne contrassegnati da punti e gli scavi stradali indicati da barre trasversali

La Mappa dell'Astronomo

Figura 8.7. Veduta di Walsh degli approcci orientali ad Alessandria durante la Battaglia di Alessandria del 1801 (collezione dell'autore)

Figura 8.8. La Via Canopica oltre la moschea Attarine (veduta verso est), incisione da un disegno del 1785 di L-F. Cassas (collezione dell'autore)

La Ricerca della Tomba di Alessandro il Grande

Figura 8.9. La Via Canopica oltre la moschea Attarine (veduta verso est), incisione all'acquatinta da un disegno del 1792 ca. di Luigi Mayer (collezione dell'autore)

Esattamente ad angolo retto rispetto ai viali longitudinali, Mahmoud scoprì 11 strade trasversali principali e tracce minori di una dodicesima, a una distanza regolare est-ovest di 330 metri l'una dall'altra. I suoi scavi rivelarono anche i resti di cinque strade intermedie nord-sud. Egli dedusse che l'intervallo di 330m probabilmente rappresentava 2 stadi di 165 metri ciascuno. Nel sistema di misurazione greco, uno stadio comprende 6 pletri, quindi tale ipotesi aveva l'ulteriore attrattiva di rendere la spaziatura standard dei viali longitudinali (278m) pari a quasi esattamente 10 pletri (275m). La strada trasversale che dalla penisola di Lochias scende attraverso il declivio centrale è risultata essere larga il doppio delle altre e corrispondente alla larghezza della Via Canopica di 14 metri. Era tuttavia divisa in due carreggiate di uguale larghezza, separate da una fascia di terra larga un metro. La corsia orientale era lastricata allo stesso modo delle altre, mentre quella parallela aveva una superficie composta da calce, terra, piccoli ciottoli e frammenti di pietrisco. Un acquedotto sotterraneo correva lungo il suo lato orientale, mentre una fogna costeggiava il bordo occidentale. Mahmoud denominò il percorso trasversale principale R1 e designò quelli a est di esso R2bis, R3bis e R4bis e quelli a ovest R2, R3... R8, dove l'ultimo era la principale strada di accesso al tempio del Serapeo dalla Via Canopica.

Strabone descrisse le due strade principali di Alessandria come intersecanti ad angolo retto e larghe oltre un pletro (ca. 30 metri). Sebbene la pavimentazione di El-Falaki fosse solo la metà di tale larghezza, le strade che denominò L1 e R1 erano comunque larghe il doppio di tutte le altre che aveva scavato, quindi è molto

La Mappa dell'Astronomo

probabile che fossero le strade principali di Strabone.[25] Le superfici stradali scoperte da Mahmoud sembrano essere databili al periodo tardo romano e rispecchiano dunque la situazione diversi secoli dopo che Strabone scrisse. Si trovano a una profondità di soli 2 o 3 metri, mentre i livelli più antichi sono spesso situati a 7-10 metri sotto il livello stradale moderno e vicino alla falda freatica. L'Astronomo stesso osservò che le pavimentazioni da lui scoperte non potevano essere originali, ovvero del primo periodo tolemaico, poiché al di sotto di esse vi era almeno un metro di detriti più antichi. Curiosamente, notò anche che tali substrati erano più spessi in corrispondenza dei distretti nord-orientali, cosa che egli attribuì alla distruzione causata dalla guerra nella seconda metà del III secolo d.C., ma lo tsunami del 365 d.C. potrebbe aver avuto conseguenze simili.

L'originario tracciato stradale tolemaico di Alessandria aveva un orientamento diverso rispetto alle strade romane scavate da Mahmoud? L'evidenza fornita da scavi più moderni sembra confermare la validità della griglia dell'Astronomo alle origini della metropoli, fatta salva qualche piccola precisazione.[26] Ad esempio, nel XX secolo sono state scavate tre sezioni della strada trasversale denominata R4, disseminate lungo più di un chilometro della sua lunghezza, e Adriani ha sondato la strada longitudinale L2.[27] Sebbene sia stato scoperto un quartiere avente strade con un diverso allineamento, ciò è limitato a una sub-area della zona del palazzo.[28] Una squadra di geofisici ha recentemente dimostrato che la strada rialzata dell'Eptastadion era allineata con la strada trasversale R9 di Mahmoud (tratteggiata in Fig. 8.6), pertanto l'orientamento obliquo di tale collegamento, così come formulato dall'Astronomo, deve ora essere rifiutato.[29] Malgrado ciò, Mahmoud emerge oggi piuttosto indenne dal fiume di critiche riversato su di lui da studiosi come Hogarth: -

Chiunque, tuttavia, tenti di scrivere una memoria topografica della città dovrà valutare e, credo, condannare nel complesso, il lavoro dell'Astronomo di corte di Ismail. Mahmud Bey disponeva, è vero, di strutture nel 1870 che non esistono più nel 1895: non solo c'era un Khedive autocratico dietro di lui, ma il sito era molto più aperto.... Mahmud Bey, tuttavia, non aveva avuto alcun

---

[25] L'interpretazione di R1 rimane controversa. F. Noack, "Neue Untersuchungen in Alexandrien", *Mittheilungen des Kaiserlich Deutschen Archäeologischen Instituts, Athenische Abtheilung* 25, 1900, pp. 215-279, riporta i propri scavi di R1, che trovò difficile conciliare completamente con il resoconto di Mahmoud, ma conclude anche che: "L'affidabilità della pianta stradale di Mahmoud è stata in generale verificata dai nostri scavi".

[26] Per una indagine di scavo aggiornata vedi Judith Mckenzie, "Glimpsing Alexandria from Archaeological Evidence," *JRA* 2003, pp. 35-63.

[27] Jean-Yves Empereur, *Alexandria Rediscovered*, Capitolo 3, pp. 56-7; gli scavi hanno scoperto resti di R4 al Cinema Rio (Adriani), Kom el-Dikka (missione polacca) e nel sito del Teatro Diana; Christopher Haas, *Alexandria in Late Antiquity*, Capitolo 2, p. 30.

[28] M. Rodziewicz, "Ptolemaic street directions in Basilea," *Alessandria e il mondo ellenistico romano*, Congrès Alexandrie, 1992, Roma 1995, pp. 227-35.

[29] Albert Hesse et al., "L'Heptastadium d'Alexandrie (Égypte)," in Jean-Yves Empereur (ed.), *Alexandrina* 2 (Études Alexandrines 6, Cairo 2002), pp. 191-273.

La Ricerca della Tomba di Alessandro il Grande

tipo di formazione per il lavoro che doveva svolgere; non solo non conosceva alcuna lingua classica, ma mi è dato di capire che questo fosse il suo primo saggio di scavo.[30]

Ciò non solo mostrava il peggior tipo di arroganza intellettuale, ma era anche completamente errato: Hogarth aveva persino sbagliato l'anno delle indagini di Mahmoud.

* * * * * * * *

Se si accetta l'ampia accuratezza della mappa di Mahmoud Bey e si considera legittima l'estrapolazione del tracciato romano all'epoca tolemaica, allora ci sono diverse implicazioni relative alla posizione del Soma. In maniera evidente, la mappa individua con precisione l'incrocio centrale dell'antica Alessandria, che sembra essere il sito privilegiato dalle fonti antiche quale sede del Mausoleo del Soma. Inoltre, sono altrettanto significative sia le grandi dimensioni della città di Mahmoud che la quasi coincidenza del suo incrocio centrale con la successiva Porta orientale di Rosetta.

La vastità dell'area racchiusa nel circuito perimetrale delle antiche mura di Mahmoud suggerisce che il quartiere reale, che secondo Strabone costituiva circa un quarto o terzo dell'intera città, doveva essere proporzionalmente enorme.[31] Strabone precisa che i palazzi reali si trovavano sulla penisola di Lochias e si estendevano lungo il fronte del porto grande fino al Timonium di Mahmoud, oltre il quale si trovavano il Caesareum, l'Emporio e i relativi quartieri commerciali. A est di Lochias, il distretto reale era delimitato e confinato da Delta, il quartiere ebraico.[32] Tali stretti confini orientali e occidentali richiedono che il quartiere reale di Strabone si estendesse per un lungo tratto a sud di Lochias, probabilmente anche oltre la Via Canopica, per avvicinarsi almeno a un quarto della superficie totale della città. La collocazione del Soma in prossimità dell'incrocio principale è quindi del tutto coerente con il suo essere parte del distretto reale, come definito da Strabone. È lo storico stesso a confutare coloro che hanno affermato che la posizione del Soma all'interno del quartiere reale lo collochi sulla riva orientale del porto grande o nelle sue vicinanze.

L'associazione dell'incrocio con la Porta di Rosetta ricorda la descrizione di Ibn Abdel Hakim di una moschea di Dulkarnein (cioè Alessandro) situata adiacente alla porta di Alessandria del IX secolo.[33] Spinge anche a chiedersi perché il sultano Ahmed Ibn Tulun abbia scelto di includere l'antico crocevia all'interno del suo circuito difensivo. Il vicino frammento di un muro tolemaico (Figura 8.4), l'unico tratto oggi sopravvissuto in tutta la città, potrebbe indicare la presenza di mura

---

[30] D.G. Hogarth, E.F. Benson, "Report of Prospects of Research in Alexandria," *Egypt Exploration Fund* 1895, p. 17.
[31] Strabone, *Geografia*, XVII, 1, 8; Strabone indica un quarto o addirittura un terzo del *circuito* della città – forse si riferisce all'angolo sotteso da questo quartiere al centro della città.
[32] Flavio Giuseppe, *Contro Apione*, II, 33, pone Delta vicino ai palazzi reali su un tratto di costa senza porti.
[33] P.M. Fraser, *Ptolemaic Alexandria*, nota 86 al Cap.1

La Mappa dell'Astronomo

più antiche che già circondavano le vicinanze dell'antico incrocio prima dell'epoca di Ibn Tulun?

*   *   *   *   *   *   *   *

La proposta alternativa all'incrocio centrale dell'Astronomo, quale candidato a cuore della città antica, è l'intersezione della strada trasversale R5 di Mahmoud con la Via Canopica, circa 1,5 km più a ovest.[34] La sostituzione di R5 al posto di R1, come principale viale trasversale, resta comune nelle piante pubblicate ancora oggi.[35] Curiosamente, anche tale teoria sembra avere le sue origini nell'opera di Mahmoud Bey, poiché fu lui, più di ogni altro, a trasformare un misto di leggenda e pettegolezzi locali nella seria argomentazione che il Soma si trovasse sotto la moschea di Nabi Daniel. L'edificio è situato sulla strada R5, non molto a sud della Via Canopica, e il ragionamento di fondo è che se il Soma si fosse trovato al centro della città, allora il centro della città deve essere adiacente al presunto sito del Soma. Tale era la linea adottata da Evaristo Breccia nelle sue opere influenti pubblicate nella prima metà del XX secolo. L'ironia stupenda di tutto ciò è che alcuni commentatori successivi abbiano utilizzato la posizione del centro dell'antica Alessandria di Breccia, vicino a R5, per sostenere la tesi della moschea di Nabi Daniel quale sito del Mausoleo del Soma: si tratta, naturalmente, di un ragionamento perfettamente circolare. Mentre è vero che il centro di gravità di Alessandria si spostò verso ovest alla fine del periodo romano, non sembra esserci alcuna base sostenibile a favore della moschea di Nabi Daniel come sito del Soma.

In questo capitolo abbiamo lavorato attraverso prove complesse e astruse provenienti da indagini archeologiche, mappe e incisioni antiche, al fine di considerare come possano conciliarsi con le antiche testimonianze. La totalità delle evidenze porta praticamente alla conclusione che Mahmoud Bey e Henry Salt avessero ragione quando attribuirono autonomamente un significato speciale all'intersezione di R1 con L1: con ogni probabilità, è il sito dell'incrocio centrale dell'antica Alessandria, come descritto da Strabone.

---

[34] G. Botti (su basi piuttosto eccentriche) posizionò l'incrocio all'intersezione di R2 con L'3.
[35] Per esempio, Christopher Haas, *Alexandria in Late Antiquity*, p. 2.

La Ricerca della Tomba di Alessandro il Grande

Tabella 8.1. Fonti delle dimensioni dell'antica Alessandria

Autore	Riferimento	Età	Lunghezza	Ampiezza	Circuito
Diodoro Siculo	XVII, 52	Metà del I secolo a.C.	40 stadi	-	-
Strabone	XVII, 1, 8	ca. 25 a.C.	30 stadi	7 o 8 stadi	-
Filone	In Flaccum, 92	Prima metà del I secolo d.C.	-	10 stadi	-
Curzio Rufo	IV, 8, 2	ca. 50 d.C.	-	-	80 stadi
Flavio Giuseppe	Bell. Jud. II, 16, 4	Seconda metà del I secolo d.C.	30 stadi	10 stadi	-
Plinio il Vecchio	V, 11	77 d.C.	-	-	15 miglia romane
Pseudo Callistene	I, 31, 10 Jul. Var.	III secolo d.C.	-	16 stadi e 395 piedi	-
Stefano Bizantino	Alexandreia	Inizio del VI secolo d.C.	34 stadi	8 stadi	110 stadi
Michael bar Elias*	Chronicle v, ch. 3	Fine XII secolo (ca.III secolo originale?)	14.987 piedi (4.57km o 27.7 stadi aless.?)	-	-
Mahmoud Bey	L'Antique Alexandrie	1865	31 stadi aless.	10 stadi aless.	96 stadi aless.

Stadio alessandrino = 165m

Tipico stadio greco = 180m

Stadio romano (Plinio) = 148m

Miglio romano = 1480m

*Vedi P.M. Fraser, "A Syriac Notitia Urbis Alexandrinae," *Journal of Egyptian Archaeology* 37

9. La Città di Alessandro

Softly sweet, in Lydian measures,
Soon he soothed his soul to pleasures:
War, he sung, is toil and trouble;
Honour, but an empty bubble;
Never ending, still beginning,
Fighting still, and still destroying:
If the world be worth thy winning,
Think, O think it worth enjoying...
Now strike the golden lyre again;
A louder yet, and yet a louder strain.
Break his bands of sleep asunder,
And rouse him, like a rattling peal of thunder
Hark, hark! the horrid sound
Has raised up his head;
As awaked from the dead,
And amazed, he stares around...

da Alexander's Feast di John Dryden

(Dolcemente dolce, in misure lidiche,
Presto placò la sua anima ai piaceri:
La guerra, cantava, è fatica e guai;
Onore, ma una bolla vuota;
Senza fine, ancora inizio,
Combattendo ancora, e ancora distruggendo:
Se il mondo vale la tua vittoria,
Pensa, oh pensa che valga la pena goderselo...
Ora suona di nuovo la lira d'oro;
Più forte ancora, e ancora più forte.
Spezza le sue catene del sonno,
E sveglialo, come un fragore di tuono
Ascolta, ascolta! il suono orribile
ha alzato il capo;
Come risvegliato dalla morte,
E stupito, si guarda intorno...)

Purtroppo, la ricerca del Soma ha acquisito una vaga aura di discredito negli ambienti accademici, non solo a causa della carrellata di truffatori, ciarlatani e svitati che si sono dilettati sull'argomento, ma anche per via degli studiosi, peraltro illustri, che hanno sacrificato la loro reputazione sull'altare della tomba di

La Ricerca della Tomba di Alessandro il Grande

Alessandro.[1] Heinrich Schliemann, il famoso scopritore di Troia e Micene, visitò Alessandria nel 1888 con l'obiettivo specifico di trovare la tomba. Dopo aver dichiarato la sua infallibile convinzione che i resti giacessero sotto la moschea di Nabi Daniel, i suoi piani di scavare nelle vicinanze furono tuttavia vanificati dalle autorità religiose locali che si rifiutarono, di punto in bianco, di concedergli il permesso di scavare sulla loro terra.[2] Successivamente, nel XX secolo, l'archeologo italiano Evaristo Breccia, che fu un distinto direttore del Museo Greco-Romano di Alessandria tra il 1904 e il 1932, abbracciò anche lui il folklore che circonda la moschea di Nabi Daniel, con altrettanto mal riposto entusiasmo:
-

Ma in ogni caso si può ritenere fondato che il Sema e di conseguenza anche i Mausolei dei Tolomei fossero vicini alla Moschea di Nabi Danial.[3]

Tali eminenti archeologi sono rimasti abbagliati da un antico equivoco che ha fatto sì che la moschea di Nabi Daniel fosse erroneamente collegata al racconto cinquecentesco della tomba di Alessandro di Marmol, il quale in realtà si riferiva molto probabilmente al santuario della moschea Attarine. Ciò avvenne perché Marmol menzionò anche una chiesa di San Marco in città, dove si supponeva fosse sepolto il corpo del santo stesso. Sebbene il racconto di Marmol non associasse in alcun modo la chiesa alla tomba, Bruce, scrivendo nel 1790, lo citò erroneamente dicendo che la tomba si trovava vicino alla chiesa.[4] Alla fine del XIX secolo, tale chiesa di San Marco aveva cessato di esistere, ma c'era una nuova chiesa copta del santo a circa 300 metri a nord-ovest della moschea di Nabi Daniel. Si è ipotizzato che la nuova chiesa sorgesse sulle fondamenta della vecchia, forgiando così il collegamento mancante tra i racconti del XVI secolo e la moschea di Nabi Daniel.[5] Infatti, la mappa di Alessandria del XVI secolo di Braun e Hogenberg raffigura una pietra appena all'interno della *Porte du Caire* (Porta del Cairo) della città, sotto la quale si credeva fosse stato scoperto il corpo di San Marco e c'è un edificio simile a una chiesa disegnato accanto al sito (Figura 9.1). In particolare, dal momento che sia la legenda della mappa che Marmol menzionano i veneziani, i quali avevano rubato i presunti resti di San Marco

---

[1] Per esempio, P.M. Fraser, *Ptolemaic Alexandria*, p. 16, "The actual location of the 'tomb of Alexander' has been much debated, but… the unending search for it, rather than for the Mausoleum of the Ptolemies, must be regarded as misdirected and pointless. Nevertheless, a brief account of the mixture of legend and surmise is necessary…"(L'effettiva ubicazione della "tomba di Alessandro" è stata molto dibattuta, ma… l'incessante ricerca di essa, piuttosto che del Mausoleo dei Tolomei, deve essere considerata mal indirizzata e inutile. Ciononostante, un breve resoconto della miscela di leggenda e supposizione è necessario…)
[2] Leo Deuel, *The Memoirs of Heinrich Schliemann*, Hutchinson, 1978.
[3] Evaristo Breccia, *Alexandrea ad Aegyptum*, 1922, p. 99.
[4] Bruce, *Travels*, I, 1790, p. 13, "Marmol… says he saw it [Alexander's tomb] in the year 1546. It was, according to him, a small house in form of a chapel, in the middle of the city, near the church of St. Mark, and was called Escander." (Marmol… dice di averla vista [la tomba di Alessandro] nell'anno 1546. Era, secondo lui, una piccola casa a forma di cappella, nel mezzo della città, vicino alla chiesa di San Marco, e si chiamava Escander.)
[5] Vedi P.M. Fraser, *Ptolemaic Alexandria*, nota 86 al Cap. 1, che fornisce una lucida spiegazione della confusione.

nell'828 d.C., sembra probabile che in realtà fosse proprio l'edificio appena all'interno del portale, in seguito conosciuto come la Porta di Rosetta, quello che Marmol stava descrivendo.[6] Avremo modo di ritornare sul sito della tomba di San Marco nei capitoli successivi.

* * * * * * * *

Le teorie, più o meno dubbie, riguardanti l'ubicazione del Soma abbondano. Una delle falsificazioni più palesi fu perpetrata da Joannides nel 1893.[7] Egli scoprì una necropoli tolemaica a Shatby, a est della penisola di Lochias (Figura 7.9), come riportato nella Egyptian Gazette del 20 giugno 1893:

> *Il signor Joannides afferma di aver scoperto le tombe di Alessandro Magno e di Cleopatra. La prima si trova a una profondità di 16 metri dalla superficie e la seconda a una profondità di 12 metri. Dice che le porte delle tombe sono di bronzo su cui ci sono iscrizioni in greco e che il nome dell'occupante della tomba è scolpito sulla porta. Il bronzo è mangiato in alcune parti e con l'aiuto della luce al magnesio, il signor Joannides afferma di essere stato in grado di distinguere sarcofagi di marmo che avevano piedi a zampe di leone. Dice anche di aver visto qualcosa come pergamene o pelli in queste volte. Questa è solo una parte di ciò che il signor Joannides afferma esserci nelle volte in questione poiché sembra che abbia trovato molti gioielli e alcuni bellissimi vasi greci. Ciò differisce molto dalle dichiarazioni del Conservatore del Museo di Alessandria, ma sentiamo il dovere nei confronti dei nostri lettori di presentare loro la dichiarazione dell'originale scopritore di queste antichità. A tempo debito conosceremo la reale verità della faccenda.*

Negli ultimi decenni, il più famoso diplomato all'eccentrica scuola di cacciatori di tombe è stato l'intrepido Stelios Koumoutsos, un cameriere del café bar L'Élite di Alessandria, il quale sciupava le mance minuziosamente accumulate per finanziare una lunga serie di scavi, spesso non autorizzati, in tutta la città. In almeno due occasioni, scelse luoghi che erano sott'acqua nell'antichità e il dossier ufficiale conservato dalle autorità egiziane contiene 322 domande di permesso e rapporti di scavo, risalenti al 1956, quando iniziò i suoi infruttuosi tentativi.[8]

Koumoutsos era anche l'orgoglioso proprietario del cosiddetto *Libro di Alessandro*, una pagina del quale è mostrata nella Figura 9.2. Raffigura vari edifici templari in stile greco lungo una strada principale, intonacati con rozze legende greche ravvivate dallo strano carattere copto e dagli evocativi appellativi "Alessandro" e "Re Tolomeo". Nel giugno 1961, Koumoutsos mostrò il libro a P.M. Fraser, un noto esperto dell'antica Alessandria.[9] Quest'ultimo riconobbe immediatamente che le didascalie comprendevano principalmente riproduzioni di scarsa qualità di

---

[6] La legenda in latino sulla mappa di Braun e Hogenberg sembra recitare, *Sub hoc lapide corpus S Marci inventum et Venetia est delatum*, che può essere tradotta in "Sotto questa pietra fu scoperto il corpo di San Marco e fu portato a Venezia."
[7] P.M. Fraser, "Some Alexandrian Forgeries," *Proceedings of the British Academy* 47, 1962, p. 243, n.2.
[8] Jean-Yves Empereur, *Alexandria Rediscovered*, Capitolo 8, p. 148.
[9] P.M. Fraser, "Some Alexandrian Forgeries," *Proceedings of the British Academy* 47, 1962, pp. 243-50.

La Ricerca della Tomba di Alessandro il Grande

due iscrizioni autentiche che erano conservate nel Museo Greco-Romano. Inoltre, era nota l'esistenza di un altro falso di pietra, di qualità scadente, basato su una di quelle iscrizioni. Fraser scoprì anche che le due iscrizioni autentiche erano state acquisite dal museo nel 1912, dopo essere state ritrovate l'una accanto all'altra nei pressi del villaggio di Abu el Matamir, sul confine occidentale del delta del Nilo. Pensò quindi che i falsi fossero stati probabilmente tutti realizzati in un laboratorio del villaggio, intorno al 1912, dato che era molto improbabile che il loro autore scegliesse proprio quella particolare coppia di iscrizioni giacente tra innumerevoli altre nel museo. Era tuttavia convinto che Koumoutsos fosse del tutto estraneo a qualsiasi complicità nella frode, ma fosse invece una vittima ingenua. Scrive infatti che era troppo dispiaciuto per il cameriere da disilluderlo dalle sue fantasie. Koumoutsos è morto nel 1991, ma è ancora ricordato con affetto ad Alessandria come uno dei personaggi più pittoreschi della città.

Figura 9.1. Dettaglio della mappa di Braun e Hogenberg (1575) che mostra il luogo all'interno della Porte du Caire (Porta di Rosetta) dove il corpo di San Marco fu trovato sotto una pietra e portato via dai veneziani (cfr. Figura 7.2)

La Città di Alessandro

Figura 9.2. Una pagina del falso noto come il *Libro di Alessandro*

La torcia di Koumoutsos fu tenuta accesa negli anni '90 da una pittoresca signora di nome Liana Souvaltzis, la quale intraprese una serie di scavi ampiamente pubblicizzati presso l'oasi di Siwa a partire dal 1989. L'oggetto delle sue entusiasmanti indagini era una presunta tomba di Alessandro in un piccolo tempio greco dorico di epoca tolemaica, nel luogo chiamato *El Maraqi Bilad El Rum*. La struttura fu descritta mentre era ancora in piedi da Frederic Cailliaud (1822-4), Heinrich Minutoli (1826) e Gerhard Rohlfs (1869). Il suo interno ha una pianta insolita, composta da cinque camere disposte una dietro l'altra.[10] Le autorità egiziane hanno ordinato la sospensione degli scavi nell'ottobre 1996, a causa della mancanza di prove credibili a sostegno delle affermazioni della Souvaltzis.

Gli esperti hanno comprensibilmente respinto le sue conclusioni, ma è importante essere chiari sul perché le sue affermazioni sono considerate così dubbie. In primo luogo, accurate datazioni del tempio suggeriscono che sia stato costruito almeno un secolo dopo la morte di Alessandro, quando il suo corpo

---

[10] Robert S. Bianchi, "Hunting Alexander's Tomb," *Archaeology*, July-August 1993.

La Ricerca della Tomba di Alessandro il Grande

giaceva certamente ad Alessandria. In secondo luogo, le iscrizioni scoperte nel sito forniscono la testimonianza che questo fosse dedicato alla dea Iside piuttosto che ad Alessandro. In terzo luogo, le affermazioni secondo cui altre iscrizioni ivi trovate si riferiscano alla teoria dell'avvelenamento di Alessandro sembrano essere attribuibili, in modo dimostrabile, a grossolane traduzioni errate, secondo il parere di rinomati esperti. Inoltre, i "raggi" scolpiti su dei frammenti di pietra che Souvaltzis identificò come parti del simbolo della stella macedone erano disallineati l'uno con l'altro. Infine, le prove aneddotiche di Souvaltzis raccolte dalla popolazione locale e il loro uso di motivi astrali nell'abbigliamento non possono essere accettate come indicazioni materiali di una tomba di Alessandro.[11] C'è solo da aspettarsi che la visita del Macedone e i successivi tre secoli di dominio tolemaico abbiano lasciato alcune tracce nell'oasi di Siwa e abbiano influenzato le leggende e le tradizioni dei suoi abitanti.

Curzio Rufo, Diodoro e Giustino menzionano tutti l'ultimo desiderio di Alessandro che il suo corpo fosse portato ad Amon, il che potrebbe significare Siwa, anche se Luciano e il *Liber de Morte* dicono solo che Alessandro ordinò che il suo corpo fosse trasportato in Egitto. Diodoro e Giustino affermano che i Macedoni inizialmente *pianificarono* di affidare il corpo al tempio di Amon. È tuttavia praticamente impossibile, data la quantità di prove contrarie, che Alessandro sia stato effettivamente sepolto a Siwa. Il *Marmor Parium*, Pausania, Curzio Rufo e il Romanzo di Alessandro registrano tutti una prima sepoltura a Menfi. Strabone, Diodoro, Zenobio, Dione Cassio, Svetonio, Lucano, Erodiano, Libanio e altri confermano il suo successivo trasferimento ad Alessandria. Non c'è alcuna testimonianza antica che lo contesti. Solo Giustino lascia supporre ai suoi lettori che il corpo di Alessandro possa essere stato davvero trasportato al tempio di Amon, dal momento che semplicemente non registra il cambiamento di programma. È caratteristico dell'epitome di Giustino fare confusione sui dettagli: ad esempio, parla del *re* Arrideo incaricato di trasportare il corpo di Alessandro al tempio di Amon, mentre sappiamo da Diodoro che il compito fu assegnato a un comandante macedone con lo stesso nome.[12] Nonostante il fatto che lo stesso Giustino sembri aver creduto che Siwa fosse la destinazione prevista, la questione è comunque ambigua perché c'erano santuari di Amon praticamente in tutte le città dell'Egitto tolemaico. Il principale centro di culto del dio si trovava sempre a Tebe e ci sono anche prove di un tempio tolemaico dedicato ad Amon a Menfi, che era ancora la capitale quando Tolomeo Soter vi portò la salma di Alessandro nel 321 a.C.[13] Avendo affrontato notevoli problemi per proteggere il corpo del Re, è inverosimile che Tolomeo abbia preso in considerazione l'idea di inviarlo in un'oasi remota, separata dalla civiltà da centinaia di miglia di deserto rovente e vulnerabile a un'incursione via mare dei suoi nemici.

---

[11] Tony Spawforth, *Alexander: The God King*, UK television broadcast, BBC2, 20:25, 18/5/1996.
[12] Giustino, XIII, 4, 6.
[13] Un *Imensthotieion* menfita (Tempio di Amon e Thoth) è menzionato in pLondon 1.50 (= UPZ 116): C. Préaux, *L'Economie Royale des Lagides,* New York 1939, p. 299; A. Deleage, *Etudes Papyrologiques* 2, 1934, p. 85.

La Città di Alessandro

Ciononostante, si dovrebbe ammettere che il trasferimento del corpo di Alessandro a Siwa da parte dei pagani, nel IV o V secolo d.C., non sia uno scenario del tutto impossibile. È ipotizzabile, quindi, che i rimanenti adoratori del Macedone possano aver cercato di proteggere le sue spoglie dalle devastazioni del fanatismo cristiano. Tuttavia, questa è pura speculazione e vi sono comunque un centinaio di altri luoghi ugualmente probabili in cui il cadavere potrebbe essere stato portato: a Palmira, da Zenobia; o ad Augila, dove Procopio cita il perdurare del culto di Alessandro nel VI secolo d.C.; o a Tebe, che era il centro del culto di Amon; o in Etiopia, tradizionale rifugio degli esuli egiziani; o in Macedonia, patria di Alessandro; o a Roma, capitale imperiale; o più a nord in Italia… L'elenco potrebbe essere esteso all'infinito. In assenza di qualsiasi traccia della sua rimozione, o di qualsiasi prova della sua presenza altrove che valga la pena di essere esaminata, dovremmo concludere che il corpo di Alessandro rimase più probabilmente ad Alessandria.

* * * * * * * *

Forse, l'unico sito attendibile proposto come sepoltura di Alessandro, emerso nel XX secolo, è la "Tomba di Alabastro", situata nella sezione Terra Santa dei Cimiteri Latini a circa 600 metri a nord-ovest dell'incrocio centrale dell'antica Alessandria (Figure 7.9 e 9.3). Fu pubblicata per la prima volta da Breccia, che la rinvenne in pezzi nel 1907,[14] ma la sua ricostruzione nel 1936 e la successiva attribuzione come anticamera di una possibile tomba di Alessandro si affidano all'opera e alle opinioni di Achille Adriani, succeduto a Breccia come direttore del Museo Greco-Romano di Alessandria nel 1932.[15] Si tratta di monumentali blocchi di alabastro rosato tagliati perfettamente lisci in corrispondenza delle superfici interne, rivelando le belle venature naturali della pietra che ricordano gli anelli di crescita del legno. Al contrario, le facce esterne sono invece tagliate in modo grossolano, il che suggerisce che siano state ricoperte di terra, come sarebbe stato il caso se essa fosse una camera di una tradizionale tomba a tumulo macedone. La semplice modanatura sopra l'ingresso sopravvissuto ha dei parallelismi in altre tombe del periodo tolemaico ad Alessandria (ad esempio la Tomba 2 di Moustafa Pascià), il che fornisce prove certe per una datazione tolemaica. Adriani ha anche sostenuto che la relativa vicinanza del sito all'incrocio centrale dell'antica Alessandria è coerente con la posizione centrale del Soma suggerita dagli antichi scrittori, ma una rapida occhiata alla mappa (Figura 7.9) mostra che ciò sia sopravvalutato.

---

[14] Evaristo Breccia, *Rapport du Musée Gréco-Romain* 1907, p. 7.
[15] Nicola Bonacasa, "Un Inedito di Achille Adriani Sulla Tomba di Alessandro," *Studi Miscellanei – Seminario di Archaeologia e Storia dell'Arte… dell'Universita di Roma*, Vol. 28, 1991, pp. 3-19; Achille Adriani (postumo, a cura di Bonacasa), *La Tomba di Alessandro*, L'Erma di Bretschneider, Roma 2000.

La Ricerca della Tomba di Alessandro il Grande

Figura 9.3. La Tomba di Alabastro: forse l'anticamera di una tomba a tumulo di Alessandro ad Alessandria, secondo Achille Adriani (disegno dell'autore)

A sostegno dell'ipotesi di Adriani, si possono tracciare parallelismi con le Tombe Reali di Vergina in Macedonia, inclusa quella probabilmente appartenente al padre di Alessandro, poiché anche esse consistevano in camere di pietra artificiali coperte da enormi cumuli di terra. La Tomba di Alabastro, inoltre, è innegabilmente parte di un monumento di altissima qualità e magnificenza: ad esempio, le sue pareti interne in alabastro lucidato sono riprodotte mediante la pittura in altre importanti tombe tolemaiche rinvenute ad Alessandria.[16] Tuttavia, non ci sono prove specifiche per collegarla ad Alessandro, mentre c'erano molti altri individui che morirono in quel periodo e avevano uno status sufficiente per meritare un simile grande sepolcro: membri della famiglia reale, ad esempio, nonché alcuni ufficiali e generali. Né la sua ubicazione è facilmente conciliabile con le inferenze di Achille Tazio, Zenobio e Strabone, ovvero che la tomba di Alessandro fosse vicina all'incrocio centrale dell'antica città.

Supponendo che la Tomba di Alabastro fosse effettivamente parte di una sepoltura di Alessandro, allora è più probabile che sia stata la prima tomba alessandrina, costruita da Tolomeo Filadelfo, piuttosto che il Mausoleo del Soma costruito da Tolomeo Filopatore. Innanzitutto, è verosimile che l'influenza

---

[16] Ad esempio, nella Necropoli di Moustafa Pascià e nella Necropoli di Anfushi: vedi Achille Adriani, *La Tomba di Alessandro*, Roma 2000, Tavv. 20-22.

macedone nella progettazione delle tombe sia stata più pronunciata sotto i primi Tolomei. In secondo luogo, un tumulo di terra si adatta male sia alla descrizione di Lucano del Soma come un mausoleo enormemente alto sormontato da una piramide, sia allo "splendido tempio" menzionato da Ammiano Marcellino.[17] Infine, non è necessario supporre che la prima tomba si trovasse nello stesso sito del Mausoleo del Soma edificato da Filopatore.

Se la prima tomba alessandrina del Conquistatore fosse stata un tumulo in stile macedone, e l'esistenza stessa della Tomba di Alabastro rafforza questa idea, il Paneum, descritto da Strabone come una grande collina conica artificiale vicino al centro della città, potrebbe essere un buon candidato.[18] È infatti possibile che il tumulo sopra la Tomba di Alabastro fosse il Paneum, poiché la posizione di quest'ultimo non è nota con precisione e non è comunque del tutto certo che la Tomba di Alabastro si trovasse sempre nello stesso punto in cui sono stati scavati i suoi blocchi.

* * * * * * * *

Chiaramente, la questione dell'ubicazione del Mausoleo del Soma costruito da Filopatore è complessa e difficile. Le antiche testimonianze sono enigmatiche e le informazioni archeologiche sono frammentarie e soggette a diverse interpretazioni. Ciononostante, credo che si possa dare una risposta al problema in modo abbastanza specifico. Questo perché sembra che esista un'unica ipotesi sensata che si adatti a tutte le testimonianze contemporaneamente. Inoltre, questa stessa teoria sembra essere utile a spiegare altri misteri riguardanti l'antica Alessandria che in precedenza sono stati considerati estranei all'enigma della tomba di Alessandro. Ho pubblicato per la prima volta l'ipotesi nell'American Journal of Ancient History, nel 2003, in un articolo riprodotto nell'Appendice D. Quella che segue è una versione aggiornata ed estesa degli stessi argomenti.

I racconti di Strabone e Diodoro descrivono il Soma come un recinto murario o *temenos*, mentre Achille Tazio e Zenobio lo collocano al centro della città, probabilmente a cavallo o adiacente all'incrocio centrale. Se Mahmoud Bey ha ragione nel collocare l'incrocio all'intersezione della Via Canopica con la strada principale che correva verso sud dalla penisola di Lochias, allora il recinto del Soma sarà stato contiguo ai palazzi reali, il che è coerente con la descrizione di Strabone del Soma come parte di un esteso quartiere reale. Ma come sarebbe stato questo recinto? Quanto grande poteva essere? Diodoro, che certamente lo vide quando visitò Alessandria nel 50 a.C. ca., afferma che era "degno della gloria di Alessandro in dimensioni e architettura", quindi deve averlo considerato immenso.[19] È possibile farsi un'idea di ciò che potrebbe significare considerando

---

[17] Ammiano Marcellino, *Storie*, XXII, 11, 7; Zenobio, *Proverbi*, III, 94, descrive la costruzione di un "edificio commemorativo" che non suona affatto come la descrizione di una tomba a tumulo.
[18] Strabone, XVII, 1, 10.
[19] Diodoro, XVII, 52, 6 (per la sua visita), e XVIII, 28 (per la descrizione del *temenos* di Alessandro).

La Ricerca della Tomba di Alessandro il Grande

alcune strutture a *temenos* in altre città, specialmente quelle che potrebbero aver ispirato Alessandro, i primi Tolomei e i loro architetti.

Il Mausoleo di Alicarnasso sorgeva in un recinto murario di 100 x 240 metri.[20] Le ricostruzioni suggeriscono che le mura fossero alte almeno 5 metri. La città fu assediata da Alessandro per alcuni mesi, nel 333 a.C., e fece parte dell'impero tolemaico nel III secolo a.C. Ci sono alcuni sorprendenti parallelismi con Alessandria. Non solo il Mausoleo si trovava al centro dell'antica Alicarnasso, ma anche il palazzo reale era situato su un promontorio vicino al porto, come una versione più piccola della penisola di Lochias. Sembrerebbe improbabile che il recinto murario del Soma, costruito per un re molto più importante, in una città molto più grande, fosse più piccolo del *temenos* del Mausoleo di Mausolo.

La pianta di Menfi, naturalmente, avrebbe avuto un'influenza ancora più immediata sugli architetti di Alessandria e sui loro committenti. Era dominata da due vasti recinti templari quadrilateri, entrambi di quasi 500 metri quadrati (Figura 3.5). Varie strade correvano dritte al loro interno, entrando e uscendo attraverso ingressi situati in mura opposte, come è indicato nella mappa archeologica della più meridionale di queste strutture a *temenos* (Figura 9.4) che ospitava il complesso del tempio di Ptah.[21] Se i costruttori del Soma trassero ispirazione dai sacri recinti di Menfi, e soprattutto se nutrissero ambizioni di rivaleggiare con essi, il recinto di Alessandria potrebbe essere stato di centinaia di metri quadrati.

L'aspetto interessante della tesi che il recinto murario del Soma possa essere stato molto esteso è che risolve diverse incongruenze nelle testimonianze riguardanti l'antica Alessandria. In primo luogo, Achille Tazio descrive in modo piuttosto curioso di camminare verso ovest, lungo la Via Canopica, attraverso una parte "aperta" della città, per poi entrare in una "seconda città" che prende il nome da Alessandro, dove vede l'incrocio centrale fiancheggiato da magnifici colonnati.[22] Se la recinzione del Soma fosse stata molto grande e avesse compreso l'incrocio centrale, ciò avrebbe perfettamente senso poiché la "seconda città" *diventerebbe* quindi il recinto murario del Soma. Sarebbero dunque le mura della recinzione del Soma, piuttosto che le difese della città, quelle che Cesare non smise di ammirare mentre si recava a visitare la tomba di Alessandro, nella Pharsalia di Lucano.[23]

C'è una testimonianza affascinante che potrebbe corroborare Achille Tazio, risalente a circa cinque secoli dopo la sua epoca. Un passo dello scrittore arabo

---

[20] Kristian Jeppesen, "Tot Operum Opus, Ergebnisse der Dänischen Forschungen zum Maussolleion von Halikarnass seit 1966," *Jahrbuch des Deutschen Archäologischen Instituts* 107, 1992, pp. 59-102.
[21] David Jeffreys, *The Survey of Memphis*, Egypt Exploration Society, London 1985, Figura 63.
[22] Achille Tazio, *Le avventure di Leucippe e Clitofonte*, V, 1; fare riferimento al Capitolo 4 per una traduzione completa di questo passaggio.
[23] Lucano, *Pharsalia*, X, 14-20, vedi J.D. Duff (trad.), Loeb Classical Library.

La Città di Alessandro

Suyuti (o Sujuti) in cui si cita lo studioso islamico del IX secolo, Ibn Abdel Hakim, ha reso a lungo perplessi gli storici di Alessandria: -

Alessandria è composta da tre città, una accanto all'altra, ognuna circondata dalle proprie mura. Tutte e tre sono racchiuse da un muro esterno fortificato.[24]

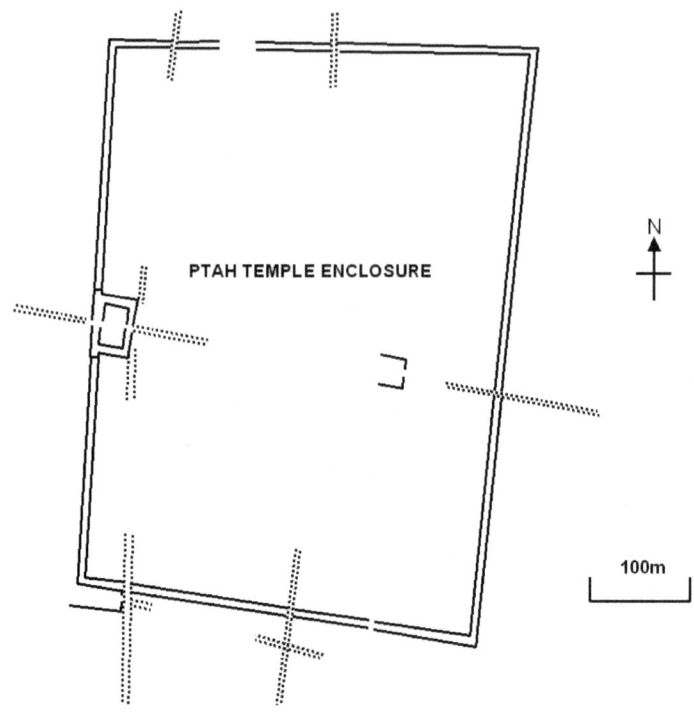

Figura 9.4. Il *temenos* di Ptah a Menfi, probabile fonte di ispirazione per il recinto del Soma ad Alessandria.

C'è ora un modo di intendere questo enigmatico resoconto se il recinto del Soma fosse la prima città, il recinto del Serapeo una seconda e il resto della città compresa tra loro fosse la terza.

Il punto di forza dell'ipotesi che il recinto sacro del Soma fosse molto grande, al fine di chiarire i misteri topografici dell'antica Alessandria, è ulteriormente illustrato dalla possibilità che la recinzione del Soma e il quartiere Alfa fossero la stessa cosa. Achille Tazio descrive un luogo all'incrocio centrale che prende il nome da Alessandro e che è associato al Soma per via dell'affermazione di Zenobio, secondo il quale la tomba di Alessandro si trovava al centro di Alessandria. Allo stesso modo, lo Pseudo Callistene dice che il quartiere Alfa

---

[24] Citato da Alfred Butler, *The Arab Invasion of Egypt...*, Cap. XXIV e da Evaristo Breccia, *Alexandrea ad Aegyptum*, p. 70; il secondo sbaglia nell'affermare che Hakim stesse citando Sujuti.

La Ricerca della Tomba di Alessandro il Grande

prende il nome da Alessandro.[25] Una volta compreso che le due zone fossero di dimensioni comparabili, allora diventa chiara la conclusione che si tratti di nomi varianti dello stesso distretto. L'ovvia obiezione sarebbe l'inclusione del Soma nel quartiere reale da parte di Strabone. Tuttavia, egli non menziona affatto la consueta suddivisione della città in cinque quartieri, quindi è possibile che come straniero la stia semplicemente dividendo secondo la logica piuttosto che secondo la tradizione. Il quartiere Beta potrebbe non essersi esteso molto oltre l'area che Strabone chiama i "palazzi interni", che sembra anche coincidere con il quartiere che in epoca romana era chiamato Bruchion (cioè la costa orientale del porto grande e il promontorio di Lochias). Egli evidentemente combinò i quartieri Alfa e Beta nel definire il suo distretto reale di *Basileion*, il che spiega come potesse affermare sinceramente che costituisse quasi un terzo dell'area urbana della città.

Un'altra testimonianza apparentemente paradossale è l'esistenza di un consistente frammento di un muro tolemaico, di qualità superlativa, nei moderni Giardini Shallalat, duecento metri a nord del sito della Porta orientale di Rosetta della città medievale, che a sua volta si trovava a poche decine di metri a est dell'ubicazione dell'incrocio centrale di Mahmoud Bey.[26] Si è rivelato difficile dare un senso a tale rudere nel contesto delle mura difensive di Alessandria, poiché si trova vicino al centro della città antica. In virtù della magnifica qualità della sua muratura e del fatto che si trovi vicino alla principale arteria nord-sud della città antica, deve sicuramente delineare il confine di una zona di altissimo rango della metropoli. La nostra nuova prospettiva dovrebbe indurci a sospettare che si tratti dell'ultima porzione rimasta del muro di recinzione del Soma.

Le restanti rovine del circuito murario tulunide furono sostanzialmente rimaneggiate e fortificate intorno al 1820, ma vennero successivamente demolite alla fine del XIX secolo. Tuttavia, le mura e soprattutto le loro imponenti torri furono magnificamente registrate nella Description de l'Egypte dal gruppo di *savants* di Napoleone (Figura 9.5). La loro mappa della città (Figura 8.2 e dettaglio della parte orientale della città in Figura 9.6) indica chiaramente la doppia natura di gran parte del circuito murario, che fino ad allora era sopravvissuto particolarmente bene nei settori orientali.[27] Ci sono buone ragioni per ritenere che l'anello interno e quello esterno non fossero costruzioni coeve e che il circuito esterno possa essere in effetti tardo romano o in parte anche anteriore. Innanzitutto, abbiamo visto che la popolazione nel tardo periodo romano si era ridotta a tal punto che una certa riduzione del perimetro murario sarebbe stata una conseguenza naturale. In secondo luogo, il frammento di muro sopravvissuto

---

[25] Stoneman (trad.), *The Greek Alexander Romance*, I, 32.
[26] Il muro sopravvissuto è identificato come ellenistico (tolemaico) da Jean-Yves Empereur, *Alexandria Rediscovered*, Capitolo 3, pp. 51-3; c'è un'altra torre medievale sopravvissuta a circa 300m a sud.
[27] Galice Bey intraprese un massiccio programma di ricostruzione del circuito murario medievale nel 1826, per volere del viceré Mohammed Ali, quindi le mappe successive differiscono in molti dettagli dalla versione inalterata della Description de l'Egypte.

La Città di Alessandro

nei Giardini Shallalat sembra essere tipicamente tolemaico, sia nello stile che nel tipo di pietra utilizzata, anche se fu poi incorporato nelle mura medievali. In terzo luogo, alcune delle illustrazioni delle mura nella Description de l'Egypte raffigurano opere in pietra che stilisticamente sembrano più antiche piuttosto che arabe: ad esempio, con archi semicircolari anziché a sesto acuto. Anche il portale esterno della Porta di Rosetta sembra essere antico, come raffigurato in un'acquatinta da un disegno di Luigi Mayer del 1792 circa (Figura 9.7). I pilastri ai lati sfoggiano capitelli corinzi e la pietra della cornice ha una colorazione rosa nell'acquatinta originale (vedi il retro della copertina) che indica il granito rosa levigato, ampiamente utilizzato nell'architettura pubblica dell'antica Alessandria: frammenti di un altro antico portale rettangolare in granito rosa sono esposti presso la Colonna di Pompeo (sito del Serapeo), nell'odierna Alessandria. Inoltre, la nicchia della statua nella parete accanto all'ingresso deve essere antica, poiché la rappresentazione pubblica di figure umane è vietata dalla dottrina religiosa nell'arte islamica. Una veduta esterna della Porta di Rosetta fu disegnata da Louis-François Cassas in occasione della sua visita nel 1785 (Figura 9.8).

Figura 9.5. Stili contrastanti nelle vedute delle mura e delle torri "medievali" di Alessandria, dalla Description de l'Egypte, Pl. 89, Etat Moderne II (collezione dell'autore)

Esaminando più in dettaglio la mappa napoleonica (Figura 9.6), un curioso piccolo zig-zag è segnato nel corso delle mura esterne proprio nel punto in cui l'antica strada R3 di Mahmoud Bey avrebbe intersecato il muro sul lato nord. Data la coincidenza, questo zig-zag potrebbe essere una traccia di un ingresso nel muro esterno, ma non è ripreso dal muro interno. Inoltre, Pococke, che camminò intorno alle mura nel 1737, fece alcune osservazioni pertinenti: -

Le mura esterne intorno alla città vecchia sono costruite molto bene in pietra squadrata e sembrano essere antient (sic); tutti gli archi sono veri e la lavorazione è molto buona... Le mura

La Ricerca della Tomba di Alessandro il Grande

interne della città vecchia, che sembrano del medioevo, sono molto più forti e più alte delle altre e difese da grandi e alte torri.[28]

Pococke è ampiamente corroborato dalla mappa pubblicata da Louis-François Cassas (Figura 9.9) che contrassegna le mura orientali con le legende: *anciennes murailles elevées en differents temps* e *tours construites avec d'anciens debris*, che possiamo tradurre "antiche mura innalzate in epoche diverse" e "torri costruite con detriti antichi".

Figura 9.6. Particolare della pianta generale di Alessandria, dalla Description de l'Egypte, Planche 84, Etat Moderne II (collezione dell'autore)

Infine, nel 1895, Hogarth osservò che il fossato associato alle mura tulunidi (Figura 9.10) che correvano lungo la strada L2 di Mahmoud Bey, nel loro settore orientale, era "stato scavato a una profondità di circa 15 piedi" (had been cut to a depth of about 15 feet) e non mostrava "alcuna indicazione di aver perforato grandi edifici" (no indications of having pierced large buildings). Ciò indica fortemente che la linea delle mura tulunidi in quel settore fosse molto più antica

---

[28] Pococke, *Description of the East*, 1743, Vol. 1, pp. 3-4; Louis-François Cassas visitò Alessandria due volte nel 1785 e disegnò le vedute e la mappa della città, pubblicate in *Voyage pittoresque de la Syrie, de la Phénicie, de la Palestine et de la Basse Egypte*, Paris 1799.

del periodo arabo, poiché è certo che l'antica città esisteva su entrambi i lati delle mura.[29]

Figura 9.7. La Porta di Rosetta, incisione all'acquatinta da un disegno del 1792 ca. di Luigi Mayer, pubblicata a Londra da R. Bowyer il 1° maggio 1801 (collezione dell'autore)

Può anche essere rilevante che Mahmoud Bey mostri i settori meridionale e orientale delle mura medievali coincidenti in misura notevole con l'antica griglia stradale (Figura 4.2). Infatti, l'intera sezione orientale delle mura, dalla strada R1 di Mahmoud verso ovest fino a R3, racchiude un'area di circa 600 metri per 800 metri su tre lati. Sembrerebbe probabile che le mura tardo romane (e successivamente quelle arabe) qui incorporassero i resti del muro di cinta del *temenos* del Soma.

Una nuova pianta dell'antica Alessandria, con il Soma posizionato in quel punto, è riportata in Figura 9.11. Si noti che i tratti occidentali mancanti delle mura sono definiti in modo da renderli simmetrici al lato orientale. Ciò ha il merito

---

[29] D.G. Hogarth, "Report on Prospects for Research in Alexandria," *Egypt Exploration Fund*, 1894-5, p. 8. In una sezione successiva che tratta delle sue indagini a sud della Via Canopica (p. 13) Hogarth aggiunge: "Some fragments of Roman brick-work project from the sides of fosse, belonging evidently to a building entirely ruined" (Alcuni frammenti di muratura romana sporgono dai lati del fossato, appartenenti evidentemente a un edificio interamente in rovina). Tuttavia, si trattava di un'eccezione isolata alla regola generale. Hogarth ha evidentemente studiato l'intero tratto di 2km del fossato tra la Torre dei Romani e l'angolo SE della città araba (come indicato nella sua mappa allegata) e ha trovato solo questo singolo esempio di muratura romana. Tale muratura potrebbe essere facilmente spiegata come i resti di un ponte o di un'altra struttura costruita su un fossato esistente, quindi non ha alcun significato per la teoria generale che la linea del muro sia più antica del periodo arabo.

La Ricerca della Tomba di Alessandro il Grande

particolare di spiegare la breve deviazione obliqua delle mura medievali nel loro lato settentrionale, in prossimità dello zig-zag che abbiamo individuato come un possibile vestigio di un antico ingresso.

Figura 9.8. Veduta esterna della Porta di Rosetta nel 1785, da un disegno di L-F. Cassas (collezione dell'autore)

Pochi scavi sono stati intrapresi nell'area che è stata proposta come recinzione del Soma. Tuttavia, Hogarth ha trovato tracce di "a massive structure" (una struttura imponente) appena a nord della Via Canopica, vicino alla sua intersezione con la strada trasversale denominata R2, nel cuore dell'area.[30] È anche interessante notare che l'unica antica testa scolpita di Alessandro, con una precisa provenienza all'interno di Alessandria, sia stata scoperta all'intersezione di R1 con L2 all'interno del *temenos* del Soma suggerito.[31] Mahmoud Bey, inoltre, fornisce la seguente affascinante descrizione dei ritrovamenti all'interno dell'area nella prima metà del XIX secolo: -

Infatti, gli scavi effettuati da Gallis Bey[32] (e quelli eseguiti in seguito) hanno portato alla luce alcuni enormi muri di fondazione sulla Via Canopica sul lato ovest tra le due strade trasversali R1 e R2 insieme a un gran numero di colonne cadute. Accanto alla Via Canopica e R1 noi stessi ne abbiamo scoperte diverse sotto le macerie: se ne vedono ancora oggi alcune rovesciate nell'area intorno al primo bastione. L'estensione di queste fondamenta monumentali supera i 150 metri per lato. In conclusione, tutto in questo sito ci mostra che questo era il monumento più bello della città di Alessandria...

---

[30] D.G. Hogarth, *Egypt Exploration Fund*, 1894-5, p. 8.
[31] Barbara Tkaczow, *Topography of Ancient Alexandria (An Archaeological Map)*, Warsaw 1993, oggetto 19, p. 193.
[32] Si tratta di Galice Bey, durante la sua ricostruzione delle difese tulunidi nel 1826.

La Città di Alessandro

Naturalmente, il Mausoleo del Soma sarà stato tra gli edifici più belli e imponenti dell'antica Alessandria.

* * * * * * * *

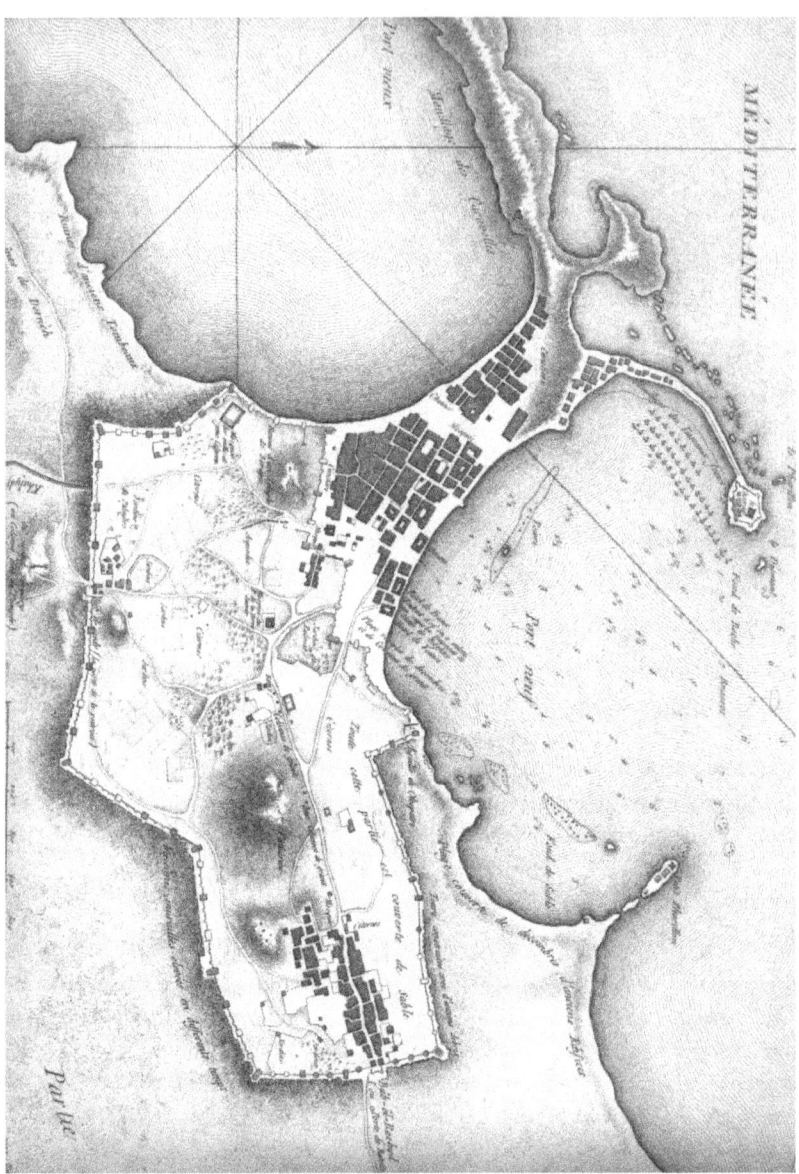

Figura 9.9. Mappa di Alessandria di L-F. Cassas (1785) - il profilo della città sembra essere stato basato sulla mappa di d'Anville del 1866, che a sua volta seguiva la pianta di Razaud del 1687, mostrata nella Figura 8.1, ma Cassas introdusse dei perfezionamenti (collezione dell'autore)

La Ricerca della Tomba di Alessandro il Grande

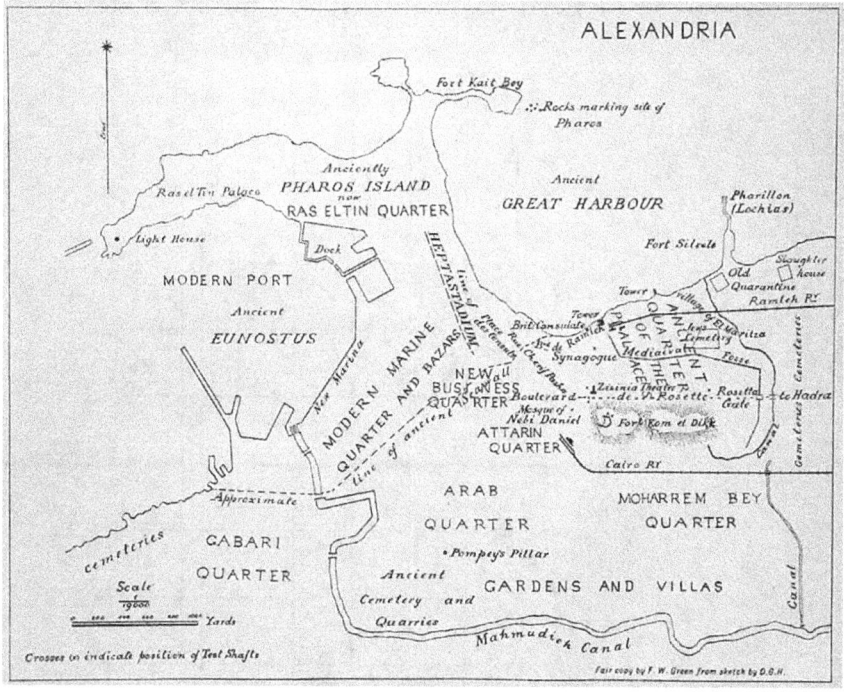

Figura 9.10. Pianta di Alessandria di D.G. Hogarth (1895) che mostra il "Fossato Medievale" che ancora segnava il corso delle mura demolite

È interessante osservare che diverse fonti descrivono la forma dell'antica Alessandria come somigliante a una clamide, un tipo di corto mantello greco.[33] Ma tale sagoma è apparentemente difficile da riconoscere nella rappresentazione dell'antica città ricostruita nelle mappe di Mahmoud Bey e Henry Salt. Una discreta approssimazione al profilo di una clamide è invece fornita dalla pianta del recinto murario del Soma da noi proposta in Fig. 9.11. Una possibilità è che tale recinzione corrisponda in realtà alla città come fu originariamente fondata da Alessandro, poiché è quasi inconcepibile che la sua fondazione fosse grande quanto la città successiva rivelata dagli scavi di Mahmoud Bey. Strabone effettivamente usa il termine *peribolos* per descrivere l'Alessandria di Alessandro, appena due paragrafi prima della sua descrizione del recinto del Soma, usando la stessa parola.[34] Come abbiamo visto nel capitolo *La Capitale della Memoria* (sopra), un modo di interpretare la menzione del Soma di Strabone sarebbe quello di

---

[33] Strabone, *Geografia*, XVII, 1, 8; Plutarco, *Alessandro*, 26, 5; Diodoro, XVII, 52, 3; Plinio, *Storia Naturale*, V, 11, 62, dove nello specifico si tratta di una "clamide macedone"; cfr. F.B. Tarbell, "The Form of the Chlamys," *Classical Philology* I, 1906, pp. 283-9.

[34] Strabone, *Geografia*, XVII, 1, 6 e XVII, 1, 8.

La Città di Alessandro

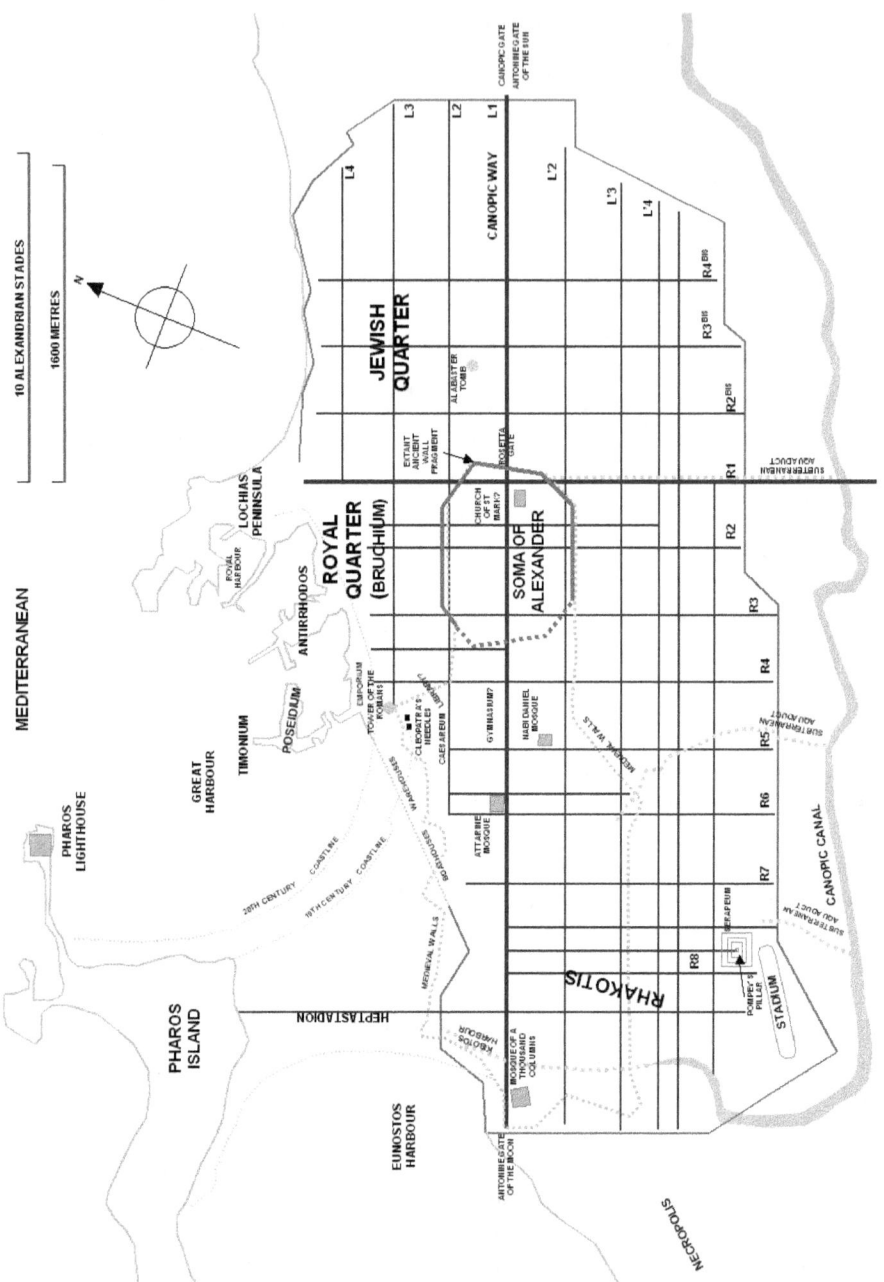

Figura 9.11. Una nuova pianta dell'antica Alessandria proposta dall'autore

dedurre che egli stesse effettivamente tentando di indicare che il recinto del Soma fosse semplicemente l'area all'interno del muro di cinta originale della fondazione di Alessandro. Questa ipotesi spiega anche perché la linea delle mura del recinto

La Ricerca della Tomba di Alessandro il Grande

del Soma risalirebbe all'origine della città, come suggerito dall'ispezione di Hogarth, il quale ha rivelato l'assenza di fondazioni tagliate all'interno del fossato perimetrale. Presumibilmente, il ricordo che la città originaria avesse la forma di una clamide divenne così radicato nella tradizione alessandrina che continuò a ripetersi, anche dopo che la fiorente espansione dei confini della città aveva reso obsoleto il confronto.

* * * * * * * * *

Nel corso della narrazione di questa curiosa storia sono state avanzate varie congetture sulla morte di Alessandro e sulle sue diverse tombe. A questo punto, è opportuno ricapitolare i punti chiave prima di procedere al culmine del racconto in cui verrà enunciata ed esplorata un'ipotesi ancora più controversa. Le seguenti deduzioni sono significative poiché identificano in modo specifico dove si trovano probabilmente sia la tomba menfita che il Soma alessandrino. Altrettanto importante, esse implicano la possibilità di definire degli esami archeologici eseguibili mediante i quali i siti potrebbero essere attribuiti con certezza.

1) Alessandro il Grande morì verosimilmente di malaria cerebrale, causata dall'infezione del parassita della malaria falciparum, quando venne punto dalle zanzare durante una spedizione in barca tra le paludi a sud di Babilonia, circa quattro settimane prima della sua morte.

2) Alessandro fu sepolto a Menfi nel 321 a.C., dove rimase per almeno diversi decenni. La tomba era probabilmente situata nel tempio di Nectanebo II, nel complesso del Serapeo a Saqqara. Tolomeo presumibilmente commissionò per la sepoltura una statua di culto di Alessandro. In questa scultura, Alessandro indossava uno scalpo di elefante e le corna di ariete di Amon. Tolomeo utilizzò lo stesso motivo per la propria serie originale di monete d'argento, tetradrammi, emesse per la prima volta dal 320 a.C. circa. L'ingresso del tempio di Nectanebo II era sorvegliato da un gruppo di statue di filosofi e poeti greci, risalente al regno del primo Tolomeo, da interpretare come parte della decorazione della tomba. La camera laterale apparentemente aggiunta al tempio di Nectanebo è il candidato ottimale ad aver ospitato il sarcofago contenente il corpo di Alessandro.

3) Il sarcofago scolpito per la tomba del faraone Nectanebo II, e attualmente al British Museum, ha una maggiore probabilità di essere stato utilizzato per il corpo di Alessandro rispetto a quanto precedentemente riconosciuto. Se questa affermazione fosse vera, il tempio di Nectanebo al Serapeo di Saqqara Nord sarebbe quasi certamente il sito della prima sepoltura di Alessandro in Egitto.

4) La famosa tomba di Alessandro ad Alessandria fu costruita intorno al 215 a.C. da Tolomeo Filopatore. Si trovava in un mausoleo all'interno di un recinto murario noto come il Soma e la sua architettura fu probabilmente modellata su quella del Mausoleo di Alicarnasso. Era alto e splendido, con un tetto piramidale sorretto verosimilmente da un peristilio rialzato. C'era una camera funeraria sotterranea al di sotto dell'edificio, che fu sigillata dall'imperatore Settimio Severo

e risigillata forse da suo figlio, l'imperatore Caracalla, che fu l'ultimo visitatore conosciuto della camera, nel 215 d.C.

5) L'edificio del mausoleo sovrastante la camera funeraria fu distrutto con molta probabilità nel secolo compreso tra il 262 d.C. e il 365 d.C. La rivolta di Emiliano, le guerre di Palmira tra Zenobia e Aureliano, l'insurrezione di Firmo e il sacco della città da parte di Diocleziano rimangono sospettati per la causa della sua distruzione, ma il colpevole più probabile fu il terremoto, seguito da uno tsunami, che colpì Alessandria nel 365 d.C. La muratura collassata potrebbe aver protetto la camera funeraria e il suo contenuto dall'immediata riscoperta. Ciononostante, la cripta deve essere stata sicuramente scavata nel tardo IV secolo, dal momento che Libanio afferma che il corpo di Alessandro fu esposto in città intorno al 390 d.C. e perché il sarcofago vuoto realizzato per Nectanebo II, ma tradizionalmente associato alla tomba di Alessandro, rimase evidentemente in mostra al pubblico fino all'arrivo della spedizione di Napoleone ad Alessandria nel 1798.

6) Il Soma era situato in un recinto murario sacro (un *temenos* o un *peribolos*) a forma di clamide, con dimensioni dell'ordine di 800 x 600 metri, che comprendeva l'incrocio centrale a sud della penisola di Lochias e a cavallo della Via Canopica. Il frammento di muro tolemaico sopravvissuto nei Giardini Shallalat e l'antica Porta di Rosetta disegnata da Mayer nel 1780 erano probabilmente parti del recinto *temenos* del Soma ed è plausibile che l'intero settore orientale delle mura medievali di Alessandria fosse stabilito nella stessa linea delle mura del recinto del Soma.

Ci sono quelli che considerano la caccia al Soma sufficientemente disperata da non ravvisare alcun motivo nella sua ricerca attiva. Si appellano alla presunta scarsità delle prove e all'idea che ci siano molti obiettivi più accessibili per i finanziamenti archeologici nel contesto egiziano.[35] Eppure, ho dimostrato che esiste in realtà un gran numero di indizi rilevanti provenienti da molteplici fonti ai quali forse manca solo una decifrazione sufficientemente ispirata. Inoltre, è proprio l'inaccessibilità dei siti più interessanti, sigillati in profondità sotto una moderna metropoli, che consente un certo ottimismo persistente riguardo alla conservazione delle fondamenta del Mausoleo del Soma. Probabilmente, una spiegazione più credibile alla riluttanza di alcuni a farsi coinvolgere nella ricerca è che sia intrinsecamente rischioso farlo, perché su questo argomento c'è sempre stata una maggiore possibilità di essere smentiti che di avere ragione. Tuttavia, altri considereranno indubbiamente che l'entità del premio sia un incentivo sufficiente per inseguire anche un obiettivo così sfuggente.

Forse, l'ultima parola sulla caccia al Soma dovrebbe essere lasciata al protagonista dell'epica produzione teatrale che fu l'antica Alessandria:-

---

[35] Ad esempio D.G. Hogarth, *Egypt Exploration Fund*, 1894-5.

La Ricerca della Tomba di Alessandro il Grande

Le imprese gloriose toccano a chi affronta fatiche e pericoli, ed è bello vivere valorosamente e morire lasciando una gloria immortale.

Alessandro il Grande, *Discorso al Beas*[36]

---

[36] Arriano, *Anabasi*, V, 26, 4.

10. Famose Mummie Alessandrine

Hamlet: *To what base use we may return, Horatio! Why may not imagination trace the noble dust of Alexander, till he find it stopping a bung-hole?*
Horatio: *'Twere to consider too curiously, to consider so.*
Hamlet: *No, faith, not a jot; but to follow him thither with modesty enough, and likelihood to lead it: as thus; Alexander died, Alexander was buried, Alexander returneth into dust; the dust is earth; of earth we make loam; and why of that loam, whereto he was converted, might they not stop a beer-barrel?*

William Shakespeare, Amleto, Atto V, Scena I

(Amleto: A quali usi ignobili possiamo servire, Orazio! E non potremmo forse seguire con la fantasia la nobile polvere di Alessandro, fino a vederla usata per tappare un barile?
Orazio: Sarebbe troppa fantasia, monsignore.
Amleto: No, perché? Anzi, sarebbe accompagnarlo fin lì con moderazione, e guidati dalla verosimiglianza. Alessandro morì, Alessandro fu seppellito, Alessandro tornò polvere, la polvere è terra, con la terra si fa la calcina, e perché con quella calcina in cui lui si mutò non potrebbero aver tappato un barile di birra?)

L'ultima questione nella ricerca della tomba di Alessandro riguarda il destino del suo stesso corpo. L'evidenza suggerisce che dovremmo essere particolarmente interessati a tutti i cadaveri mummificati, già antichi, che apparvero nelle immediate vicinanze dell'incrocio centrale di Alessandria di Mahmoud Bey alla fine del IV secolo d.C. Questi criteri potrebbero essere considerati rigorosi, eppure risulta esserci un insieme unico di resti umani che sembra soddisfarli.

Secondo varie fonti cristiane, la prima delle quali fu Clemente di Alessandria nel 200 d.C. circa, la Chiesa di Alessandria fu fondata da San Marco Evangelista nella metà del I secolo d.C.[1] In epoca tardo romana, una chiesa e la tomba di San Marco divennero uno dei principali luoghi religiosi della città.[2] Il più antico riferimento storico affidabile alla tomba stessa si trova nella Storia Lausiaca di Palladio, che scrisse all'inizio del V secolo d.C. di un pellegrinaggio "al Martyrion di Marco ad Alessandria" avvenuto alla fine del IV secolo; inoltre, nel 392 d.C. San Girolamo fu il primo a menzionare che San Marco fu sepolto ad Alessandria, implicando

---

[1] Morton Smith, *Clement of Alexandria and a Secret Gospel of Mark*, Harvard University Press, 1973; Eusebio, *Storia Ecclesiastica*, 2, 16; Birger A. Pearson, "Earliest Christianity in Egypt: Some Observations," *The Roots of Egyptian Christianity*, edited by Birger Pearson and James Goehring, Philadelphia 1986, pp. 132-159.
[2] M. Chaîne, "L'Église de Saint-Marc à Alexandrie," *Revue de l'Orient Chrétien*, Vol. 24, 1924, pp. 372-386.

La Ricerca della Tomba di Alessandro il Grande

quindi la tomba.³ Sebbene la seconda parte di una Passione di San Pietro affermi di descrivere una tomba di San Marco ad Alessandria nel 311 d.C., William Telfer ha dimostrato che quella parte del manoscritto fu l'invenzione di un agiografo del VI secolo, che sembra essersi ispirato al più influente racconto cristiano della carriera dell'evangelista, gli Atti di San Marco.⁴ Si tratta di un racconto apocrifo del martirio e della sepoltura del santo che potrebbe essere stato composto ad Alessandria alla fine del IV secolo. Secondo tali Atti, i pagani tentarono di bruciare il corpo di San Marco, ma una tempesta miracolosa intervenne e spense le fiamme permettendo ai cristiani di riprendere il cadavere e portarlo alla loro chiesa vicino al mare, in un distretto di Alessandria chiamato Boukolia. Le versioni più antiche degli Atti menzionano che i cristiani in seguito seppellirono il corpo in un luogo eminente nella parte orientale della città. Scrittori successivi hanno spesso ipotizzato che il luogo della sepoltura di San Marco fosse nel sito della chiesa di Boukolia, che, di conseguenza, deducono avesse occupato il sito della chiesa tardo romana di San Marco, che secondo altre fonti antiche avrebbe ospitato la tomba del santo. Essi pertanto collocano il Martyrion di San Marco sul litorale a est di Lochias.⁵ Tuttavia, gli Atti originali non fornivano alcuna base per effettuare tale connessione.⁶ Una tradizione cristiana alternativa in Doroteo, Eutichio e nel *Chronicon Paschale* afferma che il corpo di San Marco fu effettivamente bruciato. Ad esempio, Doroteo di Tiro osserva: -

*Si dice che l'apostolo San Marco fosse stato condotto dal luogo chiamato Boukolou a quello indicato con il nome di Angelion e lì fu bruciato.*⁷

Doroteo è una figura cristiana tra la fine del III e l'inizio del IV secolo, il che suggerisce che la tradizione del cadavere cremato sia più antica della tradizione secondo cui il corpo fu miracolosamente preservato dal tentativo di incenerimento, le cui versioni sembrano derivare tutte dagli Atti. Si può quindi sospettare che il miracolo, negli Atti, sia stato escogitato alla fine del IV secolo per spiegare una tomba del santo appena costruita.

Nell'anno 828 d.C., accadde l'evento più notevole nella storia della chiesa di San Marco: il trafugamento delle spoglie del santo da parte dei veneziani, noto in Italia

---

³ Palladio, *Storia Lausiaca*, Sezione 45 su *Filoromo di Galazia*; San Girolamo, *De viris illustribus*, 8, scritto a Betlemme nel 392 d.C. (come annotato all'interno dell'opera dal suo autore) menziona che San Marco morì nell'8° anno di Nerone e fu sepolto ad Alessandria.
⁴ William Telfer, "St Peter of Alexandria and Arius," *Analecta Bollandiana* 67, 1949, pp. 117-130; Richard Adalbert Lipsius, *Die Apokryphen Apostelgeschichten Und Apostellegenden* 2/2:338-39, Braunschweig 1883-90.
⁵ Tale linea è adottata da varie autorità moderne, ad esempio Christopher Haas, *Alexandria in Late Antiquity*, John Hopkins University Press, 1997, pp. 213, 271-2, 341 e mappa a p. 2; così anche Evaristo Breccia, *Alexandrea ad Aegyptum*, 1922, mappa nella tasca della copertina posteriore.
⁶ J-P. Migne (ed.), *Patrologia Graeca*, Vol. 115, coll. 163-170; Getatchew Haile, "A New Ethiopic Version of the Acts of St Mark," *Analecta Bollandiana* 99, 1981, pp. 117-34; Severo, *Storia dei Patriarchi*, a cura di, B. Evetts in *Patrologia Orientalis*, Vol. 1, 1904, pp. 135-148.
⁷ Vedi J-P. Migne (ed.), *Patrologia Graeca*, 86, col. 59, note, che cita la *Synopsis of the Apostles* di Doroteo di Tiro; *Chronicon Paschale* 252, in *Patrologia Graeca* 92, coll. 608-609; Eutichio 336 in *Patrologia Graeca* 111, col. 983.

Famose Mummie Alessandrine

come *Traslazione*. Due capitani mercantili veneziani, Buono, tribuno di Malamocco, e Rustico da Torcello, fecero entrare le loro navi nel porto di Alessandria, dove visitarono la chiesa di San Marco Evangelista. A quel tempo, il clero alessandrino si diceva preoccupato per la sicurezza delle sue reliquie più sacre, in particolare del corpo dell'Evangelista, a causa del regime antagonista dei suoi governanti islamici. Alcuni resoconti suggeriscono che gli arabi si stessero appropriando di ricche pietre dalla chiesa per costruire un palazzo. I veneziani persuasero (o corruppero) i custodi delle spoglie affinché permettessero che fossero portate via. Una versione della leggenda spiega che il sudario venne tagliato sulla schiena e il cadavere di Santa Claudia, che era a portata di mano, fu sostituito a quello di San Marco per nascondere il furto. Le spoglie dell'evangelista furono poi portate in una grande cesta sulle navi in attesa. L'aroma delle spezie dell'imbalsamazione era talmente forte da destare i sospetti delle autorità locali, ma l'aver coperto i resti con carne di maiale, anatema per i musulmani, riuscì a sventare una ispezione da parte degli ufficiali del porto. Gli ispettori fuggirono al grido di "Kanzir! Kanzir!" (maiale). Il corpo venne poi avvolto in una tela e issato fino al pennone. Una visita del fantasma di San Marco salvò in seguito la nave da qualche pericolo, uno scoglio o una tempesta, durante il viaggio di ritorno a Venezia.[8]

La narrazione è conservata in una serie di mosaici nella Basilica di San Marco a Venezia (Figura 10.1), datati da Gardner Wilkinson al tardo XI secolo sulla base della loro caratteristica originale, anche se potrebbero non essere stati completati fino al XII secolo.[9] Coprono l'interno dell'arco tra il presbiterio e la *Cappella di San Clemente*. È interessante notare che tali rappresentazioni raffigurano il corpo del santo con la carne e la barba intatte, piuttosto che come uno scheletro, nonostante fosse morto da secoli al tempo della *Traslazione*. È una mera convenzione artistica o allude a un cadavere mummificato? La *Traslazione* è stata riportata anche da alcuni primi cronisti veneziani, come Martino da Canale nella *Cronique des Veniciens* del 1275, il quale afferma che l'aroma del cadavere era così forte che "Se tutte le spezie del mondo fossero state raccolte insieme ad Alessandria, non avrebbero potuto profumare così tanto la città". P. Daru aggiunge che il cadavere era sigillato nel lino.[10]

La testimonianza di particolare interesse per la nostra storia è la breve didascalia sulla mappa di Alessandria di Braun e Hogenberg, che identifica la posizione di una pietra proprio all'interno della Porta del Cairo di Alessandria, in seguito nota

---

[8] John Julius Norwich, *Venice: the Rise to Empire*, Allen Lane, London 1977, pp. 52-3.
[9] Gardner Wilkinson, "On an early mosaic in St Mark's [Venice] representing the removal of the body of the evangelist to Venice," *Journal of the British Archaeological Association* 7, 1851, p. 258; Otto Demus, *The Mosaic Decoration of San Marco Venice*, University of Chicago Press, 1988, pp. 28-38.
[10] P. Daru, *Histoire de Venise*, 3rd edition, Tome 1, Paris 1826, p. 56.

La Ricerca della Tomba di Alessandro il Grande

come Porta di Rosetta, sotto la quale si dice che i veneziani abbiano scoperto il corpo di San Marco (Figura 9.1).[11]

C'è una menzione della chiesa di San Marco situata vicino a una porta sul lato orientale della città nella *Cronaca* di Giovanni di Nikiu (circa 670 d.C.), nel contesto di un resoconto di una battaglia del 609 d.C. circa: -

E Niceta aprì la seconda porta, che era vicino alla chiesa di San Marco Evangelista, e uscì con i suoi ausiliari barbari, ed essi andarono all'inseguimento delle truppe in fuga e ne passarono alcuni a fil di spada...[12]

L'associazione di San Marco con una porta di Alessandria, in quel periodo, è supportata anche da un avorio della città del VII secolo (attualmente al Louvre) che raffigura l'evangelista come patriarca, in trono, davanti a una porta monumentale e circondato dai suoi successori.

Figura 10.1. Mosaico del XII secolo su una volta della Basilica di San Marco raffigurante Buono il tribuno e Rustico che ricevono la salma di San Marco dal presbitero Teodoro e Staurcio il monaco, ad Alessandria; portano via il corpo nascosto in una cesta sotto la carne di maiale (disegno dell'autore)

È giunto fino a noi un racconto di un pellegrinaggio ad Alessandria di un certo Arculfo, intorno al 680 d.C., che sembra anche localizzare la chiesa di San Marco proprio all'interno della porta sulla strada principale per il Cairo: -

---

[11] Georg Braun e Frans Hogenberg, *Civitates Orbis Terrarum*, Cologne 1572; F.L. Norden, *Voyage d'Egypte et de Nubie*, Paris 1755, *Carte Particulière de la Vieille et de la Nouvelle Aléxandrie, et des Ports*, Tab. I, sembra identificare la moschea Attarine come San Marco, ma questo deve essere un errore.
[12] Giovanni di Nikiu, *Cronaca*, 108, 8-9.

Famose Mummie Alessandrine

Item de parte Aegipti aduentantibus et urbem intrantibus Alexandrinam (alexandriam) ab aquilonali [propinquo] latere occorrerit grandis ecclesia structurae, in qua Marcus euangelista in terra humatus iacet; cuius sepulchrum ante altare in orientali eiusdem quadrangulae loco ecclesiae memoria superposita marmoreis lapidibus constructa monstratur.[13]

"Avvicinandosi dalla direzione dell'Egitto come si entra nella città di Alessandria (quasi) dal lato nord si presenta una grande chiesa, in cui Marco Evangelista giace sepolto nel terreno. La sua tomba è in vista davanti all'altare all'estremità orientale di questa chiesa quadrata e sopra di essa è stato costruito un memoriale a lui dedicato con pietre di marmo".

Il latino presenta alcune ambiguità, conservate nella traduzione, soprattutto riguardo al fatto che Arculfo si sia avvicinato ad Alessandria da nord o in alternativa abbia visto la chiesa sul suo lato nord entrando in città. È possibile che pensasse di entrare ad Alessandria da nord, anche se la costa del Mediterraneo si trova sul lato settentrionale. La Porta di Rosetta era rivolta a venti gradi a nord-est, e sappiamo da altri indizi nel testo indicanti la data e l'ora dell'arrivo di Arculfo che il sole mattutino, con cui avrebbe definito l'est, potrebbe essere stato di circa cinquanta gradi a sud del dovuto est all'ora del suo ingresso ad Alessandria.

Circa un secolo dopo Arculfo (ca. 750-800 d.C.), Epifanio il Monaco confermò la continua presenza dei resti: -

A ovest, a quattro giorni di distanza, c'è la città di Alessandria. Lì giace sepolto San Marco apostolo ed evangelista...[14]

Nel 1369 d.C. circa, Guillaume de Machaut compose un'opera poetica in francese medievale intitolata *La Prise d'Alexandrie*, che racconta la cattura e l'occupazione temporanea di Alessandria da parte del re di Cipro nel 1365 d.C. Diversi passaggi, se letti insieme, dimostrano in modo decisivo che la Porta di San Marco era allora un nome alternativo della Porta del Cairo/Rosetta.[15] Alle righe 3182-4 abbiamo: -

Saint Marc est la porte nommée,	Questa porta si chiama San Marco,
Et pluseurs, qui nommer la veulent,	E alcuni, che vollero nominarla,
La porte dou Poivre l'appellent.	La chiamarono la porta del Pepe.

Quindi alle righe 3214-7: -

---

[13] Adamnano, *De locis sanctis*, 2, 30, 25, dove *alexandriam* è un'alternativa e *propinquo* un'aggiunta in un secondo manoscritto (B); J.H. Bernard (trad.), *Expliciunt peregrinations totius terre sancta, Guide-Book to Palestine*, Palestine Pilgrim Text Society, London 1894, vi, p. 33.
[14] Epifanio il Monaco, *Descrizione della Palestina* 5 in *Patrologia Graeca*, Vol. 120, col. 266.
[15] Guillaume de Machaut, *La Prise d'Alixandre*, 1369, (trad.) R. Barton Palmer, Routledge, New York and London 2002.

La Ricerca della Tomba di Alessandro il Grande

En Alexandre a une rue   Ad Alessandria c'è una via
Qu'on claimme la rue dou Poivre.   Conosciuta come la via del Pepe.
Des autres forment se desoivre,   Dalle altre differisce molto,
Car c'est la grant rue, à droit dire.   Perché è la via principale, giustamente parlando.

Anche alle righe 3002-4: -

Ceste porte estoit appelé   Questa porta era chiamata
La porte dou Poivre, & s'estoit   La porta del Pepe, ed era
Li chemins qui au Quaire aloit.   La strada che portava al Cairo.

Bernardo, un monaco francese che visitò Alessandria intorno all'870 d.C., verificò il rapimento del cadavere da parte dei veneziani, ma attestò anche che la chiesa di San Marco si trovava vicino a un monastero dedicato al santo, che era situato appena *fuori* dalla Porta orientale del Cairo/Rosetta/San Marco/ Pepe: -

Haec Alexandria mari adjacet, in qua praedicans sanctus Marcus Evangelium, gessit pontificale officium. Extra cujus portam orientalem est monasterium praedicti sancti, in quo sunt monachi apud ecclesiam, in qua prius ipse requievit. Venientes vero Venetii navigio tulerunt furtim corpus a custode ejus, et deportarunt ad suam insulam.[16]

"Questa Alessandria, nella quale San Marco Evangelista predicò e assunse l'ufficio patriarcale, è adiacente al mare. Fuori dalla sua porta orientale si trova il monastero del santo, nel quale ci sono monaci vicino alla chiesa, in cui egli stesso un tempo riposava. Ma i Veneziani, venuti per mare, presero di nascosto il suo corpo e lo portarono nella loro isola".

La prima mappa sopravvissuta di Alessandria fu disegnata da Ugo Comminelli, nel 1472. Essa anche raffigura una sorta di istituto religioso dedicato a San Marco fuori dalla porta orientale (segnato *sā marci* in basso a sinistra nella Figura 10.2).[17] Tuttavia, la testimonianza di Bernardo non esclude la possibilità che la chiesa si trovasse proprio all'interno della porta, mentre il monastero associato era appena fuori dalle mura della città, pertanto la posizione della chiesa indicata dalla mappa di Braun e Hogenberg può essere conciliata con Bernardo e quindi con Ugo Comminelli.

---

[16] Bernardo Monaco Franco, *Itinerarium 6*, *Patrologia Latina*, Vol. 121.
[17] Gaston Jondet, *Atlas historique de la ville et des ports d'Alexandrie*, Mémoires de la Société Sultanieh de Géographie 2, Cairo 1921, Mappa 1; ma Melchien 1699 classifica gli edifici di Lochias come "San Giorgio".

Famose Mummie Alessandrine

Diversi visitatori tardo medievali di Alessandria menzionano l'esistenza di una chiesa di San Marco senza specificarne l'ubicazione, oltre a indicare che essa si trovava all'interno del circuito delle mura medievali. Quelli a me noti includono Fra Niccolò da Poggibonsi nel 1349; Anselmo Adorno nel 1470; Hans Thucher nel 1480; Félix Fabri nel 1483; Francesco Suriano nel 1503; Martin Baumgarten nel 1507, il quale ricorda, in modo particolare, che San Marco si trovava in un luogo diverso dalle altre chiese; Jean Thenaud e Zaccaria Pagani nel 1512.

Leone Africano sembra essere stato tra gli ultimi testimoni oculari dell'antica chiesa di San Marco ad Alessandria. Ne fece menzione al tempo delle sue visite in città, intorno al 1517: -

Attualmente ci sono tra gli antichi abitanti di Alessandria molti cristiani chiamati Giacobiti [cioè copti], essendo tutti loro artigiani e mercanti: questi Giacobiti hanno una chiesa propria a cui ricorrere, dove in passato era sepolto il corpo di S. Marco Evangelista, che da allora è stato trafugato in segreto dai Veneziani, e portato fino a Venezia. E i detti Giacobiti pagano un tributo al governatore del Cairo.[18]

La chiesa di San Marco citata da Leone, nel 1517, è molto plausibile che sia il piccolo edificio simile a una chiesa vicino al luogo del ritrovamento del corpo di San Marco, appena all'interno della Porta del Cairo/Rosetta di Alessandria medievale sulla mappa di Braun e Hogenberg, poiché quest'ultima era basata su informazioni contemporanee dei primi anni del 1530. Potrebbe non essere stata la chiesa tardo romana originale, poiché ci sono prove che l'edificio fu danneggiato o distrutto e ricostruito più volte durante la sua lunga storia, ma ogni istituto successivo potrebbe aver condiviso lo stesso sito.[19] In tal caso, e se si deve credere ai nostri cartografi di Colonia, la tomba di San Marco si trovava molto vicino all'incrocio centrale di Mahmoud Bey dell'antica Alessandria, che, come abbiamo visto, era anche il probabile sito del mausoleo di Alessandro.

I racconti dei successivi viaggiatori del XVI e dell'inizio del XVII secolo, come Marmol nel 1546, rieccheggiano principalmente le parole di Leone sulla chiesa di San Marco ad Alessandria: sembrerebbe che abbiano usato la sua opera come modello. Fa eccezione Pierre Belon, che transitò per Alessandria in missione diplomatica nel 1547, ma è piuttosto vago e ambiguo:

e infatti vi sono alcuni Caloieri, Giacobiti e Greci che vi hanno dimora per il Patriarcato con la loro Chiesa, nel luogo dove anticamente era il cadavere di San Marco, prima che i Veneziani lo

---

[18] Leone Africano (ed. Ramusio, *Descrizione dell'Africa*, 1550), trad. John Pory 1600, *Description of Africa*, Vol. 3, Hakluyt Society 94, London 1896, p. 864.
[19] Ad esempio, si dice che la chiesa di San Marco sia stata danneggiata da un incendio quando 'Amr riconquistò Alessandria in seguito alla rivolta di Manuele, nel 646 d.C. (ad es. Butler, *The Arab Conquest of Egypt*, p. 475), poi restaurata sotto il patriarca Agatone (661-677 d.C.) secondo Maqrizi, o dal patriarca Giovanni III (677-686 d.C.) secondo la *Storia dei Patriarchi* di Severo e la Cronaca di Peter ibn Rahib, o anche durante l'episcopato del patriarca Isacco (686-689 d.C.) secondo il *Sinassario Copto*.

La Ricerca della Tomba di Alessandro il Grande

rubassero per portarlo a Venezia. A parte ciò, anche i Cattolici e gli Ebrei hanno lì le loro Chiese.[20]

Figura 10.2. Pianta di Alessandria di Ugo Comminelli del 1472

Per avere informazioni più specifiche, dobbiamo attendere fino al resoconto della visita di Cornelius de Bruyn, nel 1681:

L'attuale città di Alessandria è per lo più vuota e deserta, ma ha alcune zone abitate. Qui è ancora presente la chiesa di San Marco, occupata dai cristiani copti. Un tempo era una grande chiesa, ma ora è una piccola cappella rotonda. All'interno della cappella è ancora esposta una parte dell'antica scala insieme a un pezzo del pulpito dove predicava l'Evangelista Marco...

---

[20] Pierre Belon du Mans, *Voyage en Egypte*, 1553, edizione di Serge Sauneron, IFAO, 1970 - Alessandria è trattata alle pp. 91b-97a.

Famose Mummie Alessandrine

All'interno di questa chiesa il corpo di San Marco, il primo Patriarca di Alessandria, riposava dietro l'altare dall'anno 64 d.C. fino a quando alcuni mercanti veneziani di ritorno dalla Terra Santa ne portarono le spoglie a Venezia.[21]

Nel XVIII secolo, le testimonianze di una chiesa di San Marco ad Alessandria sono sfuggenti. La mappa di Alessandria di Norden, disegnata nel 1737, sembra segnare in modo assurdo il luogo della moschea Attarine con la legenda "San Marco".[22] Tuttavia, le posizioni di tre fondazioni cristiane all'interno del perimetro medievale di Alessandria sono ragionevolmente ben stabilite dalle mappe di Pococke e della spedizione di Napoleone. In primo luogo, c'era un monastero cristiano "latino" a circa 300 metri a ovest della moschea Attarine, appena a nord della Via Canopica. In secondo luogo, un monastero "greco" dedicato a Santa Caterina e San Giorgio si trovava di fronte a Kom el-Dikka, sul lato settentrionale della Via Canopica; lo stesso Kom el-Dikka è denominato *Butte Sainte Catherine* nelle mappe di d'Anville e Cassas (Figura 9.9). Infine, l'edificio adiacente alla *Sinagogue des Juifs* sul suo lato orientale nella mappa della Description de l'Egypte (Figura 9.6) è chiamato "convento copto" da Pococke. Non è impossibile che fosse dedicato a San Marco, anche se è arduo trovare testimonianze specifiche. È anche difficile equipararlo alla piccola cappella rotonda visitata da Cornelius de Bruyn, poiché appare come una struttura rettilinea a un piano nei disegni e nelle incisioni del XVIII secolo. La sua posizione era a soli circa 150m a sud degli Aghi di Cleopatra, quindi una parte del sito potrebbe effettivamente essere caduta all'interno dei confini del complesso templare del Caesareum dell'antica Alessandria. Nel periodo tardo romano le autorità cristiane si impossessarono del Caesareum (alias Sebasteum). Si trovava al centro del porto grande con gli Aghi di Cleopatra a guardia del suo ingresso. Era molto grande, così i cristiani ne fecero la loro cattedrale.[23] Per questo motivo viene talvolta confuso dalle fonti medievali con la chiesa di San Marco.[24] Fu infine raso al suolo da un incendio all'inizio del X secolo.[25] La moderna cattedrale copta di San Marco ad Alessandria risulta essere vicina al sito del convento copto

---

[21] Cornelius de Bruyn, *Reizen van Cornelis de Bruyn door de vermaardste Deelen van Klein Asia*, 1698, p. 239.

[22] F.L. Norden, *Voyage d'Egypte et de Nubie*, Paris 1755, *Carte Particuliére de la Vieille et de la Nouvelle Aléxandrie, et des Ports*, Tab. I e *Vue de la Vieille Aléxandrie*, Tab. VI – è difficile, data la posizione che identifica, evitare la conclusione che Norden stia confondendo la moschea Attarine con la chiesa di San Marco, anche se la veduta nella tavola VI non mostra effettivamente il minareto e resta la possibilità che stia facendo un riferimento molto impreciso al convento copto notato da Pococke all'incirca nella stessa data.

[23] A. Butler, *The Arab Invasion of Egypt & the Last 30 Years of the Roman Dominion*, Oxford 1902, pp. 372-5.

[24] Un edificio chiamato Kamsija, che era stato costruito da Cleopatra e bruciato nel 912 d.C., deve essere il Caesareum, ma è comunque associato alla chiesa di San Marco da varie fonti copte e arabe secondo M. Chaîne, *L'Église de Saint-Marc à Alexandrie*, Revue de l'Orient Chrétien, Vol. 24, 1924, pp. 372-386.

[25] Nel 912 d.C. secondo Neroutsos Bey, *L'Ancienne Alexandrie*, Paris 1888, p. 14.

La Ricerca della Tomba di Alessandro il Grande

identificato da Pococke, anche se le istituzioni religiose copte ed ebraiche sembrano misteriosamente essersi scambiate di sito nel XIX secolo.[26]

Ciò completa la nostra analisi della storia della tomba di San Marco ad Alessandria. È una questione sottile distinguere il vero sito del santuario dalle parecchie istituzioni di facciata, in città e nei dintorni, che potrebbero essere state associate in varie epoche a San Marco. Sembra comunque fermamente stabilito che la Porta di Rosetta fosse generalmente conosciuta come la Porta di San Marco dal periodo tardo romano fino all'incursione cipriota del 1365. La chiesa di San Marco fu rigorosamente associata alla porta dai pellegrini Arculfo e Bernardo il Monaco. Gli stessi Atti di San Marco affermano che la tomba dell'Evangelista fu realizzata in un illustre quartiere orientale di Alessandria. È la posizione appena all'interno della Porta di Rosetta, come specificato dalla mappa di Braun e Hogenberg, che meglio si adatta a tale evidenza. Ciò porta alla conclusione che la tomba di San Marco non solo sostituì il mausoleo di Alessandro come il santuario più sacro di Alessandria, ma si trovava anche praticamente nello stesso punto all'interno della città.

Inoltre, è ora possibile osservare anche una coincidenza temporale tra la scomparsa del corpo di Alessandro e l'apparizione del santuario di San Marco. Libanio afferma che il cadavere di Alessandro fu esposto ad Alessandria poco prima della messa al bando del paganesimo nel 391 d.C., tuttavia non se ne sentì più parlare, mentre la tomba di San Marco apparve per la prima volta verso la fine del IV secolo d.C. Soprattutto alla luce di queste coincidenze, possiamo ragionevolmente chiederci se qualche patriarca o alto funzionario della Chiesa alessandrina della fine del IV secolo avesse riconosciuto un'opportunità, attraverso un piccolo inganno, sia di preservare il corpo del fondatore della città dai più fanatici dei suoi seguaci, sia di fornire alla cristianità una potente reliquia per incoraggiare la devozione dei fedeli. Ci sono dei precedenti che dimostrano che le autorità ecclesiastiche di Alessandria nel IV secolo avevano l'abitudine di adattare le reliquie pagane agli scopi cristiani: per esempio, un idolo di bronzo di Saturno, nel Caesareum, venne fuso per forgiare una croce dal patriarca Alessandro al tempo di Costantino, e lo stesso Caesareum divenne una cattedrale cristiana.[27] Potrebbe essere stata escogitata una metamorfosi simile nel caso della mummia di Alessandro? Dopotutto, ci sono indizi che il presunto cadavere di San Marco fosse stato mummificato e intriso di ricche spezie proprio come quello di Alessandro, mentre abbiamo visto che una antica e credibile tradizione cristiana insiste sul fatto che il corpo di San Marco sia stato bruciato dai pagani ad Alessandria nel I secolo d.C.

*   *   *   *   *   *   *   *

---

[26] Neroutsos Bey, *L'Ancienne Alexandrie*, Paris 1888, p. 69, suppone quindi che la cattedrale copta si trovi sul sito dell'antica chiesa di San Marco.

[27] A.J. Butler, *The Arab Conquest of Egypt and the Last Thirty Years of the Roman Dominion*, 2nd edition revised by P.M. Fraser, OUP, [1902] 1978, nota a piè di pagina al Capitolo 24, "Alexandria at the Conquest".

Famose Mummie Alessandrine

Che ne è della storia dei resti di San Marco dopo il loro arrivo a Venezia? Una chiesa di San Marco sembra essere stata fondata per ospitare la tomba veneziana dell'Evangelista entro un breve periodo dall'arrivo delle spoglie in città.[28] Fu danneggiata da un incendio che travolse diversi quartieri di Venezia nell'agosto del 976 d.C., ma fu prontamente riparata dal doge Pietro Orseolo. Nel 1063 d.C., il crescente potere e la ricchezza di Venezia permisero alla Repubblica di finanziare la costruzione di una più gloriosa Basilica di San Marco, lo stesso edificio che oggi continua ad abbellire la Piazza di San Marco nel cuore della città (Figura 10.3). C'è una curiosa leggenda secondo cui la mummia di San Marco venne in qualche modo smarrita dai veneziani, nel contesto della ricostruzione della Basilica alla fine dell'XI secolo. Tuttavia, dopo un periodo di preghiera e digiuno, essa fu miracolosamente riscoperta quando un braccio del santo fu visto emergere da un pilastro, indicando il luogo della sua inumazione.[29] Tintoretto ha illustrato l'incidente in un noto dipinto, ma l'attendibilità storica del racconto è discutibile. Associare i miracoli alle reliquie cristiane medievali era un bene per gli affari dei loro santuari poiché aiutava a incoraggiare i pellegrinaggi. Era l'equivalente di una moderna campagna di marketing; c'erano quindi solidi incentivi finanziari affinché incidenti minori fossero trasformati in drammi soprannaturali.

Sappiamo che il corpo di San Marco fu deposto in una nuova tomba nella cripta della Basilica l'8 ottobre 1094, sotto il doge Vitale Falier, poiché nella sepoltura fu ritrovata una targa di piombo con una iscrizione commemorativa in occasione di un successivo trasferimento.

Dal 1094 d.C. fino all'inizio del XIX secolo, il cadavere di San Marco riposò serenamente nella sua nuova tomba nella cripta della Basilica, in un punto che si trovava quasi direttamente sotto l'altare maggiore del presbiterio soprastante.[30] Nel 1811, si percepì un rischio crescente per i resti nella cripta a causa di episodi di inondazione sempre più frequenti. Vi era inoltre il desiderio di rendere le sacre reliquie più accessibili ai fedeli, per cui si decise di spostare la tomba di San Marco all'interno del basamento dell'altare maggiore stesso, al piano nobile della Basilica. Il sarcofago marmoreo del santo è oggi visibile dietro una grata e i visitatori sono incoraggiati a procedere lungo un percorso che circonda le sue spoglie.

Di vitale interesse per la nostra storia è il fatto che l'unica indagine documentata delle spoglie di San Marco Evangelista che si conosca e che sia stata pubblicata ebbe luogo nel 1811, in occasione della mini-*traslazione* tra la cripta e l'altare. La traslazione fu testimoniata da Leonardo Conte Manin, il quale scrisse un

---

[28] Ferdinando Forlati, *La Basilica di San Marco Attraverso I Suoi Restauri*, Trieste 1975, Cap. II, *Il Primo S. Marco*, pp. 45-70.
[29] Ettore Vio, *St Mark's Basilica in Venice*, Thames & Hudson, London 2000, p. 19.
[30] Fermo restando che in un recente episodio del programma televisivo BBC Antiques Roadshow è stata mostrata una reliquia di San Marco con un "certificato di autenticità" del XVIII secolo proveniente da Venezia.

La Ricerca della Tomba di Alessandro il Grande

resoconto della storia della tomba di San Marco intitolato *Memorie storico-critiche intorno la vita, traslazione, e invenzioni di san Marco evangelista principale protettore di Venezia*. Fu pubblicato per la prima volta a Venezia nel 1815 e una seconda edizione apparve nel 1835.

Figura 10.3. Veduta della Basilica di San Marco dalla galleria del Campanile (foto dell'autore)

Il trattato di Manin stabilisce che i resti recuperati nel 1811 sono molto probabilmente quelli portati a Venezia da Alessandria d'Egitto nell'828 d.C. da due mercanti-avventurieri veneziani (cioè la *Traslazione*). Che si tratti di un fatto storico e non di un semplice mito è fortemente supportato dal fatto che la rimozione delle spoglie è riportata da fonti alessandrine contemporanee, come Bernardo il Monaco, nonché dalle cronache e dai mosaici veneziani. Manin registra anche la testimonianza della targa di piombo trovata insieme ai resti che commemorava la loro sistemazione nella cripta quando l'attuale Basilica venne costruita nel 1094 d.C.

Tuttavia, l'identità ultima del cadavere è messa in discussione dalle argomentazioni presentate precedentemente in questo capitolo, la maggior parte delle quali è stata originariamente avanzata nel 2004.[31] I recenti sospetti sull'autenticità delle spoglie sono una prima ragione per considerare attualmente una nuova indagine sul corpo. Una seconda motivazione è che le nuove tecniche forensi hanno recentemente raggiunto un livello così alto di sofisticazione e accuratezza che ora vi è una forte probabilità che la questione dell'identità del cadavere possa essere finalmente risolta. Inoltre, le informazioni storiche potenzialmente cruciali legate alle spoglie potrebbero in tal modo essere estrapolate e assicurate alla posterità.

A sostegno di tale obiettivo, consideriamo innanzitutto gli scarsi dettagli dei resti di San Marco registrati da Leonardo Manin nel suo libro sopra citato. È particolarmente importante richiamare l'attenzione sulla natura molto limitata delle informazioni di Manin. Nessuna illustrazione dei resti è stata fornita. Manin non ha nemmeno registrato le dimensioni e il peso; né ha catalogato i resti in alcun modo, quindi non abbiamo ancora una conoscenza esatta del contenuto della tomba.

La descrizione più importante delle spoglie nel libro di Manin sembra quella fornita alle pagine 24-25, che descrivono l'apertura della bara il 9 maggio 1811. Di seguito si riporta una trascrizione del testo originale: -

Io non mi tratterrò a descriver queste minutamente, ma dirò solo che si vide un capo co' suoi denti fornito, le ossa principali che formano lo scheletro di un uomo, affatto scarnate e disseccate, oltre a molti frammenti già polverizzati e molta cenere. La cassa era internamente foderata di un manto rosso, e le sante reliquie erano di altro tessuto coperte di un colore più chiaro, e di una solidità maggiore del velo, il quale e dall'umido e dal tempo erasi alle sante ossa attaccato, e di esse quasi un involto formava. Per antico rito e per cristiano costume, come asserisce monsignor Fontanini nella dissertazione sul corpo di s. Agostino, soleansi di veli i santi corpi ricoprire, che chiamansi brandea, sudaria, oraria.

Lo stato di decomposizione dei resti riferito riflette le condizioni umide nella cripta, che è soggetta a continue inondazioni. Chiaramente, lo stato intatto del cranio e delle ossa principali è incompatibile con il fatto che tali resti siano mai stati bruciati. La menzione di "cenere" significa semplicemente resti organici sbriciolati. Non vi è alcuna imputazione di combustione nel contesto dei resti umani. Piuttosto, l'osservazione di Manin che parti dello scheletro fossero attaccate a involucri di stoffa è coerente con l'ipotesi che egli stesse descrivendo una mummia deperita.

Ci sono anche alcune altre menzioni in punti successivi del libro che sono citate di seguito per completezza.

Pagina 42, secondo paragrafo: -

---

[31] A.M. Chugg, "Alexander's Final Resting Place," *History Today*, Vol. 54(7), July 2004, pp. 17-23; A.M. Chugg, *The Lost Tomb of Alexander the Great*, London, October 2004.

La Ricerca della Tomba di Alessandro il Grande

... e attentamente si è estratto il sacro corpo consistente nel Cranio e varie ossa, ...

Pagina 45, secondo paragrafo (re-inumazione sotto l'altare maggiore il 30 settembre 1811): -

... si è aperta la cassa stessa e si è osservato il sacro corpo consistente nel teschio, ossia cranio, ed ossa in parte di uno scheletro già riposte fra bombace. Nella cassa medesima si sono rinchiuse due scatole contenenti delle ceneri prodotte dalle ossa e dai veli sfacellati.

Il libro di Manin presenta anche alcune informazioni chiave riguardanti altre reliquie ritrovate insieme alle spoglie di San Marco. Ad esempio, alle pagine 26-27 descrive la scatola illustrata in Figura 10.4: -

Sulla sinistra, vicino al luogo della testa dell'evangelista, è stata trovata una scatola rotonda di legno, con coperchio a forma di cyma rovescia (modanatura a forma di S nell'architettura classica) minuziosamente decorata con disegni, ma semplice e disadorna nelle altre parti. Questa scatola conteneva alcune reliquie avvolte in un panno di seta, più consistenti delle altre, e, sparse tra esse, vi erano antiche monete d'argento. A prima vista si pensava che queste reliquie fossero una parte particolarmente preziosa dello stesso sacro corpo che il tempo aveva ridotto in polvere, di colore in parte grigio cenere e in parte rosso sangue scuro; la presenza delle monete sembrava dimostrare che ciò fosse vero, e che questa parte del sacro corpo, qualunque essa fosse, era stata resa oggetto di speciale devozione. Ma osservata più attentamente la cassetta, si vide nel mezzo di essa alcune parole, le quali, lette ed esaminate dal signor Consigliere Cavalier Abate Morelli, defunto bibliotecario regio, furono da lui interpretate come ΑΓΙΟΣ ΑΝΤΟΝΙΟΣ, cioè sanctus Antonius (Sant'Antonio). Poiché questo santo era particolarmente famoso in Egitto, si potrebbe dedurre che le reliquie contenute nella teca appartenessero a lui e fossero state trasferite direttamente dall'Egitto insieme a San Marco e che anche questo vaso di legno, qualunque cosa fosse, provenisse da Alessandria. Questa tesi fu contestata da alcuni maligni, che presero questa scoperta come pretesto per screditare le altre, e sostennero che era molto difficile conciliare l'idea di San Marco con ciò che suggeriva la scatola.

Sant'Antonio fu il fondatore del monachesimo in Egitto, nel IV secolo d.C. La probabilità che la scritta parzialmente cancellata sia greca supporta certamente il collegamento con Alessandria, dove era la lingua principale parlata sotto gli imperi romano e bizantino. Tali dettagli del libro di Manin alleviano ulteriormente il timore che il corpo attualmente sotto l'altare di San Marco non sia quello portato da Alessandria nell'828 d.C., suscitato dalla presunta difficoltà di rintracciare il luogo della sua sepoltura nell'XI secolo e dall'ancor prima incendio del 976 d.C.

Potrebbero esserci state una o due ispezioni dei resti mortali mentre erano ospitati nel nuovo sarcofago marmoreo all'interno dell'altare. Nel 2006 è stato pubblicato a Napoli *Marco Evangelista: L'Enigma delle Reliquie*, di Gianni Vianello. Tratta molte questioni riguardanti le reliquie di San Marco, ma le sue informazioni circa le ispezioni successive al 1811 dei resti all'interno dell'altare si limitano a una parte della nota 26 a pagina 103:

Si ricorda di una ricognizione del patriarca Monico del 1834 e di un'altra, recente, del 24.11.1957, essendo patriarca di Venezia Angelo Roncalli.

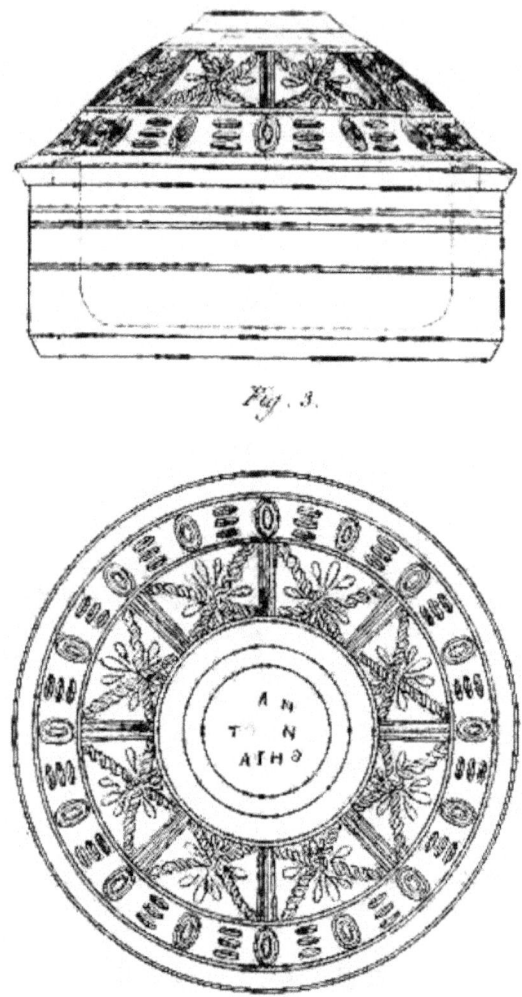

Figura 10.4. Illustrazione di una scatola trovata con le spoglie di San Marco (Figura 3, Tavola 5 del libro di Manin - edizione 1835, dalla collezione dell'autore)

Comunque, Gianni Vianello ha successivamente chiarito, mediante corrispondenza di posta elettronica con l'autore, che l'ispezione del 1957, sebbene ventilata, è stata sventata prima che potesse essere effettuata. Neanche i dettagli dell'ispezione del 1834 sembrano essere disponibili, quindi nulla può ancora essere aggiunto al racconto estremamente scarso di Manin.

* * * * * * * *

La Ricerca della Tomba di Alessandro il Grande

In linea di principio, dovrebbe essere semplice determinare l'età e la provenienza dei resti che continuano a risiedere sotto l'altare della Basilica.[32] I seguenti elenchi identificano alcuni dei test che sono attualmente fattibili. Molti di essi sono stati perfezionati solo di recente, grazie ai grandi progressi dell'archeologia forense negli ultimi decenni. L'esatta gamma degli esami da eseguire nel corso di un'indagine sarebbe oggetto di ulteriore deliberazione e negoziazione. I test sono stati suddivisi in due categorie. La prima comprende gli esami non invasivi, che dovrebbe essere possibile eseguire senza spostare i resti e senza prelevare campioni da essi. C'è un'ottima possibilità che la semplice ispezione delle spoglie decida tra le identità alternative. La seconda categoria richiederebbe probabilmente il prelievo di piccoli campioni dai resti, o il loro trasferimento temporaneo in un laboratorio.

Categoria 1, esame visivo e ispezione

a) L'esame delle spoglie da parte di un esperto dovrebbe consentire di confermare il sesso e l'età approssimativa al momento della morte; dovrebbe essere possibile determinare il tipo di conservazione originale del cadavere.

b) Le fotografie registrerebbero l'aspetto e le dimensioni: i resti dovrebbero essere catalogati rispetto alle foto con i pesi.

c) Segni/lesioni apparato scheletrico: la questione dei segni all'apparato scheletrico, in particolare l'evidenza di ferite guarite, potrebbe essere molto significativa perché due delle numerose ferite riportate da Alessandro (elencate nella Tabella 10.1) sono specificamente indicate come causa di danni alle ossa. In primo luogo, si dice che la fibula e/o la tibia di una gamba di Alessandro sia stata gravemente danneggiata quando l'esercito era in viaggio verso Samarcanda nel 328 a.C. circa. In secondo luogo, la maggior parte delle fonti antiche afferma che la freccia che trafisse il petto di Alessandro durante l'assedio della città dei Malli in India, nel 325 a.C., si fosse conficcata nelle ossa del torace (forse nello sterno). Chiaramente, il danno osseo guarito o la sua assenza in queste parti del corpo potrebbe fornire una forte indicazione circa la probabilità che i resti siano di Alessandro.

d) La ricostruzione facciale è fattibile, assumendo che il cranio sia intatto come indicato da Manin. Ciò potrebbe basarsi su foto scattate da più angolazioni, oppure esistono sistemi sicuri di scansione laser o di tomografia assiale computerizzata (TAC) in grado di registrare oggetti 3D in dettaglio: ad esempio, il volto di Tutankhamon è stato recentemente ricostruito mediante scansioni TAC del cranio da gruppi indipendenti (uno dei quali ignorava l'origine dei dati) e i

---

[32] Nel giugno 1968, un piccolo frammento di osso proveniente da Venezia, attribuito a San Marco, fu restituito all'Egitto per ordine di papa Paolo VI e ricevuto dal patriarca Cirillo VI di Alessandria; è ora conservato in una nuova cattedrale al Cairo, poiché la sede del patriarca fu trasferita al Cairo nell'XI secolo; comunque, il resto del corpo del santo riposa ancora nel suo sarcofago marmoreo all'interno del basamento dell'altare maggiore della Basilica veneziana.

Famose Mummie Alessandrine

risultati erano riconoscibili gli uni dagli altri. A scopo di confronto, sopravvivono numerosi ritratti autentici di Alessandro.[33]

Categoria 2, tecniche di analisi avanzate

a) Datazione al radiocarbonio (Carbonio-14): il carbonio radioattivo generato dai raggi cosmici viene assorbito dagli organismi viventi in proporzione costante rispetto al carbonio stabile 12 mentre sono in vita, ma decade a velocità costante dopo la loro morte; misurando il rapporto tra radiocarbonio e carbonio ordinario in una parte incontaminata dei resti è possibile datare l'età della morte entro circa 50 anni; chiaramente, una datazione alla seconda metà del I secolo d.C. sosterrebbe fortemente l'identificazione dei resti come San Marco; qualsiasi altra data suggerirebbe un falso. In particolare, i resti di Alessandro dovrebbero fornire una datazione all'ultima parte del IV secolo a.C., ben distinta dall'intervallo di date di San Marco. Si noti, tuttavia, che la contaminazione da materiale organico deceduto più di recente darebbe ai resti un'età erroneamente giovane. Sarà quindi importante estrarre campioni da parti dello scheletro (ad es. nuclei di ossa grandi) che verosimilmente non abbiano subito una contaminazione temporanea. Le normali precauzioni includerebbero l'organizzazione dell'analisi dei campioni da parte di diversi laboratori indipendenti e l'inclusione di alcuni campioni di controllo non identificati di materiale e aspetto simili, ma di datazione nota, per scopi di calibrazione incrociata.

b) Isotopi dello stronzio dello smalto dei denti: certi rapporti isotopici misurabili in alcune parti dei resti (ad esempio i rapporti degli isotopi dello stronzio e dell'ossigeno nello smalto dei denti) possono rivelare in quali regioni o climi il defunto visse la sua vita.

c) Test del DNA: potrebbe essere possibile decifrare parte del DNA del defunto; questa sarebbe una ricca fonte di informazioni sull'etnia e sul luogo di origine del defunto; potrebbe anche essere possibile identificare individui imparentati attualmente in vita. Nonostante il fatto che i resti di vari parenti di Alessandro (figlio, padre/fratellastro) rinvenuti a Vergina (antica Ege), in Macedonia, siano stati cremati, esiste comunque la possibilità di estrarre da essi alcune sequenze di DNA. Recentemente c'è stato un successo parziale nell'estrazione di dati del DNA da resti cremati.[34]

d) spore/pollini ecc., magari intrappolati negli involucri; questi possono fornire indizi su luoghi o regioni in cui i resti sono stati conservati per lunghi periodi.

---

[33] Si veda in generale Andrew Stewart, *Faces of Power: Alexander's Image & Hellenistic Politics*, University of California, 1993.
[34] Vedi ad esempio D.J. & C.H. Sweet, "DNA Analysis of Dental Pulp to Link Incinerated Remains of Homicide Victim to Crime Scene," *J. Forensic Sci.* March 1995, 40(2), pp. 310-4; N. von Wurmb-Schwark, A. Ringleb, M. Gebuhr, E. Simeoni, "Genetic Analysis of Modern and Historical Burned Human Remains," *Anthropol. Anz.* March 2005, 63(1), pp. 1-12.

La Ricerca della Tomba di Alessandro il Grande

e) La trama, il materiale e la tintura degli involucri possono fornire indizi importanti.

La questione di un'indagine scientifica indipendente sembrerebbe quindi determinante. Con ogni probabilità, risolverebbe molte delle incertezze e potrebbe ben stabilire la vera identità del defunto. Supponendo che il corpo sia effettivamente quello di San Marco, è auspicabile condurre l'indagine il prima possibile per rimuovere l'incertezza. Se il corpo fosse di qualcuno diverso da San Marco, allora sarebbe bene che gli esami venissero eseguiti al più presto, affinché i fedeli non siano ingannati più del necessario: chi cerca di rimandare l'ispezione rischia di essere considerato complice dell'inganno. Poiché la semplice ispezione delle spoglie può essere sufficiente, è praticamente inevitabile che alla fine la verità venga fuori. In tal senso, dovrebbe essere ovvio che sollevare il coperchio di questo mistero sarebbe nel migliore interesse di tutte le parti.

'È una consumazione da desiderare devotamente', perché, come mi disse una volta un critico, la storia della tomba di Alessandro senza un corpo è come Amleto senza il principe... 'Il resto è silenzio.'

Famose Mummie Alessandrine

Tabella 10.1. Ferite di Alessandro (danni all'apparato scheletrico in grassetto)

Natura della ferita	Luogo	Riferimenti
Ferita da pietra alla testa	Tra gli Illiri	*Plut. Mor.* 327A
Ferita da clava al collo	Tra gli Illiri	*Plut. Mor.* 327A
Ferita da taglio alla testa o elmo spaccato fino al cuoio capelluto da una spada/scimitarra (Arriano: la protezione dell'elmo era efficace, anche se una parte venne spezzata - Diodoro: la ferita al cuoio capelluto era lieve)	Battaglia del Granico	*Plut. Mor.* 327A, 341B, *Plut.* A 16, Arriano I.15.7, *Diod.* 17.20
Coscia trafitta da una spada/pugnale (per mano di Dario, secondo Carete)	Battaglia di Isso	*Plut. Mor.* 327A, 341C, *Plut.* A 20
Tentato assassinio – ferita da taglio (?)	Assedio di Gaza	*Curt.* 4.6.16, Egesia
Spalla slogata da un proiettile/dardo di una catapulta o da una freccia che ha perforato lo scudo e il corsaletto	Assedio di Gaza	*Plut. Mor.* 327A, 341B, *Plut.* A 25, Arriano 2.27.2, *Curt.* 4.6.17-18
Una freccia colpisce la caviglia (danneggiata?) - ferita alla gamba da una pietra (*Curt.*)	Assedio di Gaza	*Plut. Mor.* 327A, *Curt.* 4.6.23-24
Collo colpito da una pietra, vista offuscata per molti giorni	Da qualche parte in Ircania	*Plut. Mor.* 341B
Osso della gamba spaccato da una freccia: "lo stinco fu così lacerato da una freccia che per la forza del colpo l'osso più grande fu rotto ed estruso" *Plut.*Mor. 341B – "colpito da una freccia sotto il ginocchio e dalla ferita erano fuoriuscite schegge dell'osso più grande" *Plut.* Alex 45,3 – "la freccia... lasciò la sua punta fissata al centro della sua gamba" *Curt.* – "colpito proprio attraverso la gamba da una freccia e parte del suo osso della fibula è stato rotto" Arriano	**Sulla strada per Maracanda (Samarcanda)**	*Plut. Mor.* 327A, 341B, *Plut.* A 45.3, Arriano 3.30.11, *Curt.* 7.6.3
Ferita da freccia alla spalla (marginale secondo Arriano, poiché la corazza impediva la penetrazione completa)	Tra gli Aspasii	*Plut. Mor.* 327B, Arriano 4.23.3, *Curt.* 8.10.6
Freccia(?) alla gamba	Tra i Gandridae	*Plut. Mor.* 327B
Ferita alla caviglia da freccia indiana (citazione dell'icore), Ferita alla gamba/stinco sinistro di Alessandro da una freccia scagliata dalle mura di Massaga (Epitome di Metz)	Tra gli Assaceni	*Plut. Mor.* 341B, Epitome di Metz 40
Una freccia di 3 piedi perforò la corazza e affondò profondamente nel petto ("penetrò le ossa del suo petto e vi si conficcò... una punta di ferro larga quattro dita e lunga cinque... alloggiata nella parte ossea del petto davanti al cuore") e fu colpito al collo da dietro da una clava (secondo Aristobulo) e ferito attraverso l'elmo da un'ascia (Arriano cita Tolomeo per l'aria e il sangue che gorgogliano dalla ferita indicando la perforazione del polmone, ma Tolomeo dice anche che non era presente)	**Tra i Malli**	*Plut. Mor.* 327B, 341C, 344C-D, 345A, *Plut.* A 63.6, Arriano 6.9-10, *Diod.* 17.99.3, *Curt.* 9.5.9-32, Strabone 15.1.33

La Ricerca della Tomba di Alessandro il Grande

11. La Spada nella Roccia

Τῆι γὰρ Μακεδόνων εὐψυχείαι πρέπον ἐστὶν ἐν μὲν ταῖς πράξεσι τὰ ἀπὸ τῶν ὅπλων, ἐν δὲ ταῖς ψυχαῖς τὰ ἀπὸ τῆς εὐγνωμοσύνης μαρτυρεῖσθαι, ἵνα τὰ μὲν τρόπαια κηρύσσηι τὴν τοῦ σώματος ἀρετήν, τὰ δὲ δόγματα μαρτυρῆι τὴν τῆς ψυχῆς εὐγένειαν.

Conviene allo spirito macedone testimoniare le imprese con le armi in combattimento e la lealtà dell'anima, affinché i trofei possano proclamare il valore del corpo, ma le opinioni possano testimoniare la nobiltà dell'anima.

FrGrHist 2.153 F4 = Papiro di Friburgo 7-8 (II secolo d.C.)

Tutte le circostanze note ad Alessandria alla fine del IV secolo d.C. sono fortemente coerenti con la possibilità che la mummia pagana divinizzata del fondatore della città sia stata riclassificata come la sacra mummia cristiana del fondatore della Chiesa alessandrina, poco dopo che il culto pagano divenne illegale nel 391 d.C. Potrebbe infatti essere stato sufficiente per l'artefice semplicemente affermare al suo gregge che i resti *del* Fondatore fossero in realtà i resti del *Fondatore*, permettendo così ai suoi compagni cristiani di ingannare se stessi. Alessandro era ufficialmente conosciuto come il Fondatore (*Ktistes*) nell'antica Alessandria e sembra che i cristiani del IV secolo si riferissero a San Marco in termini simili.[1]

In generale, l'argomentazione presentata finora potrebbe essere ragionevolmente descritta come basata su prove circostanziali. Dimostra semplicemente che esiste una possibilità significativa che la sostituzione sia avvenuta. Considerando che ciò dovrebbe essere sufficiente a giustificare un'indagine alla ricerca di informazioni definitive, la natura circostanziale di tali evidenze lascia aperte altre possibilità circa l'origine del cadavere che sono ugualmente significative. Esse includono l'eventualità che il corpo sia veramente quello di San Marco.

C'è tuttavia una scoperta indipendente di materiale archeologico antico nel contesto della Basilica di San Marco a Venezia che può essere collegata alla nostra storia. La questione è ancora in fase di studio, ma se fosse possibile stabilire una connessione tra tale ritrovamento e le vicine spoglie di San Marco, allora

---

[1] P.M. Fraser, *Ptolemaic Alexandria*, Oxford 1972, p. 212 e note, per Alessandro come *Ktistes* ad Alessandria; Eusebio, *Storia Ecclesiastica*, 2, 16, 1, per San Marco come fondatore della Chiesa di Alessandria.

La Spada nella Roccia

avremmo una prova cardine che associ il corpo a una tomba macedone di alto rango di epoca ellenistica.

L'oggetto in questione mi apparve per la prima volta mezzo decennio fa, mentre sfogliavo casualmente le pagine di un libro che descriveva i lavori alla struttura della Basilica di San Marco dell'ex *proto* Ferdinando Forlati, responsabile della cura, manutenzione e restauro dell'edificio e del suo contenuto tra il 1948 e il 1972. Fui sorpreso di scoprire le foto di un grande blocco di pietra con un rilievo scolpito che era immediatamente riconoscibile come uno scudo macedone con il classico motivo a stella.[2] Il testo di accompagnamento annotava che era stato trovato a pochi metri dal sito originario della tomba di San Marco nella cripta. Ho registrato brevemente il ritrovamento e ho annotato una possibile associazione con la tomba nel mio libro pubblicato nel 2004.[3] Ma il mistero che circonda il monolite si è notevolmente ampliato e approfondito nel frattempo, tanto che ora è necessario un resoconto molto più dettagliato.

La scoperta era stata inizialmente segnalata da Forlati in un breve avviso pubblicato in Arte Veneta, nel 1963.[4] Durante i lavori di restauro, tale blocco di muratura in pietra calcarea, descritto da Forlati come "parte di un monumento funerario romano", era stato rinvenuto incastonato nella parte più antica delle fondamenta: in particolare, le fondazioni dell'abside maggiore, i cui corsi inferiori risalgono all'originaria chiesa di San Marco del IX secolo. Un diagramma adattato dalla sezione originale di Forlati che mostra il blocco *in situ* nei corsi inferiori delle fondazioni dell'abside è riportato in Figura 11.1. Una pianta completa delle fondazioni e una sezione trasversale della Basilica di San Marco sono mostrate rispettivamente in Figura 11.2a e Figura 11.2b. Le indagini di Forlati hanno rivelato che l'originaria San Marco del IX secolo era stata costruita sulle parti delle fondamenta mostrate in nero pieno nella pianta.[5] Praticamente la totalità delle fondazioni dell'abside principale può essere vista come in comune alla basilica originaria e a quella attuale. La tomba di San Marco dell'XI secolo era situata direttamente sotto l'altare maggiore, all'interno della cripta. Si può vedere nella Figura 11.2a che l'arco dell'abside si trova a un raggio di circa 8m dall'altare maggiore, quindi il blocco recante lo scudo con la stella si trovava a una distanza simile dalla tomba di San Marco.

La pietra reca una scultura in altorilievo di un antico scudo con un emblema centrale a stella, accompagnato da una lancia e da un paio di schinieri gravemente danneggiati. Anche se gli oggetti scolpiti sono scarsamente distribuiti sulle facce

---

[2] Ferdinando Forlati, *La Basilica di San Marco Attraverso I Suoi Restauri*, Trieste 1975, p. 82 e diagramma a p. 63.
[3] A.M. Chugg, *The Lost Tomb of Alexander the Great*, London 2004, p. 267 e Fig. 9.4.
[4] Ferdinando Forlati, "Ritrovamenti a San Marco: 1. Un monumento funerario romano", *Arte Veneta* XVII, 1963, pp. 222-3.
[5] Ferdinando Forlati, *La Basilica di San Marco Attraverso I Suoi Restauri*, Trieste 1975, p. 48 per il fondamenta della Basilica originaria e p. 63 per il sito originale della pietra con lo scudo e la stella.

La Ricerca della Tomba di Alessandro il Grande

del blocco, in linea con il primo stile ellenistico, la qualità del pezzo è facilmente percepibile notando che più di 10cm di calcare duro sono stati scolpiti su quasi tutta la superficie principale semplicemente per dare allo scudo il suo grado di convessità militarmente corretto.

Una foto della pietra così come è attualmente esposta nel Chiostro di Sant'Apollonia, appena oltre il canale che corre dietro la Basilica di San Marco, è mostrata in Figura 11.3. Ha dimensioni massime approssimative di 138x118x40cm e deve quindi pesare circa una tonnellata e mezza. Lo scudo ha un diametro di poco inferiore a 70cm ed è perciò a grandezza naturale: è particolarmente vicino alle dimensioni e alla forma dello scudo della falange macedone, che era un po' più piccolo della versione oplitica standard (ca. 95cm) e mancava del suo ampio bordo.[6] Forlati in origine descrisse l'emblema dello scudo come una "ruota", ma ci sono spazi distinti tra le estremità dei "raggi" e sia il "mozzo" che il "cerchio", quindi non è meccanicamente praticabile come ruota. Un nastro o una cintura con nappe alle estremità, appeso a un piolo/chiodo rotondo, decora il lato sinistro del blocco e un oggetto leggermente indistinto interseca il nastro in diagonale (Figura 11.4). Un attento esame conferma che tale oggetto è una spada del tipo a fendente singolo, chiamata *kopis* dai Greci. Tutte le autorità concordano su questa interpretazione del rilievo laterale, nonostante l'abrasione della maggior parte della sua superficie originale.

È noto che l'esercito macedone dispiegò armi piuttosto simili nel primo periodo ellenistico e le tombe dei guerrieri di alto rango erano comunemente decorate con tali armamenti. La decorazione ricorda i trofei del campo di battaglia: esibizioni di armamenti e panoplie del nemico sconfitto. Un parallelo straordinariamente vicino alla scultura veneziana dello scudo con il motivo astrale è raffigurato in una pittura murale nella tomba di Lisone e Callicle (Figura 11.5), che risale al II secolo a.C. e si trova tra Beroia ed Edessa, nella stessa Macedonia. L'affresco, splendidamente conservato, una rara sopravvivenza dell'antichità, mostra uno scudo rotondo simile con un emblema a stella a 8 punte come elemento centrale, ma presenta anche una spada *kopis* sospesa in diagonale a una cintura con nappe, sul lato sinistro. Sotto lo scudo è inoltre presente una coppia di schinieri, il che amplifica gli echi clamorosi della decorazione della scultura della Basilica di San Marco.

Un altro esemplare di scudo con motivo a stella accompagna un uomo e una donna di status reale macedone in un affresco romano da Boscoreale, vicino a Pompei.[7] Altri esempi dello scudo sono portati da guerrieri macedoni in un fregio della tomba ellenistica trovata ad Agios Athanasios (ca. 20 km a ovest di

---

[6] Minor M. Markle, "A Shield Monument from Veria and the Chronology of the Macedonian Shield," *Hesperia* 68.2, 1999, pp. 219-254.
[7] Illustrato in M.B. Sakellariou (a cura di), *Macedonia*, Greek Lands in History series, Ekdotike Athenon, Athens 1988, p. 145.

La Spada nella Roccia

Salonicco) nel 1994, e metà della borchia a stella in bronzo di un vero scudo macedone (forse attribuibile a Demetrio Poliorcete) è stata scoperta presso il Santuario di Zeus Olimpio a Dion, dove lo scudo era stato depositato come offerta dedicatoria.[8] Più in generale, la figura astrale ricorda la Stella di Macedonia, che era il simbolo speciale della famiglia di Alessandro. La Stella di Macedonia è notoriamente rappresentata sul coperchio dell'urna funeraria d'oro della Tomba II nel cimitero reale macedone di Vergina (antica Ege).[9] Il simbolo ha un'associazione particolarmente diffusa con Alessandro, essendo, ad esempio, il motivo principale di un mosaico di ciottoli scavato ad Ai Khanoum, città fondata dal Conquistatore in Afghanistan.[10] Si trova anche sulle monete dichalkon di Alessandria coniate nel periodo antonino. Sebbene la stella scolpita veneziana abbia dei piccoli tondi aggiuntivi nei punti del raggio, ci sono già alcuni accenni di tale caratteristica nelle stelle raffigurate su vari piccoli dischi d'oro trovati nella tomba di Vergina (Figura 11.6) e nel già citato mosaico di Ai Khanoum.

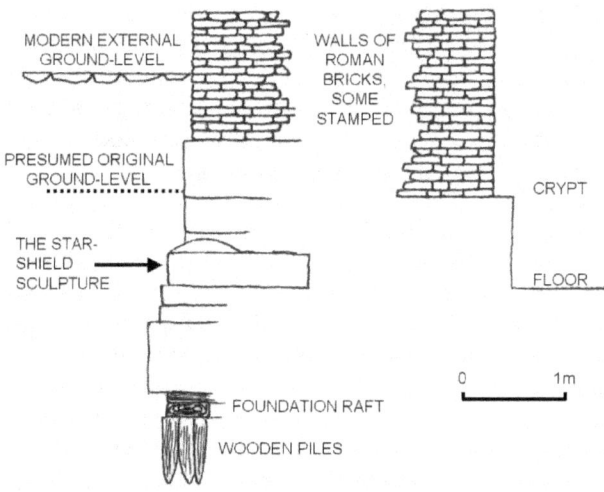

Figura 11.1. Sezione della parete dell'abside maggiore della Basilica di San Marco che mostra la scultura con lo scudo e la stella *in situ* (disegno dell'autore da un diagramma di Forlati)

---

[8] Demetrios Pandermalis, *Alexander the Great: Treasures from an Epic Era of Hellenism*, Exhibition Catalogue, Onasis Cultural Center, New York, December 2004 – April 2005: Maria Tsimbidou-Avloniti, "The Macedonian Tomb at Aghios Athanasios, Thessalonike", pp. 149-151; Polyxeni Adam-Veleni, "Arms and Warfare Techniques of the Macedonians", voce 5 a p. 55.
[9] Manolis Andronicos, *Vergina*, Athens 1984, p. 178.
[10] Illustrato in Robin Lane Fox, *The Search for Alexander*, Little Brown Books, Boston & Toronto 1980, p. 95.

La Ricerca della Tomba di Alessandro il Grande

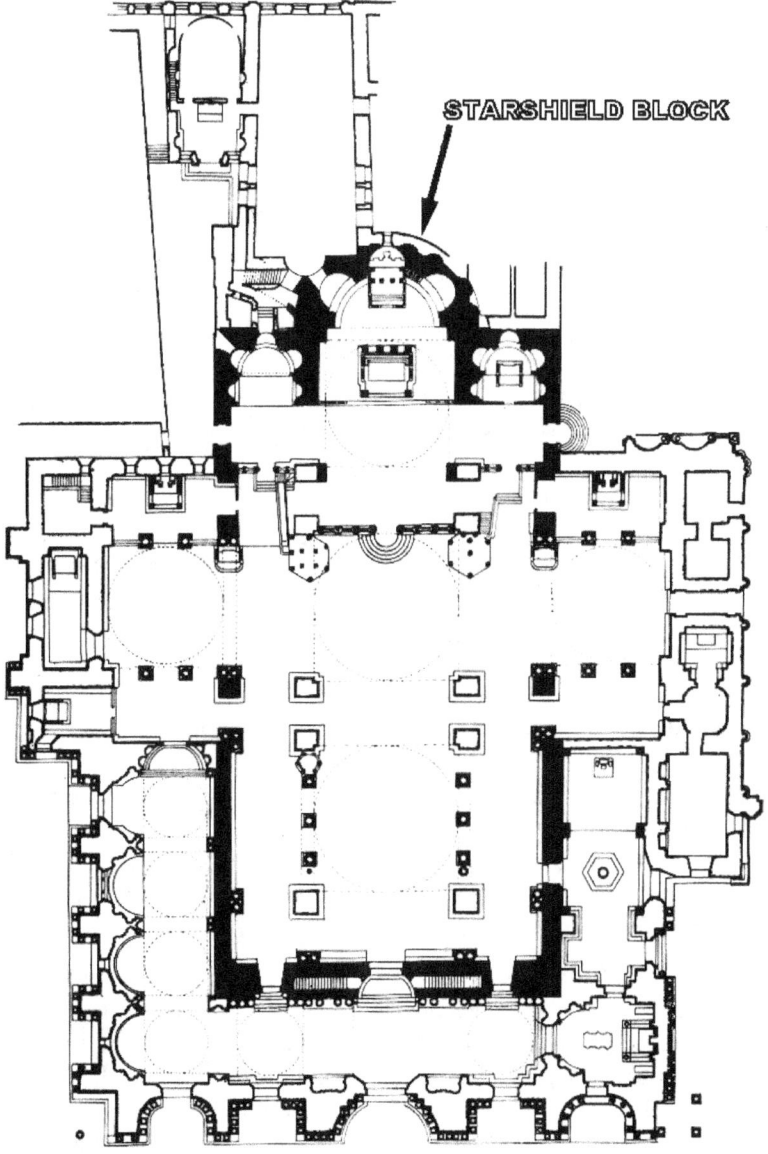

Figura 11.2a. Pianta della Basilica di San Marco con le fondazioni originali del IX secolo in nero pieno (disegno dell'autore da un diagramma di Forlati)

La Spada nella Roccia

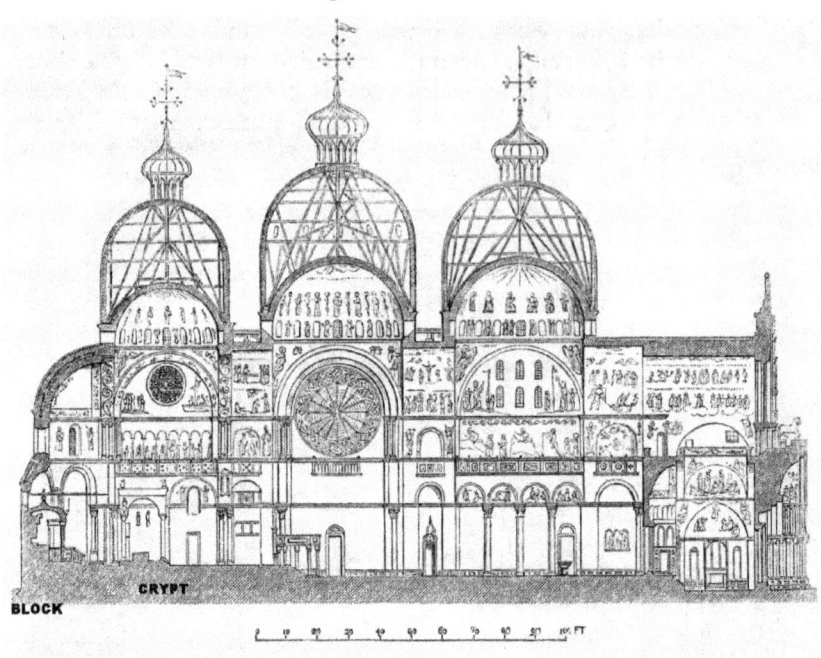

Figura 11.2b. Sezione della Basilica di San Marco con indicazione dell'ubicazione della cripta (sotto l'altare) e del blocco di pietra con lo scudo e la stella

La spada *kopis* sospesa in diagonale a una cintura nappata ha numerosi altri parallelismi tra i monumenti funerari del mondo greco ellenistico: ad esempio, versioni del III secolo a.C. sono state trovate nella necropoli di Bisanzio.[11] Veri esemplari di spade di questo tipo sono stati esposti in recenti mostre di armi macedoni rinvenute nei contesti archeologici.[12]

Il 18 settembre 2006, ho tenuto una presentazione sulle connessioni tra la tomba di Alessandro e Venezia al convegno *Eroi, Eroismi, Eroizzazioni* che si è svolto al Palazzo del Bo dell'Università degli Studi di Padova in Italia (Figura 11.7).[13] Al termine, la Prof.ssa Monica Centanni, del Dipartimento di Storia dell'Architettura dell'Università IUAV di Venezia, fece presente che erano stati recentemente eseguiti dei test sulla pietra del blocco con lo scudo e la stella che indicano che si

---

[11] Nezih Firatli, Louis Robert, *Les Stèles Funéraire de Byzance Gréco-Romain*, Paris 1964, voci 36 e 189.
[12] Demetrios Pandermalis, *Alexander the Great: Treasures from an Epic Era of Hellenism*, Exhibition Catalogue, Onasis Cultural Center, New York, December 2004 – April 2005: Polyxeni Adam-Veleni, "Arms and Warfare Techniques of the Macedonians", voci 8 e 9 a p. 57.
[13] Relazione presentata alle 16:30 del 18/9/06: "Famous Alexandrian Mummies: the Adventures in Death of Alexander the Great and St. Mark the Evangelist"; la conferenza è stata organizzata da Alessandra Coppola del Dipartimento di Scienze del Mondo Antico dell'Università degli Studi di Padova.

La Ricerca della Tomba di Alessandro il Grande

tratta di pietra di Aurisina, un tipo di marmo beige estratto localmente appena a nord-ovest di Trieste. In seguito, chiesi dettagli di conferma dei risultati del test sulla pietra, ma nessun dato tecnico dell'esame era stato pubblicato al momento della stesura della prima edizione di questo libro nel 2007.

Figura 11.3. La pietra recante rilievo con lo scudo e la stella attualmente esposta nel Chiostro di Sant'Apollonia a Venezia (foto dell'autore)

La Spada nella Roccia

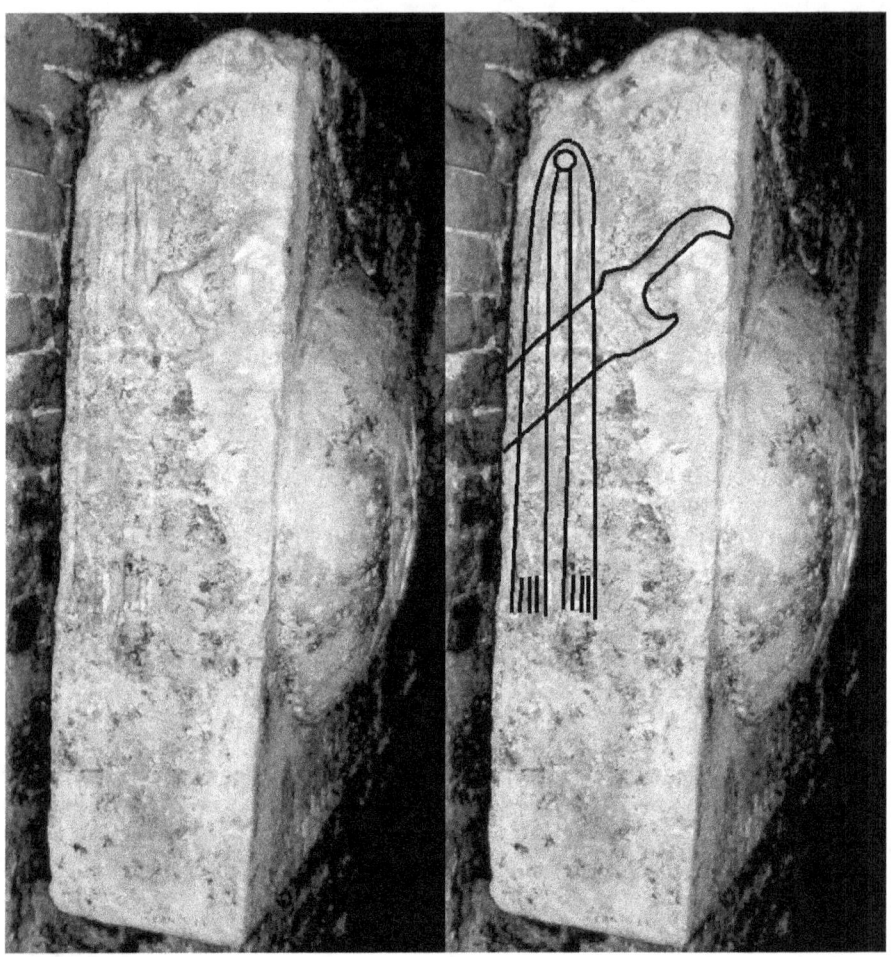

Figura 11.4. La spada *kopis* appesa in diagonale a una cintura su uno dei lati della pietra recante rilievo con lo scudo e la stella (foto dell'autore)

In seguito, però, (e in tempo per la prima edizione del presente libro) Alessandra Coppola ha potuto ottenere alcuni chiarimenti in merito dal Dott. Prof. Lorenzo Lazzarini, del Laboratorio di Analisi dei Materiali Antichi dell'Istituto Universitario di Architettura di Venezia, che ha effettivamente condotto l'analisi della pietra con lo scudo e la stella per conto di Monica Centanni. Le sue informazioni sono riportate nella seguente e-mail:

Sì, ho eseguito io lo studio petrografico di un campione della stele, su richiesta della collega Monica Centanni. Il risultato indica senza qualunque ombra di dubbio che la stele è stata scolpita nella Pietra di Aurisina, un calcare che ancora si estrae nella località omonima in

La Ricerca della Tomba di Alessandro il Grande

provincia di Trieste. Naturalmente non so risponderle per ciò che riguarda la datazione del manufatto, sul quale come sa, sta lavorando un gruppo di ricerca che fa capo a Monica.[14]

*   *   *   *   *   *   *   *

Figura 11.5. Dipinto del II secolo a.C. nella tomba di Lisone e Callicle in Macedonia (disegno dell'autore)

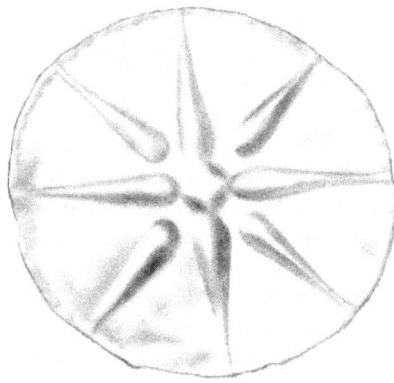

Figura 11.6. Stella reale macedone su un piccolo disco d'oro trovato nella Tomba II a Vergina (disegno dell'autore)

---

[14] Questa e-mail è stata inviata in risposta a una richiesta diretta e inoltrata all'autore da Alessandra Coppola il 23/3/07.

La Spada nella Roccia

Figura 11.7. Relazione di Monica Centanni (a sinistra) al Convegno *Eroi*, Palazzo del Bo 18 settembre 2006, con l'autore (secondo da destra) (foto dell'autore)

Nel marzo del 2007 il pendolo riprese a oscillare, quando Alessandra Coppola scoprì un riferimento di grande attinenza alla pietra con lo scudo e la stella in uno studio sulle antiche raffigurazioni scultoree di armamenti, scritto da Eugenio Polito e pubblicato nel 1998.[15] La data di pubblicazione di Polito significa che egli scrisse prima che iniziassi la mia ricerca sulla tomba di Alessandro, quindi non può aver avuto la minima idea della possibilità che il corpo di San Marco fosse in realtà il famoso Macedone, quando compose i seguenti commenti sul rilievo dello scudo con la stella:

Un frammento adespoto pertinente ad un monumento funerario con motivi analoghi è conservato oggi a Venezia, ma proviene sicuramente dal mondo ellenistico (n. 46): vi compaiono uno scudo macedone con al centro il motivo astrale, una coppia di schinieri ed una lunga lancia (sarissa?), e sul lato minore il resto di una spada appesa obliquamente ad un chiodo tramite il balteo; il blocco doveva appartenere ad un grande monumento collocabile genericamente fra il III e gli inizi del II secolo a.C.

---

[15] Eugenio Polito, *Fulgentibus armis: Introduzione allo studio dei fregi d'armi antichi*, L'Erma di Bretschneider, Roma 1998, p. 79 e p. 99 (nota 46).

La Ricerca della Tomba di Alessandro il Grande

Nella nota 46 Polito aggiunge:

Venezia, Museo del Chiostro di S. Apollonia, dal pavimento della Basilica di San Marco. Calcare non cristallino... La provenienza dal Mediterraneo orientale è resa verosimile dal confronto con i numerosi blocchi con iscrizioni a Venezia, come il nostro pezzo, verosimilmente come zavorra di navi.

Polito concluse evidentemente che la scultura fosse di carattere macedone e che il frammento derivasse probabilmente dal Mediterraneo orientale, entrambi i punti sono difficili da conciliare con il fatto che fosse stato scolpito da un blocco di Pietra di Aurisina. Ad ogni modo, le osservazioni di Polito sono perfettamente coerenti con la possibilità che il blocco sia stato portato da Alessandria, forse contemporaneamente al presunto corpo di San Marco.

La datazione di Polito della scultura al III o all'inizio del II secolo a.C. è interessante poiché, ad esempio, il Mausoleo del Soma di Alessandro ad Alessandria fu costruito intorno al 215 a.C., al centro quindi del suo intervallo di date.

Se Polito ha ragione nel suggerire che la lancia sia una sarissa, ciò sottolinea ulteriormente il carattere macedone della decorazione del blocco. Sebbene egli non argomenti il suo ragionamento, ci sono forti indizi circa l'identificazione dell'arma rilevabili dalle specifiche della disposizione scultorea sulla pietra. Lo scultore fu particolarmente attento a inserire gli elementi del suo disegno con precisione ai margini e agli angoli del pezzo: sia lo scudo che la spada toccano il bordo sinistro originale del lato principale e lo scudo tocca il punto medio di quel bordo. Lo scultore era evidentemente motivato a mantenere una forte simmetria nel suo progetto. La punta della lancia è analogamente estesa con precisione fino al limite dell'angolo superiore sinistro del lato principale, poi si inclina con un angolo moderato verso il punto in cui doveva trovarsi l'angolo inferiore destro originale del blocco, eccetto che il lato destro della pietra originale è purtroppo spezzato e attualmente del tutto mancante. Alla luce di altri esempi di simmetria, è ragionevole dedurre che l'altra estremità della lancia fosse ben inserita nell'angolo inferiore destro. In tal caso, la lunghezza originale della lancia e l'ampiezza della pietra possono essere ricostruite come mostrato nella Figura 11.8.[16] Ciò fornisce una lunghezza del blocco che originariamente era di circa 2,5 volte la sua altezza e una misura della lancia di circa 3,15m. Poiché abbiamo notato che la scultura sembra essere a grandezza naturale, la lancia è troppo lunga per essere una picca ordinaria. Risulta essere anche al limite inferiore della gamma di

---

[16] I recenti tentativi di ricostruire le misure della pietra adattandola a un monumento con dimensioni intere standard in piedi romani non sono convincenti, poiché non riescono a far sì che l'estremità opposta della lancia si inserisca nell'angolo diagonalmente opposto della superficie del blocco: vedi Maddalena Bassani, Giulio Testori, *La stella di Alessandro il Grande nel chiostro di Sant'Apollonia: due ipotesi di restituzione di un monumento onorario romano*, in "Engramma", 95, dicembre 2011.

La Spada nella Roccia

lunghezza di una sarissa della fanteria macedone. È però della misura perfetta per una sarissa o xyston della cavalleria macedone, che Alessandro stesso è raffigurato brandire nella battaglia di Isso, nel Mosaico di Alessandro di Pompei (attualmente al Museo di Napoli e ritenuto essere basato su un dipinto dell'inizio dell'Età Ellenistica).

La dimensione risultante del blocco fornisce casualmente dimensioni intere in unità del piede egiziano comune (29,86cm) o del piede romano (29,26cm): cioè 4 x 10 piedi con un margine di circa un centimetro.

Le sarisse furono enormemente deprecate dopo la battaglia di Pidna, nel 168 a.C., quando il loro uso da parte della falange macedone si dimostrò decisamente inefficace contro i legionari romani. Pertanto, tali considerazioni rendono particolarmente difficile datare la pietra con lo scudo e la stella molto più tardi di quello scontro.

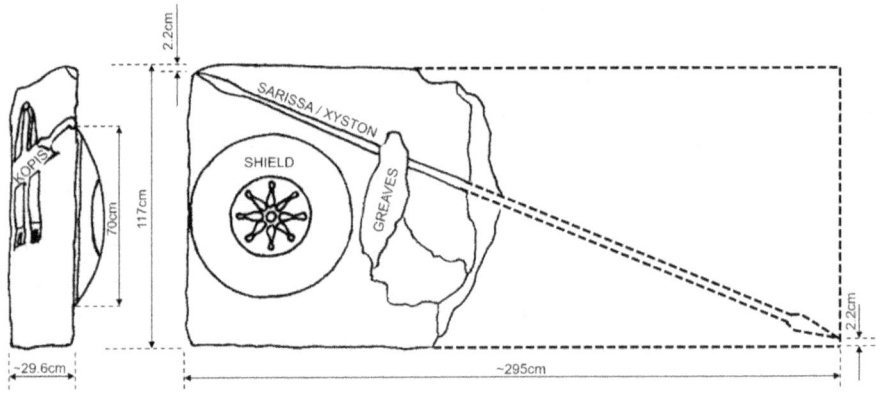

Figura 11.8. Ricostruzione del blocco recante lo scudo e la stella basata sulla simmetria della sarissa

Nel complesso, le intuizioni di Polito sono molto appropriate e possiamo dissentire da lui solo riguardo al suggerimento che il blocco potrebbe essere stato imbarcato come zavorra, poiché è davvero troppo ingombrante e massiccio perché questo fosse l'unico scopo del suo trasporto per metà del Mediterraneo. I veneziani si diedero un gran da fare per portarlo fino alla nave, maneggiarlo e caricarlo a bordo. Sarebbe stato molto più comodo usare lo stesso peso in pietre più piccole o anche semplicemente rompere la lastra. Se l'hanno riportata intatta da così lontano, deve essere stato perché aveva un significato speciale per loro. Una possibile spiegazione sarebbe che l'avessero trovata nella chiesa di San Marco ad Alessandria, forse in stretta associazione con la tomba del santo.

* * * * * * * * *

La Ricerca della Tomba di Alessandro il Grande

La valutazione archeologica del blocco con lo scudo e la stella pubblicata un decennio fa da Eugenio Polito è altamente coerente con un'origine alessandrina di età ellenistica ed è in netto contrasto con l'interpretazione riportata dei test sulla pietra. Per risolvere tale enigma, è importante conoscere meglio le rispettive caratteristiche del calcare alessandrino e di quello di Aurisina. In particolare, dobbiamo essere in grado di specificare degli esami chiari al fine di distinguere tra le alternative. Teoricamente, tali test dovrebbero essere eseguiti in cieco con l'incorporazione di campioni di calibrazione dei calcari reali alessandrini e di Aurisina da parte di diversi laboratori indipendenti.

Per quanto riguarda il calcare proveniente dalle immediate vicinanze di Alessandria, quello che segue è un riassunto di diverse e-mail inviate all'autore dal Professor James Harrell dell'Università di Toledo, esperto di antiche cave in Egitto:

Il calcare estratto nei pressi di Alessandria, e copiosamente utilizzato nella sua costruzione, è in realtà una pietra di pessima qualità. È di colore da bianco a giallo pallido comunemente ed è molto granuloso, poroso e morbido. Venne utilizzato semplicemente perché era l'unica pietra da costruzione disponibile entro 150 km da Alessandria. Non ho familiarità con la Pietra Aurisina, ma se questa è un mezzo scultoreo adeguato allora deve essere un tipo di calcare molto diverso. Per quanto ne so, le prime pietre scultoree importate in Egitto risalgono al I secolo d.C. Fino ad allora venivano utilizzate solo le pietre scultoree egiziane locali. La pietra alessandrina è piuttosto particolare ed è abbastanza facile da distinguere da tutte le altre pietre bianche scultoree perché ha una tessitura "clastica". Quando si osserva una superficie pulita con una forte lente di ingrandimento, si vedrà che la roccia è costituita da grani di calcite delle dimensioni della sabbia, sia ooliti (grani quasi sferici con stratificazione concentrica) che frammenti di conchiglia rivestiti. Quasi tutte le pietre scultoree bianche hanno una consistenza "cristallina" (cioè cristalli ad incastro - questo è ciò che le rende buone pietre scultoree) e sono marmo metamorfico o calcare ricristallizzato. Un calcare simile veniva estratto anticamente a Creta, ma per il resto il calcare alessandrino è abbastanza unico.[17]

Di seguito è riprodotta una descrizione tecnica del calcare estratto vicino ad Alessandria, compresi i luoghi delle cave, dal sito web del professor James Harrell:

FORMAZIONE DI ALESSANDRIA (Pleistocene)

Calcarenite calcarea: a grana fine, occasionalmente siltosa/sabbiosa (quarzosa), friabile, altamente porosa da packstones a grainstones (calcareniti) con grani prevalentemente non scheletrici di carbonato (soprattutto ooliti e grani rivestiti) [0-5 % dolomite].

---

[17] Dalle e-mail del 23-27/3/07 del Professor James Harrell, Università di Toledo, all'autore; Il professor Harrell ha anche raccomandato il seguente riferimento sul calcare alessandrino: N.M. Shukri, G. Philip & R. Said, "The geology of the Mediterranean coast between Rosetta and Bardia, Part II: Pleistocene sediments, geomorphology, and microfacies," *Bulletin de l'Institut d'Égypte* 1956, v. 37, n. 2, pp. 295-433.

La Spada nella Roccia

Costa mediterranea: 1. numerose cave su entrambi i lati della palude di Mallahet Mariut vicino ad Alessandria: tra i villaggi di Abu Sir [30d 56,8 m N, 29d 30,0 m E] e Burg el-Arab [30d 55,0 m N, 29d 32,7 m E] a SO e il villaggio di Mex [31d 9.25m N, 29d 50.6m E] a NE (Pt-R)[18]

Per quanto riguarda la Pietra di Aurisina, ho trovato un riferimento a dettagliate indagini su dieci lapidi romane di epoca repubblicana provenienti da Aquileia che risultavano essere realizzate con questa pietra.[19] Nello specifico, i ricercatori scoprirono che tutte le lapidi erano state estratte dai letti superiori della cava romana nei pressi di Aurisina, che notarono essere stata sfruttata fin dal II secolo a.C. Eseguirono misurazioni del rapporto tra stronzio-87 e stronzio-86 nei carbonati marini dei loro campioni per dimostrare che tutti, tranne uno, erano stati estratti dai primi letti del Campaniano formatisi tra 81 e 82 milioni di anni fa nel tardo Cretaceo. Vista la prima datazione di Eugenio Polito della decorazione della scultura con lo scudo e la stella, dovremmo aspettarci che anche questa sia stata estratta dagli strati superiori della cava romana, se si trattasse davvero di Pietra Aurisina. Quindi, un test potrebbe essere quello di dimostrare che la sua pietra fornisca un rapporto isotopico di stronzio nell'intervallo approssimativo da 0,707425 a 0,70755, che comprende tutte le lapidi.

L'articolo sulle lapidi sembra anche affermare che il calcare della Pietra di Aurisina della cava romana fosse cristallino, ad esempio, a pagina 367 si legge: "Tutti i campioni archeologici studiati sono strutturalmente e paleontologicamente omogenei sulla base delle osservazioni al microscopio. Hanno una consistenza organogena, clastica e cristallina, a volte con micrite interstiziale". Ciò sembrerebbe essere in contrasto con la descrizione di Eugenio Polito del blocco con lo scudo e la stella come "calcare non cristallino". Comunque, il professor Harrell ha avvertito (23/10/07) che la Pietra di Aurisina "è un calcare parzialmente ricristallizzato e pertanto potrebbe essere descritto come un calcare fossilifero o, a causa della parziale ricristallizzazione, un calcare cristallino"

* * * * * * * *

Anche se questo capitolo era stato originariamente redatto nell'ottobre 2007, sono emerse nuove informazioni quando il professor Harrell ha gentilmente approfittato di un incontro in Giordania con Lorenzo Lazzarini, per informarsi sugli esami eseguiti da quest'ultimo sulla pietra con lo scudo e la stella. Sembra che l'analisi dei fossili nella pietra abbia giocato un ruolo importante nella formulazione della conclusione di Lorenzo Lazzarini circa la sua origine. In

---

[18] http://www.eeescience.utoledo.edu/Faculty/Harrell/Egypt/AGRG_Home.html
[19] L. Maritan, C. Mazzoli, E. Melis, "A Multidisciplinary Approach To The Characterization Of Roman Gravestones From Aquileia (Udine, Italy)," *Archaeometry* 45.3, 2003, pp. 363-374; gli autori fanno parte del Dipartimento di Mineralogia e Petrologia, Università di Padova.

La Ricerca della Tomba di Alessandro il Grande

particolare, la pietra contiene fossili di un tipo di mollusco antico, una sorta di vongola, noto come rudista.

Dopo la pubblicazione della prima edizione del presente libro, Lazzarini ha scritto un breve articolo sui risultati del suo esame dei campioni di pietra della scultura con lo scudo e la stella, che è stato pubblicato su una Rivista online italiana chiamata "Engramma".[20] L'articolo, i cui dettagli tecnici si limitano a poche righe, sostanzialmente conferma che il blocco è costituito da un tipo di calcare abbastanza standard, con la presenza di piccole rudiste e altri fossili di bivalvi che costituiscono la caratteristica più distintiva del materiale. Lazzarini osserva che esso corrisponde al calcare della cava romana di Aurisina, vicino a Trieste, e quindi conclude "possiamo ragionevolmente supporre" che la pietra provenga da quella cava. Tuttavia, scientificamente parlando, una tale supposizione può essere fatta solo se altrove non esiste una fonte alternativa di pietra corrispondente. Eppure, in questo caso emerge non solo che ci sono numerose altre potenziali fonti di pietra simile, ma che almeno uno di questi siti è vicino ad Alessandria in Egitto tanto quanto Trieste lo è a Venezia in Italia.

Le rudiste sono un tipo di bivalve eterodonte marino (simile alle moderne vongole) che si è evoluto nell'era Giurassica, poi è diventato estremamente comune nel Cretaceo, ma è scomparso 65 milioni di anni fa durante l'evento di estinzione K-T alla fine del Cretaceo. Pertanto, è subito evidente, dalla presenza di rudiste, che la pietra con lo scudo e la stella si sia formata molto probabilmente nel Cretaceo e non può essere ricavata dai giovanissimi strati calcarei delle cave nelle immediate vicinanze di Alessandria. Ciononostante, un'ampia varietà di tipi di pietra, provenienti da altre parti dell'Egitto, è stata utilizzata per sculture e iscrizioni nell'Alessandria tolemaica, estratta evidentemente da un insieme di luoghi altrettanto vasto.[21] Ciò induce a chiedersi se ci siano fonti di calcare biancastro ricco di rudiste del Cretaceo, vicino ad Alessandria d'Egitto, che potrebbero essere confuse con il calcare delle cave di Aurisina. La risposta diretta è che ci sono almeno due siti di tale pietra, a una distanza da Alessandria simile a quella della cava di Aurisina da Venezia (70 miglia). In primo luogo, ci sono spessi letti calcarei nel Sinai settentrionale (Rizan Aneiza e Gebel Raghawi), risalenti ai periodi dall'Aptiano superiore all'Albiano nel Cretaceo inferiore, che contengono numerosi fossili di rudiste.[22] Ma più significativamente, ci sono affioramenti di calcare del periodo Turoniano con una struttura parzialmente cristallina in letti dominati da rudiste del tardo Cretaceo ad Abu Roash, a ovest del Cairo, appena

---

[20] Lorenzo Lazzarini, *Il dato materiale: natura e origine della pietra della lastra di S. Apollonia*, in "Engramma", 70, marzo 2009.
[21] Si veda il Catalogue of Ptolemaic sculptures and inscriptions from Alexandria in Barbara Tkaczow, *Topography of Ancient Alexandria (An Archaeological Map)*, Warsaw 1993, pp. 182-229.
[22] Thomas Steuber, Martina Bachmann, "Upper Aptian-albian Rudist Bivalves from Northern Sinai, Egypt," *Palaeontology* 45(4), June 2002, pp. 725-749.

a sud del ramo canopico del Nilo.[23] Infatti, questa è una delle fonti di calcare di migliore qualità più vicine che si incontrano viaggiando verso sud-est da Alessandria attraverso i corsi d'acqua del Nilo. Questo calcare egiziano effettivamente coincide con l'età del calcare di Aurisina e si trova a sole 100 miglia a sud-est di Alessandria.

In particolare, tali strati ricoprono il sito della piramide di Radjedef (Djedefra) ad Abu Roash e il calcare proveniente da un'antica cava vicina (Antico Regno) fu impiegato per i blocchi centrali di questa vasta struttura. Gran parte della piramide stessa fu però a sua volta utilizzata come cava in tempi antichi. Sebbene le principali testimonianze sopravvissute riguardino lo sfruttamento in epoca romana, dal I secolo a.C. in poi, ci sono anche alcune indicazioni di attività tolemaica. In primo luogo, all'interno del pozzo utilizzato per costruire la volta della camera sepolcrale sotto la piramide è stata trovata una trave di legno di cedro libanese, che ha fornito una data al radiocarbonio (Carbonio-14) compresa tra il 355 a.C. e il 95 a.C.[24] In secondo luogo, Michel Valloggia ha scoperto nel sito una fucina tolemaica databile (in base all'evidenza ceramica) tra il IV secolo a.C. e la prima metà del III secolo a.C.[25] Dal momento che il calcare di Abu Roash è stato creato nello stesso antico oceano e nello stesso periodo della Pietra di Aurisina, presenta una mescolanza fossile piuttosto simile (rudiste e altri bivalvi). Saranno necessarie caratterizzazioni petrologiche estremamente accurate dei due tipi di roccia per distinguerli con sicurezza, come ha commentato il professor Harrell in una e-mail inviata all'autore il 25 ottobre 2007: "Somebody will have to do a comparative study of the Trieste and Abu Roash limestones as well as the limestone relief from St. Mark's to settle the issue" (Qualcuno dovrà fare uno studio comparativo dei calcari di Trieste e di Abu Roash e del rilievo calcareo della Basilica di San Marco per risolvere la questione).

Un'altra linea di indagine pertinente dovrebbe ora essere quella di verificare se qualcuno dei circa cento frammenti scultorei in pietra calcarea dell'Alessandria tolemaica contenga fossili di rudiste: la maggior parte si trova nel Museo Greco-Romano.

La connessione tra il blocco di pietra con lo scudo e la stella e Alessandria è già supportata dalla scoperta di una tomba ellenistica nel quartiere Gabbari della città egiziana, che conteneva rilievi funerari scolpiti in stretto parallelismo con lo stile e le forme delle armi raffigurate sulla pietra di S. Apollonia. La principale documentazione della scoperta, avvenuta nel 1953, si trova nel maestoso tomo di Achille Adriani: Repertorio D'Arte Dell'Egitto Greco-Romano, Serie C, I-II, Voce 120 a pagina 172 e Tavola 85. Ci sono delle armi su entrambi i lati di una

---

[23] Ahmed Sadek M. Mansour, "Diagenesis of Upper Cretaceous Rudist Bivalves, Abu Roash Area, Egypt: A Petrographic Study," *Geologia Croatica*, 57/1, Zagreb 2004, pp. 55-66.
[24] Michel Valloggia, *Au Coeur d'une Pyramide*, Musée Romain Lausanne-Vidy, 2001, p. 62.
[25] E-mail all'autore da Michel Valloggia, 18 novembre 2007.

La Ricerca della Tomba di Alessandro il Grande

falsa porta nel muro di fronte all'ingresso: a sinistra, una spada appesa in diagonale, un paio di schinieri e un elmo; a destra, una corazza macedone molto simile a quelle raffigurate negli affreschi della tomba di Lisone e Callicle in Macedonia, e sulla parete a destra, uno scudo oplitico greco con un paio di lance che corrono diagonalmente sotto di esso. In *Fulgentibus Armis*, Eugenio Polito esamina questo ritrovamento immediatamente prima della descrizione del blocco con lo scudo e la stella e conclude che esso risalga a non più tardi dell'inizio del II secolo a.C.[26]

* * * * * * * *

I ricercatori italiani associati dell'Università di Venezia (Università IUAV di Venezia) e di altre istituzioni veneziane hanno pubblicato una serie di articoli concernenti il blocco con lo scudo e la stella sulla Rivista online "Engramma", sin dalla pubblicazione della prima edizione del presente libro. In generale, hanno considerato che i risultati dei test sulla pietra escludessero qualsiasi possibile origine del blocco diversa dalla cava romana di Aurisina, che, come ho spiegato, costituisce una rappresentazione errata della natura dell'evidenza degli esami sulla pietra. Su tali basi, essi (in particolare Monica Centanni) sostenevano inizialmente, al tempo della conferenza *Eroi* nel 2006, che il blocco riflettesse uno stile scultoreo locale della regione di Venezia del I secolo a.C., ma i loro articoli più recenti abbandonarono ogni tentativo di confutare la natura inequivocabilmente macedone del pezzo e le associazioni della sua simbologia con Alessandro Magno.[27] (Infatti, adesso proclamano con più certezza di me che il simbolo sullo scudo sia la "Stella di Alessandro il Grande"). Ora, invece, sono ricorsi a proporre che un pezzo grosso romano repubblicano (che hanno speculativamente chiamato G. Asinio Pollione sulla base di nessuna evidenza) abbia effettuato una copia esatta di un monumento funerario macedone di alto rango, nella sua regione d'origine, alla fine del I secolo a.C., essendo stato sufficientemente impressionato dai prototipi che aveva incontrato in Egitto o in altre parti del mondo ellenistico. Anche se è noto che l'arte romana sia intimamente ispirata a prototipi greci, copie esatte di monumenti greci senza alcun segno di stile o tecnica romana (al punto da ingannare un esperto moderno come Eugenio Polito nel ritenere che siano opere greche originali) sono quantomeno molto rare e forse inesistenti. Di conseguenza, sarà chiaro a qualsiasi lettore ragionevole come questa non sia una spiegazione a cui dare molto credito, se c'è qualche possibilità che il blocco sia più antico e sia stato importato a Venezia dal Mediterraneo orientale. Come

---

[26] Eugenio Polito, *Fulgentibus armis: Introduzione allo studio dei fregi d'armi antichi*, L'Erma di Bretschneider, Roma 1998, pp. 78-79.
[27] Maddalena Bassani, *Esempi archeologici per un'ipotesi interpretativa della lastra di S. Apollonia*, in "Engramma", 70, marzo 2009; Maddalena Bassani, Giulio Testori, *La stella di Alessandro il Grande nel chiostro di Sant'Apollonia: due ipotesi di restituzione di un monumento onorario romano*, in "Engramma", 95, dicembre 2011.

La Spada nella Roccia

abbiamo visto, vi è in realtà una forte possibilità che sia stato portato da Alessandria, in particolar modo dopo un'attenta valutazione di tutte le prove disponibili (incluso il test sulla pietra). La pura evidenza è che la forma e il simbolismo della scultura sul frammento con lo scudo e la stella costituiscono una prova molto più forte e specifica rispetto all'esame sulla pietra. Chiunque la pensi diversamente è stato abbagliato dalla scienza.

* * * * * * * * *

Se la roccia dovesse essere confermata come Pietra di Aurisina, preferibilmente attraverso un'analisi indipendente con pubblicazione completa dei dati, la probabilità di una connessione diretta tra la scultura recante lo scudo con la stella e la *Traslazione* diminuirebbe. Rimarrebbe comunque possibile che i veneziani abbiano incorporato tale particolare blocco nelle fondamenta di San Marco, poiché avevano visto qualcosa di simile nel contesto della tomba del santo ad Alessandria, oppure avevano copiato una scultura che si trovava nella stessa città.

Al contrario, se si determinasse che il blocco fu estratto nelle vicinanze dell'Egitto, ci sarebbe una forte possibilità che sia stato portato da Alessandria nell'828 d.C. insieme al presunto cadavere di San Marco. Ciò collegherebbe in modo concreto il corpo con un mausoleo macedone di alto rango, costruito ad Alessandria tra il III e l'inizio del II secolo a.C. Dato inoltre che il simbolo della stella era in particolare l'emblema della famiglia di Alessandro, piuttosto che dei Tolomei, il Mausoleo del Soma sarebbe di gran lunga l'origine più probabile della pietra con lo scudo e la stella. Avremmo pertanto una connessione tangibile tra i resti di San Marco e quelli di Alessandro, che dovrebbe sicuramente focalizzare più nitidamente le menti sulla necessità di indagare il cadavere stesso.

In conclusione, va sottolineato che la natura finemente equilibrata delle opposte linee di evidenza e la straordinaria importanza dell'esito comportano che i test di conferma debbano essere eseguiti in maniera scientificamente corretta, affinché tutte le parti in causa siano convinte dai risultati. Con ciò intendo dire che gli esami sui campioni di pietra e sui campioni di controllo di altri blocchi di calcare dovrebbero essere eseguiti da diversi laboratori indipendenti in doppio cieco. Il processo dovrebbe essere gestito da un gruppo di coordinamento che includa i rappresentanti delle parti interessate. Come primo passo, i dati esistenti dei test sulla pietra dovrebbero essere pubblicati in modo più dettagliato (comprese le foto), in modo tale che possano essere sottoposti a revisione paritaria e alla critica informata delle parti interessate.

C'è qualcuno che trova tutto questo irragionevole? Spero di no, perché la verità a volte è sfuggente e ha bisogno di essere perseguita. Certamente, chi saprà estrarre l'essenza della spada nella roccia meriterà un grande premio.

La Ricerca della Tomba di Alessandro il Grande

12. Esequie

EMPEROR: *Then, Doctor Faustus, mark what I shall say.*
As I was sometime solitary set
Within my closet, sundry thoughts arose
About the honour of mine ancestors,
How they had won by prowess such exploits,
Got such riches, subdu'd so many kingdoms,
As we that do succeed, or they that shall
Hereafter possess our throne, shall,
I fear me, ne'er attain to that degree
Of high renown and great authority:
Amongst which kings is Alexander the Great,
Chief spectacle of the world's pre-eminence,
The bright shining of whose glorious acts
Lightens the world with his reflecting beams,
As when I hear but motion made of him,
It grieves my soul I never saw the man:
If, therefore, thou, by cunning of thine art,
Canst raise this man from hollow vaults below,
Where lies entomb'd this famous conqueror,
And bring with him his beauteous paramour,
Both in their right shapes, gesture, and attire
They us'd to wear during their time of life,
Thou shalt both satisfy my just desire,
And give me cause to praise thee whilst I live.
FAUSTUS: *My gracious lord, I am ready to accomplish your request,*
So far forth as by art and power of my spirit I am able to perform.

La tragica storia del Dottor Faust di Christopher Marlowe[1]

IMPERATORE: *Allora, dottor Faust, badi bene a ciò che dirò.*
Come ero a volte solitario
All'interno del mio studio, sono sorti vari pensieri
Circa l'onore dei miei antenati,
Come avevano vinto con prodezza tali imprese,
ottennero tali ricchezze, soggiogato tanti regni,
Come noi che li seguiamo, o quei che un giorno
possederanno il nostro trono,
non giungeremo mai, temo, a quel grado
Di fama eccelsa e immensa autorità:
Tra quei re è Alessandro il Grande,

---

[1] Dalla scena 10 del Testo A (1604) del Dottor Faust.

Esequie

La meraviglia della possanza del mondo,
Il luminoso splendore dei cui atti gloriosi
Illumina il mondo con i suoi raggi riflettenti,
Sì che se pure solo il nome io sento di lui,
Mi addolora l'anima perché mai non vidi l'uomo:
Se dunque tu, per astuzia della tua arte,
potessi sollevare quest'uomo dalle cave volte sottostanti,
dove giace sepolto questo famoso conquistatore,
e portare con lui la sua bella amante,
Entrambi nelle forme vere, coi loro gesti e nell'abbigliamento loro
Che indossarono durante il loro periodo della vita,
Allora avresti tu appagato il mio giusto desiderio,
E mi avrai dato motivo di lodarti mentre sono in vita.

FAUST: *Mio Signore misericordioso, sono pronto a soddisfare la vostra richiesta,*
Per quanto per arte e potenza del mio spirito sono in grado di
eseguire.

Nel corso del XX secolo, ci sono stati scavi sporadici in numerosi siti all'interno delle mura della città antica, ma l'esatta ubicazione della maggior parte dei principali edifici di Alessandria tolemaica non è stata ancora stabilita. In particolare, il centro della città ai lati della Via Canopica, che si dice comprendesse il ginnasio, il tribunale (*dicasterion*), i boschetti e il tumulo artificiale del Paneum, nonché il Soma, rimane una questione aperta, per la quale ho fornito nuove risposte che chiedono di essere verificate attraverso l'archeologia. Circa 140 indagini di scavo sono state precedentemente mirate alla scoperta della tomba di Alessandro senza rivelare alcuna traccia identificabile, ma quasi nessuno degli scavi è stato effettuato nei luoghi evidenziati dalla mia ricerca.

Negli anni '90, alcuni subacquei hanno svolto una impegnativa attività archeologica nel porto grande, ottenendo ritrovamenti spettacolari. Nel mare intorno alla base della fortezza di Qait Bey, che è nota per essere stata costruita sul sito del Faro, una squadra guidata da Jean-Yves Empereur ha scoperto quasi tremila grandi blocchi di antica muratura e della statuaria, tra cui frammenti di colonne, obelischi e 26 sfingi. Le iscrizioni geroglifiche mostrano che gran parte del materiale deve essere stato trasportato ad Alessandria da Eliopoli per decorare la città tolemaica. La maggior parte delle pietre potrebbe essere stata depositata lungo una parte dell'ingresso del porto dai governanti mamelucchi, nel tentativo di rendere la città più facilmente difendibile dopo un'importante incursione del re di Cipro, Pierre de Lusignan, avvenuta in due giorni nel 1365. Tuttavia, alcuni pezzi potrebbero provenire dal Faro stesso, caduti in mare quando la torre si disintegrò durante uno dei terremoti medievali. Nel 1980, tali detriti furono osservati da un gruppo di cineasti italiani, i quali li considerarono così impressionanti che pubblicarono un articolo che suggeriva che la tomba di Alessandro si trovasse ai piedi del Faro!

La Ricerca della Tomba di Alessandro il Grande

Sul lato terrestre del porto è stata studiata con analogo successo un'area di costa sommersa in prossimità dell'antico quartiere reale. Una squadra guidata da Franck Goddio ha mappato in modo dettagliato le fondamenta sommerse delle antiche banchine, precedentemente intraviste da Mahmoud Bey. Secondo la nuova interpretazione, Antirodi e il Timonium sono tuttavia scambiati rispetto alle loro posizioni sia sulla mappa di Mahmoud che nell'eloquente descrizione del fronte del porto di Strabone. Nel 1998, nelle vicinanze è stato trovato il relitto di una nave contenente manufatti tra cui sartiame, ceramiche, resti di cibo, frammenti di vetro e gioielli. La datazione al radiocarbonio su campioni di legno colloca l'età della nave tra il 90 a.C. e il 130 d.C. Altri relitti antichi sono stati scoperti nelle zone di attracco al porto, ma nessuna delle scoperte ha finora fatto luce sul dilemma del Soma.

Nella stessa città, l'archeologia procede principalmente man mano che i siti edificati si rendono disponibili tra demolizioni e riqualificazioni. Si tratta di un metodo lento ed erratico per riscoprire i fasti del passato, ciononostante, è stato fatto del lavoro molto buono. Gli istituti archeologici sono così pressati in materia di finanziamenti che a volte non sono nemmeno in grado di sfruttare tutte le opportunità occasionali. Hanno in qualche modo concentrato i loro sforzi in particolari quartieri, nella speranza di costruire finalmente un quadro ragionevolmente completo di un microcosmo della città. Sebbene un nuovo scavo sia stato recentemente intrapreso da una squadra greca ed egiziana nei Cimiteri Latini, è stata prestata poca attenzione relativamente alle aree immediatamente a ovest dei Giardini Shallalat, che dall'analisi qui presentata sembrano essere le più rilevanti per la scoperta della tomba di Alessandro. È infatti un'altra delle virtù della nuova teoria, che spiega esattamente perché 140 tentativi precedenti si siano rivelati così infruttuosi.

Se le ben documentate mura medievali di Alessandria (Figura 12.1) furono costruite sulla stessa linea del circuito tardo-romano, che a sua volta aveva incorporato il *temenos* del Soma nel suo settore orientale, ciò fornisce una nuova cornice fissa per interpretare il tracciato dell'intera città antica. È ora possibile supporre che il recinto del Soma fosse esso stesso l'ossatura del *peribolos* originale dell'Alessandria di Alessandro, adattato a fungere da cuore sacro di una metropoli tolemaica ampiamente espansa. L'ironia finale di questa contorta storia è che nel cercare una risposta al mistero del Soma, indagando sulla pianta dell'antica Alessandria, scopriamo che la posizione del recinto del Soma può invece rivelarsi la chiave per comprendere il resto della città.

Nessuna teoria o ipotesi ha un grande valore pratico a meno che non possa essere convalidata attraverso dei test. È quindi importante essere chiari nello specificare i tipi di analisi che possono essere applicati più ragionevolmente ed efficacemente per convalidare le nuove teorie avanzate nel presente libro:

a) Per quanto riguarda la nuova ipotesi relativa all'ubicazione della tomba menfita di Alessandro, si raccomanda di effettuare nuovi scavi nell'area del tempio di

Esequie

Nectanebo II al Serapeo di Saqqara; in particolare, dovrebbero essere identificate e datate le fasi di costruzione dell'edificio.

b) Per quanto riguarda la teoria relativa all'ubicazione del recinto del Soma ad Alessandria, la via più semplice per la convalida dovrebbe essere lo scavo, o almeno l'uso del Ground Penetrating Radar (GPR), per cercare tracce delle fondamenta del muro occidentale del *temenos* del Soma suggerito, la cui esistenza è prevista da detta teoria; il luogo di scavo ottimale sarebbe in prossimità della sporgenza della breve sezione obliqua del tratto settentrionale delle mura medievali, vicino alla sua intersezione con la strada R3 di Mahmoud Bey.

c) Esami di conferma più dettagliati del blocco di calcare scolpito con lo scudo e la stella, attualmente a Venezia, dovrebbero essere commissionati per determinarne la vera natura e le origini.

d) La caratterizzazione e le analisi dei presunti resti di San Marco nella *Basilica di San Marco* a Venezia dovrebbero essere eseguite per confermarne l'età e le origini.

Figura 12.1. Veduta delle mura medievali di Alessandria, da est, nel 1801, di Edward Orme (collezione dell'autore)

Ho pubblicato per la prima volta l'ipotesi di San Marco riguardo al destino del corpo di Alessandro in un articolo nel numero di luglio 2004 di "History Today". Questa nuova teoria ha generato un notevole interesse da parte dei media, che è culminato nella mia partecipazione a un breve dibattito ospitato dal Today Programme su BBC Radio 4, il 18 giugno 2004, in cui Robin Lane Fox è apparso come mio antagonista. Il fascino esercitato dall'idea di una contraffazione così

La Ricerca della Tomba di Alessandro il Grande

spudorata è stato ripreso in numerosi articoli di stampa apparsi in tutto il mondo.[2] Soprattutto quando ho elaborato la teoria nel mio primo libro, *The Lost Tomb of Alexander the Great*, pubblicato da Periplus a Londra nell'ottobre 2004, ci sono state diverse richieste da parte di società televisive interessate a finanziare le analisi sui resti di San Marco da parte di esperti indipendenti. Vari approcci alle autorità della Basilica di San Marco a Venezia hanno alla fine suscitato una dichiarazione formale, il 19 luglio 2005, che è stata emessa a nome della Chiesa cattolica:

> *I dati sul corpo di San Marco sono stati pubblicati nei volumi di Leonardo Manin, 'Memorie storico-critiche intorno la vita, traslazione, e invenzioni di san Marco evangelista principale protettore di Venezia', Venezia 1815 e 1835. La Chiesa da allora ha ritenuto sufficienti le notizie e non intende procedere ad altre ricognizioni della tomba. Distinti saluti. Ettore Vio, Proto di San Marco*

Alla luce di tale posizione un po' compiaciuta, è opportuno considerare vari punti relativi alla sua sostenibilità finale. La combinazione di nuove questioni riguardanti l'autenticità dei resti e la capacità recentemente perfezionata di tecniche scientifiche avanzate, al fine di risolvere il mistero della loro identità, porterà inevitabilmente a porre seri interrogativi alla Chiesa quale custode delle spoglie.

Di solito, si concorda sul fatto che i morti abbiano il diritto morale di essere identificati. La maggior parte delle persone è d'accordo che vengano utilizzate tecniche scientifiche avanzate per identificare i propri resti, in caso di dubbio, dopo la loro morte. Tale argomento, ad esempio, è stato recentemente utilizzato per giustificare l'applicazione di tecniche sofisticate al fine di identificare i cadaveri parzialmente decomposti in seguito allo tsunami nell'Oceano Indiano. Come abbiamo visto, attualmente c'è una buona possibilità che le spoglie di San Marco possano essere datate e che il loro luogo di origine possa essere identificato. Potrebbero anche essere svelati molti altri dettagli relativi all'identità del cadavere. La scelta di impedire l'identificazione dei resti umani, quando una risoluzione scientifica è fattibile, è moralmente discutibile.

Le spoglie di San Marco contengono molte informazioni storicamente importanti che oggi è possibile decifrare applicando tecniche scientifiche avanzate. Di norma, si ritiene che i custodi di tali resti abbiano il dovere di recuperare le informazioni nella misura in cui la situazione lo consenta, rendendole così disponibili per arricchire la nostra comprensione del passato. Sebbene queste informazioni rimangano indecifrate all'interno delle spoglie, sono continuamente minacciate. Innanzitutto, i lenti processi di decadimento del tempo corrompono continuamente le informazioni del DNA e causano un aumento della contaminazione che riduce l'accuratezza della datazione al radiocarbonio e di altre tecniche. In secondo luogo, mentre le informazioni sono incapsulate in un unico

---

[2] Ad esempio, "Does the tomb of St Mark in Venice really contain the bones of Alexander the Great?" di Jonathan Thompson & Nicholas Pyke, *Independent on Sunday*, 13th June 2004, p. 15.

Esequie

posto sono vulnerabili rispetto a un singolo incidente o catastrofe, come un incendio o un'inondazione, e quest'ultima è una questione particolarmente urgente a Venezia. Una volta eseguiti i test, le copie dei dati potrebbero essere distribuite in molti luoghi, rendendo le informazioni storiche immuni da ulteriori perdite o deterioramenti. Chiunque ostacoli le analisi deve considerare se la propria posizione sarà difendibile in caso di una successiva distruzione dei resti a causa di qualche incidente, attacco o altra calamità che li dovesse colpire.

Dovrebbe essere possibile ricostruire accuratamente il volto del defunto, poiché Manin ha affermato che il cranio è presente e intatto. La ricostruzione facciale del cranio di Tutankhamon è stata recentemente eseguita da diverse squadre indipendenti. Tutte le ricostruzioni erano simili in modo riconoscibile, dimostrando che la tecnica è ora ragionevolmente affidabile. Se i resti sono veramente quelli di San Marco, è verosimile che ci sia un grande interesse tra la congregazione dei fedeli per vedere il suo volto. Non possiamo conoscere il vero aspetto di nessun altro grande leader cristiano dagli albori della Chiesa. Eppure, non meno interesse sarebbe suscitato da una ricostruzione del volto di Alessandro. Questa potrebbe essere un'occasione unica.

*　　*　　*　　*　　*　　*　　*　　*

Alcuni hanno supposto che il mio scopo sia quello di assicurarmi l'accesso alle spoglie per condurre personalmente su di esse test aggressivi e dannosi. Niente potrebbe essere più lontano dalle mie intenzioni. Sarebbe inopportuno, non solo perché mi mancano le competenze tecniche specialistiche, ma anche perché difficilmente potrei qualificarmi come esaminatore imparziale in materia. Quello che in realtà consiglierei è un processo di indagine approfondito ma sensibile, che inizi con le misure meno invasive e venga eseguito da specialisti ed esperti indipendenti, in conformità con i seguenti principi generali:

a) L'indagine potrebbe essere finanziata da una società televisiva (o simile) in cambio di diritti esclusivi di trasmissione televisiva

b) Tutti i test e le analisi dovrebbero essere eseguiti da esperti indipendenti di terze parti e laboratori di alta reputazione (ad esempio, Oxford Radiocarbon Accelerator Unit [ORAU])

c) Dovrebbero essere preparati un rapporto tecnico e un pacchetto di dati e una copia dovrebbe essere presentata alla Chiesa

d) Un gruppo di membri della Chiesa, esperti scientifici, storici pertinenti e rappresentanti di altre importanti parti interessate dovrebbe supervisionare l'indagine

I dettagli precisi dell'organizzazione dei test dovrebbero ovviamente essere decisi attraverso la deliberazione e la discussione del gruppo.

In ultima analisi, l'opposizione all'indagine sui resti rischia di rivelarsi un esercizio di futilità. Supponendo che le spoglie siano un falso, è ragionevole che il mondo

La Ricerca della Tomba di Alessandro il Grande

venga tenuto perennemente all'oscuro della frode? Supponendo che i resti siano veramente quelli di San Marco, è ragionevole, ora che esistono tecniche per dimostrare che sono autentici, che il mondo debba essere tenuto perennemente in dubbio sull'identità delle spoglie? Se nessuna delle due posizioni è ragionevole, allora gli esami dovrebbero essere autorizzati a procedere. Va inoltre tenuto presente che l'evidenza della ferita guarita può significare che il semplice sollevamento del coperchio del sarcofago risolverebbe il mistero.

Per rimanere in contatto con gli sviluppi, controlla regolarmente il sito web dell'autore dedicato ad Alessandro e ai misteri del suo corpo perduto e del mausoleo scomparso su www.alexanderstomb.com

13. Poscritto (2020): La Pietra con lo Scudo e la Stella racchiudeva il Sarcofago di Nectanebo

When I embarked upon the deck of this Odyssey,
It seemed to me that shipwreck was my eventual destiny,
But now beyond the raging, roiling sea,
I have glimpsed the shore of verdant Valinor unveiled before me.
Though I may yet come to grief upon some reef,
Washed by waves of disbelief,
I voyage on to vindication, my vessel's ordained destination.
With greatness grazing on the verge of rediscovery,
We may surely see the resolution of this mystery.
So let my sail now be unfurled
To catch the wind and win the world Alexander's long-lost legacy,
The parted parts of his shattered tomb and battered body.

(Quando mi sono imbarcato sul ponte di questa Odissea,
Mi sembrava che il naufragio fosse il mio destino finale,
Ma ora al di là del mare impetuoso e turbolento,
Ho intravisto la sponda della verdeggiante Valinor svelata davanti a me.
Sebbene io possa ancora soffrire su qualche scoglio,
Lavato da ondate di incredulità,
Viaggio verso la rivincita, la destinazione prestabilita della mia nave.
Con grandezza che pascola sull'orlo della riscoperta,
Potremmo sicuramente vedere la risoluzione di questo mistero.
Quindi lascia che la mia vela sia ora spiegata
Per prendere il vento e conquistare l'eredità mondiale da tempo perduta di Alessandro,
Le parti divise della sua tomba in frantumi e il corpo martoriato.)

Introduzione

Nell'agosto 2019, dopo un viaggio a Venezia per visionare le antichità rilevanti per i miei scritti, mi fu immediatamente chiaro che esiste una relazione significativa tra due oggetti esposti al museo che nel 2004 avevo precedentemente collegato in modo indipendente alla tomba di Alessandro il Grande. L'associazione mi era stata finora oscurata da danneggiamenti sia antichi che piuttosto recenti delle reliquie, ma ora è possibile ricostruire la loro forma

La Ricerca della Tomba di Alessandro il Grande

originale in modo da percepire per la prima volta come in realtà si incastrino perfettamente.

Il primo oggetto è il magnifico sarcofago realizzato per l'ultimo faraone nativo d'Egitto, Nectanebo II (greco) o Nakhthorheb (geroglifico), nella metà del IV secolo a.C. Le ragioni principali per collegare la reliquia con la tomba di Alessandro sono state ampiamente esposte nei capitoli precedenti e possono ora essere riassunte come segue:

1) Nel 1801 fu rivelato allo studioso di Cambridge Edward Daniel Clarke, dai nativi di Alessandria, che il sarcofago rimasto vuoto per secoli in una cappella nel cortile della moschea Attarine ad Alessandria era stato un tempo la tomba di Alessandro.[1]

2) Tale tomba di Alessandro è chiaramente indicata come la *Domus Alexandri Magni* al centro esatto della mappa di Alessandria di Braun e Hogenberg, basata su informazioni risalenti al 1530.

3) Suddetta tomba di Alessandro risulta essere quella menzionata come esistente ad Alessandria da Leone Africano al tempo delle sue visite, nel secondo decennio del XVI secolo.[2]

4) Statue di poeti e filosofi e altre decorazioni scultoree risalenti al regno del successore di Alessandro, Tolomeo I Soter, furono scoperte da Auguste Mariette, nel 1850, a guardia dell'ingresso di un tempio costruito da Nectanebo II all'interno del complesso del Serapeo nella necropoli di Saqqara della città di Menfi.[3] Nel 1988 è stato suggerito, in modo indipendente, che esse marcassero il sito della prima tomba di Alessandro in Egitto,[4] che si dice fosse situata a Menfi da diverse fonti antiche, tra cui l'iscrizione contemporanea del *Marmor Parium*.[5]

5) Sappiamo che Nectanebo II fuggì dall'Egitto in Etiopia di fronte a un'invasione del paese da parte dei Persiani, dieci anni prima che Alessandro conquistasse l'Egitto.[6] È quindi attestato che il sarcofago di Nectanebo e la tomba predisposta fossero disponibili, vuoti, quando Tolomeo I Soter ebbe bisogno di seppellire con urgenza la mummia di Alessandro a Menfi nel 321-320 a.C.

---

[1] Edward Daniel Clarke, *The Tomb of Alexander: A Dissertation on the Sarcophagus Brought from Alexandria and Now in the British Museum*, Cambridge 1805, pp. 39-40.
[2] Leone Africano, *Descrizione dell'Africa*, ed. Ramusio, 1550, f. 89r; Leone Africano fece diverse visite in Egitto negli anni 1515-20; il suo resoconto di Alessandria fu redatto nel 1526 - una traduzione inglese di J. Pory fu pubblicata a Londra nel 1896.
[3] Auguste Mariette, *Choix de Monuments et de Dessins du Sérapéum de Memphis*, Paris 1856; Auguste Mariette (ed. Gaston Maspero), *Le Sérapéum de Memphis*, Paris 1882; J-P. Lauer, C. Picard, *Les statues Ptolémaiques du Sarapieion de Memphis*, Paris 1955.
[4] Dorothy Thompson (ex Crawford), *Memphis under the Ptolemies*, Princeton 1988, p. 212.
[5] *Marmor Parium* sv 321-320 a.C.; Pausania, I, 6, 3; Curzio Rufo, X, 10, 20; Richard Stoneman, *The Greek Alexander Romance*, III, 34, London 1991.
[6] Diodoro, XVI, 51.

Poscritto (2020)

6) Il Romanzo di Alessandro (Pseudo Callistene), che ha avuto origine senza dubbio in Egitto, racconta la storia che Nectanebo II generò Alessandro il Grande da Olimpiade travestendosi magicamente da dio egizio Amon sotto forma di serpente.[7] La storia potrebbe essere stata ispirata, nell'Egitto ellenistico, dalla sepoltura di Alessandro nel sarcofago all'interno della sepoltura prevista di Nectanebo II.

7) Il trasporto del sarcofago ad Alessandria, una città che non esisteva quando esso fu scolpito, è spiegato in modo più convincente dal trasferimento documentato della tomba di Alessandro da Menfi ad Alessandria da parte di Tolomeo II Filadelfo.[8]

Il secondo oggetto è una grande sezione di un enorme blocco scolpito di calcare di alta qualità, parzialmente cristallizzato, che fu trovato incastonato nella parte più antica delle fondamenta della Basilica di San Marco a Venezia, nel 1960, da Ferdinando Forlati.[9] Il blocco fu scavato in un tratto sotterraneo delle fondazioni dell'abside maggiore, che le indagini di Forlati lo portarono a concludere che fosse stato originariamente realizzato per la prima chiesa di San Marco sul sito.[10] Questo primo edificio fu eretto per ospitare le presunte spoglie di San Marco Evangelista, riportate a Venezia da Alessandria dai mercanti-avventurieri veneziani Rustico e Tribuno nell'828 d.C.

Per quanto riguarda l'associazione di tale frammento con la tomba di Alessandro, i fatti salienti si riferiscono alla mia ipotesi (pubblicata originariamente nel 2004 e successivamente in edizioni precedenti di questo libro) che la pietra possa essere stata parte del sepolcro del Re ad Alessandria.[11] Ho notato che il corpo mummificato di San Marco sembra essere apparso in un santuario nel centro di Alessandria nell'ultimo decennio del IV secolo dell'era cristiana[12], e questa è una cosa strana, perché le fonti cristiane affermano che il corpo di San Marco fu bruciato dai pagani quando venne ucciso ad Alessandria nel I secolo dell'era cristiana.[13] Ho inoltre osservato che la mummia di Alessandro il Grande è stata menzionata per l'ultima volta mentre era esposta ad Alessandria un anno o due

---

[7] Guilelmus Kroll, *Historia Alexandri Magni (Pseudo-Callisthenes)*, Berlin 1926, I, 4-7; Elizabeth Haight, *The Life of Alexander of Macedon by Pseudo-Callisthenes*, Longmans, 1955, pp. 13-16.

[8] Pausania, I, 6, 3.

[9] Ferdinando Forlati, "Ritrovamenti a San Marco: 1. Un monumento funerario romano," Arte Veneta XVII, 1963, pp. 222-3.

[10] Ferdinando Forlati, *La Basilica di San Marco Attraverso I Suoi Restauri*, Trieste 1975, Cap. II, Il Primo S. Marco, pp. 45-70 e p. 82 e il diagramma a p. 63.

[11] Andrew Chugg, *The Lost Tomb of Alexander the Great*, Richmond Editions, London 2004, p. 267; ampiamente elaborato in Andrew Chugg, *The Quest for the Tomb of Alexander the Great*, AMC Publications, 2nd Edition 2012, Cap. 11, The Sword in the Stone, pp. 210-226.

[12] Palladio, *Storia Lausiaca*, Sezione 45 su Filoromo di Galazia; San Girolamo, *De viris illustribus*, 8, scritto a Betlemme nel 392 d.C. (come annotato all'interno dell'opera dal suo autore) menziona che San Marco morì nell'ottavo anno di Nerone e fu sepolto ad Alessandria.

[13] Vedi J-P. Migne (ed.), *Patrologia Graeca*, 86, col. 59, note, che cita la Synopsis of the Apostles di Doroteo di Tiro; Chronicon Paschale 252, in Patrologia Graeca 92, coll. 608-609; Eutichio 336 in Patrologia Graeca 111, col. 983.

La Ricerca della Tomba di Alessandro il Grande

prima che il paganesimo fosse messo al bando in tutto l'impero romano nel 391-392 d.C.[14] Si presenta quindi la possibilità che la mummia di Alessandro, fondatore di Alessandria e dio pagano ufficiale, sia stata erroneamente identificata di nascosto come la mummia di San Marco, il fondatore del cristianesimo ad Alessandria, all'epoca in cui il culto di Alessandro venne proscritto e criminalizzato. La verosimiglianza di tale possibilità è rafforzata dal fatto che Eugenio Polito, un esperto riconosciuto nel campo delle decorazioni tombali macedoni, in un libro pubblicato nel 1998 identificò fermamente il blocco di pietra con lo scudo e la stella come parte di una tomba macedone di alto rango proveniente da qualche parte del "Mediterraneo orientale". Polito ha datato il pezzo al III secolo a.C. o agli inizi del II secolo a.C. Il Mausoleo del Soma di Alessandro il Grande ad Alessandria è noto per essere stato costruito da Tolomeo IV Filopatore intorno al 215 a.C., al centro, quindi, dell'intervallo di date di Polito.[15]

Pertanto, una spiegazione della presenza, altrimenti incongrua, di un grande pezzo di una tomba macedone antica nelle fondamenta di San Marco a Venezia sarebbe che i mercanti veneziani lo trovarono in stretta associazione con il presunto corpo di San Marco ad Alessandria e portarono entrambe le reliquie nella loro città natale. In seguito, considerando forse inopportuna la decorazione militaristica del blocco, i veneziani scelsero di incastonarlo nelle fondamenta della nuova chiesa, a circa 8m dalla tomba originale che costruirono per San Marco nella cripta della sua chiesa nella sua città.

Nel 2006, ho proposto un esame delle spoglie che attualmente giacciono in un sarcofago marmoreo dell'inizio del XIX secolo sotto l'altare maggiore della basilica di San Marco, al fine di verificare se lo scheletro, ora senza carne, presenti segni di danni ossei guariti.[16] Si narra infatti che delle frecce abbiano penetrato lo sterno di Alessandro e un osso della parte inferiore della gamba, rispettivamente in India e in Sogdiana.[17] Ma la Chiesa non ha ancora autorizzato l'indagine.

La questione dell'identità delle spoglie in San Marco è dunque rimasta irrisolta per più di una dozzina di anni. Tuttavia, in seguito alla mia visita del 2 agosto 2019 per osservare e misurare la pietra con il rilievo dello scudo e la stella, attualmente esposta nel Museo scultoreo della Chiesa ospitato nel chiostro di Sant'Apollonia a Venezia, mi sono reso conto (come riportato nella nuova prefazione alla presente edizione) che esiste una notevole relazione che rivendica il legame tra la pietra di Sant'Apollonia e il sarcofago di Nectanebo II: in origine erano

---

[14] Libanio, *Orazioni*, XLIX, 11-12.
[15] Zenobio, *Proverbi*, III, 94.
[16] Andrew Chugg, Famous Alexandrian Mummies: The Adventures in Death of Alexander the Great and St Mark the Evangelist, Proceedings of the Eroi, Eroismi, Eroizzazioni Conference, ed. Alessandra Coppola, University of Padua, Sept 2006, SARGON, Padova 2007, pp. 67-100.
[17] Ferita alla gamba: Plutarco, Moralia 327A, 341B, Plutarco, Alessandro, 45, 3, Arriano, III, 30, 11, Curzio Rufo, VII, 6, 3; Ferita al petto: Plutarco, Moralia 327B, 341C, 344C-D, 345A, Plutarco, Alessandro, 63, 6, Arriano, VI, 9, 10, Diodoro, XVII, 99, 3, Curzio Rufo, IX, 5, 9-32, Strabone, XV, 1, 33 (vedi anche Tav. 10.1).

esattamente della stessa altezza, sia la forma che le dimensioni del blocco con lo scudo e la stella sono compatibili con il fatto che esso formasse una sezione di un sarcofago esterno che racchiudeva il lato lungo sinistro del sarcofago di Nectanebo II.

Le Dimensioni e la Struttura del Sarcofago di Nectanebo II

Il sarcofago di Nectanebo II venne alla ribalta storica al tempo dell'invasione dell'Egitto da parte di Napoleone Bonaparte, nel 1798. Vivant Denon, il principale studioso, o *savant*, dei circa cinquanta che accompagnarono la spedizione, menzionò nel suo diario di viaggio di averlo trovarlo in una cappella ottagonale nel cortile della moschea Attarine nel cuore di Alessandria.[18] Inoltre, *les savants* lo registrarono in seguito con elaborata cura e completezza in quattro delle incisioni in folio grande della Description de l'Egypte, compresa una veduta di esso nella sua cappella all'interno della moschea (Figura 7.4).[19]

Nel 1801 i francesi furono sconfitti dall'esercito britannico nella battaglia di Alessandria. Edward Daniel Clarke, uno studioso dell'Università di Cambridge, fu incaricato di rintracciare e sequestrare le antichità raccolte dai francesi. Entrato all'interno delle mura della città, fu avvicinato da alcuni mercanti locali che gli dissero che i francesi avevano preso "the Tomb of Alexander" dalla moschea Attarine e gli descrissero il sarcofago.[20] Successivamente, Clarke lo trovò nascosto sotto stracci sporchi nella stiva della nave ospedale francese La Cause, nel porto interno, apparentemente sul punto di essere spedito in Francia. Fu invece inviato sulla Madras in Inghilterra, dove fu donato al British Museum dalla Corona nel 1802.

Edward Daniel Clarke pubblicò un libro nel 1805, sostenendo che il sarcofago fu effettivamente utilizzato per seppellire il cadavere di Alessandro.[21] Il testo incorporava una importante veduta prospettica del sarcofago incisa da un disegno di W. Alexander (Figura 7.5). Il libro incontrò un certo scetticismo soprattutto riguardo alla possibilità di seppellire un re greco in un sarcofago egizio. Ciò proveniva soprattutto dalle autorità del British Museum, alle quali Clarke indirizzò quindi una lettera aperta con alcuni argomenti aggiuntivi nel 1807. Nel 1826, quando i geroglifici iniziarono a essere nuovamente letti, Yorke e Leake decifrarono i cartigli sul sarcofago come "A. K. Hor." o "U. K. Hor." (la traslitterazione moderna è Nakhthorheb), stava perciò diventando evidente che il

---

[18] Vivant Denon (tradotto in inglese da E.A. Kendal), Travels in Egypt, Vol. 1, London 1802, pp. 28-29.
[19] Description de l'Egypte, Antiquités, Vol. V, Planches 38-41.
[20] Edward Daniel Clarke, *Travels in Various Countries of Europe, Asia and Africa*, Part 2: Greece, Egypt and the Holy Land, Vol. 5 of the 4th Edition, London 1817, Cap. VII su Alessandria, pp. 332-340.
[21] Edward Daniel Clarke, *The Tomb of Alexander: A Dissertation on the Sarcophagus Brought from Alexandria and Now in the British Museum*, Cambridge 1805.

La Ricerca della Tomba di Alessandro il Grande

sarcofago non era stato realizzato per Alessandro.[22] Il British Museum persistette nell'errore di assegnare il sarcofago a Nectanebo I (Nakhtnebef) per molto tempo, come spiega Wace,[23] ritenendo ciò una prova sufficiente che non fosse mai stato utilizzato per Alessandro, nonostante il fatto che i sarcofagi fossero molto frequentemente riutilizzati nel mondo antico. Anche oggi, sapendo che era stato realizzato per Nectanebo II, e che sarebbe stato quindi disponibile vuoto e immacolato quando Alessandro fu sepolto a Menfi, il British Museum non menziona nemmeno la possibilità del suo utilizzo per Alessandro nella sua scheda descrittiva, e nel proprio sito web afferma solo che "This object was incorrectly believed to be associated with Alexander the Great when it entered the collection in 1803" (Questo oggetto è stato erroneamente ritenuto associato ad Alessandro il Grande quando entrò nella collezione nel 1803).[24] Eppure, non sembra esistere alcuna prova che il sarcofago non sia stato utilizzato per il corpo di Alessandro: io perlomeno, in venti anni di ricerche sull'argomento, non ne ho mai vista neanche mezza.

La pietra del sarcofago è solitamente descritta come una breccia o conglomerato, cioè una roccia in cui sono incastonati molti frammenti di rocce più antiche. La matrice è di un verde oliva intenso (epidoto-clorite-sericite) e il sarcofago ha acquisito una patina opacizzante nel corso dei ventiquattro secoli della sua esistenza, quindi non è facile apprezzare quanto spettacolare dovesse apparire da nuovo. È probabile che le immagini e i caratteri geroglifici di cui è quasi interamente ricoperto l'esterno fossero originariamente intarsiati, forse in oro. La superficie nuda deve essere stata lucidata fino a ottenere una finitura vitrea e ciò avrebbe reso molto più evidente la bella gamma di colori dei frammenti angolari (Figura 13.1).

Ruth Siddall ha fornito tutti i dettagli della geologia:[25] afferma che il sarcofago di Nectanebo II è composto da sedimenti della Wadi Hammamat Series, in questo caso il *Lapis Hecatonlithos* (pietra dalle cento pietre), noto geologicamente come Um Had Conglomerate Member.[26] La superficie del sarcofago è ricoperta da minuscoli geroglifici splendidamente scolpiti, e quando si osserva da vicino, il motivo per cui i Romani la chiamarono la pietra dalle cento pietre diventa chiaro. Sono presenti ciottoli di rocce sedimentarie di vario colore, insieme a clasti di

---

[22] C. Yorke, W. Martin Leake, On Some Egyptian Monuments in the British Museum and Other Collections (read June 7, 1826), Transactions of the Royal Society of Literature, Series 1, Vol. 1, Pt. 1-2, 1829, pp. 205-207.
[23] A.J.B. Wace, *The Sarcophagus of Alexander the Great*, Bulletin of the Faculty of Arts, Farouk I University Alexandria, Vol. IV, 1948, pp. 1-11 (l'errata identificazione è descritta a p. 6).
[24] https://www.britishmuseum.org/research/collection_online/collection_object_details.aspx?objectId=111535&partId=1
[25] Ruth Siddall, Geology in the British Museum: The monumental stones of the Eastern Desert, Museum Geology No. 1, UCL Earth Sciences, 2013, paragrafo 7.
[26] Abd El-Rahmen, Y., Polat, A., Fryer, B.J., Dilek, Y., El-Sharkawy & Sakran, S., 2010, The provenance and tectonic setting of the Neoproterozoic Um Hassa Greywacke Member, Wadi Hammamat area, Egypt: Evidence from petrography and geochemistry, *Journal of African Earth Sciences*, 58, pp. 185–196.

Poscritto (2020)

rocce vulcaniche e granitiche e la stratificazione è chiaramente visibile negli strati di conglomerato alternati ad arenarie.

Nella guida del 1909, il British Museum dichiarava che il peso del sarcofago di Nectanebo II era di 6 tonnellate e 17 cwt, ovvero 6,85 tonnellate imperiali o circa 6950kg.[27] La stessa guida fornisce anche le misure di lunghezza, larghezza e altezza del sarcofago, che ho riprodotto nella Tabella 13.1.

Diagrammi dettagliati del sarcofago furono pubblicati da Clarke (Figura 13.2) nel 1805 e nella Description de l'Egypte (Figure 13.3 e 13.4) nel 1822, essi forniscono anche i primi valori delle sue dimensioni che sono stati trascritti nella Tabella 13.1. Inoltre, George Long, che attribuisce erroneamente il sarcofago al faraone Amirteo (404-399 a.C.), pare che abbia effettuato delle misurazioni indipendenti dell'oggetto e le abbia pubblicate nel suo libro del 1836 (riportate in Tabella 13.1).[28] C'è un primo diagramma nell'articolo di Yorke e Leake, qui riprodotto come Figura 13.5, ma sfortunatamente privo di dimensioni esplicite. Ciononostante, il rapporto tra lunghezza e altezza è misurabile in 2,61:1 e utilizzando la dimensione media della lunghezza nella Tabella 13.1 riscontriamo che l'altezza è di circa 120cm, che è ragionevolmente coerente con le precedenti misurazioni.

Figura 13.1. Particolare del sarcofago di Nectanebo II che mostra i frammenti angolari di roccia multicolore da cui prende il nome *Lapis Hecatonlithos* (Foto dell'autore)

---

[27] A Guide to the Egyptian Galleries (Sculpture) con una Prefazione di E. A. Wallis Budge, British Museum 1909, p. 249.
[28] George Long, The British Museum: Egyptian Antiquities, Vol. II, Charles Knight, London 1836, pp. 134-140 (le dimensioni sono riportate alle pp. 135-136); Le misure di Long sono esattamente riprodotte da Samuel Sharpe, Egyptian Antiquities in the British Museum, John Russell Smith, London 1862, pp. 108-109.

La Ricerca della Tomba di Alessandro il Grande

B. Sly eseguì un disegno della Egyptian Sculpture Gallery nel 1844, o forse prima, che fu successivamente inciso da Radclyffe ed è mostrato nella Figura 13.6. Il sarcofago di Nectanebo II sembra essere l'oggetto simile a una vasca da bagno sulla destra, a media distanza, ma non c'è nulla nella veduta che attesti le sue esatte dimensioni.

Con riferimento alle misure dimensionali antiche fin qui addotte, è evidente che l'altezza in particolare è significativamente variabile (una deviazione standard del campione di 1,79cm), sebbene vi sia una variazione piuttosto minore tra le varie autorità per quanto riguarda la lunghezza e la larghezza. Una possibile spiegazione è il danno in prossimità della base del sarcofago, visibile nella Figura 7.5, che avrebbe chiaramente complicato tale particolare misurazione. Bisogna anche considerare che si tratta di un manufatto artigianale, quindi è prevedibile una variazione non trascurabile dell'altezza tra i diversi punti della sua circonferenza.[29] A causa dell'estremità arrotondata della testa e dell'estremità dei piedi leggermente rastremata, la larghezza massima e la lunghezza possono essere misurate solo in punti specifici, pertanto tali dimensioni sono naturalmente meno soggette a variazioni.

In un intrepido tentativo di risolvere l'incertezza della misura relativa all'altezza, il 14 agosto 2019 ho visitato il British Museum e ho utilizzato un metro a nastro, oltre a scattare fotografie ortogonali del lato lungo con un volantino verticale, di dimensioni note, incorporato per fornire una scala di lunghezza (Figura 13.7). Sorprendentemente, il risultato è stato che il sarcofago attualmente è alto solo 107,5cm (con un errore di misurazione di circa ± 0,5cm), nonostante il fatto che le pagine del sito web del British Museum dessero contemporaneamente un'altezza di 118,5cm (max).[30] Questa misurazione effettiva di persona è più di cinque deviazioni standard al di sotto della media delle misurazioni antiche, quindi non c'è alcuna possibilità che sia attribuibile a un errore di misurazione. La chiara implicazione, invece, è che il British Museum, ad un certo punto, durante la custodia della reliquia abbia troncato la base del sarcofago di Nectanebo II di circa 9cm.

---

[29] Ci sono indicazioni di asimmetria nei prospetti finali in Planche 41, Description de l'Egypte, Antiquités, Vol. V.

[30] https://www.britishmuseum.org/research/collection_online/collection_object_details.aspx?objectId=111535&partId=1

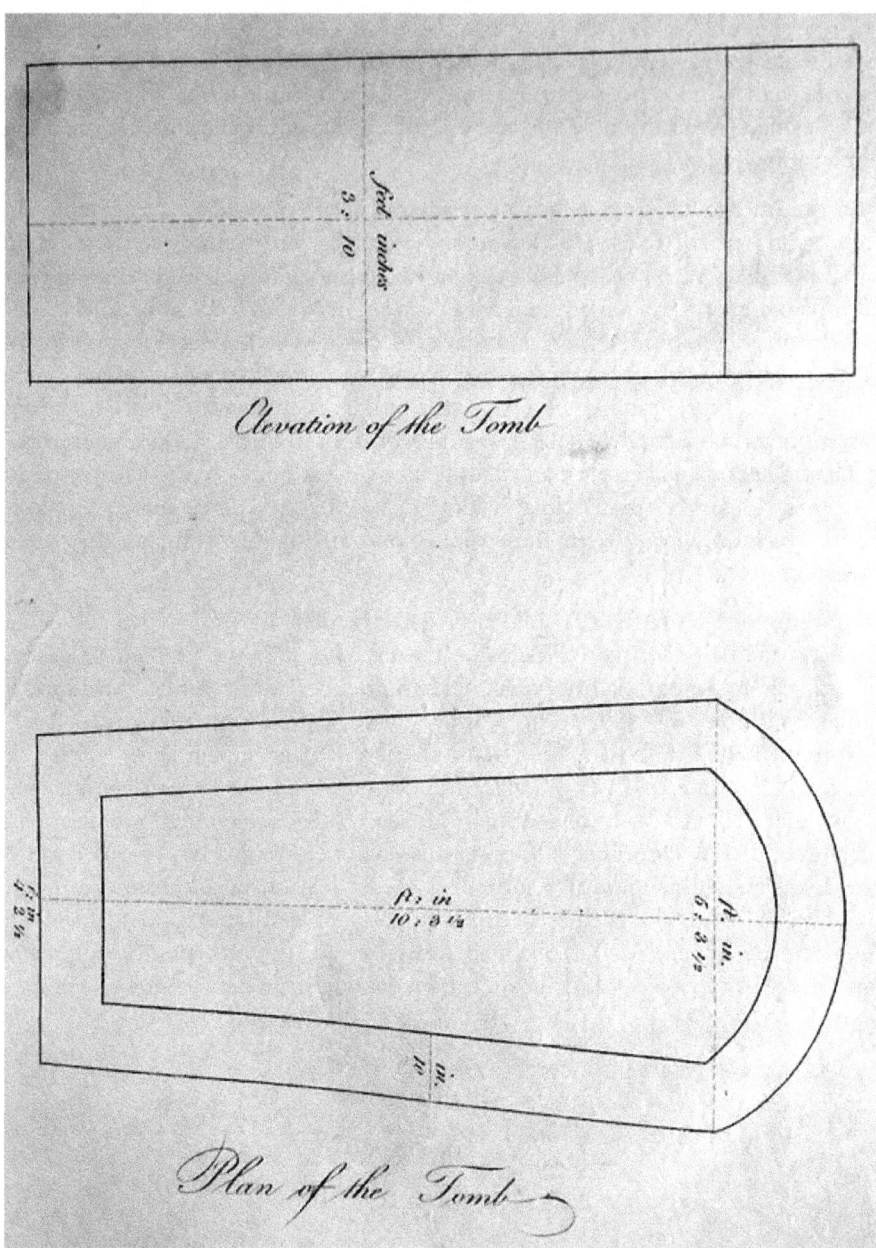

Figura 13.2. Dimensioni della tomba di Alessandro di Edward Daniel Clarke, 1805 (foglio originale dalla collezione di Andrew Chugg)

La Ricerca della Tomba di Alessandro il Grande

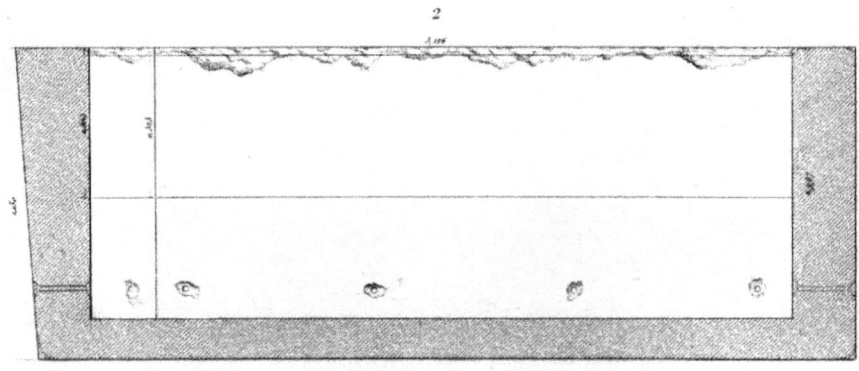

Figure 13.3. Sezione del sarcofago di Nectanebo - Planche 41, Description de l'Egypte, Antiquités, Vol. V (foglio originale dalla collezione di Andrew Chugg)

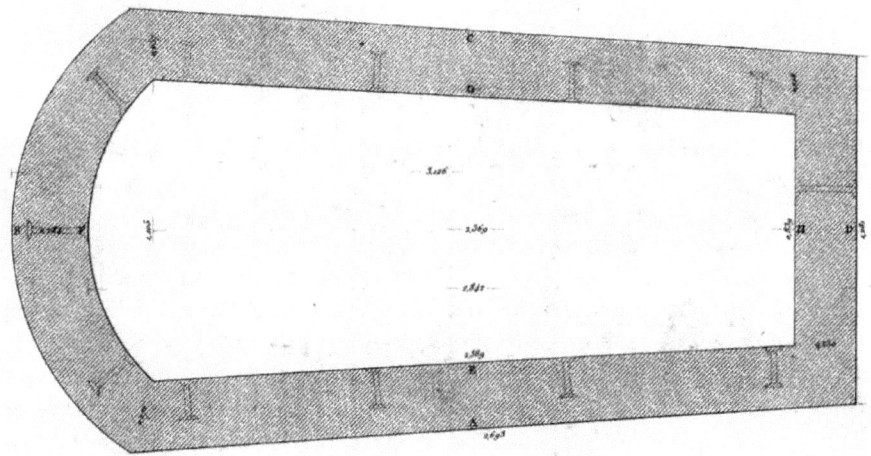

Figura 13.4. Pianta del sarcofago di Nectanebo - Planche 40, Description de l'Egypte, Antiquités, Vol. V (foglio originale dalla collezione di Andrew Chugg)

Poscritto (2020)

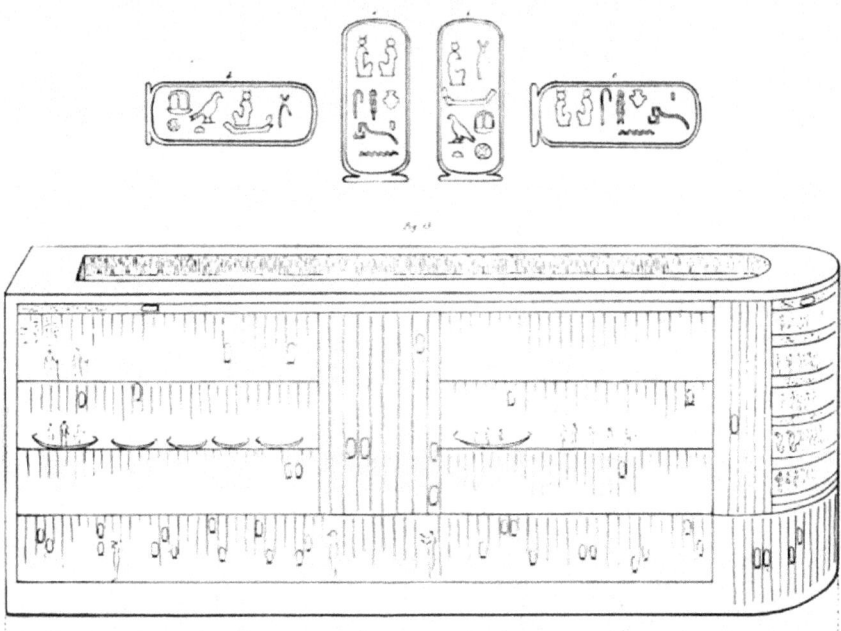

Figura 13.5. Diagramma del sarcofago di Nectanebo II di Yorke & Leake, disegnato nel 1826 e pubblicato nel 1829

Fui immediatamente ispirato a cercare le prime testimonianze fotografiche per confermare questa deduzione ed ebbi la fortuna di poter acquisire due diapositive di lanterna magica, pubblicate da Yorke & Sons nel 1888, che mostravano l'Egyptian Sculpture Gallery con vedute simili, ma non identiche, dell'estremità del sarcofago di Nectanebo II (Figure 13.8 e 13.9). È subito evidente dalla relativa posizione dei fori di drenaggio nelle immagini delle diapositive di lanterna, rispetto alla mia foto recente, che il sarcofago conservasse ancora la sua altezza originale intorno al 1880, dimostrando così che l'operazione di sezionamento è stata eseguita dopo quel periodo. È anche possibile misurare l'altezza, intorno al 1880, utilizzando l'immagine della diapositiva di lanterna magica in Figura 13.8. Questo perché l'immagine è molto vicina all'essere frontale nella sua prospettiva, quindi possiamo misurare il rapporto tra la larghezza del sarcofago e la sua altezza in modo abbastanza accurato. Poiché conosciamo con precisione la larghezza effettiva dalle misurazioni nella Tabella 13.1, è possibile ridimensionare la larghezza utilizzando tale rapporto per ottenere un'altezza di 117,1cm.[31]

---

[31] L'accuratezza di questa misurazione è comunque limitata dalla risoluzione dell'immagine e dal leggero slittamento della direzione di visualizzazione rispetto alla rigida ortogonalità. Un modo alternativo per misurare l'altezza è utilizzare il rapporto delle distanze dal bordo al foro di drenaggio e dal bordo alla base, ma ciò è soggetto a errori ancora maggiori.

La Ricerca della Tomba di Alessandro il Grande

Figura 13.6. Il British Museum: la Sala Egizia con i visitatori. Incisione di Radclyffe, da B. Sly, 1844

Ho inoltre individuato una riproduzione di scarsa qualità dell'immagine di destra da un paio di foto stereografiche che si ritiene siano state scattate tra il 1900 e il 1910.[32] Il sarcofago di Nectanebo II può essere visto sullo sfondo, nella stessa posizione, rispetto alla Stele di Rosetta, in cui si trovava intorno al 1880. Si scorge uno dei fori di drenaggio e la sua altezza al di sopra del podio suggerisce che il sarcofago avesse mantenuto la sua altezza originale in quel frangente, ma c'erano già alcuni accenni di irregolarità intorno alla base.

Va menzionato, per la cronaca, che il 15 agosto 2019 inviai una e-mail al Dipartimento di Egittologia del British Museum chiedendo conferma che il sarcofago fosse stato tagliato dal museo stesso, ma al momento della stesura non ricevetti alcuna risposta.

Un'ipotesi credibile sarebbe che il danno originale intorno alla base del sarcofago sia stato riparato con calcestruzzo o simili nel XIX secolo. Successivamente, i tentativi di rimuovere il calcestruzzo causarono ulteriori danni e così alcuni curatori, nella prima metà del XX secolo, decisero semplicemente di tagliare l'area

---

[32] Centro Archivi, National Museum of American History, Smithsonian Institution. "Smithsonian Learning Lab Resource: The 'Rosetta Stone,' Key to Egyptian Hieroglyphics, British Museum. 11316 Interpositive." Smithsonian Learning Lab, Smithsonian Center for Learning and Digital Access, 30 Oct. 2015. learninglab.si.edu/q/r/43125. Consultato il 1 settembre 2019.

Poscritto (2020)

della base che era stata soggetta a riparazioni grossolane e al logoramento cumulativo. Lo sfortunato risultato è che ora dipendiamo completamente dalla raccolta di antiche misurazioni dell'altezza e dalle diapositive di lanterna magica per stabilire la precisione della corrispondenza tra l'altezza originale del sarcofago di Nectanebo II e il blocco con lo scudo e la stella.

Figura 13.7. Il sarcofago di Nectanebo II al British Museum, 14 agosto 2019, con un volantino blu alto 23,9cm (foto originale scattata da Andrew Chugg)

Le Dimensioni e la Struttura della Pietra con lo Scudo e la Stella

Eugenio Polito incluse un sottoparagrafo sul blocco con lo scudo e la stella nel suo libro sui monumenti funerari macedoni e dell'inizio dell'età romana pubblicato nel 1998.[33] Lo studioso identificò il blocco di pietra come parte di un monumento funerario macedone risalente al III secolo a.C. o all'inizio del II secolo a.C. Concluse che doveva essere stato portato a Venezia da qualche parte del Mediterraneo orientale. È stato sottolineato che la pietra ha un sorprendente parallelismo in un affresco della tomba ellenistica di Lisone e Callicle nella stessa Macedonia, che raffigura in modo simile uno scudo con il rilievo astrale, un paio di schinieri e spade *kopis* appese in diagonale alle cinture ai lati (Figura 11.5).[34]

I bulbi sulle punte dei raggi della stella scolpita sul blocco di pietra sono insoliti, ma hanno comunque dei parallelismi nelle raffigurazioni di scudi macedoni decorati con stelle a otto punte negli affreschi del secondo stile pompeiano, in particolare nella villa di Poppea a Oplontis (Figure 13.10 e 13.17). Judith McKenzie ha presentato ottime argomentazioni riguardanti le pitture murali

---

[33] Eugenio Polito, *Fulgentibus Armis*, L'Erma di Bretschneider, Roma 1998, p. 79.
[34] Andrew Chugg, *The Lost Tomb of Alexander the Great*, Richmond Editions, London 2004, pp. 267-268.

La Ricerca della Tomba di Alessandro il Grande

architettoniche del secondo stile pompeiano, risalenti all'inizio del I secolo a.C., raffiguranti essenzialmente scene dell'Alessandria tolemaica.[35]

Figura 13.8. Una prima diapositiva di lanterna che mostra la Egyptian Sculptural Gallery del British Museum, di York & Sons, 1888 ca. (originale dalla collezione di Andrew Chugg)

---

[35] Judith McKenzie, *The Architecture of Alexandria and Egypt 300BC-AD700*, Yale University Press, Newhaven & London 2006, pp. 96-112.

Poscritto (2020)

Figura 13.9. Un'altra diapositiva di lanterna che mostra la Egyptian Sculptural Gallery del British Museum, di York & Sons, 1888 ca. (originale dalla collezione di Andrew Chugg)

Un'altra caratteristica della decorazione della pietra con lo scudo e la stella che milita a favore di un'origine del primo ellenismo, da qualche parte tra i regni dei successori macedoni, è il fatto che i bordi o le punte delle varie armi tocchino con precisione i margini della lastra. In particolare, il bordo sinistro dello scudo interseca tangenzialmente il bordo laterale verticale del blocco e idem l'elsa della spada *kopis* sul lato corto adiacente. Inoltre, la lancia, che è propriamente riconosciuta come una *sarissa* o *xyston* della cavalleria macedone, ha la punta della lama sul bordo esatto della pietra molto vicino al suo angolo superiore sinistro. La stessa consuetudine artistica si riscontra nel mosaico di ciottoli della fine del IV secolo a.C. scavato nel 2014 nella tomba di Anfipoli, dove il bordo della cornice è toccato rispettivamente dal piede sinistro e dall'indice di Hermes, dalle foglie della corona di Ade, dai capelli di Persefone e dalla sua mano sinistra alzata, dalle basi delle ruote del carro e dagli zoccoli posteriori dei cavalli.

Avendo collocato il blocco con lo scudo e la stella in questo contesto, il particolare focus di interesse della nostra analisi è costituito dalle sue dimensioni e dalla relazione di queste con le dimensioni del sarcofago di Nectanebo II. Alcuni valori sono stati pubblicati: Polito, in *Fulgentibus Armis*, nota 46 a pagina 99, fornisce un'altezza di 118cm e uno spessore di 30-32cm; Maddalena Bassani e Giulio Testori, in "Engramma", danno 118cm di altezza e 30cm di spessore.[36]

Figura 13.10. Scudo in bronzo dorato con rilievo a stella in un affresco della Villa di Poppea a Oplontis, Pompei, raffigurante una scena architettonica alessandrina (Secondo periodo: inizio del I secolo a.C.) – foto di Amphipolis riprodotta su licenza https://creativecommons.org/licenses/by- sa/2.0/deed.en

---

[36] Maddalena Bassani e Giulio Testori, *La stella di Alessandro il Grande nel chiostro di Sant'Apollonia: due ipotesi di restituzione di un monumento onorario romano*, in "Engramma", 95, dicembre 2011.

Poscritto (2020)

Io stesso ho effettuato nuove misurazioni il 2 agosto 2019, durante una visita privata per gentile concessione del curatore. A tal fine, sono state scattate delle foto del blocco con lo stesso volantino usato per fornire una scala esatta che è stato successivamente riutilizzato per la misurazione del sarcofago di Nectanebo II (Figura 13.7). I rilevamenti hanno prodotto 117,3cm per l'altezza e 29,6cm per lo spessore.

Lo *xyston* macedone, o *sarissa* della cavalleria, aveva tipicamente una lama a foglia sull'estremità anteriore e una punta con un contrappeso su quella posteriore. La pietra con lo scudo e la stella ha un bordo spezzato e irregolare sul lato destro, a dimostrazione del fatto che in origine fosse molto più lunga. È possibile dedurre la lunghezza originaria del blocco osservando alcuni punti riguardanti la sua decorazione: a) le armi sono state scolpite in modo tale da toccare esattamente i bordi della lastra (come già descritto), b) c'è una forte indicazione che l'artista stesse perseguendo una disposizione simmetrica delle armi nel fatto che lo scudo sia posizionato esattamente a metà del lato principale (e questa simmetria trova riscontro nelle parallele raffigurazioni macedoni delle armi dei guerrieri defunti, come le spade *kopis*, gli elmi e gli schinieri nell'affresco della tomba di Lisone e Callicle nella stessa Macedonia – Figura 11.5), c) le armi sono scolpite a grandezza naturale. Dalle antiche raffigurazioni di cavalieri macedoni, sappiamo che le *sarisse* della cavalleria erano lunghe circa 3 metri.[37] Presumendo che la sua punta abbia toccato il margine destro mancante del blocco in una posizione simmetrica con l'angolo superiore sinistro, dove la punta della lama a foglia tocca il bordo sinistro, allora possiamo ricostruire le dimensioni originali della pietra come mostrato in Figura 11.8. Ciò ha anche la fortunata conseguenza di rendere lo *xyston* lungo circa 3,15m, il che è coerente con altre attestazioni di questo tipo di arma. La pietra stessa risulta essere stata originariamente intorno a 2,95m di lunghezza.

La ricostruzione della lunghezza della pietra dipende dalla misurazione dell'esatto angolo formato dall'asta dello *xyston* rispetto all'orizzontale. Un altro piccolo fattore nella ricostruzione è l'osservazione che la punta della lama dello *xyston* tocca il margine sinistro del blocco a poca distanza h sotto l'angolo superiore del bordo, che può essere misurato in circa 2,2cm (vedi Figura 11.8). È un presupposto ragionevole, per motivi di simmetria, che la punta all'estremità opposta dello *xyston* abbia toccato il margine destro a una uguale distanza h sopra l'angolo inferiore del bordo destro originale. Quindi, la lunghezza originale L della pietra può essere derivata dall'angolo dello *xyston* rispetto all'orizzontale θ e dall'altezza H del blocco mediante l'uso della semplice espressione trigonometrica:

$$L = \frac{H - 2h}{\tan \theta}$$

---

[37] Ad esempio, nel Mosaico di Alessandro di Pompei, attualmente al Museo di Napoli, e nell'affresco di un cavaliere macedone della tomba Kinch a Naoussa.

La Ricerca della Tomba di Alessandro il Grande

È anche auspicabile poter definire l'accuratezza con cui questa procedura può essere applicata per determinare L. A tal fine, cinque foto frontali (ortogonali) del blocco di pietra, scattate con quattro diverse fotocamere (due delle immagini erano fotogrammi diversi dello stesso video del blocco), sono state misurate per ricavare cinque misurazioni indipendenti dell'angolo θ. Le misure sono riportate nella Tabella 13.2 insieme all'angolo medio e all'angolo di deviazione standard del campione. La formula può quindi essere utilizzata per calcolare una L media di 295,6cm e un'incertezza di deviazione standard in questo valore di ± 7cm.

È opportuno anche considerare un'altra caratteristica della pietra con lo scudo e la stella che dovrebbe essere suscettibile di una semplice analisi che porti a un'età relativamente accurata della roccia calcarea da cui il blocco è stato scolpito. I rapporti isotopici Stronzio-87-Stronzio-86 nelle rocce possono fornire una misura accurata della loro età ed esiste la possibilità che il rapporto nel blocco con lo scudo e la stella (e quindi la sua età esatta nel contesto generale del tardo Cretaceo) possa aiutare a determinare o confermare le sue origini.

È noto con certezza che il blocco sia costituito da un tipo di calcare parzialmente ricristallizzato ricco di fossili di molluschi rudiste e perciò databile al Cretaceo superiore (le rudiste si estinsero alla fine del Cretaceo). Ma questo tipo di roccia è stato deposto proprio intorno all'antico oceano che ha preceduto il Mediterraneo, pertanto tali fatti non vincolano affatto le sue origini geografiche con precisione. Sono stati proposti due particolari candidati per l'ubicazione della cava da cui è stato estratto il calcare del blocco con il rilievo dello scudo e la stella:

A) La cava di Aurisina vicino a Trieste, a circa 100km da Venezia, in quanto la cava fu aperta nel I secolo a.C. dai Romani ed è l'antica fonte conosciuta di calcare ricco di rudiste più vicina a Venezia.[38]

B) La cava dell'Antico Regno egiziano ad Abu Roash, sul Nilo, usata per fornire blocchi di calcare per la vicina piramide perduta di Djedefra, che è in gran parte scomparsa perché è stata a sua volta usata come cava dai Greci e dai Romani per la pietra da utilizzare ad Alessandria[39] - pertanto è l'antica fonte conosciuta di calcare ricco di rudiste più vicina ad Alessandria e quindi coerente con la teoria che il blocco faccia parte della tomba di Alessandro ad Alessandria.[40]

Fortunatamente, alcuni dettagli sull'età geologica del calcare ricco di rudiste di entrambe le cave sono stati pubblicati in maniera indipendente. In primo luogo, vi è un'analisi dei rapporti isotopici dello stronzio in una collezione di lapidi di epoca romana di Aquileia che sono note per essere state estratte da Aurisina.[41]

---

[38] Lorenzo Lazzarini, *Il dato materiale: natura e origine della pietra della lastra di S. Apollonia*, in "Engramma", 70, marzo 2009.
[39] Michel Valloggia, *Au Coeur d'une Pyramide*, Musée Romain Lausanne-Vidy, 2001, p. 62.
[40] Andrew Chugg, *The Quest for the Tomb of Alexander the Great*, 2nd edition, 2012, Cap. 11, pp. 210-226.
[41] L. Maritan, C. Mazzoli, E. Melis, "A Multidisciplinary Approach To The Characterization Of Roman Gravestones From Aquileia (Udine, Italy)," Archaeometry 45.3, 2003, pp. 363-374.

Poscritto (2020)

Questi dati sono alla base della Figura 13.11, che illustra sia i rapporti dello stronzio e le età delle lapidi, sia i rapporti e le età corrispondenti di una successione di campioni moderni prelevati dal muro della cava. La linea continua è la curva di calibrazione del rapporto dello stronzio rispetto alla corrispondente età della roccia. Si noti che i campioni moderni della cava coincidono in età geologica con i campioni romani. L'età massima dei campioni romani è di poco superiore a 85 milioni di anni. Tuttavia, coloro che sostengono la provenienza dalla cava di Aurisina vorrebbero datare l'estrazione del blocco con lo scudo e la stella ai primissimi anni di sfruttamento della cava, il che implica l'età della roccia più giovane nella gamma delle lapidi romane (o più giovane ancora). Ciò corrisponderebbe a un'età di 81 milioni di anni (o meno) o a un rapporto dello stronzio di >0,70750.

Nel 2004, è stato pubblicato da Ahmed Mansour uno studio geologico del calcare ricco di rudiste nell'area di Abu Roash.[42] Mansour fornisce una sequenza stratigrafica nella sua Fig. 2 a pag. 57, che mostra che i letti ricchi di rudiste profondi circa 5m, che erano al centro della sua ricerca, sono datati al periodo Turoniano medio-tardo e quindi circa tra 89 e 92 milioni di anni, fornendo un rapporto dello stronzio compreso tra circa 0,70730-0,70733. La mappa geologica di Mansour a p. 56 mostra inoltre che tali letti di calcare turoniano intersecano le vicinanze della cava dell'Antico Regno vicino al villaggio di Abu Roash stesso, come identificato da Michel Valloggia.[43] Di conseguenza, con tutta probabilità, dei blocchi di calcare ricchi di rudiste furono incorporati nella piramide perduta.

L'accuratezza del test del rapporto isotopico dello stronzio può essere giudicata dalle barre di errore mostrate nei grafici originali nell'articolo sulle lapidi romane. Queste indicano un'incertezza nelle misurazioni del rapporto dello stronzio di circa ±0,000025. Tuttavia, la differenza nel rapporto dello stronzio tra la più antica delle rocce delle lapidi di Aurisina estratte nel I secolo a.C. e il calcare turoniano di Abu Roash è di circa 0,0001, che è quattro volte la risoluzione del test. Pertanto, la misurazione del rapporto dello stronzio della pietra con lo scudo e la stella dovrebbe gettare una luce significativa sulla sua provenienza da Aurisina o da Abu Roash (anche se, a titolo cautelativo, potrebbero esserci pure letti di calcare con rudiste ad Abu Roash che coincidono in età con i letti di Aurisina, ma che non sono stati menzionati da Mansour).

Potrebbe anche non essere necessario tagliare un nuovo campione dalla pietra recante lo scudo con la stella, poiché Lazzarini ha annotato che un piccolo campione è stato prelevato dalla parte posteriore del blocco, intorno al 2005-6, e questo dovrebbe ancora esistere: *L'identificazione della pietra costituente la stele conservata al Museo Diocesano di Sant'Apollonia è stata ricavata da un attento esame autoptico*

---

[42] Ahmed Sadek M. Mansour, "Diagenesis of Upper Cretaceous Rudist Bivalves, Abu Roash Area, Egypt: A Petrographic Study," Geologia Croatica, 57/1, Zagreb 2004, pp. 55-66.
[43] Michel Valloggia, Au Coeur d'une Pyramide, Musée Romain Lausanne-Vidy, 2001, mappa a p. 63.

La Ricerca della Tomba di Alessandro il Grande

delle sue caratteristiche tessiturali, e dallo studio al microscopio polarizzatore di una sezione sottile di un piccolo campione della stessa, prelevato da una sua parte posteriore.[44] Nella sua indagine iniziale, sembrerebbe che Lorenzo Lazzarini abbia trascurato di misurare il rapporto dello stronzio nel campione o abbia scelto di non pubblicarlo.

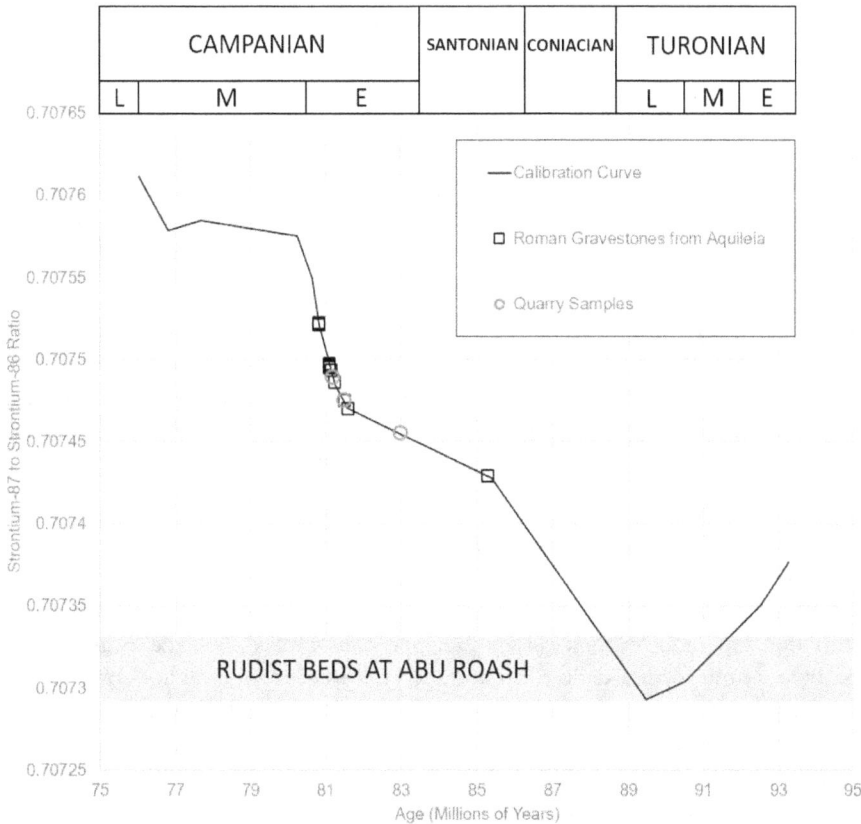

Figura 13.11. Rapporti isotopici stronzio-87 e stronzio-86: curva di calibrazione dell'età rispetto alle lapidi romane di Aquileia estratte ad Aurisina, campioni moderni dal sito della cava di Aurisina e un'indicazione della banda corrispondente ai letti ricchi di rudiste ad Abu Roash in Egitto.

Come si Incastrano il Sarcofago di Nectanebo e il Blocco di pietra recante lo Scudo con la Stella

Sulla base dell'ipotesi che sia il blocco con lo scudo e la stella che il sarcofago di Nectanebo II fossero elementi centrali della tomba di Alessandro ad Alessandria, è ragionevole dedurre che il blocco dovesse essere in stretta associazione con il

---

[44] Lazzarini, op. cit. in "Engramma", 70, marzo 2009.

sarcofago di Nectanebo II. Inoltre, possiamo desumere che il blocco con lo scudo e la stella dovesse essere parte di un involucro esterno all'interno della tomba, poiché le sue decorazioni scultoree corrono attorno a due facce adiacenti del blocco e la parte mancante della spada *kopis* deve aver continuato su un blocco adiacente dell'involucro. Tali elementi portano alla seguente domanda: le dimensioni dei due oggetti possono rivelare la loro esatta interrelazione all'interno della tomba?

Alcune caratteristiche impongono dei limiti alla gamma delle possibilità:

1) La spada *kopis* è raffigurata appesa a una cintura sotto l'influenza della gravità, dimostrando che l'orientamento della pietra con lo scudo e la stella fosse con le estremità nappate della cintura pendenti verso il basso (proprio come è attualmente mostrato a Venezia - vedi Figura 11.4), determinando il suo orientamento rispetto ai lati del sarcofago

2) Il corpo di Alessandro giaceva all'interno del sarcofago di Nectanebo II, nel cuore della tomba: è logico quindi supporre che un eventuale involucro successivo recante le armi del defunto dovesse in prima istanza aver racchiuso in qualche modo il sarcofago di Nectanebo II e dovremmo esplorare in particolare la possibilità che il blocco con lo scudo e la stella fosse parte di tale involucro

Adesso è diventato immediatamente chiaro che una sorprendente corrispondenza tra le dimensioni dei due oggetti è stata a lungo oscurata dal fatto che il British Museum ha ridotto l'altezza del sarcofago di Nectanebo II di circa 9cm, tagliando la pietra originale alla sua base. Tuttavia, ora possiamo utilizzare le nostre nuove analisi dei dati dimensionali disponibili per confrontare l'altezza originale del sarcofago, come fornita dalle fonti antiche che precedono il taglio, con l'altezza originale tuttora conservata del blocco con lo scudo e la stella. La media dei valori dell'altezza del sarcofago è di 116,73cm, mentre abbiamo rilevato l'altezza della pietra con lo scudo e la stella di 117cm, con una precisione migliore di mezzo centimetro. In altre parole, l'altezza dei due oggetti è **la stessa** ben entro l'accuratezza dei dati.

Il significato profondo di tale conclusione deriva dal fatto che c'è una ragione ovvia per cui i creatori tolemaici dell'involucro esterno avrebbero voluto renderlo esattamente della stessa altezza del sarcofago. Sia il sarcofago che l'involucro esterno avrebbero avuto in origine pesanti coperchi di pietra. Sarebbe stato decisamente auspicabile configurare la cassa esterna in modo da facilitare il sollevamento di tali coperture, affinché la mummia potesse essere ispezionata di tanto in tanto senza uno sforzo irragionevole. Per dare credito all'importanza di tale questione, abbiamo effettivamente un paio di resoconti storici dell'ispezione del cadavere di Alessandro da parte di Cesare Ottaviano nel 30 a.C.[45]

---

[45] Svetonio, *Vita dei Cesari*, *Augusto* 2, 18; Dione Cassio, *Storia romana*, LI, 16, 5.

La Ricerca della Tomba di Alessandro il Grande

È particolarmente pertinente osservare che ci sono tre scanalature semicircolari che attraversano il bordo superiore del sarcofago di Nectanebo II: una al centro dell'estremità arrotondata della testa e due ai lati della sua estremità dei piedi (vedi Figura 13.12). Per la stabilità, il coperchio avrebbe dovuto essere sostenuto in almeno tre punti distanziati durante il sollevamento e delle robuste aste (di metallo?) avrebbero dovuto essere inserite sotto il bordo inferiore del coperchio, in quei punti di sollevamento, per sostenere il suo immenso peso. Pertanto, tali solchi, altrimenti misteriosi, sono spiegati magnificamente come vestigia delle fessure di inserimento delle aste. Naturalmente, ciò sarebbe stato impossibile se il sarcofago fosse stato più basso dell'involucro esterno, poiché quest'ultimo avrebbe coperto i fori di inserimento delle aste (formati da coppie di scanalature opposte nella base e nel coperchio). Allo stesso modo, il coperchio del contenitore esterno avrebbe occultato i fori se fosse stato più basso del sarcofago di Nectanebo II. Al contrario, con l'involucro esterno e i bordi del sarcofago esattamente alla stessa altezza, sarebbe stato possibile estendere le scanalature sugli orli del sarcofago attraverso i bordi della cassa esterna e della sua copertura, rendendo così possibile sollevare facilmente entrambi i coperchi contemporaneamente con lo stesso meccanismo di sollevamento.

Sarebbe stato anche possibile realizzare la cassa esterna più bassa del sarcofago e consentire comunque il sollevamento successivo dei due coperchi, ma ciò avrebbe comportato che la copertura del sarcofago esterno fosse più alta, e perciò più pesante e più difficile da sollevare rispetto a se il contenitore esterno e il sarcofago fossero stati della stessa altezza. Inoltre, è possibile che parte dello scopo dell'involucro esterno fosse quello di nascondere i testi geroglifici e i cartigli sul sarcofago. Ciò poteva essere ottenuto solo rendendo l'involucro alto almeno quanto la cassa principale del sarcofago.

Il prossimo passo è quello di considerare esattamente in che modo la pietra recante lo scudo con la stella sia stata montata sul sarcofago di Nectanebo II come parte di un involucro esterno scolpito dell'inizio dell'Età Tolemaica. Le viste in pianta di diverse possibilità sono mostrate nella Figura 13.13. Tali ricostruzioni si focalizzano sul concetto che il blocco di pietra scudo-stella fosse fissato in modo aderente al lato lungo del sarcofago a sinistra di una mummia supina. Nella nostra ricostruzione, il blocco era originariamente troppo lungo per adattarsi ai lati corti del sarcofago, quindi l'orientamento dell'angolo esterno del blocco, dove lo scudo incontra la spada *kopis*, richiede che esso costituisse l'angolo dell'involucro in corrispondenza dell'angolo all'estremità sinistra dei piedi del sarcofago.

Poscritto (2020)

Figura 13.12. Tre scanalature lungo il bordo del sarcofago di Nectanebo II - una al centro dell'estremità arrotondata della testa e due ai lati dell'estremità inferiore, ciascuna indicata da una freccia verticale (Credit: Markh su Wikipedia in inglese, riprodotta sotto l'attribuzione 3.0 Licenza non trasferita https://creativecommons.org/licenses/by/3.0/deed.en)

Sulla base della lunghezza del sarcofago indicata nella Tabella 13.1, il blocco scudo-stella avrebbe dovuto essere lungo 342,8cm per l'incastro mostrato in basso a sinistra nella Figura 13.13 e lungo 372,4cm per quello in basso a destra nella Figura 13.13. Chiaramente, entrambe le misure di incastro sono molte volte il nostro margine di errore (rispettivamente circa sette e undici deviazioni standard) oltre la lunghezza che abbiamo stabilito per il blocco di 295,6 ± 7cm (vedi Tabella 3.2). Tuttavia, la configurazione mostrata nel diagramma superiore della Figura 13.13 richiede che il blocco fosse originariamente lungo 298,3cm e questo rientra ampiamente nell'errore di deviazione standard di ±7cm nel nostro calcolo della lunghezza originale della pietra. Sorprendentemente, quindi, abbiamo stabilito che il blocco scudo-stella si adattasse perfettamente al lato lungo sinistro del sarcofago di Nectanebo II in altezza *e in lunghezza*.

È necessario considerare anche una leggera variante della configurazione mostrata nella parte superiore in Figura 13.13. I lati del sarcofago convergono leggermente verso la sua estremità inferiore con un angolo di circa 2,8 gradi. È possibile che

La Ricerca della Tomba di Alessandro il Grande

anche l'involucro esterno sia stato realizzato per seguire questa convergenza come mostrato nella Figura 13.14, soprattutto se fosse stata davvero intenzione di coloro che realizzarono il sarcofago esterno che esso nascondesse i geroglifici incongrui del sarcofago di Nectanebo II. Poiché il coseno di 2,8 gradi è 0,9988, c'è una differenza trascurabile nella lunghezza del blocco dell'involucro esterno tra la configurazione superiore della Figura 13.13 e quella rastremata della Figura 13.14 (appena pochi millimetri). Quest'ultima combinazione tuttavia implicherebbe che l'angolo tra le due facce scolpite del blocco scudo-stella sia di 92,8° anziché di 90°. Se il blocco fosse misurato con estrema cura e precisione (per esempio con una scansione laser 3D), si potrebbe identificare se tale anomalia angolare sia presente. È chiaramente una questione di grande interesse, perché di per sé l'anomalia angolare di 92,8° dimostrerebbe l'associazione di questi oggetti al di là di ogni dubbio qualora fosse riscontrata. Ma una tale anomalia è troppo piccola per essere evidente nel contesto di un'ispezione casuale.

Calcolo della Probabilità che la Pietra con lo Scudo e la Stella sia un Frammento di un Involucro esterno del Sarcofago di Nectanebo II

I critici sono tenuti a obiettare che l'incastro tra il blocco scudo-stella e il sarcofago di Nectanebo II potrebbe essere una questione di casualità. Per rispondere a tale obiezione, porremo ora la domanda: qual è la probabilità P_{chance} che un sarcofago egizio di tipo a cassa[46] dell'Età Tarda, selezionato a caso, mostri una altrettanto buona compatibilità al blocco scudo-stella? Una volta stabilito questo valore, la probabilità complementare $1-P_{chance}$ quantificherà la confidenza con cui la nostra analisi ha stabilito che il blocco scudo-stella fosse effettivamente parte di un involucro del sarcofago di Nectanebo II nella tomba di Alessandro nell'antica Alessandria.

Il primo passo per rispondere alla nostra domanda è stabilire una distribuzione di densità di probabilità per la lunghezza e l'altezza di un lato lungo di un sarcofago egizio a cassa dell'Età Tarda, escludendo quella parte della lunghezza associata all'arrotondamento dell'estremità della testa (che chiameremo "abside"), nello stesso modo in cui la parte arrotondata è esclusa dalla lunghezza del blocco scudo-stella nel diagramma superiore di Figura 13.13 e in quello di Figura 13.14. A tal fine, ho creato un database di campioni delle dimensioni dell'altezza H e della lunghezza L (esclusa l'abside) dei lati lunghi di otto sarcofagi, come descritto nella Tabella 13.3.

Anche se si è tentati di utilizzare semplicemente le medie e le deviazioni standard di H e L per costruire la nostra distribuzione di probabilità, ciò porrebbe un problema. È ovvio che sia probabile una qualche correlazione tra le altezze e le lunghezze, nel senso che dovremmo ragionevolmente aspettarci una tendenza

---

[46] Nell'Età Tarda in Egitto furono realizzati due tipi di sarcofagi di pietra: un tipo antropoide simile a una mummia e un semplice tipo a cassa, di solito (ma non sempre) con la parte della testa arrotondata e leggermente rastremato verso l'estremità dei piedi. Il sarcofago di Nectanebo II è caratteristico del tipo a cassa.

Poscritto (2020)

dell'altezza a crescere man mano che la lunghezza aumenti. Pertanto, la media della distribuzione di probabilità in H deve aumentare all'aumentare di L e viceversa. Questo requisito non sarebbe soddisfatto se moltiplicassimo semplicemente una distribuzione H per una distribuzione L.

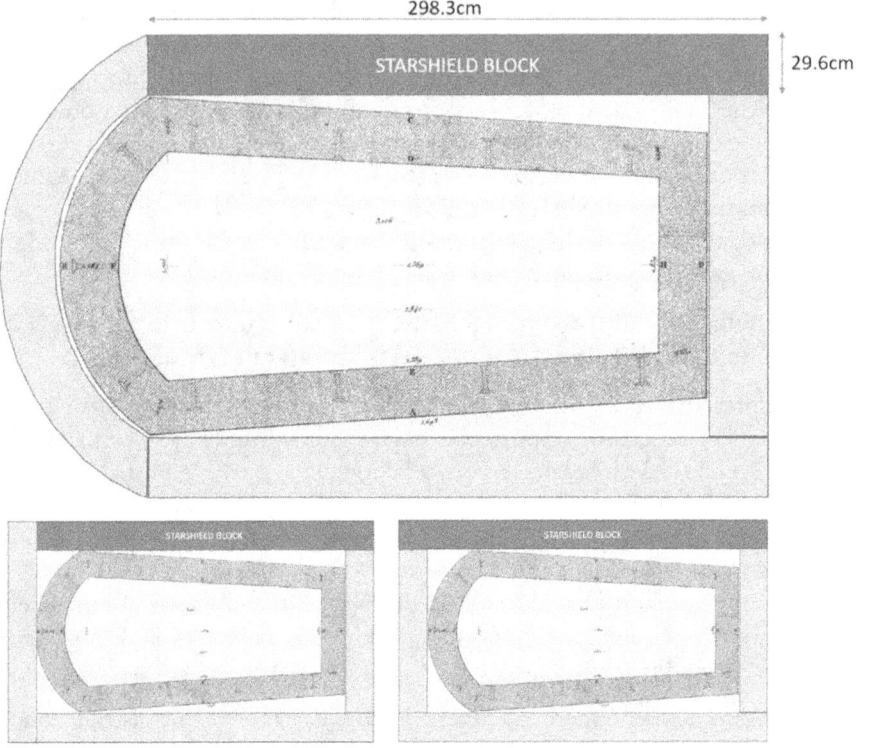

Figura 13.13. Possibili combinazioni del blocco scudo-stella con il sarcofago di Nectanebo II nel caso di un sarcofago esterno (diagramma di Andrew Chugg)

Dobbiamo scegliere parametri alternativi che variano *indipendentemente*, nel senso che ci si può aspettare che ciascuno mantenga le medie e le deviazioni standard delle proprie distribuzioni al variare dell'altro parametro. Adotteremo quindi la lunghezza della diagonale attraverso il lato lungo di ciascun sarcofago $\sqrt{H^2 + L^2}$, che è una misura della dimensione *(size)* del sarcofago, e l'angolo tra questa diagonale e l'orizzontale $\tan^{-1}(H/L)$, che è una misura della forma *(shape)* del sarcofago. Le ipotesi sottostanti sono in primo luogo che la distribuzione della lunghezza di questa diagonale sia la stessa su tutta la gamma dell'angolo e in secondo luogo che la distribuzione angolare sia la stessa per tutte le lunghezze della diagonale. In altre parole, che la dimensione e la forma siano ampiamente indipendenti l'una dall'altra. A mio avviso, tali ipotesi sono ragionevoli e ciò è

La Ricerca della Tomba di Alessandro il Grande

ampiamente confermato dal mio database delle dimensioni del sarcofago nella Tabella 13.3.

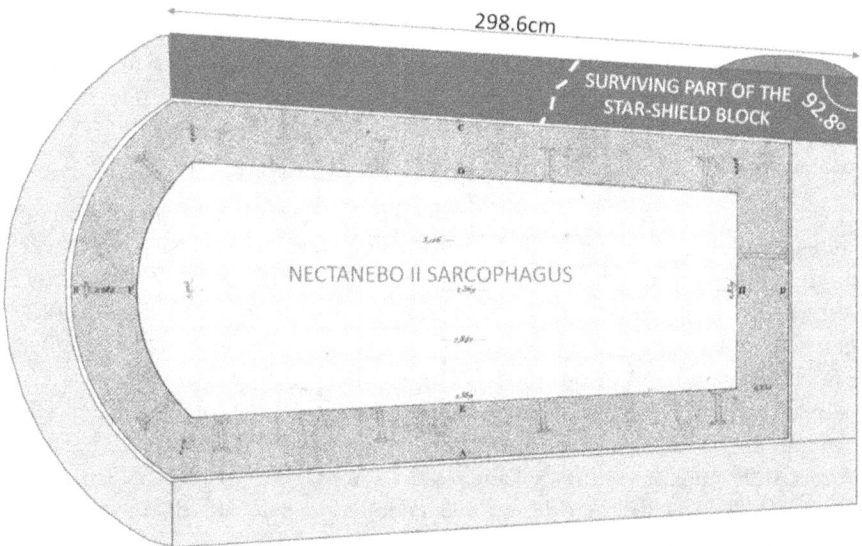

Figura 13.14. Incastro alternativo del sarcofago esterno basato sulla rastremazione del sarcofago di Nectanebo II (Schema di Andrew Chugg)

Quindi, le medie e le deviazioni standard del campione di questi parametri di *size* e *shape* sono state calcolate nella Tabella 13.3. Per ricavare una funzione di densità di probabilità complessiva P_{sarc}, ho assunto distribuzioni normali (gaussiane) nei parametri di *size* e *shape* utilizzando le medie campionarie μ_{size} e μ_{shape} e le deviazioni standard campionarie σ_{size} e σ_{shape} e ho calcolato il loro prodotto per formulare la distribuzione complessiva tale che:

$$P_{sarc} = k \, exp\left(\frac{\left(\sqrt{H^2 + L^2} - \mu_{size}\right)^2}{2\sigma_{size}^2}\right) exp\left(\frac{\left(\tan^{-1}\left(\frac{H}{L}\right) - \mu_{shape}\right)^2}{2\sigma_{shape}^2}\right)$$

Dove k è un fattore di normalizzazione per rendere il volume totale della distribuzione uguale all'unità come definito da:

$$1 = \int_0^\infty \int_0^\infty k \, exp\left(\frac{\left(\sqrt{H^2 + L^2} - \mu_{size}\right)^2}{2\sigma_{size}^2}\right) exp\left(\frac{\left(\tan^{-1}\left(\frac{H}{L}\right) - \mu_{shape}\right)^2}{2\sigma_{shape}^2}\right) dH dL$$

La distribuzione risultante è tracciata in due diversi orientamenti nella Figura 13.15.

Poscritto (2020)

Usando questa distribuzione, possiamo porre la domanda: quale proporzione della popolazione di sarcofagi di tipo a cassa dell'Età Tarda ha una combinazione di lunghezza e altezza del lato lungo paragonabile o migliore del lato lungo del sarcofago di Nectanebo II (ca. 117cm x 269cm) nel combaciare con il blocco scudo-stella? Il sarcofago di Nectanebo II differisce meno di 3cm in lunghezza e meno di 1cm in altezza dalle dimensioni originali del blocco scudo-stella, pertanto il volume della nostra distribuzione tra un'altezza di 116cm e 118cm e una lunghezza di 266cm e 272cm dà una risposta approssimativa di 0,0022 o solo 2,2 sarcofagi su mille.

Tuttavia, questa è una risposta irragionevolmente piccola alla nostra domanda originale, perché, nonostante un accordo molto stretto nei calcoli medi delle rispettive altezze e lunghezze, abbiamo anche dimostrato che le incertezze in questi accordi rappresentate dalle deviazioni standard sono piuttosto maggiori. Le incertezze sono σ_{height} =1,79cm per l'altezza, a causa dell'incertezza dell'altezza originale del sarcofago di Nectanebo II e σ_{length} =7cm per la lunghezza, a causa dell'incertezza nel calcolo della lunghezza originale del blocco scudo-stella. Possiamo impostare una distribuzione di probabilità P_{var} di queste variazioni centrata sulla migliore stima dell'altezza del sarcofago μ_{height} =116,73cm e della lunghezza del suo lato lungo (esclusa l'abside) come calcolata dal blocco scudo-stella μ_{length} = 266cm:

$$P_{var} = exp\left(\frac{(H - \mu_{height})^2}{2\sigma_{height}^2}\right) exp\left(\frac{(L - \mu_{length})^2}{2\sigma_{length}^2}\right)$$

Si noti che in questo caso non è necessario un fattore di normalizzazione, perché abbiamo bisogno che P_{var} sia uguale a 1 quando H=μ_{height} e L=μ_{length} e ciò è già vero senza un coefficiente di scala. Questa distribuzione di probabilità è rappresentata nella Figura 13.16.

Infine, moltiplichiamo P_{var} per P_{sarc} e integriamo per trovare il volume della superficie risultante, che è 0,0149. In altre parole, ci si aspetterebbe che circa l'1,5% della popolazione di sarcofagi di tipo a cassa dell'Età Tarda combaci con il blocco scudo-stella entro i limiti dell'incertezza delle misure.

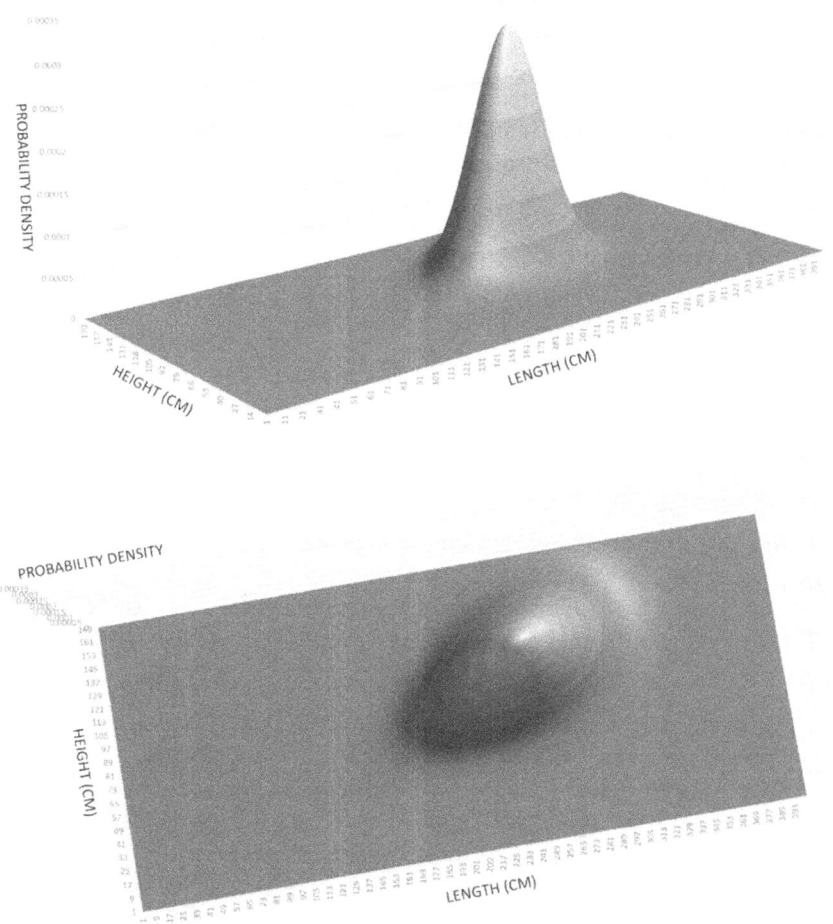

Figura 13.15. Distribuzione di densità di probabilità delle dimensioni di altezza e lunghezza del lato lungo delle casse dei sarcofagi egizi di pietra di tipo a cassa dell'Età Tarda

Il calcolo finora ha però stimato solo la probabilità di un incastro specifico, come mostrato nel diagramma superiore in Figura 13.13. Questa è l'unica soluzione possibile per il sarcofago di Nectanebo II, ma si potrebbe sostenere che alcuni dei sarcofagi più corti della popolazione complessiva dell'Età Tarda potrebbero invece adattarsi a una delle combinazioni illustrate nella coppia inferiore di diagrammi in Figura 13.13. Queste sono basate sulla lunghezza complessiva del sarcofago (inclusa qualsiasi abside), così ho calcolato anche tali distribuzioni alternative di densità di probabilità P_{var} x P_{sarc}, ho applicato quindi la stessa procedura per calcolare le corrispondenti probabilità di incastro. Ho ottenuto una probabilità di 0,0183 per la configurazione in basso a sinistra in Figura 13.13 e

Poscritto (2020)

0,0064 per la configurazione in basso a destra nella Figura 13.13. Nessun altro tipo di incastro significativo tra un sarcofago dell'Età Tarda e il blocco scudo-stella sembra essere fattibile. (L'esempio rastremato nella Figura 13.14 è solo una variante dei tre incastri squadrati che abbiamo analizzato, poiché la lunghezza della combinazione rastremata non è significativamente diversa dalla corrispondente lunghezza della combinazione squadrata rispetto all'incertezza della deviazione standard della lunghezza.) Pertanto, la probabilità complessiva che un sarcofago di tipo a cassa dell'Età Tarda, selezionato a caso, fornisca un buon incastro con il blocco scudo-stella è la somma delle probabilità dei tre tipi di incastro ed è pari a 0,0396. Solo un sarcofago dell'Età Tarda selezionato a caso su venticinque fornirebbe un qualche tipo di incastro col blocco scudo-stella.

A parte la possibilità che il blocco scudo-stella combaci per caso con il sarcofago di Nectanebo II, l'unica altra spiegazione per l'incastro è che la pietra sia davvero un frammento di un involucro tolemaico del sarcofago che esisteva nella tomba di Alessandro ad Alessandria, poiché questo è l'unico modo in cui i due oggetti siano mai stati associati o avrebbero potuto essere ragionevolmente collegati in base alle loro dimensioni. Tutta la probabilità risultante quando il 3,96% di probabilità di un incastro casuale viene sottratto dal 100% deve quindi essere assegnata all'ipotesi che il blocco sia realmente parte di un involucro del sarcofago. Pertanto, con tale ragionamento quantitativo, ho stabilito che la pietra faccia parte dell'involucro del sarcofago di Nectanebo II con una confidenza del 96,04%.

Ne consegue che il sarcofago di Nectanebo II fu utilizzato da Tolomeo I Soter per seppellire Alessandro il Grande con la stessa confidenza >96%. Ne consegue inoltre che esista una probabilità molto significativa (tuttavia minore) che le spoglie che continuano a giacere all'interno dell'altare maggiore della Basilica di San Marco appartengano ad Alessandro Magno. I motivi particolari per cui l'identificazione dello scheletro di San Marco come Alessandro è meno certa sono: in primo luogo, è possibile che una mummia diversa fosse stata in qualche modo associata alla tomba di Alessandro ad Alessandria; in secondo luogo, la mummia potrebbe essere stata sostituita dopo aver raggiunto Venezia, quando ad esempio ci fu un incendio nella città che colpì la chiesa originaria nell'agosto del 976 d.C.,[47] che potrebbe aver distrutto la mummia autentica; in terzo luogo, esiste una tradizione veneziana secondo cui la mummia fu temporaneamente perduta e riscoperta miracolosamente nel tardo XI secolo nel contesto della ricostruzione della chiesa originaria quale attuale Basilica di San Marco.

---

[47] The Basilica of St Mark in Venice, ed. Ettore Vio, Scala, Florence 2002, p. 19.

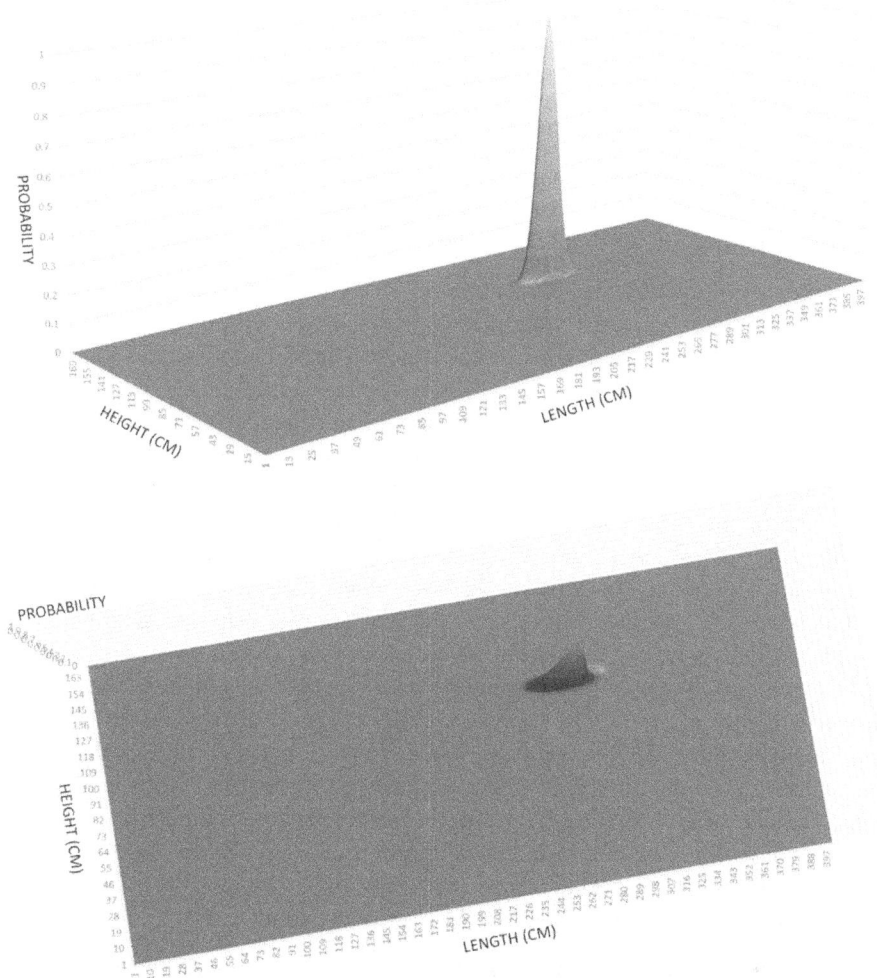

Figura 13.16. Distribuzione di probabilità di un buon incastro del blocco scudo-stella con il lato lungo sinistro del sarcofago di Nectanebo II

Infine, la questione inversa della possibilità che un rilievo funerario macedone, selezionato a caso, combaci con il sarcofago di Nectanebo merita una breve considerazione. Esiste un database molto limitato di tali rilievi, ma tutte le indicazioni, ad esempio lo studio *Fulgentibus Armis* di Eugenio Polito, sono che la distribuzione della dimensione e della forma di tali rilievi è molto ampia rispetto alla distribuzione della dimensione e della forma dei sarcofagi del tipo a cassa dell'Età Tarda. Pertanto, non abbiamo davvero bisogno di considerare le probabilità di un'associazione casuale su tale base, poiché è intrinsecamente ovvio che siano relativamente piccole.

Poscritto (2020)

Conclusioni, Discussione e Raccomandazioni

Si può ora ritenere probabile che fosse la mummia di Alessandro il Grande, piuttosto che i resti di San Marco, ad essere trasportata da Alessandria a Venezia nell'828 d.C. L'analisi precedente supporta al 96% di confidenza che i mercanti-avventurieri veneziani che perpetrarono tale atto accompagnarono i resti di Alessandro con un grande pezzo del sarcofago esterno tolemaico della sua tomba alessandrina, recante uno scudo decorato con la stella dei re macedoni e le armi a grandezza naturale di un cavaliere macedone.

Ciononostante, esiste un certo margine di dubbio riguardo alla questione dell'identità dello scheletro attualmente pubblicizzato come le spoglie di San Marco dalla Chiesa cattolica e ospitato in un sarcofago marmoreo del XIX secolo all'interno dell'altare maggiore della Basilica di San Marco, nella Venezia soggetta a inondazioni. Un incendio nel precedente edificio della chiesa nel X secolo e una leggenda veneziana che suggerisce che i resti furono temporaneamente smarriti all'epoca della costruzione dell'attuale edificio nella seconda metà dell'XI secolo sono motivi per chiedersi se i resti attuali siano identici a quelli portati da Alessandria 1200 anni fa. Tuttavia, la questione potrebbe essere facilmente risolta con una semplice ispezione dello scheletro. Essa identificherebbe immediatamente il sesso della persona e l'età approssimativa dell'individuo al momento della morte e fornirebbe l'opportunità di eseguire una scansione del cranio che potrebbe costituire la base per una ricostruzione facciale. Ancora più utile è il fatto che numerose fonti attendibili riferiscano che Alessandro abbia riportato due ferite che provocarono danni alle ossa nel corso della sua carriera: una freccia che spezzò una delle ossa della parte inferiore della gamba in Sogdiana e una freccia che si conficcò nello sterno in India. Pertanto, la presenza o l'assenza di segni di danni ossei guariti in quei due punti di questo particolare insieme di resti nella Basilica di San Marco fornirebbe una soluzione quasi certa al dilemma se questo sia in effetti lo scheletro di Alessandro Magno.

È inoltre perfettamente fattibile e semplice utilizzare un campione registrato già prelevato dalla pietra con lo scudo e la stella per datare l'epoca di deposizione del calcare misurando il rapporto isotopico dello stronzio: un'età compresa tra 80 e 86 milioni di anni sarebbe in qualche modo coerente con i livelli romani della cava di Aurisina, vicino a Trieste, mentre un'età di circa 90 milioni di anni corrisponderebbe ai più prolifici letti di rudiste ad Abu Roash, in Egitto. È curioso che una tale misurazione non sia già stata riportata, considerando che si tratta di un test perfettamente standard quando si cerca di risalire all'origine dei pezzi di calcare.

Ci sono anche chiare implicazioni derivanti dalla nuova evidenza riguardo agli eventi che si svolsero ad Alessandria nell'ultimo decennio del IV secolo dell'era cristiana. La testimonianza di Libanio, Orazione 49.11-12, il quale scrive intorno al 390 d.C. che il corpo di Alessandro era allora esposto ad Alessandria, implica fortemente che la mummia di Alessandro fosse stata estratta dalla sua tomba per essere mostrata al pubblico. Così separata, era ancora più suscettibile di essere erroneamente identificata, di proposito, un anno o due dopo quando l'imperatore Teodosio dichiarò fuorilegge il paganesimo e quindi vietò implicitamente il culto di Alessandro, che era stato dichiarato dal senato il tredicesimo dio del pantheon romano.[48] Naturalmente, la tomba stessa e il sarcofago di Nectanebo II sarebbero stati comunque riconosciuti come del tutto appartenenti ad Alessandro e ciò spiega la continua e chiara identificazione del sarcofago quale appartenente ad Alessandro fino all'inizio del XIX secolo.

La cosa più notevole è che sembra che la presunta tomba di San Marco sia stata successivamente stabilita all'interno della precedente e ormai vuota tomba di Alessandro. Ci sono innanzitutto indicazioni che si trovasse nello stesso luogo della città e in un edificio con fondamenta quadrate che ricorda la pianta di un mausoleo ellenistico,[49] ma più esplicitamente abbiamo la pietra con lo scudo e la stella, ora riconoscibile con molta probabilità come un pezzo del sarcofago esterno della tomba di Alessandro ad Alessandria, che fu portato a Venezia insieme alla mummia presumibilmente perché fu trovato ancora in stretta associazione con essa.

In tal caso, stiamo assistendo al risultato di una trama audace e di successo da parte di qualcuno che controllava Alessandria alla fine del IV secolo d.C., essenzialmente per stabilire l'antica tomba di Alessandro nel cuore della città quale tomba di San Marco Evangelista, sia per aggirare la difficoltà che il culto del fondatore della città fosse stato appena reso illegale dall'imperatore, sia per promuovere contemporaneamente la causa del cristianesimo in città come sostituto del paganesimo. Per quanto riguarda l'identità di tale individuo, c'è un candidato eccezionale: Teofilo, l'influente e controverso patriarca cristiano di Alessandria tra il 384 e il 412 d.C. Forse, il governatore imperiale (*Praefectus Augustalis*) Evagrio e il capo militare (*Comes Aegypti*) Romano furono complici dell'atto, poiché sono registrati da Socrate, Sozomeno e Rufino[50] per aver aiutato Teofilo a distruggere o riconvertire i templi pagani dal 391 d.C. in poi.

AGGIORNAMENTO 1° febbraio 2020

Il 28 gennaio 2020 ho ricevuto una risposta via e-mail dalla dott.ssa Julie Anderson, curatrice presso il Dipartimento di Egittologia del British Museum, sulla questione dell'apparente riduzione dell'altezza del sarcofago di Nectanebo II. Il testo spiegava che il sarcofago conserva ancora l'altezza originale del lato sul quale si sarebbe trovato il blocco con lo scudo e la stella. Il Museo ha misurato di nuovo l'altezza e conferma il valore di 118,5cm riportato sul proprio sito web. La

---

[48] Clemente Alessandrino, Esortazione ai Greci 10: "Poiché questi sono coloro che hanno osato divinizzare gli uomini, descrivendo Alessandro di Macedonia come il tredicesimo dio, anche se 'Babilonia lo ha dimostrato mortale.'"; San Giovanni Crisostomo, Vescovo di Constantinopoli, Omelia 26 sulla seconda lettera di San Paolo Apostolo ai Corinzi.
[49] Per esempio, Adamnano, *De locis sanctis*, 2, 30, 25.
[50] Rufino, *Storia Ecclesiastica*, 11, 23-30; Socrate, *Storia Eclesiastica*, 5, 16-17; Sozomeno, *Storia Eclesiastica*, 7, 15.

base di quel lato è nascosta poiché il pavimento della galleria si eleva al di sopra della base su tre lati attorno alla nicchia in cui è esposto. Il lato opposto è ora effettivamente alto solo 108cm, ma nel XIX secolo il British Museum restaurò i danni alla base su quel lato con calcestruzzo o un impasto di pietre simile, in modo che il suo bordo fosse livellato tutto intorno. Di fatto, quindi, il Museo ha rimosso 10cm di pietra dalla base nel XX secolo, ma era (per la maggior parte almeno) la pietra che il Museo aveva aggiunto come riparazione nel XIX secolo. Il lato visibile della base è invece attualmente appoggiato su blocchi, come si può vedere nella Figura 13.7.

Le due altezze della pietra con lo scudo e la stella precedentemente pubblicate in *Fulgentibus Armis* e in Engramma 95 erano entrambe di 118cm e la mia misurazione di 117,3cm è probabilmente accurata solo di circa ± 1cm. Pertanto, ora c'è una concordanza molto più precisa tra le altezze dei due oggetti con un'incertezza di soli ±0,5cm, invece dei ±1,79cm calcolati nella Tabella 13.1. La probabilità che tale accordo avvenga per caso è praticamente proporzionale all'incertezza, quindi è stata ridotta dal 3,96% all'1,1% dal miglioramento della precisione della nostra conoscenza dell'altezza del sarcofago. Dunque, è statisticamente certo al 98,9% che il blocco con lo scudo e la stella facesse parte di un involucro del sarcofago di Nectanebo II nella tomba di Alessandro ad Alessandria.

Figura 13.17. Scudi macedoni appesi tra colonne di alabastro nelle pitture murali della Villa di Poppea, a Oplontis, che raffigurano scene di architettura alessandrina, foto di Miguel Hermoso Cuesta riprodotta su licenza https://creativecommons.org/licenses/by-sa/4.0/deed.en

La Ricerca della Tomba di Alessandro il Grande

Tabella 13.1. Dati dimensionali del sarcofago di Nectanebo II al British Museum

Fonte	Data	Altezza (H)	Larghezza (W) max	Lunghezza (L) totale max (con abside)	Note
E.D. Clarke	1805	3ft10in 116.8cm	5ft3½in 161.3cm	10ft3½in 313.7cm	Tomb of Alexander
D of E, Vol V, Planches 40-41 in Antiquités	1822	150cm	162.6cm	312.6cm	Vivant Denon?
George Long & Samuel Sharpe	1836 e 1862	3ft9in 114.3cm	5ft4in 162.6cm	10ft3in 312.4cm	pp.135-136 e p.108
York & Sons	Prima del 1888	117.1cm	Usata per ottenere l'altezza	Nessuna vista adatta	Diapositive di lanterna Usando il rapporto W:H
Guida del BM	1909	3ft10¾in 118.7cm	5ft3¾in 161.1cm	10ft3½in 313.7cm	E.A. Wallis Budge
Sito web del BM	2019	118.5cm	162cm	313.5cm	
Media di quanto sopra		116.73cm	161.92cm	313.18cm	
Deviazione standard del campione di quanto sopra		1.79cm	0.7cm	0.63cm	
Andrew Chugg	Agosto 2019	107.5cm	-	-	Metro a nastro e foto di persona

Tabella 13.2. Utilizzo di cinque diverse foto ortogonali del blocco con lo scudo e la stella per calcolare la lunghezza del blocco e la sua incertezza

	Angolo della Sarissa/Xyston da cavalleria rispetto all'orizzontale
Foto	Gradi
1	20.51
2	20.46
3	20.78
4	20.92
5	21.58
Media (gradi)	20.85
Deviazione standard del campione (gradi)	0.45
Lunghezza media del blocco (cm)	295.6
Lunghezza media implicita del lato del sarcofago (cm)	266.0
Deviazione standard delle lunghezze (cm)	7.0

Poscritto (2020)

Tabella 13.3. Dimensioni del lato lungo dei sarcofagi egizi a cassa dell'Età Tarda

Sarcofago ed Età	Luogo	H(cm) della cassa senza coperchio	L(cm) lunghezza del lato lungo esclusa eventuale abside	$\sqrt{H^2+L^2}$ (cm)	$\tan^{-1}\frac{H}{L}$ (gradi)
Nectanebo II XXX dinastia	British Museum EA10	116.73*	268.7 DofE	292.96	23.48
Ankhnesneferibra XXVI dinastia	British Museum EA32	90.5 foto di AMC (112 incl. il coperchio)	259 Sito web BM e Guida del 1909	274.36	19.26
Hapmen XXVI dinastia	British Museum EA23	119.4 Sito web BM e Guida del 1909	247.6 Foto di AMC (274.4 incl. abside)	274.89	25.74
Wennefer XXX dinastia	Metropolitan New York	113	236 258 in totale	261.66	25.59
Wereshnefer 380-300 a.C.	Metropolitan New York	ca.154	ca.257 292 in totale	299.61	30.93
Tesoriere Anch-Hor (Età Tarda)	Neues Museum Berlin	86** (ca.132 incl. il coperchio)	ca.230 250** cassa	245.55	20.50
Djehapimu 746-332 a.C.	Neues Museum Berlin	80**	ca.209 242** cassa	223.79	20.95
Generale Padi-Iset (Pedi-Esi) 728-700 a.C.	Neues Museum Berlin	85**	ca.200 248** cassa	217.31	23.03
Media				261.27	23.68
Deviazione standard del campione				30.27	3.74

* Media dei valori della Tabella 13.1 prima del taglio del BM

** Dimensioni per gentile concessione di Jana Helmbold-Doyé, membro del personale del Museo AEMP SMB, e-mail a Andrew Chugg, 16/09/2019

Appendice A: Il Giornale Reale di Alessandro il Grande

Il seguente articolo dell'autore è stato pubblicato per la prima volta in "Ancient History Bulletin" (ISSN 0835-3638) 19. 3-4, 2005, pp. 155-175.

Introduzione

Molte delle antiche fonti su Alessandro ci dicono che parti delle loro narrazioni sono basate su una registrazione quotidiana o giornale reale del suo regno, noto come le *Effemeridi*. La controversia ha infuriato per più di un secolo tra gli studiosi sulle questioni dello scopo e dell'autenticità del documento, non ultimo perché la sua testimonianza è cruciale nella vicenda della morte di Alessandro. Per tutto il tempo, un paio di enigmi al centro della documentazione hanno incuriosito gli storici, poiché la loro risoluzione promette di determinare la vera natura del Giornale Reale. Lo scopo del presente resoconto è di proporre soluzioni a tali misteri e di procedere alla revisione dello stato del Giornale Reale alla luce delle nuove congetture.

Diodoto di Eritre

Il primo enigma riguarda la paternità delle Effemeridi. È un'ortodossia incontrovertibile che Alessandro mantenne una cancelleria, la quale compilava registrazioni dettagliate e regolari degli eventi durante il suo regno. In particolare, abbiamo la testimonianza di Plutarco, Nepote e Arriano che Eumene, figlio di Ieronimo[1] di Cardia, servì Filippo II come segretario per sette anni fino al suo assassinio[2] e successivamente servì Alessandro come capo segretario ἀρχιγραμματεύς o segretario reale γραμματεῖ τῷ βασιλικῷ.[3] Lo Pseudo Callistene fornisce anche ὑπομνηματογράφος.[4] Sappiamo che c'erano documenti ufficiali che erano specificamente in possesso di Eumene, poiché Plutarco ci dice che la tenda del segretario bruciò nel momento in cui la spedizione di Alessandro raggiunse l'Oceano Indiano e che le carte di Alessandro furono distrutte nell'incendio, tanto che il Re dovette scrivere ai suoi satrapi e generali richiedendo delle copie.[5]

---

[1] Eliano, *Varia Historia*, XII, 43, suggerisce che il padre di Eumene era un uomo povero che suonava musica ai funerali.
[2] Cornelio Nepote, *Eumene*, 1, 4-6.
[3] Arriano, *Anabasi*, VII, 4, 6.
[4] W. Kroll, *Historia Alexandri Magni (Pseudo-Callisthenes)* (Berlin 1926), 3, 33, 14.
[5] Plutarco, *Eumene*, 1-2.

Il Giornale Reale di Alessandro il Grande

Eumene di Cardia è citato da Eliano come una delle diverse fonti[6] di un resoconto simile a un diario di una serie di festini alcolici di Alessandro,[7] che Bosworth ha assegnato in modo convincente all'ottobre 324 a.C.[8] È praticamente certo che tale riassunto fosse tratto dalle *Effemeridi*.[9] Sfortunatamente, Eliano, nella sua forma sopravvissuta, conserva correttamente solo lo scrittore più noto. C'è un secondo nome nel testo in questione ma sembra corrotto. Tuttavia, informazioni più complete sulla paternità del Giornale Reale sono fornite da Ateneo, il quale fa riferimento alle "Effemeridi di Alessandro scritte da Eumene di Cardia e Diodoto di Eritre".[10] Ecco dunque la conferma che il segretario di Alessandro, che naturalmente ci aspetteremmo fosse stato coinvolto nella compilazione delle Effemeridi, fu effettivamente riconosciuto come uno dei suoi autori dalle nostre fonti antiche. L'unico mistero nasce dall'esistenza del suo coautore, Diodoto. Sebbene Diodoto fosse in seguito il nome di due re greci della Battriana, non si conosce nessuno con quel nome che fosse associato ad Alessandro, nonostante il fatto che abbiamo i nomi di molte centinaia di uomini che accompagnarono la spedizione del Conquistatore, racimolati tra le nostre fonti disparate.[11] Gli storici di Alessandro hanno riferito in modo uniforme che, fatta eccezione per questa singola menzione di Ateneo, Diodoto resta sconosciuto.

Sarebbe un po' strano che Eumene avesse concesso a chiunque altro della sua cancelleria di essere coautore del Giornale, in quanto sarebbe apparso implicitamente che stesse elevando uno dei suoi subordinati ad essere alla pari con lui. Hammond ha suggerito che Diodoto potrebbe essere stato il successore di Eumene come capo segretario quando quest'ultimo succedette al comando di Perdicca di un reggimento della cavalleria dei Compagni nel 324 a.C.[12] Comunque, non c'è motivo di credere che una posizione amministrativa e un comando militare si escludessero a vicenda: il ruolo di Efestione sia come Chiliarca che come Ipparco è il controesempio più ovvio. Da nessuna parte si dice o si sottintende che Eumene abbia rinunciato ai suoi doveri amministrativi; Nepote, piuttosto, indica che Eumene fu il segretario di Alessandro per tutto il

---

[6] Eliano probabilmente ha dato un nome aggiuntivo, che è apparentemente corrotto in εκεινος; vedi E. Badian, "The Ring and the Book" in W. Will/J. Heinrichs (eds.), *Zu Alexander d. Gr., Festschrift G. Wirth zum 60. Geburtstag am 9.12.86,* Amsterdam 1987, pp. 619-620 n. 8; A.B. Bosworth, *From Arrian to Alexander,* Oxford 1988, p. 171 n. 45.

[7] Eliano, *Varia Historia,* III, 23.

[8] Bosworth, *Arrian* (come in n. 6) pp. 170-172; il racconto comincia il 5 del mese macedone Dios, che iniziava in concomitanza con l'equinozio d'autunno.

[9] È uno dei frammenti riconosciuti delle *Effemeridi* citate da F. Jacoby, *Die Fragmente der griechischen Historiker,* II B (Berlin 1929) voce 117.

[10] Ateneo, *Deipnosofisti,* 10, 434B.

[11] Per esempio H. Berve, *Das Alexanderreich auf prosopographischer Grundlage* II (Munich 1926): Diodoto è Berve 272; notare che R. Lane Fox, *Alexander the Great* (London 1973), Cap. 32, ha suggerito che il Diodoto menzionato in Isocrate, *Lettera 4, ad Antipatro,* scritta intorno al 340 a.C., fosse un candidato: quest'uomo era stato allievo di Isocrate ad Atene, aveva un figlio adulto e disabile e aveva servito potentati in Asia in missioni non specificate, ma la sua città è sconosciuta.

[12] N.G.L. Hammond, "Alexander's Journal and Ring in his Last Days", *American Journal of Philology* 110 (1989), pp. 157-158; Plutarco, *Eumene,* 1, 2.

suo regno di tredici anni e che il suo comando militare si svolgesse in parallelo.[13] Una spiegazione più soddisfacente sarebbe quindi che Diodoto sia stato responsabile dell'incorporazione nel Giornale Reale di informazioni o dati complementari generati da un diverso ramo del personale di Alessandro. La tipologia più ovvia di informazioni aggiuntive sarebbe stata il rilevamento dei dati sulla distanza e la direzione di marcia giornaliera e sulla natura del terreno quando l'esercito era in movimento. Le versioni scritte di tali informazioni raccolte dalla spedizione di Alessandro sono conosciute collettivamente come Stathmoi ("tappe"). Diodoto potrebbe essere stato uno dei topografi di Alessandro, conosciuti come i bematisti ("battistrada", perché misuravano le distanze contando i passi)?

Plinio il Vecchio nomina due dei bematisti di Alessandro, Betone e Diogneto.[14] Il *Greek-English Lexicon* di Liddell & Scott (rivisto da Henry Stuart Jones) definisce Diogneto come sinonimo (meno comune) di Diogene, che significa "sorto da Zeus" o nato da Zeus.[15] La stessa opera indica che Diodoto è sinonimo di Diosdoto, per il quale la traduzione è "dato da Zeus". È evidente che il significato letterale di Diogneto sia abbastanza simile a quello di Diodoto.

Betone scrisse un'opera perduta chiamata "Tappe del viaggio di Alessandro". Diogneto compose evidentemente qualcosa di simile, poiché Plinio cita sia lui che Betone per le distanze tra le varie stazioni del percorso di Alessandro. Tuttavia, Plinio sembra confermare che Diogneto scrisse un'opera separata da Betone, poiché li menziona come autorità distinte su regioni e nazioni e cita solo Diogneto come fonte di informazioni sugli alberi.[16] Il titolo del libro di Diogneto non è specificato da nessuna parte.

C'è un altro riferimento a Diogneto nella letteratura antica. Gaio Giulio Igino (ca. 64 a.C. - 17 d.C.) era un autore latino, originario della Spagna (o forse di Alessandria). Fu allievo del famoso Alessandro Cornelio Poliistore e liberto di Augusto, dal quale fu nominato sovrintendente della biblioteca palatina.[17] Una delle due opere che portano il suo nome è un trattato solitamente chiamato Poetica Astronomica, che fornisce un resoconto elementare dell'astronomia e dei miti associati alle stelle, nella tradizione di Eratostene. Lo stile e gli errori di base suggeriscono che si tratti di un compendio di alcune delle Genealogiae di Igino da parte di un grammatico sconosciuto della seconda metà del II secolo d.C., che incorporò un'opera sulla mitologia. Nella Poetica Astronomica viene attribuita a "Diogneto di Eritre"[18] una storia che narra di Venere e Amore che si confrontano con Tifone sulle rive dell'Eufrate in Siria. È probabile che si tratti del bematista

---

[13] Cornelio Nepote, *Eumene*, 1.
[14] Plinio, *Storia Naturale*, VI, 61.
[15] H.G. Liddell and R. Scott (rivisto e aggiornato da H.S. Jones), *A Greek-English Lexicon*, 9th Edition (Oxford 1996) s.v. Διόδοτος, Διόγνητος.
[16] Plinio, *Storia Naturale*, I, 5-6 e I, 12-13.
[17] Svetonio, *De Grammaticis*, 20.
[18] Igino, *Poetica Astronomica*, 2, 30; Jacoby, *FGrH* (come in n. 9) 120 F2.

Il Giornale Reale di Alessandro il Grande

di Alessandro, nel qual caso l'informazione che egli fosse un concittadino di Diodoto della piccola città di Eritre, sulla costa ionica, sarebbe notevole.

Oltre alla somiglianza dei loro significati, i nomi Diogneto e Diodoto differiscono solo per il fatto che γνη nel primo è sostituito da δο nel secondo. Per un gruppo di N individui, ci sono $(N^2-N)/2$ possibili accoppiamenti. Per uno qualsiasi degli oltre 780 possibili abbinamenti, tra oltre 40 scrittori contemporanei e quasi contemporanei di Alessandro i cui frammenti sono stati elencati da Jacoby, Diogneto e Diodoto hanno i nomi più simili con la sola eccezione dei due scrittori chiamati Marsia, ma questi ultimi sono di città diverse.[19] Sebbene alcuni degli scrittori dei *Fragments* di Jacoby condividano la stessa città (Callistene, Efippo e Strattis di Olinto o Carete e Potamone di Mitilene o Policleto e Medio di Larissa o Doroteo e Anticlede di Atene), nessuno di loro ha dei nomi simili. Tra l'insieme molto più ampio di tutti gli uomini che furono associati alla spedizione di Alessandro i cui nomi sono noti (Berve ne ha elencati quasi 900, fornendo circa 400.000 possibili abbinamenti), si possono identificare alcune coppie che hanno lo stesso nome e la stessa città, ma sono generalmente Macedoni, che ovviamente furono ingaggiati da Alessandro in numero particolarmente elevato.[20] Diogneto e Diodoto sembrano essere gli unici uomini nominati di Eritre che abbiano prestato servizio per Alessandro. Le loro identità sono le più simili fra tutte le decine di scrittori noti contemporanei di Alessandro, poiché condividono la stessa città e hanno nomi affini. Ma la coincidenza è ancora più sorprendente, perché entrambi sono anche membri di una ristretta cerchia di scrittori contemporanei di Alessandro: in particolare, quelli che furono impiegati da Alessandro stesso per scrivere i documenti della sua spedizione. Gli unici altri membri conosciuti di questo gruppo sono: Callistene di Olinto, Eumene di Cardia e gli altri bematisti, Betone e Filonide di Creta. (Potrebbero essere inclusi anche Aminta [Jacoby 122] e Archelao [Jacoby 123], ma non è chiaro dai *Fragments* se siano stati effettivamente impiegati da Alessandro). Ci sono solo 15 possibili abbinamenti all'interno di questo sottogruppo, quindi è statisticamente significativo che contenga una coppia le cui identità corrispondono tanto quanto l'abbinamento più vicino nel gruppo molto più ampio di tutti gli scrittori noti contemporanei su Alessandro.

Diogneto è un autore degli Stathmoi, mentre Diodoto è un coautore delle Effemeridi, ma Hammond ha precedentemente sostenuto, su basi indipendenti, che le Effemeridi e gli Stathmoi ufficiali siano semplicemente due tipi di documenti all'interno di un singolo archivio reale del regno di Alessandro.[21] È infatti possibile che gli Stathmoi ufficiali fossero semplicemente una parte delle Effemeridi, poiché facevano certamente parte delle registrazioni giornaliere ufficiali di Alessandro, mentre la sua spedizione era in movimento.

---

[19] Jacoby, *FGrH* (come in n. 9) 117-153.
[20] Berve, *Das Alexanderreich* (come in n. 11).
[21] N.G.L. Hammond, "The Royal Journal of Alexander", *Historia* 37 (1988), p. 139.

La Ricerca della Tomba di Alessandro il Grande

Sembrerebbe quindi ragionevole considerare la possibilità, apparentemente inosservata in precedenza, che Diodoto di Eritre sia in realtà Diogneto di Eritre, il cui nome è stato semplicemente corrotto nei Deipnosofisti di Ateneo. Ciò è altamente credibile, perché i nomi di individui sconosciuti sono particolarmente soggetti a corruzione nei manoscritti antichi, in quanto vi è generalmente una mancanza di informazioni contestuali che aiutino i redattori e i trascrittori a evitare e correggere errori e difetti. Inoltre, il testo principale di Ateneo sembra essere giunto fino a noi attraverso un unico manoscritto portato da Costantinopoli a Venezia nel 1423 da Aurispa,[22] il che accentua il rischio di errori in questa particolare opera: molti dei quali sono già stati corretti dai suoi curatori moderni. La facilità con cui ciò potrebbe accadere è sottolineata dal verificarsi di un errore simile in un articolo moderno concernente il Giornale Reale di Alessandro, in cui Diodoto, in un caso, è indicato come Diodoro.[23]

Credo sia più probabile che un nome in più tra i tanti abbia subito una qualche corruzione nell'unico manoscritto sopravvissuto che menziona Diodoto di Eritre, piuttosto che ritenere che Alessandro abbia impiegato due uomini di Eritre, con nomi simili, tra il ristretto numero del suo entourage che aveva il compito di redigere le registrazioni giornaliere della spedizione. Altri, come i paleografi, potrebbero voler commentare ulteriormente la coincidenza, ma è necessario sollevare la questione in questo articolo, perché riguarda da vicino la questione più grande dell'autenticità delle Effemeridi.

Strattis di Olinto

Il secondo enigma riguarda la paternità di un antico commento sulle *Effemeridi* di Alessandro. L'unica fonte circa l'esistenza e la paternità di quest'opera perduta è una voce nel lessico *Suda*, sotto il nome di Strattis:

Στράττις, Ὀλύνθιος, ο. Περὶ τῶν Ἀλεξάνδρου ἐφημερίδων βιβλία ε΄, Περὶ ποταμῶν καὶ κρηνῶν καὶ λιμνῶν, Περὶ τῆς Ἀλεξάνδρου τελευτῆς.

La traduzione ortodossa è: "Strattis di Olinto, storico. Sulle Effemeridi di Alessandro, cinque libri; Su fiumi, sorgenti e laghi; Sulla morte di Alessandro". Tale voce lessicale è stata autorizzata da Jacoby[24] e da Ada Adler.[25] Sembra generalmente accettata come la distillazione ottimale dai manoscritti minori (deteriori), dato che il manoscritto più attendibile (A) ometteva Strattis di Olinto,

---

[22] Vedi C.B. Gulick (trad.), *Athenaeus: Deipnosophistae* (Harvard 1957-63) xvii-xviii (Introduzione); oltre al manoscritto di Aurispa (codice di San Marco, A) e i suoi derivati, esistono due importanti manoscritti di epitomi dei *Deipnosofisti* di Ateneo, da Parigi (C) e Firenze (E), di cui è stata pubblicata una sintesi da S.P. Peppink, *Athenaei Dipnosophistarum Epitome* (Leiden 1937), ma questi testi omettono la menzione di Diodoto.
[23] A.B. Bosworth, "The Death of Alexander the Great: Rumour and Propaganda", *Classical Quarterly* 21 (1971), p. 119 (prima riga).
[24] Jacoby, *FGrH* (come in n. 9) 118.
[25] A. Adler (ed.), *Suidae Lexicon* (Leipzig 1928-35) sigma 1179.

salvo una nota marginale di altra mano che a sua volta ometteva il riferimento alle Effemeridi. Alcuni storici di Alessandro hanno usato le difficoltà legate al manoscritto per gettare sospetti sulla voce lessicale.[26] Inoltre, Pearson ha sostenuto che sia anche possibile una traduzione "Five Books of Diaries about the Exploits of Alexander"[27] (Cinque Libri di Diari sulle Imprese di Alessandro). Bosworth, Badian e Hammond hanno risposto che tale interpretazione sia invece una forzatura irragionevole del greco, ma Bosworth ha anche notato che piccoli cambiamenti potrebbero far sì che il lemma delle Effemeridi si riferisca a due opere: cinque libri di diari e un racconto separato delle gesta di Alessandro.[28] Dato che comunque abbiamo diversi riferimenti antichi indipendenti circa l'esistenza delle Effemeridi di Alessandro, anche l'alternativa di Bosworth sembrerebbe in qualche modo evitare l'ovvio.

L'aspetto più interessante di tale voce lessicale è la questione dell'identità di Strattis, poiché è quantomeno abbastanza sorprendente che solo il Suda abbia comunicato l'esistenza di un autore che scrisse opere così significative nella generazione successiva alla morte di Alessandro. Egli aveva probabilmente composto le sue opere all'inizio del III secolo a.C., in parte perché il tema della morte di Alessandro era di maggiore attualità nell'immediato periodo successivo, ma soprattutto perché Olinto fu distrutta nel 348 a.C. dal padre di Alessandro, Filippo II, e mai rifondata fino alla tarda epoca Bizantina, dopo la compilazione del Suda.[29] Di conseguenza, la cittadinanza di Olinto divenne rapidamente una rarità con l'avanzare del III secolo a.C.[30] Ciò ha spinto alcuni a ritenere che le opere di Strattis fossero in realtà dei falsi successivi e che il nome Strattis di Olinto fosse uno pseudonimo, scelto dal falsario per imprimere una data anteriore ai suoi scritti. In particolare, Pearson credeva che l'opera di Strattis fosse la fonte contraffatta delle Effemeridi stesse, come menzionato dagli autori antichi.[31] Ma tale opinione genera più difficoltà di quante ne risolva. Supponendo con Pearson che il Suda rappresentasse Strattis come l'autore delle "Effemeridi delle gesta di

---

[26] A.E. Samuel, "Alexander's Royal Journals", *Historia* 14 (1965), p. 7; Bosworth, *Arrian* (come in n. 6), pp. 180-2.

[27] L. Pearson, "The Diary and the Letters of Alexander the Great", *Historia* 3 (1955), p. 437.

[28] Bosworth, *Arrian* (come in n. 6), p. 181; N.G.L. Hammond, *Three Historians of Alexander the Great* (Cambridge 1983), p. 171 n. 21, osserva anche che la traduzione alternativa di Pearson "is a very unlikely usage"(è un uso molto improbabile); Badian, *Ring* (come in n. 6), p. 622, afferma "There is no question that it must mean 'About the *Ephemerides* of Alexander, Five Books'"(Non c'è dubbio che debba significare 'Sulle *Effemeridi* di Alessandro, Cinque Libri').

[29] C.A. Robinson, *The Ephemerides of Alexander's Expedition* (Providence 1932), p. 63.

[30] N.G.L. Hammond, "The Royal Journal of Alexander", *Historia* 37 (1988), p. 142 n. 40, osserva che un antico papiro tolemaico elenca un cavaliere mercenario noto come "Aristocle di Olinto": British Library Papyrus 573 (2) verso, documentato da J.P. Mahaffy, *The Flinders Petrie Papyri* II (Dublin 1893), pp. 115-117. Il papiro è datato al "sesto anno" di uno dei primi re tolemaici. Mahaffy afferma che deve trattarsi di Evergete, fornendo la data del 240 a.C. ca., ma sembra basare il giudizio esclusivamente sullo stile e sulla forma del testo. Mahaffy presumibilmente ha trascurato il fatto che la menzione di Olinto mitiga in favore di una data anteriore, quindi non è chiaro se dovremmo escludere il regno di Filadelfo o anche di Alessandro IV.

[31] Pearson, *Diary* (come in n. 27) 439.

La Ricerca della Tomba di Alessandro il Grande

Alessandro", perché Ateneo ed Eliano avrebbero dovuto attribuire le Effemeridi a Eumene e a "Diodoto"? Inoltre, a Strattis è inequivocabilmente attribuita un'opera "Sui fiumi, sorgenti e laghi". È poco probabile che un falsario avesse composto un intero libro di storia naturale semplicemente per mascherare le proprie tracce. Sembrerebbe quindi che le opere di Strattis difficilmente siano state dei falsi, e molto probabilmente furono scritte nella generazione successiva alla morte di Alessandro.

Eppure, una caratteristica del lemma di Strattis di Olinto nel Suda è eccezionalmente misteriosa. Ci viene detto che scrisse un'opera Περὶ τῆς Ἀλεξάνδρου τελευτῆς (Sulla morte di Alessandro). Tuttavia, c'è un altro cittadino di Olinto, chiamato Efippo, che fu, secondo Ateneo, l'autore di un libro Περὶ τῆς Ἡφαιστίωνος καὶ Ἀλεξάνδρου τελευτῆς (Sulla morte di Efestione e Alessandro).[32] Ateneo, in effetti, fornisce anche un paio di varianti del titolo in altri punti del testo: Περὶ τῆς Ἀλεξάνδρου καὶ Ἡφαιστίωνος ταφῆς (Sul funerale di Alessandro ed Efestione)[33] e Περὶ τῆς Ἀλεξάνδρου καὶ Ἡφαιστίωνος μεταλλαγῆς (Sulla fine di Alessandro ed Efestione).[34] Tale coincidenza ha portato alcuni a suggerire che il racconto della morte di Alessandro potrebbe essere stato inavvertitamente trasferito, all'interno del lessico Suda, da Efippo al suo compagno di Olinto, Strattis.[35] Come già notato, il fatto che questi autori fossero di Olinto costituisce una doppia coincidenza, poiché, oltre a condividere la stessa città natale, erano probabilmente anche contemporanei, scrivendo dello stesso argomento e nello stesso periodo tra la morte di Alessandro e l'inizio del III secolo a.C.

Anche Efippo sembra aver avuto, una volta, una voce lessicale nel Suda. Il suo nome da solo si trova ancora lì, ma il resto del lemma corrispondente elencato è stato dimostrato appartenere a Eforo di Kyme.[36] Sembra che i dettagli sotto la voce di Efippo siano stati scartati o forse trasferiti altrove all'interno del Suda. Ci sono alcune indicazioni su come riconoscere il lemma mancante di Efippo. Plinio lo cita come autorità in materia di alberi[37] e include anche alcuni autori di resoconti della spedizione di Alessandro, come Callistene, Tolomeo e Onesicrito, tra i suoi riferimenti arborei. Ciò è del tutto naturale, poiché è noto che le loro opere includessero lunghe digressioni sulla storia naturale delle remote terre attraverso le quali passò Alessandro. Un esempio di tali divagazioni è costituito dalla maggior parte dei frammenti sopravvissuti di Onesicrito. Tuttavia, è un po' improbabile che il lavoro di Efippo sulla morte di Alessandro contenesse molto

---

[32] Ateneo, *Deipnosofisti*, 12.537D.
[33] Ateneo, *Deipnosofisti*, 3.120D e 10.434A.
[34] Ateneo, *Deipnosofisti*, 4.146C.
[35] G. Sainte Croix, *Examen critique des anciens historiens d'Alexandre le Grand* (2nd edition, Paris 1810), p. 45; Robert Geier, *Alexandri Magni historiarum scriptores aetate suppares* (Leipzig 1844), pp. 356-357; L. Pearson, *The Lost Histories of Alexander the Great* (New York 1960), p. 62 n. 5.
[36] Adler, *Lexicon* (come in n. 25) epsilon 3930; Pearson, *Histories* (come in n. 35) 62.
[37] Plinio, *Storia Naturale*, I, 12, 13.

di interessante sugli alberi, quindi forse dovremmo aspettarci di trovare un'opera che tratti argomenti di storia naturale all'interno della voce mancante di Efippo. È interessante notare che a Strattis è attribuita un'opera "Sui fiumi, sorgenti e laghi", che potrebbe aver avuto qualcosa di utile da dire sulle questioni arboree. Presumibilmente, le Effemeridi incorporavano anche molte osservazioni di storia naturale, pertanto un commento su di esse avrebbe potuto essere anche una fonte di informazioni sugli alberi. Anche se si tratta solo di una piccola coincidenza, vale comunque la pena notarla.

I frammenti del racconto di Efippo sulla morte di Alessandro e di Efestione, come conservati in Ateneo, sono particolarmente ricchi di dettagli autentici degli eventi alla corte di Alessandro nel 324-3 a.C. Egli cita, ad esempio, le pressioni su Alessandro da parte di Gorgos lo hoplophylax, apparentemente a Ecbatana.[38] Le testimonianze scritte confermano che Gorgos, figlio di Teodoto di Iasos, era una persona reale a cui fu concessa la cittadinanza di Samo per le sue intercessioni presso Alessandro per conto degli isolani.[39] Questa e altre minuzie ricordate da Efippo portarono E. Neuffer a suggerire, già nel 1929, che Efippo potrebbe aver fatto ricorso alle Effemeridi nel compilare il suo resoconto della morte di Alessandro.[40] È quindi affascinante che lo sfuggente Strattis sia anche associato alle Effemeridi, in quanto scrisse un commento dettagliato su di esse.

Tutte le parti della voce lessicale relativa a Strattis di Olinto nel Suda sembrerebbero, in modo evidente, avere connessioni con il suo compatriota Efippo. Ciò dovrebbe essere sufficiente per farci sospettare che il lemma di Strattis sia in realtà la voce mancante di Efippo. Non è però plausibile che il nome Efippo possa essere stato corrotto in Strattis, allora quale possibile connessione tra i due nomi, nel lessico Suda, potrebbe aver portato a trasferire la voce di Efippo a quella di Strattis? C'è una soluzione interessante all'enigma, che fa sembrare il trasferimento particolarmente credibile. Nel Suda, il nome e la voce mancante di Efippo di Olinto (numero di Adler: epsilon, 3930) sono preceduti dal lemma di Efippo di Atene (epsilon, 3929), drammaturgo della commedia attica di mezzo, attivo nel 375-340 a.C. ca. Analogamente, la voce di Strattis di Olinto (sigma, 1179) è preceduta da quella di Strattis di Atene (sigma, 1178), che era un drammaturgo della commedia attica antica del V secolo a.C. Quindi, i due nomi hanno effettivamente una associazione legittima tra loro all'interno del Suda Lexicon.

Nel Suda ci sono alcune ulteriori connessioni tra le voci di Efippo e Strattis. A Strattis di Olinto viene attribuito un libro, Περὶ ποταμῶν καὶ κρηνῶν καὶ λιμνῶν, mentre Strattis di Atene è l'autore di commedie intitolate Ποτάμιοι e

---

[38] Ateneo, *Deipnosofisti*, 12.537E-538B.
[39] Pearson, *Histories* (come in n. 35) 63-65, che cita W. Dittenberger (ed.), *Sylloge Inscriptionum Graecarum* (3rd edition, Leipzig 1921-4), p. 307 e p. 312.
[40] E. Neuffer, "Das Kostüm Alexanders des Grossen", *Diss. Giessen* (1929) 35; Pearson, *Histories* (come in n. 35) 65.

La Ricerca della Tomba di Alessandro il Grande

Λημνομέδα, secondo Ateneo.[41] Tuttavia, Ποτάμιοι è l'unica opera di Strattis menzionata da Ateneo, ma non è elencata nel Suda, mentre Λημνομέδα appare come Λιμνομέδων nel lessico. Strattis di Atene scrisse anche una commedia intitolata Μακεδόνες. Un interesse condiviso per fiumi, laghi e Macedoni fornisce un altro indizio sul perché le opere di Efippo di Olinto potrebbero essere state trasferite per seguire la voce lessicale di Strattis di Atene nel Suda.

È noto che il lessico Suda abbia preso le sue informazioni sui commediografi attici da Ateneo.[42] Il lemma di Strattis di Atene nel lessico afferma in effetti che le informazioni sulle sue commedie sono tratte dal secondo libro dei Deipnosofisti di Ateneo. Poiché Ateneo è anche la nostra fonte principale dei frammenti di Efippo di Olinto, è ragionevole supporre che anche la sua voce perduta nel Suda derivi, almeno in parte, dai Deipnosofisti, anche se potrebbe essere stata integrata da altre fonti. Se il lemma di Strattis di Olinto dovesse essere davvero la voce perduta di Efippo di Olinto, allora Ateneo sarebbe la fonte comune di tutte le voci di Efippo e Strattis nel Suda. Ciò suggerisce la possibilità che l'attribuzione delle opere di Efippo di Olinto a Strattis possa essere già esistita all'interno del manoscritto di Ateneo del compilatore del Suda o sia avvenuta durante il processo di estrazione delle informazioni da Ateneo propedeutico alla loro incorporazione nel lessico. È comunque possibile che l'intera voce lessicale di Strattis di Olinto provenga dal manoscritto di Ateneo del compilatore del Suda, poiché la nostra versione sopravvissuta di Ateneo è nota per essere molto incompleta.[43] I Deipnosofisti di Ateneo è comunque un terzo filone di collegamento tra le voci di Efippo e Strattis nel Suda.

Il lessico Suda è pieno di errori grossolani. Anche all'interno delle voci di Efippo e Strattis abbiamo visto che le opere di Eforo sono attribuite a Efippo; inoltre, Strattis di Atene è erroneamente definito un poeta tragico anziché comico e alcuni dei titoli delle sue commedie sono stati corrotti: ad esempio, titoli alternativi della stessa opera sono citati come opere diverse. Il Suda è stato chiaramente sottoposto ad alcuni processi di compilazione, correzione e trascrizione molto disattenti. Non è possibile determinare con precisione come il lemma di Efippo di Olinto sia stato assegnato a Strattis di Olinto, poiché ci sono molti modi in cui potrebbe essere accaduto. L'argomento non costituisce nemmeno una prova, ma piuttosto una probabilità, basata su molteplici parallelismi, associazioni e connessioni tra questi individui e le loro voci lessicali. Tuttavia, può essere utile delineare alcuni modi in cui l'attribuzione errata potrebbe essere avvenuta: -

---

[41] Ateneo, *Deipnosofisti*, 7.299B, 7.327E, 11.473C.
[42] Vedi C.B. Gulick (trad.), *Athenaeus: Deipnosophistae* (Harvard 1957-63) Introduzione xv, nota a.
[43] Nel nostro manoscritto principale dei *Deipnosofisti*, il codice di San Marco (A), mancano i libri I e II e la prima parte del terzo, così come la parte finale dell'ultimo libro XV e ci sono due lacune nel libro XI. Alcune delle lacune sono state parzialmente colmate utilizzando i due manoscritti epitomi principali di Parigi (C) e Firenze (E), ma molto materiale è andato perduto.

Il Giornale Reale di Alessandro il Grande

a) L'errore si è verificato in una parte perduta dei Deipnosofisti: uno dei suoi redattori o trascrittori, o forse anche lo stesso Ateneo, si è confuso e ha scritto Strattis di Olinto per Efippo di Olinto, perché i commediografi Efippo e Strattis di Atene erano entrambi ampiamente citati nella stessa opera e perché sia Strattis di Atene che Efippo di Olinto avevano composto opere con titoli relativi a fiumi, laghi e Macedoni.

b) L'errore si è verificato durante la compilazione del Suda, forse commesso da più di una persona, per le stesse ragioni di cui al punto a), mentre si estraevano le voci dai Deipnosofisti. Se, ad esempio, l'elenco delle opere tratte da Ateneo fosse stato organizzato in ordine alfabetico in ogni fase, allora il Ποτάμιοι di Strattis di Atene avrebbe potuto immediatamente precedere il Περὶ ποταμῶν καὶ κρηνῶν καὶ λιμνῶν di Efippo di Olinto.

c) Strattis era un autentico pseudonimo di Efippo di Olinto, usato perché le opere di Efippo erano politicamente pericolose e scelto perché Strattis ed Efippo erano stati entrambi famosi commediografi ad Atene nei decenni prima che Efippo di Olinto scrivesse, e anche perché sia lui che Strattis di Atene avevano scritto opere con titoli relativi a fiumi, laghi e Macedoni.

Infine, propongo che Ἔφιππος sia una plausibile correzione di ἐκεῖνός, il secondo nome corrotto citato da Eliano alla fine del suo frammento delle Effemeridi.[44] Anche se entrambi i nomi hanno sette lettere e tre sillabe, iniziano con epsilon e hanno altre tre lettere in comune, sono ancora troppo distanti per giustificare tale correzione su basi puramente paleografiche. Tuttavia, si può ora sostenere che Efippo si adatta anche al profilo del misterioso ἐκεῖνός in altri tre modi distinti. In primo luogo, Eliano indica che ἐκεῖνός fosse un altro degli scrittori che raccontavano storie sulle abitudini alcoliche di Alessandro, sulla falsariga di Eumene. Sappiamo già che ciò è vero per quanto riguarda Efippo dai frammenti del suo libro "Sulla morte di Efestione e Alessandro" conservati da Ateneo. In secondo luogo, Bosworth ha dimostrato che il frammento di Eliano descrive gli eventi che portarono alla morte di Efestione e sappiamo che Efippo scrisse un racconto sul decesso di Efestione. In terzo luogo, si ritiene che il frammento di Eliano derivi in ultima analisi dalle Effemeridi ed è già stato dimostrato che Efippo fu probabilmente l'autore di un commento sulle Effemeridi.

Vale dunque la pena riassumere tali molteplici coincidenze:

a) Strattis ed Efippo erano entrambi cittadini di Olinto.

---

[44] Eliano, *Varia Historia*, III, 23; si noti che Eliano utilizza un sistema di datazione ateniese, entrato in uso nell'ultimo quarto del IV secolo a.C., mentre Plutarco, *Alessandro*, 76, utilizza il precedente sistema ateniese, che ha sostituito, affermando di citare le *Effemeridi* "parola per parola" (ciò è coerente con la fonte di Eliano che è un intermediario), vedi A.E. Samuel, *Greek & Roman Chronology*, Monaco 1972, p. 60.

La Ricerca della Tomba di Alessandro il Grande

b) Erano probabilmente contemporanei e scrissero nella generazione successiva alla morte di Alessandro.

c) Entrambi scrissero libri sulla morte di Alessandro.

d) Efippo è indicato da Plinio come un'autorità in materia di alberi, mentre a Strattis viene attribuita un'opera su un tema di storia naturale ("Sui fiumi, sorgenti e laghi") e un commento sul Giornale Reale della spedizione di Alessandro, entrambi i quali hanno probabilmente fornito informazioni interessanti sugli alberi.

e) Neuffer ha sostenuto in modo indipendente che i frammenti di Efippo indicano familiarità con le Effemeridi, mentre Strattis ha scritto cinque libri di commenti sulle Effemeridi.

f) Strattis ed Efippo di Olinto sono indirettamente collegati nel lessico Suda da voci precedenti di Strattis ed Efippo di Atene, che furono commediografi di quella città nelle generazioni successive e vi sono ulteriori collegamenti tra tutti questi autori e i Deipnosofisti e tra le opere di Strattis di Atene e Strattis di Olinto.

g) Efippo è una plausibile correzione del nome alterato di un secondo autore che ha fornito informazioni sul bere di Alessandro, citato da Eliano alla fine del suo frammento delle Effemeridi.

Una o due coincidenze potrebbero essere facilmente spiegate dal caso, ma sette implicano una connessione sottostante. È appena ipotizzabile che Strattis fosse uno pseudonimo di Efippo (come Platone lo era per Aristocle), ma è molto probabile che la voce lessicale di Efippo nel Suda sia stata semplicemente trasferita a Strattis, a causa dell'associazione tra i poeti comici ateniesi con lo stesso nome. Come ha osservato Bosworth, "There are many demonstrable examples in the Suda where works are wrongly credited to authors"[45] (Ci sono molti esempi dimostrabili nel Suda in cui le opere sono erroneamente attribuite agli autori).

La Natura delle Effemeridi

Samuel ha fornito un'analisi dettagliata del significato del termine Effemeridi con riferimento a una varietà di esempi antichi del suo utilizzo.[46] Egli osserva che nel lessico Suda viene definito come una registrazione giornaliera e mostra che la maggior parte degli esempi rari provenienti dai papiri e dalla letteratura antica è coerente con tale definizione. Tuttavia, nota anche che Plutarco usò il termine per riferirsi ai Commentarii di Cesare, che non sono registrazioni quotidiane regolari.[47] Sono comunque memorie dettagliate, organizzate cronologicamente, che spesso forniscono resoconti giorno per giorno delle campagne, pertanto sembrerebbe pedante affermare che tale esempio confuti la definizione del Suda.

---

[45] Bosworth, *Arrian* (come in n. 6) 181.
[46] Samuel, *Journals* (come in n. 26) 1-3.
[47] Samuel, *Journals* (come in n. 26) 1-3.

Il Giornale Reale di Alessandro il Grande

In particolare, dovremmo ricordare che Plutarco accostò le Vite di Cesare e Alessandro, quindi era conveniente al suo metodo di comporre Vite Parallele che facesse uno strappo alla regola attribuendo serie di Effemeridi a entrambi.

Oltre alla citazione della voce lessicale di Strattis nel Suda, si possono identificare con ragionevole sicurezza sei frammenti delle Effemeridi di Alessandro:

a) Arriano sulla morte di Alessandro (Anabasi, VII.25.1-26.3)

b) Plutarco sulla morte di Alessandro (Vita di Alessandro, 76)

c) Eliano sui festini di Alessandro nell'ott.-nov. 324 a.C. (Varia Historia, III.23)

d) Ateneo sui festini di Alessandro (10.434B)

e) Plutarco su Alessandro che caccia volpi e uccelli (Vita di Alessandro, 23,3)

f) Plutarco, Moralia, Quaestiones Conviviales 1.6.1 (623E), in cui afferma che Filino aveva usato le Effemeridi per dimostrare che Alessandro dormisse tutto il giorno dopo i festini

Ci sono anche altri documenti che potrebbero derivare dalle Effemeridi. Hammond ha proposto che un papiro riguardante la campagna balcanica di Alessandro nel 335 a.C. sia un frammento del commento sulle Effemeridi attribuito a Strattis dal Suda,[48] ma l'evidenza è puramente circostanziale. La menzione di Serapide nella storia del pazzo che sedeva sul trono, nella Vita di Alessandro di Plutarco, richiama l'apparizione di Serapide nel suo frammento delle Effemeridi.[49] Hammond ha associato gli Hypomnemata (ad esempio gli "Ultimi Piani")[50] con le Effemeridi, suggerendo che tutti questi documenti dovrebbero essere considerati come parti di un "Archivio Reale"[51] coeso. Rimane comunque possibile che le Effemeridi siano la fonte non dichiarata di numerosi dettagli nelle antiche storie sopravvissute su Alessandro.

I frammenti delle Effemeridi di Eliano, Ateneo e i Moralia di Plutarco si riferiscono tutti alle abitudini alcoliche di Alessandro. Sarebbe interessante supporre che Eliano stia citando il libro di Efippo "Sulla morte di Efestione e Alessandro", il quale a sua volta utilizzava le Effemeridi. Ciò è particolarmente affascinante, perché Bosworth ha dimostrato che il frammento di Eliano debba risalire al periodo immediatamente precedente la morte di Efestione. Inoltre, qualcuno ha chiaramente modificato l'estratto per enfatizzare il bere di Alessandro. Anche Efippo ha evidenziato le bevute e le feste di Alessandro in altri suoi frammenti in Ateneo. Efippo, presumibilmente, attribuì il suo estratto modificato delle Effemeridi a Eumene e ciò fu conservato da Eliano. C'è una forte possibilità che anche Ateneo abbia preso il suo frammento delle Effemeridi

---

[48] N.G.L. Hammond, "A Papyrus Commentary on Alexander's Balkan Campaign", *Journal of Greek, Roman and Byzantine Studies* 28 (1987), pp. 331-347.
[49] Plutarco, *Alessandro*, 73, 3-4.
[50] Diodoro, XVIII, 4, 2.
[51] Hammond, *Journal* (come in n. 30) 131.

La Ricerca della Tomba di Alessandro il Grande

da Efippo, dal momento che egli lo cita in merito alle bevute di Alessandro immediatamente prima di menzionare le Effemeridi sullo stesso argomento:

"Anche Protea di Macedonia beveva molto, come dice Efippo nella sua opera Sul funerale di Alessandro ed Efestione, e godette di un fisico robusto per tutta la vita, sebbene fosse completamente dedito alla pratica del bere. Alessandro, per esempio, una volta chiese una coppa da sei quarti e dopo una bevuta brindò alla salute di Protea. Prese la coppa e, dopo aver cantato le lodi del re, bevve, tra gli applausi di tutti. Poco dopo Protea chiese la stessa coppa, e bevendo ancora, brindò al re. Alessandro la prese e bevve un sorso con coraggio, ma non poté resistere; anzi, si lasciò cadere all'indietro sul cuscino e lasciò cadere la coppa dalle sue mani. Di conseguenza, si ammalò e morì, perché, come dice Efippo, Dioniso era arrabbiato con lui per aver assediato la sua città natale, Tebe. Anche Alessandro beveva molto, tanto che dopo la baldoria dormiva ininterrottamente per due giorni e due notti. Questo è rivelato nelle sue Effemeridi, scritte da Eumene di Cardia e Diodoto di Eritre".[52]

La trasmissione indiretta, tramite Efippo, è un'altra possibile spiegazione della paternità di Diogneto, che è stato corrotto in Diodoto nel citato estratto di Ateneo. Plutarco probabilmente conosceva direttamente le Effemeridi, ma sta citando Filino quando le menziona come fonte delle abitudini alcoliche di Alessandro. Sembrerebbe possibile che Filino abbia letto Efippo. In alternativa, φιλῖνος è una corruzione di Ἔφιππος, poiché i nomi non sono troppo diversi affinché ciò sia fattibile (entrambi 7 lettere e 3 sillabe, con 4 lettere in comune) e Samuel ha osservato che la fraseologia attribuita a Filino da Plutarco quasi duplica quella del frammento di Eliano.[53] Tuttavia, ciò è piuttosto azzardato e rappresenta soltanto una remota possibilità, in mancanza di ulteriori prove.

Il fatto che Diogneto il bematista fosse coautore delle Effemeridi mostra un aspetto più sistematico della compilazione del documento. Suggerisce che la versione ufficiale degli Stathmoi (le "tappe" delle marce di Alessandro) fosse incorporata nelle sue Effemeridi. L'esistenza di tali Stathmoi ufficiali è attestata da un passaggio di Strabone: "Patrocle dice che coloro che fecero una campagna con Alessandro indagarono superficialmente (cioè sulle distanze) in ogni caso, ma Alessandro li resi accurati, poiché l'intero territorio fu scritto per lui da coloro che erano più esperti. Il (resoconto) scritto gli fu dato [Alessandro o Patrocle?], dice, in seguito da Senocle, il tesoriere".[54] Patrocle fu impiegato da Seleuco Nicatore e successivamente da Antioco I. In un secondo passaggio corrotto, Strabone menziona che Eratostene aveva scritto che stava raccogliendo rapporti da molti che si occupavano degli Stathmoi e che ad alcuni di essi mancava un titolo.[55] Ciò potrebbe indicare che Eratostene passò in rassegna le Effemeridi e altri resoconti

---

[52] Ateneo, *Deipnosofisti*, 10.434A-B.
[53] Samuel, *Journals* (come in n. 26) 4.
[54] Strabone, *Geografia*, II, 1, 6; la traduzione è di Hammond ed è accuratamente argomentata in modo diverso dalla Loeb e dalle altre – vedi Hammond, *Journal* (come in n. 30), pp. 137-138.
[55] Strabone, *Geografia*, II, 1, 23.

degli Stathmoi[56] circa le informazioni geografiche, ma ne trovò alcuni scarsamente documentati. Bosworth ha scritto che "nothing suggests that [Eumenes] published [the Journal] as an official extract from the archives"[57] (niente suggerisce che [Eumene] abbia divulgato [il Giornale Reale] come un estratto ufficiale degli archivi), ma la presenza degli Stathmoi all'interno delle Effemeridi sarebbe in realtà indicativa di una documentazione ufficiale.

Sarebbe davvero sorprendente se un registro giornaliero della spedizione di Alessandro avesse omesso di menzionare la distanza e la direzione della marcia del giorno insieme a una descrizione dei paesaggi incontrati. Ciononostante, qualcuno potrebbe obiettare che l'incorporazione degli Stathmoi all'interno delle Effemeridi implicherebbe un documento talmente lungo da essere non divulgabile. La prolissità, tuttavia, non sembra essere stata un grande impedimento alla divulgazione di testi antichi. Tra i vari riferimenti del presente articolo, sia i Deipnosofisti di Ateneo che la Geografia di Strabone sono lunghi circa mezzo milione di parole, e i Moralia di Plutarco (circa un milione di parole) e la Storia Naturale di Plinio sono ancora più lunghi. Ma non è necessario ritenere che la versione pubblicata delle Effemeridi fosse così lunga, poiché tutti gli anni di lavoro, tranne gli ultimi due, potrebbero essere stati distrutti nell'incendio che consumò la tenda di Eumene in India. Nessuno dei frammenti sopravvissuti delle Effemeridi dovrebbe essere anteriore all'India.

L'Autenticità delle Effemeridi

I nostri frammenti delle Effemeridi sono autentici o sono stati falsificati? La domanda è importante, perché due dei frammenti forniscono il nostro racconto più dettagliato della malattia mortale di Alessandro nel giugno 323 a.C., mentre altri offrono le descrizioni più autorevoli delle abitudini alcoliche del Re. Forti delle nuove intuizioni che Diodoto fosse probabilmente Diogneto e che Strattis è plausibile che fosse stato Efippo, è opportuno riesaminare la questione dell'integrità delle Effemeridi nel loro insieme e di quei pochi estratti che sono giunti fino a noi.

Non vi è alcuna vera controversia sul fatto che i documenti reali aventi la natura generica delle Effemeridi siano stati creati dalla cancelleria di Alessandro. Hammond ha citato una serie di evidenze letterarie dell'esistenza di carte reali dei re macedoni a partire da Filippo II, il padre di Alessandro, fino ad Antigono III Dosone e Filippo V.[58] Ci sono anche menzioni di documenti simili tenuti da Tolomeo Filadelfo e dagli strategoi romani in Egitto.[59] I critici perciò hanno avuto la tendenza a limitarsi all'affermazione che i nostri frammenti delle Effemeridi siano dei falsi che hanno rimpiazzato o sono stati sostituiti agli originali autentici.

---

[56] Per esempio, Betone, un altro dei bematisti di Alessandro, è menzionato da Ateneo, *Deipnosofisti* 10.442B, come autore di un'opera su *Stages in Alexander's Journey*.
[57] Bosworth, *Arrian* (come in n. 6) 179 n. 89.
[58] Hammond, *Journal* (come in n. 30) 130.
[59] U. Wilcken, "Hypomnematismoi", in *Philologus* 53 (1894), pp. 84-126.

La Ricerca della Tomba di Alessandro il Grande

Tuttavia, tali scettici parlano con voci discordanti, tendendo a contraddirsi l'un l'altro sull'esatta natura della presunta mistificazione.

È stato a lungo riconosciuto che il lemma di Strattis di Olinto nel lessico Suda sia potenzialmente un serio imbarazzo per chiunque voglia contestare l'autenticità delle Effemeridi. Come abbiamo visto, la cittadinanza attribuita a Strattis rende probabile che il suo commento in cinque libri sulle Effemeridi sia stato scritto nella generazione successiva alla morte di Alessandro. Hammond ha sostenuto che sarebbe stato difficile per un falsario delle Effemeridi perfino ingannare Arriano e Plutarco, che scrissero quattro secoli dopo gli eventi.[60] Non mi spingerei così lontano, ma sarebbe sorprendente se uno scrittore contemporaneo potesse essere stato ingannato nel comporre un'opera enormemente dettagliata basata su diari falsi di Alessandro, dato che egli doveva essere circondato da uomini che avevano partecipato alle campagne del Re. Inoltre, se Strattis è in realtà Efippo, egli stesso molto probabilmente aveva preso parte alla spedizione di Alessandro. La maggior parte dei dettagli delle Effemeridi nei nostri frammenti sopravvissuti si riferisce a questioni che sarebbero state familiari ai compagni e ai cortigiani di Alessandro e molti degli eventi sarebbero stati conosciuti anche nei ranghi dell'esercito, pertanto le menzogne sarebbero state facilmente scoperte. Sarebbe altrettanto assurdo supporre che "Strattis" fosse stato complice della falsificazione, poiché il suo commento sarebbe stato uno sforzo inutile e sprecato. I fautori del falso si sono quindi sentiti in dovere di attaccare in vari modi la credibilità della voce lessicale di Strattis. Lionel Pearson, ad esempio, nel suo originale attacco all'autenticità delle Effemeridi, ammise che se Strattis avesse scritto un commento su di esse, allora "would have to be based on the authentic text, because at such an early date a forgery would readily have been detected"[61] (avrebbe dovuto essere basato sul testo autentico, perché in una data così antica un falso sarebbe stato prontamente individuato). Ne consegue che qualsiasi argomento che dimostri che i dettagli del Suda sono essenzialmente validi equivale a provare l'autenticità delle Effemeridi stesse, anche agli occhi dei dubbiosi.

La linea di attacco adottata da Pearson era quella di suggerire che il commento di Strattis sulle Effemeridi fosse in realtà un'opera fittizia intitolata "Cinque libri di diari sulle gesta di Alessandro". Egli sostenne che tale diario fasullo richiedesse un nome d'autore falso, cioè "Strattis", e che fosse esso stesso la fonte dei nostri frammenti delle Effemeridi. Come abbiamo visto, Hammond, Badian e Bosworth hanno convenuto che la traduzione del titolo di Pearson forzi il greco in modo irragionevole, anche se Bosworth ha comunque perpetuato l'idea che le opere di Strattis fossero finzioni.[62] Tuttavia, l'attribuzione della voce lessicale a Efippo mostra chiaramente, per la prima volta, che l'attacco di Pearson all'autenticità delle Effemeridi era del tutto mal concepito, poiché Efippo non era certamente

---

[60] Hammond, *Historians* (come in n. 28) 6; Hammond, *Journal* (come in n. 30) 140.
[61] Pearson, *Diary* (come in n. 27) 437.
[62] Bosworth, *Arrian* (come in n. 6), pp. 180-182.

una persona fittizia, ma piuttosto un autore reale che scrisse opere storiche autentiche poco dopo la morte di Alessandro. In particolare, Arriano menziona un certo Efippo, un sorvegliante dei mercenari di Alessandro in Egitto, che era un Calcidese o un figlio di Calcideo. Ad ogni modo, quest'uomo è un eccellente candidato per Efippo di Olinto, poiché essa era stata la città principale della federazione calcidica.[63] Pearson ha infatti ragione a dedurre che una persona del genere difficilmente avrebbe messo il proprio nome su un diario falso.

Con ogni probabilità, Efippo compose effettivamente cinque libri di commenti sulla copia pubblicata (cioè trascritta e diffusa) delle Effemeridi di Alessandro, che quindi doveva essere sostanzialmente genuina. Alcuni potrebbero ancora sostenere che le autentiche Effemeridi siano state successivamente sostituite da versioni fittizie. Hammond ha posto la domanda: "Could one forge an Archive [i.e. the Ephemerides] and displace the official Archive with it?" (Si potrebbe falsificare un archivio [cioè le Effemeridi] e sostituire l'archivio ufficiale con esso?) La sua lunga risposta esplora una vasta gamma di scenari, ma mostra che in ogni caso il falsario incontrerebbe enormi difficoltà.[64] A parte tali problemi, l'esistenza del commento originale di Efippo avrebbe reso inconcepibile l'accettazione di una versione significativamente distorta delle Effemeridi. Se le autentiche Effemeridi fossero state pubblicate o diffuse in numerose copie, è molto improbabile che possano essere state sostituite o rimpiazzate da una successiva contraffazione.

Sono stati sollevati numerosi altri punti riguardanti l'autenticità delle Effemeridi che devono essere rivisti nel contesto della nuova prospettiva. Sia Arriano che Plutarco menzionano una veglia nel tempio di Serapide a Babilonia da parte di un gruppo di Compagni di Alessandro alla vigilia della sua morte; il resoconto è stato evidentemente preso dalle Effemeridi. Tuttavia, sulla base delle migliori evidenze, il culto di Serapide fu inventato e portato avanti da Tolomeo in Egitto dopo la morte di Alessandro. La presenza del dio nelle Effemeridi sembra quindi anacronistica, ed è stata pertanto spesso utilizzata per contestare l'autenticità dei frammenti.[65] Ciononostante, è comunemente accettato che Serapide derivi dalla fusione di Osiride con Api e che questo culto sia stato preminente a Menfi sotto l'ultimo faraone nativo, Nectanebo II, un decennio prima della conquista dell'Egitto da parte di Alessandro. Bosworth ha perciò suggerito che un'ipotetica comunità egiziana a Babilonia avesse fondato un santuario di Osirapis nella metropoli, prima della morte di Alessandro, che fu adottato dai cortigiani del Re per la loro veglia.[66] Ma questa è una doppia supposizione e sembra improbabile che, date le circostanze, ai grandi templi della città sarebbe stato preferito un piccolo santuario secondario. È stata anche ipotizzata una corruzione nel manoscritto del nome della dea babilonese Zarpanitum in Serapide, ma Arriano

---

[63] Arriano, *Anabasi*, III, 5, 3.
[64] Hammond, *Journal* (come in n. 30), pp. 135-136.
[65] Per esempio Pearson, *Diary* (come in n. 27), pp. 438-439.
[66] Bosworth, *Arrian* (come in n. 6), p. 169; Bosworth, *Death* (come in n. 23), pp. 119-121.

e Plutarco sono espliciti nel dire che la divinità fosse maschile e Zarpanitum non era nemmeno associata alla guarigione,[67] mentre Serapide era riconosciuto come un dio della guarigione in Egitto.[68] Hammond ha sostenuto in modo non plausibile che Serapide fosse già un culto diffuso sotto Alessandro.[69] La migliore spiegazione, tuttavia, è la più semplice. I Greci incontravano frequentemente i pantheon di altre culture, ma piuttosto che credere che gli dèi stranieri fossero falsi preferivano supporre che fossero manifestazioni mascherate delle proprie divinità. Tale sincretismo abituale è espresso più chiaramente nel pantheon greco-romano e in quello greco-egiziano, ma si applica anche più in generale, come, ad esempio, nella storia di Alessandro che riconosce un dio locale della città di Nysa in India come manifestazione di Dioniso.[70] Sarebbe stato quindi abbastanza naturale per un trascrittore delle Effemeridi di Alessandria sostituire le menzioni della divinità principale babilonese, il dio toro guaritore Bel-Marduk,[71] con il nome di Serapide, il dio toro guaritore della sua città. Egli non avrebbe ritenuto di aver cambiato il dio, ma semplicemente di averne tradotto il nome nel dialetto teologico locale.[72]

L'integrità delle Effemeridi è stata messa in dubbio anche dalla domanda: perché non sono citate più ampiamente e perché gli estratti conosciuti sembrano essere concentrati nell'ultimo anno di regno di Alessandro? In effetti, abbiamo solo due frammenti databili: i festini alcolici, poco prima della morte di Efestione, e gli eventi che circondano la malattia finale e la morte di Alessandro. Statisticamente, dunque, non c'è una grande anomalia, poiché ciò potrebbe facilmente essere avvenuto per puro caso. Tuttavia, Robinson ha sottolineato che i documenti di Eumene furono bruciati in India, perciò è possibile che solo le Effemeridi degli ultimi due anni di regno di Alessandro siano sopravvissute intatte. Sembra inoltre che Diogneto abbia elencato le informazioni sui rilevamenti così come i copiosi dettagli di Eumene sui sacrifici e sull'andirivieni quotidiano del Re. L'originale era probabilmente molto più prolisso dell'estratto di Arriano sulla morte di Alessandro. È quindi facile comprendere che le Effemeridi sarebbero state una fonte decisamente poco maneggevole per uno storico antico, il che fornisce una spiegazione sufficiente circa la rarità delle citazioni nella letteratura esistente. Una nuova prospettiva su questi temi può ora essere offerta dall'influenza delle opere di Efippo come fonti intermedie. Possiamo infatti osservare che, con molta

---

[67] Bosworth, *Arrian* (come in n. 6), p. 168.
[68] P.M. Fraser, *Ptolemaic Alexandria* (Oxford 1972), Vol. I, p. 257.
[69] Hammond, *Journal* (come in n. 30), p. 144.
[70] Arriano, *Anabasi*, V, 1-3.
[71] A Babilonia Bel-Marduk era associato alla guarigione, vedi ad esempio U. Wilcken (trad. G.C. Richards), *Alexander the Great* (New York & London 1967), p. 238.
[72] Si aggiunga che Robert Koldewey, lo scavatore di Babilonia, credeva di aver trovato un santuario di Ea, il padre di Marduk, sul lato nord del tempio di Marduk, l'Esagila - vedi R. Koldewey, *The Excavations at Babylon* (London 1914) p. 204. Si ritiene che Ea sia stato identificato con Serapide nel periodo ellenistico, così Koldewey pensò che esso fosse il santuario menzionato nelle *Effemeridi*. Comunque, la conclusione è la stessa: il tempio di Serapide è un sincretismo alessandrino del tempio di Marduk nel contesto delle *Effemeridi*.

probabilità, il libro di Efippo "Sulla morte di Efestione e Alessandro" facesse ampio riferimento alle Effemeridi e l'opera potrebbe essere stata la fonte immediata dei frammenti di Eliano, Ateneo e dei Moralia di Plutarco. Inoltre, è probabile che Arriano e Plutarco fossero a conoscenza degli scritti di Efippo e fossero quindi portati a guardare alle Effemeridi come fonte della morte di Alessandro. È comunque plausibile che abbiano consultato direttamente le Effemeridi, poiché non mostrano alcun segno della svolta antagonistica che troviamo nei frammenti di Efippo.

Alcuni storici hanno cercato di sostenere che ci siano discrepanze significative tra i riassunti di Arriano e Plutarco degli ultimi giorni di Alessandro,[73] scegliendo coppie di eventi che si verificano in entrambi i racconti e dimostrando che sono separate da un diverso numero di giorni. Tale argomentazione si basa però implicitamente sul presupposto che nessuno degli eventi della coppia si sia verificato più di una volta nella versione originale del Giornale Reale. È stato dimostrato altrove che, se si ammette che Alessandro sia stato portato alla piscina più di una volta, diventa allora fattibile una corrispondenza esatta tra i due resoconti.[74] Ci sono infatti evidenze interne praticamente inconfutabili che Plutarco e Arriano stiano attingendo a un racconto comune. A parte una concordanza generale degli eventi in entrambi i resoconti (per esempio, la veglia di Serapide), hanno in comune parole insolite, ad esempio, κολυμβήθρα (piscina) e πεντακοσιάρχους (un particolare e autentico grado di comandante dell'esercito macedone) e la fraseologia è spesso sorprendentemente simile. Altre discrepanze si spiegano meglio come indicazioni che gli autori abbiano riassunto i loro estratti in modo diverso, da un originale forse dieci volte più lungo della versione di Arriano. Il 2 giugno, ad esempio, Arriano dice che Alessandro discusse dell'imminente spedizione in Arabia con Nearco, mentre Plutarco dice che Nearco raccontò ad Alessandro storie del suo viaggio nell'Oceano Indiano. Presumibilmente, le stesse Effemeridi annotarono più argomenti di discussione nel corso del tempo.

Da chi furono pubblicate le Effemeridi? Hammond ha riaffermato la vecchia tesi di Wilcken, secondo cui Tolomeo le ottenne con il corpo di Alessandro, ma il caso è sopravvalutato, poiché le Effemeridi non avrebbero potuto cessare di essere un utile riferimento per Perdicca così presto come crede Hammond.[75] Sarebbe sorprendente se Eumene avesse lasciato documenti così importanti a Babilonia pochi mesi dopo la morte di Alessandro. Infatti, Hammond ha ulteriormente sostenuto che Tolomeo fece un uso esclusivo delle Effemeridi nella generazione successiva alla morte di Alessandro, in quanto "kept the

---

[73] Badian, *Ring* (come in n. 6) pp. 615-617, afferma che Plutarco e Arriano usavano versioni diverse delle *Effemeridi*; al contrario, Robinson, *Ephemerides* (come in n. 29) pp. 69-70, sostiene in dettaglio che i resoconti siano essenzialmente congruenti.
[74] A.M. Chugg, *The Lost Tomb of Alexander the Great* (London 2004) pp. 27-29, Table 1.2.
[75] Hammond, *Journal* (come in n. 30) 133-135; Wilcken, *Hypomnematismoi* (come in n. 59) 84-126; P.A. Brunt, *Arrian: History of Alexander and Indica*, I (Harvard 1976) xxiv-vi (Introduzione), si oppone in particolare all'idea che Tolomeo abbia fatto un uso speciale delle Effemeridi.

La Ricerca della Tomba di Alessandro il Grande

Ephemerides under his own hand" le teneva a portata di mano. Egli suggerisce che solo in seguito siano diventate disponibili al pubblico attraverso la Biblioteca di Alessandria.[76] Tuttavia, ciò non è corretto, ammesso che Efippo di Olinto usò le Effemeridi per le sue opere. Inoltre, Arriano implica che il suo estratto delle Effemeridi riguardante la morte di Alessandro non provenisse da Tolomeo, poiché lo conclude asserendo che sull'argomento "Né Tolomeo né Aristobulo vanno oltre questo".[77] Arriano manca di qualunque citazione esplicita che indichi che Tolomeo abbia mai usato le Effemeridi come fonte, nonostante il fatto che questi fosse la fonte più importante di Arriano. È probabile che Bosworth abbia ragione nel supporre che le Effemeridi siano state conservate da Eumene dopo la morte di Alessandro, quindi è piuttosto verosimile che sia lo stesso segretario il responsabile della loro diffusione. Il suo movente potrebbe essere stato quello di confutare le voci di avvelenamento che avevano iniziato a circolare. Bosworth, comunque, ritiene che le Effemeridi siano state sostanzialmente rielaborate, e quindi falsificate, da Eumene.[78] In particolare, suggerisce che il segretario abbia selezionato solo quelle relative ai sintomi coerenti con un attacco di malaria. Ciò ignora però il fatto che uno dei motivi principali per ritenere che Alessandro avesse contratto la malaria era che aveva navigato nelle paludi una settimana o due prima di ammalarsi, il che è precisamente coerente con il periodo di incubazione della malaria falciparum. È impossibile che Eumene abbia organizzato tutto ciò in modo retrospettivo. Inoltre, il dolore lancinante che Alessandro avvertì alla schiena, all'inizio della sua malattia, non è stato riportato dalle Effemeridi, ma tale sintomo è comunque compatibile con la malaria falciparum.[79] Il punto di vista di Bosworth era originariamente ispirato dal sospetto che Eumene fosse implicato nell'avvelenamento di Alessandro.[80] La maggior parte degli storici concorda oggi sul fatto che l'avvelenamento fosse improbabile e persino Bosworth si è allontanato dalla sua precedente difesa della cospirazione.[81] Tra le prime e più elaborate versioni della storia dell'avvelenamento di Alessandro c'è un documento noto come *Liber de Morte*, che è sopravvissuto per essere stato incorporato sia nell'Epitome di Metz che nel Romanzo di Alessandro. Heckel ha sostenuto con forza che esso abbia avuto la sua genesi come un opuscolo di propaganda diretto contro Antigono e i suoi alleati dalla fazione di Poliperconte, tra la primavera del 317 a.C. e l'estate del 316 a.C.[82] È interessante notare che il documento si prende la briga in modo specifico di scagionare Eumene (e molti altri potenziali alleati di Poliperconte) dal coinvolgimento nel complotto, indicando forse che qualcuno lo avesse precedentemente implicato. Il *Liber de Morte* incorpora un ultimo testamento di Alessandro, che è un palese falso, apparentemente scritto da qualcuno che era

---

[76] Hammond, *Ring* (come in n. 12) 155.
[77] Arriano, *Anabasi*, VII, 26, 3.
[78] Bosworth, *Arrian* (come in n. 6) 178-9, 182-4.
[79] Plutarco, *Alessandro*, 75, 3.
[80] Bosworth, *Death* (come in n. 23) pp. 122-3.
[81] A. B. Bosworth, *Conquest and Empire: The Reign of Alexander the Great* (Cambridge 1988) pp.171-3.
[82] W. Heckel, *The Last Days and Testament of Alexander the Great* (Stuttgart 1988) pp. 1-81.

Il Giornale Reale di Alessandro il Grande

favorevolmente disposto nei confronti di Rodi. In breve, il *Liber de Morte* è politicamente motivato e del tutto inaffidabile nelle sue affermazioni riguardanti la causa della morte di Alessandro.

Ammesso che non si trattasse di veleno, Eumene non aveva nulla da nascondere e non c'è motivo di pensare che abbia occultato le prove delle Effemeridi con un attento editing. L'unico altro motivo per manomettere l'opera originale sarebbe stato quello di proteggere la reputazione di Alessandro. Eumene non fu un detrattore del Conquistatore dopo la sua morte: una volta istituì le insegne del Re per presiedere un consiglio dei Diadochi.[83] Le Effemeridi tuttavia fornirono evidentemente rapporti, anche se in modo neutrale, che descrivevano in dettaglio le abitudini di Alessandro in fatto di bevute e feste, il che si oppone a qualsiasi tentativo di censura. Chiaramente, una versione inedita delle Effemeridi sarebbe servita meglio allo scopo di confutare le voci viziose, pertanto la pubblicazione originale era, con tutta probabilità, praticamente verbatim. Ciò non è comunque un motivo per contestare il fatto che i frammenti che ci sono pervenuti siano stati fortemente riassunti e modificati da intermediari, i quali erano motivati dal desiderio di illustrare punti particolari.

Gli estratti del Giornale Reale sulla morte di Alessandro accennano di sfuggita ad alcuni dettagli della topografia di Babilonia. Una notevole conoscenza della disposizione dell'antica città è stata acquisita anche in modo indipendente dagli scavi di una squadra tedesca guidata da Robert Koldewey, all'inizio del XX secolo.[84] Una pianta basata in gran parte sul lavoro di Koldewey è mostrata nella Figura 2.5. Alessandro fu stabilito nel palazzo di Nabucodonosor (D). Il Giornale Reale menziona il Re che attraversa il fiume per raggiungere i giardini, che dovrebbero essere probabilmente i famosi Giardini Pensili (H), che altrove si dice siano stati costruiti su delle terrazze lungo il fiume. Si può vedere che ciò si accorda bene con la Babilonia di Koldewey, poiché il palazzo è adiacente al fiume e c'è un'area della città appena fuori le mura interne sulla sponda opposta del fiume. Oggi il corso del fiume scorre un po' più a ovest, quindi nel frattempo potrebbe aver attraversato il sito proposto dei Giardini Pensili. Ciò aiuterebbe a spiegare perché nessuna traccia archeologica convincente dei Giardini sia stata trovata. Il Giornale Reale cita una piscina nei Giardini che si adatta alla teoria dei moderni ricostruttori, secondo i quali sarebbe stato necessario un grande bacino idrico ai piedi delle terrazze come fonte d'acqua per la loro irrigazione. Il Giornale menziona anche che agli ufficiali di Alessandro fu chiesto di aspettare nella corte del Palazzo, quando le sue condizioni peggiorarono drasticamente la sera del 5 giugno 323 a.C. Koldewey trovò un ampio cortile all'interno del palazzo con la sala del trono sul fianco meridionale. In generale, sebbene lungi dall'essere di per sé conclusiva, l'evidenza topografica è ampiamente a sostegno della tesi dell'autenticità del Giornale Reale.

---

[83] Diodoro, XVIII, 60, 4-XVIII, 61, 3.
[84] Robert Koldewey, *Das Wieder Erstehende Babylon* (Leipzig 1913).

La Ricerca della Tomba di Alessandro il Grande

Altri aspetti del resoconto del Giornale Reale sulla morte di Alessandro sono sicuramente coerenti con l'autenticità. La versione più lunga di Arriano, in particolare, presenta rapporti quasi quotidiani di Alessandro che esegue i sacrifici. Dettagli così blandi sembrerebbero del tutto superflui, tranne che in un documento autentico. Inoltre, è stato dimostrato altrove che la storia clinica presentata dal resoconto del Giornale è altamente coerente con la morte indotta da una qualche malattia biologica, presumibilmente la malaria falciparum.[85]

Conclusioni

È stato dimostrato che le evidenze antiche ci presentano il dato fortemente significativo che Diogneto di Eritre, uno dei bematisti di Alessandro, fosse un coautore delle Effemeridi del Re. Inoltre, è stata presentata una forte argomentazione che Efippo di Olinto, un contemporaneo di Alessandro, fosse l'autore di un commento in cinque libri sulle Effemeridi del Re. È stato anche dimostrato che queste nuove intuizioni ci portano inesorabilmente alla conclusione che le Effemeridi fossero un documento autentico del regno di Alessandro, redatto dalla sua cancelleria. Le Effemeridi di Alessandro cominciarono a circolare pubblicamente nella generazione successiva alla morte del Re, forse come parte di un tentativo di Eumene di confutare le voci di avvelenamento. Sebbene i frammenti sopravvissuti delle Effemeridi siano stati soggetti a modifiche ed errori di trasmissione da parte di intermediari, rimane abbastanza del racconto della morte di Alessandro per dimostrare che il modo in cui avvenne fosse altamente incompatibile con qualsiasi forma credibile di avvelenamento. Piuttosto, le Effemeridi forniscono un classico caso di studio di morte per qualche malattia febbrile, molto probabilmente la malaria falciparum.

---

[85] Chugg, *Tomb* (come in n. 74), pp. 1-31; D. W. Engels, "A Note on Alexander's Death", *Classical Philology* 73 (1978), pp. 224-228.

Appendice B: Il Sarcofago di Alessandro il Grande?

Il seguente articolo dell'autore è stato pubblicato per la prima volta nella rivista di studi classici "Greece & Rome" (ISSN 0017-3835) 49.1, aprile 2002, pp. 8-26. Questo articolo è © 2002 Cambridge University Press, riprodotto con permesso.

Vivant Denon, Edward Daniel Clarke e la Tomba di Alessandro

Nel 1798, Napoleone Bonaparte guidò una spedizione francese alla conquista dell'Egitto. Le sue truppe furono sbarcate sulle spiagge l'1 e il 2 luglio e il Generale assalì rapidamente e catturò la vicina Alessandria. A quel tempo, la grande città ellenistica si era ridotta a una popolazione di appena 6.000 abitanti, la maggior parte dei quali viveva su un istmo di terra che si era formato dall'accumulo di sabbia e limo a ridosso dell'antica strada rialzata dell'Eptastadion, che un tempo univa la terraferma con l'isola di Faro, ora una penisola. Alle spalle di questa "città nuova", il circuito delle massicce mura della vecchia città medievale era ancora in gran parte completo, per quanto rovinato in molti punti. L'area racchiusa dalle mura era tuttavia in gran parte deserta, fatta eccezione per una manciata di antichi monumenti e alcune moschee fatiscenti. La più importante tra queste ultime era un edificio sul lato nord della strada principale e vicino al centro della città vecchia, noto come la Moschea Attarine (Mosquée de St Athanase, Figure 8.2 e 9.6). I "savants" francesi che accompagnarono Napoleone erano particolarmente affascinati da questa moschea, che si riteneva fosse stata costruita sul sito della chiesa tardo romana di Sant'Atanasio, famoso patriarca della città del IV secolo: cinque delle dodici tavole su Alessandria nella sezione Antichità della loro monumentale documentazione del paese, la *Description de l'Egypte*, mostrano piante e vedute della moschea e dei suoi ambienti. Vivant Denon, uno dei principali studiosi del gruppo, ha descritto tali elementi in modo brillante nel suo successivo diario di viaggio: -

Nella corte, piante che sono diventate alberi hanno forzato il pavimento di marmo. Al centro di questo cortile, un piccolo tempio ottagonale racchiude una cisterna di fattura egizia, e di incomparabile bellezza, sia per la sua forma, sia per gli innumerevoli geroglifici di cui è ricoperta, dentro e fuori. Questo monumento, che sembra essere un sarcofago dell'antico Egitto, potrebbe forse essere illustrato da volumi di dissertazioni. Ci vorrebbe un mese per disegnare tutte le sue parti.[1]

La flotta di Napoleone fu praticamente annientata da H. Nelson nella battaglia del Nilo, il 1° agosto, mentre era ancorata nella baia di Aboukir. Napoleone fuggì in seguito in Francia. Tuttavia, gli inglesi si accontentarono di lasciare l'esercito francese abbandonato per diversi anni sino alla capitolazione finale ad Alessandria nel 1801. Come condizione del trattato di resa, i francesi dovettero consegnare le antichità che nel frattempo avevano raccolto. Tra queste spiccano la Stele di

---

[1] Vivant Denon, *Travels in Upper and Lower Egypt*, (London 1802); questa è l'edizione inglese dell'originale francese.

La Ricerca della Tomba di Alessandro il Grande

Rosetta e il sarcofago di 7 tonnellate (Figura 7.5) proveniente dalla cappella nel cortile della moschea Attarine (Figura 7.1). Lord Hutchinson, il comandante inglese, fece in modo che Edward Daniel Clarke dell'Università di Cambridge si assicurasse tali reliquie. Il suo racconto del recupero del sarcofago ad Alessandria fu il seguente: -

Avevamo appena raggiunto la casa in cui avremmo risieduto, quando un gruppo di mercanti del luogo, che aveva udito la natura della nostra missione, venne a congratularsi con noi per la cattura di Alessandria e ad esprimere la loro ansia di servire gli inglesi. Non appena la stanza fu libera da altri visitatori, parlando con molta circospezione e sottovoce, chiesero se la nostra attività ad Alessandria riguardasse le antichità raccolte dai francesi. Dopo aver ricevuto risposta affermativa e, a riprova di ciò, venne fornita la copia della Stele di Rosetta, il principale di loro disse: "Il vostro comandante in capo sa che hanno la tomba di Alessandro?" Abbiamo voluto che la descrivessero; dissero che era una bella pietra verde, presa dalla moschea di sant'Atanasio; che, tra gli abitanti, aveva sempre portato quell'appellativo. La nostra lettera e le istruzioni dal Cairo si riferivano evidentemente allo stesso monumento. "È l'oggetto", continuarono, "della nostra attuale visita; e vi mostreremo dove l'hanno nascosto". Raccontarono poi le misure adottate dai francesi; la straordinaria cura che avevano osservato per impedire che se ne venisse a conoscenza; l'indignazione manifestata dai maomettani per la sua rimozione; la venerazione in cui lo tenevano; e la tradizione familiare a tutti loro nel rispetto della sua origine. In seguito, conversai con parecchi maomettani, arabi e turchi, dello stesso argomento; non solo con i nativi e gli abitanti della città, ma anche con dervisci e pellegrini; persone di Costantinopoli, Smirne e Aleppo, che avevano visitato o risiedevano ad Alessandria; e tutti erano d'accordo su una tradizione uniforme, vale a dire, ESSERE LA TOMBA DI ISCANDER (Alessandro), IL FONDATORE DELLA CITTÀ DI ALESSANDRIA. Ci dissero allora che si trovava nella stiva di una nave ospedale, nel porto interno; ed essendo provvisti di una barca, lo trovammo là, mezzo pieno di sporcizia, e coperto dagli stracci dei malati a bordo.[2]

Questo passaggio proviene dal trattato di Clarke, intitolato "The Tomb of Alexander", che egli pubblicò nel 1805 dopo aver riportato il sarcofago in Inghilterra, dove è tuttora esposto al British Museum. Nel libro, Clarke ha riprodotto un disegno di Vivant Denon che mostra dei pellegrini musulmani che venerano la cappella contenente il sarcofago (Figura 7.6). Egli discusse anche una grande varietà di resoconti antichi e moderni riguardanti la tomba di Alessandro ad Alessandria, ma riuscì a malapena ad aggiungere ulteriori prove significative per avvalorare l'uso del sarcofago per il corpo di Alessandro. Fu comunque in grado di dimostrare che la reliquia era stata venerata nella moschea Attarine per tutto il XVIII secolo, citando i resoconti di precedenti visitatori europei.[3]

---

[2] E.D. Clarke, *The Tomb of Alexander, a dissertation on the sarcophagus from Alexandria and now in the British Museum* (Cambridge 1805).
[3] Richard Pococke, *Description of the East* (London 1743), vol. i, p. 4; A. Van Egmont and John Heyman, *Travels through part of Europe, Asia Minor, ...* (London 1759), vol. ii, p. 133; Eyles Irwin, *Series of Adventures*, i, (London 1780), p. 367; CS Sonnini, *Travels in Upper and Lower Egypt* (London 1800), vol. i, p. 67; W.G. Browne, *Travels in Africa, Egypt and Syria* (London 1799), p. 6.

Il Sarcofago di Alessandro il Grande?
Decifrazione, Oscurità e una Resurrezione Mancata

Nel 1822, J-F. Champollion utilizzò l'iscrizione trilingue sulla stele di Rosetta per decifrare i geroglifici. Divenne subito chiaro che il sarcofago alessandrino fosse inscritto con sezioni dell'antico libro egiziano di "Ciò che è nell'Aldilà", riccamente cosparse di cartigli del faraone Nectanebo II, per il quale è stato senza dubbio realizzato. Non sorprende che tale rivelazione sia stata vista come un modo per minare completamente l'associazione del sarcofago con Alessandro, e la maggior parte delle opere moderne ha citato la sua attribuzione come un motivo sufficiente per respingere la possibilità di un collegamento con il Re macedone. Malgrado ciò, P.M. Fraser, forse lo scettico principale, ha ammesso che "the presence of this mighty sarcophagus in Alexandria is surprising"[4] (la presenza di questo possente sarcofago ad Alessandria è sorprendente).

A metà del XX secolo, fu lanciata una sfida solitaria all'ortodossia scettica. Nel 1948 A.J.B. Wace pubblicò un'argomentazione imperfetta, ma comunque affascinante, secondo cui il sarcofago, tutto sommato, sarebbe potuto provenire dalla tomba di Alessandro.[5] In sostanza, il suo ragionamento poggiava su tre pilastri: -

a) Nectanebo II fu l'ultimo faraone della XXX dinastia e l'ultimo faraone nativo d'Egitto. Fu sconfitto da un'invasione persiana nel 343 a.C. e, secondo Diodoro, fuggì infine a sud, in Etiopia, nel 341 a.C.[6] circa. Probabilmente morì in esilio, pertanto è inverosimile che abbia mai occupato il suo sarcofago. A parte una rivolta indigena intorno al 338-6 a.C., il dominio persiano continuò per il decennio successivo fino all'arrivo di Alessandro nel 332 a.C. È plausibile che il sarcofago fosse ancora inutilizzato quando Tolomeo riportò il corpo di Alessandro in Egitto nel 321 a.C., poiché sarebbe stato sacrilego seppellire un mortale minore in un sarcofago faraonico.

b) Nectanebo II ha un ruolo di primo piano in un racconto leggendario delle gesta di Alessandro, ora noto come il "Romanzo di Alessandro" o talvolta "Pseudo Callistene", poiché alcuni manoscritti lo attribuirono in modo inverosimile a Callistene, lo storico di corte di Alessandro. Pare che sia stato compilato ad Alessandria nel III secolo d.C. da un coacervo di storie precedenti sul Re. Il Romanzo racconta come Nectanebo impiegò poteri magici per assumere le sembianze di Amon, seducendo così Olimpiade e generando da lei Alessandro.[7] Gli studiosi hanno cercato di spiegare cosa avrebbe potuto ispirare una leggenda così straordinaria. Philippe Derchain,[8] ad esempio, ha suggerito che la storia sia stata diffusa dai primi Tolomei per legittimare il dominio macedone in Egitto.

---

[4] P.M. Fraser, *Ptolemaic Alexandria* (Oxford, 1972), par. 2 di nota 86 al Cap.1.
[5] A.J.B. Wace, *The Sarcophagus of Alexander the Great, Farouk I University, Bulletin of the Faculty of Arts 4* (Alexandria,1948), pp. 1-11.
[6] Diodoro Siculo, XVI, 51.
[7] Richard Stoneman (trad.), *The Greek Alexander Romance* (London 1991), Libro I, Sezioni 1-12.
[8] Philippe Derchain (a cura di Pierre Grimal), *Hellenism and the Rise of Rome* (London 1968), p. 208.

La Ricerca della Tomba di Alessandro il Grande

Wace ha comunque sottolineato che l'uso del sarcofago di Nectanebo per il corpo di Alessandro avrebbe fornito uno stimolo favorevole alla leggenda.

c) Infine, Wace propose che una città egiziana chiamata Rhakotis, che era preesistente al sito di Alessandria, avesse incorporato un'importante necropoli faraonica, che includeva la prevista tomba di Nectanebo e conteneva il suo sarcofago.

I primi due punti citati sono ben fatti e di una certa importanza per la questione, ma il ragionamento cade male sul terzo. In primo luogo, non sembra esserci alcuna evidenza reale di una grande necropoli della XXX dinastia ad Alessandria. Né ci sono tracce archeologiche convincenti di un porto egiziano molto significativo nel sito prima della fondazione di Alessandria.[9] Al contrario, ci sono rapporti di antichi scrittori che indicano che il sito era occupato da nient'altro che alcuni villaggi di pescatori egiziani, quando arrivò Alessandro.[10] Infine, ci sono prove schiaccianti che la sepoltura iniziale di Alessandro in Egitto non si trovasse ad Alessandria.

La Tomba Menfita di Alessandro

Eliano, Strabone e Diodoro affermano tutti che Alessandro fu sepolto ad Alessandria quando il suo corpo venne dirottato in Egitto da Tolomeo, ma Pausania, Curzio Rufo e il Romanzo di Alessandro indicano che il Re fu inizialmente sepolto a Menfi e solo in seguito fu trasferito ad Alessandria.[11] In particolare, Pausania afferma esplicitamente che fu il figlio e successore di Tolomeo, Filadelfo, il responsabile del trasferimento ad Alessandria. La questione è decisa a favore di una sepoltura menfita da una voce di una cronologia tolemaica scolpita sull'isola di Paro, al tempo in cui era governata da Filadelfo nel 263-262 a.C. Il *Marmor Parium*[12] afferma inequivocabilmente che "Alessandro fu collocato a Menfi" nell'anno 321-320 a.C. Assegna anche l'anno di nascita di Filadelfo al 309-8 a.C., ma non fa menzione di alcun trasferimento ad Alessandria fino alle ultime voci sopravvissute, intorno al 300 a.C. All'epoca in cui il marmo venne scolpito, il corpo giaceva quasi certamente ad Alessandria, quindi lo scultore avrebbe lasciato perplessi i suoi lettori se avesse omesso di menzionare il trasferimento prima del 300 a.C. È perciò assai probabile che il racconto di

---

[9] I resti di una diga a nord e a ovest dell'isola di Faro sono talvolta identificati come faraonici, ma la loro datazione è in realtà molto incerta.

[10] I principali storici di Alessandro, citando la marcatura della pianta stradale con l'orzo, lasciano intendere che il sito fosse vuoto - Arriano, *Anabasi*, III, 2; Diodoro, XVII, 52; Plutarco, *Alessandro*, 26; Curzio Rufo, IV, 8, 1-6; il Romanzo di Alessandro (probabilmente compilato ad Alessandria) parla esplicitamente di dodici villaggi egizi sul sito, affermando che Rhakotis era il più grande di essi (Sezione 31 del Libro I); Strabone, XVII, 1, 6, afferma che Rhakotis era un κώμη, che è un villaggio o una città di campagna senza mura.

[11] Eliano, *Varia Historia*, XII, 64; Diodoro, XVIII, 28, 3; Strabone, *Geografia*, XVII, 1, 8; Pausania, I, 6, 3; Curzio Rufo, X, 10, 20; Richard Stoneman, *The Greek Alexander Romance* (London 1991), Book III, 34.

[12] Jacoby, FGrH 239.

Il Sarcofago di Alessandro il Grande?

Pausania sia vero e che la sepoltura menfita sia durata 30 o 40 anni, con il trasferimento che alla fine ebbe luogo intorno al 290-280 a.C.[13]

Dove si trovava allora il sarcofago di Nectanebo quando Alessandro fu "collocato a Menfi"? L'ubicazione della tomba a lui designata non è nota. Tuttavia, durante la XXX dinastia, Menfi era la capitale e mantenne questo status per alcuni anni durante il governo di Tolomeo, fino a quando venne sostituita da Alessandria. A Saqqara, nella necropoli menfita, c'è anche un considerevole cimitero della XXX dinastia.[14] Quest'ultimo è adiacente al viale di sfingi (vedi Figura 3.6) che conduce dal santuario del toro Api vivente vicino a Menfi, nella pianura alluvionale del Nilo, fino al complesso del Serapeo menfita.[15] Nectanebo aggiunse un tempio al complesso e anche alla necropoli degli animali sacri adiacente al santuario delle vacche madri dei tori Api.[16] Inaugurò anche il suo regno officiando al funerale del toro Api presso il santuario,[17] così come Alessandro in seguito mostrò il suo rispetto per la sensibilità egiziana sacrificando all'Api.[18] Dato il significato speciale del culto del toro Api per Nectanebo, è possibile che intendesse associare la propria tomba al suo tempio del Serapeo.

I faraoni del periodo tardo venivano generalmente sepolti nelle tombe all'interno dei cortili dei principali complessi templari, solitamente in una volta sotto una cappella di culto. Esempi sono le tombe della XXVI dinastia a Sais e quelle della XXIX dinastia a Mendes. Tale tipo di sepoltura era un elemento di un revival nell'Età Tarda degli stili e delle tradizioni dell'Antico Regno.[19] Il Serapeo si è rivelato in modo indipendente un candidato favorito per l'ubicazione della tomba menfita di Alessandro, poiché era il tempio più importante di Saqqara in quel periodo e perché i Tolomei allestirono un semicerchio piuttosto incongruo di undici statue marmoree di saggi e poeti greci davanti all'ingresso del tempio di Nectanebo (Figure 3.7 e 3.8). Dorothy Thompson ha ipotizzato che potrebbero aver "guarded a shrine of some importance – the site once perhaps of Alexander's tomb"[20] (custodito un santuario di una certa importanza - il sito, un tempo forse, della tomba di Alessandro). Se fosse così, il santuario si trovava quasi certamente all'interno del tempio di Nectanebo, come si può vedere dalla pianta dettagliata

---

[13] P.M. Fraser, *Ptolemaic Alexandria* (Oxford 1972), ha sostenuto un trasferimento anticipato ad Alessandria sulla base dell'osservazione di Curzio Rufo che il trasferimento avvenne "after a few years" (dopo pochi anni), ma 30 o 40 anni sono pochi su un arco temporale di secoli, quindi l'osservazione è davvero troppo vaga per avere qualsiasi valore probatorio.
[14] Per esempio Ian Shaw and Paul Nicholson, *The British Museum Dictionary of Ancient Egypt* (London 1995), p. 252 sotto 'Saqqara'.
[15] Si ritiene che le sfingi siano state create sotto Nectanebo I; altre due rinvenute all'ingresso del tempio di Nectanebo sono attribuite a Nectanebo II.
[16] Jean-Philippe Lauer, *Saqqara, The Royal Cemetery of Memphis, Excavations and Discoveries since 1850* (New York 1976), p. 18 e p. 220.
[17] Nicolas Grimal, *A History of Ancient Egypt* (Oxford, English Paperback Edition 1994), p. 379.
[18] Arriano, *Anabasi*, III, 1, 4.
[19] B.G. Trigger, B.J. Kemp, D. O'Connor e A.B. Lloyd, *Ancient Egypt: A Social History* (Cambridge 1983), p. 321.
[20] Dorothy Thompson, *Memphis after the Ptolemies* (Princeton 1988), p. 212.

La Ricerca della Tomba di Alessandro il Grande

di Auguste Mariette (Figura 3.9).[21] Alcune autorità preferiscono datare le sculture al tardo III secolo a.C., molti decenni dopo il trasferimento della tomba di Alessandro.[22] Tuttavia, l'analisi del gruppo di statue da parte di J-P. Lauer e Ch. Picard[23] ha suggerito che l'epoca del primo Tolomeo sia più probabile, soprattutto perché una delle statue potrebbe essere Demetrio di Falero,[24] il principale filosofo alla corte di Tolomeo I, che fu bandito all'inizio del regno di Filadelfo.[25] Sembrerebbe dunque che una data contemporanea alla tomba menfita di Alessandro non sia impossibile. Per questi motivi, Menfi, e più specificamente il complesso del Serapeo, è l'ubicazione più probabile del sarcofago al tempo in cui Tolomeo vi seppellì Alessandro.[26] Una spiegazione ovvia per la successiva apparizione del sarcofago ad Alessandria è quindi che esso accompagnò il corpo di Alessandro quando Filadelfo lo portò nella sua capitale, probabilmente nel secondo decennio del III secolo a.C.

Tra le autorità rispettabili, Fraser, in particolare, ha dubitato che Tolomeo avrebbe preso in considerazione l'utilizzo di un sarcofago realizzato per Nectanebo e decorato con i suoi cartigli per la tomba menfita di Alessandro.[27] Tuttavia, ci sono diverse linee di argomentazione che supportano la visione opposta: -

a) Tolomeo difficilmente avrebbe potuto compiere apertamente dei preparativi per la sepoltura di Alessandro prima del suo dirottamento del carro funebre in Siria, dal momento che tali preparativi avrebbero potuto allertare il reggente Perdicca circa le sue intenzioni. Sarebbe stato quindi spinto dalle circostanze a improvvisare una tomba menfita con il materiale disponibile.

b) Tolomeo desiderava ingraziarsi i nativi egiziani quando riportò il corpo di Alessandro in Egitto, al fine di rafforzare la sua posizione nelle guerre civili che stavano per scoppiare. C'è un chiaro esempio di tale politica all'opera in una iscrizione fatta erigere da Tolomeo e conosciuta come Stele del Satrapo. In questo caso, Tolomeo cerca di associarsi al misterioso pseudo-faraone, Khabbash,[28] capo

---

[21] Ulrich Wilcken, 'Die griechischen Denkmäler vom Dromos des Serapeums von Memphis', *JDAI* 32, 1917, pp. 149-203.
[22] Per esempio F. Matz, 'Review of J-P. Lauer & Ch. Picard; Les statues Ptolémaiques du Sarapieion de Memphis', Gnomon, 29, pp. 84-93; Fraser, *Ptolemaic Alexandria*, nota 512 al cap. 5, afferma che una datazione anteriore non sia impossibile, ma ne preferisce una posteriore, come fa Dorothy Thompson in *Memphis after the Ptolemies*.
[23] J-P. Lauer & Ch. Picard, *Les Statues Ptolémaiques du Sarapieion de Memphis* (Paris 1955).
[24] Così anche Ulrich Wilcken, sulla base dell'associazione di Demetrio con la fondazione del culto di Serapide e l'erma di Serapide su cui poggia la figura.
[25] Diogene Laerzio, *Demetrio*, 5.76; Cicerone, *Pro Rabirio Postumo* 23.
[26] Sebennito è una possibilità secondaria, poiché questa era la città natale di Nectanebo I, il fondatore della XXX dinastia.
[27] P.M. Fraser, *Ptolemaic Alexandria* (Oxford 1972), par. 2 di nota 86 al Cap. 1.
[28] Per esempio "...The land in its full extent which had been given by the king, the lord of the two lands, the image of Tanen, chosen by Ptah, son of the Sun, Khabbash living forever, the donation thereof has been renewed by this great Viceroy of Egypt, Ptolemy, to the gods of Pe and Tep forever..." (311 a.C.) 'La terra in tutta la sua estensione che era stata donata dal re, signore delle due terre, l'immagine di Tanen, scelto da Ptah, figlio del Sole, Khabbash vivente per sempre, la donazione è stata rinnovata da questo grande Viceré d'Egitto, Tolomeo, agli dèi di Pe e Tep per

Il Sarcofago di Alessandro il Grande?

della ribellione egiziana contro i persiani nel 338-336 a.C. circa. L'utilizzo del sarcofago del precedente faraone per la sepoltura di Alessandro avrebbe potenzialmente contribuito a fissare l'associazione nella mente della popolazione nativa.

c) Se uno studioso come Philippe Derchain ha ritenuto credibile che Tolomeo avrebbe dovuto diffondere la voce secondo cui Nectanebo fu il padre di Alessandro, allora è un passo molto più piccolo credere che Tolomeo avrebbe usato il sarcofago vuoto.

d) C'è un'enorme quantità di evidenze letterarie e archeologiche che i Tolomei furono molto attivi nel riutilizzo di materiale faraonico per adornare Alessandria e i suoi templi e santuari. Nell'area del porto sono stati trovati numerosi obelischi e sfingi provenienti da Eliopoli. Gli Aghi di Cleopatra sono obelischi di Eliopoli che potrebbero essere stati portati ad Alessandria dalla regina, ma furono eretti da Augusto. Plinio ha registrato che Filadelfo utilizzò un obelisco non iscritto, estratto da Nectanebo, in un santuario dedicato a sua sorella-moglie Arsinoë.[29]

Tali osservazioni confutano fortemente l'idea che Tolomeo avrebbe nutrito dei pregiudizi estetici, religiosi o culturali nei confronti dell'uso di un sarcofago faraonico vuoto per Alessandro.

È possibile che Tolomeo abbia rilevato un sito funerario preparato per Nectanebo, insieme al suo sarcofago, al Serapeo o altrove. Come abbiamo visto, un sito associato al tempio di Nectanebo nel complesso del Serapeo ha l'attrattiva di collegare direttamente il sarcofago con speculazioni accademiche precedentemente non correlate riguardanti la posizione della tomba menfita di Alessandro.

In alternativa, rimane possibile un sito nella stessa Menfi. Ci sono alcuni indizi, in particolare, di una associazione tra la tomba menfita di Alessandro e il dio Amon. Ad esempio, Alessandro indossava le corna di ariete di Amon sui tetradrammi di Tolomeo raffiguranti lo scalpo di elefante e si dice che sul letto di morte abbia chiesto che il suo corpo fosse portato ad Amon o al tempio di Amon.[30] È in effetti menzionata l'esistenza di un Imensthotieion o tempio di Amon e Thoth (rispettivamente divinità del Sole e della Luna) nell'Ellenion o Quartiere Greco di Menfi,[31] ciò fornisce pertanto un altro possibile contesto per la tomba menfita.

Leone Africano e la Domus Alexandri Magni

Ci sono documenti riguardanti il sarcofago che lo associano alla tomba di Alessandro prima dell'invasione dell'Egitto da parte di Napoleone? I vari diari di

---

sempre...'; vedi anche Alan K. Bowman, *Egypt after the Pharaohs* (London, edizione con copertina flessibile, 1986), Capitolo 2, p. 22.
[29] Plinio, *Storia Naturale*, xxxvi.xiv.67.
[30] Curzio Rufo, X, 5, 4; Giustino, XII, 15, 7.
[31] British Museum Catalogue, Papyrus 50; Claire Préaux, *L'Économie Royale des Lagides* (Brussels 1939), pp. 298-9.

La Ricerca della Tomba di Alessandro il Grande

viaggio settecenteschi, che menzionano la moschea Attarine e il suo contenuto, sono silenti su questo punto. Tuttavia, esistono alcuni resoconti del XVI e dell'inizio del XVII secolo, a cominciare dalla Descrizione dell'Africa di Leone Africano, che registrano una tomba di Alessandro in città: -

Non si ometta che in mezzo alla città fra le rovine si può vedere una piccola casa a forma di cappella, nella quale si trova una tomba molto onorata dai Maomettani; poiché si afferma che al suo interno è custodito il corpo di Alessandro il Grande, grande profeta e re, come si legge nel Corano. E molti stranieri vengono da terre lontane per vedere e venerare questa tomba, lasciando in questo luogo grandi e frequenti elemosine.[32]

Pare che Leone Africano abbia visitato più volte Alessandria, tra il 1515 e il 1520 circa. Il viaggiatore spagnolo Marmol visitò Alessandria nel 1546 e sembra aver plagiato il racconto di Leone: in particolare, entrambi usano il termine "casa" per indicare l'edificio della tomba nei più antichi manoscritti sopravvissuti.[33] Una descrizione molto simile è stata fornita anche da George Sandys, dopo la sua visita nel 1610: -

C'è ancora da vedere una piccola Cappella: dentro, una tomba, molto onorata e visitata dai Maomettani, dove elargiscono le loro elemosine; supponendo che il suo corpo [di Alessandro] giaccia in quel luogo: Egli stesso era reputato un grande Profeta, informato di ciò dal loro Alcoran.[34]

Chiaramente, tali descrizioni ricordano molto il piccolo edificio nel cortile della moschea Attarine. Ciononostante, questa ovvia inferenza è stata oscurata da una leggenda molto più tarda, che collocava la tomba sotto la moschea di Nabi Daniel a mezzo chilometro di distanza. La storia potrebbe non essere più vecchia del 1850 circa, quando un dragomanno dell'ambasciata russa affermò di aver visto il sarcofago di Alessandro in un'antica cisterna romana che si trova sotto alcune tombe arabe nel seminterrato della moschea.[35] Ampi scavi nel XX secolo hanno praticamente dimostrato che il racconto è apocrifo.[36] Malgrado ciò, molte autorità citano ancora Leone come un possibile riferimento iniziale alla tomba di Nabi Daniel.

Tuttavia, una importante evidenza che suggerisce fortemente che la tomba di Alessandro di Leone fosse davvero il sarcofago della moschea Attarine sembra essere stata finora trascurata. Al centro esatto della bella mappa di Alessandria di

---

[32] Leone Africano, ed. Ramusio, *Descrizione dell'Africa* (Roma 1550), f. 89ʳ; Leo Africanus, trad. John Pory, ed. Dr Robert Brown, *Description of Africa* (London 1896), vol. 3, 8th book.
[33] Perrot (traduttore in francese), *L'Afrique de Marmol* (Paris 1677), Tom. III, liv. xi, c. 14, p. 276.
[34] George Sandys, *Relation of a Journey begun in AD 1610* (London 1617), p.112.
[35] Evaristo Breccia, *Alexandrea ad Aegyptum* (Bergamo 1922), p. 99; A.M. de Zogheb, *Etudes sur l'ancienne Alexandrie* (Paris 1909); questa teoria è stata messa per iscritto per la prima volta da Mahmoud Bey, *Mémoire sur l'antique Alexandrie, ses faubourgs et environs découverts...* (Copenhagen 1872).
[36] P.M. Fraser, *Ptolemaic Alexandria*, (Oxford 1972), nota 88 al Cap. 1; M. Rodziewicz, *Les habitations romaines tardives d'Alexandrie, Centre d'archéologie méditerranéenne de l'Académie Polonaise des Sciences* (Warsaw 1984); la moschea di Nabi Daniel fu costruita nel 1823 da Mohammad Ali su alcune tombe arabe più antiche.

Il Sarcofago di Alessandro il Grande?

Braun e Hogenberg[37] (Figura 7.2), incisa intorno al 1573, c'è un piccolo edificio a cupola, accanto al minareto di una moschea, che viene definito "Domus Alexandri Magni" (Casa di Alessandro il Grande) (Figura 7.3). Si ritiene che Braun e Hogenberg abbiano ottenuto le loro informazioni da un mercante di Colonia di nome Constantin von Lyskirchen. Si suppone che egli, a sua volta, abbia attinto da vecchie mappe portoghesi o da informazioni ottenute dalle spie di Carlo V, che raccolsero dati cartografici sui porti del Mediterraneo meridionale per l'imperatore del Sacro Romano Impero intorno al 1530, in preparazione delle sue fallite invasioni del Nord Africa.[38] Di certo, le evidenze contenute nella mappa la farebbero risalire alla prima metà del Cinquecento.[39] Sebbene la topografia sia un po' distorta in alcuni punti e ci siano alcuni errori minori, come la trasposizione dei nomi del Faro e del Pharillon, nel complesso la mappa è abbastanza veritiera. In particolare, la Domus Alexandri Magni è correttamente posizionata in corrispondenza della moschea Attarine (cfr. la mappa della Description de l'Egypte in Figura 8.2). La moschea di Nabi Daniel è stata costruita ai piedi di una collina chiamata Kom el-Dikka, che può essere identificata con la collinetta a metà strada attraverso la città dalla moschea Attarine, in alto a sinistra nella veduta di Braun e Hogenberg.

È molto probabile che la Domus Alexandri Magni, la tomba di Alessandro di Leone, e il piccolo edificio a cupola nel cortile della moschea Attarine siano la stessa cosa. La tradizionale associazione del sarcofago di Nectanebo con la tomba di Alessandro risale dunque ad almeno cinque secoli fa e verosimilmente è ancora più antica: nel IX secolo, Ibn Abdel Hakim registrò una moschea di Dulkarnein

---

[37] George Braun and Frans Hogenberg, *Civitates Orbis Terrarum* (Cologne 1572 –1618).
[38] Constantin van Lyskirchen era un mercante della lega Hanse con sede a Colonia, dove lavoravano anche Braun e Hogenberg. Fornì vedute di molte città dell'Asia e dell'Africa, inclusa Alessandria, a Braun e Hogenberg. Questi ultimi potrebbero aver utilizzato anche altre fonti. Secondo Oscar Norwich, edited by Jeffery Stone, *Norwich's Maps of Africa, an illustrated and annotated carto-bibliography* (Norwich, Vermont 1997), pagina 380: "in the Hanse merchant Constantin van Lyskirchen of Cologne the editors found a willing agent, who supplied views of the towns of India, Asia, Africa, and Persia never portrayed before" (nel mercante della lega Hanse Constantin van Lyskirchen di Colonia gli autori trovarono un agente disponibile, che fornì vedute delle città dell'India, dell'Asia, dell'Africa e della Persia mai ritratte prima). Secondo Norwich, "Lyskirchen obtained these views from the manuscript produced by an unknown Portuguese illustrator" (Lyskirchen ottenne queste vedute dal manoscritto realizzato da uno sconosciuto illustratore portoghese). Continua dicendo che "apart from these Portuguese views, some of the African illustrations were taken from military plans concerned with the expeditions of the Emperor Charles V in 1535 and 1541 to Tunis and Algeria" (oltre a queste vedute portoghesi, alcune delle illustrazioni africane sono state prese da piante militari relative alle spedizioni dell'imperatore Carlo V nel 1535 e nel 1541 a Tunisi e in Algeria). Le tavole di Braun e Hogenberg passarono successivamente a Jansson, così la mappa di Alessandria fu ripubblicata nel suo famoso Atlante del 1619.
[39] Raffigura la fortezza di Qaid Bey, costruita nel 1480, ma mostra pochi edifici sull'istmo di Faro, che iniziò a svilupparsi sotto gli Ottomani alla fine del XVI secolo.

La Ricerca della Tomba di Alessandro il Grande

(cioè Alessandro[40]) ad Alessandria[41], e un secolo dopo, Massoudi (943-4 d.C.) menzionò l'esistenza di un modesto edificio chiamato "Tomb of the Prophet and King Eskender"[42] (Tomba del Profeta e Re Eskender).

La Chiesa di Sant'Atanasio

C'è ancora un'altra coincidenza tra la storia del Mausoleo del Soma di Alessandro ad Alessandria e la provenienza del sarcofago di Nectanebo. Il Soma viene menzionato per l'ultima volta da Erodiano,[43] il quale scrisse intorno al 240 d.C. riguardo alla visita di Caracalla nel 215 d.C. Alessandria godette di una certa tranquillità fino ai primi anni del 260, quindi è molto probabile che l'edificio sia sopravvissuto almeno fino alla seconda metà del III secolo, quando la città fu coinvolta in tre guerre civili successive. Intorno al 260, il governatore romano fu acclamato come imperatore rivale dalle sue truppe, durante una ribellione che venne sanguinosamente repressa in seguito a un assedio del quartiere fortificato di Bruchion.[44] Intorno al 270, Aureliano sottomise la città dopo la ribellione di Firmo, un sostenitore alessandrino di Zenobia, la regina di Palmira. Infine, Diocleziano schiacciò una grande rivolta nel 298 d.C., espugnando la città dopo un lungo assedio, a seguito del quale le sue truppe si abbandonarono a un'orgia di rappresaglia.[45]

Strabone afferma che il recinto del Soma faceva parte del quartiere reale tolemaico.[46] La fortezza romana chiamata Bruchion fu realizzata quando Caracalla fece murare la zona della città che in precedenza aveva contenuto i palazzi reali. Di conseguenza, l'affermazione di Ammiano Marcellino, secondo cui Aureliano devastò il Bruchion,[47] è stata citata come la spiegazione più probabile per la distruzione del Soma. Ad ogni modo, la questione è assai poco chiara, dal momento che Strabone afferma anche che il quartiere reale costituiva un quarto e forse un terzo dell'intera città, mentre la fortezza romana di Bruchion era appena la metà di quelle dimensioni.[48]

Ammiano si riferisce anche a un tempio del Genio di Alessandria, in un passaggio che descrive l'antagonismo tra il patriarca Giorgio e la folla alessandrina intorno al 361 d.C.: -

---

[40] Dulkarnein significa il "signore dalle due corna" in arabo, che allude alle rappresentazioni di Alessandro che indossa un paio di corna di ariete o di toro nelle monete dei suoi successori, in particolare i tetradrammi di Lisimaco; Alessandro appare in questa veste nella Sura 18 del Corano.
[41] P.M. Fraser, *Ptolemaic Alexandria* (Oxford,1972), par. 1 di nota 86 al Cap. 1.
[42] Maçoudi trad. C. Barbier de Meynard and Pavet de Courteille, *Les Prairies d'Or* (Paris 1869), t. II, p. 259.
[43] Erodiano, IV, 12 (e the Introduction to the Loeb edition by C.R. Whittaker).
[44] John Marlowe, *The Golden Age of Alexandria* (London 1971), Capitolo 10, p. 220.
[45] Stephen Williams, *Diocletian and The Roman Recovery* (New York 1985).
[46] Strabone, *Geografia*, XVII, 1, 8.
[47] Ammiano Marcellino, *Storie*, XXII, 16, 15.
[48] Il Bruchion sembra essere stato l'area adiacente alla costa orientale del porto grande che si trovava al di fuori delle mura medievali (vedi Figura 1).

Il Sarcofago di Alessandro il Grande?

E, tra le altre cose, si diceva che [Giorgio] avesse informato maliziosamente Costanzo anche di questo, cioè che tutti gli edifici che sorgevano sul suolo di detta città [Alessandria] erano stati costruiti dal suo fondatore, Alessandro, con grande spesa pubblica, e dovevano giustamente essere una fonte di profitto per l'erario. A queste azioni malvagie ne aggiunse ancora un'altra, che poco dopo lo spinse a capofitto alla distruzione. Mentre stava tornando dalla corte dell'imperatore e passava davanti allo splendido tempio del Genio [speciosum Genii templum], frequentato come al solito da una grande folla, volse gli occhi dritti al tempio, e disse: "Per quanto tempo resterà in piedi questa tomba [sepolcro]?" Udendo ciò, molti furono colpiti come da un fulmine e, temendo che cercasse di abbattere anche quell'edificio, escogitarono trame segrete per distruggerlo in ogni modo possibile.[49]

D.G. Hogarth pensò che suddetta menzione di una tomba del Genio di Alessandria in uno splendido tempio potesse benissimo riferirsi al Mausoleo del Soma.[50] Ma P.M. Fraser ha invece sostenuto che è da intendersi come l'Agathos Daimon e che l'uso della parola 'sepulcrum' è retorico.[51] Diversamente, Christopher Haas[52] ha affermato che si tratterebbe della personificazione femminile della Tyche di Alessandria. Sembrano tuttavia esserci delle rappresentazioni esplicite di Alessandro nelle vesti del Genio di Alessandria su diversi tipi di monete alessandrine di Adriano,[53] il che rafforza l'opinione che Giorgio si stia effettivamente riferendo al Mausoleo di Alessandro. In tal caso, l'edificio sarebbe sopravvissuto almeno fino al 361 d.C. Dato che Giovanni Crisostomo, pochi decenni dopo, affermò che la tomba del Macedone era 'sconosciuta alla sua stessa gente',[54] l'occasione più probabile della distruzione del Mausoleo del Soma è rappresentata dal terremoto e dal maremoto che devastarono Alessandria nel 365 d.C.[55] Il punto qui rilevante è che Atanasio era patriarca di Alessandria nel 365 d.C., il che può aiutare a spiegare come il sarcofago sia finito in una moschea sul sito di una chiesa tardo romana dedicata alla sua memoria.

Conclusioni

Il fatto accertato che il sarcofago sia stato originariamente scolpito per Nectanebo II è stato assunto per quasi due secoli per screditare la tradizione alessandrina secondo cui un tempo contenesse i resti di Alessandro. Tuttavia, come abbiamo visto, questo dato sembra effettivamente collocare il sarcofago vuoto nel posto giusto al momento giusto; collega anche il sarcofago con un ragionamento accademico precedentemente non correlato, che ha associato il tempio di

---

[49] Ammiano Marcellino, *Storie*, XXII, 11, 7.
[50] D.G. Hogarth, 'Report on Prospects for Research in Alexandria', *Egypt Exploration Fund* 1894-5, nota 3 a p. 23.
[51] P.M. Fraser, *Ptolemaic Alexandria* (Oxford 1972), nota 84 al Cap. 1.
[52] Christopher Haas, *Alexandria in Late Antiquity* (Baltimore 1997), p. 287.
[53] A.M. Chugg, 'An Unrecognised Representation of Alexander the Great on Hadrian's Egyptian Coinage', The Celator Journal, Vol. 15, No. 2 (February 2001).
[54] Giovanni Crisostomo, *Omelia XXVI sulla seconda lettera di San Paolo Apostolo ai Corinzi*, circa 400 d.C.
[55] Ammiano Marcellino, *Storie*, XXVI, 10, 15-19; Sozomeno, *Storia Ecclesiastica*, 6, 2.

La Ricerca della Tomba di Alessandro il Grande

Nectanebo al Serapeo con la tomba menfita di Alessandro. Può quindi essere riconosciuto in modo più appropriato come il miglior motivo per credere nell'autenticità della tradizione. Per di più, l'uso del sarcofago per la sepoltura menfita del Re fornisce una chiara spiegazione di come sia arrivato ad Alessandria. Anche coloro che hanno dubitato della sua autenticità hanno ammesso che è difficile spiegare altrimenti la sua presenza lì.

Inoltre, è ora possibile dimostrare con forza che si tratti dello stesso sarcofago ospitato all'interno della sua piccola cappella che Leone Africano vide in occasione delle sue visite ad Alessandria intorno al 1517. Ciò sposta indietro di almeno cinque secoli la tradizione relativa al sarcofago che, con ogni probabilità, è molto più antica.

Partendo dal presupposto che la tomba sia un falso, o gli autori furono straordinariamente fortunati nella scelta di un sarcofago faraonico realmente a disposizione di Tolomeo, quando seppellì Alessandro a Menfi, oppure furono in grado di riconoscerlo quale sarcofago realizzato per Nectanebo. In quest'ultimo caso, dovevano verosimilmente essere in grado di leggere i geroglifici. Ma le ultime iscrizioni geroglifiche risalgono alla fine del IV secolo d.C.[56] Anche da una posizione scettica, sembrerebbe dunque plausibile che il sarcofago sia stato associato ad Alessandro entro pochi secoli dalla scomparsa del Mausoleo del Soma.

Le evidenze presentate in questo articolo non costituiscono una prova assoluta (così come quasi tutti gli argomenti storici). Non sembra tuttavia esserci alcuna considerevole prova contraria e le coincidenze sono sufficientemente numerose e sorprendenti da rendere difficile evitare la conclusione che la reliquia sia, con ogni probabilità, il vero sarcofago di Alessandro Magno.

---

[56] L'ultima iscrizione geroglifica conosciuta, sull'isola di File, è datata al 24 agosto 394 d.C. Presumibilmente, la chiusura dei templi da parte di Teodosio, in seguito ai suoi decreti "contra paganos" del 391 d.C., fu la causa immediata della scomparsa di tale forma di scrittura.

Appendice C: Un Candidato per la Prima Tomba di Alessandro

Il progetto di pubblicare il seguente articolo dell'autore è stato sostituito dalla pubblicazione di *The Lost Tomb of Alexander the Great* nel 2004, quindi in precedenza è apparso solo come download in formato pdf dal sito web dell'autore all'indirizzo www.alexanderstomb.com.

Introduzione

Le conquiste di Alessandro in vita sono una caratteristica fondamentale del curriculum degli studi classici, ma ci sono testimonianze sparse e frammentarie che suggeriscono che la sua influenza post mortem sulla politica e sulla religione della tarda antichità fosse altrettanto importante. Si dice, ad esempio, che il senato lo abbia eletto tredicesimo membro del pantheon.[1] Molte delle prove tangibili del culto di Alessandro sono però andate perdute. Il centro del culto, in particolare, è sempre stato associato alle sue spoglie mummificate, in Egitto, e si hanno notizie di pellegrinaggi di Cesare, Ottaviano, Severo e Caracalla.[2] Eppure, nessuno dei siti delle diverse tombe è mai stato identificato e alcuni hanno disperato di poterli mai trovare. Stanno tuttavia emergendo nuove evidenze, finora non riconosciute, che suggeriscono che il problema potrebbe non essere così insormontabile come sembri. Il presente articolo si concentra su un nuovo candidato per il sito della prima tomba a Menfi.

La Sepoltura Menfita

Intorno all'inverno del 322-321 a.C. Tolomeo Soter perpetrò il dirottamento del carro funebre di Alessandro il Grande, mentre avanzava attraverso la Siria diretto in Macedonia.[3] Lo portò in Egitto e organizzò prontamente la sepoltura del cadavere del suo defunto re a Menfi, che a quel tempo era ancora la capitale del

---

[1] Clemente Alessandrino, Esortazione ai Greci, cap. X: "For these are they who have dared to deify men, describing Alexander of Macedon as the thirteenth god, though 'Babylon proved him mortal'" (Poiché questi sono coloro che hanno osato divinizzare gli uomini, descrivendo Alessandro di Macedonia come il tredicesimo dio, anche se 'Babilonia lo ha dimostrato mortale'); San Giovanni Crisostomo, Vescovo di Costantinopoli, Omelia XXVI sulla seconda lettera di San Paolo Apostolo ai Corinzi: "Thus the Roman senate decreed Alexander to be the thirteenth God, for it possessed the privilege of electing and enrolling Gods" (Così il senato romano decretò che Alessandro fosse il tredicesimo Dio, poiché aveva il privilegio di eleggere e di arruolare gli Dèi); Luciano, Dialoghi dei Morti, XIII: Diogene ad Alessandro, "Some even added you to the twelve gods, built you temples, and sacrificed to you as the son of the serpent" (Alcuni ti hanno anche aggiunto ai dodici dèi, ti hanno costruito templi e ti hanno offerto sacrifici come figlio del serpente).

[2] Cesare: Lucano, *Pharsalia*, X, ll. 14-20; Ottaviano: Svetonio, *Vite dei Cesari, Augusto*, 2, 18; Dione Cassio, *Storia romana*, LI, 16, 5; Severo: Dione Cassio, *Storia romana (Epitome)*, LXXVI, 13; Caracalla: Erodiano, IV, 8, 6 - IV, 9, 8.

[3] Arriano, *Gli eventi dopo Alessandro*, riassunti da Fozio, 92; vedi anche Goralski 1989; Eliano, *Varia Historia*, XII, 64; Pausania, I, 6, 3.

paese.[4] Alcune autorità moderne hanno cercato di dimostrare che la tomba di Alessandro fu trasferita ad Alessandria entro pochi anni, principalmente allo scopo di perseguire una teoria non dimostrata e controversa secondo cui Alessandria divenne la capitale già nel 320 a.C.[5] Tuttavia, le evidenze storiche supportano la tesi che la tomba menfita sia esistita per almeno 30 anni, poiché Pausania afferma che il suo trasferimento fu intrapreso dal figlio di Tolomeo, Filadelfo.[6] Inoltre, il racconto di Pausania è corroborato in modo significativo dal silenzio del *Marmor Parium* riguardo al trasferimento.[7] Questa antica cronologia di Paro presta specifica attenzione agli eventi riguardanti Tolomeo e Filadelfo, poiché quest'ultimo era il sovrano dell'isola al tempo in cui l'iscrizione fu scolpita nel 263-262 a.C. In particolare, registra la sepoltura di Alessandro a Menfi nel 321 a.C. e la nascita di Filadelfo nel 309-308 a.C., ma non menziona il trasferimento della tomba di Alessandro fino alle sue ultime voci sopravvissute, intorno al 300 a.C. Se la tomba fosse stata trasferita nel IV secolo, il *Marmor Parium* avrebbe dovuto menzionare il fatto, altrimenti avrebbe trasmesso un'impressione fuorviante che la tomba si trovasse ancora a Menfi. Ciò sarebbe stata una pecca notevole in un'iscrizione che per il resto si è dimostrata altamente autorevole. Pertanto, è ragionevole concludere che il corpo di Alessandro rimase a Menfi almeno fino al 290 a.C.[8] Molto probabilmente, vi rimase fino a poco dopo che Filadelfo divenne l'unico sovrano, alla morte di Tolomeo nel 282 a.C. Avendo quindi stabilito che il corpo di Alessandro probabilmente giacque a Menfi per circa quattro decenni, lo scopo del presente articolo è mettere insieme una varietà di elementi di prova al fine di proporre un candidato per la sua esatta ubicazione.

Il Sarcofago di Nectanebo II

Nell'estate del 1798, Napoleone invase l'Egitto. In retrospettiva, questo è spesso considerato l'evento fondante dell'Egittologia come disciplina scientifica importante. Gli studiosi della spedizione non solo raccolsero il materiale per la magnifica e ancora oggi di fondamentale importanza *Description de l'Egypte*, ma scoprirono anche la Stele di Rosetta ed ebbero l'arguzia di riconoscerne l'immensa importanza. Quello che si ricorda meno, invece, è che all'epoca il più grande entusiasmo fu accordato al ritrovamento di un sarcofago faraonico vuoto, in una cappella nel cortile della moschea Attarine ad Alessandria (Figura 7.1). Ciò fu

---

[4] Pausania, I, 6, 3; Curzio Rufo, X, 10, 20; Stoneman 1991, III, 34; Diodoro, XVIII, 28, 2-3.
[5] Fraser 1972, nota 79 al Cap. 1, ha sostenuto un trasferimento anticipato ad Alessandria sulla base dell'osservazione di Curzio Rufo che il trasferimento ebbe luogo "after a few years" (dopo pochi anni), ma 30 o 40 anni sono pochi su una scala temporale di secoli, quindi l'osservazione è davvero troppo vaga per avere qualsiasi valore probatorio. Fraser rimanda alla sua nota 28 al Cap. 1, in cui delinea la sua argomentazione contro Welles, che Alessandria divenne la capitale solo pochi anni dopo la morte di Alessandro. Ciò sembrerebbe essere stato un ulteriore motivo per sostenere un trasferimento anticipato.
[6] Pausania, I, 7, 1.
[7] F. Jacoby, *FGrHist* 239, il *Marmor Parium*.
[8] Il 290 a.C. sembra essere la prima data dell'istituzione del sacerdozio di Alessandro; vedi Fraser 1972, p. 216 e nota 215.

Un Candidato per la Prima Tomba di Alessandro

dovuto al fatto eccezionale che gli abitanti locali affermarono con sicurezza che esso aveva un tempo ospitato i resti di Alessandro il Grande.[9]

I britannici sconfissero i francesi nella battaglia di Alessandria, nel 1801. Secondo i termini del trattato di resa, ai francesi fu chiesto di consegnare la loro collezione di antichità egizie, tra cui la Stele di Rosetta e il sarcofago alessandrino (Figura 7.5). Quest'ultimo fu rintracciato nel suo nascondiglio, all'interno della stiva di una nave ospedale francese, dallo studioso di Cambridge Edward Daniel Clarke, il quale in seguito ne organizzò il trasporto al British Museum, dove è ancora oggi esposto. Clarke scrisse anche un trattato intitolato "The Tomb of Alexander", in cui pubblicò le motivazioni che lo portarono a credere all'attribuzione della reliquia al Re macedone.[10]

Sfortunatamente, però, Clarke fu in grado di fornire solo scarse prove aggiuntive riguardanti l'attribuzione. Ancor più sfortunatamente, quando Champollion decifrò i geroglifici nel 1822, ci si accorse presto che il sarcofago recava i cartigli di un faraone della XXX dinastia, originariamente identificato come Nectanebo I (Nakhtnebef), ma successivamente corretto in Nectanebo II (Nakhthorheb). Gli oppositori di Clarke, già indignati all'idea che il più grande dei sovrani greci fosse stato sepolto in un mero manufatto egizio, piuttosto che in qualche capolavoro della scultura classica, ora si consideravano del tutto vendicati. Un'aria di compiaciuto scetticismo avvolse il sarcofago, la cui eredità continua a contaminare le indagini sulla sua provenienza fino ad oggi.

Un tentativo solitario e mal concepito di sfidare l'ortodossia scettica fu fatto da Alan Wace nel 1948.[11] Egli fece notare che Nectanebo II era fuggito dall'Egitto dopo essere stato spodestato da un'invasione persiana iniziata circa nel 341 a.C.[12] Alessandro, a sua volta, espulse i Persiani nel 332 a.C. Di conseguenza, il sarcofago di Nectanebo e presumibilmente una tomba associata sarebbero dovuti essere disponibili per Tolomeo, vuoti, quando dovette seppellire Alessandro nel 321 a.C. In secondo luogo, Wace ha notato che il ruolo di Nectanebo II come padre putativo di Alessandro, nell'alessandrino Romanzo di Alessandro,[13] potrebbe essere potenzialmente spiegato dall'utilizzo da parte di Tolomeo del sarcofago di Nectanebo per la tomba del Conquistatore. Questi punti erano ben articolati, ma sembra che Wace sia stato principalmente motivato dal desiderio di sostenere la sua precaria teoria secondo cui Alessandria fosse già stata sede di una grande città egiziana nel periodo faraonico. Propose perciò che Tolomeo avesse trovato il sarcofago vuoto in una ipotetica necropoli reale della XXX dinastia situata ad Alessandria. In tal modo, lo studioso cercò una spiegazione combinata sia per il suo utilizzo per il corpo di Alessandro che per la sua altrimenti sorprendente presenza ad Alessandria. Tuttavia, i vari resoconti antichi della

---

[9] E.D. Clarke, *The Tomb of Alexander*, Cambridge 1805, pp. 39-40.
[10] Clarke 1805.
[11] Wace, 1948, pp. 1-11.
[12] Diodoro, XVI, 51.
[13] Stoneman, 1991, I, 1-14.

La Ricerca della Tomba di Alessandro il Grande

fondazione di Alessandria di Strabone, gli storici di Alessandro e il Romanzo di Alessandro parlano di un sito comprendente un'aperta campagna disseminata da alcuni villaggi di pescatori, il più grande dei quali si chiamava Rhakotis.[14] Se quest'ultimo fosse stato una città così importante, come suggerito da Wace, allora è molto sorprendente che non abbia lasciato praticamente alcuna traccia storica o archeologica. Forse, però, il problema maggiore della teoria di Wace risiede nel fatto che il corpo di Alessandro inizialmente riposò a Menfi per almeno tre decenni. Eppure, qui risiede anche il suo punto di forza, poiché da questa prospettiva ha più senso, sotto ogni aspetto, supporre che Tolomeo abbia trovato e utilizzato il sarcofago vuoto di Nectanebo II a Menfi nel 321 a.C.

Nessuno dei siti delle tombe dei tre faraoni della XXX dinastia è stato attualmente identificato, anche se sono stati trovati frammenti del sarcofago di Nectanebo I riutilizzati nelle pareti di edifici medievali al Cairo[15], e nei musei sono conservati sia il sarcofago che gli ushabti (statuette aventi lo scopo di agire come servitori dei defunti nell'aldilà) di Nectanebo II.[16] Le tombe della XXVI dinastia e della breve XXVIII dinastia si trovano a Sais, mentre è stato recentemente dimostrato che quelle della XXIX dinastia si trovano a Mendes.[17] Tali località sembrano essere state scelte perché erano state le sedi ancestrali dei fondatori delle rispettive dinastie. È noto che il fondatore della XXX dinastia, Nectanebo I, proveniva da Sebennito nel Delta, quindi la speculazione ha favorito questa città come sede del cimitero reale della sua dinastia, nonostante la mancanza di qualsiasi evidenza archeologica o letteraria corroborante (tranne, in modo piuttosto vago, che il sarcofago di Udjashu, moglie di Tjahapimu e madre di Nectanebo II, sia stato trovato riutilizzato vicino a Mansura nel Delta settentrionale, ed è stato suggerito come proveniente da Behbeit el-Hagar,[18] sito di un tempio di Iside eretto da Nectanebo II cinque miglia a nord di Sebennito). Ci sono comunque indicazioni che Menfi fosse la capitale sotto la XXX dinastia, il che la rende un luogo alternativo credibile per le tombe reali.[19] Al contrario, Alessandria/Rhakotis non era né la sede ancestrale della dinastia, né la capitale, pertanto è un sito intrinsecamente improbabile.

---

[14] I principali storici di Alessandro, citando la marcatura della pianta stradale con l'orzo, implicano che il sito fosse vuoto – Arriano, *Anabasi*, III, 2; Diodoro, XVII, 52; Plutarco, *Alessandro*, 26; Curzio Rufo, IV, 8, 1-6; la versione greca del Romanzo di Alessandro, I.31 (probabilmente compilata ad Alessandria) parla esplicitamente di dodici villaggi egiziani sul sito, affermando che Rhakotis era il più grande di essi; Strabone, XVII, 1, 6, afferma che Rhakotis era un κώμη, ovvero un villaggio o una cittadina di campagna senza mura.
[15] Dodson, 2000, p. 163.
[16] C'è un ushabti completo di Nectanebo II a Torino, oltre a una decina di frammenti, ma tutti di incerta provenienza, vedi Clayton 1994, pp. 204-5.
[17] Dodson, 2000, pp. 160-163.
[18] C.C. Edgar & G. Maspero, "The Sarcophagus of an Unknown Queen," *ASAE 8*, 1907, 276-81.
[19] Menfi era probabilmente la capitale *amministrativa* nell'Età Tarda (vedi Trigger 1983, pp. 332-333; Thompson 1988, p. 4). Tuttavia, Sais e Mendes potrebbero essere considerate capitali cerimoniali, rispettivamente durante la XXVI e la XXIX dinastia.

Il Serapeo Menfita

È noto fin dall'inizio degli scavi scientifici in Egitto che i faraoni della XXX dinastia furono molto attivi nella necropoli menfita di Saqqara. Tra le prime e più grandi scoperte archeologiche, ci furono quelle di Auguste Mariette. In particolare, tra il 1850 e il 1853 egli localizzò e scavò il complesso del tempio del Serapeo a nord-ovest della piramide a gradoni di Djoser (Figura 3.6).[20] Utilizzando Strabone come guida, riesumò un viale di sfingi di Nectanebo I lungo un miglio, che conduceva dalla pianura alluvionale del Nilo al pilone d'ingresso del Serapeo. Soprattutto verso l'estremità del Serapeo, scavate nei terrapieni ai lati del viale, Mariette trovò tombe di alto rango risalenti alla XXX dinastia e al periodo Greco-Romano (Figura C.1).[21] Nel punto in cui il viale accedeva al complesso deviando bruscamente verso sud, Mariette scoprì a est del pilone le rovine di un importante tempio contenente rilievi scolpiti del faraone Nectanebo II in adorazione davanti a Osiride-Api e Iside. Scoprì inoltre un secondo tempio di Nectanebo II all'estremità opposta del primo recinto del Serapeo e anche un terzo edificio del faraone, dedicato alle vacche madri del toro Api, è stato portato alla luce presso la vicina necropoli degli animali sacri. Evidentemente, la XXX dinastia profuse notevoli sforzi nella necropoli di Saqqara Nord e il complesso del Serapeo era al centro delle attenzioni.

Figura C.1. Pianta di Mariette delle scoperte a Saqqara Nord, da Choix des Monuments, Parigi, 1856 (collezione dell'autore)

Ma Nectanebo I e Nectanebo II non furono i soli ad abbellire il Serapeo in quel periodo. I loro successori, i primi Tolomei, sembrano essere stati responsabili della creazione di una curiosa e apparentemente incongrua varietà di sculture all'interno del suo recinto.[22] La più sorprendente di tutte è il semicerchio di undici poeti e saggi greci a grandezza naturale (Figura 3.7), che sembra posto a guardia dell'ingresso principale del tempio di Nectanebo II. Ciò è mostrato più chiaramente in una pianta disegnata da Mariette per dettagliare le sue scoperte, che tuttavia passò inosservata tra le sue carte fino al 1939 (Figura 3.9).[23]

---

[20] Mariette, 1882.
[21] Mariette, 1882, pp. 10-13; Dodson, 2001, pp. 27-38.
[22] Wilcken, 1917, pp. 149-203; Lauer & Picard, 1955.
[23] Lauer & Picard, 1955, Plate 26.

La Ricerca della Tomba di Alessandro il Grande

Il semicerchio è stato datato al regno del primo Tolomeo, sulla base del fatto che una delle statue (Figura 3.8) sembri rappresentare Demetrio di Falero.[24] Fu il principale filosofo alla corte di Tolomeo I, ma venne esiliato in campagna e successivamente costretto al suicidio da Filadelfo, poiché aveva sostenuto un figlio rivale nella lotta per la successione.[25] Sembrerebbe dunque probabile che il semicerchio sia contemporaneo alla tomba menfita di Alessandro. Inoltre, il gruppo di statue è presieduto dalla figura centrale di Omero, il poeta preferito di Alessandro.[26]

Dorothy Thompson, infatti, nel 1988 ipotizzò che il semicerchio avesse sorvegliato il sito della tomba menfita di Alessandro,[27] anche se riteneva che le statue fossero di età posteriore rispetto alla sepoltura, e pare che non fosse a conoscenza dell'altra connessione tra la tomba di Alessandro e Nectanebo II: ovvero il sarcofago ritrovato ad Alessandria. È in particolare questa sorprendente coincidenza tra due linee indipendenti di evidenza che sostiene il dato significativamente convincente circa l'autenticità del sarcofago e la posizione della prima tomba.

Il Tempio di Nectanebo II

Secondo la mappa dettagliata degli scavi di Mariette (Figura 3.9), è evidente che il semicerchio si trovi proprio accanto all'ingresso del tempio di Nectanebo II. Se quindi i poeti custodivano la tomba di Alessandro, siamo dunque rivolti all'entrata del suo sito. Oltre al pavimento del tempio stesso, attraverso l'ingresso si accede a un'altra camera. Questa è costruita nel fianco meridionale del tempio (lettera A in Figura 7.7) ed è raggiunta da un passaggio che viene prolungato fino al lato meridionale dei gradini del tempio (D) da un muro divisorio (C). La scala di Mariette dimostra che la camera è di dimensioni tali (6m x 2,7m) da poter accogliere perfettamente il sarcofago di Nectanebo II a est dell'ingresso, come mostrato dal profilo del sarcofago disegnato in scala all'interno della camera in Figura 7.7.

Ci sono altre caratteristiche della camera A che fanno pensare a una tomba. Il lungo passaggio d'ingresso caratterizzato da curve sembra essere stato destinato a produrre un ambiente interno buio, che avrebbe reso scomoda la maggior parte degli usi alternativi. La posizione e la forma della camera implicano un orientamento est-ovest del sarcofago. L'orientamento era molto importante per gli antichi Egizi. L'Oriente significava rinascita mentre l'Occidente indicava il regno dei morti, i defunti erano perciò visti come in partenza verso l'Occidente e

---

[24] Lauer & Picard, 1955, p. 87.
[25] Diogene Laerzio, *Demetrio*, 5.76; Cicerone, *Pro Rabirio Postumo*, 23.
[26] Plutarco, *Alessandro*, 8, 2.
[27] Thompson, 1988, p. 212.

Un Candidato per la Prima Tomba di Alessandro

la disposizione approssimativa est-ovest della camera funeraria e/o del sarcofago era comune nelle tombe reali.

La pianta di Mariette mostra un ingresso laterale al tempio (B), appena fuori dal quale egli ha scoperto una fila di quattro leoni in stile greco (2). Le sculture sembrano custodire l'accesso laterale più o meno allo stesso modo in cui il semicerchio sorveglia l'ingresso principale. Ciò è particolarmente interessante perché le sculture di leoni sono una caratteristica importante delle tombe e dei monumenti dei successori macedoni di Alessandro (ad esempio, le tombe dei leoni di Cnido, Anfipoli e Gerdek Kaya e il leone di Hamadan).[28] Inoltre, una coppia di leoni d'oro è nota per aver sorvegliato l'ingresso del catafalco sul quale il corpo di Alessandro fu portato da Babilonia in Egitto (Figura 3.1).[29]

Il rapporto di Mariette sul tempio di Nectanebo II descrive il ritrovamento di alcuni bassorilievi che raffigurano Nectanebo II in adorazione davanti a una divinità, che egli identifica come Api o Osiride-Api.[30] Tuttavia, Lauer osserva che l'unico frammento del tempio, esposto al Louvre, mostra Nectanebo II in adorazione della dea Iside, che in origine sarebbe stata accompagnata da Osiride.[31] Mariette nota anche che dove le pareti del tempio non erano più spesse di 60cm/70cm (grigio chiaro nella Figura 3.9, cioè la facciata) erano fatte di blocchi di calcare semplice finemente lavorati. I muri più spessi (2,95m, grigio scuro in Figura 3.9) erano costituiti da un nucleo di grandi mattoni impastati con materia vegetale con un rivestimento di pietra. In particolare, rami di acacia spinosa erano incorporati qua e là all'interno delle pareti (tali tronchi erano comunemente usati come traverse nell'architettura egiziana in mattoni). Alcuni di essi recavano due cartigli accuratamente intagliati di Nectanebo II. Se la camera annessa fosse stata una tomba, allora il tempio stesso dovrebbe essere interpretato come adempiente al ruolo richiesto di cappella delle offerte funerarie. Gli Egizi credevano che sarebbero apparsi davanti a Osiride per essere giudicati poco dopo la loro morte, quindi i rilievi murali non sono in contrasto con la funzione di cappella delle offerte.

La planimetria del tempio di Nectanebo II è quasi simmetrica rispetto a un asse est-ovest nella linea del dromos (il percorso processionale verso le gallerie dei tori sul lato occidentale del tempio). Tuttavia, è interessante notare che la muratura della parete meridionale sporge leggermente oltre la bella muratura della facciata del tempio. Se un muro di mattoni meridionale viene disegnato esattamente per rispecchiare il muro settentrionale, in modo tale che la superficie esterna coincida con l'estremità della facciata (come mostrato in Figura 7.7), allora è interessante osservare che la sua parete esterna coincide con il muro interno della camera A, mentre la sua superficie interna corre lungo la superficie della parete settentrionale del passaggio che conduce alla camera A. È possibile che ciò rifletta il modus

---

[28] Fedak, 1990, pp. 76-78 e p. 100.
[29] Diodoro, XVIII, 27, 1.
[30] Mariette, 1882, pp. 18-19.
[31] Lauer & Picard, 1955, p. 10.

La Ricerca della Tomba di Alessandro il Grande

operandi dell'architetto, che potrebbe aver disegnato un tempio simmetrico e poi modificato il fianco meridionale per ospitare la camera A. Ma suggerisce anche la possibilità che la camera A sia stata aggiunta a un tempio di Nectanebo II originariamente simmetrico, qualche tempo dopo la sua costruzione. Sarebbe stato logico, ad esempio, costruire una nuova parete di fondo contro quella vecchia prima della sua rimozione, per mantenere il sostegno del tetto. Ci si potrebbe anche chiedere se sia stata rimossa una quantità sufficiente di pietra lavorata dal lato dei gradini (D), dalla porta dell'ingresso laterale (B) e dall'area dell'ingresso del passaggio alla camera A, al fine di costruire la parete divisoria (C) al momento dell'ipotetica aggiunta della camera A. Se quest'ultima è stata aggiunta al tempio dopo la sua costruzione, è possibile che ciò sia stato fatto allo scopo specifico di fornire una tomba per Alessandro. Se è invece originale, è molto plausibile che fosse la tomba destinata a Nectanebo II, rilevata da Tolomeo per ospitare il corpo di Alessandro.

Contro quest'ultima ipotesi si potrebbe affermare che la tomba avrebbe interrotto una precisa tipologia di sepoltura reale, che era stata in auge fin dai faraoni di Tanis (XXI dinastia) e fu adottata almeno fino alla XXIX dinastia. Tale tipo di sepoltura prevedeva una camera funeraria sotterranea scavata sotto la cappella delle offerte. Mariette afferma che trovò e scavò delle tombe all'interno di fosse sotto la pavimentazione del tempio di Nectanebo II,[32] quindi, forse, una tomba tradizionale sotto il pavimento del tempio era stata destinata a Nectanebo II.

Al contrario, la camera A era effettivamente sotterranea. Il suo pavimento si trova a un livello inferiore a quello del tempio vero e proprio, che era a sua volta costruito su un ripido terrapieno. Ciò spiega il profilo cruciforme di Mariette che indica una tomba apparentemente sovrastante le mura del complesso di Nectanebo II proprio dietro il tempio (Figura 3.9) e perché solo la facciata del tempio fu costruita in muratura levigata. La camera A potrebbe anche essere considerata uno stretto parallelo delle camere tombali che Mariette trovò scavate nei terrapieni del vicino viale di sfingi (Figura C.1).

C'è un disegno di Barbot che guarda a est lungo il dromos, da vicino all'entrata delle gallerie dei tori, verso il tempio di Nectanebo II (Figura C.2). La doppia scalinata che conduce all'ingresso del tempio si intravede appena insieme al semicerchio di statue sulla destra. Le pareti del tempio stesso sono disegnate ad altezze variabili che indicano la loro condizione deteriorata al momento dello scavo. L'enorme tumulo in cui era incassato il tempio incombe dietro i resti. Nella pianta di Mariette (Figura 3.9) ci sono ulteriori mura costruite più in profondità nel tumulo oltre la parete orientale del tempio. C'è una fessura nelle pareti (indicata con E nella Figura 7.7) che è in allineamento con il dromos e l'entrata del tempio. Il muro orientale del tempio aveva un tempo un ingresso che conduceva alle parti più profonde del complesso all'interno del tumulo? Tutte queste domande tendono a enfatizzare l'opportunità di un nuovo scavo dell'area.

---

[32] Mariette, 1882, p. 19.

Un Candidato per la Prima Tomba di Alessandro

Il Sarcofago di Alessandria

Oltre alle scoperte di Mariette nel Serapeo menfita, ci sono altre evidenze provenienti da Alessandria che tendono a sostenere l'autenticità del sarcofago. In primo luogo, è ora possibile dimostrare che il sarcofago trovato nella moschea Attarine è identico alla tomba di Alessandro segnalata da diversi visitatori di Alessandria nel XVI e all'inizio del XVII secolo. Ancora più importante, Leone Africano visitò la città intorno al 1517 e successivamente descrisse una "little house in the form of a chapel" (piccola casa a forma di cappella) che era onorata come la tomba di Alessandro Magno.[33] Si è dubitato che questa fosse la cappella nel cortile della moschea, principalmente a causa di una fandonia della metà del XIX secolo secondo cui la tomba si trovava sotto la moschea di Nabi Daniel, a diverse centinaia di metri di distanza, ai piedi di una collinetta chiamata Kom el-Dikka.[34] La leggenda di Nabi Daniel sembra essere stata generata da una storia assurda raccontata da una guida turistica dilettante di nome Ambrose Schilizzi, intorno al 1850. Probabilmente motivato dal desiderio di fare affari, raccontò di aver intravisto il cadavere di Alessandro attraverso le fessure di una porta tarlata, mentre esplorava i passaggi sotterranei della moschea di Nabi Daniel. Descrisse un cadavere con una corona all'interno di una teca di vetro e rotoli di papiro sparsi per la camera. Tutti questi dettagli sono presi direttamente dai racconti degli antichi storici ed erano ben noti ad Alessandria nel XIX secolo.[35] La prova più eloquente della mendacità di Schilizzi è la sua menzione dei rotoli, evidentemente ispirata dal racconto di Dione Cassio che implica che Settimio Severo abbia racchiuso nella tomba alcuni libri egizi di tradizione magica. Ma i papiri non sopravvivono ad Alessandria, poiché l'azione capillare solleva l'umidità dalla sua alta falda freatica.[36]

Scopriamo anche che esiste una testimonianza diretta su una mappa di Alessandria di Braun e Hogenberg (Figure 7.2 e 7.3) che collega fortemente la tomba di Alessandro di Leone Africano con il sarcofago di Nectanebo II. La mappa è stata incisa intorno al 1573, ma le sue informazioni sembrano risalire al 1530.[37] Esattamente al centro, accanto al minareto di una moschea, è segnato un

---

[33] Leone Africano, 1550, f. 89r; Leone Africano, 1896, vol. 3, 8th book.

[34] Breccia, 1922, p. 99; A.M. de Zogheb, 1909, p. 170; questa teoria è stata messa per iscritto per la prima volta da Mahmoud Bey, 1872, pp. 49-52.

[35] Per la corona lasciata da Augusto, Svetonio, *Augusto*, 18; per il sarcofago di vetro, Strabone, XVII, 1, 8; per i papiri, Dione Cassio, LXXVI, 13, 2.

[36] Vedi sotto, p. 416.

[37] Braun e Hogenberg 1572. Constantin van Lyskirchen, un mercante della lega Hanse di Colonia, fornì a Braun e Hogenberg vedute di molte città dell'Asia e dell'Africa, compresa Alessandria. Braun e Hogenberg potrebbero aver usato anche altre fonti. Secondo Norwich 1997, pagina 380: "nel mercante della lega Hanse, Constantin van Lyskirchen di Colonia, gli autori trovarono un agente disponibile che fornì vedute di città dell'India, dell'Asia, dell'Africa e della Persia mai ritratte prima". Secondo Norwich, "Lyskirchen ottenne queste vedute dal manoscritto realizzato da un ignoto illustratore portoghese". Continua dicendo che "oltre a queste vedute portoghesi, alcune delle illustrazioni dell'Africa sono state prese da mappe militari relative alle spedizioni dell'imperatore Carlo V nel 1535 e 1541 a Tunisi e in Algeria." Le tavole di Braun & Hogenberg passarono

La Ricerca della Tomba di Alessandro il Grande

piccolo edificio a cupola con la legenda *Domus Alexandri Magni* o Casa di Alessandro il Grande, che dovrebbe essere chiaramente identificato con la "piccola casa" di Leone Africano. La sua posizione è approssimativamente corretta rispetto alla moschea Attarine (Figura 8.2), a metà strada attraverso la città da Kom el-Dikka, che è il tumulo nella parte in alto a sinistra della città nella mappa di Braun e Hogenberg.

Figura C.2. Veduta del dromos, verso est, fino alle rovine del Tempio di Nectanebo II, al tempo dello scavo di Mariette del Serapeo menfita, disegno di Barbot

Risulta quindi evidente che l'attribuzione del sarcofago ad Alessandro risalga ad almeno cinque secoli fa. Con ogni probabilità, è molto più antica, poiché ci sono resoconti arabi che narrano di una moschea o di una tomba di Alessandro nella sua città nel IX e X secolo.[38]

Si dice che la moschea Attarine, in cui è stato trovato il sarcofago, abbia preso il nome dal patriarca alessandrino del IV secolo, Atanasio. Si ritiene che la moschea sia stata originariamente costruita subito dopo la conquista araba (e ricostruita nel 1084 d.C.) sul sito di una chiesa della fine del IV secolo (370 d.C.) dedicata a Sant'Atanasio. Venne infine distrutta nel 1830 (la moschea Attarine nell'odierna Alessandria fu costruita con materiali moderni su un sito adiacente nel tardo XIX secolo). Molti degli elementi architettonici della moschea dell'XI secolo, in particolare i suoi pilastri, sembrano avere avuto un'origine tardo romana.[39] Ciò è pertinente, perché ci sono evidenze letterarie che suggeriscono che il 365 d.C.,

---

successivamente a Jansson, così la mappa di Alessandria fu ripubblicata nel suo famoso Atlante del 1619.
[38] Ibn Abdel Hakim ha registrato una moschea di Dulkarnein (cioè Alessandro) nel IX secolo; Maçoudi (Massoudi) menziona una tomba del profeta e re Eskender nel X secolo.
[39] Tkaczow 1993, Attarine Mosque, voce 25 nel Catalogue of Sites, pp. 78-79.

quando Atanasio era il patriarca regnante, sia la data più probabile della distruzione della tomba di Alessandro ad Alessandria. In quell'anno, la città fu colpita da un terremoto e da un maremoto, quest'ultimo sollevò perfino le navi sui tetti e distrusse molti grandi edifici, secondo Ammiano Marcellino.[40] Qualche anno prima, lo storico aveva menzionato lo "splendido tempio del Genio" di Alessandria e aveva citato Giorgio, un altro patriarca, il quale si era riferito all'edificio come a un sepolcro.[41] Hogarth pensò che si trattasse di un riferimento alla tomba di Alessandro e in effetti il Macedone è l'unico possibile Genio di Alessandria con una sepoltura in città.[42] Tuttavia, pochi decenni dopo, San Giovanni Crisostomo fu in grado di affermare in una delle sue omelie che la tomba di Alessandro fosse ormai "sconosciuta alla sua stessa gente", e con ciò sembra che intendesse i coevi pagani di Alessandria.[43] La calamità del 365 d.C. è quindi il principale indiziato della distruzione e della scomparsa della tomba alessandrina, è perciò interessante che il sarcofago sia stato recuperato nel sito di una chiesa costruita poco dopo in memoria di Atanasio.

Si dovrebbe menzionare anche la speculazione di Achille Adriani, per lo più pubblicata postuma da Nicola Bonacasa,[44] secondo cui la Tomba di Alabastro, nei moderni Cimiteri Latini situati nel quartiere orientale dell'antica Alessandria, fosse parte di una delle tombe alessandrine di Alessandro. Sembra essere l'anticamera di una sepoltura a tumulo di alto rango del periodo tolemaico, poiché le tombe tolemaiche minori hanno marmorizzazioni che assomigliano alle sue superfici interne dipinte sulle loro pareti. Fu rinvenuta in pezzi da Evaristo Breccia nel 1907, ma venne ricostruita *in situ* nel 1936. Ad ogni modo, nient'altro nel sito sembra essere collegato ad essa. Sebbene non vi sia nulla nella ricerca del presente articolo che contraddica necessariamente la teoria di Adriani, va notato che mancano le prove che colleghino in modo specifico la Tomba di Alabastro ad Alessandro e c'erano comunque molte altre tombe reali nell'Alessandria tolemaica.

Il Romanzo di Alessandro

Il racconto greco-egiziano semi-leggendario delle gesta di Alessandro, noto come il Romanzo di Alessandro, è sopravvissuto in un'ampia varietà di manoscritti in numerose lingue antiche, ma sembra che originariamente sia stato compilato ad Alessandria nel III secolo d.C. da un miscuglio di racconti precedenti. Il più antico manoscritto greco e anche la prima, accurata e quasi completa traduzione armena sembrano conservare molti dettagli autentici della topografia dell'Egitto romano, inclusi alcuni accenni riguardanti l'ubicazione della tomba menfita.

---

[40] Ammiano Marcellino, *Storie*, XXVI, 10, 15-19; Sozomeno, *Storia Ecclesiastica*, 6, 2.
[41] Ammiano Marcellino, *Storie*, XXII, 11, 7.
[42] Hogarth, 1894-5, nota 3 a p. 23.
[43] Giovanni Crisostomo, *Omelia XXVI sulla seconda lettera di San Paolo Apostolo ai Corinzi*, 400 d.C. circa.
[44] Bonacasa, 1991; Adriani, 2000.

La Ricerca della Tomba di Alessandro il Grande

La versione in greco del Romanzo di Alessandro riporta: -

Diedero a Tolomeo il compito di trasportare il corpo del re a Menfi in una bara di piombo, dopo averlo imbalsamato. Così lo mise Tolomeo su un carro e percorse il cammino da Babilonia fino all'Egitto. Gli abitanti di Menfi, che avevano saputo di questo arrivo, si fecero incontro al corpo di Alessandro e lo scortarono alla città di Menfi: ma il sommo sacerdote del tempio di Menfi così parlò "Non seppellitelo qui, ma nella città che ha fondato, a Rhakotis. Ovunque riposi il suo corpo, quella città sarà continuamente turbata e scossa da guerre e da battaglie."[45]

Il suggerimento, in questo caso, è che la prima tomba potrebbe essere stata associata a un tempio. Sebbene ci fossero numerosi santuari a Menfi e Saqqara, il Serapeo sembra essere stato il più significativo nel periodo greco-romano.

Nella versione armena del Romanzo di Alessandro c'è un indizio in più: -

E quando raggiunsero Pellas [Pelusium?], i Memniani uscirono con i trombettieri per incontrarsi agli altari nel loro modo abituale. E portarono [il corpo di Alessandro] a Menfi vicino a Sesonchousis, il semidio conquistatore del mondo.[46]

Sesonchousis fu il soggetto di un altro romanzo greco-egiziano di un genere simile al Romanzo di Alessandro. Si ritiene che sia vagamente basato su una fusione dei faraoni della XII dinastia, Sesostri I e Sesostri III.[47] È interessante notare che quest'ultimo costruì il suo complesso piramidale vicino a Dahshur, all'estremità meridionale della necropoli di Saqqara, anche se vi sono scarse evidenze del fatto che l'avesse mai occupato. Di conseguenza, il Romanzo potrebbe essere corretto nel suggerire che la prima tomba di Alessandro fosse "vicino a Sesonchousis". Va anche detto che Sesonchousis appare più volte nel Romanzo di Alessandro, solitamente in associazione con manifestazioni di Serapide.

In particolare, il Romanzo di Alessandro contiene un oracolo di Serapide per Alessandro, *Tu, giovane imberbe, sottometterai tutte le razze delle nazioni barbare; e poi, morendo e non morendo, verrai da me. Allora la città di Alessandria... sarà la tua tomba.*[48] Venire da Serapide si legge come un eufemismo per morire e in effetti si crede che Serapide derivi da Osiride-Api, una manifestazione di Osiride, signore dell'aldilà. Tuttavia, tale presunta profezia di Serapide avrebbe avuto un doppio significato se, come è stato suggerito, la prima tomba di Alessandro si fosse trovata nel tempio menfita di Serapide.

Anche in Arriano, la più autorevole storia antica su Alessandro, si dice che il Re abbia sacrificato ad Api quando raggiunse Menfi.[49] La connessione tra Alessandro e tale divinità è in definitiva storica.

---

[45] Stoneman, 1991, III, 34.
[46] Wolohojian,1969, 283, p. 158.
[47] Vedi le eccellenti note editoriali al *P. Oxy 3319*, Addendum a 2466: Sesonchosis Romance (frammento); vedi anche Ian Shaw & Paul Nicholson, *British Museum Dictionary of Ancient Egypt*, London, 1995, sotto "Senusret".
[48] Wolohojian, 1969, 93; Sesonchousis ripete parte dello stesso oracolo in Wolohojian, 1969, 249.
[49] Arriano, *Anabasi*, III, 1, 4.

Un Candidato per la Prima Tomba di Alessandro

Conclusioni

Il sarcofago trovato ad Alessandria dalla spedizione di Napoleone nel 1798 è collegato in una vasta gamma di modi reciprocamente indipendenti con la tomba di Alessandro il Grande: -

a) Nel 1798, i cittadini di Alessandria dichiararono che fosse la tomba di Alessandro.

b) Leone Africano e Braun & Hogenberg si riferirono ad esso come tomba di Alessandro, nel XVI secolo.

c) La moschea in cui è stato trovato è stata costruita sul sito di una chiesa dedicata ad Atanasio, che era il patriarca di Alessandria nel momento più probabile della scomparsa della tomba di Alessandro.

d) Il fatto che il sarcofago sia stato realizzato per Nectanebo II ha l'effetto di renderlo disponibile per Tolomeo, vuoto, quando seppellì Alessandro a Menfi.

e) Tolomeo eresse un magnifico semicerchio, a grandezza naturale, di poeti e filosofi greci a guardia dell'ingresso del tempio costruito da Nectanebo II nel Serapeo menfita; la scultura centrale rappresenta Omero, l'autore preferito di Alessandro.

f) La presenza del sarcofago ad Alessandria è spiegata dall'affermazione di Pausania, secondo cui Filadelfo trasferì la tomba di Alessandro ad Alessandria.

g) L'uso del sarcofago spiega potenzialmente le leggendarie connessioni tra Nectanebo II e Alessandro nel Romanzo di Alessandro.

h) Il Romanzo di Alessandro fornisce indizi sul fatto che la prima tomba di Alessandro fosse nel tempio di Serapide a Menfi.

Se l'attribuzione del sarcofago ad Alessandro è un falso, allora gli autori furono incredibilmente fortunati nella scelta di una reliquia così ben collegata, oppure perpetrarono un inganno sorprendentemente sofisticato e devono aver saputo che il sarcofago era stato realizzato per Nectanebo II. Per quest'ultimo scopo, dovevano essere in grado di leggere i geroglifici, ma tale forma di scrittura cessò di essere utilizzata entro poche generazioni dalla scomparsa della tomba di Alessandro ad Alessandria.[50] È difficile concepire il movente di una falsificazione tanto antica ed elaborata e capire come possa aver avuto successo a così breve distanza dall'esistenza dell'originale. È ancora più difficile comprendere come il semicerchio di statue a guardia del tempio di Nectanebo II a Menfi possa essere

---

[50] L'ultima iscrizione geroglifica proviene da File ed è datata 24 agosto 394 d.C. La chiusura dei templi da parte di Teodosio in quel periodo fu evidentemente la causa immediata della rapida e completa scomparsa. Anche i graffiti demotici non compaiono più dopo la metà del V secolo.

La Ricerca della Tomba di Alessandro il Grande

stato organizzato per adattarsi allo schema. Chiaramente, chiunque cerchi di dubitare dell'autenticità del sarcofago è costretto a sostenere che sono accadute molte cose improbabili. Al contrario, non ci sono prove che contraddicano il suo uso per Alessandro.

Se il sarcofago fu veramente utilizzato da Tolomeo per ospitare il corpo di Alessandro, allora indica una prima sepoltura del Conquistatore all'interno del tempio di Nectanebo II nel Serapeo menfita. È stato dimostrato che una camera aggiunta al tempio aveva dimensioni e forma adatte a ospitare il sarcofago. Alla stanza si accedeva attraverso l'ingresso del tempio di Nectanebo II e anche da un'entrata laterale, sorvegliata da quattro sculture greche di leoni. È ragionevole concludere che tale stanza sia un candidato eccellente (e attualmente unico) per la prima tomba di Alessandro Magno.

Appendice D: La Tomba di Alessandro ad Alessandria

Il seguente articolo dell'autore è stato pubblicato per la prima volta in "American Journal of Ancient History", New Series 1.2 (2002) [2003], pp. 75-108.

Abstract

È evidente dai riferimenti nella letteratura antica che la tomba di Alessandro ad Alessandria si collocasse in cima tra i monumenti più famosi dell'antichità. Sono sopravvissute testimonianze delle visite di Giulio Cesare, Ottaviano, Severo e Caracalla, mentre Antonio e Cleopatra, Germanico e Caligola, Vespasiano e Tito, Adriano e Antinoo devono tutti averla vista. Eppure, oggi conosciamo poco più della sua fama. In particolare, i riferimenti sparsi riguardanti il suo aspetto e la sua posizione all'interno della città sono stati ritenuti irrimediabilmente vaghi e contraddittori e le indagini archeologiche sono state gravemente ostacolate dalla diffusione della città moderna che ha sigillato gli antichi resti nel tardo XIX secolo. Tuttavia, nel presente articolo nuove linee di evidenza sono combinate con una sintesi delle antiche descrizioni, al fine di dimostrare che il Mausoleo di Alessandro, costruito da Tolomeo Filopatore intorno al 215 a.C., avesse probabilmente la struttura generica di un gruppo di monumenti funerari ellenistici ispirati al Mausoleo di Alicarnasso. Si afferma inoltre che si trovasse vicino al centro dell'antica Alessandria, all'interno di un enorme recinto murario chiamato Soma di Alessandro. In ultimo, si dimostra che tutte le testimonianze sono di fatto coerenti con l'ipotesi che tre lati di tale recinto fossero incorporati nel tratto orientale delle mura della città medievale. Queste mura furono infine demolite intorno al 1880, ma una breve sezione di un imponente muro di epoca tolemaica rimane in piedi 200m a nord del sito della Porta Orientale, o di Rosetta, della città medievale, nei moderni Giardini Shallalat, e un magnifico portale antico è raffigurato in una incisione all'acquatinta della Porta di Rosetta, risalente alla fine del XVIII secolo.

La Documentazione Storica

Nell'autunno del 322 a.C., il carro funebre di Alessandro il Grande lasciò Babilonia, apparentemente trasportando la salma del Re verso il cimitero reale di Ege, in Macedonia.[1] Ma Arrideo, il comandante della scorta, era segretamente in combutta con Tolomeo con l'intenzione di deviare il corteo in Egitto,[2] probabilmente in accordo con la richiesta finale di Alessandro.[3] Raggiunta la Siria,

---

[1] Pausania, I, 6, 3.
[2] Arriano, *Gli eventi dopo Alessandro*, riassunti da Fozio, 92 (e.g. Photius, Bibliothèque, Tome II, with French translation by R. Henry, Paris 1960, pp. 20-33); vedi anche W.J. Goralski, *Arrian's Events After Alexander*, in *AncW*, 19, 1989, pp. 81-108.
[3] Giustino, XII, 15; Curzio Rufo, X, 5, 4; Luciano, *Dialoghi dei morti*, XIII.

La Ricerca della Tomba di Alessandro il Grande

il corteo si diresse a sud attraverso Damasco e fu accolto da Tolomeo, il quale aveva portato un esercito per assicurarsi l'acquisizione.[4]

Perdicca, il reggente, stava svernando con la grande armata in Pisidia, quando ricevette la notizia del dirottamento. Mandò i suoi collaboratori Attalo e Polemone con un contingente di cavalleria all'inseguimento. Potrebbero essersi scontrati con le truppe di Tolomeo, ma non riuscirono a recuperare il corpo di Alessandro.[5] Di conseguenza, nella primavera del 321 a.C. Perdicca fece scendere il grande esercito in Egitto con l'intenzione di punire Tolomeo, ma fu assassinato dai suoi stessi ufficiali, non essendo riuscito per due volte a forzare l'attraversamento del Nilo, con notevoli perdite di vite umane.[6]

Tolomeo celebrò la sua vittoria con la sepoltura formale di Alessandro a Menfi, accompagnata da splendidi giochi funebri.[7] Anche se in seguito spostò la capitale ad Alessandria, la tomba menfita fu lasciata indisturbata per trenta o quarant'anni.[8] Il figlio e successore di Tolomeo, Filadelfo, trasferì infine il corpo in una sepoltura ad Alessandria.[9]

Intorno al 215 a.C., il quarto Tolomeo, chiamato Filopatore, costruì un nuovo magnifico mausoleo nel centro di Alessandria, nel quale depose sia il cadavere di Alessandro che i resti dei suoi stessi antenati.[10] Allo stesso tempo, incorporò il culto del primo Tolomeo e di sua moglie Berenice sotto il sacerdozio di Alessandro.[11]

Nell'89 a.C., il decimo Tolomeo sostituì il feretro originale di Alessandro, in lamina d'oro martellato a misura del corpo, con un involucro di vetro.[12] Usò l'oro per pagare i suoi mercenari, ma fece così infuriare la folla alessandrina che venne espulso entro l'anno. Poco dopo, annegò in una battaglia navale nelle vicinanze di Cipro.[13]

---

[4] Diodoro, XVIII, 28, 2-3.
[5] Eliano, *Varia Historia*, XII, 64.
[6] Diodoro, XVIII, 33-37; Arriano, in Fozio, 92 [n. 2]; Giustino, XIII, 8; Cornelio Nepote, *Eumene*, 3 e 5; Pausania, I, 6, 3; Plutarco, *Eumene*, 8, 2; Strabone, XVII, 1, 8.
[7] Pausania, I, 6, 3; Diodoro, XVIII, 28, 2.
[8] Pausania, I, 6, 3; Curzio Rufo, X, 10, 20; R. Stoneman (trad.), *The Greek Alexander Romance*, London 1991, III, 34; F. Jacoby, *FGrHist* 239, *The Parian Marble*; P.M. Fraser, *Ptolemaic Alexandria*, Oxford 1972, nota 79 al Cap. 1, pp. 31-33, vol. 2, ha sostenuto (senza presentare alcuna prova specifica) che il corpo sia stato trasferito ad Alessandria dopo appena 2 o 3 anni, ma ciò è nettamente contraddetto da Pausania, il quale è corroborato dal fatto che la cronologia del *Marmor Parium* non menzioni il trasferimento fino alla sua ultima voce intorno al 300 a.C., nonostante abbia riportato la sepoltura a Menfi nel 321 a.C.
[9] Pausania, I, 7, 1.
[10] Zenobio, *Proverbi*, III, 94; quest'opera, generalmente considerata di data adrianea, è (secondo il lessico Suda) una raccolta dei "proverbi" di Didimo e Tarreo: Didimo è presumibilmente Ario Didimo, lo studioso alessandrino che accompagnò Ottaviano nella sua visita alla tomba di Alessandro (Plutarco, *Antonio*, 80) – la sua autorevolezza è quindi probabilmente di prim'ordine.
[11] E. Bevan, *A History of Egypt under the Ptolemaic Dynasty*, London 1927, p. 231.
[12] Diodoro, XVIII, 26, 3.
[13] Strabone, *Geografia*, XVII, 1, 8.

La Tomba di Alessandro ad Alessandria

Cesare visitò la tomba nel 48 a.C.[14] e Ottaviano ruppe un pezzo del naso mentre osservava il cadavere mummificato nel 30 a.C.[15] Germanico quasi certamente rese omaggio durante il suo soggiorno ad Alessandria nel 19 d.C., forse accompagnato dal figlio di sette anni, Gaio Caligola.[16] Anche Vespasiano, suo figlio Tito e più tardi Adriano sono dei probabili visitatori. Ma il successivo riferimento storico esplicito a una visita imperiale risale al 200 d.C., sotto Settimio Severo, il quale rimase sconvolto dalla facilità di accesso e ordinò quindi che la camera funeraria fosse sigillata.[17] Il figlio di Severo, Caracalla, fu l'ultimo visitatore registrato, nel 215 d.C., il quale lasciò il suo mantello, le cinture e i gioielli in onore del suo eroe.[18]

Alcuni hanno sostenuto che la tomba fu distrutta in uno dei numerosi episodi di guerra in cui Alessandria venne coinvolta nell'ultima parte del III secolo d.C. Tuttavia, c'è la menzione di Ammiano Marcellino di uno splendido tempio e tomba del Genio di Alessandria, nel 361 d.C., che è probabilmente un riferimento al sepolcro di Alessandro.[19] In tal caso, il mausoleo potrebbe essere stato distrutto dal terremoto e dallo tsunami che devastarono Alessandria nel 365 d.C.,[20] poiché Giovanni Crisostomo affermò che la tomba era sconosciuta alla stessa gente di Alessandria, in un sermone tenuto intorno al 400 d.C.[21] Anche se fosse sopravvissuto a quel disastro, è molto improbabile che sia sfuggito alle depredazioni della folla cristiana in seguito agli editti di Teodosio contro il paganesimo nel 391 d.C.

Il Mausoleo di Alessandro

Il presente studio si concentrerà sulla seconda tomba alessandrina, costruita intorno al 215 a.C., poiché non ci sono riferimenti storici dettagliati della sepoltura costruita da Filadelfo. E' comunque pertinente notare che la 'Tomba di

---

[14] Lucano, *Pharsalia*, X, 14-20.
[15] Svetonio, *Vita dei Cesari, Augusto*, 2, 18; Dione Cassio, *Storia romana*, LI, 16, 5.
[16] Tacito, *Annali*, II, 59-61; Svetonio, *Vita dei Cesari, Gaio Caligola*, 4, 10; Caligola in seguito indossò la corazza di Alessandro, presumibilmente recuperata dalla tomba – Dione Cassio, *Storia romana*, LIX, 17, 3.
[17] Dione Cassio, *Storia romana, (Epitome)*, LXXVI, 13.
[18] La visita è raccontata da Erodiano, IV, 8, 6-IV, 9, 8 e da Dione Cassio, LXXVIII, 22-LXXVIII, 23, sebbene solo il primo menzioni la visita del Soma. La visita è menzionata anche da Giovanni di Antiochia (VII secolo, riprodotto in C. Müllerus, Fragmenta Historicorum Graecorum, Paris 1868, vol. 4, p. 590), ma il suo racconto sembra derivare da Erodiano.
[19] Ammiano Marcellino, *Storie*, XXII, 11, 7.
[20] Ammiano Marcellino, *Storie*, XXVI, 10, 15-19; Sozomeno, *Storia Ecclesiastica*, 6, 2.
[21] Giovanni Crisostomo, *Omelia XXVI sulla seconda lettera di san Paolo Apostolo ai Corinzi* (Patrologia Graeca, vol. 61. p. 581): "For, tell me, where is the tomb of Alexander? show it me and tell me the day on which he died... his tomb even his own people know not, but This Man's the very barbarians know." trad. J.H. Parker, 1848, (Ditemi, infatti, dov'è la tomba di Alessandro? mostratemela e ditemi il giorno in cui morì... la sua tomba non la conosce nemmeno la sua stessa gente, ma quella di Questo Uomo gli stessi barbari la conoscono) – In questo contesto la "stessa gente" di Alessandro sembrerebbe significare i pagani contemporanei di Alessandria.

La Ricerca della Tomba di Alessandro il Grande

Alabastro', scoperta in frantumi nei Cimiteri Latini da Evaristo Breccia[22] nel 1907, sembra essere l'anticamera di una tomba a tumulo di alto rango, del primo periodo tolemaico, legata agli archetipi macedoni e Achille Adriani ha sostenuto che potrebbe essere appartenuta ad Alessandro.[23] Tuttavia, non sembra esserci alcuna prova specifica per collegarla al Re, nonostante i recenti nuovi scavi, oltre al fatto che numerose altre tombe di alto rango devono essere state costruite ad Alessandria all'inizio dell'Età Tolemaica. Nell'improbabile eventualità che sia di Alessandro, è più plausibile che sia la tomba costruita da Filadelfo piuttosto che parte del mausoleo eretto da Filopatore, poiché una data precedente la collegherebbe meglio con i suoi antecedenti macedoni e (si dirà) la sua posizione è troppo a est dell'incrocio centrale della città antica. Vale comunque la pena osservare, a tale proposito, che la collina conica artificiale, chiamata Paneum da Strabone,[24] assomigliava a una tomba a tumulo macedone di alto rango, come quelle di Ege.

Zenobio afferma semplicemente che la tomba creata da Filopatore era un edificio commemorativo (μνῆμα οἰκοδομήσας) eretto nel centro di Alessandria.[25] Fortunatamente, una descrizione più elaborata ci è pervenuta in due passaggi dell'epopea della guerra civile romana del poeta Lucano, la Pharsalia: -

Cum tibi sacrato Macedon seruitur in antro

Et regem cineres extructo monte quiescant,

Cum Ptolemaeorum manes seriemque pudendam

Pyramides claudant indignaque Mausolea,... [26]

...Tum uoltu sempre celante pauorem

Intrepidus superum sedes et templa uetusti

---

[22] E. Breccia, *Rapport du Musée Gréco-Romain*, Alexandria 1907.
[23] N. Bonacasa, *Un Inedito di Achille Adriani Sulla Tomba di Alessandro* in *Studi Miscellanei, Seminario di Archaeologia e Storia dell'Arte... dell'Università di Roma*, Vol. 28, Roma 1991; A. Adriani (a cura di N. Bonacasa), *La Tomba di Alessandro*, Roma 2000.
[24] Strabone, XVII, 1, 10.
[25] Zenobio, *Proverbi*, III, 94.
[26] Lucano, *Pharsalia*, VIII, 694-697;
'Though you preserve the Macedonian (Alexander) in a consecrated grotto
and the ashes of the kings rest beneath a loftily constructed edifice,
though the dead Ptolemies and their unworthy dynasty
are covered by unseemly pyramids and Mausoleums,...'
(trad. dell'autore)
(Anche se conservi il Macedone (Alessandro) in una grotta consacrata
e le ceneri dei re riposano sotto un edificio costruito verso l'alto,
anche se i morti Tolomei e la loro indegna dinastia
sono coperti da sconvenienti piramidi e mausolei,...)

La Tomba di Alessandro ad Alessandria

Numinis antiquas Macetum testantia uires

Circumit, et nulla captus dulcedine rerum,

Non auro cultuque deum, non moenibus urbis,

Effossum tumulis cupide scende nell'antro.

Illic Pellaei proles uaesana Philippi,... [27]

Analizzando questi versi, scritti durante il regno di Nerone, si possono cogliere alcuni dettagli architettonici del mausoleo di Alessandro. Lucano parla di una grotta scavata nella roccia per formare una camera in cui era conservato il corpo di Alessandro. Poiché Cesare **discese** nella camera, non si può dubitare che fosse sotterranea. C'è comunque una buona ragione pratica per mantenere un corpo mummificato sottoterra: l'isolamento termico del suolo aiuta a mantenere una temperatura ambiente fresca nella stagione calda, favorendo quindi la conservazione del cadavere.

Presumibilmente, la camera funeraria si trovava sotto la costruzione del mausoleo, che è descritto come un edificio costruito verso l'alto. Le parole effettive, *extructo monte*, a volte sono state tradotte in modo fuorviante come 'montagna creata dall'uomo'. Ciò non è corretto, perché *mons* si traduce ugualmente come una rupe o una torre di roccia in Latino classico[28] ed era spesso usato per indicare un edificio alto e imponente. In particolare, non c'è il senso di un enorme mucchio conico irregolare con i lati inclinati, che è il concetto moderno dominante di una montagna. Questa non è una distinzione sottile: per Lucano sarebbe stato altrettanto naturale riferirsi alla torre di Canary Wharf come a una montagna quanto definire la Grande Piramide di Giza come montuosa. C'è un buon esempio di tale uso nell'orazione di Cicerone contro Pisone, dove descrive una grande villa di campagna come una montagna: *ad hunc Tusculani*

---

[27] Lucano, *Pharsalia*, X, 14-20;
'Then, with looks that ever masked his fears,
Undaunted, he [Julius Caesar] visited the temples of the gods and the ancient shrines
of divinity, which attest the former might of Macedon.
No thing of beauty attracted him,
neither the gold and ornaments of the gods, nor the city walls;
but in eager haste he went down into the grotto hewn out for a tomb.
There lies the mad son of Philip of Pella,...'
(trad. J.D. Duff, Loeb Classical Library, ma con "volta" cambiato con il più letterale "grotta")
(Allora, con sguardi che mascheravano sempre le sue paure,
Imperterrito, [Giulio Cesare] visitò i templi degli dèi e gli antichi santuari
della divinità, che attestano l'antica potenza della Macedonia.
Nessuna cosa bella lo attraeva,
né l'oro e gli ornamenti degli dèi, né le mura della città;
ma impaziente discese nella grotta scavata per una tomba.
Là giace il figlio pazzo di Filippo di Pella,...)
[28] L'Oxford Latin Dictionary per *mons* riporta "A towering heap or mass... a huge rock or boulder" (Un mucchio o una massa torreggiante... un enorme sasso o masso).

La Ricerca della Tomba di Alessandro il Grande

montem exstruendem.²⁹ Sarebbe un'assurdità ingegneristica immaginare tale villa costruita con pareti inclinate. È comunque chiaro dal contesto che Cicerone stia semplicemente enfatizzando l'immensità e l'altezza dell'edificio. Lucano, ovviamente, avrebbe avuto familiarità con le opere di Cicerone.

Ad ogni modo, i dettagli più eloquenti arrivano nel passo in cui si afferma che le tombe dei re erano coperte da piramidi e mausolei. Dato il contesto egiziano, non sorprende che molti siano saltati alla conclusione che la tomba di Alessandro dovesse imitare le piramidi faraoniche di Giza. Tale deduzione è stata rafforzata dall'osservazione che gli Ultimi Piani di Alessandro prevedessero l'erezione di un tumulo paragonabile alla Grande Piramide sulla tomba di suo padre ad Ege³⁰ e anche dal fatto che sono note alcune tombe piramidali, su piccola scala, del periodo. L'esempio usuale è il monumento di Cestio a Roma, che risale probabilmente al regno di Augusto.³¹

Ciononostante, il senso letterale delle parole di Lucano è che le tombe comprendessero l'edificio di un mausoleo alto e imponente, con un tetto piramidale costruito sopra una camera funeraria. In effetti, questo è uno dei primi usi della parola 'mausoleo' per descrivere una tomba monumentale, abbastanza antico che potrebbe essere implicito un riferimento diretto all'archetipo del Mausoleo di Alicarnasso³² (Figura 4.4). Sebbene tale Meraviglia sia stata quasi completamente distrutta da un terremoto medievale e dal furto di pietre da parte dei Cavalieri di San Giovanni, le descrizioni sopravvissute chiariscono che era sormontata da un tetto piramidale. Come la tomba descritta da Lucano, l'edificio fu costruito sopra una camera sepolcrale sotterranea (che è l'unica parte che sopravvive oggi) ed era ovviamente eccezionalmente alto e imponente per gli standard antichi. Inoltre, all'epoca in cui Filopatore costruì il Mausoleo del Soma ad Alessandria, Alicarnasso faceva parte dell'impero tolemaico.³³

Ma quanto è autentica la conoscenza di Alessandria da parte di Lucano? Svetonio afferma che il poeta si trovasse ad Atene quando Nerone lo convocò a Roma,³⁴ quindi è possibile che abbia visitato personalmente Alessandria. La traversata in mare avrebbe richiesto meno di una settimana a tratta, in buone condizioni,³⁵ e sarebbe stata una ricerca utile per la Pharsalia. È comunque noto che lo zio di Lucano, Seneca, aveva visto l'Egitto,³⁶ pertanto le informazioni del poeta erano

---

[29] Cicerone, *In Calpurnium Pisonem Oratio*, XXI.
[30] Diodoro, XVIII, 4, 5.
[31] D. Borbonus, in L. Haselberger et al., *Mapping Augustan Rome*, JRA Supp. 50 (Portsmouth, RI 2002) p. 223.
[32] K. Jeppesen, *Tot Operum Opus, Ergebnisse der Dänischen Forschungen zum Maussolleion von Halikarnass seit 1966* in *JdI* 107, 1992, pp. 59-102.
[33] Ad esempio, A.K. Bowman, *Egypt after the Pharaohs*, London 1986, Cap. 2, Fig. 2, p. 28, mappa dei possedimenti oltremare dei Tolomei
[34] Svetonio, *Gli uomini illustri, I poeti, Vita di Lucano*.
[35] L. Casson, *Speed under Sail of Ancient Ships*, TAPhA, 82 (1951) pp. 136-148.
[36] H. Thiersch, *Die alexandrinische Königsnekropole*, *JdI* 25, 1910, pp. 55-97 (pp. 68-69 per la discussione di Lucano).

La Tomba di Alessandro ad Alessandria

verosimilmente abbastanza affidabili, indipendentemente dal fatto che fosse o meno un testimone oculare.

Altri due autori antichi hanno fornito accenni sull'architettura del mausoleo. Svetonio si riferisce alla camera funeraria come un *penetrale*, nel descrivere come il cadavere di Alessandro fu portato fuori per essere venerato da Ottaviano.[37] Ciò si traduce in qualcosa come un santuario interno, ma trasmette anche un senso di 'parti più intime o segrete, profondità, recessi',[38] sarebbe dunque particolarmente adatto a una camera sepolcrale sotterranea a cui si accede tramite un passaggio. In secondo luogo, Ammiano Marcellino cita una tomba all'interno di uno splendido tempio del Genio di Alessandria (*speciosum Genii templum*), che è un probabile riferimento al mausoleo di Alessandro.[39] Questa terminologia è molto appropriata per un edificio legato al Mausoleo di Alicarnasso, ma decisamente meno appropriata a una semplice piramide.

Si può anche aggiungere che esiste un forte parallelismo tra il contesto del Mausoleo di Alicarnasso e quello della sepoltura di Alessandro, poiché entrambi erano situati al centro geografico di una città portuale murata con un palazzo reale su un promontorio.

Solo alcune antiche scene portuali sono state proposte come rappresentazioni di Alessandria. Le più ampiamente pubblicate sono probabilmente le lampade romane con raffigurazioni del porto di una grande città classica, spesso con dei pescatori e talvolta con una strada rialzata costruita su archi che ricorda l'Eptastadion alessandrino. Tuttavia, Donald Bailey ha sostenuto che alcune (specialmente quelle che sembrano includere un alto edificio con un tetto piramidale sullo sfondo) siano false e che altre, anche se autentiche, sono basate su Cartagine e Ostia piuttosto che su Alessandria.[40] Le sue argomentazioni, fondate sullo stile e sulla provenienza, non sembrano essere conclusive, ma si deve ammettere che abbia comunque stabilito un valido ragionamento contro l'ipotesi alessandrina. Sono da ritenersi dubbi anche un frammento di vetro inciso proveniente dall'Africa romana[41] e un mosaico di Toledo,[42] in cui Alberto Balil ha individuato possibili immagini della tomba di Alessandro.

Forse, una rappresentazione del mausoleo meno ambigua è un'alta torre con tetto a punta raffigurata sul sarcofago del IV secolo di Giulio Filosirio (Figura 4.7). Il faro a tre livelli raffigurato all'estrema destra potrebbe sembrare una prova

---

[37] Svetonio, *Augusto*, 18.
[38] Oxford Latin Dictionary, s.v. penetrale.
[39] Ammiano Marcellino, *Storie*, XXII, 11, 7.
[40] D.M. Bailey, *Alexandria, Carthage and Ostia* in *Alessandria e il mondo ellenistico-romano, Studi in onore di Achille Adriani*, 2, Roma 1984, pp. 265-272.
[41] A. Balil, *Una nueva representación de la tumba de Alejandro*, in *ArchEspArq*, 35, 1962, pp. 102-103; J. Ferron, M. Pinard, *Cahiers de Byrsa*, 8, Paris 1958-1959, pp.103-109.
[42] A. Balil, *Monumentos Alejandrinos y Paisajes Egipcios en un Mosaico Romano de Toledo (España)*, in *Alessandria e il Mondo Ellenistico-Romano, Studi in Onore di Achille Adriani*, 3, Roma 1984, pp. 433-439.

La Ricerca della Tomba di Alessandro il Grande

decisiva che si tratti davvero di Alessandria, ma il reperto proviene da Ostia,[43] che è nota per aver avuto una torre di segnalazione marittima che assomigliava al Faro, in scala ridotta. Ciononostante, la palma raffigurata all'estrema sinistra appare sullo stesso lato di Alessandria in altre indiscusse rappresentazioni della città e la colonna al centro potrebbe essere la Colonna di Pompeo, eretta da Diocleziano alla fine del III secolo. Eppure, anche questo ragionamento è relativamente problematico. Nessuna rappresentazione veramente convincente della tomba di Alessandro è mai stata riconosciuta negli esempi sopravvissuti di arte antica.

Un edificio così famoso, come il mausoleo di Alessandro, dovrebbe aver generato numerose imitazioni minori, alcune delle quali dovrebbero esistere ancora oggi. Ad Alessandria stessa, quasi nulla dell'antica città rimane in superficie: la maggior parte della pietra è stata rubata nel periodo medievale. Nonostante ciò, diversi monumenti funerari tolemaici, alti fino a 3 metri, con basi a gradini e sezioni superiori piramidali a gradoni (Figura 4.5) sono stati scoperti nella necropoli di Shatby, all'angolo NE della città antica.[44] La stessa struttura di base è sopravvissuta anche in numerosi esempi di tombe monumentali di età ellenistica e del primo periodo romano, soprattutto all'interno dell'impero tolemaico e nei territori adiacenti di Siria, Ionia e Nord Africa. La tomba N_{180} a Cirene (Figura 4.6 - a sinistra), gli eleganti mausolei di Hermel e Kalat Fakra (Figura 4.6 - a destra) in Libano e la 'Tomba di Zaccaria' a Gerusalemme sono tutti dei validi esempi. Difatti, questa è la tipologia generica più comune di tombe di alto rango del periodo in quelle aree, perciò dovrebbe essere pure l'aspetto più plausibile della tomba di Alessandro, anche senza la descrizione di Lucano.[45]

In sintesi, ci sono buone ragioni per fidarsi dell'accuratezza delle parole di Lucano, nel qual caso ci sono solo due possibili modelli per descrivere la tomba costruita da Filopatore: o una grande (quindi solida) piramide in stile egizio a imitazione dell'usanza dell'Antico Regno, oppure una struttura templare alta ed elegante che riecheggia il magnifico Mausoleo di Alicarnasso. Il contesto egiziano, una traduzione troppo letterale della parola *mons* e una semplice mancanza di consapevolezza dell'adeguatezza del modello del Mausoleo hanno focalizzato la maggior parte delle speculazioni sul primo tipo. Ma la seconda tipologia è in realtà molto più probabile, perché: -

Si adatta alle descrizioni in modo più preciso (spiegando, ad esempio, perché Lucano insista su 'Mausolei *e* piramidi' ed esattamente perché l'altezza e lo splendore fossero così significativi).

È una tipologia molto più comune di sepolture monumentali di Età Ellenistica nel Mediterraneo orientale rispetto a una semplice piramide: non si conoscono

---

[43] C. Picard, *Quelques représentations nouvelles du Phare d'Alexandrie*, in BCH 76, 1952, pp. 61-95 (in particolare pp. 91-92 per il sarcofago di Giulio Filosirio).

[44] A. Adriani, *Repertorio d'Arte dell'Egitto Greco-Romano, Serie C*, Palermo 1963-1966, Vol. I-II, pp. 117-118, Plate 39.

[45] J. Fedak, *Monumental Tombs of the Hellenistic Age*, Toronto 1990, pp. 128, 142-144, 148-150.

piramidi di notevoli dimensioni in questo periodo, mentre esistono ancora numerose tombe a tempio alte e con tetti piramidali, specialmente all'interno dell'impero tolemaico.

È molto più facile spiegare l'improvvisa distruzione e scomparsa di un mausoleo che di una solida piramide, a causa di guerre o calamità naturali.

Il Soma di Alessandro

C'è stata una comprensibile confusione tra i riferimenti all'edificio del mausoleo e quelli riguardanti il recinto murario all'interno del quale sorgeva. Tale dicotomia deriva dagli autori antichi. I racconti delle prime testimonianze oculari di Diodoro e Strabone si riferiscono all'intero recinto come tomba di Alessandro[46] e sembrano quindi considerare il recinto come la caratteristica più impressionante, superando in qualche modo in magnificenza il mausoleo di Filopatore. Al contrario, i resoconti successivi di Svetonio, Zenobio, Dione Cassio ed Erodiano riportano l'attenzione sulla camera funeraria e sull'effettivo edificio del mausoleo.[47]

Tutti i manoscritti di Strabone affermano che il recinto era chiamato Soma (cioè il Corpo) e il nome è confermato dai manoscritti più antichi del Romanzo di Alessandro, che parlano di una sepoltura in un luogo sacro chiamato 'Corpo di Alessandro'.[48] Poiché sia Strabone che il redattore del Romanzo di Alessandro vivevano ad Alessandria quando la tomba esisteva ancora, i loro resoconti devono essere indipendenti l'uno dall'altro su questo punto, è dunque al di là di ogni ragionevole dubbio che questo nome sia corretto. La pratica di cambiare Σῶμα in Σῆμα (cioè la Tomba), come perpetrata dai moderni curatori, sembra essere sorta perché Zenobio, facendo esplicito riferimento al mausoleo, specificò che il suo nome era Σῆμα.[49] Tuttavia, è possibile che si tratti di un errore di trascrizione da parte di qualche antico copista, oppure che il mausoleo fosse davvero chiamato 'La Tomba', mentre il recinto era chiamato 'Il Corpo'. Poiché è abbastanza improbabile che qualcuno avrebbe cambiato Σῆμα in Σῶμα, e poiché il fatto stesso che tre fonti antiche si preoccupino di specificare il nome, suggerisce che fosse distintivo piuttosto che banale e non vi è alcuna solida base per dubitare del fatto che il recinto fosse davvero chiamato il Soma di Alessandro.

---

[46] Strabone, XVII, 1, 8; Diodoro, XVIII, 28, 2.

[47] Svetonio, *Augusto,* 18, 1 *penetrali*; Zenobio, *Proverbi*, III, 94 μνῆμα οἰκοδομήσας; Dione Cassio, LI, 16, 5 μνημεῖον; Erodiano, IV, 8, 6-7 μνῆμα.

[48] Questo manca nel manoscritto A del Romanzo di Alessandro, ma compare nella prima e fedele versione armena (A.M. Wolohojian (trad.), *The Romance of Alexander the Great by Pseudo-Callisthenes*, Columbia University Press 1969); alcune versioni successive, come quella siriaca, cambiano il nome in Tomba di Alessandro, ma questo è solo un altro esempio della "correzione" operata dai moderni curatori di Strabone.

[49] Anche Giovanni Crisostomo usa la parola 'sema', ma solo in senso generico e non come nome proprio; al contrario, Dione Cassio usa il termine 'soma', ma sembra voler indicare il cadavere mummificato piuttosto che il recinto.

La Ricerca della Tomba di Alessandro il Grande

Che il Soma fosse un recinto murario è esplicito nel termine di Strabone περίβολος. Che fosse veramente enorme e magnifico è chiaro dall'affermazione di Diodoro, ovvero che Tolomeo costruì un recinto sacro degno della gloria di Alessandro in dimensioni e architettura: -

κατεσκεύασεν οὖν τέμενος κατὰ τὸ μέγεθος καὶ κατὰ τὴν
κατασκευὴν τῆς Ἀλεξάνδρου δόξης ἄξιον

È possibile farsi un'idea del significato di tale affermazione considerando gli esempi paralleli contemporanei. Il recinto del Mausoleo di Alicarnasso misurava 105m per 242,5m. Essendo la tomba di un re molto più importante, in una città molto più grande, il Soma non può ragionevolmente essere stato più piccolo e avrebbe dovuto anzi essere molto più grande. Menfi sarebbe stata una fonte di ispirazione ancora più diretta per gli architetti alessandrini, soprattutto perché la sua pianta era dominata da due recinti templari quadrilateri, alquanto irregolari, che offrono uno stretto parallelo con le descrizioni del Soma.[50] Tali recinzioni erano di circa 500m quadrati (Figura 3.5) ed erano intersecati quasi ad angolo retto da diverse strade principali della città (Figura 9.4). Questo è il miglior modello da considerare in base allo stile e alla scala dei recinti sacri di Alessandria. Per quanto semplice possa sembrare il ragionamento, esso tuttavia risulta essere una prospettiva relativamente nuova riguardo al problema. Le indagini precedenti hanno generalmente cercato i resti di una struttura di dimensioni molto più piccole, con corrispondente scarso successo.

Un ulteriore supporto a favore di una recinzione molto grande è fornito da Achille Tazio, che offre una descrizione di Alessandria nel suo romanzo, Leucippe e Clitofonte, che risale probabilmente al III secolo d.C.[51]:-

Dopo un viaggio di tre giorni arrivammo ad Alessandria. Entrai dalla Porta del Sole, come viene chiamata, e fui subito colpito dalla splendida bellezza della città, che mi riempì gli occhi di gioia. Dalla Porta del Sole alla Porta della Luna – queste sono le divinità protettrici degli ingressi – conduceva una doppia fila diritta di colonne, al centro circa della quale si trova la parte aperta della città, e in essa così tante strade che camminando in esse ti immagineresti all'estero mentre sei ancora a casa. Andando qualche stadio più avanti, arrivai al luogo/distretto che prende il nome da Alessandro, dove vidi una seconda/altra città; lo splendore di questa era diviso in quadrati, perché c'era una fila di colonne intersecata da un'altra altrettanto lunga ad angolo retto.

Lo scrittore della fine del VII secolo, Giovanni di Nikiu, dichiarò che Antonino Pio aveva costruito la Porta del Sole a est e la Porta della Luna a ovest.[52] La strada

---

[50] David Jeffreys, *The Survey of Memphis*, Egypt Exploration Society, London 1985, Figure 60-63.
[51] Achille Tazio, *Le avventure di Leucippe e Clitofonte*, V, 1: (trad. S. Gaselee, Loeb Classical Library, eccetto la sostituzione di "luogo/distretto" al posto di "quartiere" e associando "altra" con "seconda" da parte dell'autore).
[52] R.H. Charles (trad.), *The Chronicle of John, Coptic Bishop of Nikiu c.690AD*, London 1916, Ch. 74.6, p. 56; vedi anche A. Butler, *The Arab Conquest of Egypt and the Last Thirty Years of the Roman Dominion*, 2nd ed. Oxford 1902, Cap. XXIV, nota 5 a p. 369.

La Tomba di Alessandro ad Alessandria

che correva tra di loro era la via principale dell'antica Alessandria ed è solitamente conosciuta come Via Canopica. Strabone cita un secondo viale principale che intersecava la Via Canopica ad angolo retto al centro della città.[53] È abbastanza chiaro, quindi, che Achille Tazio stia immaginando i suoi personaggi che entrano ad Alessandria dalla porta orientale e camminano verso ovest, lungo la Via Canopica, fino a una fila di colonne che si interseca ad angolo retto, presumibilmente l'incrocio centrale. Tuttavia, dice che tale crocevia si trovava in un'altra città, che era un luogo o un distretto che prende il nome da Alessandro. Implicitamente, questa seconda città era cinta da mura, poiché si parla inizialmente della parte aperta della città. L'esplicita associazione con Alessandro, la posizione al centro della città (che concorda con Zenobio), la sua collocazione all'interno di un recinto e il fatto che le dimensioni fossero sufficienti per essere considerata un'altra città indicano che questo sia il Soma.

Né questo è l'unico riferimento antico a un distretto di Alessandria che ha nome da Alessandro. Il Romanzo di Alessandro, sebbene in generale sia un racconto irrimediabilmente confuso e semi-leggendario delle gesta del Re, è ritenuto comunque attendibile per quanto riguarda la topografia alessandrina in epoca romana, poiché è stato molto probabilmente compilato da un residente della città del III secolo.[54] In particolare, il Romanzo cita la divisione della città in cinque quartieri, A, B, Γ, Δ, E, un dettaglio corroborato da Filone.[55] Il Romanzo ci dice anche cosa rappresentavano le lettere e A stava per Alessandro.[56]

Inoltre, il concetto di uno o due grandi recinti architettonici all'interno di Alessandria è confermato in modo sorprendente da un commento attribuito allo scrittore arabo del IX secolo, Ibn Abdel Hakim: -

Alessandria è composta da tre città, una accanto all'altra, ciascuna circondata dalle proprie mura. Tutte e tre sono racchiuse da un muro esterno fortificato.[57]

---

[53] Strabone, XVII, 1, 8.
[54] P.M. Fraser, *Ptolemaic Alexandria*, Oxford 1972, Vol. I, p. 4, afferma che 'Whatever the author [of the Romance] has to tell us regarding the city, and particularly items of topography, must be examined with care, even with respect.' (Tutto ciò che l'autore [del Romanzo] ha da dirci riguardo alla città, e in particolare agli elementi topografici, deve essere esaminato con cura, anche con rispetto).
[55] Filone, *In Flaccum*, 55.
[56] Pseudo Callistene, Il Romanzo di Alessandro, ad esempio R. Stoneman (trad.), *The Greek Alexander Romance*, Book I, 32; Alfa (per Ἀλεξάνδρος = "Alessandro"), Beta (per βασιλεύς = "re"), Gamma (per γένος = "discendente"), Delta (per Δίος = "Zeus") e Epsilon (per ἔκτισε πόλιν ἀείμνηστον = "fondò una città sempre memorabile"). P.M. Fraser, *Ptolemaic Alexandria*, Vol. I, Cap. 1, p. 31, nota diverse citazioni da parte di scrittori antichi di una *Akra* o Cittadella che era adiacente ai palazzi e che può anche essere un mezzo descrittivo per riferirsi al recinto del Soma.
[57] Citato da A. Butler, *The Arab Invasion of Egypt*, Cap. XXIV, p. 370; E. Breccia, *Alexandrea ad Aegyptum*, Bergamo 1922, p. 70: quest'ultimo sembra sbagliare nell'affermare che Hakim stesse citando Sujuti.

La Ricerca della Tomba di Alessandro il Grande

Tutto ciò rimarrebbe comunque di casuale interesse, se non fosse per il fatto che esistono anche consistenti prove tangibili, di epoca moderna, di una cinta muraria di dimensioni leggermente maggiori rispetto a quelle di Menfi, situata in prossimità del centro dell'antica Alessandria. Per comprendere tali evidenze è innanzitutto necessario apprezzare che le indagini archeologiche hanno sostanzialmente svelato la pianta stradale della città antica e confermato le testimonianze di antichi scrittori circa la sua dimensione ed estensione. Di fondamentale importanza è la mappa realizzata da Mahmoud Bey nel 1865-66, sulla base di scavi molto estesi eseguiti per ordine del Khedivè Ismail su richiesta di Napoleone III di Francia (Figura 4.2). I principi alla base della mappa sono documentati in un libro di accompagnamento.[58]

La posizione del Soma sulla mappa di Mahmoud (fuori R5) si basa sulla leggenda, diffusa nell'ultima parte del XIX secolo e persistente nelle guide turistiche fino ad oggi, che la tomba di Alessandro si trovasse sotto la moschea di Nabi Daniel. Non c'è motivo di dubitare che la credenza sia stata ispirata da un interprete (o dragomanno) presso l'ambasciata russa ad Alessandria, di nome Ambrose Schilizzi, nel 1850. Ci sono alcune tombe arabe medievali sotto la moschea, che fu costruita da Mohammad Ali nel 1823. Sotto di esse vi è una grande cisterna d'acqua romana. Schilizzi disse di aver visto il sarcofago di vetro di Alessandro attraverso la fessura di una porta in legno tarlata nelle vicinanze della cisterna.[59] Il racconto di Schilizzi è ormai generalmente ritenuto una bugia fantasiosa. Spesso, egli guidava i turisti in giro per la città per ottenere delle entrate aggiuntive e sembra aver pensato che questo fosse un buon modo per incoraggiare gli affari. Possiamo essere sicuri che si trattasse di una fandonia, poiché disse di aver visto dei papiri sparsi intorno alla bara. Ciò è stato ispirato dal fatto che Settimio Severo potrebbe aver sigillato alcuni libri di magia egizia nella tomba, quando la visitò nel 200 d.C. (così è scritto nel racconto di Dione Cassio della visita di Severo, quindi Schilizzi potrebbe facilmente averne sentito parlare o letto). Nel contesto dell'atmosfera umida vicino a una cisterna d'acqua e vicino alla falda acquifera è praticamente impossibile che i papiri siano sopravvissuti 1650 anni, a causa dell'azione capillare (non sono mai stati trovati papiri ad Alessandria che io sappia[60]). Non sorprende dunque che numerosi ed estesi scavi nelle vicinanze della moschea di Nabi Daniel non abbiano rivelato la minima traccia di una monumentale sepoltura tolemaica.[61]

---

[58] Mahmoud Bey El-Falaki, *L'Antique Alexandrie*, Copenhagen 1872, pp. 12-103.
[59] La fonte principale della leggenda di Nabi Daniel è A.M. De Zogheb, *Etudes sur l'Ancienne Alexandrie*, Paris 1910, Capitolo: *Le Tombeau de Alexandre le Grand*.
[60] E.G. Turner, Greek Papyri, Oxford 1968, p. 43, afferma che 'The site of Alexandria has provided no papyri.' (Il sito di Alessandria non ha fornito alcun papiro).
[61] L'area è stata scavata da Mahmoud Bey, Evaristo Breccia, Achille Adriani e la squadra polacca di Rodziewicz inter alia; si veda, ad esempio, P.M. Fraser, *Ptolemaic Alexandria*, note 88 e 90 al Cap. 1 a p. 41 del Vol. II e M. Rodziewicz, *Les habitations romaines tardives d'Alexandrie*, Centre d'Archéologie Mediterranéenne de l'Académie Polonaise des Sciences, Warsaw 1984 (l'intero libro è un rapporto dello scavo completo di Kom el-Dikka, la collina dietro la moschea di Nabi Daniel, che si rivelò

La Tomba di Alessandro ad Alessandria

Poco dopo le indagini di Mahmoud, la città moderna si estese fino a sigillare il campo delle rovine, riducendo significativamente la portata delle indagini successive. Ad ogni modo, tranne pochi casi limitati, le indagini archeologiche più recenti hanno confermato l'accuratezza generale dell'opera di Mahmoud e la sua città corrisponde alle dimensioni fornite dagli scrittori antichi più esattamente di qualsiasi altra ricostruzione.[62]

Di particolare rilevanza per la questione dell'ubicazione del recinto del Soma è l'identificazione dell'incrocio centrale. La linea della Via Canopica, il principale asse est-ovest, è stabilita in modo incontrovertibile (L1 sulla mappa di Mahmoud). Ma l'identificazione del viale principale nord-sud rimane controversa, dal momento che le prove di Mahmoud che si tratti della strada denominata R1 non sono conclusive.[63] Non ci sono comunque evidenze convincenti di qualsiasi altra strada che possieda tale status[64], e R1 è ragionevolmente centrale sulla pianta di Mahmoud e conduce ai palazzi reali sul promontorio di Lochias, alla sua estremità settentrionale. Come ipotesi di lavoro, è ragionevole seguire Mahmoud nel supporre che l'intersezione di L1 con R1 fosse effettivamente l'incrocio principale menzionato da Strabone e Achille Tazio.

---

essere un cumulo di scarti delle industrie del vetro e della ceramica del periodo Arabo che nascondeva le rovine di locali tardo romani).

[62] Sulla precisione della mappa di Mahmoud vedi in particolare J-L. Arnaud, *Nouvelles Données sur la Topographie d'Alexandrie Antique*, in BCH 121, 1997, pp. 721-737; sulle dimensioni dell'antica Alessandria, Diodoro, XVII, 52, fornisce 40 stadi di lunghezza; Strabone, XVII, 1, 8, fornisce 30 stadi di lunghezza per 7 o 8 stadi di larghezza; Filone, *In Flaccum*, 92, riporta 10 stadi di larghezza; Curzio Rufo, IV, 8, 2 fornisce una circonferenza di 80 stadi; Flavio Giuseppe, *Guerra giudaica*, II, 16, 4, dà 30 stadi di lunghezza per 10 stadi di larghezza; Plinio il Vecchio, V, 11, riporta una circonferenza di 15 miglia romane; Pseudo Callistene, Il *Romanzo di Alessandro* (versione latina – i.31.10) menziona 16 stadi di larghezza; Stefano Bizantino, sotto *"Alexandreia"* fornisce 34 stadi di lunghezza per 8 di larghezza con una circonferenza di 110 stadi; Mahmoud Bey, *L'Antique Alexandrie*, pp. 18-26, calcola 31 stadi alessandrini di lunghezza per 10 di larghezza con una circonferenza di 96 stadi.

[63] Mahmoud Bey, *L'Antique Alexandrie*, p. 23, ha scoperto che R1 era larga il doppio della maggior parte delle altre strade principali, ma la descrive come se avesse due carreggiate con superfici diverse; la sua identificazione potrebbe anche essere stata influenzata dal grande numero di colonne che ha trovato lungo il tratto meridionale di R1 (mostrato nella versione della mappa di Mahmoud pubblicata da H. Kiepert, *Zur Topographie der alten Alexandria: Nach Mahmud Begs Entdeckungen* in *Zeitschrift der Gesellschaft für Erdkunde zu Berlin*, 7, 1872, pp. 1-15); L'identificazione di Mahmoud è stata contestata in particolare da F. Noack, *Neue Untersuchungen in Alex.* in *Mittheilungen des Kaiserlich Deutschen Archaeologischen Instituts - Athenische Abtheilung*, 1900, pp. 215-279.

[64] Alcune mappe moderne hanno suggerito R5, ma questo sembra basarsi sull'associazione spuria della moschea di Nabi Daniel con la tomba di Alessandro; la fonte sembra essere di solito E. Breccia, *Alexandrea ad Aegyptum*, Bergamo 1922, p. 99, che nelle parole di J-Y. Empereur, *Alexandria Rediscovered*, London 1998, p. 149, aveva 'lost his usual critical acumen' (perso il suo solito acume critico) nell'accettare la leggenda di Nabi Daniel del XIX secolo. È una delle numerose ironie di questo argomento che alcuni scrittori moderni abbiano citato l'identificazione di R5 come strada trasversale principale, quale motivo conclusivo per credere alla leggenda di Nabi Daniel, senza rendersi conto che la loro argomentazione sia essenzialmente circolare.

La Ricerca della Tomba di Alessandro il Grande

Strabone afferma anche che il recinto del Soma facesse parte del Distretto Reale della città,[65] il che deve significare che fosse adiacente ai palazzi, i quali andavano da Lochias verso ovest per circa un terzo della strada fino all'Eptastadion. Per scoprire il Soma dovremmo quindi cercare un recinto di circa mezzo chilometro quadrato che racchiuda l'intersezione R1 – L1 e confini con i palazzi sul suo margine settentrionale. È gratificante apprendere che non abbiamo bisogno di guardare oltre la mappa di Mahmoud per individuare le tracce di una tale struttura, poiché Mahmoud ha segnato il preciso corso delle mura di Alessandria medievale, le quali nel settore orientale formano tre lati del tipo di recinto che cerchiamo.

Fonti e iscrizioni arabe[66] attribuiscono le mura medievali di Alessandria al governatore dell'Egitto del IX secolo, il sultano Ahmed Ibn Tulun, e non c'è motivo di dubitare della verità fondamentale di tale testimonianza. Esistono ancora alcuni frammenti che sono costruiti con pietre rubate all'antica città. In ogni caso, è ovviamente più che probabile che Ibn Tulun abbia incorporato sezioni di mura più antiche nel suo progetto, dove possibile. Che le sezioni orientali delle mura tulunidi seguano effettivamente la linea di un antico recinto murario è supportato da numerose linee di evidenza: -

a) Le mura tulunidi rispettavano il tracciato della città antica, come si può vedere nella pianta di Mahmoud che indica che le fortificazioni tulunidi correvano lungo la linea delle principali strade antiche nel loro corso meridionale e orientale.

b) Le rovine delle mura tulunidi furono profondamente modificate nel 1820 e in gran parte distrutte intorno al 1880, ma gli studiosi e gli ingegneri di Napoleone, nel 1798, le esaminarono e le disegnarono con grande accuratezza nella Description de l'Egypte. Nella loro mappa di Alessandria[67] (Figura 8.2) si può notare che le difese avevano un doppio circuito (cioè un muro interno ed uno esterno), a quel tempo quasi completo nel settore orientale (Figura 9.6). Richard Pococke percorse tutta la loro lunghezza, nel 1737, e in seguito commentò in particolare la discrepanza di stile tra le mura interne ed esterne: 'The outer walls around the old city are very beautifully built of hewn stone, and seem to be antient

---

[65] Strabone, XVII, 1, 8, menziona anche che il Distretto Reale comprendeva circa un quarto o un terzo dell'intera città: un recinto del Soma molto grande a sud dei palazzi è dunque importante per raggiungere questa dimensione totale, perché i palazzi erano circondati a est e a ovest da altri distretti della città; per esempio, Flavio Giuseppe, *Contro Apione*, 2, 33, colloca il quartiere ebraico (Delta) sulla costa a est di Lochias.

[66] J-Y. Empereur, *Alexandria Rediscovered*, London 1998, p. 49; H. De Vaujany, Recherches sur les Anciens Monuments Situé Sur le Grand-Port d'Alexandrie, Alexandria 1888, Tour d'Ahmed Dite des Romains, pp. 80-82.

[67] C.L.F. Panckoucke (editore della 2a edizione), *Description de l'Egypte, Etat Moderne*, Paris 1820-1829, plate 84 in vol. II. Da notare che questa è forse l'unica pianta attendibile delle mura della città vecchia; le indagini precedenti sembrano essere state generalmente imprecise, mentre la ricostruzione di parti del circuito di Mohammed Ali, all'inizio del XIX secolo, rende discutibile anche la pianta di Mahmoud Bey a un livello più dettagliato. Tale ricostruzione fu eseguita nel 1826 da Galice Bey (vedi J-Y. Empereur, *Alexandria Rediscovered*, p. 50).

La Tomba di Alessandro ad Alessandria

(sic); all the arches being true, and the workmanship very good... The inner walls of the old city, which seem to be of the middle ages, are much stronger and higher than the others and defended by large high towers'[68] (Le mura esterne intorno alla città vecchia sono costruite molto bene in pietra squadrata e sembrano essere antient (sic); tutti gli archi sono veri e la lavorazione è molto buona... Le mura interne della città vecchia, che sembrano del medioevo, sono molto più forti e più alte delle altre e difese da grandi e alte torri).

c) C'è una curiosa caratteristica a zig-zag in una breve sezione obliqua del muro esterno tulunide, nella mappa napoleonica, proprio nel punto in cui la strada R3 di Mahmoud Bey la intersecava sul lato nord (vedi Figure 4.2 e 9.6). Soprattutto in considerazione della sua posizione, ciò assomiglia molto alle vestigia di un ingresso, ma non trova eco nel circuito interno. Se le mura arabe di nuova costruzione avessero semplicemente ospitato il passaggio di un'antica strada, il portale dovrebbe esistere sia nel circuito interno che in quello esterno. Se fosse presente solo nel muro esterno, allora il circuito esterno sarebbe necessariamente più antico di quello interno.

d) Le incisioni di alcune torri delle difese tulunidi in tre tavole della Description de l'Egypte[69] mostrano un miscuglio di muratura alquanto irregolare, con archi a sesto acuto e pietre di modeste dimensioni in contrasto con una muratura regolare e precisa di blocchi massicci con archi semicircolari (Figura 9.5). Quest'ultima si avvicina molto all'architettura della 'Torre dei Romani',[70] che si trovava in un angolo delle fortificazioni nel punto di congiunzione orientale con la riva del porto grande, adiacente agli Aghi di Cleopatra. La torre è sopravvissuta fino all'inizio del XX secolo ed è generalmente considerata di antica costruzione.[71]

e) Esiste un'incisione all'acquatinta della Porta di Rosetta raffigurata come un magnifico portale antico fiancheggiato da colonne con capitelli corinzi (Figura 9.7). È stata realizzata da un disegno di Luigi Mayer, eseguito tra il 1776 e il 1792, per conto di Sir Robert Ainslie durante la sua ambasciata a Costantinopoli. È datata al 1801 ed è stata pubblicata nel 1804 in una raccolta di Views of Egypt,[72] ma finora è apparentemente passata inosservata in tutti gli studi topografici dell'antica Alessandria. Ciò può essere dovuto al fatto che tale porta non sia raffigurata nella Description de l'Egypte, che a sua volta potrebbe indicare che essa fu distrutta durante o prima dell'arrivo della spedizione di Napoleone nel 1798. È interessante notare che il portale appare troppo ornamentale per essere qualificato come una struttura difensiva (anche se qualche tentativo successivo

---

[68] R. Pococke, *Description of the East*, London 1743, vol. 1, p. 3; la sua pianta di Alessandria mostra il doppio circuito murario completo su tutti i tratti tranne verso il mare.
[69] C.L.F. Panckoucke (editore della 2a edizione), *Description de l'Egypte, Etat Moderne*, Paris 1820-1829, plate 89 in vol. II.
[70] C.L.F. Panckoucke (editore della 2a edizione), *Description de l'Egypte, Etat Moderne*, Paris 1820-1829, plate 35 in vol. V.
[71] J-Y. Empereur, *Alexandria Rediscovered*, London 1998, p. 53.
[72] L. Mayer, *Views in Egypt From the Original Drawings In The Possession of Sir Robert Ainslie, Taken During His Embassy To Constantinople*, pubblicato da R. Bowyer, London 1804.

La Ricerca della Tomba di Alessandro il Grande

sembra essere stato fatto per difenderlo, a giudicare dalle feritoie nelle sezioni inferiori del muro adiacente). Significativo è anche il fatto che i suoi blocchi principali abbiano nell'acquatinta una colorazione rosa (che è originale), perché è dimostrato che il granito rosa levigato fosse ampiamente utilizzato nell'architettura pubblica dell'antica Alessandria.[73] In breve, la forma, l'ubicazione e l'apparente antichità di questo portale sono assolutamente coerenti con il suo essere uno degli ingressi principali di un antico recinto. Sarebbe difficile spiegarlo come architettura militare o datarlo dopo la conquista araba. Al contrario, se si attribuisce un'origine antica alla struttura, allora l'ipotesi di un'origine antica di tutto il settore orientale delle mura tulunidi diventa molto forte.

f) Una relazione svolta per l'Egypt Exploration Fund sul tema di Alessandria da parte di D.G. Hogarth, nel 1894-1895, fornisce un'indicazione archeologica secondo cui la linea delle mura tulunidi nel settore orientale fosse probabilmente antica. Anche se le mura stesse erano state distrutte a quel tempo, il fossato o fossa, profondo 5 metri, che vi correva davanti, esisteva ancora lungo un tratto di due chilometri che andava dalla Torre dei Romani al vertice sud-est (Figura 9.10). Il fossato avrebbe dovuto tagliare le antiche fondamenta, se le mura fossero state costruite su una nuova linea nel IX secolo, poiché è certo che l'antica città esisteva su entrambi i lati di esse. Tuttavia, per l'intero tratto, le uniche fondamenta scoperte da Hogarth[74] furono alcuni mattoni romani in un punto appena a sud della Porta di Rosetta.[75] Poiché un singolo caso del genere potrebbe essere facilmente attribuito a un ponte (o simile) attraverso il fossato, l'implicazione è che la linea delle difese tulunidi nel settore orientale è probabile che sia stata occupata da un muro fin dall'inizio del periodo tolemaico.

g) Una prova tangibile delle antiche origini del circuito esterno è fornita da un grande frammento di una torre che sorgeva nel muro esterno e che può essere visto ancora oggi nei Giardini Shallalat, a circa 200m a nord del sito della Porta di Rosetta. Non c'è dubbio che sia di costruzione molto antica, probabilmente tolemaica[76] (Figura 8.4). La sua antichità è infatti così convincente che alcuni

---

[73] Alcune antiche colonne scavate di granito rosa sono state collocate nel piccolo teatro/odium romano a Kom el-Dikka per essere esaminate dai visitatori: possono essere viste in un angolo di una foto in J-Y. Empereur, *Alexandria Rediscovered*, Londra 1998, p. 26. Colonne rosa lungo la linea della Via Canopica vicino alla moschea Attarine sono mostrate in un'altra veduta di Luigi Mayer in Views in Egypt [n. 72]. Le stesse colonne sono riportate in Planche 35 del vol. V della sezione Antiquités della Description de l'Egypte e in altre incisioni antiche. Anche D.G. Hogarth, *Report on Prospects for Research in Alexandria*, in *Egypt Exploration Fund, Report* 1894-1895, pp. 1-28, cita la scoperta di 'a large granite column' (una grande colonna di granito) nei pressi della Via Canopica a p. 6.

[74] D.G. Hogarth, *Report on Prospects for Research in Alexandria*, in *Egypt Exploration Fund, Report* 1894-1895, p. 8 e p.13.

[75] La Porta di Rosetta era la principale porta orientale delle mura "medievali". Si trovava nel punto in cui la Via Canopica passava attraverso le mura. A volte è anche chiamata Porta del Cairo o Porta Araba Orientale.

[76] J-Y. Empereur, *Alexandria Rediscovered*, London 1998, p. 51 e p. 53.

hanno proposto che il muro orientale dell'antica città passasse attraverso di essa.[77] Tale soluzione tuttavia implica ignorare le osservazioni di antiche mura difensive molto più a est da parte di Pococke e Mahmoud Bey e contraddire le dimensioni della città fornite in modo indipendente da Diodoro, Strabone, Flavio Giuseppe e Stefano Bizantino.[78]

Pochi scavi sono stati effettuati all'interno dell'area proposta del recinto del Soma, ma Hogarth ha trovato tracce di una 'struttura imponente' appena a nord della Via Canopica, vicino alla sua intersezione con la strada trasversale denominata R2.[79] Inoltre, Mahmoud Bey fornisce una descrizione di sontuosi ritrovamenti nelle vicinanze, nella prima metà del XIX secolo: -

Infatti, gli scavi che furono effettuati da Gallis [=Galice] Bey (e quelli che furono eseguiti successivamente) portarono alla luce alcuni enormi muri di fondazione sulla Via Canopica sul lato ovest tra le due strade trasversali R1 e R2 insieme a un gran numero di colonne cadute. Accanto alla Via Canopica e R1 noi stessi ne abbiamo scoperte diverse sotto le macerie: se ne vedono ancora oggi alcune rovesciate nell'area intorno al primo bastione. L'estensione di queste fondamenta monumentali è maggiore di 150 metri per lato. In conclusione, tutto su questo sito ci mostra che questo era il monumento più bello della città di Alessandria... [80]

Conclusioni

Ripercorrendo la storia della tomba di Alessandro ad Alessandria, è stato sostenuto che il corpo del Macedone fu portato in città nel primo quarto del III secolo a.C., mentre il famoso mausoleo-tomba del Re fu costruito da Tolomeo Filopatore intorno al 215 a.C. Il mausoleo fu visitato in segno di rispetto verso Alessandro da numerosi principi romani prima della sua distruzione finale, che avvenne molto probabilmente in seguito al terremoto e al maremoto del 365 d.C.

È stato inoltre dimostrato che le testimonianze letterarie e contestuali relative all'aspetto del mausoleo di Alessandro ad Alessandria favoriscono fortemente un modello simile a quello dell'archetipo del Mausoleo di Alicarnasso. Vale a dire, una torre quadrata o rettangolare, piuttosto alta ed enorme, che sovrastava una camera sepolcrale sotterranea ed era sormontata da un tetto piramidale.

---

[77] Tale mappa compare in E.M. Forster, *Alexandria, A History and a Guide,* Alexandria 1922 (pp. 106-107 all'inizio della Parte II nell'edizione Doubleday, New York 1961 e nell'edizione Michael Haag, London 1982).

[78] Si potrebbe aggiungere che la cifra della popolazione di 300.000 liberi cittadini (cioè circa mezzo milione inclusi gli schiavi) data da Diodoro, XVII, 52, fosse troppo grande per essere ospitata in una città molto più piccola di quella fornita nella pianta di Mahmoud, alla luce delle evidenze archeologiche sulla densità abitativa. Inoltre, l'ipotesi che la città fosse stata più piccola nel primo periodo tolemaico deve escludere Ammiano Marcellino, XXII, 16, 15, secondo cui Alessandria 'attained its wide extent at its origin' (raggiunse la sua ampia estensione alla sua origine) e Tacito, *Storie,* IV, 83, il quale afferma che Tolomeo I costruì le mura.

[79] D.G. Hogarth, *Report on Prospects for Research in Alexandria* in *Egypt Exploration Fund, Report* 1894-1895, p. 8.

[80] Mahmoud Bey El-Falaki, *L'Antique Alexandrie,* Copenhagen 1872, pp. 56-57 (estratto tradotto dal francese dall'autore).

La Ricerca della Tomba di Alessandro il Grande

Inoltre, la presente indagine ci porta a una nuova conclusione circa l'ubicazione della tomba di Alessandro, che è forse unica nello spiegare contemporaneamente tutte le testimonianze antiche che in precedenza erano state ritenute inconsistenti e contraddittorie. È anche la prima a collegare in modo significativo queste antiche evidenze con i resti di Alessandria osservati in epoca moderna.

Apparentemente, uno dei primi Tolomei, ma forse anche lo stesso Alessandro, ordinò la costruzione di un enorme recinto sacro nel cuore dell'antica Alessandria, ispirato forse dai due recinti paragonabili del tempio di Menfi. La recinzione muraria comprendeva l'incrocio principale della città antica, estendendosi approssimativamente da appena a nord della strada denominata L2 da Mahmoud Bey a sud della strada denominata L'2 e da appena ad ovest di R3 ad appena ad est di R1, complessivamente un'area di circa 600 x 800 metri (Figura 9.11). Il Mausoleo di Alessandro, il Grande Altare di Alessandro,[81] le tombe dei successivi Tolomei e probabilmente numerosi altri edifici sacri e religiosi erano contenuti all'interno del recinto, che era propriamente noto come il Soma di Alessandro. Le sue splendide mura potrebbero essere state le *moenia urbis* che Cesare non smise di ammirare nella Pharsalia di Lucano. Era anche considerato il primo (Alfa) dei cinque quartieri di Alessandria ed è identico alla seconda/altra città o luogo/distretto di Alessandro menzionato da Achille Tazio.

Alla fine dell'era romana o all'inizio del periodo arabo, Alessandria si ridusse nei suoi distretti occidentali a causa dello spopolamento. La superba e alta costruzione del muro di cinta del Soma era un'ovvia linea di ripiego per le difese orientali della città, quindi tre lati del recinto furono incorporati nelle nuove fortificazioni che vennero ultimate da Ibn Tulun nel IX secolo. Di conseguenza, il muro del Soma rimase in larga parte intatto fino all'inizio del XIX secolo, quando fu sostanzialmente modificato da Galice Bey, per conto di Mohammed Ali. Gran parte di esso, probabilmente, rimase all'incirca fino al 1880, quando fu quasi completamente distrutto durante la diffusione della città moderna. Ma un singolo frammento è sopravvissuto fortuitamente fino ai giorni nostri e può ancora essere visto nei giardini vicino al sito della Porta di Rosetta.

---

[81] R. Stoneman, (trad.), *The Greek Alexander Romance,* London 1991, Book I, 33.

Bibliografia

Fonti Antiche

Achille Tazio, Le avventure di Leucippe e Clitofonte, (*Achilles Tatius*, Clitophon and Leucippe S. Gaselee, Loeb, Harvard 1917)

Atti di San Marco, Patrologia Graeca, vol. 115, ed. J-P. Migne, Paris 1899

Adamanzio, Physiognomonika

Adamnano, De locis sanctis, (*Adamnan*, Denis Meehan (ed.), Scriptores Latini Hiberniae Vol. III, Dublin 1958)

Eliano, Varia Historia, (*Aelian*, N.G. Wilson, Loeb, Harvard 1997)

Ammiano Marcellino, Storie, (*Ammianus Marcellinus*, Res Gestae, John C. Rolfe, Loeb, Harvard 1935-9)

Arabic Synaxary of the Coptic Church, J. Forget, Corpus scriptorum christianorum orientalium, scriptores arabici, series tertia, tomus I et II, Louvain 1905-26

Arriano, Anabasi di Alessandro e Indikà, (*Arrian*, Anabasis Alexandri and Indica P.A. Brunt, Loeb, Harvard 1976 and 1983)

Arriano, Gli eventi dopo Alessandro, (*Arrian*, Epitome of the History of Events After Alexander, *Fozio* 92, Photius Bibliothèque, vol. II, René Henry, Paris 1960)

Ateneo, Deipnosofisti, (frammenti di Efippo, Nicobule e Callisseno), (*Athenaeus*, Deipnosophistae, Charles Burton Gulick, Loeb, Harvard 1927-41)

Bernardo il Monaco (*Bernardus Monachus Francus*), Itinerarium 6, Patrologia Latina, vol. 121, ed. J-P Migne, Paris 1880

Cesare, La guerra civile, (*Caesar*, The Civil Wars, A.G. Peskett, Loeb, Harvard 1914)

Cesare, La guerra alessandrina, (*Caesar*, The Alexandrine War (ghostwritten by Hirtius), A.G. Way, Loeb, Harvard 1955)

Chronicon Paschale, 252, coll. 608-609 in Patrologia Graeca, vol. 92, ed. J-P. Migne, Paris 1865

Cicerone, Il discorso contro Pisone, (*Cicero*, The Speech Against Piso, N.H. Watts, vol. 14, Loeb, Harvard 1931)

Cicerone, Pro Rabirio Postumo, (*Cicero*, Pro Rabirio Postumo, trans. N.H. Watts, vol. 14, Loeb, Harvard 1931)

Clemente d'Alessandria, Esortatione ai Greci, (*Clement of Alexandria*, Exhortation to the Greeks, G.W. Butterworth, Loeb, Harvard 1919)

Curzio Rufo, Storia di Alessandro, (*Curtius*, The History of Alexander, John C. Rolfe, Loeb, Harvard 1946)

Dione Cassio, Storia romana, (*Dio Cassius*, Roman History, Earnest Cary, Loeb, Harvard 1914-27)

La Ricerca della Tomba di Alessandro il Grande

Diodoro Siculo, Biblioteca storica, (in particolare i Libri XVI-XIX), (*Diodorus Siculus*, Library of History: vol. VII, Charles L. Sherman, Loeb, Harvard, 1952; vol. VIII, C. Bradford Welles, Loeb, Harvard, 1963; vol. IX, Russel M. Geer, Loeb, Harvard 1947)

Diogene Laerzio, Vite dei filosofi: Zenone, Demetrio

Effemeridi, FrGrHist 2.117

Epifanio di Costanza di Cipro, Sui pesi e le misure, coll. 237-94, Patrologia Graeca, vol. 43, ed. J-P. Migne, Paris 1864

Epifanio monaco, Description of Palestine, columns 259-72 in Patrologia Graeca, vol. 120, ed. J-P. Migne, Paris 1880

Epitome de Caesaribus Sexti Aureli Victoris

Euripide, Andromeda

Eusebio, Storia ecclesiastica, (*Eusebius*, Ecclesiastical History, vol. 1, Kirsop Lake, Loeb, Harvard, 1926; vol. 2, J.E.L. Oulton, Loeb, Harvard 1932)

Eutichio, Patrologia Graeca, vol. 111, ed. J-P. Migne, Paris 1863

Egesia, FrGrHist 2.142

Erodiano, Storia dell'impero dopo Marco Aurelio, Libri 1-4, (*Herodian*, History of the Empire, C.R. Whittaker, Loeb, Harvard 1969)

Omero, Iliade, (*Homer*, Iliad, trans. A.T. Murray, revised William F. Wyatt, Loeb, Harvard 1999)

San Girolamo, De viris illustribus

Giovanni Crisostomo, Omelie sulla seconda lettera ai Corinzi, XXVI, coll. 575-84, Patrologia Graeca, vol. 61, ed. J-P. Migne, Paris, 1862; (John Henry Parker, The Homilies of S. John Chrysostom Archbishop of Constantinople on the Second Epistle of St Paul the Apostle to the Corinthians, Oxford 1848)

Giovanni Crisostomo, Istruzioni per i Catecumeni (Ad Illum. Catech.)

Giovanni di Nikiu, Cronaca, (*John of Nikiu*, Chronicle, Robert Henry Charles, Text and Translation Society 3, Amsterdam, reprint of London edition of 1916)

Giuseppe Flavio, Antichità giudaiche, (*Josephus*, Jewish Antiquities, H. St J. Thackeray, R. Marcus, A. Wikgren, Loeb, Harvard 1930-63)

Giuseppe Flavio, La guerra giudaica, (*Josephus*, The Jewish War, H. St J. Thackeray, Loeb, Harvard 1927-8)

Giuseppe Flavio, Contro Apione, (*Josephus*, Contra Apion, H. St J. Thackeray, Loeb, Harvard 1926)

Giustino, Epitome delle Storie Filippiche di Pompeo Trogo, Libri XI-XII, (*Justin*, Epitome of the Philippic History of Pompeius Trogus, J.C. Yardley and W. Heckel, Oxford, 1997); Justin, Cornelius Nepos and Eutropius, Rev. John Selby Watson, London 1853

Il Corano, Sura 18, La Caverna, (The Koran, Surah 18, The Cave, N.J. Dawood, London 1956)

Bibliografia

Libanio, Orazione XLIX, (*Libanius*, Oration XLIX, A.F. Norman, Selected Works II, Loeb, Harvard 1977)

Lucano, Pharsalia, (*Lucan*, Pharsalia, J.D. Duff, Loeb, Harvard 1928)

Luciano, Dialoghi dei morti, XIII, vol. 7, (*Lucian*, Dialogues of the Dead, M.D. MacLeod, Loeb, Harvard 1961)

Luciano, Come si deve scrivere la storia, vol. 6, (*Lucian*, Essay on How to Write History, K. Kilburn, Loeb 1959)

Epitome di Metz e Liber de Morte, (Metz Epitome & Liber de Morte, P.H. Thomas, Ed., Incerti Auctoris Epitoma Rerum Gestarum Alexandri Magni cum Libro de Morte Testamentoque Alexandri, Teubner, Leipzig 1966)

Cornelio Nepote, Eumene; Justin, Cornelius Nepos and Eutropius, Rev. John Selby Watson, London 1853

Palladio, Storia lausiaca, (*Palladius*, Lausiac History, Robert T. Meyer, London 1965)

Pausania, Descrizione della Grecia, vol. 1, (*Pausanias*, Description of Greece, W.H.S. Jones, Loeb, Harvard 1918)

Filone of Alessandria, In Flaccum, vol. 9, (*Philo of Alexandria*, In Flaccum, F.H. Colson, Loeb, Harvard 1941)

Filone di Bisanzio, Le Sette Meraviglie

Plinio il Vecchio, Storia Naturale, (*Pliny the Elder*, Natural History, H. Rackham, W.H.S. Jones, D.E. Eichholz, Loeb, Harvard 1938-62)

Plutarco, Agesilao, Vite parallele, (*Plutarch*, Agesilaus, Lives vol. 5, B. Perrin, Loeb, Harvard 1917)

Plutarco, Alessandro e Cesare, Vite parallele, (*Plutarch*, Alexander & Caesar, Lives vol. 7, B. Perrin, Loeb, Harvard 1919)

Plutarco, Eumene, Vite parallele, (*Plutarch*, Eumenes, Lives vol. 8, B. Perrin, Loeb, Harvard 1919)

Plutarco, Demetrio, Antonio e Pirro, (*Plutarch*, Demetrius, Antony & Pyrrhus, Lives vol. 9, B. Perrin, Loeb, Harvard 1920)

Plutarco, Moralia, (*Plutarch*, Moralia, vols. 3 e 4, Frank Cole Babbitt, Loeb, Harvard 1931 and 1936)

Polieno, Gli Stratagemmi, (*Polyaenus*, Stratagems of War, trad. Peter Krentz & Everett L. Wheeler, Ares, Chicago 1994)

Polibio, Storie, (*Polybius*, The Histories, W.R. Paton, Loeb, Harvard 1922-7)

Procopio, Sugli edifici, (*Procopius*, On Buildings, H.B. Dewing and G. Downey, Loeb, Harvard 1940)

Pseudo Callistene, Il Romanzo di Alessandro, (*Pseudo-Callisthenes*, Alexander Romance, e.g. Guilelmus Kroll, Historia Alexandri Magni, vol. 1, Weidmann 1926)

Claudio Tolomeo, Canone

La Ricerca della Tomba di Alessandro il Grande

Rufino, Storia ecclesiastica

Severo di Al-Ushmunain, Storia dei Patriarchi, (*Severus, Bishop of Al-Ushmunain*, History of the Patriarchs, B. Evetts, *Patrologia Orientalis* vol. 2, 4, Paris 1907)

Oracoli Sibillini

Socrate Scolastico, Storia ecclesiastica, Patrologia Graeca, vol. 67, ed. J-P. Migne, Paris, 1964; H. Wace and P. Schaff, A Select Library of Nicene and Post-Nicene Fathers of the Christian Church, vol. 2, Oxford and New York 1891

Sozomeno, Storia ecclesiastica, Patrologia Graeca, vol. 67, ed. J-P. Migne, Paris, 1964; H. Wace and P. Schaff, A Select Library of Nicene and Post-Nicene Fathers of the Christian Church, vol. 2, Oxford and New York 1891

Stefano Bizantino, Augustus Meineke, Stephani Byzantii, Ethnicorum, Berlin, 1849

Strabone, Geografia, (*Strabo*, Geography, H.L. Jones, Loeb, Harvard 1917-32)

Svetonio, Vita dei Cesari: Cesare, Augusto, Gaio Caligola e Vespasiano; Vita di Lucano, (Life of Lucan, J.C. Rolfe, Loeb, Harvard, 1913-14)

Suidae Lexicon (o Suda), A. Adler (ed.), Leipzig 1928-35

Tacito, Storie, (*Tacitus*, Histories, Clifford H. Moore, Loeb, Harvard 1925-31)

Tacito, Annali, (*Tacitus*, Annals, John Jackson, Loeb, Harvard 1931-7)

Teocrito, Idilli, XVII, Encomio di Tolomeo, (*Theocritus*, Idyll XVII, Encomium to Ptolemy, J.M. Edmonds, Greek Bucolic Poets, Loeb, Harvard 1919)

Teodoreto, Graecarum Affectionum Curatio, Patrologia Graeca vol. 83, J.-P. Migne, Paris 1864

Vitruvio, De Architectura, (*Vitruvius*, De Architectura, Frank Granger, Loeb, Harvard 1934)

Zenobio, Proverbi, (*Zenobius*, Proverbia, E.L. von Leutsch and F.G. Schneidewin (eds.), Corpus Paroemiographorum Graecorum, 1, Göttingen 1839)

Fonti Moderne

Achille Adriani (postumo), *La Tomba di Alessandro*, L'Erma di Bretschneider, Roma 2000

Achille Adriani, *Repertorio d'Arte dell'Egitto Greco-Romano*, Serie C, Vol. I-II, Palermo, 1963 & 1966

Leone Africano, ed. Ramusio, *Descrizione dell'Africa*, 1550, trans. John Pory AD1600, *Description of Africa*, Vol. 3, Hakluyt Society 94, London 1896

Manolis Andronicos, *Vergina*, Athens 1984

Edward Anson, "Macedonia's Alleged Constitutionalism," *Classical Journal*, 80, 1985, 303-316

Edward Anson, "Early Hellenistic Chronology: The Cuneiform Evidence" in W. Heckel, L. Trittle & P. Wheatley (Editors), *Alexander's Empire: Formulation to Decay*, Regina Books, California 2007, 193-198

Bibliografia

Jean-Luc Arnaud, "Nouvelles Données sur la Topographie d'Alexandrie Antique," *BCH* 121, 1997, 721-737

Hutan Ashrafian, "The Death of Alexander the Great – A Spinal Twist of Fate," *Journal of the History of the Neurosciences*, Vol. 13, Issue 2, June 2004, 138-142

M.M. Austin, *The Hellenistic World from Alexander to the Roman Conquest*, Cambridge University Press 1981

M.F. Awad, *La revue de l'Occident Musulman et de la Méditerranée* 46, 1987, 4

D.M. Bailey, "Alexandria, Carthage and Ostia," *Alessandria e il mondo ellenistico-romano, Studi in onore di Achille Adriani*, 2, Roma 1984, 265-72

Alberto Balil, "Una nueva representación de la tumba de Alejandro," *Archivo. Españ. Arqueol.* 35, 1962, 102-3

Alberto Balil, "Monumentos Alejandrinos y Paisajes Egipcios en un Mosaico Romano de Toledo (España)," *Alessandria e il Mondo Ellenistico-Romano, Studi in Onore di Achille Adriani*, Vol. III, Roma 1984, 433-9

Dr John Ball, *Egypt in the Classical Geographers*, Government Press, Cairo 1942

Maddalena Bassani, "Esempi archeologici per un'ipotesi interpretativa della lastra di S. Apollonia", *Engramma* 70, marzo 2009

Maddalena Bassani & Giulio Testori, "La stella di Alessandro il Grande nel chiostro di Sant'Apollonia: due ipotesi di restituzione di un monumento onorario romano", *Engramma* 95, dicembre 2011

Pierre Belon du Mans, *Voyage en Egypte*, 1553, edition of Serge Sauneron, IFAO, 1970

Gwen Benwell and Arthur Waugh, *Sea Enchantress: The Tale of The Mermaid and Her Kin*, Hutchison, London 1961

Maria Bergamo, "1962, Venezia: storia di un ritrovamento. Documenti, contesto storico e status quaestionis", *Engramma* 70, marzo 2009

Leif Bergson, *Der Griechische Alexanderroman Rezension β*, Uppsala 1965

André Bernand, *Alexandrie la Grande*, Arthaud, Paris 1966

J.H. Bernard trans., *Expliciunt peregrinations totius terre sancta, Guide-Book to Palestine*, Palestine Pilgrim Text Society, London 1894, vi, 33

Edwyn Bevan, *A History of Egypt under the Ptolemaic Dynasty*, Methuen and Co, London 1927

Robert S. Bianchi, "Hunting Alexander's Tomb," *Archaeology*, July/August 1993, 54-5

Tom Boiy, "Cuneiform Tablets & Aramaic Ostraca: Between the Low & High Chronologies of the Early Diadoch Period" in W. Heckel, L. Trittle & P. Wheatley (Editors), *Alexander's Empire: Formulation to Decay*, Regina Books, California, 2007, 199-208

Nicola Bonacasa, "Un Inedito di Achille Adriani Sulla Tomba di Alessandro," *Studi Miscellanei – Seminario di Archaeologia e Storia dell'Arte... dell'Università di Roma*, vol. 28, 1991, 5-19

La Ricerca della Tomba di Alessandro il Grande

M. Bonamy, "Description de la Ville d'Alexandrie, telle qu'elle estoit du temps de Strabon," *Histoire de l'Académie des Inscriptions et Belles Lettres*, Tome 9, 1736, 416-32

Osmund Bopearachchi & Philippe Flandrin, *Le Portrait d'Alexander le Grand*, 2005

A.B. Bosworth, "Alexander and Ammon", *Greece and the Eastern Mediterranean in Ancient History and Prehistory*, ed. K. H. Kinzl, Berlin 1977

A.B. Bosworth, *Alexander and the East: The Tragedy of Triumph*, OUP, 1996

A.B. Bosworth, *Conquest and Empire: The Reign of Alexander the Great*, CUP, 1988

A.B. Bosworth, "Heroic Honours in Syracuse" in *Crossroads of History: The Age of Alexander*, California 2004

G. Botti, *Plan d'Alexandrie à l'époque Ptolémaïque*, Alexandria 1898

Alan K. Bowman, *Egypt After the Pharaohs*, British Museum Press, London 1986

Georg Braun & Frans Hogenberg, *Civitates Orbis Terrarum*, Cologne 1572

Evaristo Breccia, *Rapport du Musée Gréco-Romain*, Alexandria 1907

Evaristo Breccia, *Alexandrea ad Aegyptum*, Bergamo 1922

Evaristo Breccia, "Alessandro Magno e la sua tomba", *La lettura: Rivista mensile del Corriere della Sera*, June 1930, Fascicolo 6, 523-528

Dale M. Brown (Series Editor), *Greece: Temples, Tombs and Treasures*, Time Life Books, Lost Civilizations Series, Richmond 1994

W.G. Browne, *Travels in Africa, Egypt and Syria*, London, 1799

James Bruce, *Travels*, I, London 1790

P.A. Brunt, *Arrian, Anabasis Alexandri and Indica*, vols. I and II, Loeb Classical Library, Harvard, 1976 and 1983

Cornelius de Bruyn, *Reizen van Cornelis de Bruyn door de vermaardste Deelen van Klein Asia*, 1698

E.A.W. Budge, *The History of Alexander the Great: Being the Syriac Version of the Pseudo Callisthenes*, Cambridge 1889

E.A.W. Budge, *The Life and Exploits of Alexander the Great*, London 1896

J.B. Bury, S.A. Cook and F.E. Adcock (eds.), *The Cambridge Ancient History: Volume VI; Macedon, 401-301 BC*, Cambridge 1927

A.J. Butler, *The Arab Conquest of Egypt and the Last Thirty Years of the Roman Dominion*, 2nd edition revised by P M Fraser, OUP, [1902] 1978

Louis-François Cassas, *Voyage pittoresque de la Syrie, de la Phénicie, de la Palestine et de la Basse Egypte*, Paris 1799

L. Casson, "Speed under Sail of Ancient Ships," *TAPhA* 82, 1951, 136-148

M. Chaîne, "L'Église de Saint-Marc à Alexandrie," *Revue de l'Orient Chrétien*, vol 24, 1924, 372-386

M. Chauveau, *L'Egypte au temps de Cléopâtre*, Daily Life Series, Hachette, Paris 1997

Bibliografia

Erik Christiansen, *The Roman Coins of Alexandria*, Aarhus University Press, 1988

Vassilios Christides, "The Tomb of Alexander the Great in Arabic Sources" in *Studies in Honour of Clifford Edmund Bosworth, Part I, Hunter of the East*, edited by Ian Richard Netton, 2000, 165-173

Christophers, S. R. and Shortt, H. E. (1921a) "Malaria in Mesopotamia," *Indian Journal of Medical Research*, 8(3), 508-552

Christophers, S. R. and Shortt, H. E. (1921b) "Incidence of Malaria among troops in Mesopotamia," 1916-1919. *Indian Journal of Medical Research*, 8(3), 553-570

A.M. Chugg, "An Unrecognised Representation of Alexander the Great on Hadrian's Egyptian Coinage," *The Celator Journal*, Vol. 15, No. 2, February 2001, 6-16

A.M. Chugg, "The Sarcophagus of Alexander the Great?" *Greece and Rome*, April 2002, 8-26

A.M. Chugg, "The Sarcophagus of Alexander the Great," *Minerva*, vol 13, No 5, Sept.-Oct. 2002, 33-6

A.M. Chugg, "The Tomb of Alexander the Great in Alexandria," *American Journal of Ancient History*, New Series 1.2, (2002) [2003], 75-108

A.M. Chugg, "A Double Entendre in the Alexandrian Bigas of Triptolemos," *The Celator Journal*, vol. 17, no. 8, August 2003, 6-16

A.M. Chugg, "Alexander's Final Resting Place," *History Today*, July 2004, 17-23

A.M. Chugg, *The Lost Tomb of Alexander the Great*, London, October 2004

A.M. Chugg, "The Journal of Alexander the Great", *Ancient History Bulletin* 19.3-4 (2005) 155-175.

A.M. Chugg, Famous Alexandrian Mummies: The Adventures in Death of Alexander the Great and St Mark the Evangelist, *Proceedings of the Eroi, Eroismi, Eroizzazioni Conference*, ed. Alessandra Coppola, Università di Padova, settembre 2006, SARGON, Padova 2007, pp. 67-100

A.M. Chugg, "Is the Gold Porus Medallion a Lifetime Portrait of Alexander the Great?" *The Celator Journal*, vol. 21, no. 9, September 2007, 28-35

Amanda Claridge, *Oxford Archaeological Guide: Rome*, Oxford 1998

E.D. Clarke, *The Tomb of Alexander, a dissertation on the sarcophagus from Alexandria and now in the British Museum*, Cambridge 1805

E.D. Clarke, *Letter addressed to the Gentlemen of the Bitish Museum by the Author of the Dissertation on the Alexandrian Sarcophagus*, Cambridge, 28th September 1807

E.D. Clarke, *Travels in Various Countries of Europe, Asia and Africa, Part 2: Greece, Egypt and the Holy Land*, Section 2 (Vol. 5), 4th Edition, 1817 (original preface dated 24th May, 1814)

P.D. Clarke and A. Bryceson (advisors), *The Medical Protection Society, Casebook (GP) no. 4*, London 1994, 4-5

W. Clarysse and G. van der Veken, *The Eponymous Priests of Ptolemaic Egypt*, E J Brill, Leiden 1983

La Ricerca della Tomba di Alessandro il Grande

Collingridge, D., *Truth & Science*, Springville, Cedar Fort 2008

N.L. Collins, "The Various Fathers of Ptolemy I" *Mnemosyne* 50.4, 1997, 436-476

Otto Cuntz, *Itineraria Romana*, Teubner, Roma 1929

P. Daru, *Histoire de Venise*, 3rd edition, Tome 1, Paris 1826

Christian Décobert and Jean-Yves Empereur (editors), *Alexandrie Médiévale 1*, Institut Français d'Archéologie Orientale, Cairo 1998

A. Déléage, *Etudes Papyrologiques 2*, 1934

D. Delia, "The Population of Roman Alexandria," *TAPA* 118, 1988, 275-92

Otto Demus, *The Mosaic Decoration of San Marco Venice*, University of Chicago Press, 1988

Leo Deuel, *The Memoirs of Heinrich Schliemann*, Harper and Row, New York 1977

Aidan Dodson, *After the Pyramids*, Rubicon Press, London 2000

Boris Dreyer, "The Arrian Parchment in Gothenburg: New Digital Processing Methods & Initial Results" in W. Heckel, L. Trittle & P. Wheatley (Editors), *Alexander's Empire: Formulation to Decay*, Regina Books, California 2007, 245-264

Abd El-Rahmen, Y., Polat, A., Fryer, B. J., Dilek, Y., El-Sharkawy & Sakran, S., 2010, "The provenance and tectonic setting of the Neoproterozoic Um Hassa Greywacke Member, Wadi Hammamat area, Egypt: Evidence from petrography and geochemistry," *Journal of African Earth Sciences*, 58, 185–196

Jean-Yves Empereur, *Alexandria Rediscovered*, British Museum Press, London 1998

Jean-Yves Empereur et al, *The Tombs of Alexander the Great (Hoi Taphoi tou Megalou Alexandrou)*, Hermeias, Athens 1997

D.W. Engels, "A note on Alexander's death," *Classical Philology*, 73, 1978, 224-8

Andrew Erskine, "Life After Death: Alexandria and the Body of Alexander," *Greece and Rome*, Vol. 49, No 2, October 2002, 163-179

Janos Fedak, *Monumental Tombs of the Hellenistic Age*, Toronto 1990

Arthur Ferrill, *Caligula, Emperor of Rome*, Thames and Hudson, London and New York 1991

J. Ferron and M. Pinard, "Un Fragment de Verre Gravé du Musée Lavigerie," *Cahiers de Byrsa* 8, 1958-9, 103-9

Nezih Firatli & Louis Robert, *Les Stèles Funéraire de Byzance Gréco-Romain*, Paris 1964

Ferdinando Forlati, "Ritrovamenti a San Marco: 1. Un monumento funerario romano," *Arte Veneta* XVII, 1963, pp. 222-3

Ferdinando Forlati, *La Basilica Di San Marco Attraverso I Suoi Restauri*, Trieste 1975

Robin Lane Fox, *Alexander the Great*, Allen Lane, London 1973

Robin Lane Fox, *The Search for Alexander*, Little Brown Books, Boston & Toronto 1980

P.M. Fraser, *Ptolemaic Alexandria*, OUP, 1972

Bibliografia

P.M. Fraser, "Some Alexandrian Forgeries," *Proceedings of the British Academy*, 47, 1962, 243-50

P.M. Fraser, "A Syriac Notitia Urbis Alexandrinae," *J. Egyptian Archaeology*, 37, 1951, 103-8

Massimo Galli, Flavia Bernini and Gianguglielmo Zehender, "Alexander the Great and West Nile Virus Encephalitis [letter]", *Emerging Infectious Diseases*, Vol. 10, No. 7, July 2004

Russel M. Geer, *Diodorus Siculus*, vol. IX, Loeb Classical Library, Harvard, 1947

Edward Gibbon, *The Decline and Fall of the Roman Empire*, Vol. I, London 1782 (revised 1845)

Franck Goddio et al, *Alexandria: The Submerged Royal Quarters*, Periplus, London 1998

Walter J. Goralski, "Arrian's Events After Alexander," *Ancient World* 19, 1989

Michael Grant, *Cleopatra*, Weidenfeld and Nicolson, London 1972

Nicolas Grimal, *A History of Ancient Egypt*, Blackwell, Oxford 1994

Christopher Haas, *Alexandria in Late Antiquity*, John Hopkins University Press, Baltimore 1997

Elizabeth Haight, *The Life of Alexander of Macedon by Pseudo-Callisthenes*, Longmans, 1955

Getatchew Haile, "A New Ethiopic Version of the Acts of St Mark," *Analecta Bollandiana* 99, 1981, 117-34

N.G.L. Hammond, *Alexander the Great*, Chatto and Windus, London 1981

N.G.L. Hammond, *Philip of Macedon*, Duckworth, London 1994

N.G.L. Hammond, *Three Historians of Alexander the Great*, CUP, 1983

Hans Hauben, "The First War of the Successors - Chronological and Historical Problems," *Ancient Society* 8, 1977, 85-120

Albert Hesse et al., "L'Heptastadium d'Alexandrie (Égypte)," in Jean-Yves Empereur (ed.), *Alexandrina* 2 (Études Alexandrines 6, Cairo 2002), 191-273

D.G. Hogarth and E.F. Benson, "Report on Prospects of Research in Alexandria," *Egypt Exploration Fund* 1895, 1-33

Silvia Hurter, "Review of Le Portrait d'Alexandre le Grand", *Swiss Numismatic Review*, Vol. 85, 2006, pp. 185-195

Dirk Husemann, *Mythos Alexandergrab*, Jan Thorbecke Verlag, Ostfildern 2006

Anna Maria Bisi Ingrassia, "Influenze Alessandrine Sull'Arte Punica: Una Messa A Punto," *Alessandria e il mondo ellenistico-romano, Studi in onore di Achille Adriani*, 3, Roma 1984, 835-42

Eyles Irwin, *A Series Of Adventures In The Course Of A Voyage Up The Red-Sea, On The Coasts Of Arabia And Egypt And Of A Route Through The Desarts Of Thebais Hither To Unknown To The European Traveller In The Year 1777*, I, London 1780

F. Jacoby, *Die Fragmente der griechischen Historiker*, Berlin, 1923-30, Leiden 1940-58

La Ricerca della Tomba di Alessandro il Grande

David Jeffreys, *The Survey of Memphis*, Egypt Exploration Society, London 1985

Kristian Jeppesen, "Tot Operum Opus, Ergebnisse der Dänischen Forschungen zum Maussolleion von Halikarnass seit 1966," *Jahrbuch des Deutschen Archäologischen Instituts*, Bd. 107, 1992, 59-102

Gaston Jondet, *Atlas historique de la ville et des ports d'Alexandrie*, Mémoires de la Société Sultanieh de Géographie 2, Cairo 1921

H. Kiepert, "Zur Topographie der alten Alexandria: Nach Mahmud Begs Entdeckungen," *Zeitschrift der Gesellschaft für Erdkunde zu Berlin*, Vol. 7, 1872, 337-349

Robert Koldewey, *Das Wieder Erstehende Babylon*, Leipzig 1913

Guilelmus Kroll, *Historia Alexandri Magni (Pseudo-Callisthenes)*, Weidmann, Germany, 1926

Royston Lambert, *Beloved and God*, Weidenfeld and Nicolson, London 1984

J.-P. Lauer and C. Picard, *Les Statues Ptolémaiques du Sarapieion de Memphis*, Paris 1955

Brian Lavery, *Nelson and The Nile*, Chatham Publishing, London 1998

Lorenzo Lazzarini, "Il dato materiale: natura e origine della pietra della lastra di S. Apollonia", *Engramma* 70, marzo 2009

Ledingham, Lieutenant-Colonel J. C. G. (1920) "Dysentery and Enteric Disease in Mesopotamia from the Laboratory Standpoint," *Journal of the Royal Army Medical Corps*, 34(3), 306-320

Richard Adalbert Lipsius, *Die Apokryphen Apostelgeschichten Und Apostellegenden*, 2/2:338-39, Braunschweig, 1883-90

Emile Littré, "On Alexander's Death," *Médecine et Médecins*, Paris 1872, 406-415

George Long, *The British Museum: Egyptian Antiquities, Vol II*, Charles Knight, London 1836

Macan, Major T. T., "The Anopheline Mosquitoes of Iraq and North Persia," *Anopheles and Malaria in the Near East*, London School of Hygiene and Tropical Medicine - Memoir 7, London 1950, H. K. Lewis & Co. Ltd

Guillaume de Machaut, *La Prise d'Alixandre (~1369)*, trans. R. Barton Palmer, Routledge, New York and London 2002

Mahmoud Bey El-Falaki, *Mémoire sur l'antique Alexandrie, ses faubourgs et environs découverts*, Copenhagen 1872

Leonardo Conte Manin, *Memorie storico-critiche intorno la vita, translazione, e invenzioni di san Marco evangelista principale protettore di Venezia*, Venezia, 1815 (second edition 1835)

Ahmed Sadek M. Mansour, "Diagenesis of Upper Cretaceous Rudist Bivalves, Abu Roash Area, Egypt: A Petrographic Study," *Geologia Croatica*, 57/1, Zagreb 2004, 55-66

Auguste Mariette, *Choix de Monuments et de Dessins du Sérapéum de Memphis*, Paris 1856

Auguste Mariette (ed. Gaston Maspero), *Le Sérapéum de Memphis*, Paris 1882

L. Maritan, C. Mazzoli, E. Melis, "A Multidisciplinary Approach To The Characterization Of Roman Gravestones From Aquileia (Udine, Italy)," *Archaeometry* 45.3, 2003, 363-374

Bibliografia

Minor M. Markle, "A Shield Monument from Veria and the Chronology of the Macedonian Shield," *Hesperia* 68.2, 1999, 219-254

John Marlowe, *The Golden Age of Alexandria*, Gollancz, London 1971

John S. Marr & Charles H. Calisher, "Alexander the Great and West Nile Virus Encephalitis", *Emerging Infectious Diseases*, Vol. 9, No. 12, December 2003, 1599-1603

Valerio Massimo Manfredi, *La Tomba di Alessandro: L'Enigma*, Mondadori, Milano 2009

F. Matz, "Review of Lauer and Picard; Les Statues Ptolémaiques du Sarapieion de Memphis," *Gnomon*, 29, 1957, 84-93

Luigi Mayer, *Views in Egypt...*, R Bowyer, London 1804

Judith McKenzie, "Alexandria and the Origins of Baroque Architecture," *Alexandria and Alexandrianism*, Getty Museum, Malibu 1996

Judith Mckenzie, "Glimpsing Alexandria from Archaeological Evidence," *JRA* 2003, 35-63

Judith McKenzie, *The Architecture of Alexandria and Egypt: 300BC – AD700*, Yale University Press, Pelican History of Art, 2007

Otto Meinardus, *Christian Egypt Ancient and Modern*, 2nd edition, American University in Cairo Press, 1977 (N.B. Il capitolo 3 sulle Reliquie di San Marco non è nella prima edizione)

M.W. Merrony, "The Graven Image in Early Islamic Floor Mosaics: Contradiction or Convention?" *Minerva* 15.1, 2004, 36-9

C. Barbier de Meynard et Pavet de Courteille (trans.) *al-Mas'udi, Les prairies d'or*, Imprimerie Imperiale, Paris 1861-1917

R.D. Milns, *Alexander the Great*, Robert Hale, London 1968

Orsolina Montevecchi, "Adriano e la fondazione di Antinoopolis," *Neronia IV, Alejandro Magno, modelo de los emperadores romanos*, Collection Latomus, Vol. 209, 1990, 183-195

Otto Mørkholm, *Early Hellenistic Coinage*, Cambridge 1991

C. Müller, *Fragmenta Historicorum Graecorum*, Paris 1868

T. Neroutsos Bey, *L'ancienne Alexandrie*, Paris, 1888

F. Noack, *Neue Untersuchungen in Alexandrien*, Mittheilungen des Kaiserlich Deutschen Archäologischen Instituts, Athenische Abtheilung XXV, 1900, 215-279

F.L. Norden, *Voyage d'Egypte et de Nubie*, Paris 1755

John Julius Norwich, *Venice: the Rise to Empire*, Allen Lane, London 1977

Oscar Norwich, *Norwich's Maps of Africa, an illustrated and annotated carto-bibliography*, edited by Jeffery Stone, Terra Nova Press, Norwich, Vermont 1997

Joan Oates, *Babylon*, Thames and Hudson, London 1979

John Maxwell O'Brien, *Alexander the Great: the Invisible Enemy*, Routledge, London and New York 1992

La Ricerca della Tomba di Alessandro il Grande

David W. Oldach and Robert E. Richard, *A Mysterious Death*, The New England Journal of Medicine, June 11, 1998, Volume 338, Number 24

Demetrios Pandermalis, *Alexander the Great: Treasures from an Epic Era of Hellenism*, Exhibition Catalogue, Onasis Cultural Center, New York, December 2004 – April 2005

Birger A. Pearson, "Earliest Christianity in Egypt: Some Observations," *The Roots of Egyptian Christianity*, edited by Birger Pearson and James Goehring, Philadelphia 1986, 132-159

Lionel Pearson, *The Lost Histories of Alexander the Great*, American Philological Association, New York and Oxford 1960

Gratien Le Père, Saint-Genis, Vivant Denon etc., *Description de l'Egypte*, C.L.F. Panckoucke, Paris, 1829

Nicolas Perrot (translator into French), *L'Afrique de Marmol*, Paris 1667

Charles Picard, *Quelques représentations nouvelles du Phare d'Alexandrie*, BCH 76, 1952, 61-95

Richard Pococke, *Description of the East*, London 1743-5

Eugenio Polito, *Fulgentibus armis: Introduzione allo studio dei fregi d'armi antichi*, L'Erma di Bretschneider, Roma 1998

John Pory, *The History and Description of Africa written by Leo Africanus*, Hakluyt Society, London 1896

Claire Préaux, *L'economie royale des Lagides*, New York 1939

J.R. Rea, "A New Version of P.Yale inv. 299," *Zeitschrift für Papyrologie und Epigraphik* 27, 1977, 151-6

Mary Renault, *The Nature of Alexander*, Allen Lane, London 1975

Katerina Rhomiopoulou, "An Outline of Macedonian History and Art" in *The Search for Alexander: an Exhibition*, New York Graphic Society, 1980

L. Richardson Jr., *A New Topographical Dictionary of Ancient Rome*, John Hopkins University Press, Baltimore 1992

M. Rodziewicz, *Les habitations romaines tardives d'Alexandrie*, Centre d'archéologie mediterranéenne de l'Académie Polonaise des Sciences, Warsaw, 1984

M. Rodziewicz, *Ptolemaic street directions in Basilea*, Alessandria e il mondo ellenistico romano, Congrès Alexandrie, 1992, published in Rome, 1995, 227-35

John C. Rolfe, *Ammianus Marcellinus*, Vol. II, Loeb Classical Library, Harvard 1937

M.B. Sakellariou (editor), *Macedonia*, Greek Lands in History series, Ekdotike Athenon, Athens 1988

Robert Sallares, *Malaria and Rome*, OUP, 2002

A.E. Samuel, *Ptolemaic Chronology*, Munich 1962

A.E. Samuel, *Greek & Roman Chronology*, C. H. Beck, Munich 1972

George Sandys, *Relation of a Journey begun in AD 1610*, London 1617

Bibliografia

Nicholas J. Saunders, *Alexander'sTomb*, New York 2006

Fritz Schachermeyr, *Alexander der Grosse*, Vienna 1973

David Shotter, *Augustus Caesar*, Routledge, London and New York 1991

N.M. Shukri, G. Philip & R. Said, "The geology of the Mediterranean coast between Rosetta and Bardia, Part II: Pleistocene sediments, geomorphology, and microfacies," *Bulletin de l'Institut d'Égypte* 1956, v. 37, n.2, 295-433

Michael Radzivill Sierotka, *Hierosolymitana peregrinatio illustrissimi domini Nicolai Christopheri Radzivilli,...Ex idiomate Polonica in latinum linguam translate... Thorma trelere interprete*, Brunsbergae, 1601 [and Polish, Krakow 1925]

Andreas Schmidt-Colinet, "Das Grab Alexanders d. Gr. In Memphis?", *The Problematics of Power: Eastern & Western Representation of Alexander the Great*, M. Bridges & J. Ch. Bürgel (eds.), Peter Lang, 1996, 87-90

Samuel Sharpe, *Egyptian Antiquities in the British Museum*, John Russell Smith, London 1862

Ruth Siddall, "Geology in the British Museum: The monumental stones of the Eastern Desert," *Museum Geology* No. 1, UCL Earth Sciences, 2013, Section 7

D. Sly, *Philo's Alexandria*, Routledge, London 1996, 44-7

Morton Smith, *Clement of Alexandria and a Secret Gospel of Mark*, Harvard University Press, 1973

C.S. Sonnini, *Travels in Upper and Lower Egypt*, vol. i, 67, edit. London 1800

Tony Spawforth, *Alexander: The God King*, UK television program, BBC2, 20:25, 18/5/1996

Thomas Steuber & Martina Bachmann, "Upper Aptian-albian Rudist Bivalves from Northern Sinai, Egypt," Palaeontology 45(4), June 2002, 725-749

S.W. Stevenson, C. Roach Smith and F.W. Madden, *Dictionary of Roman Coins*, George Bell and Sons, London 1889

Andrew Stewart, *Faces of Power: Alexander's Image and Hellenistic Politics*, California 1993

Richard Stoneman (trans.), *The Greek Alexander Romance*, Penguin, London 1991

Richard Stoneman, *Alexander the Great*, London 1997

D.J. & C.H. Sweet, "DNA Analysis of Dental Pulp to Link Incinerated Remains of Homicide Victim to Crime Scene," *J. Forensic Sci.* March 1995, 40(2), 310-4

Moustafa Anouar Taher, "Les séismes á Alexandrie et la destruction du Phare" in *Alexandrie Médiévale* 1, ed. Christian Décobert and Jean-Yves Empereur, Institut Français d'Archéologie Orientale, 1998

F.B. Tarbell, "The Form of the Chlamys," *Classical Philology* I, 1906, 283-9

W.W. Tarn, "The Hellenistic Ruler Cult and the Daemon," *JHS*, 48, 1928, 206-19

W.W. Tarn, *Cambridge Ancient History, Vol. 6, Macedon 401-301 BC*, Cambridge 1927

La Ricerca della Tomba di Alessandro il Grande

Lily Ross Taylor, "The Cult of Alexander at Alexandria," *Classical Philology*, 22, 1927, 162-9

William Telfer, "St Peter of Alexandria and Arius," *Analecta Bollandiana* 67, 1949, 117-130

H. Thiersch, "Die Alexandrinische Königsnecropole," *Jahrbuch d. K. D. Archaeol. Instituts* XXV, 1910, 55-97

Dorothy Thompson (formerly Crawford), *Memphis under the Ptolemies*, Princeton 1988

Barbara Tkaczow, *Topography of Ancient Alexandria (An Archaeological Map)*, Warsaw 1993

B.G. Trigger, B.J. Kemp, D.O'Connor and A.B. Lloyd, *Ancient Egypt: A Social History*, Cambridge 1983

E.G. Turner, *Greek Papyri*, Oxford 1980

G. Valentia, *Voyages and Travels to India, Ceylon, the Red Sea, Abyssinia and Egypt in the Years 1802 – 1806*, Vol. 4, London 1811

Michel Valloggia, *Au Coeur d'une Pyramide*, Musée Romain Lausanne-Vidy, 2001

J.A. van Egmont and J. Heyman, *Travels Through Part of Europe, Asia Minor, the Islands of the Archipelago; Syria, Palestine, Egypt, Mount Sinai*, London 1759

Marjorie Susan Venit, *Monumental Tombs of Ancient Alexandria: The Theater of the Dead*, Cambridge 2002

Gianni Vianello, *Marco Evangelista: L'Enigma delle Reliquie*, M. d'Auria Editore, Napoli 2006

Ettore Vio, *St Mark's Basilica in Venice*, Thames and Hudson, London 2000

Dominique Vivant Denon, *Travels in Upper and Lower Egypt*, London 1802

A.J.B. Wace, "The Sarcophagus of Alexander the Great," *Farouk I University, Bulletin of the Faculty of Arts*, 4, 1948, 1-11

E.A. Wallis Budge, *A Guide to the Egyptian Galleries (Sculpture) with a Preface by E. A. Wallis Budge*, British Museum 1909

Thomas Walsh, *Journal of The Late Campaign in Egypt: Including Descriptions of that Country and of Gibraltar, Minorca, Malta, Marmorice and Macri*, T.Cadell and W.Davies, London 1803, Plate 25

C. Bradford Welles, *Diodorus Siculus*, Vol. VIII, Loeb Classical Library, Harvard 1963

Pat Wheatley, "An Introduction to the Chronological Problems in Early Diadoch Sources and Scholarship" in W. Heckel, L. Trittle & P. Wheatley (Editors), *Alexander's Empire: Formulation to Decay*, Regina Books, California 2007, 179-192

C.R. Whittaker, *Herodian*, vol. I, Loeb Classical Library, 1969

Ulrich Wilcken, "Hypomnematismoi," *Philologus*, 1894, 84-126

Ulrich Wilcken, "Die griechischen Denkmäler vom Dromos des Serapeums von Memphis," *JDAI* 32, 1917, 149-203

Gardner Wilkinson, "On an Early Mosaic in St Mark's…," *Journal of the British Archaeological Association*, vol. vii, 1851

Bibliografia

Stephen Williams, *Diocletian and The Roman Recovery*, Routledge, London and New York 1985

Stephen Williams and Gerard Friell, *Theodosius: The Empire At Bay*, B T Batsford, London 1994

Albert Mugrdich Wolohojian, *The Romance of Alexander the Great by Pseudo-Callisthenes*, Columbia University Press, New York and London 1969

Michael Wood, *In The Footsteps of Alexander The Great*, BBC Books, London 1997

N. von Wurmb-Schwark, A. Ringleb, M. Gebuhr, E. Simeoni, "Genetic Analysis of Modern & Historical Burned Human Remains," *Anthropol. Anz.* March 2005, 63(1), 1-12

C. Yorke & W. Martin Leake, "On Some Egyptian Monuments in the British Museum and Other Collections (read June 7, 1826)," *Transactions of the Royal Society of Literature*, Series 1, Vol 1, Pt. 1-2, 1829, pp. 205-207

Orestes H. Zervos, "Early Tetradrachms of Ptolemy I," *ANS Museum Notes* 13, 1967, 1-16

A.M. de Zogheb, *Etudes sur l'ancienne Alexandrie*, Paris 1909

Ringraziamenti

Vorrei esprimere la mia particolare gratitudine alle seguenti persone per la loro assistenza nella ricerca riportata in questo libro: -

Il personale della Bristol Central Library

Il personale della Bristol University Arts and Social Sciences Library

David Jeffreys per il suo aiuto su Menfi

Poul Pedersen del progetto danese Halikarnassos

Pepe Peña dell'Università di Granada per un riferimento in spagnolo

Richard & Penelope Betz di Hemispheres Antique Maps and Prints per le informazioni su Braun & Hogenberg

Laila Ohanian, traduttrice italiana

Jean-Yves Empereur, direttore del Centre for Alexandrian Studies, per il suo incoraggiamento

La signora Gulgun Kazan del British Institute of Archaeology di Ankara per aver fornito un riferimento sfuggente

Sean Kingsley per il suo entusiasmo

Judith McKenzie per un nuovo riferimento antico

Mark Merrony per i consigli sui mosaici e sull'urbanistica antica

Alessandra Coppola per la sua Conferenza Eroi e la scoperta di Eugenio Polito

Reno Harboe-Sørensen per la sua traduzione di Cornelius de Bruyn

James Harrell per la sua competenza mineralogica nel contesto dell'antico Egitto

Gianni Vianello per le sue capacità fotografiche

Aidan Dodson e Michel Valloggia per i consigli sulla piramide di Abu Roash

Indice dei nomi e dei luoghi

A

Abd El-Rahmen 261, 363
Abdalonimo 55
Abercrombie 155
Abou Ma'shar 165
Aboukir 155, 312
Abu el Matamir 193
Abu Roash 245, 246, 273, 274, 275, 286, 365, 371
Achille 4, 8, 20, 22, 52, 73, 85, 88, 91, 92, 98, 100, 102, 134, 167, 196, 197, 198, 199, 200, 246, 334, 341, 344, 347, 348, 349, 350, 355, 356, 359, 360, 364
Achille Tazio .. 4, 91, 92, 134, 167, 197, 198, 199, 200, 347, 348, 350, 355
Achilleo 132
Achilleo, Corrector dell'Egitto 132
Achilles 73
Achilles Tatius ... 85, 91, 199, 347, 356
Adamantios 35, 356
Adamanzio 35
Ade 114, 271
Adler 295, 298
Adler, Ada 295, 297, 359
Adorno 218
Adriani ... 8, 88, 98, 100, 102, 169, 186, 196, 197, 246, 334, 341, 344, 345, 349, 359, 360, 364
Adriano 5, 8, 69, 82, 83, 86, 90, 117, 118, 119, 120, 121, 128, 137, 322, 338, 340, 366
Aegean 126
Aelian . 32, 45, 48, 50, 58, 73, 291, 292, 300, 315, 324, 356
Afghanistan 11, 234

Agathos Daimon 138, 322
Agesilao 30
Agesilaus 358
Aghi di Cleopatra ... 160, 220, 318
Aghios Athanasios 234
Agrippa 108, 114
Agrippina 114
Ahura-Mazda 17
Ai Khanoum 234
Ainslie 10, 352
Ainslie, Sir Robert 352
Alessandria .. 1, 2, 4, 5, 6, 8, 9, 10, 11, 13, 14, 15, 25, 40, 62, 63, 73, 77, 79, 81, 82, 83, 84, 85, 86, 87, 88, 89, 90, 91, 92, 93, 96, 98, 99, 100, 101, 102, 103, 105, 106, 107, 109, 110, 114, 116, 117, 118, 119, 120, 121, 123, 124, 125, 127, 128, 130, 131, 132, 133, 134, 137, 138, 139, 140, 141, 143, 144, 145, 147, 148, 149, 150, 151, 152, 153, 154, 155, 159, 160, 161, 163, 164, 165, 166, 167, 168, 169, 170, 171, 172, 173, 174, 175, 176, 178, 179, 180, 181, 182, 183, 184, 185, 186, 187, 188, 189, 191, 192, 195, 196, 197, 198, 199, 200, 201, 202, 203, 204, 205, 206, 207, 208, 209, 210, 212, 213, 214, 215, 216, 217, 218, 219, 220, 221, 223, 225, 227, 231, 234, 241, 242, 243, 244, 245, 246, 248, 250, 251, 252, 257, 258, 259, 260, 269, 273, 275, 279, 284, 286, 287, 288, 293, 307, 309, 312, 313, 314, 315, 316, 317, 318, 319, 320, 321, 322, 323,

325, 326, 327, 329, 332, 333, 334, 335, 336, 338, 339, 340, 341, 343, 344, 345, 346, 347, 348, 349, 350, 351, 352, 353, 354, 355, 360, 364, 367
Alessandro Helios................... 108
Alessandro IV 52, 64, 80, 296
Alexander Romance 31, 33, 53, 57, 63, 85, 89, 127, 159, 160, 201, 314, 315, 339, 348, 355, 358, 368
Alexandrea ad Aegyptum .. 8, 166, 168, 172, 191, 200, 213, 319, 348, 350, 361
Alexandria . 48, 62, 66, 75, 85, 88, 100, 110, 116, 117, 124, 130, 131, 133, 137, 138, 141, 144, 145, 147, 149, 151, 152, 155, 159, 160, 165, 167, 168, 169, 171, 172, 175, 177, 179, 180, 186, 187, 188, 191, 192, 201, 204, 205, 213, 221, 231, 245, 257, 260, 261, 269, 287, 307, 313, 314, 316, 317, 319, 321, 322, 338, 339, 341, 344, 348, 349, 351, 352, 353, 354, 358, 360, 361, 362, 363, 364, 365, 366, 368, 369
Alexandrine War 356
Alfa................... 85, 200, 348, 355
Alicarnasso .. 95, 97, 98, 102, 112, 122, 137, 177, 199, 209, 338, 343, 344, 345, 347, 354
Al-Massoudi 148, 149
aloe 30, 53
Amduat...................... 157, 160
Amirteo.............................. 262
Amleto 212, 229
Ammiano Marcellino. 4, 131, 133, 198, 321, 334, 340, 344, 354
Ammianus Marcellinus . 132, 133, 137, 139, 178, 198, 321, 322, 334, 356, 367
Ammon 52, 195, 361

Ammonium 67, 143
Amon.... 22, 28, 35, 47, 51, 52, 56, 62, 64, 67, 68, 69, 70, 71, 80, 88, 143, 148, 195, 196, 209, 258, 314, 318

'

'Amr ibn al As 144

A

Anch-Hor 290
Ancient History Bulletin .. 24, 291, 362
Andronikos.............................. 57
Anfipoli 162, 178, 271, 330
Ankhnesneferibra 290
Antico Regno 74, 95, 246, 273, 274, 316, 345
Antigene 61
Antigono . 30, 63, 64, 66, 304, 309
Antigono III 304
Antinoo ... 117, 120, 121, 128, 338
Antinoopolis 120, 366
Antinopoli 120, 121
Antinous 117
Antiochia 4, 6, 123, 128, 129, 137, 140, 141, 340
Antioco I 303
Antipatro 30, 31, 53, 61, 63, 80, 292
Antirodi 85, 251
Antonino Pio 92, 347
Api 24, 74, 77, 306, 316, 328, 330, 335
Aquileia 244, 273, 275, 365
Arabi 145, 148, 158, 214
Arabia. 20, 21, 26, 27, 38, 46, 144, 308, 364
Arbela 48
Arculfo 215, 216, 221
Aristandro 58
Aristobulo 5, 22, 28, 29, 33, 38, 44, 47, 230, 309

Indice dei nomi e dei luoghi

Aristobulus 45, 48
Aristotele 30, 35, 65, 75, 126
Armenia 108, 114
Armenian 53, 57, 65, 77, 92
Arrian ... 25, 33, 34, 35, 39, 45, 48, 57, 59, 60, 61, 68, 82, 211, 230, 259, 291, 292, 296, 301, 304, 305, 306, 307, 308, 309, 316, 324, 335, 338, 356, 361, 363, 364
Arriano 5, 7, 12, 17, 20, 23, 24, 25, 27, 28, 30, 31, 37, 39, 46, 51, 57, 59, 60, 61, 66, 74, 82, 230, 259, 291, 302, 305, 306, 307, 308, 309, 311, 315, 327, 335, 338, 339
Arrideo . 50, 51, 52, 53, 56, 57, 59, 60, 61, 64, 66, 80, 195, 338
Arsinoë 87, 161, 318
Arte Veneta 232, 258, 363
Artemisia 95, 96
Ashrafian 35, 360
Asia Minor 313, 369
Asia Minore 145
Atanasio . 155, 158, 159, 312, 313, 321, 322, 333, 336
Atene 6, 10, 22, 52, 81, 93, 109, 118, 163, 174, 292, 294, 298, 299, 300, 301, 343
Ateneo .. 24, 25, 32, 46, 53, 69, 89, 292, 295, 297, 298, 299, 300, 302, 303, 304, 308
Athenaeus 32, 36, 89, 292, 295, 297, 298, 299, 303, 304, 356
Athens 233, 234, 359, 363, 367
Atribi 69
Attalo 28, 47, 59, 80, 339
Attarine Mosque 333
Atti di San Marco 213, 221
Augila 143, 196
Augusto 5, 62, 90, 93, 95, 110, 113, 117, 120, 121, 130, 138, 167, 276, 293, 318, 324, 332, 340, 343, 346

Augustus .. 97, 110, 112, 324, 340, 344, 346, 359, 368
Aulete 105
Aureliano 131, 132, 133, 210, 321
Aurisina . 237, 238, 241, 243, 244, 245, 246, 247, 248, 273, 274, 275, 286
Azio 109

B

Babilonesi 44
Babilonia ... 11, 12, 13, 17, 18, 20, 22, 23, 24, 25, 26, 30, 32, 33, 34, 36, 37, 41, 43, 50, 52, 53, 56, 57, 58, 59, 60, 62, 67, 73, 79, 103, 128, 144, 146, 167, 209, 287, 306, 307, 308, 310, 324, 330, 335, 338
Babylon 17, 32, 45, 307, 310, 324, 365, 366
Badian 24, 65, 296, 305
Badian, Ernst 292, 296, 308
Baeton 304
Bagoas 48
Bailey 100, 344, 360
Balil 102, 344, 360
Barskij 166
Basileion 201
Basilica di San Marco 3, 214, 215, 222, 223, 231, 232, 233, 234, 235, 236, 241, 246, 252, 253, 258, 284, 286, 363, 369
Bassani 271
Bassani, Maddalena 241, 247, 271, 360
Battaglione Sacro 11
Battriana 11, 292
Baumgarten 218
BBC 222, 252, 370
Beas 11, 211
Belon 100, 218, 219, 360
Belzoni 179
Bengasi 143

Berenice 90, 339
Bergamo, Maria 360
Berlin 52, 180, 258, 290, 291, 292, 350, 359, 361, 364, 365
Bernardo 217, 221, 223, 356
Beroia 233
Besso 11
Beta 85, 201, 348
Betlemme 213, 258
Betone 293, 294
Bevan 90, 339, 360
Biblioteca 40, 85, 110, 309, 357
biga 83, 362
Bivalves .. 245, 246, 274, 365, 368
bivalvi 245, 246
Boedromion 48
Bonamy 173, 175, 361
Boreium 143
Boscoreale 233
Bosworth ... 22, 24, 148, 292, 296, 300, 301, 302, 304, 305, 306, 309
Bosworth, A. B. .. 35, 52, 149, 168, 292, 295, 296, 301, 304, 305, 306, 307, 309, 361, 362
Botti 8, 188, 361
Boukolia 213
Bramini 39
Braun & Hogenberg 192, 215, 320, 361
Braun e Hogenberg 100, 152, 153, 154, 158, 172, 191, 192, 193, 214, 217, 218, 221, 257, 320, 332
Breccia. 8, 88, 166, 168, 169, 172, 188, 191, 196, 200, 213, 319, 332, 334, 341, 348, 349, 350, 361
British Museum 1, 2, 3, 14, 64, 70, 73, 79, 96, 155, 156, 161, 209, 257, 260, 261, 262, 263, 267, 268, 269, 270, 276, 287, 289, 290, 313, 316, 318, 326, 335, 361, 362, 363, 365, 368, 369, 370
Browne 154, 313, 361
Bruce 191, 361
Bruchion ... 85, 124, 130, 131, 132, 133, 201, 321
Buono 214, 215
Butler 145, 148, 164, 165, 200, 218, 220, 221, 347, 348, 361
Butte Sainte Catherine 220

C

Caesar 94, 106, 110, 112, 324, 342, 356, 358, 359, 368
Caesareum 110, 142, 165, 177, 187, 220, 221
café bar L'Élite 192
Cailliaud 194
Cairo. 74, 143, 144, 146, 149, 155, 172, 186, 191, 214, 215, 216, 217, 218, 227, 245, 313, 327, 353, 360, 363, 364, 365, 366
caldei 17, 30
calendario giuliano 28, 43
calendario gregoriano 43
Caligola ... 114, 115, 123, 338, 340
Caligula ... 114, 115, 340, 359, 363
Callisseno 89
Callistene 4, 92, 126, 294, 297, 314
Callisthenes 77, 92, 361
Callixinus 356
Cambridge 2, 9, 57, 64, 74, 77, 92, 119, 155, 157, 257, 260, 296, 309, 312, 313, 316, 326, 360, 361, 362, 366, 368, 369
Camillo 48
Camillus 48
Campaniano 244
Campanile 223
Campus Martius 112
Canopo 83, 121
Cappadocia 5, 52, 63, 114

Indice dei nomi e dei luoghi

Cappella di San Clemente 214
Caracalla 123, 124, 125, 127, 130, 131, 133, 210, 321, 324, 338, 340
Carbonio-14 .... 228, 246
Cardia 6, 24, 51, 291, 292, 294, 303
Carete 230, 294
Caria 95
Carmania 12
Carmione 111
Cartagine . 100, 102, 134, 143, 344
Carthage 100, 344, 360
Caspio 11
Cassandro 25, 30, 31, 64
Cassas. 9, 135, 172, 181, 184, 202, 203, 205, 206, 220, 361
Cassio 107
Cassius 324
Castaigne 29
Castel Sant'Angelo 120
catacombe 177
catafalco 53, 55, 59, 60, 61, 64, 65, 80, 162, 330
Cavafy 147
Cavalieri Ospitalieri 96
CEA 9
Centanni 236, 238, 240, 247
Cesare ... 5, 7, 8, 13, 85, 93, 95, 96, 105, 106, 107, 108, 110, 115, 130, 133, 175, 199, 276, 301, 324, 338, 340, 342, 355
Cesarione 107
Cestio 95, 343
Champollion 157, 314, 326
Chatby 98
Cheronea 10
Chiesa cattolica 253, 286
chiesa copta 191
Chiliarca 292
chinino 42
Christianity 212, 367
Christians 152, 359, 363, 366, 368
Christides 148, 168

Christides, Vassilios 149, 168, 362
Christophers 42, 362
Chronicon Paschale 213, 258, 356
Church 356, 359
Cicero 76, 317, 329, 356
Cicerone 96, 342, 343
Cilicia 59, 61
Cimiteri latini 196, 334
Cinegio 140
Cintura Persiana 118
Cipro 104, 216, 250, 339, 357
Cirene 98, 99, 345
Ciro 144
Ciropedia 40
clamide 69, 115, 118, 207, 210
Clarke 1, 2, 9, 13, 37, 155, 156, 157, 158, 257, 260, 262, 264, 289, 312, 313, 326, 362
Claudio 5, 52
Claudius 358
Clement 212, 287, 356, 368
Clement of Alexandria .. 212, 356, 368
Clemente di Alessandria. 128, 212
Cleomene 28, 47
Cleopatra ... 6, 13, 14, 15, 62, 100, 105, 107, 108, 109, 110, 111, 112, 116, 131, 135, 136, 137, 143, 160, 192, 220, 318, 338, 352, 364
Cleopatra Selene 108, 116
Clitarco 5, 6, 17, 51, 62, 87
Clito 40
Clitophon and Leucippe . 199, 356
Cnido 43, 162, 178, 330
coccodrilli 61
Cologne 215, 320, 361
Colonia 8, 151, 152, 218, 320, 332
coma 29, 33, 37, 38, 51, 80
Comes Aegypti 287
Comminelli 152, 217, 219
Compagni 28, 33, 51, 67, 292, 306
Constantinople 120, 287, 352, 357

La Ricerca della Tomba di Alessandro il Grande

Copenhagen 69, 83, 167, 319, 349, 354, 365
Coppola 238, 239, 240, 371
Coppola, Alessandra 236, 259, 362
Copti 144
Coptic Synaxary 165
Corano 148, 149, 319, 321
corazza..... 115, 123, 230, 247, 340
Cornelius de Bruyn.. 15, 219, 220, 361, 371
Cossaeans 45
Cossei 17, 18, 39
Costantino 129, 136, 164, 221
Costantinopoli 6, 10, 92, 128, 129, 143, 144, 145, 156, 295, 313, 324, 352
Costanzo 136, 137, 142, 322
Cratero 12, 30, 53, 61, 67
Cremona 116
Creta 7, 8, 138, 243, 294
Cretaceo 244, 245, 273
Cretaceous 246, 274, 365
Crete 90
cristianesimo. 9, 14, 165, 259, 287
cristiani .. 113, 129, 141, 142, 143, 144, 145, 148, 164, 213, 218, 219, 220, 221, 231
Cristo 82, 105, 128, 143
Curtius . 29, 30, 35, 40, 45, 50, 53, 62, 65, 67, 189, 230, 257, 259, 315, 318, 325, 356
Curzio 5, 22, 28, 29, 30, 31, 35, 40, 46, 50, 51, 53, 62, 63, 64, 65, 66, 67, 69, 87, 195, 230, 259, 315, 316, 318, 325, 327, 338, 339, 350, 356
Cyrene 98

D

d'Anville 172, 206, 220
Daisio 28, 43, 44, 47, 48
Daisios 46, 47, 48
Damasco 57, 60, 339
Danubio 11, 17
Dario 11, 12, 17, 29, 69, 230
Daru 214
Daru, P. 214, 363
Deipnosofisti 24, 36, 89, 292, 295, 297, 298, 299, 300, 301, 303, 304
Deipnosophistae 89, 292, 295, 297, 298, 299, 303, 304, 356
Delfi 31
Demetrio .. 64, 66, 69, 75, 76, 118, 234, 317, 329, 357
Demetrius 358
Demofonte 28, 47
Denon. 9, 155, 157, 260, 289, 312, 313, 367, 369
Derchain 314, 318
Derchain, Philippe 314
Description de l'Egypte ... 10, 146, 154, 158, 174, 181, 201, 202, 203, 220, 260, 262, 263, 265, 312, 320, 325, 351, 352, 353, 367
deserto di Gedrosia 12, 39
Diadochi 31, 178, 310
Dialoghi dei Morti 28, 52, 324
Dialogues of the Dead 358
Diari Astronomici Babilonesi ... 44
dicasterion 86, 250
Didimo 5, 8, 90, 110, 339
Didymus 90
Dinocrate 20
Dio Cassius 91, 92, 109, 111, 115, 116, 121, 122, 123, 276, 324, 356
Diocletian 131, 132, 321, 370
Diocleziano 100, 132, 133, 134, 144, 210, 321, 345
Diodoro .. 6, 17, 18, 20, 22, 23, 25, 27, 28, 29, 30, 31, 32, 35, 46, 51, 53, 54, 59, 60, 61, 62, 63, 64, 65, 67, 69, 73, 83, 84, 91, 118, 159, 162, 178, 180, 195, 198, 207, 230, 259, 295, 302,

Indice dei nomi e dei luoghi

310, 314, 315, 327, 339, 343, 346, 347, 350, 354
Diodorus......29, 30, 31, 32, 35, 45, 51, 53, 59, 60, 61, 62, 63, 64, 65, 67, 73, 83, 84, 91, 95, 118, 159, 162, 171, 189, 198, 207, 257, 302, 310, 314, 315, 325, 326, 330, 357, 364, 369
Diodoto 6, 24, 291, 292, 293, 294, 295, 297, 303, 304
Diogene 7, 20, 293, 324
Diogenes 76, 317, 329, 357
Diogneto di Eritre 6, 24, 293, 295, 311
Dion 234
Dione Cassio .. 5, 91, 92, 109, 110, 115, 116, 121, 122, 123, 124, 167, 195, 332, 340, 346, 349
Dionisio 24
Dioniso 32, 89, 303, 307
Dios 48, 292
dissenteria 125
Djedefra 246, 273
Djehapimu 290
DNA 228, 253, 368
Dolomieux 155
Domiziano 8
Domus Alexandri Magni 152, 158, 257, 318, 320, 333
Doroteo 213, 258, 294
Dorotheus 213
dracma 83, 86, 118
dromos. 77, 79, 163, 330, 331, 333
Dryden, John 190
Dulkarnein 148, 151, 187, 320, 321, 333
Durrell 82
Dysentery 42, 365
Dystros 48

E

Ebrei 116, 117, 145, 165, 178, 219
Ecbatana 12, 18, 48, 298
Ecole des Arts et Métiers 9, 176
Edessa 233
Efestione 12, 17, 18, 20, 22, 27, 45, 51, 67, 292, 297, 298, 300, 302, 303, 307
Effemeridi 6, 7, 24, 25, 27, 29, 39, 44, 45, 291, 292, 294, 295, 296, 298, 300, 301, 302, 303, 304, 305, 306, 307, 308, 310, 311
Efippo .. 6, 25, 32, 35, 68, 69, 115, 118, 294, 297, 298, 299, 300, 301, 302, 303, 304, 305, 306, 307, 309, 311
Eforo 297, 299
Ege. 57, 71, 73, 80, 115, 228, 234, 338, 341, 343
Egeo 95
Egitto 4, 6, 8, 9, 10, 11, 13, 22, 25, 51, 52, 53, 56, 57, 58, 59, 60, 61, 62, 63, 64, 65, 67, 68, 69, 72, 73, 79, 80, 81, 82, 83, 95, 98, 103, 105, 107, 109, 116, 117, 118, 120, 121, 124, 127, 130, 131, 132, 139, 141, 144, 149, 154, 155, 160, 163, 169, 172, 175, 180, 195, 209, 216, 223, 225, 227, 243, 245, 246, 247, 248, 257, 258, 260, 275, 279, 286, 304, 306, 312, 314, 315, 317, 318, 324, 325, 326, 328, 330, 334, 335, 338, 339, 343, 345, 351, 359, 371
Egospotami 22
Egypt . 64, 71, 87, 89, 90, 96, 117, 118, 131, 137, 143, 145, 148, 149, 154, 156, 161, 165, 169, 179, 180, 187, 199, 200, 204, 205, 210, 212, 218, 220, 221, 244, 245, 246, 260, 261, 269, 274, 312, 313, 316, 317, 322, 335, 339, 343, 347, 348, 352, 353, 354, 360, 361, 362, 363, 364, 365, 366, 367, 368, 369

Egyptian Antiquities Commission 10
Egyptian Gazette 192
Egyptian Sculptural Gallery 2, 269, 270
El Maraqi Bilad El Rum 194
elefante 68, 69, 70, 80, 82, 83, 116, 118, 119, 148, 209, 318
Elena 129
Eliano. 4, 6, 24, 32, 44, 50, 52, 57, 58, 59, 60, 61, 62, 66, 73, 292, 297, 300, 301, 302, 303, 308, 315, 339
Eliopoli 144, 160, 250, 318
Eliot 145
elleboro 35
Ellenion 70, 71, 318
Ellesponto 61
Emiliano 130, 210
Empereur ... 9, 117, 133, 149, 152, 160, 167, 169, 172, 175, 180, 186, 192, 201, 250, 350, 351, 352, 353, 363, 364, 368, 371
Emporio 86, 187
Engels 32, 36, 311, 363
Engramma 241, 245, 247, 271, 273, 275, 288, 360, 365
Enrico V 50
Ephemerides 45, 48, 296, 357
Ephippus 356
Epifanio 133, 216
Epifanio il Monaco 216
epigoni 40
epilessia 35
Epiphanius 133, 357
Epitome di Metz 30, 53, 54, 69, 118, 230, 309
Eptastadion 83, 102, 172, 186, 312, 344, 351
Eracle 25, 37, 46, 64, 66, 68
Eracleona 145
Eraclio 144, 145
Eratostene 293, 303

Eritre 6, 24, 291, 292, 294, 295, 303
Ermitage 100
Erodiano 6, 91, 123, 125, 127, 195, 321, 340, 346
Eroi, Eroismi, Eroizzazioni 236, 259, 362
Eroi, Eroismi, Eroizzazioni Conference 259, 362
Esagila 18, 307
età ellenistica 243, 345
Età Tarda 70, 74, 160, 279, 282, 283, 285, 290, 316, 327
Ethiopic Alexander Romance . 361
Etiopia. 17, 73, 159, 196, 257, 314
Eudosso 43
Eufrate 17, 20, 21, 27, 34, 131, 293
Eumene .. 6, 24, 45, 47, 51, 60, 61, 291, 292, 293, 294, 297, 300, 302, 303, 304, 307, 308, 310, 311, 339
Eumenes 45, 60, 61, 291, 292, 293, 304, 339, 358
Eunostos 84, 85, 177
Euripide 18, 25
Euripides 357
Eusebio 130, 144
Eusebius .. 116, 130, 212, 231, 357
Eutichio 164, 213
Eutychius 165, 213, 258, 357
Evagrio 287
Evergete 89, 90, 296
exedra 78

F

Fabri 218
falange 11, 123, 233, 242
falciparum .. 33, 36, 37, 38, 39, 41, 42, 209, 309, 311
Falier 222
faraone 8, 64, 70, 72, 73, 82, 83, 88, 105, 157, 159, 160, 161,

Indice dei nomi e dei luoghi

163, 209, 257, 262, 306, 314, 317, 326, 328
Faro 40, 84, 86, 89, 100, 101, 102, 103, 137, 148, 152, 172, 250, 312, 315, 320, 345
Farouk I University .. 10, 159, 261, 314, 369
Farsalo 105
Faust 249
Faustus 249
Fedak 330, 345
Fedak, Janos 98, 162, 178, 330, 363
Filadelfo . 7, 13, 64, 67, 75, 79, 81, 86, 87, 88, 89, 160, 161, 197, 258, 296, 304, 315, 317, 318, 325, 329, 336, 339, 340
Filino 302, 303
Filippi 94, 107
Filippo .. 10, 22, 25, 44, 50, 51, 52, 57, 58, 61, 64, 66, 71, 73, 80, 95, 115, 291, 296, 304, 342
Filippo II .. 10, 57, 66, 71, 73, 115, 291, 296, 304
Filippo III 50, 57
Filippo V 304
Filone 27, 85, 95, 348, 350, 358
Filopatore 5, 90, 110, 197, 198, 209, 259, 338, 339, 341, 343, 345, 346, 354
Filoromo 213
Filosirio ... 100, 101, 134, 344, 345
Firmo 131, 133, 210, 321
Flavio Giuseppe 6, 27, 85, 109, 178, 350, 351, 354
Flecker, James Elroy 126
Forlati 232, 233, 234, 235, 258, 363
Forlati, Ferdinando .. 222, 232, 363
Fra Niccolò da Poggibonsi 218
Francia ... 9, 10, 175, 260, 312, 349
Fraser 9, 62, 66, 75, 79, 85, 88, 89, 110, 137, 148, 151, 158, 160, 161, 165, 168, 169, 177, 187,

189, 191, 192, 221, 231, 307, 314, 316, 317, 319, 321, 322, 325, 339, 348, 349, 361, 363, 364
Frigia 30, 63
Fulgentibus Armis ... 10, 247, 268, 271, 285, 288

G

G. Asinio Pollione 247
Gabbari 246
Galatia 213, 258
Galerio 132, 144
Galice Bey 133, 201, 205, 351, 355
gallerie dei tori 163, 330, 331
Gallieno 130, 131
Gange 11
Gaugamela 11, 48
gaussiane 281
Gaza 11, 230
Gebel Raghawi 245
Genealogiae 293
Gerdek Kaya 162, 330
Germanico 114, 338, 340
geroglifici 121, 155, 157, 161, 260, 261, 277, 279, 312, 314, 323, 326, 336
Gerusalemme 129, 345
Gesù 129
Geta 123
Giacobiti 144, 218
Giardini Pensili 17, 23, 27, 310
Giardini Shallalat ... 178, 202, 210, 251, 338, 353
ginnasio 86, 110, 250
Giochi Olimpici 44
Giordania 244
Giorgio ... 136, 137, 139, 220, 321, 322, 334
Giornale Reale 6, 7, 24, 32

Giovanni Crisostomo... 6, 92, 120, 128, 129, 140, 142, 144, 163, 287, 322, 324, 334, 340, 346
Giovanni di Nikiu 215, 347
Girolamo 64, 212
Giulia Domna 122, 123
Giuliano 6, 137, 139, 140, 141, 159
Giulio Valerio 4, 127
Giustiniano 143
Giustino . 6, 25, 26, 28, 30, 31, 37, 46, 48, 51, 57, 60, 61, 64, 67, 106, 195, 318, 338, 339
Giza 95, 342, 343
Goddio 251
Goddio, Franck 364
Golfo Persico 7, 12, 40
Gorgos 298
Goti 143
Grande Altare di Alessandro ... 89, 92, 355
Granico 11, 40, 48
Granicus 230
Greci .1, 12, 22, 24, 25, 32, 33, 40, 43, 44, 47, 52, 67, 82, 107, 113, 116, 128, 143, 218, 233, 273, 287, 307, 324
Greci dorici 1
Grecia 7, 10, 20, 43, 44, 52, 57, 107, 116
Greece 52, 115, 156, 260, 358, 361, 362, 363
Greeks 45, 356
Green Templeton College 41
guardie del corpo ... 47, 50, 51, 52, 54, 79
guerra alessandrina 175, 356

H

Haas 138, 322
Haas, Christopher .. 138, 145, 159, 171, 180, 186, 188, 213, 322, 364

Hadra 177
Hadrian 117, 118, 322, 362
Haight, Elizabeth 258, 364
Hakim. 6, 148, 149, 151, 172, 187, 200, 320, 333, 348
Hamlet 212
Hammond 24, 25, 51, 292, 294, 296, 302, 304, 305, 306, 307, 308
Hammond, N. G. L. .65, 292, 294, 296, 302, 303, 304, 305, 306, 307, 308, 309, 364
Hapmen 290
Harrell 243, 244, 246, 371
Harrell, Professor James 244
Harrison 107
Heckel 53, 309, 357, 359, 360, 363, 369
Hekatombaion 48
Hermel 345
Hermes 271
Herodian ... 91, 123, 125, 127, 321, 324, 357, 369
Hindu Kush 11
Hirtius 356
History Today 224, 252, 362
Hogarth 9, 137, 168, 169, 186, 187, 203, 204, 205, 207, 209, 210, 322, 334, 353, 354, 364
Holy Land 156, 260, 362
Homer 72, 73, 357
Horton Hospital 37
Hurter 68
Hurter, Silvia 364
Hutchinson, Lord 169, 191
Hyginus 293
Hyperberetaios 48
Hypomnemata 302

I

Idaspe 11
Ieronimo 51, 53, 60, 62, 291
Igino 293

Indice dei nomi e dei luoghi

Iliad 72, 73, 357
Iliade 20, 40, 58, 72, 73, 92
Imensthotieion 70, 71, 195, 318
impero Ottomano 10
impero persiano 11
impero romano 112, 125, 141, 143, 259
impero tolemaico . 7, 97, 199, 343, 345, 346
India . 7, 11, 17, 32, 34, 40, 42, 48, 65, 80, 115, 152, 179, 227, 259, 286, 304, 307, 320, 332, 362, 369
Indica 308, 356, 361
Indikà 7, 48, 51
Indo 7, 12, 39
Iolla 31
Ionia 69, 345
Iperide 31
ippodromo 114
Irwin 153
Irwin, Eyles 154, 313, 364
Irzio 5
Iside .. 86, 109, 138, 195, 327, 328, 330
Islam 14
Ismaïl 9, 175
Isso 11, 115, 141, 242
Issus 230
Istituto Universitario di Architettura di Venezia 238
Italia . 17, 103, 108, 196, 213, 236, 245
Italy 244, 273, 365

J

Jacoby 59, 294, 295, 339
Jacoby, F. ... 53, 63, 292, 293, 294, 295, 315, 325, 364
Jerash 100, 101
Jerome 213, 357
Jews 145
Joannides 192
John Chrysostom 120, 357
Josephus .. 109, 178, 187, 189, 357
Justin .. 48, 51, 57, 60, 61, 67, 195, 318, 357, 358

K

Kalat Fakra 98, 99, 345
Kalish.................................... 177
Kanzir 214
Kendal 260
Khabbash 161, 317
Kipling................................. 165
Knight........................... 262, 365
Koldewey. 20, 21, 24, 25, 26, 307, 310, 365
Kom el-Demas..................... 168
Kom el-Dikka .. 86, 167, 168, 186, 220, 320, 332, 333, 349, 353
kopis 233, 236, 238, 268, 271, 272, 276, 277
Koran 357
Koumoutsos.................... 192, 194
Kroll.... 48, 93, 258, 291, 358, 365
Ktistes 231

L

La Cause 9, 156, 260
La Prise d'Alexandrie 216
Laboratorio di Analisi dei Materiali Antichi 238
Lane Fox 33, 64, 67, 234, 252, 292, 363
lapidi 244, 273, 274, 275
Lapis Hecatonlithos 261, 262
Larissa 25, 294
Late Period............................ 290
Lauer...... 9, 75, 77, 257, 316, 317, 328, 329, 330, 365, 366
Lausiac History.............. 213, 258
Lazzarini 238, 244, 245, 273, 274, 275, 365
Leake 260, 261, 262, 266, 370
Lebanon 126

Ledingham 42, 365
legionari 242
Leo Africanus 150, 218, 257, 319, 359, 367
Leone Africano.. 9, 148, 149, 151, 153, 158, 218, 257, 318, 319, 323, 332, 336
Leone di Hamadan 162
Leucippe e Clitofonte 4, 85, 91, 199, 347
Libanio6, 140, 141, 163, 195, 210, 221, 286
Libanius 259, 358
Libano 98, 99, 126, 345
Liber de Morte. 28, 30, 31, 47, 51, 66, 195, 309, 358
Libia 30, 143
Library ... 199, 296, 342, 347, 357, 359, 361, 364, 367, 369
Libro di Alessandro 192, 194
Licia 104
Lidia 7
Lily Ross Taylor 369
Lisandro 22
Lisimaco 50, 69, 148, 321
Lisone e Callicle 233, 239, 247, 268, 272
Livio 110
Lochias peninsula 217
London 31, 37, 41, 71, 92, 140, 154, 179, 180, 199, 214, 216, 218, 222, 224, 232, 257, 258, 260, 262, 268, 269, 292, 307, 308, 312, 313, 314, 315, 316, 318, 319, 321, 335, 339, 343, 347, 351, 352, 353, 354, 355, 357, 358, 359, 360, 361, 362, 363, 364, 365, 366, 367, 368, 369, 370
Londra 2, 149, 204, 253, 257, 353
Long 262, 289, 365
Lord Hutchinson 9, 313
Louvre 9, 215, 330
Lucan.. 93, 94, 106, 199, 324, 343, 358, 359
Lucano.. 6, 93, 94, 95, 96, 97, 102, 106, 195, 198, 199, 340, 341, 342, 343, 345, 355
Lucian 52, 358
Luciano .. 7, 16, 28, 47, 51, 52, 64, 128, 195, 324, 338
Lucillo di Tarra 8
Lucillus of Tarrha 90
Lucio Domizio Domiziano 132
Luna nuova 43, 44, 48
Luna piena 44
Lusignan 250

M

Macedon ... 94, 258, 324, 342, 361, 364, 368
Macedoni 11, 12, 22, 29, 44, 50, 51, 52, 57, 58, 64, 65, 66, 79, 80, 123, 195, 294, 299, 300
Macedonia.. 10, 13, 25, 30, 31, 52, 53, 56, 57, 58, 60, 61, 63, 66, 80, 94, 95, 129, 178, 196, 197, 228, 233, 234, 239, 247, 268, 272, 287, 303, 324, 338, 342, 359, 367
Macedonians .. 25, 48, 55, 94, 233, 234, 341, 366, 367
Machaut 216
Machaut, Guillaume de ... 216, 365
Macrino 125
Macrone 114
Madras 260
Mahmoud9, 83, 84, 133, 139, 149, 167, 168, 175, 176, 177, 178, 179, 180, 181, 183, 185, 186, 187, 188, 189, 198, 201, 202, 203, 204, 205, 207, 212, 218, 251, 252, 319, 332, 349, 350, 351, 352, 354, 355, 365
malaria.. 33, 36, 37, 38, 39, 41, 42, 51, 80, 209, 309, 311

Indice dei nomi e dei luoghi

malaria falciparum 36, 38, 42, 309
Malli 34, 227, 230
Mamelucchi 149, 172
Manin 222, 223, 224, 225, 226, 227, 253, 254
Manin, Leonardo Conte 365
Mankiewicz 107
Mansour 246, 274, 365
Marco Antonio 14, 107
Marco Aurelio 127, 357
Marduk 17, 18, 21, 25, 28, 307
Mareotis 82
Mariette 10, 74, 76, 77, 78, 162, 163, 164, 257, 317, 328, 329, 330, 331, 332, 333, 365
Maritan 244, 273, 365
Mark Antony 90, 109, 358
Marlowe . 124, 130, 131, 141, 144, 145, 159, 321, 366
Marlowe, Christopher 249
Marmol... 150, 151, 152, 191, 218, 319, 367
Marmor Parium 7, 63, 86, 87, 195, 257, 315, 325, 339
Marr e Calisher 34, 39
Martino da Canale 214
Martyrion di San Marco 213
Maspero 257, 327, 365
Massaga 39, 230
Mauretania 116
Mausoleo.. 90, 95, 96, 97, 98, 102, 112, 119, 122, 123, 127, 134, 137, 139, 141, 142, 144, 149, 159, 162, 163, 165, 177, 187, 188, 191, 197, 198, 199, 206, 209, 210, 241, 248, 259, 321, 322, 323, 338, 340, 343, 344, 345, 347, 354, 355
Mausoleum 97, 191
Mausolo 95, 96, 97, 199
Mayer10, 134, 181, 185, 202, 204, 210, 352, 353
Mayer, Luigi 366
McKenzie 140, 179, 268, 371
McKenzie, Judith.... 179, 269, 366
Medina 144
Medio... 25, 26, 31, 33, 37, 40, 45, 46, 127, 294
Mediterranean... 52, 243, 361, 368
Mediterraneo.... 10, 11, 40, 82, 87, 98, 100, 105, 138, 156, 174, 216, 241, 242, 247, 259, 268, 273, 320, 345
Medius 45
Melchiti 144
Meleagro 50, 79
Memphis 71, 75, 77, 161, 199, 257, 316, 317, 327, 347, 365, 366, 368, 369
Menelao 88
Menfi ... 10, 13, 24, 61, 62, 63, 68, 69, 70, 71, 72, 73, 74, 77, 79, 80, 86, 87, 88, 160, 161, 195, 199, 200, 209, 257, 258, 261, 306, 315, 316, 317, 318, 323, 324, 327, 335, 336, 339, 347, 349, 355, 371
Menida 28, 47
Mesopotamia 36, 41, 42, 362, 365
Messenia 24
Metz Epitome 118, 230, 358
Micene 191
Michael bar Elias 189
miele 30, 53, 80
Migne..... 130, 165, 213, 258, 356, 357, 359
Minutoli 194
Mira 104
Mitreo 142
Mohammed Ali.. 9, 166, 172, 176, 181, 201, 351, 355
Mohammed Ibn Kathir el Farghani 165
Monico 225
Moralia 20, 31, 35, 47, 52, 66, 230, 259, 302, 304, 308, 358
Mørkholm... 69, 70, 119, 148, 366

Mosaico di Alessandro 69, 115, 242, 272
moschea Attarine ... 150, 153, 155, 156, 157, 158, 163, 165, 173, 181, 184, 185, 191, 215, 220, 257, 260, 313, 319, 320, 325, 332, 333, 353
Mosul 165
Moustafa Pascià 196, 197
Multan 34
Museo Greco-Romano. 8, 88, 191, 193, 196, 246
Museum .. 157, 179, 362, 366, 370
musulmani 214, 313

N

Nabi Daniel.. 9, 10, 165, 166, 167, 168, 169, 176, 188, 191, 319, 320, 332, 349, 350
Nabucodonosor 20, 26, 310
Nakhthorheb 257, 260, 326
Nakhtnebef 261, 326
Naoussa 272
Naples 369
Napoleone 2, 9, 10, 121, 154, 155, 158, 172, 174, 175, 180, 201, 210, 220, 260, 312, 318, 325, 336, 349, 351, 352
Napoleone III 9, 175, 349
Napoli 100, 115, 225, 242, 272
Narbonense 117
Narsete 132
NASA 43
Nearchus 45
Nearco ... 7, 12, 17, 25, 27, 45, 46, 48, 308
necropoli 9, 55, 71, 74, 80, 83, 88, 98, 99, 177, 192, 236, 257, 315, 316, 326, 328, 335, 345
Nectanebo .. 1, 2, 3, 12, 73, 74, 75, 77, 78, 79, 80, 142, 149, 157, 159, 160, 161, 162, 163, 164, 209, 210, 252, 257, 258, 259, 260, 261, 262, 263, 265, 266, 267, 268, 271, 272, 275, 276, 277, 278, 279, 280, 281, 282, 283, 284, 285, 287, 288, 289, 290, 306, 314, 315, 316, 317, 318, 320, 321, 322, 323, 325, 326, 327, 328, 329, 330, 331, 332, 333, 336, 337
Nelson 154, 155, 312, 365
Nero 116
Nerone .. 6, 93, 116, 117, 213, 258, 342, 343
Nettuno 115
Neuffer 298, 301
Neuffer, E. 298
New Moon 48
Newton 96
Nicea 5
Niceta 215
Nike 54
Nikiu, John of.... 92, 215, 347, 357
Nile 34, 39, 155, 364, 365, 366
Nilo 11, 13, 30, 40, 61, 63, 67, 68, 69, 70, 71, 80, 82, 83, 91, 107, 114, 119, 120, 121, 144, 154, 177, 193, 246, 273, 312, 316, 328, 339
Norden 220
Norden, F. L. 215, 220, 366
Nuovo Regno 71
Nysa 307

O

Oceano Indiano 7, 12, 27, 253, 291, 308
Octavian 324
Odenato 131
Odissea 20, 256
Odyssey 256
Olimpiade ... 10, 31, 57, 58, 64, 66, 73, 258, 314

Indice dei nomi e dei luoghi

Olinto 6, 25, 69, 294, 295, 296, 297, 298, 299, 300, 301, 305, 306, 309, 311
Omar 144
Omero 20, 40, 58, 72, 75, 92, 329, 336
Onesicrito 7, 16, 297
onori divini 22, 28, 47, 52, 163
ooliti 243
Oplontis 268, 271, 288
ORAU 254
Orseolo 222
Ortelio 8, 151
Osirapis 306
Osiride. 24, 77, 306, 328, 330, 335
Ossirinco 114, 131
Ostia 100, 344, 345, 360
Ottaviano 5, 107, 108, 109, 110, 111, 112, 113, 276, 324, 338, 339, 340, 344
Ottomani 172, 320
Oxidraci 87
Oxyrhynchus 131

P

Padi-Iset 290
Padua 244, 259, 362
Pagani 218
Palazzo del Bo 236, 240
Palestina 144, 216
Palestine . 203, 216, 357, 360, 361, 369
palinsesto 59, 61
Palladio 212, 358
Palladius 213, 258, 358
Palmira 131, 196, 210, 321
Paneum 86, 198, 250, 341
pantheon 163, 287, 307, 324
papa Leone X 9
papiro 4, 70, 85, 90, 116, 122, 131, 167, 296, 302, 332, 349
papyrus 116
parabolani 141

Parian Marble 60, 325, 339
Paro 7, 60, 63, 87, 315, 325
Passione di San Pietro 213
patriarca Alessandro 144, 159, 221
Patroclo 20
Patrologia Graeca .. 129, 130, 165, 213, 216, 258, 340, 356, 357, 359
Pausania. 7, 11, 56, 57, 59, 60, 61, 62, 63, 66, 68, 71, 73, 79, 86, 87, 88, 195, 257, 258, 315, 325, 336, 338, 339
Pausanias 57, 60, 61, 86, 257, 258, 315, 324, 325, 358
Pearson 24, 25, 51, 296, 305
Pearson, Lionel 32, 212, 296, 297, 298, 305, 306, 367
Pella 95, 342
penetrali 93, 96, 110, 346
penisola di Lochias 83, 85, 139, 176, 177, 178, 185, 187, 192, 198, 199, 210
Perdicca 13, 18, 28, 32, 47, 50, 51, 52, 53, 56, 57, 58, 59, 60, 61, 63, 64, 79, 80, 292, 308, 317, 339
Pergamo 89
peribolos 207, 210, 251
Persefone 271
Persepoli 11
Persia 11, 12, 17, 41, 69, 108, 132, 152, 320, 332, 365
Persiani .. 20, 22, 29, 73, 130, 131, 132, 144, 157, 161, 257, 326
Petrie 71, 296
Peucesta 22, 25, 28, 47, 50
Pharsalia .. 7, 93, 94, 97, 106, 199, 324, 340, 341, 342, 343, 355, 358
Philadelphus 161
Philip 95, 243, 342, 364, 368
Philo 85, 189, 358, 368
Philoromus 213, 258

La Ricerca della Tomba di Alessandro il Grande

Picard. 75, 77, 100, 257, 317, 328, 329, 330, 345, 365, 366, 367
piede egiziano 242
piede romano 242
pietra con lo scudo e la stella 1, 232, 236, 238, 242, 243, 244, 245, 246, 248, 259, 270, 272, 273, 274, 276, 286, 287, 288
piramide 20, 95, 97, 198, 246, 273, 274, 328, 344, 345, 346, 371
piramide perduta 273, 274
Pisidia 60, 61, 80, 339
Piso 356
Pisone 7, 93, 342
Pitone 28, 47, 50, 61
Platone 22, 75, 301
Pleistocene 243, 368
pleurite 34
Plinio 17, 189, 293, 297, 301, 304, 318, 350, 358
Pliny..96, 161, 189, 207, 293, 297, 318, 358
Plutarch 30, 31, 32, 34, 35, 40, 45, 48, 52, 60, 65, 75, 90, 109, 110, 207, 259, 291, 292, 302, 309, 329, 358
Plutarco.... 5, 7, 17, 20, 22, 23, 24, 25, 26, 27, 28, 30, 31, 33, 34, 35, 37, 39, 44, 46, 52, 60, 66, 109, 110, 230, 259, 291, 300, 301, 302, 303, 304, 305, 306, 308, 315, 327, 339
Pococke ... 10, 153, 154, 179, 180, 202, 203, 220, 313, 351, 352, 354, 367
Poetica Astronomica 293
Polemone 57, 59, 80, 339
Poliistore 293
Poliperconte 32, 64, 309
Polito 10, 240, 241, 242, 243, 244, 247, 259, 268, 271, 285, 371
Polito, Eugenio 240, 367
Pollacopa 34
Pollacopas 45

Pompei 69, 115, 233, 242, 271, 272
Pompeo 6, 7, 26, 93, 100, 105, 106, 133, 134, 152, 173, 202, 345, 357
Poro 11, 68
Porta Canopica 179
porta del Pepe 216, 217
Porta del Sole 83, 91, 347
Porta della Luna 83, 91, 347
Porta di Rosetta 202, 221, 338
porto grande ... 15, 84, 85, 86, 105, 109, 110, 152, 187, 201, 220, 250, 321, 352
Porus 362
Pory. 149, 218, 257, 319, 359, 367
Poseidone 86, 100
Praefectus Augustalis 287
Priapo 89, 142
Princeton 10, 71, 257, 316, 369
Procopio 143, 196
Procopius 143, 358
Protea 303
Protectores 131
Proto di San Marco 253
Proverbi.... 90, 110, 198, 259, 339, 341, 346
Proverbia.. 90, 109, 198, 259, 339, 341, 346, 359
Pseudo Callistene . 4, 7, 29, 33, 63, 85, 89, 92, 127, 200, 258, 291, 314, 348, 350
Pseudo-Callisthenes 31, 48, 53, 57, 65, 85, 92, 189, 258, 291, 358, 364, 365, 370
Ptolemies.. 25, 67, 71, 75, 94, 161, 191, 257, 316, 317, 341, 369
Ptolemy ... 317, 358, 359, 363, 370

Q

Qait Bey 152, 250
quadriga 117, 118
quartiere ebraico 85, 178, 187, 351

Indice dei nomi e dei luoghi

quartiere reale 85, 90, 91, 167, 187, 198, 201, 251, 321

R

Radclyffe 263, 267
Radjedef 246
Ramusio .. 150, 218, 257, 319, 359
Razaud 172, 173, 206
Repubblica romana 105, 112
Rhakotis 63, 85, 159, 315, 327, 335
Rinascimento 40, 173
Rizan Aneiza 245
Robinson 24, 307, 308
Robinson, C. A. 296
Rodi 54, 89, 310
Rohlfs 194
Roma.... 4, 5, 8, 14, 88, 90, 93, 95, 98, 100, 102, 105, 106, 107, 108, 111, 112, 113, 116, 118, 120, 121, 125, 128, 129, 131, 137, 143, 171, 186, 196, 197, 240, 247, 268, 341, 343, 344, 359, 360, 367
Roman Empire 131, 364
Romani 1, 13, 15, 17, 85, 106, 107, 114, 116, 120, 131, 132, 133, 135, 136, 178, 204, 261, 273, 352, 353
Romano 287
Romans 43, 116, 118, 131, 132, 145, 148, 165, 172, 189, 204, 220, 221, 244, 273, 302, 321, 324, 347, 356, 360, 361, 362, 363, 364, 365, 367, 368, 370
Romanzo di Alessandro ... 4, 7, 17, 25, 29, 30, 31, 33, 35, 53, 57, 62, 64, 66, 68, 77, 79, 85, 87, 89, 92, 126, 159, 195, 258, 309, 314, 315, 326, 327, 334, 335, 336, 346, 348, 350

Rome . 37, 88, 112, 114, 115, 186, 314, 319, 341, 343, 362, 363, 364, 367
Roncalli 225
Rosetta ... 155, 157, 178, 180, 181, 187, 192, 193, 201, 202, 204, 205, 210, 215, 216, 217, 218, 221, 243, 267, 313, 314, 325, 326, 338, 352, 353, 355, 368
Rosetta Stone 267
Ross 41, 137, 369
Rossane 32, 50, 52, 61, 64
Royal Journal 294, 296
rudiste 245, 246, 273, 274, 275, 286
Rudists 245, 246, 274, 365, 368
Rufino 142, 287
Rufinus 142, 287, 359
Rustico 214, 215, 258

S

Sabina 117
Salonicco 234
Salt 179, 181, 182, 188, 207
Samarcanda 40, 227
Samarkand 230
Samuel ... 24, 28, 43, 44, 262, 289, 300, 301, 303, 367, 368
Samuel, A. E. ... 296, 301, 303, 367
San Giorgio 220
San Marco .. 8, 101, 151, 191, 192, 193, 212, 213, 215, 216, 217, 218, 219, 220, 221, 222, 224, 225, 226, 227, 228, 229, 231, 232, 240, 241, 242, 248, 252, 253, 254, 255, 258, 259, 284, 286, 287, 295, 299, 366
San Paolo . 92, 120, 129, 322, 324, 334
Sandys 151, 319
Sandys, George 319, 367
Sant'Antonio 225
Sant'Apollonia 233, 237, 259, 274

La Ricerca della Tomba di Alessandro il Grande

Santa Caterina........................ 220
Santa Claudia......................... 214
Saqqara 9, 10, 71, 74, 75, 80, 161, 209, 252, 257, 316, 328, 335
sarcofago 1, 2, 3, 9, 12, 14, 30, 53, 64, 73, 74, 77, 78, 79, 93, 100, 101, 103, 107, 110, 122, 129, 134, 142, 149, 151, 155, 156, 157, 158, 159, 160, 161, 162, 163, 165, 167, 209, 210, 222, 225, 227, 255, 257, 258, 259, 260, 261, 262, 263, 265, 266, 267, 268, 271, 272, 276, 277, 278, 279, 280, 281, 282, 283, 284, 285, 286, 287, 288, 289, 312, 313, 314, 315, 316, 317, 318, 319, 320, 321, 322, 323, 325, 326, 327, 329, 332, 333, 336, 337, 344, 345, 349
Sarcofago di Alessandro.... 55, 69, 118
sarcophagus 155, 160, 313, 362
sarissa . 3, 240, 241, 242, 271, 272
Saturno........................... 165, 221
savants 2, 155, 201, 260, 312
sceicco Mohammed Daniel 165
Schachermeyr 33, 368
Schilizzi.... 10, 166, 167, 332, 349
Schliemann 169, 191
Schliemann, Heinrich.... 169, 191, 363
Schmidt-Colinet....................... 78
Schmidt-Colinet, Andreas 368
scudo macedone 232, 234, 240
Seconda Guerra Mondiale 41
Seleuco ... 28, 47, 50, 61, 148, 303
Sema 90, 92, 93, 191
senato...... 112, 120, 121, 123, 128, 163, 287, 324
Seneca......................... 6, 93, 343
Senocle 303
Senofonte.............................. 5, 40
Septimius Severus .. 213, 324, 359
Serapeo. 10, 74, 75, 76, 77, 78, 80, 86, 116, 117, 133, 134, 141, 142, 160, 161, 162, 163, 164, 173, 177, 185, 200, 202, 209, 252, 257, 316, 318, 323, 328, 332, 333, 335, 336, 337
Serapide.... 24, 28, 47, 67, 77, 124, 138, 302, 306, 307, 308, 317, 335, 336
Serapis..................................110
Serse......................................18
Sesto Aurelio Vittore 124
Sette Meraviglie 27, 95, 358
Settimio Severo...... 121, 122, 123, 167, 209, 332, 340, 349
Seven Wonders 358
Shakespeare................ 50, 82, 212
Shapur 131
Sharpe 262, 289, 368
Shatby 98, 99, 177, 192, 345
Shortt................................ 42, 362
Siddall 261
Siddall, Ruth 261, 368
Sidi Lokman.......................... 166
Sidone 55, 56, 69, 118
Sierotka 151
Sierotka, Michael Radziwill..... 368
Sinai 144, 245, 368, 369
Siracusa.................................. 22
Siria.. 11, 53, 59, 60, 80, 103, 116, 122, 130, 131, 132, 140, 144, 293, 317, 324, 338, 345
Sisigambi................................29
Siwa 52, 67, 68, 82, 143, 194, 195, 196
Socrate............................ 142, 287
Socrate Scolastico 142
Socrates ... 129, 137, 142, 287, 359
Socrates Scholasticus 129, 137, 142, 359
Sogdiana................... 11, 259, 286
Soma 40, 90, 91, 92, 93, 94, 95, 96, 97, 100, 101, 102, 103, 104, 106, 107, 109, 110, 113, 114,

Indice dei nomi e dei luoghi

116, 117, 118, 119, 121, 123, 127, 129, 133, 134, 137, 139, 141, 142, 144, 148, 149, 159, 162, 163, 165, 167, 168, 169, 173, 176, 177, 187, 188, 190, 192, 196, 197,198, 199, 200, 201, 204, 205, 206, 207, 209, 210, 241, 248, 250, 251, 252, 259, 321, 322, 323, 338, 340, 343, 346, 347, 348, 349, 350, 351, 354, 355
somatophylax 8
Sonnini 153, 154, 158, 313, 368
Soter. 7, 86, 89, 90, 116, 160, 161, 178, 195, 257, 284, 324
Souvaltzis 194, 195
Souvaltzis, Liana 144
Sozomen 287
Sozomeno 138, 139, 287, 340, 359
Sozomenus 138, 139, 322, 334
Sparta 22, 163
Spitamene 11
St Apollonia ... 241, 245, 247, 271, 273, 360, 365
St George 217
St Jerome 258
St Mark ... 213, 214, 222, 236, 253, 259, 284, 356, 362, 364, 369
St Paul 287, 357
Stathmoi 293, 294, 303, 304
Statira 17
Staurcio 215
Stefano Bizantino 350, 354
Stele del Satrapo 161, 317
Stele di Rosetta 155
stella macedone 195
Stephanus Byzantinus 189, 359
sterno 35, 227, 259, 286
Stoneman 31, 33, 53, 57, 63, 64, 67, 85, 89, 127, 159, 160, 201, 257, 314, 315, 325, 326, 335, 339, 348, 355, 368
Storia Lausiaca 212

Strabo ... 35, 45, 53, 59, 60, 61, 62, 64, 65, 91, 133, 160, 177, 187, 189, 198, 207, 230, 259, 303, 315, 321, 359
Strabone 5, 7, 8, 18, 21, 27, 35, 45, 53, 59, 60, 61, 62, 64, 65, 83, 85, 86, 90, 91, 92, 100, 103, 104, 110, 113, 133, 134, 159, 160, 167, 173, 177, 185, 187, 188, 195, 197, 198, 201, 207, 251, 259, 303, 304, 315, 321, 327, 328, 332, 339, 341, 346, 347, 348, 350,351, 354
Strattis 25, 294, 295, 296, 297, 298, 299, 300, 301, 302, 304, 305
stricnina 31
stronzio .. 228, 244, 273, 274, 275, 286
Suda. 8, 25, 90, 91, 295, 296, 297, 298, 299, 300, 301, 302, 305, 339, 359
Suetonius ... 93, 97, 110, 114, 115, 116, 276, 293, 324, 359
Suriano 218
Susa 11, 12, 17, 18
Svetonio. 8, 93, 96, 110, 114, 115, 167, 195, 332, 340, 343, 344, 346
Syracuse 361
Syria 154, 313, 361, 369
Syriac Alexander Romance 77, 92, 361

T

Tacito 24, 178, 340, 354
Tacitus 62, 114, 178, 359
Taylor 107
Taylor, Lily Ross 137, 369
Taziano 140
Tebe. 10, 32, 39, 68, 75, 195, 196, 303
Telfer 213

La Ricerca della Tomba di Alessandro il Grande

Telfer, William 213, 369
temenos.... 96, 198, 199, 200, 204, 205, 210, 251, 252
Teocrito 66
Teodoreto 130, 163
Teodoro 215
Teodosio 6, 129, 140, 141, 287, 323, 336, 340
Teodoto 105, 130, 298
Teofilo 8, 141, 287
Terra Santa 88, 196, 220
terremoto 5, 14, 95, 138, 139, 142, 210, 322, 334, 340, 343, 354
Tessaglia 105
testamento di Alessandro 309
Testori 271
Testori, Giulio 241, 247, 360
tetradramma 69, 118
Tetradramma 117
Tevere 120
The Lost Tomb of Alexander the Great 13, 224, 232, 253, 258, 268, 308, 324, 362
Thenaud 218
Theocritus 67, 359
Theodoret 130, 359
Theodosius 140, 141, 370
Thompson 10, 71, 75, 77, 78, 161, 316, 317, 329
Thompson, Dorothy. 71, 161, 253, 257, 316, 327, 329, 369
Thoth 70, 195, 318
Thucher 218
Tiberio 114, 116
tifo 33, 34, 38, 42
Tigri 17
Timonium 109, 187, 251
Tintoretto 222
Tiro 11, 213
Tito 116, 338, 340
Today Programme 252
Toledo 102, 243, 344, 360
Tolomei . 6, 63, 81, 88, 89, 90, 92, 94, 95, 96, 110, 111, 117, 160, 177, 191, 198, 199, 248, 314, 316, 318, 328, 341, 343, 355
Tolomei 6, 63, 111, 198
Tolomeo . 7, 13, 17, 24, 25, 32, 34, 50, 51, 52, 56, 57, 58, 59, 60, 61, 62, 63, 64, 65, 66, 67, 68, 69, 71, 72, 73, 75, 77, 79, 80, 81, 82, 86, 87, 88, 89, 90, 92, 103, 104, 105, 107, 110, 116, 148, 155, 157, 160, 161, 162, 178, 192, 195, 197, 209, 230, 257, 258, 259, 284, 297, 304, 306, 308, 314, 315, 316, 317, 318, 323, 324, 326, 329, 331, 335, 336, 337, 338, 339, 347, 354
Tomba del Leone 178
Tomba di Alabastro.... 8, 196, 197, 198, 334, 341
tomba Kinch 272
tomografia assiale computerizzata 227
Torre dei Romani 133
Torre di Babele 17, 20
Traiano 82, 116, 117
Translazione 365
Traslazione 214, 223, 248
Trieste 222, 232, 237, 239, 245, 246, 258, 273, 286, 363
Tritoni 100
Trittolemo 82
Trogo 6, 26, 51, 106
Trogus 357
Troia 58, 169, 191
tsunami ... 138, 139, 159, 186, 210, 253, 340
Tulun ... 6, 133, 149, 187, 351, 355
tumulo 55, 71, 86, 88, 92, 112, 167, 196, 197, 198, 250, 331, 333, 334, 341, 343
turchi 41, 156, 313
Turchia 11, 60
Turoniano 245, 274
Tutankhamon 227, 254

Indice dei nomi e dei luoghi

Tybi 48
Tyche 138, 322
Tyre 48, 213, 258

U

Udine 244, 273, 365
Ultimi Piani 51, 95, 302, 343
Um Had 261
Università degli Studi di Padova
.... 236
Università di Oxford 41
Università di Toledo 243
Università IUAV di Venezia .. 236, 247

V

Valentiniano 138
Valentino 145
Valeriano 130
Valinor 256
Valloggia 246, 273, 274, 371
Valloggia, Michel 246, 369
Van Egmont 153, 154, 313
van Lyskirchen 152, 320, 332
van Lyskirchen, Constantin.... 152, 320
Varia Historia... 24, 32, 44, 48, 50, 57, 58, 73, 291, 292, 300, 302, 315, 324, 339, 356
Vaticano 129
Venezia 1, 3, 12, 192, 214, 218, 219, 220, 222, 223, 225, 227, 231, 236, 237, 240, 241, 245, 247, 252, 253, 254, 256, 258, 259, 268, 273, 276, 284, 286, 287, 295, 360
Venezia, Università Iuav di 365
veneziani 191, 193, 213, 214, 215, 217, 220, 222, 223, 242, 248, 258, 259, 286
Venice 214, 222, 253, 284, 363, 365, 366, 369
venti Etesi 110

Vergina ... 197, 228, 234, 239, 359
Vespasian 116, 359
Vespasiano 116, 338, 340
via Canopica 83, 86, 92, 153, 167, 173, 180, 181, 184, 185, 187, 188, 198, 199, 204, 205, 210, 220, 250, 348, 350, 353, 354
viale di sfingi 316, 328, 331
Vianello 225, 226, 371
Vianello, Gianni 369
villa di Poppea 268
Vio 253, 284
Vio, Ettore 222, 369
Vitellio 116

W

W. Alexander 260
Wace 10, 159, 261, 314, 315, 326, 359, 369
Wadi Hammamat 261, 363
Wallis Budge 262, 289, 369
Welles 88, 325, 357, 369
Wennefer 290
Wereshnefer 290
West Nile Virus .. 34, 39, 364, 366
Wilcken 25, 308, 317, 328
Wilcken, Ulrich 77, 304, 307, 308, 317, 328, 369
Wilkinson 214
Wilkinson, Gardner 214, 369

X

xyston 242, 271, 272

Y

Yacub Artin Pacha 168
Yale University 269, 366
York & Sons 269, 270, 289
Yorke 260, 261, 262, 266, 370

Z

Zarpanitum 306

Zenobia... 131, 133, 196, 210, 321
Zenobio.. 8, 90, 92, 110, 134, 195, 197, 198, 200, 339, 341, 346, 348
Zenobius... 90, 109, 198, 259, 359

zeugma 91
Zeus.... 52, 54, 58, 62, 67, 85, 234, 293, 348
Zogheb 10, 166, 168, 319, 332, 349, 370

www.ingramcontent.com/pod-product-compliance
Lightning Source LLC
Chambersburg PA
CBHW070932230426
43666CB00011B/2414